영단기
토익
스타트 RC

인사말

안녕하세요, 여러분의 토익 선생님 정재현입니다.

2년 전에 토익 시험을 치렀던 학생들이 성적 유효기간이 지나 다시 시험을 치르면서 자주 하는 말은 '시험이 예전보다 많이 어려워졌다'입니다. 실제로 토익은 점점 더 찍기 위주의 학습법으로 공부해서는 점수를 높이기 힘든, '기본기'를 요구하는 문항이 많은 시험으로 변화해 왔습니다. 토익 리딩 파트의 문법과 어휘 문항에는 큰 변화가 없지만, Part 6와 Part 7 모두 좀 더 많은 부분을 읽어야 하고, 문장의 분명한 해석을 통해서만 답을 찾을 수 있는 문항이 늘어가고 있습니다. 이 사실을 매월 시험을 치르고 분석해 온 저와 정재현어학연구소 연구원분들 모두가 체감하고 있습니다. 그러기에 토익을 처음 시작하는 입문자 분들을 위한 <영단기 토익 스타트 RC>는 오로지 '토익'을 전문적으로 공부하면서도, 영어의 기본기를 익힐 수 있도록 만든 놀라운 책입니다.

기존 토익 입문서들의 경우, 영어의 기초를 가르치는 일에 중점을 두다 보니 정작 토익과는 상관없는 어휘와 문장으로 구성된 경우가 많습니다. 따라서 학생들은 토익 입문서를 마스터하더라도 또다시 토익의 낯선 어휘와 문장들 때문에 토익 기본서로 넘어가는 데 높은 벽을 실감했던 것이 사실입니다.

저는 영어가 낯설고 두려운 학생들이 어떻게 하면 토익에 자주 출제되는 어휘와 문장으로 쉽고 재미있게 영어의 기초 쌓기와 토익 공부, 이 두 가지를 모두 함께 마스터할 수 있을까, 그러면서 어떻게 토익 점수를 올릴 수 있을까를 오랫동안 고민해 왔습니다. 그런 고민의 결과로 문장의 구조와 필수 토익 어휘를 자연스럽게 함께 익힐 수 있는 학습 과정을 반영한 토익 입문서 <영단기 토익 스타트 RC>를 완성하게 되었습니다.

한마디로 말해서, <영단기 토익 스타트 RC>는 재미있는 영어, 쉬운 영어, 동시에 토익 문제가 풀리는 영어를 위해 매우 치밀하게 고안된 교재입니다. <영단기 토익 스타트 RC>와 함께하면 한 달 만에 문장이 보이고, 문장이 해석되고, 문제가 풀리는 신기한 경험을 하게 될 것입니다.

이제 시작합니다. 그리고 모두들 높이 뛰어오르세요, 당신의 꿈을 향해!
지금은 영어가 너무 멀게 느껴지더라도, 이 책을 펴는 순간 토익 900점으로 가는
최고의 첫걸음이 될 것이라고 확신합니다.

여러분을 온 마음으로 응원하는, 여러분의 토익 선생님

정 재 현 드림

Special thanks to

정말 많은 사람들, 특별히 우리 정재현어학연구소 식구들, 멋진 부장님과 항상 든든한 중민 씨, 열정의 영준 님과 똑부러지는 막내 다현 씨, Mr. Lee, 송다영 선생님, 경민이, 나의 까다로운 요구를 모두 들어준 Kirsten, MyAn, Ricahrd, Michael, 명숙 씨, 하준이, 규식 씨, 황준 오빠, 정수 씨, 민정 씨, 나경하 선생님, 더글라스, 항상 응원해 주는 영단기 식구들, MEA Park Café의 너무나 친절하고 미소 가득한 직원분들, 무엇보다 저에게 지혜를 허락하신 하나님께 감사드립니다.

이 책의 **구성과 특징**

기본기를 다지는 단계별 학습

STEP 1 개념 정리

기본적인 내용과 중요한 내용을 알기
쉽게 설명했어요.

Part 5, 6
정답의 단서와 정답으로 출제되는 짝꿍 표현을 그
림과 함께 제시했어요.
토익 문법의 핵심 포인트를 한 문장에 담았어요.

Part 7
문제/지문 유형별 대표 문제 형태와 풀이 전략을
소개했어요.

Part 5, 6

Part 7
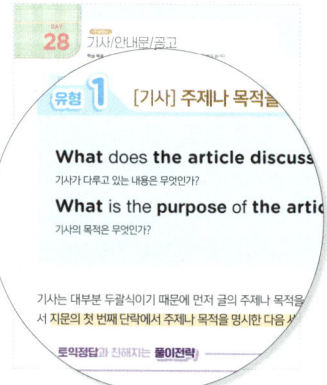

STEP 2 유형 훈련

학습한 개념을 문제 풀이에 적용하는
과정을 확인할 수 있어요.

Part 5, 6, 7
문제 유형을 확인한 후 문장 구조와 단서를 파악하
며 문제를 풀어 봅니다. 풀이 과정을 단계별로 짚어
갈 수 있어요.

Part 5, 6
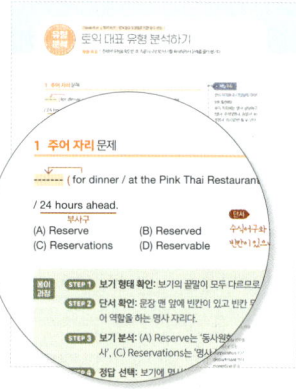

Part 7
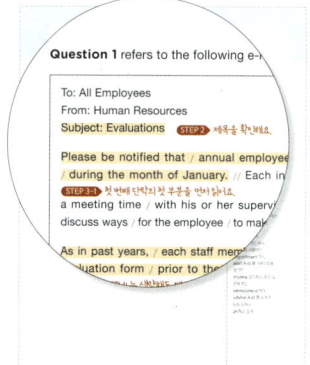

STEP 3 실전 훈련

실전 문제를 통해 학습한 내용을 점검
하고 실전 감각을 기를 수 있어요.

Part 5, 6, 7
실전에 대비할 수 있는 토익 기출 변형 문제로 실전
감각을 키울 수 있어요.

Part 5, 6
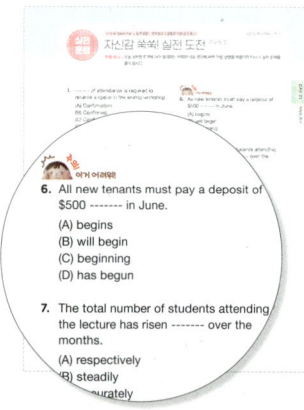

Part 7
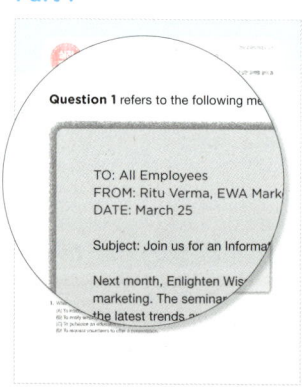

Part 5, 6

Part 5,6
정답과 친해질 수 있도록 학습한 짝꿍 표현과 문법
을 문제를 풀어 보며 연습할 수 있어요.

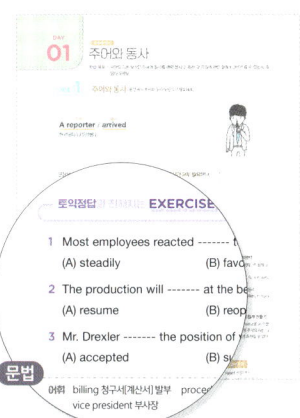

Part 7

Part 7
정답을 찾는 데 필요한 핵심 표현을 찾는 연습을
할 수 있어요.

Part 7
3단계 훈련으로 토익 유형을 철저하게 파악하고
대비할 수 있어요.

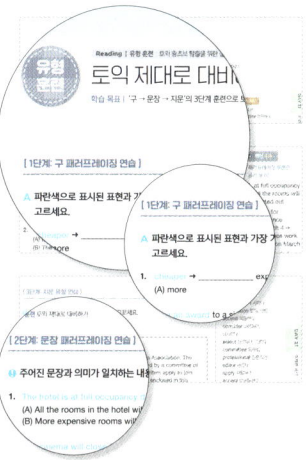

친절하고 자세한 설명

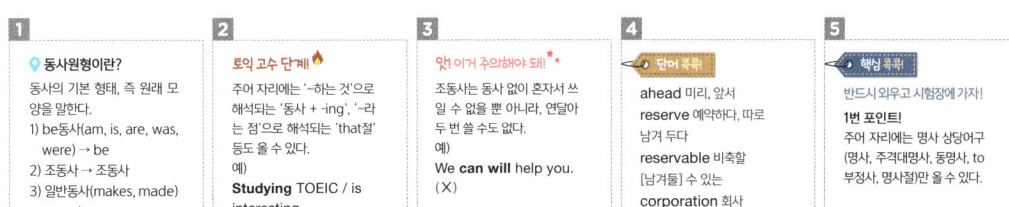

1 문법 용어 설명 및 보충 내용을 담았어요. **2** 고득점 포인트를 정리했어요. **3** 실수하기 쉬운 내용을 짚었어요.

4 필수 어휘를 정리했어요. **5** 핵심만 간단히 정리했어요.

토익 시험 당일 영단기에서 바로 정답을 확인하세요. 정확한 점수 확인 및 놀라운 자료와 혜택 제공

토익 시험 정보의 모든 것

토익 소개

TOEIC 시험이란?

TEST OF ENGLISH FOR INTERNATIONAL COMMUNICATION의 약자로, 영어가 모국어가 아닌 사람이 일상적인 생활 또는 업무에서 의사소통이 가능한지를 평가하는 시험입니다.

시험 구성

듣기(LC) 4개 파트 100문제와 읽기(RC) 3개 파트 100문제로 총 7개 파트에 걸쳐 200문제가 출제됩니다. 200문제 모두 선택지 중에서 정답을 찾는 객관식 문제로 출제됩니다.

구성	Part 구성	출제 내용	문항수	시간	점수
LC (Listening Comprehension)	Part 1	사진 묘사 (사진 보고 문제 풀기)	6	45분 내외	495점
	Part 2	질문-대답 (질문 듣고 답변 고르기)	25		
	Part 3	짧은 대화 (두 사람의 대화를 듣고 질문에 답하기)	39		
	Part 4	설명문 (전화 메시지, 연설문, 안내방송, 일기예보 등을 듣고 질문에 답하기)	30		
RC (Reading Comprehension)	Part 5	문장 빈칸 채우기 (한 문장 안에 있는 빈칸에 알맞은 말(문법&어휘) 고르기)	30	75분	495점
	Part 6	지문 빈칸 채우기 (짧은 지문 안에 있는 빈칸에 알맞은 말(문법&어휘&문장) 고르기)	16		
	Part 7	싱글 지문 (1개의 지문을 읽고 질문에 답하기)	29		
		더블 지문 (2개의 지문을 읽고 질문에 답하기)	10		
		트리플 지문 (3개의 지문을 읽고 질문에 답하기)	15		
총계			200문항	약 120분	990점

출제 범위 및 주제

일상생활 및 업무에 대한 영어 의사소통 능력을 평가하기 때문에 특정 분야의 전문 지식 또는 이와 관련된 어휘는 출제하지 않습니다. 국제 업무 환경에 맞게 다양한 국가의 지명과 성명이 등장하며, 듣기 평가에서는 미국, 영국, 호주 발음이 고르게 섞여 출제됩니다. 다음의 주제를 참고해 봅시다.

기업 일반	이사회, 편지, 공지, 전화, 팩스, 이메일, 사무실 장비 및 가구, 사무실 규정, 계약, 협상, 합병 및 인수, 판매, 보증, 사업 계획, 회의, 노사 관계
공식 연회	식사 및 연회, 장소 예약
엔터테인먼트	영화, 공연, 전시
재무	은행 업무, 투자, 세금, 회계, 청구
의료	건강보험, 병원 방문 및 예약
부동산	건설 및 보수 내역, 부동산 구매 및 임대, 기타 설비
제조	제품 조립, 공장 경영, 품질 관리
인사	모집, 고용, 퇴임, 승진, 급여, 일자리 지원서, 구인광고, 연금, 시상
구매	쇼핑, 주문, 배송, 송장
기술	전자 장비, 기술 지원, 컴퓨터, 연구실과 관련 장비
여행	교통 관련 일정, 교통 관련 각종 공지, 렌터카, 호텔 예약, 연착 및 취소

토익 **시험 접수부터 시험 당일** 그리고 **성적 발표까지!**

세상에서 가장 친절한 토익 시험 가이드

1. 토익 접수 방법

- 한국 TOEIC 위원회 사이트(www.toeic.co.kr)에서 토익 시험의 인터넷 접수 기간을 확인합니다.
- 사이트에서 인터넷 접수를 선택하고 시험일, 고사장, 수험정보 등의 정보를 입력합니다.
- 시험 접수 시 최근 6개월 이내 사진(JPG 형식)이 필요하오니 미리 준비합니다.

> **TIP** 시험 전 약 12~13일부터는 특별 추가 접수에 해당하여 약 5천원 정도의 추가 비용이 발생합니다. 미리 시험을 접수하는 것이 좋습니다.

2. 시험 당일 꼭! 챙겨야 할 준비물

- 규정 신분증

  성인의 경우, 주민등록증, 운전면허증, 기간 만료 전 여권, 공무원증 등이 인정됩니다. 중고등학생에 한하여 학생증(국내 학생증만 허용)도 신분증으로 인정됩니다.

- 연필 (볼펜, 사인펜은 No!)

  연필 끝을 뭉뚝하게 만들어 준비하면 답안 마킹을 더 쉽게 할 수 있습니다.

- 지우개
- 아날로그 손목시계 (전자식 시계는 No) ➡ 주의!

> **토익 TIP** ✏️▷
> 뭉뚝한 연필 준비!
> 마킹이 쉽고 빨라져요.

3. 입실 전 유의사항

- 시험 시간이 오전일 경우 오전 9:20까지, 시험 시간이 오후일 경우 오후 2:20까지 입실합니다.

> **TIP** 오전 시험은 오전 9:50 이후, 오후 시험은 오후 2:50 이후로는 절대 입실할 수 없으니 꼭 시간을 지켜 미리 입실합니다.
> 시험 시간 직전에는 독해 문제를 풀기보다는 듣기 연습을 충분히 하여 귀를 훈련시키는 게 더 효과적입니다.

4. 시험 진행 안내

오전 시험	오후 시험	시험 진행
9:30~9:45 (15분)	2:30~2:45 (15분)	답안지 작성 오리엔테이션
9:45~9:50 (5분)	2:45~2:50 (5분)	쉬는 시간
9:50~10:05 (15분)	2:50~3:05 (15분)	신분증 확인
10:05~10:10 (5분)	3:05~3:10 (5분)	문제지 배부, 파본 확인
10:10~10:55 (45분)	3:10~3:55 (45분)	듣기 평가 (LC)
10:55~12:10 (75분)	3:55~5:10 (75분)	독해 평가 (RC)

5. 성적 확인 및 성적표 발급 방법 알아보기

- 시험일로부터 약 11~12일 후 오전 6시에 한국 TOEIC 위원회 사이트(www.toeic.co.kr) 혹은 ARS 060-800-0515로 성적 확인이 가능합니다. (단, ARS 성적 확인에 '동의'한 수험자에 한하여 ARS 성적 확인이 가능함)
- 성적표 수령은 접수 시에 온라인 출력이나 우편 수령을 택할 수 있습니다.
- 온라인 출력 시, 성적 유효기간 내 홈페이지를 통해 출력 가능합니다.
- 우편 수령 시, 성적 발표 후 접수 시 기입한 주소로 성적표가 우편 발송됩니다. (약 7~10일 소요)
- 온라인 출력과 우편 수령은 1회 발급만 무료이며, 이후에는 유료로 발급됩니다.

토익 이렇게 나와요 [미리 보기]

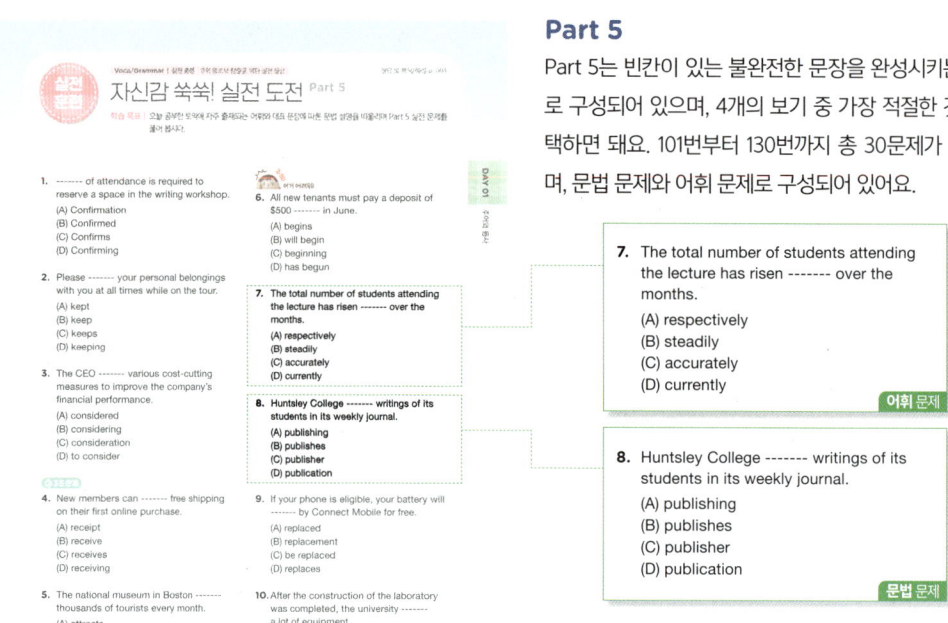

Part 5

Part 5는 빈칸이 있는 불완전한 문장을 완성시키는 문제로 구성되어 있으며, 4개의 보기 중 가장 적절한 것을 선택하면 돼요. 101번부터 130번까지 총 30문제가 출제되며, 문법 문제와 어휘 문제로 구성되어 있어요.

7. The total number of students attending the lecture has risen ------- over the months.
(A) respectively
(B) steadily
(C) accurately
(D) currently
어휘 문제

8. Huntsley College ------- writings of its students in its weekly journal.
(A) publishing
(B) publishes
(C) publisher
(D) publication
문법 문제

Part 6

Part 6는 빈칸이 있는 불완전한 지문을 완성시키는 문제로 구성되어 있으며, 지문당 4문제가 출제돼요. 문법 문제와 어휘 문제 그리고 문장 삽입 문제로 구성되어 있어요.

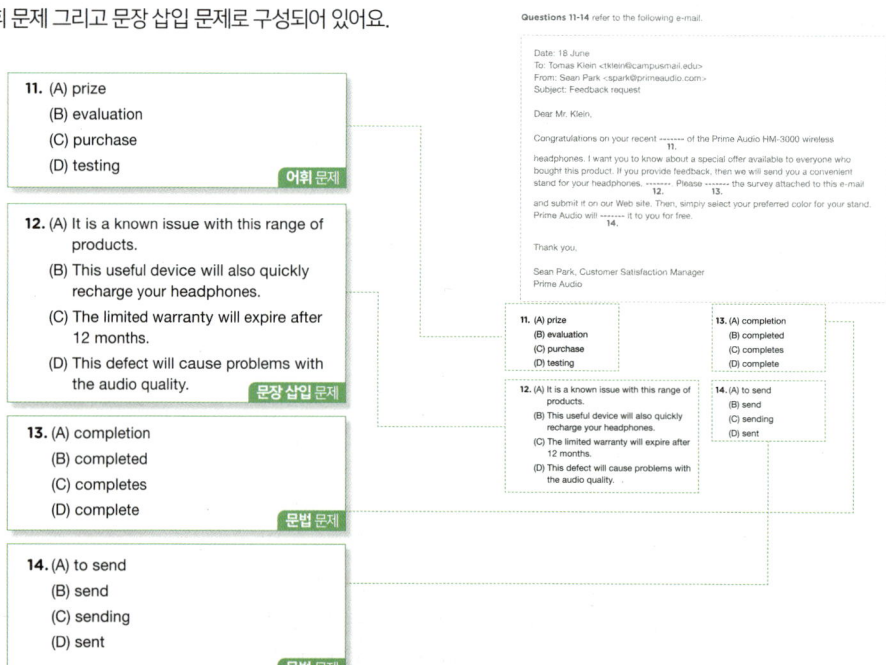

11. (A) prize
(B) evaluation
(C) purchase
(D) testing
어휘 문제

12. (A) It is a known issue with this range of products.
(B) This useful device will also quickly recharge your headphones.
(C) The limited warranty will expire after 12 months.
(D) This defect will cause problems with the audio quality.
문장 삽입 문제

13. (A) completion
(B) completed
(C) completes
(D) complete
문법 문제

14. (A) to send
(B) send
(C) sending
(D) sent
문법 문제

Part 7

Part 7은 지문을 읽고 질문에 답하는 독해 문제로 구성되어 있어요. 다양한 종류의 지문이 나오는데, 지문의 형태로는 싱글 지문과 내용상 서로 연관된 2~3개의 더블/트리플 지문이 있어요.

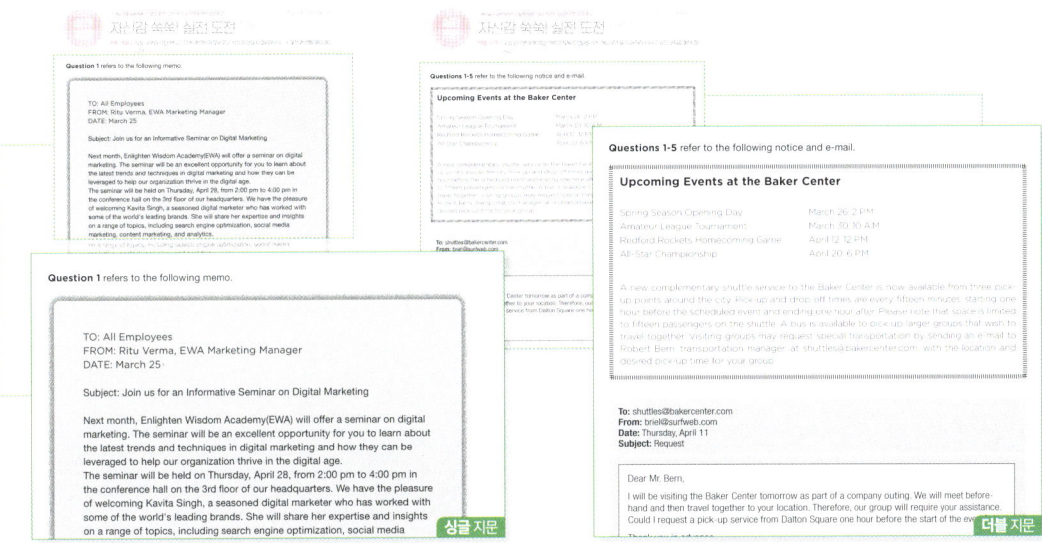

Question 1 refers to the following memo.

TO: All Employees
FROM: Ritu Verma, EWA Marketing Manager
DATE: March 25

Subject: Join us for an Informative Seminar on Digital Marketing

Next month, Enlighten Wisdom Academy(EWA) will offer a seminar on digital marketing. The seminar will be an excellent opportunity for you to learn about the latest trends and techniques in digital marketing and how they can be leveraged to help our organization thrive in the digital age.
The seminar will be held on Thursday, April 28, from 2:00 pm to 4:00 pm in the conference hall on the 3rd floor of our headquarters. We have the pleasure of welcoming Kavita Singh, a seasoned digital marketer who has worked with some of the world's leading brands. She will share her expertise and insights on a range of topics, including search engine optimization, social media

싱글 지문

Questions 1-5 refer to the following notice and e-mail.

Upcoming Events at the Baker Center

Spring Seasos Opening Day	March 26 2 PM
Amateur League Tournament	March 30 10 A.M
Redford Rockets Homecoming Game	April 12 12 PM
All-Star Championship	April 20 6 PM

A new complimentary shuttle service to the Baker Center is now available from three pick-up points around the city. Pick-up and drop-off times are every fifteen minutes, starting one hour before the scheduled event and ending one hour after. Please note that space is limited to fifteen passengers on the shuttle. A bus is available to pick-up larger groups that wish to travel together. Visiting groups may request special transportation by sending an e-mail to Robert Bern, transportation manager, at shuttles@bakercenter.com, with the location and desired pick-up time for your group.

To: shuttles@bakercenter.com
From: briel@surfweb.com
Date: Thursday, April 11
Subject: Request

Dear Mr. Bern,

I will be visiting the Baker Center tomorrow as part of a company outing. We will meet before-hand and then travel together to your location. Therefore, our group will require your assistance. Could I request a pick-up service from Dalton Square one hour before the start of the ev

더블 지문

Questions 1-5 refer to the following Web page, chart, and form.

● ● ●

Record your next hit song at Brick City Studios!

Brick City Studios provides recording spaces, equipment, and software to its members. We can provide these services through the support of monthly membership fees. Become a member today and use the same facilities award-winning musicians have used to produce their best-selling albums. Studio space is available 24/7, and enjoy other benefits as well:

- Soundproof rooms for musicians and bands to use to practice and experiment with different instruments and gear, all of which are provided by Brick City.

- Workshops and presentations by music industry leaders and acclaimed artists. Log in to our Web site with your membership to see upcoming events and to register for those you wish to attend.

- Full access to a full suite of professional-level recording and editing software in our computer lab and a royalty-free sample library.

- On-staff recording engineers who can help you create your musical masterpiece.

Membership Level	Type	Monthly Rate	Description
Platinum	Producer	$1,200	For professional producers working with multiple artists. Reserve up to 30 sessions a month.
Gold	Band	$500	For bands of three to six people. Reserve up to 20 sessions a month.
Silver	Solo artist	$300	For singer-songwriters. Up to two people. Reserve up to 10 sessions a month.
Bronze	Virtual member	$100	Individual membership. Includes remote access to software and sample library.

Membership Application
Please complete the form below.

Name: Emersyn Wolfe
Address: 611 Alton Drive, Trinity, California 55577
Telephone Number: (113) 555-7098
Joint Members, if any: Timothy Hearst (guitars), Lee Sizemore (drums)
Membership Level: Gold

What are your reasons for joining Brick City Studios?

Recording time	✓
Instrument use	
Practice space	✓
Software access	
Recording engineers	

트리플 지문

토익 FAQ 자주 묻는 질문들

Q1 원하는 직장에 들어가기 위해서 토익, 토플, 텝스 중 한 시험의 점수를 제출해야 합니다.
세 시험의 차이점은 무엇이고 빠른 시일 내에 준비 가능한 시험은 어느 것인가요?

토익은 일상생활과 비즈니스 현장에서 필요한 영어 능력을 측정하는 실용 영어 시험입니다. 토플은 보통 국외 대학 및 대학원 진학 시 필수적으로 요구되는 시험으로 읽기/듣기/말하기/쓰기를 모두 테스트하며 아카데믹한 내용이 출제되고 있어 난이도가 꽤 높아요. 텝스는 서울대학교 언어교육원이 자체적으로 개발한 영어 능력 평가입니다. 듣기/문법/어휘/독해 영역으로 나누어지지만 듣기와 독해의 비중이 꽤 크고, 토익보다 난이도가 높아서 시간 내에 풀기가 쉽지 않은 시험이에요. 따라서 셋 중 난이도가 비교적 낮고 단기간에 준비할 수 있는 시험은 단연 토익입니다.

문법 용어를 몰라도 토익 공부를 시작할 수 있습니다. <영단기 토익 스타트 RC>는 가능한 한 문법 용어 사용을 피하고 아주 쉬운 예문을 사용했어요. 꼭 써야 하는 문법 용어도 쉬운 예문으로 상세히 설명하고 많은 연습 문제를 풀며 스스로 이해할 수 있게 했으므로 누구라도 충분히 잘 따라올 수 있을 거예요. 특히 동영상 강의와 함께 공부한다면 금상첨화입니다.

Q2 영어 공부를 한 지 오래되었고 기본 문법 용어도 전혀 모릅니다.
기초 문법을 정리하지 않고 바로 토익 공부를 시작해도 될까요?

Q3 토익을 처음 시작했고, 700점 이상을 목표로 하고 있습니다. 800~900점대의 고득점이 목표가 아닌 경우, 짧은 시간 내에 가장 효과적으로 점수를 올릴 수 있는 방법을 알고 싶어요.

토익 700점대는 단기간에 충분히 받을 수 있는 점수입니다. 단기 실력 향상을 위해 토익 입문자들에게 가장 강조하는 부분은 토익 어휘 학습과 문장을 의미 단위로 끊어 읽는 연습이에요. <영단기 토익 스타트 RC>는 빈출 어휘 학습, 끊어 읽기, 빈출 문법 유형을 모두 정리할 수 있도록 구성되어 있어요. 특히 대표 문장을 이해하고 연습 문제에 표시된 대로 끊어 읽기 연습을 하면서 문법을 정리하면 단기간에 목표 점수를 충분히 받을 수 있습니다.

Q4 맞은 문제의 개수와 실제 점수는 어떻게 비교하나요? 700점 이상을 받으려면 몇 문제를 맞혀야 하나요?

토익은 절대 평가가 아닌 상대 평가입니다. 따라서 매달 보는 시험의 난이도와 평균 점수에 따라 맞은 개수와 점수의 관계가 달라질 수 있어요. 평균적으로 보면, 700점 이상을 받기 위해서는 전체 200문제 중 150문제 이상을 맞혀야 합니다.

Q5 토익 시험을 처음 보러 갔었는데 시험지 넘기는 소리, 히터 소리 등에 신경이 쓰여서 제대로 시험을 볼 수가 없었어요. 시험장에서 집중할 수 있는 방법이 없을까요?

시험장에서 일정 정도의 소음은 불가피해요. 따라서 다양한 환경의 소음에 노출되는 연습을 하는 것이 중요합니다. 예를 들어, 다소 소란한 카페 같은 곳에서 공부도 하고 실전처럼 토익 문제를 풀면서 시끄러운 환경에 적응하도록 해 보세요. 훈련이 잘 되면 실제 시험장에서는 주변 상황을 크게 신경 쓰지 않고 집중할 수 있을 거예요.

Q6 OMR 카드에 답안을 마킹할 때 한 문제씩 풀면서 바로 마킹하는 게 좋을까요, 아니면 문제를 다 풀고 한꺼번에 하는 것이 좋을까요?

LC의 경우, Part 1, 2는 문제를 풀면서 바로 답안지에 마킹하세요. 하지만 지문을 듣고 문제를 푸는 Part 3, 4는 시험지에만 답을 표시한 후 나중에 한꺼번에 답안지에 마킹하는 편이 낫습니다. 다음 문제가 나오기 전에 미리 문제와 보기를 읽어야 하기 때문에 마킹하는 데 시간을 쓰면 손해를 볼 수 있어요. RC의 경우, Part 5, 6은 문제를 다 풀고 한꺼번에 마킹하면 좋겠습니다. 마지막으로 Part 7은 한 지문씩 문제를 풀고 바로 답안지에 옮기는 것을 추천합니다.

토익 RC는 Part 5, 6, 7으로 구성되어 있으며 총 100문제를 75분 동안 풀어야 해요. 입문자의 경우, Part 7은 가장 어렵기 때문에 Part 5와 6를 먼저 풀고 Part 7을 푸는 것이 좋습니다. 점점 실력이 늘면 Part 5와 6는 23분 이내에, Part 7은 48분 이내에 푸시고 나머지 3~4분은 답안지 마킹하는 데 쓰세요.

Q7 토익 RC를 풀 때 효율적인 파트별 시간 배분이 궁금합니다.

Q8 단어를 암기하는 것이 힘들어요. 시간이 오래 걸리고 외워도 다음 날 바로 잊어버립니다. 특별한 단어 암기 방법이 있으면 알려주세요.

단어를 소리 내어 암기해 보세요. 그리고 낱개 단어로 암기하기보다 자주 함께 연결되어 쓰이는 단어들을 짝을 지어 외우면 기억하기도 쉽고 어휘 문제에도 잘 대비할 수 있어요. 또한, 잊어버리지 않기 위해서 간격을 두고 여러 번 반복하는 것이 효과적이에요. 예를 들어, 단어를 매일 20개씩 외우는 경우에 그다음 날은 전날 외운 단어까지 누적해서 40개를 학습하는 방식으로 공부한다면 기억이 오래갑니다.

문장 구조를 잘 보지 못해서 그래요. 단어들의 조합만으로는 문장의 의미를 파악하기 힘들 수도 있어요. 문장을 주어, 동사, 목적어, 수식어 등으로 나누어서 구조를 파악할 수 있어야 정확한 해석이 가능합니다. <영단기 토익 스타트 RC>는 학습이 진행됨에 따라 문장 구조가 저절로 머리에 들어올 수 있도록 짜여 있으니 차분히 진도대로 공부해 보세요.

Q9 단어를 많이 외워도 막상 문장을 해석하려고 하면 해석이 잘 안 돼요. 무엇이 문제일까요?

끊어 읽기를 할 때, 문장을 기본 단위인 주어, 동사, 목적어와 보어/수식어구로 크게 4가지로 나누기도 하고, 의미 단위 위주로 주어와 동사, 혹은 동사와 목적어를 함께 묶어서 끊어 읽는 경우도 있어요. 가장 중요한 것은 문장의 동사를 찾는 것입니다. 동사를 중심으로 그 앞에 있는 주어와 뒤에 이어지는 목적어나 보어, 전치사구 등 다양한 형태의 문장 구성 요소들을 구분해야 해요. 이것만 구분하면 대부분의 문장이 쉽게 해석됩니다. 끊어 읽기라는 것이 명확하고 객관적인 기준이 있는 것은 아니기에 일률적 기준을 만들어 드릴 수는 없어요. 하지만 <영단기 토익 스타트 RC>로 공부하면서 문장마다 제시된 끊어 읽기 사례를 학습하면 자연스럽게 끊어 읽기에 익숙해질 수 있습니다.

Q10 문장 끊어 읽기가 도움이 된다는 이야기를 많이 들었습니다. 끊어 읽기는 어떻게 하는 건가요?

목차 및 토익 학습 플래너

전략을 알면, 고득점이 보인다!

출제율이 높은 BEST 10 주제

빈출

짧은 시간 내에 목표 점수를 달성해야 하는 토익커라면 출제율이 높은 주제를 위주로 학습하세요.

DAY	주제	페이지	공부한 날	공부 시간	이해도	복습 여부
DAY 01	주어와 동사	012	월 일	:	상 중 하	○ ✕
DAY 02	보어와 목적어	024	월 일	:	상 중 하	○ ✕
DAY 03	수식어	038	월 일	:	상 중 하	○ ✕
DAY 04	to부정사	050	월 일	:	상 중 하	○ ✕
DAY 05	동명사	064	월 일	:	상 중 하	○ ✕
빈출 DAY 06	분사	076	월 일	:	상 중 하	○ ✕
DAY 07	접속사	090	월 일	:	상 중 하	○ ✕
빈출 DAY 08	주어와 동사의 수 일치	104	월 일	:	상 중 하	○ ✕
DAY 09	시제	118	월 일	:	상 중 하	○ ✕
빈출 DAY 10	능동태와 수동태	132	월 일	:	상 중 하	○ ✕
DAY 11	명사와 수량 형용사	146	월 일	:	상 중 하	○ ✕
빈출 DAY 12	인칭대명사	162	월 일	:	상 중 하	○ ✕
DAY 13	기타 대명사	176	월 일	:	상 중 하	○ ✕
빈출 DAY 14	형용사와 부사 자리	190	월 일	:	상 중 하	○ ✕
DAY 15	전치사	204	월 일	:	상 중 하	○ ✕

	DAY 16	부사절	218	월	일	:	상 중 하	○ ✕
	DAY 17	명사절	232	월	일	:	상 중 하	○ ✕
	DAY 18	형용사절	246	월	일	:	상 중 하	○ ✕
	DAY 19	비교급과 최상급	260	월	일	:	상 중 하	○ ✕
	DAY 20	빈칸에 알맞은 문장 고르기	272	월	일	:	상 중 하	○ ✕
빈출	DAY 21	주제와 목적	284	월	일	:	상 중 하	○ ✕
빈출	DAY 22	세부 사항	296	월	일	:	상 중 하	○ ✕
빈출	DAY 23	진위 확인	308	월	일	:	상 중 하	○ ✕
	DAY 24	추론	320	월	일	:	상 중 하	○ ✕
	DAY 25	의도 파악과 주어진 문장 넣기	332	월	일	:	상 중 하	○ ✕
빈출	DAY 26	이메일과 편지	346	월	일	:	상 중 하	○ ✕
	DAY 27	광고	358	월	일	:	상 중 하	○ ✕
	DAY 28	기사/안내문/공고	372	월	일	:	상 중 하	○ ✕
	DAY 29	더블 지문	386	월	일	:	상 중 하	○ ✕
	DAY 30	트리플 지문	404	월	일	:	상 중 하	○ ✕
	Answer	정답 및 해석/해설						

DAY 01

주어와 동사

빈칸이 주어 자리 또는 동사 자리임을 파악하고, 각 주어와 동사 자리에 알맞은 품사를 넣는 문제예요.

1 **주어와 동사는 꼭 필요한 걸까요?**
문장의 길이와 상관없이 한 문장에는 주어 하나와 동사 하나가 반드시 필요해요.

2 **어떻게 생긴 단어가 주어 자리와 동사 자리에 들어갈까요?**
주어 자리에는 명사 역할을 하는 단어가 들어가고, 동사 자리에는 '조동사 + 동사원형'이나 be동사, 일반동사가 들어가요.

토익 빈출 단어! Check up!

아래 단어를 보고, 이미 알고 있는 단어에 ✓ 표시해 봅시다.

중요도 ⭐⭐⭐

☐ accept ☐ analyze ☐ celebrate ☐ attract ☐ receive

☐ charge ☐ submit ☐ purchase ☐ favorably ☐ steadily

☐ slowly ☐ production ☐ restaurant ☐ revenue

중요도 ⭐⭐

☐ position ☐ anniversary ☐ nomination ☐ report ☐ equipment

☐ react ☐ proceed ☐ resume ☐ reopen ☐ double

중요도 ⭐

☐ billing ☐ procedure ☐ vice president

DAY 01

토익이 좋아하는 **짝꿍표현**

학습 목표 | 토익 Part 5&6의 핵심인 어휘 문제를 한 방에 해결할 수 있는 토익 짝꿍표현들을 먼저 익혀 봅시다.

1 동사 + 목적어

accept the position
일자리를 **수락하다**

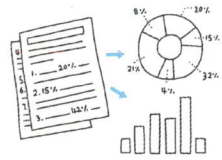
analyze data
데이터를 **분석하다**

celebrate an anniversary
기념일을 **축하하다**

attract tourists
관광객을 **끌다**

receive a nomination
추천을 **받다**

charge a fee
요금을 **부과하다**

submit a report
보고서를 **제출하다**

purchase equipment
장비를 **구매하다**

짝꿍표현 뜯어보기

accept
동 수락하다, 받아들이다
파 acceptance 명 수락

analyze
동 분석하다
파 analysis 명 분석

anniversary
명 기념일

attract
동 끌다
파 attraction 명 (관광)명소

nomination
명 추천, 지명, 임명
파 nominate 동 지명하다

charge
동 (요금을) 부과하다, 청구하다
명 요금

fee
명 동 요금, 수수료

submit
동 제출하다

purchase
동 구매하다
명 구매, 구매품

favorably
부 우호적으로
파 favorable 형 우호적인

react
동 반응하다
파 reaction 명 반응

steadily
부 꾸준히
파 steady 형 꾸준한

proceed
동 진행되다

resume
동 재개하다, 다시 시작하다

revenue
명 수익

double
동 두 배로 늘다
형 두 배의

2 부사 + 동사

favorably react
호의적으로 반응하다

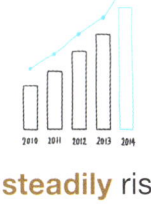

steadily rise
꾸준히 상승하다

slowly proceed
더디게 진행되다

3 주어 + 동사

production resumes
생산이 재개되다

a **restaurant** reopens
식당이 다시 문을 열다

revenues double
수익이 두 배가 되다

토익정답과 **친해지는 EXERCISE** 빈칸에 알맞은 단어를 선택하세요. ──────────── 정답 및 해석/해설 p. 002

1 Most employees reacted ------- to their new billing procedure.

(A) steadily   (B) favorably

2 The production will ------- at the beginning of next month.

(A) resume   (B) reopen

3 Mr. Drexler ------- the position of vice president yesterday.

(A) accepted   (B) submitted

어휘 billing 청구서[계산서] 발부 procedure 절차 production 생산 reopen 다시 문을 열다, 재개하다 position 직책, 위치
vice president 부사장

DAY 01

Grammar

주어와 동사

학습 목표 | 문장의 기본 요소인 주어와 동사를 배워 봅시다. 특히 각 자리에 어떤 형태의 단어가 올 수 있는지 꼭 알아 두세요.

개념 1 주어와 동사 문장에는 주어와 동사가 반드시 필요해요.

주어   동사
A reporter / arrived.

한 리포터가 / 도착했다.

1 문장의 길이와 관계없이 문장을 완성하려면 **반드시 주어와 동사가 모두** 필요하다.

Tom. (X) 톰이.
주어
➔ 동사가 없어서 톰이 무엇을 했는지 알 수 없으므로 문장이라고 할 수 없어요.

Smiled. (X) 웃었다.
동사
➔ 주어가 없어서 누가 웃었는지 알 수 없으므로 문장이라고 할 수 없어요.

Tom smiled. (O) 톰이 웃었다.
주어   동사
➔ 주어와 동사가 모두 있으므로 문장이에요. 누가(주어) 무엇을 했는지(동사) 알 수 있죠?

2 **명령문**은 예외로 주어 없이 **동사(원형)로 문장이 시작**된다.

(Please) **Submit** the report. 보고서를 제출해 주세요.
동사(원형)

📍 **동사원형이란?**
동사의 기본 형태, 즉 원래 모양을 말한다.
1) be동사(am, is, are, was, were) → be
2) 조동사 → 조동사
3) 일반동사(makes, made) → make

📍 **명령문 부드럽게 만들기**
명령문에서 Please를 동사 앞에 붙이면 '~해 주세요'라는 의미로 부드럽게 표현할 수 있다.

토익정답과 친해지는 **EXERCISE** 주어와 동사에 밑줄을 그으세요.

정답 및 해석/해설 p. 002

1 Customers reacted favorably.

2 Prices of computers rose steadily.

3 The event at the Prima Arts Center proceeded slowly.

🏷 **단어 콕콕!**

react 반응하다
favorably 호의적으로
steadily 꾸준히
proceed 진행되다, 계속하다

 **개념 2** **주어 자리 – 명사** 주어 자리에는 명사가 옵니다.

주어 자리(명사)
The **advertisement** / attracted / many tourists.
그 광고는 / 끌었다 / 많은 관광객들을

미국,
어디까지 가봤니?

1 주어 자리에는 명사가 온다.

Coffee is delicious. 커피는 맛있다.
주어 자리(명사)
→ coffee(커피)는 사물을 가리키는 말이에요. 이처럼 book(책), company(회사) 등 사물을 가리키는 말이나 Mr. Lee(이 씨), customer(고객) 등 사람을 가리키는 말을 명사라고 하며, 주어 자리에 오는 품사가 바로 명사입니다.

Cooperation is important. 협동은 중요하다.
주어 자리(명사)
→ cooperation(협동)은 -tion으로 끝나는 명사입니다. 이처럼 단어 뒤에 붙어서 명사로 만들어주는 끝말이 있어요. 명사 끝말로 끝나는 단어는 당연히 주어 자리에 올 수 있겠죠?

2 단어의 끝말을 보면 품사를 알 수 있다. **다음 형태로 끝나는 단어는 주로 명사로 쓰인다.**

명사 끝말

-tion crea**tion** 창조	**-sion** confu**sion** 혼란
-ment entertain**ment** 오락	**-ness** careful**ness** 조심성
-ance import**ance** 중요성	**-ence** confid**ence** 자신감
-cy accura**cy** 정확성	**-ty** beau**ty** 아름다움
-al propos**al** 제안	

📍 **주어란?**
어떤 동작이나 상태의 주체가 되는 말로, 우리말 '~은/~는/~이/~가'로 해석되는 것을 말한다.
예)
나는 토익을 공부한다.

🔥 **토익 고수 단계!**
주어 자리에는 '~하는 것'으로 해석되는 '동사 + -ing', '~라는 점'으로 해석되는 'that절' 등도 올 수 있다.
예)
Studying TOEIC / is interesting.
토익을 **공부하는 것은** / 재미있다.

토익정답과 친해지는 **EXERCISE** 다음 중 알맞은 것을 선택하세요.

정답 및 해석/해설 p. 003

1 (Production / Produced) of larger ovens will resume next month.

2 (Improve / Improvements) will be made to our security system.

3 (Attend / Attendance) is mandatory for all employees.

단어 콕콕!

production 생산
resume 재개되다, 다시 시작되다
improvement 개선, 향상
security 보안
attendance 참석, 출석
mandatory 필수적인, 의무적인

 **개념 3** **동사 자리 – 1. 조동사 + 동사원형** 조동사 뒤에는 동사원형이 와야 합니다.

조동사　동사원형
The company / **will hold** / a reception.
그 회사는 / 열 것이다 / 환영 행사를

---

1 조동사의 '조'는 '도울 조(助)'자이다. 즉, 조동사란 뒤에 나오는 be동사나 일반동사를 도와서 서술부의 의미를 완성하는 동사를 말한다.

조동사

can ~할 수 있다	will ~할 것이다	must ~해야 한다
should ~해야 한다	may ~일 수도 있다	could ~할 수도 있다
would ~일 것이다	might ~일지도 모른다	

2 조동사 뒤에는 반드시 be동사나 일반동사의 동사원형이 와야 한다. 조동사 혼자서 동사 자리에 쓰일 수는 없다.

Ms. Billings **will be** your teacher.
　　　　　　　 조동사 동사원형(be동사)
빌링스 씨가 당신의 선생님이 될 것이다.

We **can help** you. 우리는 당신을 도울 수 있다.
　　 조동사 동사원형(일반동사)

📍**동사란?**
주어의 상태나 동작을 나타내는 말로, 우리말 '~이다, ~하다'로 해석되는 것을 말한다.
예)
나는 토익을 **공부한다**.

앗! 이거 주의해야 돼! ★
조동사는 동사 없이 혼자서 쓰일 수 없을 뿐 아니라, 연달아 두 번 쓸 수도 없다.
예)
We **can will** help you.
(X)

토익정답과 친해지는 **EXERCISE** 다음 중 알맞은 것을 선택하세요.

정답 및 해설/해설 p. 003

1 The French restaurant will (reopen / reopens) in September.

2 Revenues from the ticket sales can (double / to double) soon.

3 Mr. Kim may (accept / accepting) the position.

📑 **단어 콕콕!**

revenue 수익, 이익
double 두 배가 되다
accept 수락하다,
받아들이다

 **개념 4** **동사 자리 – 2. be동사와 일반동사** be동사와 일반동사는 단독으로 동사 자리에 쓰일 수 있습니다.

All employees / **attended** / the seminar / and it / **was** very helpful.

일반동사 → attended
be동사 → was

모든 직원들은 / 참석했다 / 그 세미나에 / 그리고 그것은 / 매우 도움이 되었다

1 be동사는 단독으로 동사 자리에 쓰일 수 있다.

be동사는 '~이다' 혹은 '~이 있다'라는 의미이며 주어의 수(단수/복수)와 시점(현재/과거)에 따라 형태가 달라져요.

주어	현재형	과거형
I	am	was
he, she, it	is	was
you, we, they	are	were

2 일반동사는 단독으로 동사 자리에 쓰일 수 있다.

조동사와 be동사를 제외한 모든 동사가 일반동사입니다.

3 '동사원형 + -ing', 'to + 동사원형', '동사의 p.p.형(과거분사)'은 단독으로 동사 자리에 쓰일 수 없다.

Mr. Kim **giving** advice. (×)
give + -ing

➜ giving은 '동사 + -ing'의 형태로 동사가 아니므로 동사 자리에 쓰일 수 없어요. 따라서 틀린 문장입니다.

Mr. Kim **to give** advice. (×)
to + give

➜ to give는 'to + 동사'의 형태로 동사가 아니므로 동사 자리에 쓰일 수 없어요. 따라서 틀린 문장입니다.

Mr. Kim **given** advice. (×)
give의 p.p.형

➜ given은 '동사(give)의 p.p.형'으로 동사가 아니므로 동사 자리에 쓰일 수 없어요. 따라서 틀린 문장입니다.

토익정답과 친해지는 EXERCISE 다음 중 알맞은 것을 선택하세요.

정답 및 해석/해설 p. 003

1 Our representatives (analyze / analyzing) the test data.

2 The replacement for the broken copier (arrival / arrived) yesterday.

3 Tess Salon (celebrates / to celebrate) its third anniversary next week.

📍 동사의 p.p.형?

동사의 3단 변화(동사원형-과거형-과거분사형)에서 마지막 형태인 과거분사를 의미한다.
예)
be → was, were → been
동사원형   과거형   과거분사형(p.p.)
write → wrote → written
동사원형   과거형   과거분사형(p.p.)

📍 일반동사?

조동사와 be동사를 제외한 모든 동사는 일반동사로 구분된다.
예)
make 만들다
begin 시작하다
eat 먹다
use 사용하다

단어 콕콕!

representative 직원, 대표
analyze 분석하다
replacement 교체(품), 대체
celebrate 축하하다
anniversary 기념일

토익 대표 유형 분석하기

학습 목표 | 문제의 유형을 확인한 후, 지문의 구조와 단서를 파악하면서 문제를 풀어 봅시다.

1 주어 자리 문제

------- (for dinner / at the Pink Thai Restaurant) / should be made
부사구 / 동사

/ 24 hours ahead.
부사구

(A) Reserve   (B) Reserved
(C) Reservations   (D) Reservable

> **단서**
> 수식어구와 동사 앞, 즉, 문장 맨 앞에
> 빈칸이 있으니 주어 자리예요.

> **풀이 과정**
>
> **STEP 1** 보기 형태 확인: 보기의 끝말이 모두 다르므로 품사 문제다.
>
> **STEP 2** 단서 확인: 문장 맨 앞에 빈칸이 있고 빈칸 뒤에는 수식어구와 동사뿐이니 빈칸은 주어 역할을 하는 명사 자리다.
>
> **STEP 3** 보기 분석: (A) Reserve는 '동사원형', (B) Reserved는 '동사 과거형 또는 과거분사', (C) Reservations는 '명사 복수형', (D) Reservable은 '형용사'
>
> **STEP 4** 정답 선택: 보기에 명사는 -tion이라는 명사 끝말을 가진 Reservations(예약)뿐이므로 정답은 (C)!

> **해석** 저녁식사를 위한 예약이 / 핑크 태국 음식점에서 / 되어야 한다 / 24시간 전에 미리

2 동사 자리 문제

XVS Corporation's customer service department / ------- / every day
주어   부사구

of the week.

(A) operating   (B) operation
(C) operates   (D) to operate

> **단서**
> 빈칸 앞뒤로 주어와 부사구가 있는데
> 동사가 없으니 빈칸은 동사 자리예요.

> **풀이 과정**
>
> **STEP 1** 보기 형태 확인: 보기에 동사와 동사가 아닌 것들이 섞여 있다.
>
> **STEP 2** 단서 확인: 빈칸 앞에는 문장의 주어 역할을 하는 명사구가, 빈칸 뒤에는 수식어 역할을 하는 부사구만 있다. 문장에 동사가 없으니 빈칸은 동사 자리다.
>
> **STEP 3** 보기 분석: (A) operating은 '동명사 또는 현재분사', (B) operation은 '명사', (C) operates는 '동사 단수형', (D) to operate는 'to부정사'
>
> **STEP 4** 정답 선택: 보기에 동사는 operates(운영한다) 하나뿐이므로 정답은 (C)!

> **해석** XVS 사의 고객 서비스 부서는 / 운영한다 / 일주일 내내

> **핵심 콕콕!**
> 반드시 외우고 시험장에 가자!
>
> **1번 포인트!**
> 주어 자리에는 명사 상당어구 (명사, 주격대명사, 동명사, to부정사, 명사절)만 올 수 있다.
>
> **2번 포인트!**
> 문장에는 반드시 주어와 동사가 있어야 한다. 단, 명령문은 주어가 생략된다.
>
> **단어 콕콕!**
> ahead 미리, 앞서
> reserve 예약하다, 따로 남겨 두다
> reservable 비축할 [남겨둘] 수 있는
> corporation 회사
> department 부서
> operation 운영

자신감 쑥쑥! 실전 도전 Part 5

학습 목표 | 오늘 공부한 토익에 자주 출제되는 어휘와 대표 문장에 따른 문법 설명을 떠올리며 Part 5 실전 문제를 풀어 봅시다.

1. ------- of attendance is required to reserve a space in the writing workshop.

(A) Confirmation
(B) Confirmed
(C) Confirms
(D) Confirming

2. Please ------- your personal belongings with you at all times while on the tour.

(A) kept
(B) keep
(C) keeps
(D) keeping

3. The CEO ------- various cost-cutting measures to improve the company's financial performance.

(A) considered
(B) considering
(C) consideration
(D) to consider

3초문제

4. New members can ------- free shipping on their first online purchase.

(A) receipt
(B) receive
(C) receives
(D) receiving

5. The national museum in Boston ------- thousands of tourists every month.

(A) attracts
(B) remains
(C) celebrates
(D) charges

이거 어려워!

6. All new tenants must pay a deposit of $500 ------- in June.

(A) begins
(B) will begin
(C) beginning
(D) has begun

7. The total number of students attending the lecture has risen ------- over the months.

(A) respectively
(B) steadily
(C) accurately
(D) currently

8. Huntsley College ------- writings of its students in its weekly journal.

(A) publishing
(B) publishes
(C) publisher
(D) publication

9. If your phone is eligible, your battery will ------- by Connect Mobile for free.

(A) replaced
(B) replacement
(C) be replaced
(D) replaces

10. After the construction of the laboratory was completed, the university ------- a lot of equipment.

(A) purchased
(B) bargained
(C) emerged
(D) appeared

자신감 쑥쑥! 실전 도전 Part 6

학습 목표 | 오늘 공부한 토익에 자주 출제되는 어휘와 대표 문장에 따른 문법 설명을 떠올리며 Part 6 실전 문제를 풀어 봅시다.

Questions 11-14 refer to the following e-mail.

Date: 18 June
To: Tomas Klein <tklein@campusmail.edu>
From: Sean Park <spark@primeaudio.com>
Subject: Feedback request

Dear Mr. Klein,

Congratulations on your recent ------- of the Prime Audio HM-3000 wireless
　　　　　　　　　　　　　　　　11.
headphones. I want you to know about a special offer available to everyone who
bought this product. If you provide feedback, then we will send you a convenient
stand for your headphones. -------. Please ------- the survey attached to this e-mail
　　　　　　　　　　　　　　12.　　　　　　　**13.**
and submit it on our Web site. Then, simply select your preferred color for your stand.
Prime Audio will ------- it to you for free.
　　　　　　　　　14.

Thank you,

Sean Park, Customer Satisfaction Manager
Prime Audio

---

11. (A) prize
　　(B) evaluation
　　(C) purchase
　　(D) testing

12. (A) It is a known issue with this range of
　　　products.
　　(B) This useful device will also quickly
　　　recharge your headphones.
　　(C) The limited warranty will expire after
　　　12 months.
　　(D) This defect will cause problems with
　　　the audio quality.

13. (A) completion
　　(B) completed
　　(C) completes
　　(D) complete

14. (A) to send
　　(B) send
　　(C) sending
　　(D) sent

이것만은 꼭! 기억하세요.
주어와 동사

개념 1 주어와 동사

주어 / 동사
A reporter / **arrived**.
한 리포터가 / 도착했다

> 문장에는 주어와 동사가 반드시 필요해요.

개념 2 주어 자리 – 명사

> 주어 자리에는 명사가 옵니다.

주어 자리(명사)
The **advertisement** / attracted / many tourists.
그 광고는 / 끌었다 / 많은 관광객들을

미국,
어디까지 가봤니?

개념 3 동사 자리 – 1. 조동사 + 동사원형

조동사 동사원형
The company / **will hold** / a reception.
그 회사는 / 열 것이다 / 환영 행사를

> 조동사 뒤에는 동사원형이 와야 합니다.

신입사원환영회

개념 4 동사 자리 – 2. be동사와 일반동사

> be동사와 일반동사는 단독으로 동사 자리에 쓰일 수 있습니다.

일반동사   be동사
All employees / **attended** / the seminar / and it / **was** very helpful.
모든 직원들은 / 참석했다 / 그 세미나에 / 그리고 그것은 / 매우 도움이 되었다

Good job! 내일 또 봐요!

DAY **02**

보어와 목적어

빈칸이 보어 자리 또는 목적어 자리임을 파악하고, 각 보어와 목적어 자리에 알맞은 품사를 넣는 문제예요.

1 **보어와 목적어는 뭘까요?**
주어나 목적어의 신분이나 성격, 상태 등을 보충 설명해 주는 말을 보어라 하고, 동사의 대상이 되는 말을 목적어라고 해요.

2 **어떻게 생긴 단어가 보어 자리와 목적어 자리에 들어갈까요?**
보어 자리에는 형용사나 명사 역할을 하는 것이, 목적어 자리에는 명사 역할을 하는 것이 들어가요.

문장은 주어와 동사로
이루어져 있습니다.

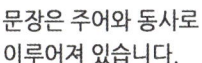

그리고 목적어와

그리고 보어,

그리고 목적격 보어..

토익 빈출 단어! Check up!

아래 단어를 보고, 이미 알고 있는 단어에 ✓ 표시해 봅시다.

중요도 ⭐⭐⭐

☐ discuss	☐ announce	☐ follow	☐ beneficial	☐ innovative
☐ strong	☐ productive	☐ interesting	☐ brief	☐ specific
☐ attractive	☐ artificial	☐ defective	☐ full	

중요도 ⭐⭐

☐ procedure	☐ review	☐ measure	☐ competition	☐ article
☐ session	☐ requirement	☐ plant	☐ product	☐ refund

중요도 ⭐

☐ additional	☐ promote	☐ devise	☐ improve	☐ delivery

토익이 좋아하는 **짝꿍표현**

학습 목표 | 토익 Part 5&6의 핵심인 어휘 문제를 한 방에 해결할 수 있는 토익 짝꿍표현들을 먼저 익혀 봅시다.

1 동사 + 목적어

discuss a problem
문제를 **논의하다**

announce a plan
계획을 **발표하다**

follow a procedure
절차를 **따르다**

2 형용사 + 명사

a **beneficial** review
도움이 되는 평가

an **innovative** measure
혁신적인 방법

strong competition
심한 경쟁

짝꿍표현 뜯어보기

discuss
동 논의하다
파 discussion 명 논의

announce
동 발표하다
파 announcement 명 발표

procedure
명 절차

beneficial
형 도움이 되는, 이로운
파 benefit 명 이익

review
명 평가, 검토
동 평가하다, 검토하다

innovative
형 혁신적인
파 innovation 명 혁신

measure
명 방법, 방책
동 측정하다

competition
명 경쟁
파 competitive 형 경쟁적인

productive
형 생산적인
파 productivity 명 생산성

brief
형 짧은, 간략한
동 알려주다, 요약하다

session
명 모임, 기간

specific
형 구체적인, 특정한
파 specify 동 구체화하다

requirement
명 요구사항
파 require 동 요구하다

attractive
형 매력적인
파 attract 동 끌다

artificial
형 인공의

refund
명 환불

a productive worker
생산적인 직원

an interesting article
흥미로운 기사

a brief session
짧은 모임

a specific requirement
구체적인 요구사항

an attractive design
매력적인 디자인

an artificial plant
인공 식물

a defective product
결함이 있는 제품

a full refund
전액 환불

토익정답과 친해지는 **EXERCISE** 빈칸에 알맞은 단어를 선택하세요.

정답 및 해석/해설 p. 008

1 The Clan Research Institute ------- a plan to build two additional factories in China.

(A) announced (B) rose

2 All students should meet the ------- requirements for the class.

(A) artificial (B) specific

3 Mr. Adams will be promoted as he devised a very ------- measure to improve the company's delivery system.

(A) brief (B) innovative

어휘 additional 추가의 factory 공장 meet 충족시키다 promote 승진시키다 devise 고안하다, 창안하다
improve 개선하다 delivery 운송의

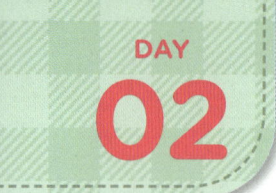

Grammar

보어와 목적어

학습 목표 | 문장의 기본 요소인 보어와 목적어를 배워 봅시다. 특히 각 자리에 어떤 형태의 단어가 올 수 있는지 꼭 알아 두세요.

개념 1 주격 보어 주격 보어는 주어의 의미를 보충해 줍니다.

주어   동사   주격 보어
The watch / was expensive.
그 시계는 / 비쌌다

어떤 동사들은 주어의 성격, 상태, 특징 등을 설명해 주는 말(주격 보어)을 필요로 한다.

I am. (X) 나는 이다.
주어 동사
➔ 주어와 동사가 있지만 I(나)가 무엇인지 알 수 없으므로 완성된 문장이 아니에요.

I am **a teacher**. (O) 나는 선생님이다.
주어 동사   주격 보어
➔ I(나)에 대한 설명이 있으므로 올바른 문장이에요. 이처럼 문장을 만들기 위해 반드시 보어가 필요한 동사들이 있습니다.

| 주격 보어가
필요한 동사 | be ~이다 | become ~이 되다 | remain ~로 남아 있다 |
| | look ~인 것 같다 | seem ~인 것 같다 | appear ~인 것 같다 |

📍 **자동사 알고 가기**
자동사란 목적어가 필요 없는 동사를 말하며, 뒤에 보어가 필요한 동사를 불완전 자동사라고 부른다.

🔥 **토익 고수 단계!**
주격 보어가 필요한 동사는 수동태가 불가능하다. 뒤에 목적어를 취할 수 있는 동사만 수동태가 가능하다.
예)
was remain**ed** (X)

토익정답과 친해지는 **EXERCISE** 주격 보어에 밑줄을 그으세요.

정답 및 해석/해설 p. 008

1 Your review was beneficial.
2 The measures seem innovative.
3 The competition remains strong.

🏷️ **단어 콕콕!**
review 논평
beneficial 도움이 되는,
이익이 되는
measures 조치, 방법
innovative 혁신적인
competition 경쟁

 **2** 주격 보어 자리 – 명사 or 형용사 주어와 보어가 동일하지 않으면 주격 보어 자리에 형용사가 옵니다.

주격 보어 자리(형용사)

The informational session / was **brief**.

그 정보 모임은 / 짧았다

1 주격 보어 자리에는 명사나 형용사가 올 수 있다. 주어와 보어가 같으면 명사 보어가, 같지 않으면 형용사 보어가 쓰인다.

Mr. Nelson was **a member**. 넬슨 씨는 회원이었다.
　　주어　　　　　　주격 보어(명사)

Mr. Nelson = a member (O)
　　명사　　　　명사

→ Mr. Nelson(넬슨 씨)도 사람이고 a member(회원)도 사람이므로 'Mr. Nelson = a member'
　의 관계가 성립하죠? 따라서 주격 보어 자리에 명사 보어 a member가 쓰였습니다. 명사 보어는
　주어와 동등한 것으로 '주어 = 주격 보어' 관계가 성립해요.

The information was **useful**. 그 정보는 유용했다.
　　주어　　　　　　주격 보어(형용사)

information = use (X)
　명사　　　명사

→ information(정보)과 use(사용)는 같지 않죠? 따라서 주격 보어 자리에 형용사 보어 useful이
　쓰였습니다.

2 단어의 끝말을 보면 품사를 알 수 있다. 다음 형태로 끝나는 단어는 주로 형용사로 쓰인다.

 형용사 끝말

-tive crea**tive** 창의적인	**-sive** inten**sive** 집중적인
-able fashion**able** 유행하는	**-ible** elig**ible** ~을 할 수 있는
-ful help**ful** 도움이 되는	**-ous** previ**ous** 이전의
-tic automa**tic** 자동의	**-nal** internatio**nal** 국제적인
-ent effici**ent** 효율적인	

토익 고수 단계! 🔥

주격 보어 자리에 오는 형용사는 주어의 상태나 성질을 나타내며, 주격 보어 자리에 오는 명사는 주어의 신분이나 자격을 나타낸다.

앗! 이거 주의해야 돼! ★

-al로 끝나는 단어는 형용사뿐만 아니라 '명사'로도 쓰이는 경우가 있다.
예)
arriv**al** 도착
deni**al** 부인

토익정답과 **친해지는** **EXERCISE** 다음 중 알맞은 것을 선택하세요.

정답 및 해석/해설 p. 009

1 Ms. Bong is (reliable / reliability).

2 The service became (available / availability).

3 The product seemed (defective / defect).

단어 콕콕!

reliable 믿을 수 있는
available 이용 가능한
product 제품, 상품
defective 결함이 있는

동사   목적어
Mr. Ward / **purchased** / **new equipment**.
워드 씨는 / 구매했다 / 새로운 장비를

---

1 어떤 **동사들은 동사의 대상이 되는 말(목적어)**을 필요로 한다.

You like. (X) 당신은 좋아한다.
주어 동사
→ 주어 You와 동사 like가 있지만 '무엇을' 좋아하는지 알 수 없으므로 완성된 문장이 아니에요.

You like music. (O) 당신은 음악을 좋아한다.
주어 동사   목적어
→ 당신(You)이 '무엇을' 좋아하는지 알 수 있으므로 올바른 문장이에요. 이처럼 문장을 만들기 위해
반드시 목적어가 필요한 동사들이 있습니다.

2 어떤 **동사들은 두 개의 목적어**를 가질 수 있다. 이런 동사는 대부분 '주다'의 의미를
가지고 있으며, '~에게 …을 주다'로 해석된다.

I gave Mr. Kim a book. 나는 김 씨에게 책 한 권을 주었다.
동사   목적어1(~에게) 목적어2(~을)
→ 동사 give(주다) 뒤에 두 개의 목적어가 있죠? 첫 번째 목적어는 '~에게'로, 두 번째 목적어는
'~을'로 해석됩니다.

목적어를
두 개 가지는 동사

give ~에게 ~을 주다   offer ~에게 ~을 제공하다
grant ~에게 ~을 승인하다   award ~에게 ~을 수여하다

> **목적어란?**
> 동사가 하는 행위의 대상을 나타내는 것으로, 우리말 '~을/를'로 해석되는 것을 말한다.
> 예)
> 나는 **토익을** 공부한다.

> **타동사 알고 가기**
> 동사 뒤에 반드시 목적어가 있어야 하는 동사를 말한다.
> 예)
> We **hired new**
>   타동사
> **employees**.
>   목적어
> 우리는 **신입 직원을** 채용했다.

토익정답과 친해지는 **EXERCISE** 목적어에 밑줄을 그으세요.

정답 및 해석/해설 p. 009

1 We will discuss the problem.

2 The company announced a new plan.

3 The manager granted all employees vacation.

> **단어 쏙쏙!**
> discuss 토론하다
> announce 발표하다, 알리다
> grant 허락하다, 승인하다

 **개념 4** **목적어 자리 – 명사** 목적어 자리에는 명사가 쓰입니다.

목적어 자리(명사)

Mr. Cowell / will accept / **assistance** / from the company.

코웰 씨는 / 받아들일 것이다 / 지원을 / 회사로부터

1 목적어 자리에 쓰이는 품사는 명사이다.

Mr. Kim has inform. (✗) 김 씨는 알리다를 가지고 있다.
　　　　　　　목적어 자리(동사)

→ inform(알리다)은 동사원형이므로 목적어 자리에 올 수 없어요.

Mr. Kim has **information**. (○) 김 씨는 정보를 가지고 있다.
　　　　　　　목적어 자리(명사)

→ information(정보)은 명사이므로 목적어 자리에 올 수 있어요.

2 목적어 자리에는 명사를 대신하여 나타내는 말인 대명사도 쓰일 수 있다.

The company will need **him**. 회사는 그를 필요로 할 것이다.
　　　　　　　목적어 자리(대명사)

토익 고수 단계!🔥

목적어 자리에는 '~하는 것'으로 해석되는 'to + 동사원형', '동사 + -ing', '~라는 점'으로 해석되는 'that절' 등도 올 수 있다.

예)

Mr. Briggs enjoys **talking**
　　　　동사　　목적어
　　　　　　　(동사 + -ing)
with you.

브리그스 씨는 당신과 **이야기하는 것**을 좋아한다.

📍 **대명사란?**

사람이나 사물의 이름을 대신 나타내는 말, 또는 그런 말들을 지칭하는 품사를 말한다. 인칭대명사(I, she, he 등)와 지시대명사(this, that 등), 부정대명사(all, most, some 등) 등으로 나뉜다.

━━━ **토익정답**과 친해지는 **EXERCISE** 다음 중 알맞은 것을 선택하세요. ━━━

정답 및 해석/해설 p. 009

1 The manager received (nominations / nominates) for employee of the month.

2 We will ensure (confidential / confidentiality) for all of our clients.

3 You should fulfill the specific (requirements / required) for this job.

단어 콕콕!

nomination 추천, 지명
ensure 보장하다
confidentiality 기밀사항
fulfill 충족하다
specific 구체적인
requirement 요구사항, 필요

The system / <u>made</u> / all workers / **productive**.

동사 | 목적어 | 목적격 보어

그 시스템은 / 만들었다 / 모든 직원들을 / 생산적으로

어떤 동사들은 목적어와 목적격 보어(목적어의 성격, 상태, 특징 등을 설명해 주는 말)를 가질 수 있다.

I will <u>make</u> you **happy**. 내가 너를 행복하게 만들어 줄게.

make 목적어 목적격 보어

→ '너(you)'가 행복한(happy) 상태가 되는 것이므로 happy는 목적어(you)의 상태를 설명해 주는 목적격 보어입니다.

'목적어 + 목적격 보어'를 가지는 동사

consider ~을 …로 간주하다	find ~을 …로 생각하다[여기다]
keep ~을 …인 상태로 유지하다	make ~을 …하게 만들다
leave ~을 …에 (계속) 있게 만들다[그대로 두다]	

토익 고수 단계! 🔥

동사 자리에 사역동사(make, let, have)가 오면 목적어와 목적격 보어와의 관계를 따져봐야 한다. 목적어가 스스로 할 수 있으면 목적격 보어 자리에 동사원형, 목적어가 당하는 의미이면 목적격 보어 자리에 p.p.를 쓴다.

예)

He had <u>you</u> **review** the report.
그는 당신이 보고서를 **검토하도록** 했다.

He had the report **reviewed**.
그는 보고서가 **검토되도록** 했다.

토익정답과 친해지는 EXERCISE 목적격 보어에 밑줄을 그으세요.

정답 및 해석/해설 p. 010

1 Ms. Edwards kept her workplace tidy.

2 We found your articles interesting.

3 Please make your report brief.

단어 콕콕

tidy 깨끗한, 정돈된
article (신문이나 잡지 등의) 기사
brief 짧은

개념 6 목적격 보어 자리 – 명사 or 형용사

목적어와 목적격 보어가 동일하지 않으면 목적격 보어 자리에 형용사가 옵니다.

Ms. Johnson / found / the painting /
목적격 보어 자리(형용사)
attractive.

존슨 씨는 / 생각했다 / 그 그림이 / 매력적이라고

keep/find/consider/make 등의 동사는 목적어와 목적격 보어를 가질 수 있다. 목적격 보어 자리에는 명사나 형용사가 올 수 있으며 목적어와 보어가 같으면 명사 보어가, 같지 않으면 형용사 보어가 쓰인다.

We made Mr. Nelson **a member**. 우리는 넬슨 씨를 회원으로 만들었다.
　　　　　목적어　　　목적격 보어(명사)

Mr. Nelson = a member (○)
　명사　　　　　명사

→ 'Mr. Nelson = a member'의 관계가 성립하기 때문에 목적격 보어 자리에 명사 보어(a member)가 쓰였어요. 명사 보어는 목적어와 동등한 것으로 '목적어=목적격 보어' 관계가 성립해요.

We consider the information **useful**.
　　　　　목적어　　　목적격 보어(형용사)

우리는 그 정보가 유용하다고 간주한다.

information = use (✕)
　명사　　　　명사

→ information(정보)과 use(사용)는 같지 않으므로 목적격 보어 자리에 형용사 보어(useful)가 쓰였어요. 형용사 보어는 목적어의 상태나 성질을 나타내요.

토익 고수 단계! 🔥

목적격 보어 자리에 'to동사원형'이 쓰이는 관용적인 표현도 있다.
1) allow + 목적어 + **to동사원형**
목적어가 ~하는 것을 허락하다
2) advise + 목적어 + **to동사원형**
목적어에게 ~하도록 충고하다
3) expect + 목적어 + **to동사원형**
목적어가 ~하기를 기대하다

토익정답과 친해지는 **EXERCISE** 다음 중 알맞은 것을 선택하세요.

정답 및 해석/해설 p. 010

1 The company kept its marketing strategies (innovate / innovative).

2 Ms. Togo considered the plant (artificial / artificially).

3 Executives found the design (attractive / attractiveness).

단어 콕콕!

strategy 전략
innovative 혁신적인
consider 간주하다, 고려하다
artificial 인공의
executive 경영진, 임원
attractive 매력적인

토익 대표 유형 분석하기

학습 목표 | 문제의 유형을 확인한 후, 지문의 구조와 단서를 파악하면서 문제를 풀어 봅시다.

1 보어 자리 문제

According to the journal *Local Business*, / the demand (for seafood) /
부사구   주어

is currently ------ / in Toronto.
동사 부사   부사구

(A) stable   (B) stability
(C) stably   (D) stabilize

> **단서**
> be동사 뒤에 빈칸, 빈칸 뒤엔 부사어뿐이니 빈칸은 주격 보어 자리예요.

풀이 과정

STEP 1 보기 형태 확인: 보기의 끝말이 모두 다르므로 품사 문제다.

STEP 2 단서 확인: 수식어 역할을 하는 부사어를 제외하고 문장을 분석한다. 빈칸 앞에 be동사가 있으므로 빈칸은 주격 보어 자리다. 주격 보어가 될 수 있는 명사와 형용사 중 빈칸 바로 앞 부사(currently)의 수식을 받는 형용사가 정답이다.

STEP 3 보기 분석: (A) stable은 '형용사', (B) stability는 '명사', (C) stably는 '부사', (D) stabilize는 '동사'

STEP 4 정답 선택: 보기에 형용사는 –able이라는 형용사 끝말을 가진 stable(안정적인)뿐이므로 정답은 (A)!

해석 <로컬 비즈니스> 잡지에 따르면 / 해산물의 수요가 / 현재 안정적이다 / 토론토에서

2 목적어 자리 문제

Please show ------ / for theater attendants / by collecting your trash /
부사 동사   부사구   부사구

when you leave.
부사절

(A) consider   (B) considered
(C) consideration   (D) considerably

> **단서**
> 타동사 show 뒤에 빈칸, 빈칸 뒤엔 부사어뿐이니 빈칸은 show의 목적어 자리예요.

풀이 과정

STEP 1 보기 형태 확인: 보기의 끝말이 모두 다르므로 품사 문제다.

STEP 2 단서 확인: 빈칸 앞에는 목적어가 필요한 동사 show가 있고, 빈칸 뒤에는 수식어 역할을 하는 부사어뿐이니, 빈칸은 목적어 역할을 하는 명사 자리다.

STEP 3 보기 분석: (A) consider는 '동사원형', (B) considered는 '동사의 과거형 또는 과거분사', (C) consideration은 '명사', (D) considerably는 '부사'

STEP 4 정답 선택: 보기에 명사는 –tion이라는 명사 끝말을 가진 consideration(배려, 고려)뿐이므로 정답은 (C)!

해석 배려를 보여 주십시오 / 극장 안내원에 대한 / 쓰레기를 모으는 것으로 / 나가실 때

> **핵심 콕콕!**
> 반드시 외우고 시험장에 가자!
>
> **1번 포인트!**
> 보어 자리에는 명사나 형용사가 온다.
>
> **2번 포인트!**
> 목적어 자리에는 명사 상당어구(명사, 목적격 대명사, 동명사, to부정사, 명사절)만 올 수 있다.

> **단어 콕콕!**
>
> **according to** ~에 따르면
> **demand** 수요
> **currently** 현재
> **stability** 안정
> **stably** 안정되게
> **stabilize** 안정시키다
> **attendant** 안내원
> **trash** 쓰레기
> **consider** 고려하다
> **considerably** 상당히

자신감 쑥쑥! 실전 도전 Part 5

학습 목표 | 오늘 공부한 토익에 자주 출제되는 어휘와 대표 문장에 따른 문법 설명을 떠올리며 Part 5 실전 문제를 풀어 봅시다.

1. East Haven Street Parking Garage is not ------- for damage caused to any vehicle in the parking garage.

(A) responsible
(B) responsibly
(C) responsibility
(D) responsibilities

2. Good services and incentive programs will make your airlines ------- to customers.

(A) attracts
(B) attractive
(C) attractively
(D) attraction

3. Due to the ------- competition, Garner Foods had to reduce its product prices.

(A) artificial
(B) strong
(C) narrow
(D) vague

4. The revised inventory management policy became ------- at the start of the new fiscal year.

(A) effects
(B) effect
(C) effective
(D) effectively

5. ------- products can be exchanged within 7 days of purchase.

(A) Efficient
(B) Correct
(C) Defective
(D) Abrupt

6. It is ------- to wear protective gear when working with hazardous materials.

(A) advise
(B) advisably
(C) advises
(D) advisable

7. The new tablet has been popular among college students for its ------- design.

(A) attractive
(B) temporary
(C) upcoming
(D) absolute

8. The company uses efficient manufacturing processes to keep its merchandise -------.

(A) afforded
(B) affords
(C) affordable
(D) affording

9. Hot Springs Energy Consortium ------- Ms. Gladstone a job in research and development department.

(A) offered
(B) hired
(C) relocated
(D) created

10. All the members of the board gathered in the conference room and ------- the urgent problems.

(A) discussed
(B) discarded
(C) informed
(D) talked

자신감 쑥쑥! 실전 도전 Part 6

학습 목표 | 오늘 공부한 토익에 자주 출제되는 어휘와 대표 문장에 따른 문법 설명을 떠올리며 Part 6 실전 문제를 풀어 봅시다.

Questions 11-14 refer to the following e-mail.

Subject: Board meeting
Attached: HR Manual

Mr. Fox,

On behalf of all members of the Blau International Board of Advisors, I would like to welcome you to our team. The next meeting will be held at 6 P.M. on Tuesday, September 23. Please be -------, as we have many items on the agenda.
            11.

-------. Therefore, in this week's meeting, we will review ------- regarding qualifications
  12.   **13.**
for this position. We will also compile a list of possible questions to ask applicants.

To be prepared, we ask that you review the manual from Human Resources that provides interview -------. You can find it at the bottom of this e-mail.
                   14.

We look forward to working with you.

Sincerely,

Wilma Sanders
Blau International Board of Advisors, Chairperson

---

11. (A) punctual
(B) punctuality
(C) punctualities
(D) punctually

12. (A) Each of our new employees receives a detailed orientation.
(B) Your presentation on management and hiring is scheduled first.
(C) Blau Intl. is in the process of hiring a new regional manager.
(D) We have recently hired Mr. Daniel Townsend as regional manager.

13. (A) specify
(B) specified
(C) specifications
(D) specifies

14. (A) procedures
(B) subscribers
(C) Web sites
(D) associates

이것만은 꼭! 기억하세요.

보어와 목적어

개념 1 주격 보어

> 주격 보어는 주어의 의미를 보충해 줍니다.

주어　　동사　주격 보어
The watch / **was expensive**.
그 시계는 / 비쌌다

개념 2 주격 보어 자리 – 명사 or 형용사

　　　　　　　　　　　　　주격 보어 자리(형용사)
The informational session / was **brief**.
그 정보 모임은 / 짧았다.

> 주어와 보어가 동일하지 않으면
> 주격 보어 자리에 형용사가 옵니다.

개념 3 목적어

> 어떤 동사는 목적어를
> 필요로 합니다.

　　　　　　동사
Mr. Ward / **purchased** /
목적어
new equipment.
워드 씨는 / 구매했다 / 새로운 장비를

개념 4 목적어 자리 – 명사

　　　　　　　　　　　목적어 자리(명사)
Mr. Cowell / will accept / **assistance**
/ from the company.
코웰 씨는 / 받아들일 것이다 / 지원을 / 회사로부터

> 목적어 자리에는 명사가 쓰입니다.

개념 5 목적격 보어

　　　　　　　동사　　목적어
The system / made / all workers /
목적격 보어
productive.
그 시스템은 / 만들었다 / 모든 직원들을 / 생산적으로

> 목적격 보어는 목적어의 의미를
> 보충해 줍니다.

개념 6 목적격 보어 자리 – 명사 or 형용사

Ms. Johnson / found / the painting /
목적격 보어 자리(형용사)
attractive.
존슨 씨는 / 생각했다 / 그 그림이 / 매력적이라고

> 목적어와 목적격 보어가
> 동일하지 않으면
> 목적격 보어 자리에
> 형용사가 옵니다.

Good job 내일 또 봐요!

DAY 03

수식어

요기서 몸풀기!

빈칸이 주어와 동사, 보어와 목적어를 수식하는 자리임을 파악하고, 각 품사를 알맞게 꾸며주는 것을 찾는 문제예요.

1 **주어, 동사, 보어, 목적어 말고 나머지 애들은 다 무엇일까요?**
문장에서 주어, 동사, 보어, 목적어를 제외한 모든 요소는 꾸며주는 말(수식어)로, 꾸밈을 받는 말의 의미를 더욱 풍성하게 만들어 줍니다.

2 **어떻게 생긴 단어가 수식어의 역할을 하고, 어디에서 무엇을 수식할까요?**
각 품사별로 수식하는 단어나 위치가 다릅니다. 명사, 동사, 형용사를 수식하는 것이 무엇인지는 본문에서 하나하나 배워 봅시다.

서로를 보며 떠오르는 수식어를 이야기해 봅시다.

토익 빈출 단어! Check up! ───── 아래 단어를 보고, 이미 알고 있는 단어에 ✔ 표시해 봅시다.

중요도 ⭐⭐⭐ ─────

- ☐ quick
- ☐ additional
- ☐ reasonable
- ☐ recent
- ☐ informative
- ☐ upcoming
- ☐ briefly
- ☐ clearly
- ☐ slightly
- ☐ sharply
- ☐ urgently
- ☐ mutually
- ☐ increasingly
- ☐ relatively

중요도 ⭐⭐ ─────

- ☐ response
- ☐ duty
- ☐ survey
- ☐ seminar
- ☐ visit
- ☐ vary
- ☐ decline
- ☐ beneficial
- ☐ popular
- ☐ difficult

중요도 ⭐ ─────

- ☐ condition
- ☐ contract
- ☐ demand
- ☐ steadily

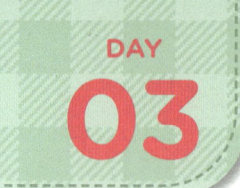

DAY 03

Vocabulary

토익이 좋아하는 **짝꿍표현**

학습 목표 | 토익 Part 5&6의 핵심인 어휘 문제를 한 방에 해결할 수 있는 토익 짝꿍표현들을 먼저 익혀 봅시다.

1 형용사 + 명사

a **quick** response
빠른 응답

additional duties
추가적인 임무

a **reasonable** price
적당한 가격

a **recent** survey
최근의 설문조사

an **informative** seminar
유익한 세미나

an **upcoming** event
다가오는 행사

짝꿍표현 뜯어보기

response
명 응답, 반응
파 respond 동 응답[반응]하다

additional
형 추가의
파 addition 명 추가

duty
명 임무, 의무

reasonable
형 (가격이) 적당한, 합리적인
파 reasonably 부 적당하게, 합리적으로

recent
형 최근의

informative
형 유익한

upcoming
형 다가오는

visit
동 방문하다

slightly
부 약간
파 slight 형 약간의

vary
동 다르다, 달라지다

sharply
부 급격히
파 sharp 형 급격한

decline
동 하락하다, 감소하다, 거절하다
명 감소, 쇠퇴

urgently
부 급히, 긴급하게
파 urgent 형 긴급한

mutually
부 상호 간에, 서로
파 mutual 형 상호 간의, 서로의

increasingly
부 점점 더
파 increasing 형 증가하는

relatively
부 비교적, 상대적으로
파 relative 형 상대적인

2 부사 + 동사

briefly visit
짧게 방문하다

clearly show
분명히 보여 주다

slightly vary
약간 다르다

sharply decline
급격히 하락하다

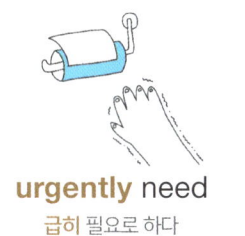

urgently need
급히 필요로 하다

3 부사 + 형용사

mutually beneficial
상호 간에 이로운

increasingly popular
점점 더 인기가 많은

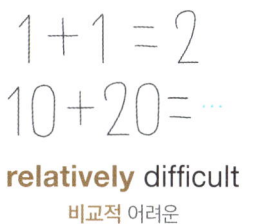

relatively difficult
비교적 어려운

토익정답과 친해지는 **EXERCISE** 빈칸에 알맞은 단어를 선택하세요.

정답 및 해석/해설 p. 014

1 Sneider Steel, Inc. ------- needs financial aids from the federal government.

(A) urgently   (B) briefly

2 The conditions of the contract between Keith Co. and Daren Motors were mutually
-------.

(A) beneficial   (B) popular

3 The ------- survey shows that the demand for leisure vehicles has steadily increased
for the last 6 months.

(A) upcoming   (B) recent

어휘 financial aids 재정 지원   federal government 연방 정부   condition (계약) 조항, 조건   contract 계약
beneficial 이익이 되는   popular 인기 있는   survey 조사   demand 수요   steadily 꾸준히

DAY 03

수식어

학습 목표 | 품사별로 어떤 수식어가 꾸며주는지, 어느 위치에서 수식하는지 배워 봅시다.

개념 1 명사를 앞에서 수식 – 관사/소유격/형용사

관사/소유격/형용사는 명사의 앞에 위치하여 수식합니다.

관사   형용사   명사
The comfortable furniture / will fit in /

소유격   형용사   명사
your new office.

그 편안한 가구는 / 어울릴 것이다 / 당신의 새로운 사무실에

1 관사는 명사의 앞에 위치하여 수식한다.

a(an) 하나의, 어떤   the 그

a person 한 사람, 어떤 사람
관사   명사

the book 그 책
관사   명사

2 소유격은 명사의 앞에 위치하여 수식한다.

my 나의	your 너의	his 그의	her 그녀의
our 우리의	their 그들의, 그것들의	its 그것의	명사 + -'s 명사의

your job 너의 직업
소유격 명사

the **company's** location 그 회사의 위치
소유격   명사

3 형용사는 명사를 앞에서 수식한다.

형용사는 easy(쉬운), important(중요한), helpful(도움이 되는) 등 명사의 성격이나 상태를 설명해 주는 단어를 말해요. 형용사 단독으로 또는 관사나 소유격과 함께 명사의 앞에 위치하여 수식해요.

important task 중요한 업무
형용사   명사

innovative design 혁신적인 디자인
형용사   명사

토익 고수 단계! 🔥

관사나 소유격 표현이 형용사와 함께 명사를 수식할 경우, 관사나 소유격이 형용사 앞에 위치한다. 즉, '관사/소유격 + 형용사 + 명사'의 어순을 취한다.
예)
your creative work (O)
소유격   형용사
너의 창조적인 작품
creative your work (X)
형용사   소유격
창조적인 너의 작품

앗! 이거 주의해야 돼! ✱

명사의 뒤에 위치하여 수식할 수 있는 형용사도 있다.
예)
materials **available**
이용 가능한 재료
a solution **possible**
가능한 해결책

토익정답과 친해지는 EXERCISE 다음 중 알맞은 것을 선택하세요.

정답 및 해석/해설 p. 015

1 Many employees received (add / additional) duties.

2 The popular restaurant provides (reasonable / reasonably) prices.

3 We will attend (the upcoming / upcoming the) event.

단어 콕콕!

additional 추가의
duty 업무, 임무
reasonable 적당한, 합리적인
upcoming 곧 있을

 **개념 2** 명사를 뒤에서 수식 – '전치사 + 명사 덩어리'

'전치사 + 명사 덩어리'는 명사의 뒤에 위치하여 수식합니다.

We / will release / the result ^{명사} /
<u>of the recent survey</u>.
전치사 + 명사 덩어리

우리는 / 발표할 것이다 / 결과를 / 최근 설문조사의

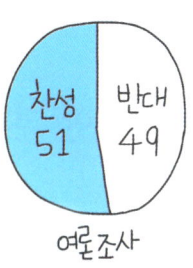

여론조사

'전치사 + 명사 덩어리'는 명사의 뒤에 위치하여 수식한다.

the trees **in the park**
명사　　　전치사 + 명사 덩어리

나무들 ← 공원에 있는

the cup **on the table**
명사　　　전치사 + 명사 덩어리

컵 ← 테이블 위에 있는

a gift **for my brother**
명사　　　전치사 + 명사 덩어리

선물 ← 남동생을 위한

📍 **전치사란?**

명사보다 앞에 위치해서 그것과의 관계(위치, 시간, 방향, 소유 등)를 나타내는 품사를 말한다.

예)
in the park 공원 안에
→ 공원 '안'이라는 '위치'를 나타내요.

to the park 공원으로
→ 공원을 '향해' 간다는 '방향'을 나타내요.

토익정답과 친해지는 **EXERCISE** '전치사 + 명사 덩어리'가 수식하는 명사에 밑줄을 그으세요.

정답 및 해석/해설 p. 015

1 The tour **with Chelsia Travel Company** will depart tomorrow.

2 They urgently needed compensation **for damage**.

3 Your quick response **to our requests** is much appreciated.

🏷 **단어 콕콕!**

tour 관광, 여행
depart 떠나다, 출발하다
urgently 긴급히
compensation 보상
damage 손해, 피해
response 답변, 반응
request 요구
appreciate 감사하다

Ms. Johnson / **briefly** visited / a supplier.

존슨 씨는 / 짧게 방문했다 / 한 공급업체를

---

1 부사는 동사를 수식해서 동사의 의미를 풍성하게 만들어 준다. **가장 대표적인 부사 끝말은 -ly이다.**

frequently meet 자주 만나다
부사　　　 동사

clearly mark 분명히 표시하다
부사　　 동사

regularly check 정기적으로 점검하다
부사　　　 동사

2 동사를 수식할 때 부사의 위치는 자유로운 편이다.

frequently meet customers 고객을 자주 만나다
부사　　　 동사

➡ 부사가 동사 앞에서 동사를 수식해요.

= meet customers **frequently**
　　동사　　목적어　　　부사

➡ 부사가 동사와 목적어 뒤에서 동사를 수식해요.

3 '전치사 + 명사 덩어리'는 동사를 수식하는 역할도 한다.

I work **in the office**. 나는 사무실에서 일한다.
동사　 전치사 + 명사 덩어리

The movie started **at 5 P.M.** 그 영화는 오후 다섯 시에 시작했다.
동사　 전치사 + 명사 덩어리

🔍 부사란?
문장의 동사나 형용사, 문장 전체 등을 더 자세하게 설명해 주고 꾸며주는 역할을 하는 것을 말한다.
예)
나는 토익을 **열심히** 공부한다.

🔍 부사의 형태
가장 대표적인 부사 끝말은 -ly이다. 형용사에 -ly를 붙이면 부사의 형태가 된다.
예)
careful(형용사) + **-ly** →
care**ful**ly(부사)
조심스러운 + -ly → 조심스럽게
efficient(형용사) + **-ly** →
efficient**ly**(부사)
효과적인 + -ly → 효과적으로

토익정답과 친해지는 **EXERCISE** 다음 중 알맞은 것을 선택하세요.

정답 및 해석/해설 p. 016

1 The representative (clear / clearly) showed his commitment.

2 The new manager runs the department (successful / successfully).

3 John finished the relatively difficult job **without my help**(finished 수식 / job 수식).

🏷 단어 콕콕!
representative 직원
commitment 헌신
run 운영하다, 경영하다
department 부서
successfully 성공적으로
relatively 비교적

 **개념 4** **형용사 수식 – 부사(형용사 + -ly)** 부사는 형용사를 수식할 수 있습니다.

The supervisor / has / an **extremely** busy
　　　　　　　　　　　　　부사　　형용사
schedule.

그 상사는 / 가지고 있다 / 극도로 바쁜 일정을

1 부사는 형용사를 앞에서 수식해서 형용사의 의미를 더욱 풍성하게 만들어주는
역할도 한다.

very important 매우 중요한　　**completely** satisfied 완전히 만족한
　부사　　형용사　　　　　　　　　부사　　　　　형용사

unusually cold 평소와 다르게 추운
　부사　　형용사

2 -ly로 끝나지 않는 부사도 있다.

-ly로 끝나지　　very 매우　　also 또한　　well 잘　　quite 꽤　　still 여전히
않는 부사

📍 **부사가 수식하지 못하는 품사는?**

부사는 동사와 형용사뿐만 아니라, 문장 전체 또는 다른 부사를 수식할 수 있지만, 명사는 수식하지 못한다.

🔥 **토익 고수 단계!**

부사 well은 일반 형용사와 부사는 거의 수식하지 않으며 동사를 주로 수식한다.
예)
He cooks **well**. (O)
　　　동사
well effective (X)
　　　형용사

토익정답과 친해지는 **EXERCISE** 다음 중 알맞은 것을 선택하세요.

정답 및 해석/해설 p. 016

1 The agreement between the two companies was (mutual / mutually) beneficial.

2 This product is (increasingly / increased) popular among business owners.

3 The service will become (readily / ready) available soon.

📑 **단어 콕콕!**

agreement 합의, 동의
mutually 상호 간에
beneficial 유익한, 이로운
increasingly 점점 더
among ~ 사이에
owner 소유자, 주인
readily 손쉽게, 기꺼이
available 이용 가능한

토익 대표 유형 분석하기

학습 목표 | 문제의 유형을 확인한 후, 지문의 구조와 단서를 파악하면서 문제를 풀어 봅시다.

1 명사 수식 문제

All products / (made by the Electra Corporation) / must meet ------
　　　주어　　　　　　　　　　　　　　　　　　　　　　　　　　　동사
standards / before they are sold.
　목적어　　　　부사절
(A) rigors　　　　　　(B) rigorous
(C) rigor　　　　　　 (D) rigorously

단서
동사와 목적어 사이의 빈칸은 목적어인 명사를
앞에서 꾸며주는 형용사 자리예요.

풀이 과정

STEP 1 보기 형태 확인: 보기의 끝말이 모두 다르므로 품사 문제다.

STEP 2 단서 확인: 수식어 역할을 하는 부사어를 제외하고 문장을 분석하니, 주어, 동사, 목적어를 갖춘 완벽한 문장이다. 따라서 동사와 목적어 사이의 빈칸은 목적어인 명사를 앞에서 꾸며 주는 관사/소유격/형용사 자리이다.

STEP 3 보기 분석: (A) rigors는 '명사 복수형', (B) rigorous는 '형용사', (C) rigor는 '명사 단수형', (D) rigorously는 '부사'

STEP 4 정답 선택: 보기에 형용사는 –ous라는 형용사 끝말을 가진 rigorous(엄격한)뿐이므로 정답은 (B)!

해석 모든 제품들은 / 엘렉트라 사에 의해 만들어진 / 엄격한 기준을 충족해야 한다 / 판매되기 전에

2 동사 수식 문제

Ralph Smythe / ------ opened five restaurants / in the Montgomery area /
　　주어　　　　　　　　　동사　　　목적어　　　　　　　부사구
last quarter.
　부사구
(A) success　　　　　(B) successful
(C) succeeded　　　 (D) successfully

단서
주어와 동사 사이의 빈칸은 동사를 앞에서
꾸며주는 부사 자리예요.

풀이 과정

STEP 1 보기 형태 확인: 보기의 끝말이 모두 다르므로 품사 문제다.

STEP 2 단서 확인: 부사어를 제외하고 문장을 보니, 주어, 동사, 목적어를 갖춘 완벽한 문장이다. 따라서 주어와 동사 사이의 빈칸은 동사를 앞에서 수식하는 부사 자리다.

STEP 3 보기 분석: (A) success는 '명사', (B) successful은 '형용사', (C) succeeded는 '동사의 과거형 또는 과거분사', (D) successfully는 '부사'

STEP 4 정답 선택: 보기에 부사는 –ly라는 부사 끝말을 가진 successfully(성공적으로)뿐이므로 정답은 (D)!

해석 랄프 스미드 씨는 / 성공적으로 다섯 개의 식당을 개업했다 / 몽고메리 지역에 / 지난 분기에

핵심 콕콕!

반드시 외우고 시험장에 가자!

1번 포인트!
명사를 앞에서 수식할 수 있는 것은 관사와 소유격, 그리고 형용사이다.

2번 포인트!
부사는 명사를 제외하고 동사와 형용사, 부사, 그리고 문장 전체를 수식한다.

단어 콕콕!

corporation 회사
meet 충족시키다
standard 기준, 표준
rigor 엄격
rigorously 엄격하게
quarter 분기
success 성공
successful 성공적인
succeed 성공하다, 계승하다

자신감 쑥쑥! 실전 도전 Part 5

학습 목표 | 오늘 공부한 토익에 자주 출제되는 어휘와 대표 문장에 따른 문법 설명을 떠올리며 Part 5 실전 문제를 풀어 봅시다.

DAY 03 수식어

3초 문제

1. The ------- government is funding new initiatives to support small businesses and startups.

   (A) locally
   (B) locality
   (C) local
   (D) localizing

3초 문제

2. Hamilton Electronics always provides ------- guidelines on the usage of all their electronic equipment.

   (A) specifically
   (B) specifics
   (C) specify
   (D) specific

이거 어려워!

3. The employees were pleased that no additional ------- were assigned to them.

   (A) benefits
   (B) supports
   (C) invitations
   (D) duties

4. Since the company implemented new policies, overall expenses have ------- declined.

   (A) sharply
   (B) frequently
   (C) urgently
   (D) sincerely

5. The intern learned the necessary skills ------- and impressed the supervisor with his work.

   (A) quickly
   (B) quick
   (C) quicken
   (D) quickening

이거 어려워!

6. A ------- rewarding career requires a solid education and relevant experience.

   (A) financial
   (B) financially
   (C) finances
   (D) finance

3초 문제

7. JPS, Inc. intends to sell its products in India in ------- with the Whitmore Group.

   (A) cooperate
   (B) cooperates
   (C) cooperation
   (D) cooperated

3초 문제

8. The data analysis software has ------- supported the product development.

   (A) succeed
   (B) succeeded
   (C) successful
   (D) successfully

9. The charity organization will hold a meeting next week to prepare for the ------- event.

   (A) recent
   (B) upcoming
   (C) adjacent
   (D) numerous

10. The deadline for the submission of proposals is this Friday, so we need a ------- response to the questionnaire.

    (A) quick
    (B) busy
    (C) fragile
    (D) significant

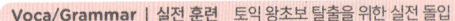

실전 훈련

자신감 쑥쑥! 실전 도전 Part 6

학습 목표 | 오늘 공부한 토익에 자주 출제되는 어휘와 대표 문장에 따른 문법 설명을 떠올리며 Part 6 실전 문제를 풀어 봅시다.

Questions 11-14 refer to the following e-mail.

Date: 8 April
To: Benjamin Mills <bmills@geode.net>
From: Claire Montaigne <cmontaigne@whitecreek.com>
Subject: Content Development Position

Thank you for your ------- White Creek Publishing. We are one of the leading textbook
          11.

publishers for topics in math and science. Your teaching experience ------- suits our
                                  12.

company's mission.

We have reviewed your résumé, and we would like to schedule an online interview with
you for next week. Please let us know when you are available. We will ask you some
questions about your previous work during the interview. We will also share a -------
                                             13.

summary of our benefits package. Then, if the interview process is successful, you will
be ready to make your decision. -------. I look forward to speaking with you.
                                 14.

Claire Montaigne
Hiring Manager, White Creek Publishing

---

11. (A) arrival at
    (B) interest in
    (C) delivery of
    (D) order with

12. (A) perfect
    (B) perfection
    (C) perfectly
    (D) perfected

13. (A) brief
    (B) satisfied
    (C) sharp
    (D) distant

14. (A) You can receive directions in the
         lobby.
    (B) White Creek Publishing was founded
         30 years ago.
    (C) The interview will last 45 minutes.
    (D) We appreciate the work you have
         done for us.

이것만은 꼭! 기억하세요.

수식어

개념 1 명사를 앞에서 수식 – 관사/소유격/형용사

관사/소유격/형용사는 명사의 앞에 위치하여 수식합니다.

관사 형용사 명사 소유격 형용사 명사
The comfortable furniture / will fit in / **your new** office.

그 편안한 가구는 / 어울릴 것이다 / 당신의 새로운 사무실에

개념 2 명사를 뒤에서 수식 – '전치사 + 명사 덩어리'

명사 전치사 + 명사 덩어리
We / will release / **the result** / **of the recent survey**.

우리는 / 발표할 것이다 / 결과를 / 최근 설문조사의

'전치사 + 명사 덩어리'는 명사의 뒤에 위치하여 수식합니다.

찬성 51 반대 49

여론조사

개념 3 동사 수식 – 부사와 '전치사 + 명사 덩어리'

부사 동사
Ms. Johnson / **briefly** visited / a supplier.

존슨 씨는 / 짧게 방문했다 / 한 공급업체를

부사와 '전치사 + 명사 덩어리'는 동사를 수식할 수 있습니다.

개념 4 형용사 수식 – 부사(형용사 + -ly)

부사는 형용사를 수식할 수 있습니다.

부사 형용사
The supervisor / has / an **extremely** busy schedule.

그 상사는 / 가지고 있다 / 극도로 바쁜 일정을

Good job 내일 또 봐요!

DAY 04

to부정사

요기서 몸풀기!

to부정사는 주로 to부정사의 역할을 묻는 문제가 나와요. 특히 문장에서 '~하기 위해서'라는 의미인 부사 역할의 to부정사가 가장 많이 출제됩니다.

1 **to부정사는 도대체 뭘까요?**
to부정사는 'to + 동사원형'의 형태를 말해요. 인칭 · 수 · 시제에 대하여 제약을 받지 않는다고 해서 '부정사'라는 이름이 붙었습니다.

2 **to부정사가 하는 일은 정확히 무엇일까요?**
to부정사는 문장에서 명사(~하는 것), 형용사(~할), 부사(~하기 위해서)의 역할을 할 수 있어요.

토익 빈출 단어! Check up!

아래 단어를 보고, 이미 알고 있는 단어에 ✓ 표시해 봅시다.

중요도 ⭐⭐⭐

☐ enlarge   ☐ make   ☐ collect   ☐ locate   ☐ select

☐ keep   ☐ market   ☐ discontinue   ☐ develop   ☐ sponsor

☐ place   ☐ elegant   ☐ sufficient   ☐ complete

중요도 ⭐⭐

☐ division   ☐ inquiry   ☐ suggestion   ☐ record   ☐ appliance

☐ plan   ☐ charity   ☐ order   ☐ inventory   ☐ schedule

중요도 ⭐

☐ benefit   ☐ promotion   ☐ generate   ☐ department   ☐ require

☐ quarter

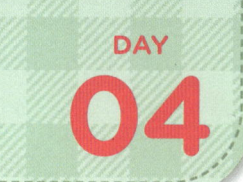
토익이 좋아하는 **짝꿍표현**

학습 목표 | 토익 Part 5&6의 핵심인 어휘 문제를 한 방에 해결할 수 있는 토익 짝꿍표현들을 먼저 익혀 봅시다.

1 동사 + 목적어

enlarge a division
부서를 **확장하다**

make an inquiry
문의하다

collect suggestions
제안사항을 **수집하다**

locate a restaurant
식당을 **찾아내다**

select a CEO
최고경영자를 **선정하다**

keep a record
기록해 두다

짝꿍표현 뜯어보기

enlarge
동 확장하다
파 enlargement 명 확장

collect
동 수집하다
파 collection 명 수집, 모음

suggestion
명 제안사항
파 suggest 동 제안하다

locate
동 위치를 찾아내다, 위치시키다
파 location 명 위치

record
명 기록
동 기록하다

market
동 (상품을) 내놓다, 광고하다
명 시장

discontinue
동 중단하다

appliance
명 가전기기

develop
동 (계획을) 세우다, 개발하다
파 development 명 개발

sponsor
동 후원하다
명 후원자

charity
명 자선 단체

place
동 (지시·명령·주문 등을) 하다, 두다, 놓다 명 장소

elegant
형 우아한
파 elegance 명 우아함

sufficient
형 충분한
파 sufficiency 명 충분함

inventory
명 재고

complete
형 완전한, 완료된
동 완성하다, 끝내다

market a product
제품을 광고하다

discontinue an appliance
가전기기 생산을 중단하다

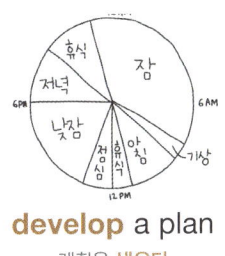

develop a plan
계획을 세우다

sponsor a charity
자선 단체를 후원하다

place an order
주문하다

2 형용사 + 명사

an **elegant** room
우아한 방

sufficient inventory
충분한 재고

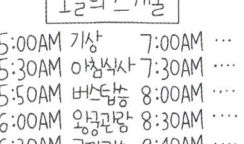

a **complete** schedule
완전한 스케줄

토익정답과 친해지는 **EXERCISE** 빈칸에 알맞은 단어를 선택하세요.

정답 및 해석/해설 p. 020

1 If you ------- an order online, you will benefit from the discount promotion.

(A) place (B) keep

2 Because the sales of the new cell phone have risen sharply, the previous model is being -------.

(A) generated (B) discontinued

3 All the department leaders are required to ------- a new business plan each quarter.

(A) develop (B) locate

어휘 benefit from ~에서 이득을 보다 promotion 홍보, 판촉 cell phone 휴대 전화 sharply 급격히
generate 창출하다, 발생시키다 department 부서 be required to V ~하도록 요구받다 quarter 분기

Grammar
to부정사

학습 목표 | to부정사의 특징과 역할을 배워 봅시다. 본문에 나오는 to부정사 숙어 표현은 반드시 외우고 넘어 갑시다.

개념 1 **to부정사의 형태와 특징** to부정사는 'to + 동사원형'의 형태로 동사처럼 목적어나 보어를 가질 수는 있지만 동사 자리에 쓰이지는 못합니다.

동사   동사의 목적어
The company / recently enlarged / two divisions /
to부정사   to부정사의 목적어
and it plans **to enlarge** / another division.
회사는 / 최근 확장했다 / 두 개의 부서를 / 그리고 확장할 계획이다 / 또 다른 부서를

10층	영업1부
11층	영업2부
12층	영업3부(신설)

안내데스크

1 to부정사는 'to + 동사원형' 형태로 '~하는 것', '~하는', '~하기 위해서'의 **세 가지 의미**로 쓰인다.

eat ice cream → 아이스크림을 먹다
to eat ice cream → 아이스크림을 먹는 것
to eat ice cream → 아이스크림을 먹는
to eat ice cream → 아이스크림을 먹기 위해서
➜ 동사 앞에 to를 붙였을 뿐인데 '~하다'가 '~하는 것' '~하는' '~하기 위해서'의 의미가 되죠?

2 to부정사는 **동사의 성격**을 가지므로 부사의 수식을 받고 목적어나 보어는 가질 수 있다.

to arrive early 일찍 도착하는 것[도착하는/도착하기 위해서]
to부정사   부사
to look happy 행복해 보이는 것[보이는/보이기 위해서]
to부정사   보어
to write a book 책을 쓰는 것[쓰는/쓰기 위해서]
to부정사   목적어
➜ to부정사는 동사에 to를 붙인 것이므로 동사의 성격을 가지고 있어요. 따라서 동사처럼 부사의 수식을 받고 보어나 목적어를 가질 수 있어요.

암기 꼭 ✿

to부정사 문제 출제 형태
1) ~ _____ + 동사원형
→ to가 정답
2) ~ to + _____
→ 동사원형이 정답

앗! 이거 주의해야 돼! ✱

to부정사는 동사의 성격을 가지고 있지만, 동사 자리에 쓸 수 없다.
예)
I **make** the movie. (O)
I **to make** the movie.
(X)
나는 영화를 만든다.

토익정답과 친해지는 EXERCISE 다음 중 알맞은 것을 선택하세요.

정답 및 해석/해설 p. 021

1 I want (make / to make) inquiries about the insurance policy.

2 The store (gave / to give) huge discounts to influence consumer spending.

3 The marketing team made the plan (collect / to collect) suggestions from customers.

🏷 **단어 콕콕!**

inquiry 문의
insurance policy
보험증권
influence 영향을 미치다
consumer 소비자
collect 수집하다, 모으다
suggestion 제안사항

개념 2 · to부정사의 역할 – 1. 명사

to부정사는 명사처럼 주어/보어/목적어 자리에 쓰일 수 있으며 '~하는 것'으로 해석됩니다.

명사 역할(목적어)

The director / wishes **to locate** / the best restaurants / with elegant rooms.

그 이사는 / 찾기를 원한다 / 최고의 식당을 / 품격 있는 방을 갖춘

1 to부정사는 '~하는 것, ~하기'의 의미로 명사 역할을 할 수 있으므로 주어/보어/목적어 자리에 올 수 있다.

It is good for your health **to walk every day**.

(가주어)   　　　　　　　　　　　명사 역할(진주어)

매일 걷는 것은 건강에 좋다.

→ to부정사가 주어로 쓰일 때는 '가주어(it) ~ 진주어(to부정사)'의 형태로 쓰여요. 동명사(-ing)와는 달리 to부정사는 문두에서 주어의 역할을 할 수 없어요.

My goal is **to become** a competent translator.

　　　　　　명사 역할(보어)

나의 목표는 유능한 번역가가 되는 것이다.

→ to become(to부정사)은 '~가 되는 것'이라는 의미로 명사 역할을 할 수 있어요. 따라서 보어 자리에 올 수 있어요.

Michael wants **to find** a good partner.

　　　　　　　명사 역할(목적어)

마이클은 좋은 파트너를 찾기를 원한다.

→ to find(to부정사)는 '찾기'라는 의미로 명사 역할을 할 수 있어요. 따라서 동사의 목적어 자리에 올 수 있어요.

2 want(원하다)처럼 아직 이루어지지 않은 일이나 계획을 나타내는 동사들은 주로 to부정사를 목적어로 가진다.

to부정사를 목적어로 가지는 동사

want 원하다	hope 희망하다	wish 바라다
decide 결정하다	plan 계획하다	refuse 거절하다
fail 실패하다	agree 동의하다	strive 애쓰다

앗! 이거 주의해야 돼! ⁎

전치사의 목적어 자리에는 to부정사가 올 수 없다.

예)

We're excited **about**

　　　　　　　　전치사

to meet you. (X)

to부정사(전치사의 목적어 자리)

토익정답과 친해지는 **EXERCISE** 다음 중 알맞은 것을 선택하세요.

정답 및 해석/해설 p. 021

1 The board decided (to select / selects) a new CEO soon.

2 Ms. Holly refused (writing / to write) an explanation for her absence.

3 The accountant agrees (to keep / keeping) a record of the financial documents.

단어 콕콕!

board 이사회
select 선정하다, 뽑다
refuse 거부하다
explanation 설명서, 해명
absence 결근, 결석
accountant 회계사
keep a record 기록해 두다
financial 금융의, 재정의

 **개념 3** **to부정사의 역할 – 2. 형용사** to부정사는 명사를 뒤에서 수식할 수 있으며, '~할, ~하는'으로 해석됩니다.

Mr. Dubois / received an invitation / 명사

형용사 역할(명사 수식)
to speak at the international conference.

뒤부아 씨는 / 초대장을 받았다 / 국제회의에서 연설할

초대장
UN총회

to부정사는 '~할, ~하는'의 의미로 **형용사 역할**을 하여 **명사를 수식**할 수 있다.

We had an opportunity **to walk**. 우리는 걸을 기회를 가졌다.
　　　　　　　명사　　　　형용사 역할(명사 수식)

→ to walk(to부정사)는 '걸을'이라는 의미로 앞에 있는 명사를 수식할 수 있어요. 따라서 opportunity to walk는 '걸을 기회'라는 의미가 됩니다.

'명사 + to부정사'
표현

chance + to부정사 ~할 기회

opportunity + to부정사 ~할 기회

plan + to부정사 ~할 계획

effort + to부정사 ~하기 위한 노력

request + to부정사 ~하라는 요청

invitation + to부정사 ~하라는 초대

attempt + to부정사 ~하기 위한 시도

앗! 이거 주의해야 돼! ⭑

to부정사가 형용사 역할로 명사를 수식할 때는 명사 뒤에서 명사를 수식한다.
예)
food **to eat** (○)
to eat food (✕)
먹을 음식

토익정답과 친해지는 **EXERCISE** 다음 중 알맞은 것을 선택하세요.

정답 및 해석/해설 p. 022

1 The business discontinued the appliance in an effort (to reduce / reducing) losses.

2 The staff cleaned the warehouse in an attempt (to make / making) room for new inventory.

3 Ms. Bailey had a chance (market / to market) the product on television.

단어 콕콕!

discontinue 중단하다, 그만두다
appliance 가전기기
loss 손실
staff 직원
warehouse 창고
inventory 재고품
market 홍보하다

개념  to부정사의 역할 – 3. 부사

to부정사는 '~하기 위해서'라는 부사의 의미로 쓰여 문장 앞뒤에 위치할 수 있습니다.

Every employee / worked hard / **to achieve** record sales.

부사 역할(~하기 위해서)

모든 직원은 / 열심히 일했다 / 기록적인 매출을 달성하기 위해서

to부정사는 '~하기 위해서'의 의미로 **부사** 역할도 할 수 있다.

We went out **to walk** for a while.

부사 역할(~하기 위해서)

우리는 잠시 걷기 위해서 밖으로 나왔다.

→ to walk(to부정사)는 '걷기 위해서'라는 의미로 부사 역할을 할 수 있어요.

To enter the library, please present your identification.

부사 역할(~하기 위해서)

도서관에 들어가기 위해서, 당신의 신분증을 보여 주세요.

= Please present your identification **to enter** the library.

부사 역할(~하기 위해서)

→ to enter(to부정사)는 '들어가기 위해서'라는 의미로 부사 역할을 할 수 있어요. 부사의 위치는 문장 앞뒤에 자유롭게 올 수 있어요.

앗! 이거 주의해야 돼!

to부정사가 부사 역할을 할 때 '~하기 위해서'라는 의미 외에 '원인'이나 '이유'를 나타내어 '~하게 되어, ~하다니' 등의 해석도 가능하다.
예)
I am pleased **to meet** you.
당신을 만나게 되어 기쁘다.

'~하기 위해서' 영어 표현

'~하기 위해서'라는 의미는 to부정사 외에 'in order to + 동사원형'으로도 표현할 수 있다.
예)
We will visit the factory **to inspect** its equipment.
= We will visit the factory **in order to inspect** its equipment.
우리는 장비를 점검하기 위해서 그 공장을 방문할 것이다.

토익정답과 친해지는 EXERCISE 다음 중 알맞은 것을 선택하세요.

정답 및 해석/해설 p. 022

1 We will consult the designer (develops / to develop) a plan for the building.

2 The firm holds an annual event in order to (sponsor / sponsoring) the charity.

3 I need to see a complete schedule (to / for) buy the plane tickets.

단어 쏙쏙!

consult 상의하다
develop 전개시키다, 발달하다
firm 회사
hold (행사 등을) 개최하다
annual 연례의, 해마다
sponsor 후원하다
charity 자선 단체
complete 전부의, 완전한

의미상 주어와 목적격 보어로 쓰이는 to부정사

to부정사의 의미상 주어는 to부정사 앞에 'for + 명사'의 형태로 나타내며, to부정사를 목적격 보어로 취하는 동사가 있습니다.

Please send the documents / **for Mr. Kenjo** / to process your request.

의미상 주어(for + 명사)　to부정사

서류를 보내 주십시오 / 겐조 씨가 / 귀하의 요청사항을 처리할 수 있도록

1 to부정사 앞에 'for + 명사'를 써서 **행동의 주체**를 나타낼 수 있으며, 이것을 to부정사의 의미상 주어라고 한다.

We waited **for the chef** to prepare food.

의미상 주어　　　to부정사

우리는 요리사가 음식을 준비하기를 기다렸다.

→ 요리사(the chef)가 음식을 준비할(to prepare food) 것임을 나타내기 위해서 'for + 명사' 형태로 to부정사의 의미상 주어를 표시했어요. 이렇게 의미상 주어는 to부정사 앞에 위치해요.

2 to부정사는 **목적격 보어**로 쓰이기도 한다.

I asked my sister **to clean** the room.

동사　목적어　목적격 보어

나는 여동생에게 방을 치워달라고 부탁했다.

→ 동사의 목적어는 my sister(나의 여동생)이며, 여동생에게 '방을 치우도록(to clean the room)' 부탁하는 것이죠? to clean the room이 목적어(my sister)를 보충하는 말, 즉 목적격 보어로 쓰였어요.

to부정사를 목적격 보어로 취하는 동사

expect 기대하다	ask 요청하다
encourage 격려하다	require 요구하다
cause 야기하다	allow 허락하다
invite 요청하다	want 원하다
advise 충고하다	tell 명령하다

의미상 주어 생략

따로 표기하지 않아도 주어가 누구인지 알 수 있거나 보통 일반인들을 지칭할 때 to부정사의 의미상의 주어를 생략할 수 있다.

예)

It is hard (**for people**) to get up early.

(사람들은) 일찍 일어나는 것이 어렵다.

앗! 이거 주의해야 돼!

to부정사를 목적격 보어로 취하는 동사 중, expect/ask/want는 to부정사를 '목적어'로도 취할 수 있는 동사이다.

예)

We wanted **to hire** new employees.

동사　목적어

우리는 신입 직원들을 **고용하길** 원했다.

We wanted Mr. Lee to

동사　목적어

hire new employees.

목적격 보어

우리는 이 씨가 신입 직원들을 **고용하길** 원했다.

토익정답과 친해지는 **EXERCISE** 다음 중 알맞은 것을 선택하세요.

정답 및 해석/해설 p. 023

1 The hotel will arrange (for / of) an attendant to personally welcome guests at the airport.

2 The database is designed for managers (checking / to check) stores for sufficient inventory.

3 The judge required the corporation (release / to release) its tax records.

단어 쏙쏙!

arrange 준비하다
attendant 안내원, 수행원
personally 직접
sufficient 충분한
inventory 재고
judge 판사
require 요구하다
corporation 회사
release 발표하다

개념 6 to부정사 숙어 표현 to부정사가 숙어처럼 쓰이는 표현이 있습니다.

be likely to부정사(~할 가능성이 있다)

The company / **is likely to** offer incentives / to sales workers.

회사는 / 특별 보너스를 제공할 가능성이 있다 / 판매사원들에게

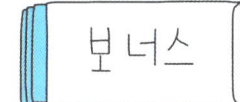

보너스

to부정사가 포함된 다양한 숙어 표현이 있다.

I **would like to** submit my résumé.

would like to부정사(~하고 싶다)

저는 제 이력서를 제출하고 싶습니다.

➜ 'would like to부정사'는 '~하고 싶다'라는 의미의 공손한 표현이에요.

You should **be able to** work efficiently.

be able to부정사(~할 수 있다)

당신은 효율적으로 일할 수 있어야 한다.

➜ 'be able to부정사'는 '~할 수 있다'라는 표현이에요.

to부정사
숙어 표현

be likely to부정사 ~할 가능성이 있다
be (un)able to부정사 ~할 능력이 있다(없다)
be eager to부정사 ~하기를 열망하다
be available to부정사 ~할 시간이 있다
be willing to부정사 ~하려고 하다
be going to부정사 ~할 것이다
be hesitant to부정사 ~하는 것을 망설이다
would like to부정사 ~하고 싶다

암기 꼭! 🔵

to부정사 관용 표현

1) too + 형용사/부사 + to부정사 → 너무 ~해서 …할 수 없다

예)

too heavy to carry
너무 무거워서 운반할 수 없는

2) 형용사/부사 + enough + to부정사 → ~할 정도로 충분히 …하다

예)

light enough to carry
운반할 정도로 충분히 가벼운

토익정답과 친해지는 EXERCISE 다음 중 알맞은 것을 선택하세요.

정답 및 해석/해설 p. 023

1 Nora, Inc. is unable (to accept / accepting) the low bid.

2 The representatives are available (to assist / assisting) customers all day.

3 Mr. Jordan is going (to announce / to announcing) his retirement at the ceremony.

단어 콕콕!

accept 받아들이다, 수용하다
bid 입찰가, 가격 제시
representative 직원
available (사람이) 시간이 있는
assist 돕다
announce 발표하다
retirement 은퇴
ceremony 식, 예식, 의식

토익 대표 유형 분석하기

학습 목표 | 문제의 유형을 확인한 후, 지문의 구조와 단서를 파악하면서 문제를 풀어 봅시다.

1 to부정사의 명사 역할 문제

According to the report, / Dynamo, Inc. / plans ------ $50 million /
　　부사구　　　　　　　　주어　　　　　동사　　　　목적어
to purchase PTR Heavy Industries.
　　　부사구

(A) offer　　　　　　(B) to offer
(C) offered　　　　　(D) will offer

단서
동사 plan(계획한다)은 to부정사를 목적어로
가질 수 있는 동사예요.

풀이 과정

STEP 1 보기 형태 확인: 보기에 동사와 동사가 아닌 것들이 섞여 있다.

STEP 2 단서 확인: 빈칸은 $50 million(5천만 달러)을 목적어로 취하면서 동사(plans)의 목적어 역할을 할 수 있는 to부정사 자리다.

STEP 3 보기 분석: (A) offer는 '명사 또는 동사', (B) to offer는 'to부정사', (C) offered 는 '동사의 과거형 또는 과거분사', (D) will offer는 '동사의 미래형'

STEP 4 정답 선택: 보기에 to부정사는 to offer뿐이므로 정답은 (B)!

해석 보도에 따르면 / 다이나모 사는 / 5천만 달러를 제공할 계획이다 / PTR 중공업을 인수하기 위해서

2 to부정사의 부사 역할 문제

The museum / is providing a special tour / to ------ its reopening /
　주어　　　　　동사　　　　목적어　　　　　　　부사구
after the renovations have been completed.
　　　　　부사절

(A) celebrate　　　　(B) celebrates
(C) celebrating　　　(D) celebration

단서
'~하기 위해서'라는 부사구를 만들 때 to와
목적어(명사) 사이의 빈칸은 동사원형 자리예요.

풀이 과정

STEP 1 보기 형태 확인: 보기에 동사와 동사가 아닌 것들이 섞여 있다.

STEP 2 단서 확인: 빈칸 앞은 주어, 동사, 목적어를 갖춘 완벽한 문장이고, 빈칸을 포함하는 부분은 to로 시작하는 부사구이다. 빈칸 뒤의 its reopening을 목적어로 취하면서 앞에 to를 둘 수 있는 보기가 정답이다. 명사는 목적어를 가질 수 없고, to 뒤에는 동사원형이나 -ing 형태만 올 수 있다.

STEP 3 보기 분석: (A) celebrate는 '동사원형', (B) celebrates는 '동사의 단수형', (C) celebrating은 '동명사 또는 현재분사', (D) celebration은 '명사'

STEP 4 정답 선택: -ing 앞에 오는 to는 전치사인데, 전치사 to로 시작하는 부사구는 '~에게' 로 해석되므로 (C)는 오답! '재개관을 축하하기 위해서'라는 뜻이 문맥상 어울리므로 to와 결합해 to부정사의 부사적 역할을 할 수 있는 (A) celebrate(축하하다)가 정답!

해석 박물관은 / 특별 관람을 제공하고 있습니다 / 재개관을 축하하기 위해서 / 보수가 끝난 후에

▶ 핵심 콕콕!

반드시 외우고 시험장에 가자!

1번 포인트!
plan(계획하다)처럼 아직 이루어지지 않은 일이나 계획을 나타내는 동사들은 주로 to부정사를 목적어로 갖는다.

2번 포인트!
부사구를 이루는 to부정사는 '~하기 위해서'라는 뜻이고, 전치사 to는 '~에게'라는 뜻이다.

◀ 단어 콕콕!

according to ~에 따르면
million 백만
purchase 사다
heavy industries 중공업
provide 제공하다
reopening 재개장[관]
renovation 보수
complete 끝마치다
celebration 축하

자신감 쑥쑥! 실전 도전 Part 5

학습 목표 | 오늘 공부한 토익에 자주 출제되는 어휘와 대표 문장에 따른 문법 설명을 떠올리며 Part 5 실전 문제를 풀어 봅시다.

DAY 04

to부정사

⏱ 3초 문제

1. The company is doing a survey ------- determine whether the consumer demand for portable computers is increasing.

(A) even though
(B) when
(C) as a result
(D) in order to

2. The new application will help users to easily and quickly ------- nearby restaurants, theaters, or hotels.

(A) enlarge
(B) assist
(C) arrive
(D) locate

이거 어려워!

3. Our online resources provide convenient ways for people ------- new skills efficiently.

(A) learn
(B) to learn
(C) learned
(D) learns

4. Employees who wish ------- their professional development can attend our upcoming training sessions.

(A) to continue
(B) continued
(C) continues
(D) continuing

5. The charity event has been ------- by a number of local businesses over the years.

(A) collected
(B) sponsored
(C) collaborated
(D) relied

6. The fundraiser provides donors with the opportunity ------- tickets to a special charity event.

(A) purchases
(B) to purchase
(C) purchased
(D) purchasing

⏱ 3초 문제

7. In an effort ------- the damage, David Smith started taking apart the engine to look at it.

(A) repair
(B) repairs
(C) would repair
(D) to repair

8. Forte, Inc. will aggressively ------- its new products in China to increase its sales profits.

(A) market
(B) avoid
(C) organize
(D) consist

9. The employees are expected ------- in the health and safety workshop on the 26th of May.

(A) to participate
(B) participation
(C) participating
(D) participate

10. The duty of Matthew Green is to regularly check if they have ------- inventory in the warehouse.

(A) efficient
(B) following
(C) sufficient
(D) expensive

자신감 쑥쑥! 실전 도전 Part 6

학습 목표 | 오늘 공부한 토익에 자주 출제되는 어휘와 대표 문장에 따른 문법 설명을 떠올리며 Part 6 실전 문제를 풀어 봅시다.

Questions 11-14 refer to the following letter.

Dear Ms. Robinson,

-------. We are pleased that you enjoy our magazine and want to continue reading
    11.
it. In order to ------- your request, we need to receive payment for the entire year's
        12.
subscription.

That amount is $49.00. You can pay by check or credit card. In addition, if you would
like ------- for 2 years, you have the opportunity to do that by paying only $75.00 right
    13.
now.

Let us know if you are interested in this offer. If you are unable to ------- us by phone,
        14.
please send an e-mail to us instead.

Sincerely,

Kim Gardener
Women's Health

---

11. (A) *Women's Health* reported a decrease in its subscription.

(B) Congratulations on winning a free sample of *Women's Health*!

(C) We received your request to renew your subscription.

(D) We highly appreciate your feedback.

12. (A) process

(B) collect

(C) locate

(D) discontinue

3초문제

13. (A) renew

(B) renewing

(C) to renew

(D) renews

14. (A) contact

(B) contacts

(C) contacting

(D) contacted

이것만은 꼭! 기억하세요.

to부정사

개념 1 to부정사의 형태와 특징

The company / recently enlarged (동사)
/ two divisions (동사의 목적어) / and it plans
to enlarge (to부정사) / another division. (to부정사의 목적어)

회사는 / 최근 확장했다 / 두 개의 부서를 / 그리고 확장할 계획이다 / 또 다른 부서를

> to부정사는 'to + 동사원형'의 형태로 동사처럼 목적어나 보어를 가질 수는 있지만 동사 자리에 쓰이지는 못합니다.

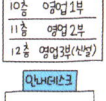

개념 2 to부정사의 역할 – 1. 명사

> to부정사는 명사처럼 주어/보어/목적어 자리에 쓰일 수 있으며 '~하는 것'으로 해석됩니다.

The director / wishes **to locate** (명사 역할(목적어)) /
the best restaurants / with elegant rooms.

그 이사는 / 찾기를 원한다 / 최고의 식당을 / 품격 있는 방을 갖춘

개념 3 to부정사의 역할 – 2. 형용사

Mr. Dubois / received an invitation (명사)
/ **to speak** (형용사 역할(명사 수식)) at the international conference.

뒤부아 씨는 / 초대장을 받았다 / 국제회의에서 연설할

> to부정사는 명사를 뒤에서 수식할 수 있으며 '~할, ~하는'으로 해석됩니다.

개념 4 to부정사의 역할 – 3. 부사

Every employee / worked hard /
to achieve (부사 역할(~하기 위해서)) record sales.

모든 직원은 / 열심히 일했다 / 기록적인 매출을 달성하기 위해서

> to부정사는 '~하기 위해서'라는 부사의 의미로 쓰여 문장 앞뒤에 위치할 수 있습니다.

개념 5 의미상 주어와 목적격 보어로 쓰이는 to부정사

> to부정사의 의미상 주어는 to부정사 앞에 'for + 명사'의 형태로 나타내며, to부정사를 목적격 보어로 취하는 동사가 있습니다.

Please send the documents /
for Mr. Kenjo (의미상 주어(for + 명사)) / **to process** (to부정사) your request.

서류를 보내 주십시오 / 겐조 씨가 / 귀하의 요청사항을 처리할 수 있도록

개념 6 to부정사 숙어 표현

> to부정사가 숙어처럼 쓰이는 표현이 있습니다.

The company / **is likely to** (be likely to부정사(~할 가능성이 있다)) offer incentives / to sales workers.

회사는 / 특별 보너스를 제공할 가능성이 있다 / 판매사원들에게

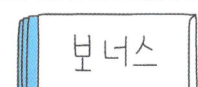

DAY 05

동명사

동명사 문제의 출제 빈도는 그리 높지 않아요. 주로 동명사가 들어가는 자리나 동명사 숙어 표현과 관련된 문제가 출제되는 편이에요.

1 동명사는 도대체 무엇일까요?

동명사는 '동사원형 + -ing'의 형태로 명사(~하는 것)의 역할을 하고, 동사처럼 목적어를 가질 수 있는 것을 말해요.

2 즉, 동사의 성격을 가진 명사가 동명사인데, 정확히 명사와 어떻게 다른 것일까요?

명사는 부사의 수식을 받을 수 없고 뒤에 보어나 목적어를 가질 수 없지만, 동명사는 부사의 수식을 받을 수 있고 뒤에 보어나 목적어를 가질 수 있어요.

─── 토익 빈출 단어! **Check up!** ─────── 아래 단어를 보고, 이미 알고 있는 단어에 ✔ 표시해 봅시다.

중요도 ⭐⭐⭐ ─────────────────────────

☐ afford   ☐ change   ☐ join   ☐ request   ☐ feature

☐ notify   ☐ cover   ☐ ensure   ☐ expand   ☐ maximize

☐ negotiate   ☐ pleasant   ☐ ongoing   ☐ minor

중요도 ⭐⭐ ─────────────────────────

☐ itinerary   ☐ association   ☐ copy   ☐ quality   ☐ presence

☐ potential   ☐ contract   ☐ environment   ☐ effort   ☐ error

중요도 ⭐ ─────────────────────────

☐ conference   ☐ invite   ☐ professional   ☐ postpone   ☐ presentation

Vocabulary

토익이 좋아하는 **짝꿍표현**

학습 목표 | 토익 Part 5&6의 핵심인 어휘 문제를 한 방에 해결할 수 있는 토익 짝꿍표현들을 먼저 익혀 봅시다.

1 동사 + 목적어

afford the price
그 가격을 낼 여유가 있다

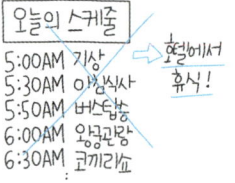

change an itinerary
여행 일정을 바꾸다

join an association
협회에 가입하다

request a copy
사본을 요청하다

feature the news
그 뉴스를 특집으로 다루다

notify the company
회사에 알리다

짝꿍표현 뜯어보기

afford
⑧ (~을 할[살]) 금전적[시간적] 여유[능력]가 있다

itinerary
⑲ 여행 일정(표)

join
⑧ 가입하다

copy
⑲ 사본, (책·잡지 등) 한 부
⑧ 복사하다

feature
⑧ 특집으로 싣다, 특징으로 가지다
⑲ 특징

notify
⑧ 알리다, 통보하다
cf. notify A of B A에게 B를 알리다

ensure
⑧ 보장하다

expand
⑧ 확장하다
⑪ expansion ⑲ 확장

presence
⑲ 영역, 영향(력), 참석

maximize
⑧ 극대화하다

potential
⑲ 잠재력
⑲ 잠재적인

negotiate
⑧ 협상하다
⑪ negotiation ⑲ 협상

contract
⑲ 계약
⑧ 계약하다

pleasant
⑲ 쾌적한, 유쾌한

ongoing
⑲ 지속적인, 계속 진행 중인

minor
⑲ 사소한
⑪ minority ⑲ 소수

cover the fee
비용을 포함하다

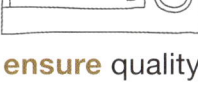
ensure quality
품질을 보장하다

expand the company's presence
회사의 영역을 확대하다

maximize the potential
잠재력을 극대화하다

negotiate a contract
계약을 협상하다

2 형용사 + 명사

a **pleasant** environment
쾌적한 환경

an **ongoing** effort
지속적인 노력

minor errors
사소한 실수들

토익정답과 친해지는 **EXERCISE** 빈칸에 알맞은 단어를 선택하세요.

정답 및 해석/해설 p. 027

1 The conference organizers did not use the hotel because they could not ------- its price.

(A) afford   (B) feature

2 Many companies were invited to ------- the professional financial association in Atlanta.

(A) request   (B) join

3 Because of minor ------- in the sales report, the marketing director decided to postpone his presentation.

(A) errors   (B) environments

어휘 conference 회의   organizer 주최자, 조직자   be invited to V ~하도록 요청받다   professional 전문적인   financial 금융의   association 협회   request 요구하다   postpone 연기하다   presentation 발표   environment 환경

Grammar

동명사

학습 목표 | 동명사의 특징과 역할을 배워 봅시다. 본문에 나오는 동명사 숙어 표현은 반드시 외우고 넘어 갑시다.

개념 **1** 동명사의 형태와 특징

동명사는 '동사원형 + -ing'의 형태로 동사처럼 목적어나 보어를 가질 수는 있지만 동사 자리에 쓰이지는 못합니다.

The agent / usually writes reviews / in the newspaper /
_{동사} _{동사의 목적어}

but is now considering **writing** reviews / online.
_{동명사} _{동명사의 목적어}

그 에이전트는 / 보통 논평을 쓴다 / 신문에 / 하지만 지금은 논평 쓰는 것을 고려 중이다 / 온라인상에

---

1 동명사는 '**동사원형 + -ing**'의 형태로 '~하는 것'의 의미를 가지며 **동사의 성격을** 가지고 있다.

arriving early 일찍 도착하는 것
동명사   부사

looking happy 행복해 보이는 것
동명사   보어

writing a book 책을 쓰는 것
동명사   목적어

➡ 동명사는 동사에 -ing를 붙인 것이므로 '~하는 것'으로 해석돼요. 그러나 동사의 성격을 가지고 있어서 동사처럼 부사의 수식을 받고, 보어나 목적어를 가질 수 있습니다.

2 동명사는 명사처럼 쓰이지만, **명사와 달리 목적어를 가질 수 있고 앞에 관사를 쓸 수 없다는** 차이가 있다.

selecting the members (O) 멤버들을 선택하는 것
동명사   목적어

the **producing** of movies (X) 영화 제작하기
관사   동명사

➡ 동명사는 명사의 역할을 하기 때문에 명사와 쓰임이 유사해요. 하지만 명사와 달리 목적어를 가질 수 있고 앞에 관사를 쓸 수 없다는 차이가 있어요. 반면에 명사는 목적어를 가질 수 없지만 앞에 관사를 붙여야 합니다.

토익정답과 친해지는 **EXERCISE** 다음 중 알맞은 것을 선택하세요.

정답 및 해설/해설 p. 028

1 I mind (receive / receiving) the employee training during the weekend.

2 Ms. Long (can afford / affording) the price of the room.

3 (Create / Creating) a pleasant environment for guests is important.

앗! 이거 주의해야 돼!

동명사는 동사의 성격을 가지고 있지만, 동사 자리에 쓸 수 없다.
예)
I **make** the movie. (O)
I **making** the movie.(X)
나는 영화를 **만든다**.

동명사와 to부정사의 공통점

둘 다 동사처럼 목적어나 보어를 수반하며, 부사의 수식을 받는다. 둘 다 문장의 주어, 목적어, 보어 자리에 올 수 있다.
예)
[주어 자리의 동명사와 to부정사]
Opening a branch
동명사   목적어
= **To open** a branch
to부정사   목적어
지점을 **여는 것**

단어 콕콕!

mind 꺼리다
employee 직원
weekend 주말
afford ~할 여유가 있다
pleasant 쾌적한, 즐거운
environment 환경

개념 2 동명사의 역할 – 1. 주어와 보어

동명사는 주어/보어 자리에 쓰일 수 있으며 '~하는 것'으로 해석됩니다.

Enhancing your career / requires / an ongoing effort.
주어

당신의 경력을 강화하는 것은 / 요구한다 / 지속적인 노력을

1 동명사는 '~하는 것'의 의미로 명사 역할을 할 수 있다.

2 동명사는 주어 자리에 올 수 있다.

Walking every day is good for your health.
주어

매일 걷는 것은 건강에 좋다.

➜ walking(동명사)은 '걷는 것'이라는 의미로 명사 역할을 할 수 있어요. 따라서 주어 자리에 올 수 있습니다.

3 동명사는 보어 자리에 올 수 있다.

My goal is **becoming** a competent translator.
보어

나의 목적은 유능한 번역가가 되는 것이다.

➜ becoming(동명사)은 '~가 되는 것'이라는 의미로 명사 역할을 할 수 있어요. 따라서 보어 자리에 올 수 있습니다.

앗! 이거 주의해야 돼! ✱

동사 + -ing → 명사
동사 뒤에 -ing가 붙은 형태인데도 동명사가 아닌 명사인 것이 있다.
예)
begin**ning** ⑱ 시작
meet**ing** ⑱ 회의
train**ing** ⑱ 훈련

토익 고수 단계! 🔥

주어 자리에 동명사가 오면 동사는 단수 동사를 쓴다.
예)
Expanding operations
동명사(주어 자리)
(**is** / ~~are~~) hard.
단수 동사
사업을 **확장하는 것은** 어렵다.

토익정답과 친해지는 EXERCISE 다음 중 알맞은 것을 선택하세요.

정답 및 해석/해설 p. 028

1 (Showing / Shows) consideration for others is respectful.

2 Nancy's job is (review / reviewing) applications.

3 (Changing / Change) the itinerary will be difficult.

단어 콕콕!

consideration 배려, 숙고
respectful 예의 바른, 존경심을 보이는
review 검토하다
application 지원서
itinerary 여행 일정

The reporter / featured the item / in the news /
전치사 전치사의 목적어
without **notifying** the company.
기자는 / 그 기사를 특집으로 다뤘다 / 뉴스에서 / 회사에 알리지 않고

1 동명사는 **동사의 목적어 역할**을 할 수 있다.

Michael is considering **finding** a new partner.
동사 동사의 목적어

마이클은 새로운 파트너를 찾는 것을 고려하고 있다.

→ finding(동명사)은 '찾는 것'이라는 의미로 명사 역할을 할 수 있어요. 따라서 동사의 목적어 자리에 올 수 있습니다.

동명사를 목적어로 가지는 동사

consider 고려하다	avoid 피하다	suggest 제안하다
keep 계속하다	enjoy 즐기다	deny 부인하다
postpone 연기하다	mind 꺼리다	recommend 추천하다

2 동명사는 **전치사의 목적어 역할**을 할 수 있다.

I am interested in **meeting** you. 나는 당신을 만나는 것에 관심이 있다.
전치사 전치사의 목적어

→ meeting(동명사)은 '만나는 것'이라는 의미로 명사 역할을 할 수 있어요. 따라서 전치사의 목적어 자리에 올 수 있습니다.

암기꼭 🔑

to부정사와 동명사를 모두 목적어로 가지는 동사도 있다.
continue, begin, propose, prefer, like, love, intend 등
예)
continue (to drink / drinking) (O)

앗! 이거 주의해야 돼!*

to부정사는 전치사의 목적어 자리에 쓰지 않는다.
예)
~ without **to notify** (X)

단어 콕콕

avoid 피하다
minor 작은, 사소한
request 요구하다
receipt 영수증
cover 충당하다, 돈을 대다
extra 추가의
instead of ~대신에
charge 청구하다

토익정답과 친해지는 EXERCISE 다음 중 알맞은 것을 선택하세요.

정답 및 해석/해설 p. 028

1 I avoid (making / to make) minor errors at work.

2 The customer kept (requesting / to request) a copy of the receipt.

3 The store covered the extra fees instead of (to charge / charging) the customer.

 개념 **4** 동명사 숙어 표현 동명사와 결합하여 쓰이는 다양한 숙어 표현이 있습니다.

upon(on) + -ing(~하자마자)
Upon receiv**ing** the shipment, / we will send you the invoice.

선적물을 받자마자 / 우리는 당신에게 송장을 보낼 것이다

1 전치사 to 뒤에 오는 동명사 숙어 표현이 있다.

We look forward **to going** there. 우리는 그곳에 가기를 고대한다.
　　　look forward to(전치사) + 동명사(-ing)
→ 전치사 to가 쓰인 look forward to 다음에는 동명사(-ing)가 옵니다. 여기서 to가 to부정사의 to인지, 전치사의 to인지 형태적으로 구별하기 힘드니 표현과 쓰임을 통째로 기억해 두어야 해요.

'전치사 to + 동명사' 표현

be committed[dedicated/devoted] to -ing ~에 헌신하다
look forward to -ing ~을 고대하다
be accustomed[used] to -ing ~에 익숙해져 있다
object to -ing ~에 반대하다
in addition to -ing ~하는 것뿐만 아니라

앗! 이거 주의해야 돼!
전치사 'to' vs. to부정사의 'to'
전치사 to + 명사/동명사
to부정사의 to + 동사원형
→ 전치사 to는 '~에게, ~에(로)'라고 해석하고, to부정사는 '~하는 것, ~할, ~하기 위해서'라고 해석해요.

2 동명사와 결합해서 쓰이는 다양한 숙어 표현들이 있다.

Kirsten **had difficulty** mak**ing** sentences.
　　　　　have difficulty + -ing(~하는 데 어려움을 겪다)
커스틴은 문장을 만드는 데 어려움을 겪었다.
→ have difficulty 뒤에는 -ing(동명사) 형태가 와서 '~하는 데 어려움을 겪다'의 의미로 사용돼요.

Please **refrain from** talk**ing** loudly. 크게 말하는 것을 삼가세요.
　　　refrain from + -ing(~하는 것을 삼가다)
→ refrain from 뒤에는 -ing(동명사) 형태가 와서 '~하는 것을 삼가다'의 의미로 사용돼요.

동명사 숙어 표현

have difficulty -ing ~하는 데 어려움을 겪다
refrain from -ing ~하는 것을 삼가다
feel like -ing ~하고 싶다
spend 시간/돈 -ing ~하는 데 시간/돈을 쓰다
be capable of -ing ~할 능력이 있다
prevent A from -ing A가 ~하지 못하도록 막다

be busy -ing ~하느라 바쁘다
on(upon) -ing ~하자마자
go -ing ~하러 가다

앗! 이거 주의해야 돼!
spend + 시간/돈 + on + 명사
시간/돈 뒤에 동명사가 아닌 '명사'가 오는 경우 명사 앞에 전치사 on을 써야 한다.

토익정답과 친해지는 **EXERCISE** 다음 중 알맞은 것을 선택하세요.

정답 및 해석/해설 p. 029

1 We are dedicated to (expand / expanding) our online presence.

2 Mr. Dean is accustomed to (lead / leading) a large group.

3 Mr. Bourne's laziness prevented him from (maximize / maximizing) his potential.

단어 콕콕!

expand 확장하다
presence 영역, 존재, 있음
laziness 게으름
maximize 최대화하다
potential 잠재력

토익 대표 유형 분석하기

학습 목표 | 문제의 유형을 확인한 후, 지문의 구조와 단서를 파악하면서 문제를 풀어 봅시다.

1 동명사의 역할 – 동사의 목적어 문제

Employees / must avoid ------- argumentative / with customers /
주어 ／ 동사 ／ 목적어 ／ 부사구

at all times.
부사구

(A) become   (B) becomes
(C) becoming   (D) to become

> **단서**
> 동사 avoid의 목적어 역할을 하는 빈칸은 동명사 자리예요.

풀이 과정

STEP 1 보기 형태 확인: 보기에 동사와 동사가 아닌 것들이 섞여 있다.

STEP 2 단서 확인: 형용사 argumentative를 보어로 취하면서 동사 avoid의 목적어 역할을 하는 빈칸은 동사와 명사의 성질을 모두 갖는 동명사 자리다.

STEP 3 보기 분석: (A) become은 '동사원형', (B) becomes는 '동사의 단수형', (C) becoming은 '동명사 또는 현재분사', (D) to become은 'to부정사'

STEP 4 정답 선택: 보기에 동명사는 becoming(되는 것)뿐이므로 정답은 (C)!

해석 직원들은 / 논쟁적으로 되는 것을 피해야 한다 / 고객들과 / 항상

2 동명사의 역할 – 전치사의 목적어 문제

Please try to remove the tape / from the box / without ------- a mark on it.
부사 동사 ／ 목적어 ／ 부사구 ／ 부사구

(A) leave   (B) leaves
(C) left   (D) leaving

> **단서**
> 전치사 without의 목적어 역할을 하는 빈칸은 동명사 자리예요.

풀이 과정

STEP 1 보기 형태 확인: 보기에 동사와 동사가 아닌 것들이 섞여 있다.

STEP 2 단서 확인: 동사와 목적어가 있는 완벽한 명령문이며, 부사구 안에 빈칸이 있다. a mark를 목적어로 취하고 전치사 without의 목적어 역할을 하는 빈칸은 동명사 자리다.

STEP 3 보기 분석: (A) leave는 '명사 단수형 또는 동사원형', (B) leaves는 '명사 복수형 또는 동사 단수형', (C) left는 '동사의 과거형 또는 과거분사', (D) leaving은 '동명사 또는 현재분사'

STEP 4 정답 선택: 보기에 동명사는 leaving(남기는 것)뿐이므로 정답은 (D)!

해석 테이프를 제거하도록 노력하세요 / 박스로부터 / 박스 위에 자국을 남기지 않고

핵심 콕콕!

반드시 외우고 시험장에 가자!

1번 포인트!
동명사는 명사와 마찬가지로 문장에서 주어, 보어, 목적어 역할을 할 수 있다.

2번 포인트!
전치사 뒤에 빈칸이 있고 그 뒤에 명사(목적어)가 있으면, 빈칸은 동명사 자리이다.

단어 콕콕!

avoid 피하다
argumentative 논쟁적인, 따지기 좋아하는
at all times 항상
remove 제거하다
without ~없이
mark 자국
leave 남기다

자신감 쑥쑥! 실전 도전 Part 5

학습 목표 | 오늘 공부한 토익에 자주 출제되는 어휘와 대표 문장에 따른 문법 설명을 떠올리며 Part 5 실전 문제를 풀어 봅시다.

이거 어려워!

1. In an ongoing ------- to access Asia markets, Rex Banking Group is opening a new branch in Japan.

(A) growth
(B) effort
(C) interest
(D) order

2. ------- extending the warranty, we are providing a complimentary maintenance service.

(A) Compared with
(B) Likewise
(C) In addition to
(D) Even if

3. Ms. Wilson plans on ------- the merger and how it is going to proceed at the meeting.

(A) outline
(B) outlined
(C) outlining
(D) outliner

4. The employees at Limelight, Inc. should ------- the company of any changes in their contact information.

(A) notify
(B) notice
(C) communicate
(D) speak

3초문제

5. Canterbury Software protects its properties by ------- security systems regularly.

(A) updates
(B) updating
(C) updated
(D) to update

3초문제

6. The company will consider ------- the new equipment if it improves production efficiency.

(A) to purchase
(B) purchasing
(C) has purchased
(D) purchase

7. Xenoah Electronics plans to ------- its full potential by varying its marketing strategies.

(A) specialize
(B) decline
(C) appear
(D) maximize

3초문제

8. Jane Marston has a great deal of experience in ------- talented individuals for important positions.

(A) selection
(B) selected
(C) selecting
(D) selective

9. Infinity Investments is committed to ------- its clients to achieve their financial goals.

(A) help
(B) helpful
(C) helped
(D) helping

10. The manufacturing company hired two lawyers to effectively ------- a very delicate contract.

(A) ensure
(B) negotiate
(C) cover
(D) manufacture

자신감 쑥쑥! 실전 도전 Part 6

학습 목표 | 오늘 공부한 토익에 자주 출제되는 어휘와 대표 문장에 따른 문법 설명을 떠올리며 Part 6 실전 문제를 풀어 봅시다.

Questions 11-14 refer to the following memo.

Memorandum
Schema Footwear

To: All employees
RE: Congratulations to our product design team!

Please join me in ------- the recent accomplishments of our product design team. They
               11.
will receive the Design of the Year Award at the upcoming industry conference. Mark
Trust, project leader, will accept the award ------- the team. This is a significant -------
                                        12.   **13.**
for the whole company, since the award is a testament to the hard work and dedication
of our product design team. -------. It has been scheduled for next Wednesday, and
                          14.
we encourage everyone to attend.

---

11. (A) recognize
    (B) recognizes
    (C) recognizing
    (D) to recognize

12. (A) except for
    (B) in accordance with
    (C) according to
    (D) on behalf of

13. (A) guideline
    (B) production
    (C) category
    (D) achievement

14. (A) The department will hire three new
       graphics designers.
    (B) The new line of shoes will launch on
       March 20.
    (C) We will have a special dinner to
       celebrate the team's success.
    (D) These changes will help us compete
       with our competitor's latest products.

이것만은 꼭! 기억하세요.

동명사

 개념 1 동명사의 형태와 특징

동명사는 '동사원형 + -ing'의 형태로 동사처럼 목적어나 보어를 가질 수는 있지만 동사 자리에 쓰이지는 못합니다.

The agent / usually <u>writes</u> <u>reviews</u> / in the newspaper /but is
　　　　　　　동사　　동사의 목적어

now considering **writing** <u>reviews</u> / online.
　　　　　　　　동명사　　동명사의 목적어

그 에이전트는 / 보통 논평을 쓴다 / 신문에 / 하지만 지금은 논평 쓰는 것을 고려 중이다 / 온라인상에

개념 2 동명사의 역할 – 1. 주어와 보어

　　　　주어
Enhancing your career / requires / an ongoing effort.

당신의 경력을 강화하는 것은 / 요구한다 / 지속적인 노력을

동명사는 주어/보어 자리에 쓰일 수 있으며 '~하는 것'으로 해석됩니다.

개념 3 동명사의 역할 – 2. 목적어

동명사는 동사나 전치사의 목적어 자리에 쓸 수 있습니다.

The reporter / featured the item / in the news / <u>without</u>
　　　　　　　　　　　　　　　　　　　　　　　전치사
전치사의 목적어
notifying the company.

기자는 / 그 기사를 특집으로 다뤘다 / 뉴스에서 / 회사에 알리지 않고

개념 4 동명사 숙어 표현

upon(on) + -ing(~하자마자)
Upon receiving the shipment, / we will send you the invoice.

선적물을 받자마자 / 우리는 당신에게 송장을 보낼 것이다

동명사와 결합하여 쓰이는 다양한 숙어 표현이 있습니다.

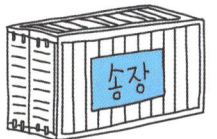

Good job! 내일 또 봐요!

06

분사

분사는 형용사 역할을 하는 분사형용사 문제나 부사구 역할을 하는 분사구문 문제 등 다양한 유형의 문제가 나와요.

1 **분사는 어떻게 만들어졌고, 어떤 역할을 할까요?**
분사는 동사에 -ing나 -ed 형태가 붙어 만들어졌어요. '~하는'이라는 의미로 쓰이는 '동사원형 + -ing'는 현재분사라고 하고, '~되는'이라는 의미로 쓰이는 동사의 p.p.형은 과거분사라고 합니다. 둘 다 형용사 역할을 해요.

2 **현재분사와 과거분사의 쓰임은 어떻게 다를까요?**
현재분사는 '~하는'이라는 '능동'의 의미로 쓰이고, 과거분사는 '~되는'이라는 '수동'의 의미로 써여요.

토익 빈출 단어! Check up!

아래 단어를 보고, 이미 알고 있는 단어에 ✓ 표시해 봅시다.

중요도 ⭐⭐⭐

☐ versatile ☐ unexpected ☐ estimated ☐ confusing ☐ notable

☐ challenging ☐ rewarding ☐ leading ☐ promising ☐ commercial

☐ designated ☐ overwhelming ☐ contain ☐ cause

중요도 ⭐⭐

☐ furniture ☐ outcome ☐ improvement ☐ volume ☐ experience

☐ competitor ☐ candidate ☐ location ☐ instruction ☐ inconvenience

중요도 ⭐

☐ participate ☐ local ☐ resident ☐ demonstration

☐ misleading

Vocabulary

토익이 좋아하는 **짝꿍표현**

학습 목표 | 토익 Part 5&6의 핵심인 어휘 문제를 한 방에 해결할 수 있는 토익 짝꿍표현들을 먼저 익혀 봅시다.

1 형용사 + 명사

versatile furniture
다용도 가구

an **unexpected** outcome
예상치 못한 결과

an **estimated** time
예상되는 시간

a **confusing** presentation
혼란스러운 발표

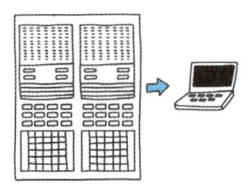

a **notable** improvement
눈에 띄는 개선

a **challenging** role
도전적인 역할

짝꿍표현 뜯어보기

versatile
형 다용도의, 다재다능한

outcome
명 결과

estimated
형 예상되는, 추정되는
파 estimation 추정치

confusing
형 혼란스러운
파 confusion 명 혼란

notable
형 눈에 띄는, 주목할 만한

volume
명 양, 음량

rewarding
형 보람 있는
파 reward 동 보상하다
명 보상

competitor
명 경쟁업체, 경쟁자
파 compete 동 경쟁하다

promising
형 유망한, 촉망되는

candidate
명 후보자, 지원자

commercial
형 상업의 명 광고
파 residential 형 주거의

designated
형 지정된

overwhelming
형 압도적인

contain
동 포함하다

instruction
명 설명(서), 지시사항
파 instruct 동 지시하다

inconvenience
명 불편(함)

a **rewarding** experience
보람 있는 경험

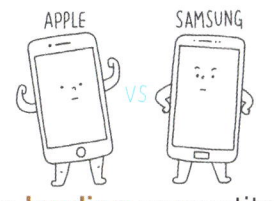

a **leading** competitor
주요 경쟁업체

a **promising** candidate
유망한 후보자

a **commercial** area
상업 지역

a **designated** location
지정된 위치

an **overwhelming** volume
압도적인 양

2 동사 + 목적어

contain instructions
설명서를 포함하다

cause an inconvenience
불편을 초래하다

토익정답과 친해지는 **EXERCISE** 빈칸에 알맞은 단어를 선택하세요.

정답 및 해석/해설 p. 033

1 Participating in the charity event was a ------- experience to many local residents.

(A) leading   (B) rewarding

2 Donalds.com says the ------- time to deliver its products to places within the town is 3 hours.

(A) unexpected   (B) estimated

3 Though Rachel is a new employee, she will be playing a ------- role in the upcoming demonstration.

(A) challenging   (B) misleading

어휘 participate in ~에 참가하다   charity 자선   local 지역의   resident 주민   leading 선도적인   within ~ 이내에
upcoming 곧 있을   demonstration 시연(회)   misleading 오해하게 하는

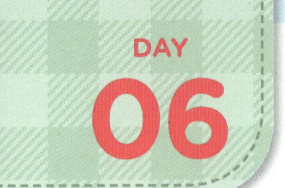

DAY
06

Grammar

분사

학습 목표 | 분사의 형태와 역할을 학습하고, 현재분사와 과거분사의 쓰임이 어떻게 다른지 배워 봅시다.

개념 **1** 분사의 형태와 특징 -ing 형태가 명사 역할을 하면 동명사이고 형용사 역할을 하면 현재분사입니다.

동사   동명사(동사의 목적어)
Mr. Thomas / is considering encouraging

분사(명사 수식)   명사
participation / in the **demanding** training session.

토마스 씨는 / 참여를 격려하는 것을 고려하고 있다 / 까다로운 훈련에

5개국어도 동시 트레이닝 100% 환불 보장!!

---

1 분사에는 현재분사와 과거분사가 있다.

write 쓰다   **writing** 쓰는   **written** 쓰인
동사   현재분사(동사원형 + -ing)   과거분사(동사의 p.p.형)

➔ 현재분사(동사원형 + -ing)는 '~하는'이라는 능동의 의미로 쓰이고, 과거분사(동사의 p.p.형, 주로 동사원형 + -ed)는 '~되는'이라는 수동의 의미로 쓰여요. 분사는 형용사 역할을 합니다.

2 현재분사는 동사의 성격을 가지고 있다.

arriving early 일찍 도착하는   **looking** happy 행복해 보이는
현재분사   부사   현재분사   보어

writing a book 책을 쓰는
현재분사   목적어

➔ 현재분사는 동사에 -ing를 붙인 것이므로 동사의 성격을 가지고 있어요. 따라서 동사와 마찬가지로 부사의 수식을 받고 보어나 목적어를 가질 수 있어요.

3 동명사와 현재분사는 형태가 똑같으므로 자리를 통해 구별해야 한다.

동명사	현재분사
Studying English is fun. 동명사(명사 자리) - 주어 영어를 공부하는 것은 재미있다.	The man **studying** English is my father. 현재분사(형용사 자리) - 명사 수식 영어를 공부하는 그 남자는 나의 아버지이다.

➔ 동명사와 현재분사는 형태가 -ing로 같기 때문에 헷갈리기 쉬워요. 명사 자리에 있으면 동명사이므로 '~하는 것'으로 해석되고, 형용사 자리에 있으면 분사이므로 '~하는'이라고 해석됩니다.

토익정답과 친해지는 **EXERCISE** 밑줄 친 -ing 형태가 동명사인지 분사인지 표시하세요.

정답 및 해석/해설 p. 034

1 The employee enjoys <u>developing</u> his marketing techniques.

2 Please see the manual <u>containing</u> instructions.

3 The bill is expensive because of <u>rising</u> electricity costs.

📍 현재분사와 과거분사의 형태

현재분사는 동사원형 뒤에 -ing, 과거분사는 주로 -ed를 붙이지만, 과거분사는 불규칙 형태가 있으므로 암기해야 한다.
예)
[동사원형-과거형-과거분사형]
take – took – taken
begin – began – begun
think – thought – thought

앗! 이거 주의해야 돼!

현재분사는 동사의 성격을 가지고 있지만, 단독으로 동사 자리에 쓸 수 없다.
예)
I **make** the movie. (O)
I **making** the movie. (X)
나는 영화를 만든다.

◀ 단어 콕콕!

develop 개발하다, 발전하다
technique 기법, 기술
manual 매뉴얼, 소책자
contain 포함하다
instruction 설명, 지시
bill 고지서
electricity 전기

개념 2 분사의 역할 – 1. 명사 수식
분사는 명사를 앞에서도, 뒤에서도 수식할 수 있습니다.

명사 수식   명사 수식

I will review / the **revised** document / **sent** by the editor.

분사   명사   분사

나는 검토할 것이다 / 수정된 서류를 / 편집장에 의해서 보내진

1 현재분사(동사 + -ing)와 과거분사(동사의 p.p.형)는 모두 **형용사 역할**을 하므로 명사 앞에서 명사를 수식할 수 있다.

명사 앞에서 수식

a **singing** bird 노래하는 새

현재분사   명사

→ singing(현재분사)은 '노래하는'이라는 의미로 뒤에 오는 명사 bird(새)를 수식할 수 있어요.

명사 앞에서 수식

the **painted** wall 페인트칠된 벽

과거분사   명사

→ painted(과거분사)는 '페인트칠된'이라는 의미로 뒤에 오는 명사 wall(벽)을 수식할 수 있어요.

2 현재분사(동사 + -ing)와 과거분사(동사의 p.p.형)가 **수식어를 동반하여 길어지면** 명사 뒤에서 명사를 수식한다.

명사 뒤에서 수식

a bird **singing in the tree** 나무에서 노래하는 새

명사   길어진 현재분사

→ singing(현재분사) 뒤에 in the tree가 붙어서 길어졌으므로 명사를 뒤에서 수식해요.

명사 뒤에서 수식

the wall **painted by my brother** 나의 남동생에 의해서 페인트칠된 벽

명사   길어진 과거분사

→ painted(과거분사) 뒤에 by my brother가 붙어서 길어졌으므로 명사를 뒤에서 수식해요.

토익 고수 단계! 🔥

being p.p.(~되어지고 있는)
과거분사 p.p. 앞에 being을 붙여서 수동 진행의 의미로도 나타낼 수 있다.
예)
products **being used**
사용되어지고 있는 제품들

📍 **뒤에서 수식하는 과거분사**
과거분사(p.p.)는 뒤에 수식어 없이도 단독으로 명사 뒤에서 명사 수식이 가능하다.
예)
the project **suggested**
제안된 프로젝트

토익정답과 친해지는 EXERCISE 다음 중 알맞은 것을 선택하세요.

정답 및 해석/해설 p. 034

1 It was an (unexpected / unexpectedly) outcome.

2 I completed the task in the (estimates / estimated) time.

3 I met the attendant (works / working) in the commercial building area.

🔖 **단어 폭퀵**

unexpected 예상치 못한
outcome 결과
complete 완료하다
task 일
estimated 예상된
attendant 직원, 종업원
commercial 상업의

 개념 **3** 분사의 역할 – 2. 보어 분사는 형용사 역할을 하므로 주격 보어와 목적격 보어로 쓰일 수 있습니다.

be동사 　주격 보어 　　keep 　　목적어 　　　목적격 보어

We are **pleased** / to keep our customers **satisfied**.

우리는 기쁩니다 / 계속 우리 고객을 만족시켜서

---

1 현재분사(동사 + -ing)와 과거분사(동사의 p.p.형)는 **형용사 역할을 하므로 주격 보어로 쓰일 수 있다.**

The movie is **interesting**. 그 영화는 흥미롭다.
　　　　　　be동사　　주격 보어

➜ 동사 interest(흥미롭게 만들다)의 현재분사형인 interesting은 '흥미로운'이라는 의미로 형용사 역할을 할 수 있어요. 따라서 주격 보어 자리에 쓰일 수 있어요.

2 현재분사(동사 + -ing)와 과거분사(동사의 p.p.형)는 **형용사 역할을 하므로 목적격 보어로 쓰일 수 있다.**

I will keep my clients **pleased** with my service.
　　　keep　　목적어　　목적격 보어

나는 서비스로 나의 고객들을 기쁘게 할 것이다.

➜ 동사 please(기쁘게 만들다)의 과거분사형인 pleased는 '기뻐하는, 만족하는'이라는 의미로 형용사 역할을 할 수 있어요. 따라서 목적격 보어 자리에 쓰일 수 있어요.

암기 꼭

주격 보어를 취하는 동사
be ~이다
seem ~인 것 같다
remain ~로 남아 있다
appear ~인 것 같다

암기 꼭

목적격 보어를 취하는 동사
keep 유지시키다
find ~라고 생각하다
make ~로 만들다
consider ~로 간주하다

토익정답과 친해지는 **EXERCISE** 다음 중 알맞은 것을 선택하세요.

정답 및 해석/해설 p. 034

1 Mr. Stuart's new role as manager is (challenging / challenges).

2 Many people found the experience (reward / rewarding).

3 The engineer seemed (qualification / qualified) for the project.

단어 콕콕!

role 역할
challenging 도전적인
experience 경험
rewarding 보람 있는,
~할 만한 가치가 있는
qualified 자격을 갖춘

개념 4 현재분사(-ing)를 쓰는 경우

현재분사(-ing)는 '(수식을 받는 명사가) ~하는'으로 해석될 때 씁니다.

주도하는(능동)

The **leading** competitor / made an aggressive effort / to win
　　현재분사　　　명사

the contract.

주요 경쟁업체는 / 적극적인 노력을 했다 / 계약을 따내기 위해

---

1 분사와 분사가 꾸미는 명사의 관계를 따져서 **명사가 '~하는(능동의 의미)'으로 해석될 때 현재분사(-ing)를 쓴다.**

여는(능동)

an **opening** speech 여는 연설(개회사)
　　현재분사　　명사

→ 수식을 받는 명사인 speech(연설)는 '열리는(수동)' 것이 아니라 행사를 '열어주는(능동)' 것이므로 현재분사가 쓰였어요.

파는(능동)

The woman **selling** ice cream is my sister.
　　명사　　현재분사

아이스크림을 파는 그 여자는 나의 여동생이다.

→ 수식을 받는 명사인 woman(여성)이 아이스크림을 '팔리는(수동)' 것이 아니라 '파는(능동)' 사람이므로 현재분사가 쓰였어요.

2 분사가 명사 뒤에서 명사를 꾸며줄 때, **현재분사(-ing)만 목적어를 가질 수 있다.** 따라서 분사 뒤에 목적어가 있으면 과거분사는 쓸 수 없다.

주는(능동)

I like the shop **giving** many free samples. (O)
　　　명사　현재분사　　　　목적어

나는 많은 샘플을 주는 가게를 좋아한다.

I like the shop **given** many free samples. (X)
　　　명사　과거분사　　　　목적어

→ giving many samples는 shop을 뒤에서 수식해요. giving 뒤에 목적어(many free samples)가 있으므로 과거분사 given은 쓸 수 없어요.

토익정답과 친해지는 EXERCISE 다음 중 알맞은 것을 선택하세요.

정답 및 해석/해설 p. 035

1 The (promised / promising) candidate will be a valuable addition to your company.

2 The factory considers the volume of sales (overwhelmed / overwhelming).

3 The manager talked to the employee (caused / causing) an inconvenience.

토익 고수 단계! 🔥

자동사는 과거분사 형태로 명사를 수식하지 못하고 오직 현재분사 형태로만 명사를 수식할 수 있다.

예)

existing equipment (O)
자동사 현재분사형

existed equipment (X)
자동사 과거분사형
기존 장비

🔖 단어 콕콕!

promising 전도유망한
candidate 지원자, 후보
addition 증원 인력, 추가, 부가
volume 양
consider 생각하다, 여기다
overwhelming 압도하는
inconvenience 불편함

The team members / will meet / at the

지정된(수동)
designated location.
과거분사   명사

팀원들은 / 만날 것이다 / 지정된 위치에서

1 분사와 분사가 꾸미는 명사의 관계를 따져서 **명사가 '~되는(수동의 의미)'으로 해석될 때 과거분사(동사의 p.p.형)를 쓴다.**

깨진(수동)
a **broken** window 깨진 창문
과거분사   명사

➔ 수식을 받는 명사인 window(창문)가 '깨는(능동)' 것이 아니라 '깨진(수동)' 것이므로 과거분사가 쓰였어요.

제공되는(수동)
The coffee **served** by Park Café is delicious.
명사   과거분사

파크 까페에 의해 제공되는 커피는 맛있다.

➔ 수식을 받는 명사인 coffee(커피)가 '제공하는(능동)' 것이 아니라 '제공되는(수동)' 것이므로 과거분사가 쓰였어요.

2 일하는 사람의 특징은 주로 과거분사(p.p.)로 표현한다.

일하는 사람의
특징을 설명하는
과거분사 표현

qualified 자격을 갖춘
experienced 노련한
skilled 숙련된
motivated 의욕이 있는
dedicated 헌신적인

+ worker, employee, technician
일꾼, 직원, 기술자

토익 고수 단계! 🔥

자동사와 타동사로 둘 다 쓰일 수 있는 동사는 -ing/p.p. 형태로 모두 명사를 수식을 할 수 있다.
예)
decreasing popularity
(O)
감소하는 인기

decreased popularity
(O)
감소된 인기

토익정답과 친해지는 **EXERCISE** 다음 중 알맞은 것을 선택하세요.

정답 및 해석/해설 p. 035

1 Employees have (unlimiting / unlimited) access to company resources.

2 The director approved the (proposing / proposed) changes to the building.

3 Our team will hire an (experiencing / experienced) guide for the business trip.

◀ **단어 쿡쿡**

unlimited 무제한의
access 이용, 접근
resource 자원, 자료
approve 승인하다
proposed 제안된
hire 고용하다
experienced 경험이 많은

개념 6 감정을 나타내는 분사

감정을 나타내는 분사의 경우, 사람은 과거분사(p.p.)로, 사물은 현재분사(-ing)로 수식합니다.

사람   과거분사(실망을 느낀)   현재분사(혼란스러운)

The <u>CEO</u> / was **disappointed** / with the **confusing**

사물

<u>presentation</u>.

최고경영자는 / 실망했다 / 혼란스러운 발표에

---

1 사람이 감정을 느낄 때는 **과거분사(p.p.)**가 사람을 수식한다.

disappointed CEO 실망한 최고경영자
pleased customer 기뻐하는 고객
excited audience 신난 청중
interested participant 흥미를 느끼는 참석자

사람 수식 감정 형용사 (과거분사)	confused 혼란스러움을 느끼는	amused 기쁨을 느끼는
	satisfied 만족을 느끼는	fascinated 매혹된
	concerned 걱정을 느끼는	

2 사물이 감정을 느끼게 할 때는 **현재분사(-ing)**가 사물을 수식한다.

disappointing sales 실망스러운 판매량
pleasing scent 기분 좋은 향기
exciting movie 신나는 영화
interesting seminar 흥미로운 세미나

사물 수식 감정 형용사 (현재분사)	confusing 혼란스럽게 만드는	amusing 기쁘게 만드는
	satisfying 만족하게 만드는	fascinating 매혹시키는
	concerning 걱정하게 만드는	

앗! 이거 주의해야 돼!

company(회사), group(집단), committee(위원회) 등의 단어는 '사물'을 나타내는 의미 같지만, 사람들이 모인 집합체이므로 감정을 느끼는 대상으로 본다. 따라서 과거분사를 쓸 수 있다.

예)
The <u>company</u> was **satisfied**.
회사는 만족을 느꼈다.

토익정답과 친해지는 EXERCISE 다음 중 알맞은 것을 선택하세요.

정답 및 해석/해설 p. 036

1 Ms. Clemmons is (pleasing / pleased) to see a notable improvement.

2 The workers find the CEO's biography (fascinated / fascinating).

3 Clients (interesting / interested) in buying versatile furniture visited my store.

단어 쿡쿡!

notable 눈에 띄는
improvement 발전, 향상
biography 전기문
fascinate 흥미를 끌다
client 고객
versatile 다용도의, 다목적의

Grammar | 유형 분석 토익 왕초보 탈출을 위한 필수 연습

토익 대표 유형 분석하기

학습 목표 | 문제의 유형을 확인한 후, 지문의 구조와 단서를 파악하면서 문제를 풀어 봅시다.

1 분사의 역할 – 명사 수식 문제

All employees / (------- in the Sales Department) / must attend /
　　주어　　　　　　　　　　　　　　　　　　　　　　　　　　　　동사
a training seminar / tomorrow.
　　목적어　　　　　부사

(A) working　　　(B) have worked
(C) work　　　　(D) are working

단서
주어인 명사를 뒤에서 수식해 주는
빈칸은 분사 자리예요.

풀이 과정

STEP 1 보기 형태 확인: 보기에 동사와 동사가 아닌 것들이 섞여 있다.

STEP 2 단서 확인: 주어와 동사, 목적어를 갖춘 완벽한 문장이므로, 빈칸은 동사 자리가 아니라 주어인 명사(employees)를 뒤에서 수식해 주는 분사 자리다.

STEP 3 보기 분석: (A) working은 '동명사 또는 현재분사', (B) have worked는 '동사의 현재완료형', (C) work는 '명사 또는 동사원형', (D) are working은 '동사의 현재진행형'

STEP 4 정답 선택: 보기에 분사는 현재분사인 working(일하는)뿐이므로 정답은 (A)!

해석 모든 직원들은 / 영업부에서 일하는 / 참석해야 한다 / 연수 세미나에 / 내일

2 과거분사(p.p.)를 쓰는 경우 문제

Please sign the ------- contract / and fax it / to Mr. Jenkins /
　부사　동사1　　　목적어　　　　접속사동사2목적어　　　부사구
as quickly as possible.
　　부사구

(A) enclose　　　(B) enclosing
(C) enclosed　　(D) encloses

단서
빈칸은 명사(contract)를 수식하는 자리인데
의미상 '동봉되는' 것이 자연스러우므로 과거분사
자리예요.

풀이 과정

STEP 1 보기 형태 확인: 보기에 동사와 동사가 아닌 것들이 섞여 있다.

STEP 2 단서 확인: 정관사 the와 명사 contract 사이의 빈칸은 명사를 앞에서 수식해 주는 형용사 자리인데, 분사가 형용사 역할을 할 수 있다. 계약서(contract)가 '동봉되는' 것이므로 빈칸은 과거분사 자리다.

STEP 3 보기 분석: (A) enclose는 '동사원형', (B) enclosing은 '동명사 또는 현재분사', (C) enclosed는 '동사의 과거형 또는 과거분사', (D) encloses는 '동사의 단수형'

STEP 4 정답 선택: 보기에 과거분사는 enclosed(동봉된)뿐이므로 정답은 (C)!

해석 동봉된 계약서에 서명해 주세요 / 그리고 그것을 팩스로 보내 주세요 / 젠킨스 씨에게 / 가능한 한 빨리

핵심 콕콕!

반드시 외우고 시험장에 가자!

1번 포인트!
보기에 동사와 동사가 아닌 것이 섞여 있으면 빈칸이 동사 자리인지 아닌지 먼저 확인해 본다.

2번 포인트!
현재분사는 '~하는(능동)'이라는 의미일 때 쓰고, 과거분사는 '~되는(수동)'이라는 의미일 때 쓴다.

단어 콕콕!

department 부서
attend 참석하다
contract 계약(서)
quickly 빨리
enclosed 동봉된

자신감 쑥쑥! 실전 도전 Part 5

학습 목표 | 오늘 공부한 토익에 자주 출제되는 어휘와 대표 문장에 따른 문법 설명을 떠올리며 Part 5 실전 문제를 풀어 봅시다.

⏱ 3초문제

1. We don't have enough ------- applicants for the position of marketing manager.

   (A) qualify
   (B) qualified
   (C) qualifies
   (D) qualifications

주의 이거 어려워!

2. The employees at Brown Consulting are ------- with their new office space and company culture.

   (A) satisfied
   (B) satisfaction
   (C) satisfies
   (D) satisfying

3. This shaving kit contains ------- on how to assemble the components and use it.

   (A) instructions
   (B) improvements
   (C) replacements
   (D) conditions

4. The shuttle to the national cemetery departs only from the ------- location.

   (A) received
   (B) feasible
   (C) skilled
   (D) designated

5. We, here at Duncan Industry, apologize for any ------- caused by the ongoing construction on Main Street.

   (A) indifference
   (B) inconvenience
   (C) intention
   (D) infection

6. Mr. Jacobs wrote a memo ------- the company's objectives for the second quarter.

   (A) outline
   (B) outlines
   (C) outlining
   (D) outlined

⏱ 3초문제

7. After a number of negotiations, Charlie's Textile decided to accept the ------- merger with Denker Fabrics Company.

   (A) propose
   (B) proposed
   (C) proposal
   (D) proposing

⏱ 3초문제

8. NovaTech is one of the ------- software development companies, specializing in artificial intelligence.

   (A) leading
   (B) leads
   (C) leader
   (D) led

9. The garments ------- with a care label should be washed according to the instructions.

   (A) have marked
   (B) marking
   (C) are marked
   (D) marked

10. One of the ------- candidates was eliminated because his qualifications proved to be irrelevant.

   (A) promising
   (B) confusing
   (C) informative
   (D) broad

자신감 쑥쑥! 실전 도전 Part 6

학습 목표 | 오늘 공부한 토익에 자주 출제되는 어휘와 대표 문장에 따른 문법 설명을 떠올리며 Part 6 실전 문제를 풀어 봅시다.

Questions 11-14 refer to the following letter.

Dear Mr. Burda,

This letter will provide you with more information about renting the Astro Baseball Field. I am ------- to discuss it over the phone as well, if you have additional questions.
　　　　　　11.

The field may be rented by the hour, day, or weekend, and is available for use from 8 A.M. to 8 P.M. Rental costs include the use of the baseball field, basic equipment, and access to the entire -------, including the scoreboard controls and locker rooms. The
　　　　　　　　12.
estimated cost for your rental would be $1,200. -------. On-site parking is available for
　　　　　　　　　　　　　　　13.
free. -------, larger vehicles, such as buses, will require the use of a special lot. Please
　　14.
notify us in advance if you need to use it.

Let me know if you'd like to confirm your rental. I will hold your reservation for the next week.

Sincerely,

Peter Grant
Manager, Astro Baseball Field

---

11. (A) please
　　　(B) pleased
　　　(C) pleasing
　　　(D) pleasingly

12. (A) outcome
　　　(B) residence
　　　(C) facility
　　　(D) district

13. (A) We will partner with several local businesses.
　　　(B) Food is available in the cafeteria for an additional cost.
　　　(C) There are other tourist attractions in the area.
　　　(D) Participating in sports teaches valuable lessons to children.

14. (A) However
　　　(B) For example
　　　(C) Therefore
　　　(D) Overall

이것만은 꼭! 기억하세요.

분사

개념 1 분사의 형태와 특징

> -ing 형태가 명사 역할을 하면 동명사이고 형용사 역할을 하면 현재분사입니다.

Mr. Thomas / **is considering**
〈동사〉

encouraging participation / in the
〈동명사(동사의 목적어)〉

demanding training session.
〈분사(명사 수식)〉   〈명사〉

토마스 씨는 / 참여를 격려하는 것을 고려하고 있다 / 까다로운 훈련에

> 5개국어
> 동시통역에
> 100%
> 환불보장!!

개념 2 분사의 역할 – 1. 명사 수식

I will review / the **revised** document
〈명사 수식〉 〈명사 수식〉
〈분사〉   〈명사〉

/ **sent** by the editor.
〈분사〉

나는 검토할 것이다 / 수정된 서류를 / 편집장에 의해서 보내진

> 분사는 명사를 앞에서도, 뒤에서도 수식할 수 있습니다.

개념 3 분사의 역할 – 2. 보어

We are **pleased** / to keep
〈be동사〉 〈주격 보어〉   〈keep〉

our customers **satisfied**.
〈목적어〉   〈목적격 보어〉

우리는 기쁩니다 / 계속 우리 고객을 만족시켜서

> 분사는 형용사 역할을 하므로 주격 보어와 목적격 보어로 쓰일 수 있습니다.

개념 4 현재분사(-ing)를 쓰는 경우

> 현재분사(-ing)는 '(수식을 받는 명사가) ~하는'으로 해석될 때 씁니다.

The **leading** competitor / made
〈주도하는(능동)〉
〈현재분사〉   〈명사〉

an aggressive effort / to win the contract.

주요 경쟁업체는 / 적극적인 노력을 했다 / 계약을 따내기 위해

개념 5 과거분사(p.p.)를 쓰는 경우

The team members / will meet /

at the **designated** location.
〈지정된(수동)〉
〈과거분사〉   〈명사〉

팀원들은 / 만날 것이다 / 지정된 위치에서

> 과거분사(동사의 p.p.형)는 '(수식을 받는 명사가) ~되는'으로 해석될 때 씁니다.

개념 6 감정을 나타내는 분사

The CEO / was **disappointed** /
〈사람〉 〈과거분사(실망을 느낀)〉

with the **confusing** presentation.
〈현재분사(혼란스러운)〉 〈사물〉

최고경영자는 / 실망했다 / 혼란스러운 발표에

> 감정을 나타내는 분사의 경우, 사람은 과거분사(p.p.)로, 사물은 현재분사(-ing)로 수식합니다.

Good job! 내일 또 봐요!

DAY 07

접속사

요기서 몸풀기!

접속사 문제로는 등위/상관 접속사, 부사절 접속사, 명사절 접속사, 형용사절 접속사가 나와요.
이 중 출제 빈도가 가장 높은 것은 부사절 접속사 문제예요.

1 **접속사는 문장에서 어떤 역할을 할까요?**
접속사는 단어와 단어, 구와 구, 문장과 문장을 연결하는 역할을 해요.

2 **접속사에는 어떤 종류들이 있으며, 각 접속사의 역할은 무엇일까요?**
접속사에는 (1) 같은 단위만을 연결하는 등위 접속사 (2) 두 단어 이상이 짝을 이루는
상관 접속사 (3) 문장 앞에 쓰여 문장을 부사로 만드는 부사절 접속사 (4) 문장 앞에
쓰여 문장을 명사로 만드는 명사절 접속사 (5) 문장 앞에 쓰여 문장을 형용사로 만드
는 형용사절 접속사가 있어요.

아래 단어를 보고, 이미 알고 있는 단어에 ✔ 표시해 봅시다.

중요도 ⭐⭐⭐

- [ ] process
- [ ] identify
- [ ] reach
- [ ] apply
- [ ] care
- [ ] refrain
- [ ] deal
- [ ] compete
- [ ] enroll
- [ ] open
- [ ] compatible
- [ ] equipped
- [ ] filled
- [ ] receptive

중요도 ⭐⭐

- [ ] order
- [ ] defect
- [ ] capacity

중요도 ⭐

- [ ] advanced
- [ ] device
- [ ] install
- [ ] consultant
- [ ] financial

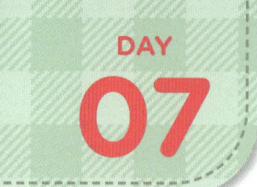

Vocabulary
토익이 좋아하는 **짝꿍표현**

학습 목표 | 토익 Part 5&6의 핵심인 어휘 문제를 한 방에 해결할 수 있는 토익 짝꿍표현들을 먼저 익혀 봅시다.

1 동사 + 목적어

process an order
주문을 처리하다

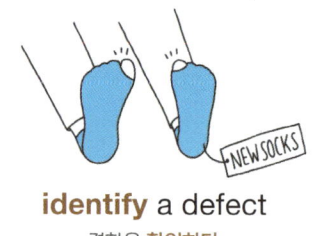

identify a defect
결함을 확인하다

reach capacity
수용력에 이르다
(정원이 차다)

2 숙어

apply for
~에 지원하다

care for
~을 돌보다

refrain from
~을 삼가다

짝꿍표현 뜯어보기

process	identify	defect	reach
동 처리하다	동 확인하다, 파악하다	명 결함	동 이르다, 도달하다
명 과정	파 identification 명 신분증	파 defective 형 결함이 있는	

capacity	apply	care	refrain
명 용량, 수용력	동 (~ for) 지원하다, (~ to) 적용하다	동 (~ for) 돌보다, 관리하다, (~ about) 신경쓰다	동 (~ from) 삼가다

deal	compete	enroll	open
동 (~ with) 다루다	동 (~ with/against) 경쟁하다	동 (~ in) 등록하다	형 개방된, 열린
		파 enrollment 명 등록	동 열다

compatible	equip	fill	receptive
형 호환되는, 양립할 수 있는	동 (장비를) 갖추다	동 채우다	형 수용하는, 잘 받아들이는
	파 equipment 명 장비		

deal with
~을 다루다

compete with
~와 경쟁하다

enroll in
~에 등록하다

be open to
~에게 개방되다

be compatible with
~와 호환이 되다

be equipped with
~을 갖추고 있다

be filled with
~로 가득 차 있다

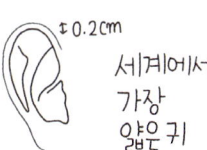

be receptive to
~을 수용하다

토익정답과 **친해지는** **EXERCISE** 빈칸에 알맞은 단어를 선택하세요.

정답 및 해석/해설 p. 041

1 The new conference room is ------- with various advanced devices.

(A) equipped   (B) installed

2 The instructions will help you to ------- your new sofa.

(A) put off   (B) care for

3 The consultant ------- major defects in our financial report.

(A) identified   (B) reached

어휘 conference room 회의실   various 다양한   advanced 최신의, 선진의   device 장비   install 설치하다   instructions
사용 설명서, 지시   put off 연기하다   consultant 상담가, 컨설턴트   financial 재정의

DAY
07

Grammar
접속사

학습 목표 | 5가지 접속사의 역할과 특징을 배워 봅시다.

 **개념 ①** ## 등위 접속사 – 1. 역할 등위접속사는 문법적으로 같은 단위를 연결합니다.

                    명사   등위 접속사   명사
We learned / <u>risks **and** benefits</u> / of the
new medicine.
우리는 알게 되었다 / 위험성과 이점을 / 신약의

등위 접속사는 <u>문법적으로 같은 단위를 연결</u>한다.

You ordered fruits **and** vegetables. 당신은 과일과 야채를 주문했다.
            명사 등위 접속사   명사

This cookie is delicious **but** expensive. 이 쿠키는 맛있지만 비싸다.
            형용사 등위 접속사   형용사

I met Kirsten, **and** we talked about her husband.
     절   등위 접속사   절
나는 커스틴을 만났다, 그리고 우리는 그녀의 남편에 대해 이야기했다.

→ fruits와 vegetables는 명사, delicious와 expensive는 형용사, I met Kirsten과 we talked about her husband는 절이죠? 이처럼 and(그리고)와 같이 문법적으로 같은 단위만을 연결하는 접속사를 '위상이 같은 것을 연결한다'는 의미에서 등위 접속사라고 합니다.

📍 **접속사란?**
접속사는 문장에서 '단어와 단어', 두 단어 이상으로 이루어진 '구와 구' 그리고 '문장과 문장'을 연결하는 역할을 한다. 특히 접속사의 종류에 따라 연결 가능한 요소가 달라질 수 있다.

📍 **절이란?**
동사가 포함되어 있는 문장을 말한다.

토익정답과 친해지는 **EXERCISE** 다음 중 알맞은 것을 선택하세요.

정답 및 해석/해설 p. 041

1 Enco Electronics processed the online order and (delivery / delivered) the copier.

2 The training seminar was long but (information / informative).

3 Purchase our new flour and (mix / mixed) it with milk for your best cookies.

단어 콕콕!

process 처리하다; 과정
deliver 배달하다, 운송하다
training 연수, 교육
informative 유익한
purchase 구매하다
flour 밀가루

개념 2 등위 접속사 - 2. 종류와 의미

등위 접속사 and(그리고), but(그러나), or(혹은), so(그래서), for(왜냐하면)의 의미를 구별해야 합니다.

결함을 확인한다   그리고 그것들을 제거한다

The workers / identify / all product defects / **and** eliminate them / prior to production.

직원들은 / 확인한다 / 모든 제품의 결함을 / 그리고 그것들을 제거한다 / 생산 전에

---

1 등위 접속사 and는 '그리고', but은 '그러나', or는 '혹은'의 의미로 쓰인다.

Please complete the document (**and** / ~~but~~) return it to James. 문서를 작성해서 제임스에게 돌려주십시오.

➜ 문서를 작성하고 돌려주는 것이므로 적절한 접속사는 and(그리고)예요.

I probably will not get the job (~~and~~ / **but**) I will try.

아마 그 일자리를 얻지 못하겠지만 나는 시도할 것이다.

➜ 일자리를 얻지 못하는 것과 시도하는 것은 서로 반대의 내용이므로 적절한 접속사는 but(그러나)이에요.

Please sign the paper in blue (**or** / ~~but~~) black ink.

파란색이나 검은색 잉크로 서류에 서명해 주십시오.

➜ 파란색이나 검은색 잉크 둘 중 하나로 서명하면 되므로 적절한 접속사는 선택을 나타내는 or(혹은)예요.

2 등위 접속사 so는 '그래서', for는 '왜냐하면'의 의미로 쓰인다.

I have a terrible cold **so** I decided to see a doctor.

감기가 심해서 병원에 가기로 했다.

He worked so hard, **for** he had a big family to support.

그는 부양할 대가족이 있었기 때문에 열심히 일했다.

등위 접속사	and 그리고	but(= yet) 그러나	or 혹은
	so 그래서	for 왜냐하면	

앗! 이거 주의해야 돼!

다른 등위 접속사와는 다르게 등위 접속사 so와 for는 문장과 문장만 연결할 수 있다.

예)

The hotel is cheap **so**
문장

dirty. (✕)
형용사

토익정답과 친해지는 **EXERCISE** 다음 중 알맞은 것을 선택하세요.

정답 및 해석/해설 p. 042

1 The venue will reach its full capacity in one (but / or) two hours.

2 The company promotes movies (but / and) sells tickets online.

3 Ms. Arnold wanted to take a break, (but / and) she couldn't stop working.

단어 콕콕!

venue 행사 장소
reach ~에 이르다, 도달하다
capacity 수용력, 용량
promote 홍보하다
take a break 휴식을 취하다

동대문 디자인플라자

both A and B

The building / is **both** functional / **and**
astonishingly appealing.

이 건물은 / 기능적이고 / 놀랍도록 매력적이다

---

both A and B처럼 두 단어 이상이 짝을 이루는 접속사를 상관 접속사라고 한다.

I can speak **not only** English (~~and~~ / **but) also** Chinese.

나는 영어뿐만 아니라 중국어도 말할 수 있다.

➜ 괄호 앞에 not only가 있으므로 but이 필요합니다. not only는 but also와 짝을 이루어서 not only A but also B(A뿐만 아니라 B도)의 형태로 쓰입니다. 이때 also는 생략할 수 있습니다.

I want the concert tickets for (**either** / ~~both~~) Monday **or** Tuesday.

나는 월요일 또는 화요일 콘서트 티켓을 원한다.

➜ 괄호 뒤에 접속사 or가 있으므로 올바른 표현은 either예요. either는 or와 짝을 이루어서 either A or B(A 또는 B)의 형태로 사용됩니다.

I like **neither** ice-cream (~~or~~ / **nor**) chocolate.

나는 아이스크림도 초콜릿도 좋아하지 않는다.

➜ 괄호 앞에 부사 neither가 있으므로 올바른 접속사는 nor예요. neither는 nor와 짝을 이루어서 neither A nor B(A도 B도 아니다)의 형태로 사용됩니다.

상관 접속사

both A and B A와 B 둘 다
not only A but also B A뿐만 아니라 B도
either A or B A 또는 B
neither A nor B A도 B도 아닌

앗! 이거 주의해야 돼! ⭐

상관 접속사도 연결되는 말에 해당되는 A, B 부분이 문법적으로 같은 단위로 연결되어야 한다.
예)
~ **both** quickly **and**
　　　 부사
easily (○)
부사
빠르면서 쉽게
~ **both** quickly **and**
　　　 부사
easy (✕)
형용사
빠르면서 쉬운

📍 **not only A but also B**
B as well as A(A뿐만 아니라 B도)로 바꾸어 쓸 수 있다.

토익정답과 친해지는 **EXERCISE** 다음 중 알맞은 것을 선택하세요.

정답 및 해석/해설 p. 042

1 I (neither / either) care for the furniture nor the appliances of my house.

2 Please refrain from (both / neither) eating and drinking on the subway.

3 The school library is (not only / both) open to the students but also to local residents.

단어 콕콕!

care for ~을 관리하다, 돌보다
furniture 가구
appliance 가정용 기기
refrain from ~을 삼가다
local 지역의
resident 주민, 거주자

개념 4 부사절 접속사

문장을 부사로 만들어서 다른 절과 연결하는 역할을 합니다.

부사절 접속사
[Because we needed to change / the event location,] /
we notified / the coordinator.

[우리는 변경이 필요했기 때문에 / 행사 장소를] / 우리는 통지했다 / 진행자에게

부사절 접속사는 문장을 부사로 만들어서 다른 문장(절)과 연결하는 역할을 한다.

Please call me [**when** you come to Busan].

부사절 접속사(부사 역할)

[당신이 부산에 올 때] 저에게 전화 주세요.

➜ you come to Busan이라는 독립된 문장 앞에 when을 붙여 주면 '당신이 부산에 올 때'의 의미가
되어 시간을 나타내는 부사절이 돼요. 이처럼 문장 앞에 붙여서 문장을 부사절로 만들어 절과 절을 연
결하는 것을 부사절 접속사라고 합니다.

부사절 접속사

because ~ 때문에
although ~에도 불구하고
while ~하는 동안에
when ~할 때

📍 **부사절 접속사 위치**

1) **부사절 접속사** + 주어 +
   동사, 주어 + 동사 ~
2) 주어 + 동사 + **부사절 접
   속사** + 주어 + 동사 ~
→ 부사절 접속사가 문두에 오
  면 문장과 문장 사이에 콤
  마를 쓰지만, 문중에 오면
  콤마를 쓰지 않아도 돼요.
예)
When you come to
Busan**,** please call me.
부산에 오실 **때**, 저에게 전화해
주세요.

🏷 **단어 쏙쏙!**

be compatible with
~와 호환이 되다
operating 운영상의,
경영상의
antique 골동품
decrease 하락하다,
감소하다
value 가치
in good condition
상태가 좋은, 건강이 좋은
deal with ~을 대하다,
다루다
clerk 직원, 점원
requested 요청된

토익정답과 친해지는 EXERCISE 다음 중 알맞은 것을 선택하세요.

정답 및 해석/해설 p. 042

1 Our new STX software sells well (because of / because) it is
compatible with the Kran operating system.

2 The antique decreased in value (despite / although) it was in
good condition.

3 Ms. Honeycutt will deal with the customer (during / while)
another clerk finds the requested item.

명사절 접속사(목적어 역할)
Your résumé / indicates [**that** / you majored in Marketing].

당신의 이력서는 / 나타낸다 / [당신이 마케팅을 전공했다는 것을]

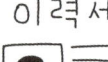

명사절 접속사는 <mark>문장을 명사로 만들어서 다른 문장(절)과 연결하는 역할</mark>을 한다. 이 <mark>명사절은 문장에서 주어, 목적어, 보어 역할</mark>을 한다.

I know [**that** you can pass the exam].
명사절 접속사(명사 역할)

나는 [당신이 시험에 합격할 수 있다는 것을] 안다.

➜ you can pass the exam이라는 독립된 문장 앞에 that을 붙여 주면 '~라는 점[것]'이라는 의미의 명사절이 되어 명사(목적어) 역할을 할 수 있게 돼요. 이처럼 문장 앞에 붙여서 문장을 명사절로 만들어 절과 절을 연결하는 것을 명사절 접속사라고 합니다.

[**That** I won the lottery] **is** unbelievable.
　주어 역할　　　　　　　　　　　 동사

[내가 복권에 당첨되었다는 것은] 믿을 수 없는 일이다.

➜ 명사절 접속사 that이 포함된 명사절이 문장의 주어 자리에 있어요.

The fact **is** [**that** my brother is much stronger than me].
　　　　 동사　　보어 역할

[내 남동생이 나보다 훨씬 힘이 세다는 것은] 사실이다.

➜ 명사절 접속사 that이 포함된 명사절이 문장의 주어 The fact를 보충 설명해 주는 보어 자리에 있어요.

명사절 접속사　　that ~라는 점[것]　　　　　　whether ~인지 아닌지

📍 **명사절이란?**
'명사절 접속사 + 주어 + 동사 ~' 전체가 명사처럼 문장의 주어, 목적어, 보어, 전치사의 목적어 자리에 오는 절을 의미한다.

토익 고수 단계! 🔥
1) whether가 명사절 접속사로 쓰일 때
whether / whether ~ or not
2) whether가 부사절 접속사로 쓰일 때
whether ~ or not
➜ whether 단독으로는 명사절 접속사로만 쓰여요.

 단어 콕콕!

announce 알리다, 발표하다
enroll in ~에 등록하다
be equipped with ~을 갖추고 있다
spare 여분의
determine 결정하다
compete with ~와 경쟁하다
athlete 운동선수

토익정답과 **친해지는** EXERCISE　다음 중 알맞은 것을 선택하세요.

정답 및 해석/해설 p. 043

1 Mr. Taylor announced (that / although) he will enroll in a cooking class.

2 I know (because / that) the car is equipped with a spare tire.

3 The doctor will determine (while / whether) you are able to compete with the other athletes.

개념 **6** 형용사절 접속사 — 문장을 형용사로 만들어서 다른 절과 연결하는 역할을 합니다.

선행사　　　형용사절 접속사
Employees / [**who** finish all their tasks] / can leave early.

직원들은 / [그들의 모든 업무를 마친] / 일찍 갈 수 있다

형용사절 접속사는 **문장을 형용사로 만들어서 다른 문장(절)과 연결**하는 역할을 한다.

The person [**who** I met yesterday] was your brother.
　　　　　　형용사절 접속사(형용사 역할)
[내가 어제 만난] 사람은 너의 형이었다.

→ I met yesterday라는 독립된 문장 앞에 who를 붙여 주면 '내가 어제 만났던'이라는 의미의 형용사 절이 되어 형용사 역할을 할 수 있게 돼요. 이처럼 문장 앞에 붙여서 문장을 형용사절로 만들어 절과 절을 연결하는 것을 형용사절 접속사라고 합니다.

The cake [**which** I bought for my sister] was delicious.
사물 선행사　　　형용사절 접속사
[내가 여동생을 위해 산] 케이크는 맛있었다.

The bakery [**that** I dropped by] is well-known for its
　　사물 선행사　　　형용사절 접속사
special homemade cookies.

내가 들른 그 빵집은 특별 수제 쿠키로 유명하다.

형용사절 접속사　　who 사람 수식　　which 사물 수식　　that 사람&사물 수식

📍 **형용사절 접속사 = '접속사 + 반복되는 명사'**

형용사절 접속사는 문장과 문장을 연결하는 '접속사' 역할과 동시에 '반복되는 명사'를 대신하는 역할을 한다.
예)
James is a cook **and he** works in Korea.
제임스는 요리사이며, **그는** 한국에서 일한다.

= James is a cook **who** works in Korea.
제임스는 한국에서 일하는 요리사이다.

→ 첫 번째 문장의 and he가 '접속사 + 반복되는 명사'의 역할을 하는 who로 바뀌었어요.

📍 **선행사란?**

형용사절 접속사 바로 앞의 명사, 즉 형용사절 접속사가 수식하는 명사를 '선행사'라고 한다. 선행사가 사람이냐 사물이냐에 따라 형용사절 접속사의 종류가 달라진다.

토익정답과 친해지는 EXERCISE 다음 중 알맞은 것을 선택하세요.

정답 및 해석/해설 p. 043

1 The musical (which / whether) won many prizes was filled with memorable songs.

2 The student (who / because) met the professor was receptive to his feedback.

3 The co-worker (when / who) conducted the survey published the results.

단어 콕콕!

be filled with ~로 가득 차 있다
memorable 기억할 만한
be receptive to ~에 수용적이다
co-worker 동료
conduct a survey 설문조사를 하다
publish 발표하다
result 결과

Grammar | 유형 분석 토익 왕초보 탈출을 위한 필수 연습

토익 대표 유형 분석하기

학습 목표 | 문제의 유형을 확인한 후, 지문의 구조와 단서를 파악하면서 문제를 풀어 봅시다.

1 등위 접속사 문제

After exiting the aircraft, / passengers / need **to collect their luggage** /
부사구 주어 동사 목적어
------- **proceed to customs.**
목적어

(A) both   (B) and
(C) so   (D) except

> **단서**
> 동사 need의 목적어인 to부정사 두 개를 연결하는
> 빈칸은 등위 접속사 자리예요.

 풀이 과정

STEP 1 **보기 형태 확인:** 보기에 접속사와 접속사가 아닌 것들이 섞여 있다.

STEP 2 **단서 확인:** 동사 need의 목적어인 to부정사(to collect their luggage)와 to부정사에서 to가 생략된 proceed to customs를 연결하는 빈칸은 대등한 단위(동사의 목적어인 to부정사)를 연결하는 등위 접속사 자리다.

STEP 3 **보기 분석:** (A) both는 '대명사 또는 형용사', (B) and는 '등위 접속사', (C) so는 '문장만 연결하는 등위 접속사', (D) except는 '전치사'

STEP 4 **정답 선택:** 보기에 to부정사를 연결하는 등위 접속사는 and뿐이므로 정답은 (B)!

해석 비행기에서 나온 후에 / 승객들은 / 짐을 찾고 / 세관으로 가야 한다

2 명사절 접속사 문제

The safety commission's research / will **determine** /
주어 동사
------- **production meets** industry standards.
목적어(명사절)

(A) due to   (B) while
(C) because   (D) whether

> **단서**
> 동사 determine의 목적어 역할을
> 하는 절(주어 + 동사)을 연결하는
> 빈칸은 명사절 접속사 자리예요.

 풀이 과정

STEP 1 **보기 형태 확인:** 보기에 접속사와 접속사가 아닌 것들이 섞여 있다.

STEP 2 **단서 확인:** 동사 determine(결정하다)의 목적어 자리에 빈칸이 있다. 빈칸 뒤에는 '주어 + 동사' 형태(production meets ~)가 있으므로 빈칸은 명사 역할을 하는 절(주어 + 동사)을 연결해 주는 명사절 접속사 자리다.

STEP 3 **보기 분석:** (A) due to는 '전치사', (B) while은 '부사절 접속사', (C) because는 '부사절 접속사', (D) whether는 '명사절 접속사'

STEP 4 **정답 선택:** 보기에 명사절 접속사는 whether(~인지)뿐이므로 정답은 (D)!

해석 안전위원회의 조사가 / 결정할 것이다 / 생산이 산업 기준에 부합하는지

> **핵심 콕콕!**

반드시 외우고 시험장에 가자!

1번 포인트!
「대등한 단위를 연결할 수 있는 접속사로는 and, but(= yet), or, so, for가 있다.

2번 포인트!
명사절(명사절 접속사 + 주어 + 동사)도 to부정사나 동명사처럼 동사의 목적어 역할을 할 수 있다.

> **단어 콕콕!**

exit 나가다
collect 모으다, 수집하다
luggage 짐
proceed 나아가다, 진행하다
customs 세관
safety 안전
commission 위원회
determine 결정하다
production 생산
meet 부합하다, 충족하다
industry 산업
standard 기준
due to ~때문에
while ~하는 동안
whether ~인지

자신감 쑥쑥! 실전 도전 Part 5

학습 목표 | 오늘 공부한 토익에 자주 출제되는 어휘와 대표 문장에 따른 문법 설명을 떠올리며 Part 5 실전 문제를 풀어 봅시다.

DAY 07

접속사

⏱ 3초문제

1. For the souvenirs that cost below five dollars, neither a refund ------- an exchange is acceptable in Macao Gift Shop.

(A) but
(B) nor
(C) and
(D) though

2. Ms. Veronica has been extremely busy ------- with customer complaints about the delivery service.

(A) competing
(B) dealing
(C) complying
(D) interfering

3. Melodic Beatbox has a vast collection of songs, ------- the interface can be confusing.

(A) but
(B) or
(C) also
(D) with

4. The candidates ------- receive a notice should call to confirm their interview appointments.

(A) who
(B) because
(C) without
(D) when

5. As the need for application designers has been increasing, Lopez chose to ------- in a related certification course.

(A) adhere
(B) attend
(C) call
(D) enroll

⏱ 3초문제

6. Starlight Museum appreciates donations from the community and ------- donors to attend special exhibitions.

(A) to invite
(B) invites
(C) inviting
(D) invitation

7. ------- Ms. Baker has a busy schedule, she always finds time to volunteer at the local shelter.

(A) But
(B) Although
(C) Similarly
(D) Meanwhile

8. Almost all features of the brand new cell phone are ------- with its earlier version.

(A) compatible
(B) filled
(C) satisfied
(D) familiar

⏱ 3초문제

9. Returns can be made to ------- the retailer or the manufacturer.

(A) both
(B) but
(C) either
(D) so

이거 어려워!

10. The recently hired sales manager is ------- to any idea from his staff.

(A) available
(B) open
(C) additional
(D) recent

Voca/Grammar | 실전 훈련 토익 왕초보 탈출을 위한 실전 돌입

정답 및 해석/해설 p. 046

자신감 쑥쑥! 실전 도전 Part 6

학습 목표 | 오늘 공부한 토익에 자주 출제되는 어휘와 대표 문장에 따른 문법 설명을 떠올리며 Part 6 실전 문제를 풀어 봅시다.

Questions 11-14 refer to the following memo.

Subject: Policy Changes
Attached: EV Software Company Manual

Dear EV Software employees,

-------. These are designed to increase and ------- employee communication, thereby
  11.   **12.**

improving our customer service. One such policy is the request that all staff -------
                                                                                13.

from personal cell phone use while at work, except during designated break times.
Research has shown that productivity increases and communication-related errors
decrease when cell phones are not permitted in the workplace. Please see the
attached document for other policy updates.

We ask for everyone's cooperation so that we can reach a greater level of flexibility
------- convenience on work.
  14.

Thank you.

Sincerely,

Management

---

11. (A) HR has released a new set of guidelines
   for job interviews.

   (B) EV Software has made several changes
   in office policy.

   (C) Note that EV Software will soon open
   an online store.

   (D) A revision to the department handbook
   has been finalized.

12. (A) enhances

   (B) enhancing

   (C) enhance

   (D) enhancement

13. (A) refrain

   (B) inform

   (C) register

   (D) focus

14. (A) but

   (B) when

   (C) and

   (D) whether

이것만은 꼭! 기억하세요.

접속사

개념 1 등위 접속사 - 1. 역할

> 등위 접속사는 문법적으로 같은 단위를 연결합니다.

명사 등위 접속사 명사
We learned / risks **and** benefits /
of the new medicine.

우리는 알게 되었다 / 위험성과 이점을 / 신약의

개념 2 등위 접속사 - 2. 종류와 의미

결함을 확인한다
The workers / identify / all product
그리고 그것들을 제거한다
defects / **and** eliminate them / prior
to production.

직원들은 / 확인한다 / 모든 제품의 결함을 / 그리고 그것들을 제거한다 / 생산 전에

> 등위 접속사 and(그리고), but(그러나), or(혹은), so(그래서), for(왜냐하면)의 의미를 구별해야 합니다.

개념 3 상관 접속사

both A and B
The building / is **both** functional /
and astonishingly appealing.

이 건물은 / 기능적이고 / 놀랍도록 매력적이다

동대문 디자인플라자

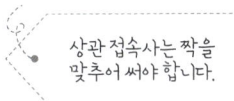

> 상관 접속사는 짝을 맞추어 써야 합니다.

개념 4 부사절 접속사

> 문장을 부사로 만들어서 다른 절과 연결하는 역할을 합니다.

부사절 접속사
[**Because** we needed to change /
the event location,] / we notified /
the coordinator.

[우리는 변경이 필요했기 때문에 / 행사 장소를] / 우리는 통지했다 / 진행자에게

개념 5 명사절 접속사

> 문장을 명사로 만들어서 다른 절과 연결하는 역할을 합니다.

명사절 접속사(목적어 역할)
Your résumé / indicates [**that** / you
majored in Marketing].

당신의 이력서는 / 나타낸다 /
[당신이 마케팅을 전공했다는 것을]

이력서

전공: 마케팅

개념 6 형용사절 접속사

선행사 형용사절 접속사
Employees / [**who** finish all their
tasks] / can leave early.

직원들은 / [그들의 모든 업무를 마친] / 일찍 갈 수 있다

> 문장을 형용사로 만들어서 다른 절과 연결하는 역할을 합니다.

Good job! 내일 또 봐요!

DAY 08

주어와 동사의
수 일치

요기서 몸풀기!

단수 주어는 단수 동사와, 복수 주어는 복수 동사와 일치시키는 문제예요.

1 **주어에 따라서 동사의 형태가 바뀔까요?**

영어의 동사는 주어에 따라 형태가 달라져요. 주어가 단수이면 단수 동사를 쓰고, 복수이면 복수 동사를 씁니다.

2 **그러면 주어의 수에 따라 동사의 형태는 어떻게 달라질까요?**

be동사의 단수형은 is/was이고, 복수형은 are/were입니다. 일반동사의 단수형은 보통 '동사원형 + -(e)s' 형태이고, 복수형은 그냥 '동사원형'을 씁니다.

단수주어엔 단수동사가, 솔로 옆엔 솔로가 있어야...

아래 단어를 보고, 이미 알고 있는 단어에 ✔ 표시해 봅시다.

중요도 ⭐⭐⭐

☐ hold   ☐ promote   ☐ consult   ☐ lead   ☐ access

☐ assemble ☐ delay   ☐ confirm   ☐ offer   ☐ original

☐ routine   ☐ heavy   ☐ immediate   ☐ finished

중요도 ⭐⭐

☐ reception   ☐ cosmetic   ☐ manual   ☐ division   ☐ furniture

☐ production ☐ reservation   ☐ discount   ☐ task   ☐ demand

중요도 ⭐

☐ currently   ☐ vehicle   ☐ passenger   ☐ import   ☐ export

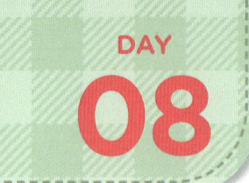
Vocabulary

토익이 좋아하는 **짝꿍표현**

학습 목표 | 토익 Part 5&6의 핵심인 어휘 문제를 한 방에 해결할 수 있는 토익 짝꿍표현들을 먼저 익혀 봅시다.

1 동사 + 목적어

hold a reception
환영 행사를 **열다**

promote cosmetics
화장품을 **홍보하다**

consult a manual
설명서를 **참조하다**

lead a division
부서를 **이끌다**

access the market
시장에 **진입하다**

assemble furniture
가구를 **조립하다**

짝꿍표현 뜯어보기

reception
명 환영 행사, 접수처, 수용

promote
동 홍보하다, 승진시키다
파 promotion 명 승진, 홍보

consult
동 참조하다, 상담하다

division
명 부서

access
동 진입하다, 접근하다, 이용하다
명 접근, 이용

market
명 시장
동 마케팅하다

assemble
동 조립하다, 모이다
파 assembly 명 조립, 집회

delay
동 지연시키다
명 지연

confirm
동 확인하다
파 confirmation 명 확인

reservation
명 예약

original
형 기존의, 고유의, 독창적인
파 origin 명 기원

policy
명 정책

routine
형 일상적인, 일상의

task
명 업무

demand
명 수요, 요구
동 요구하다

immediate
형 즉각적인
파 immediately 부 즉각적으로

delay production
생산을 **지연시키다**

confirm a reservation
예약을 **확인하다**

offer a discount
할인을 **제공하다**

2 형용사 + 명사

an **original** policy
기존의 정책

a **routine** task
일상적인 업무

heavy demand
엄청난 수요

immediate feedback
즉각적인 피드백

a finished product
완제품

토익정답과 친해지는 **EXERCISE** 빈칸에 알맞은 단어를 선택하세요.
정답 및 해석/해설 p. 048

1 There is currently ------- demand for eco-friendly vehicles.

(A) heavy   (B) informative

2 All the passengers are encouraged to ------- a reservation for flights before coming to the airport.

(A) lead   (B) confirm

3 The Netherlands usually imports raw materials and exports ------- products.

(A) routine   (B) finished

어휘 currently 현재   eco-friendly 친환경의   vehicle 차량   passenger 승객   be encouraged to V ~하도록 권장되다
lead 이끌다   import 수입하다   raw material 원자재   export 수출하다

DAY 08

 **Grammar**

주어와 동사의 수 일치

학습 목표 | 단수 주어와 복수 주어의 형태를 배우고, 주어에 따라 동사의 형태가 어떻게 바뀌는지 알아봅시다.

개념 1 단수 주어의 형태 단수 주어는 명사 뒤에 -s가 없습니다.

단수 주어
Every customer / deserves / good service.
모든 고객은 / 받을 자격이 있다 / 좋은 서비스를

1 뒤에 -s가 없는 명사는 대부분 단수 명사이므로 단수 주어가 된다.

company 회사   Mr. Park 박 씨   book 책   information 정보

2 'each + 단수 명사', 'every + 단수 명사'는 단수 주어이다.

each **department** 각각의 부서
단수 주어
➔ each는 '각각 하나하나의'라는 의미의 형용사이므로 뒤에 단수 명사가 와서 단수 주어로 쓰여요.

every **applicant** 모든 지원자
단수 주어
➔ every는 '모두의'라는 의미의 형용사이지만 명사 하나하나를 강조하므로 뒤에 단수 명사가 와서 단수 주어로 쓰여요.

3 'each of the + 복수 명사', 'one of the + 복수 명사'도 단수 주어이다.

each of the candidates 지원자들 각각
단수 주어
➔ 'each of the + 복수 명사'는 '복수 명사들 각각'이라는 의미이므로 주어는 each(각각)가 됩니다. 따라서 단수 주어로 쓰여요.

one of the items 품목들 중 하나
단수 주어
➔ 'one of the + 복수 명사'는 '복수 명사들 중 하나'라는 의미이므로 주어는 one(하나)이 됩니다. 따라서 단수 주어로 쓰여요.

> **♀ 단수 주어와 수 일치를 이루는 단수 동사의 형태**
>
> 1) be동사: is/was
> 2) 조동사: 그대로 씀
> 3) have동사: has
> 4) 일반동사: 동사 뒤에 -s/-es
> 예)
> bring**s**, finish**es**
>
> **앗! 이거 주의해야 돼!** ✱
>
> every + [기수 + 복수 명사]
> → 매~, ~마다
> every가 '빈도나 시간의 주기'를 나타낼 때는 뒤에 복수 명사가 쓰일 수 있다.
> 예)
> **every** 5 minutes
> 5분**마다**

토익정답과 친해지는 EXERCISE 주어에 밑줄을 긋고, 단수 주어인지 복수 주어인지 표시하세요.

정답 및 해석/해설 p. 049

1 Ms. Hakuta is promoting new cosmetics.

2 Every school offers various courses.

3 Each of the managers is leading a division.

> **➤ 단어 콕콕!**
>
> promote 홍보하다
> cosmetics 화장품
> offer 제공하다
> various 다양한
> division 부서

개념 2 복수 주어의 형태

명사 뒤에 -s가 있거나, 두 명사가 and로 연결되어 하나의 주어를 이룰 때 복수 주어입니다.

복수 주어
Ms. Garcia and I / are reviewing / the terms of the contract.

가르시아 씨와 나는 / 검토하고 있다 / 계약서의 조건들을

1 명사 뒤에 -(e)s가 붙으면 복수 명사이므로 복수 주어가 된다.

plan**s** 계획들 task**s** 업무들 compani**es** 회사들 computer**s** 컴퓨터들

2 'A and B'는 복수 주어이다.

Mr. Dutton and I 더튼 씨와 나

➡ '더튼 씨(Mr. Dutton)와 나(I)'는 두 사람이므로 복수 주어로 쓰여요.

3 'all of the + 복수 명사', 'most of the + 복수 명사'도 복수 주어이다.

all of the students 학생들 모두
　　　　복수 주어

➡ '학생들 중 모두'의 의미이므로 복수 주어로 쓰여요.

most of the programs 프로그램 대부분
　　　복수 주어

➡ '프로그램들 중 대부분'의 의미이므로 복수 주어로 쓰여요.

4 뒤에 -(e)s가 없어도 복수 주어로 쓰이는 명사가 있다.

children 아이들
　복수 주어

➡ child(아이)의 복수형으로 '아이들'이라는 의미이므로 복수 주어로 쓰여요.

people 사람들
　복수 주어

➡ person(사람)의 복수형으로 '사람들'이라는 의미이므로 복수 주어로 쓰여요.

암기 꼭

단/복수 형태가 같은 명사
means 수단
staff 직원
committee 위원회
team 팀

토익 고수 단계! 🔥

a number of(많은) /
a variety of(다양한) /
a range of(다양한)
+ 복수 명사
➡ 복수 동사

토익정답과 친해지는 EXERCISE

주어에 밑줄을 긋고, 단수 주어인지 복수 주어인지 표시하세요.

정답 및 해석/해설 p. 049

1 Routine tasks include cleaning the office.

2 All of the visitors need to present an ID card.

3 People love to shop in a safe area.

단어 쏙쏙!

routine 일상적인
present 제시하다,
수여하다
safe 안전한
area 지역

단수 주어   will
The <u>company</u> / **will** open / a new branch, /
복수 주어   will
and many <u>workers</u> / **will** be hired.

회사가 / 열 것이다 / 새로운 지점을 / 그리고 많은 직원들이 / 고용될 것이다

조동사는 **주어의 수에 따라 형태가 달라지지 않고 뒤에 항상 동사원형을 써야 한다.**

Mr. Kim **will** read the book. 김 씨는 책을 읽을 것이다.
단수 주어   조동사 동사원형

The students **will** read the book. 학생들은 책을 읽을 것이다.
복수 주어   조동사 동사원형

→ 주어가 단수(Mr. Kim)이든 복수(The students)이든 조동사 will의 형태는 변하지 않죠? 이처럼 조동사는 주어의 수에 영향을 받지 않아요.

Mr. Kim **wills** read the book. (X) 김 씨는 책을 읽을 것이다.
단수 주어   조동사

Mr. Kim **will** reading the book. (X)
단수 주어   조동사   -ing

Mr. Kim **will** reads the book. (X)
단수 주어   조동사   -(e)s

Mr. Kim **will** to read the book. (X)
단수 주어   조동사   to부정사

→ 주어가 단수라고 해서 조동사에 -s를 붙이거나 조동사 뒤에 -ing, -(e)s, to부정사의 형태로 쓰면 틀린 문장이에요.

앗! 이거 주의해야 돼!

조동사는 '수'의 영향을 받지 않지만, '시제'의 영향은 받는다.
예)
can의 과거형 → could
will의 과거형 → would

단어 콕콕!

brief 짧은
presentation 발표
participant 참석자
confirm 확인하다
flight 비행기, 항공편
reservation 예약
accommodate 수용하다, 공간을 제공하다
demand 요구, 수요

토익정답과 친해지는 **EXERCISE** 밑줄 친 동사의 형태가 맞으면 O, 틀리면 X 하세요.

정답 및 해석/해설 p. 049

1 Mr. Liu <u>will makes</u> a brief presentation.

2 All of the participants <u>should confirm</u> the flight reservation.

3 The company <u>can accommodating</u> heavy demand for its new products.

 개념 **4** **주어와의 수 일치 – 2. be동사** be동사는 단수 주어에는 is/was를, 복수 주어에는 are/were를 씁니다.

단수 주어　단수 동사
The new computer design / **was** very attractive, / but its

복수 주어　복수 동사
sales / **were** disappointing.

새로운 컴퓨터 디자인은 / 매우 매력적이었다 / 하지만 그것의 판매량은 / 실망스러웠다

1　be동사는 **주어의 수에 따라** 형태가 달라진다.

The company **is** popular. 그 회사는 인기 있다.
　　　단수 주어　　　 단수 동사
→ 단수 주어일 때는 단수형 be동사인 is(현재)나 was(과거)를 써요.

The companies **are** popular. 그 회사들은 인기 있다.
　　　복수 주어　　　　복수 동사
→ 복수 주어일 때는 복수형 be동사인 are(현재)이나 were(과거)를 써요.

2　주어에 따른 **be동사의 형태** 변화를 정리하면 다음과 같다.

	be동사 현재	be동사 과거
I	am	was
You	are	were
He/She	is	was
We/They	are	were
A product	is	was
Products	are	were

📍 **There 구문에서 be동사의 수 일치**

There + **is/was** + 단수명사
There + **are/were** + 복수명사
→ '~가 있(었)다'의 의미

── **토익정답**과 친해지는 **EXERCISE** 밑줄 친 be동사의 형태가 맞으면 O, 틀리면 X 하세요. ──

정답 및 해석/해설 p. 050

1 The street <u>is</u> attracting many visitors.

2 Our experts <u>are</u> shortening production time.

3 Every attendant <u>were</u> welcoming each passenger.

🏷 **단어 콕콕!**

attract 끌어들이다
expert 전문가
shorten 단축시키다
attendant 안내원
passenger 승객

 **개념 5** 주어와의 수 일치 – 3. 일반동사 일반동사는 주어가 단수이고 현재 시제일 때 동사에 -(e)s를 붙입니다.

단수 주어　단수 동사(동사 + -s)
The store / **offers** / discounts / to new customers.

그 가게는 / 제공한다 / 할인을 / 신규 고객들에게

일반동사도 **주어의 수에 따라 형태가 달라진다.**

The company **makes** computers. 그 회사는 컴퓨터들을 만든다.
　　단수 주어　　　단수 동사(동사 + -s)
→ I와 you를 제외한 단수 주어이고 동사가 현재를 나타낼 때, 일반동사 뒤에 -(e)s를 붙여요.

The companies **make** computers. 그 회사들은 컴퓨터들을 만든다.
　　복수 주어　　　복수 동사(동사원형)
→ 복수 주어이고 동사가 현재를 나타낼 때, 일반동사 뒤에 아무것도 붙지 않은 동사원형을 써요.

The company **has made** computers.
　　단수 주어　　　단수 동사(has + p.p.)
그 회사는 컴퓨터들을 만들어 왔다.
→ 단수 주어일 때는 have + p.p.가 아니라 has + p.p.의 형태로 써요.

The companies **have made** computers.
　　복수 주어　　　복수 동사(have + p.p.)
그 회사들은 컴퓨터들을 만들어 왔다.
→ 복수 주어일 때는 have + p.p.의 형태로 써요.

📍 일반동사의 과거 시제는?
일반동사의 과거 시제는 주어의 수에 따라 형태가 달라지지 않는다.
The company **made**
　　단수 주어　동사 과거형
computers.
그 회사는 컴퓨터들을 만들었다.
The companies **made**
　　복수 주어　동사 과거형
computers.
그 회사들은 컴퓨터들을 만들었다.
→ 주어의 수에 상관없이 과거 시제 동사 형태는 똑같이 made예요.

토익정답과 친해지는 EXERCISE 밑줄 친 일반동사의 형태가 맞으면 O, 틀리면 X 하세요.

정답 및 해석/해설 p. 050

1 Our managers always <u>gives</u> immediate feedback.
2 Ms. Lee <u>has delivered</u> the finished product.
3 The manufacturers <u>assemble</u> office furniture.

단어 콕콕!
immediate 즉각적인
deliver 배달하다, 운송하다
manufacturer 제조업체, 제조업자
assemble 조립하다, 모으다

단수 주어   수식어   단수 동사

An **exhibition** / for local artists / **was held** / yesterday.

전시회가 / 지역 예술가들을 위한 / 열렸다 / 어제

DAY 08

주어와 동사의 수 일치

주어 다음에 바로 동사가 나오기도 하지만, '주어 + 수식어 + 동사'의 형태로 주어와 동사 사이에 수식어가 들어가는 경우도 많다. 이때 주어와 동사 사이에는 '부사, 전치사 + 명사 덩어리, to부정사, 분사, 문장' 등의 형태가 들어갈 수 있다.

The manager of the sales department **is** preparing for
단수 주어   수식어(전치사 + 명사 덩어리)   단수 동사
retirement.
영업부의 매니저는 은퇴를 준비하고 있다.
→ 주어와 동사 사이에 '전치사 + 명사 덩어리' 수식어가 주어를 뒤에서 꾸며주고 있어요.

The company developing home appliance **is** rapidly
단수 주어   수식어(현재분사)   단수 동사
growing.
가정용 가전기기를 개발하는 그 회사는 빠르게 성장하고 있다.
→ 주어와 동사 사이에 '현재분사' 수식어가 주어를 뒤에서 꾸며주고 있어요.

The employees that we hired **are** highly promising.
복수 주어   수식어(형용사절)   복수 동사
우리가 고용한 그 직원들은 매우 유망하다.
→ 주어와 동사 사이에 '형용사절' 수식어가 주어를 뒤에서 꾸며주고 있어요.

📍 **토익의 대표적인 주어와 동사 사이의 수식어는?**

주어와 동사의 수 일치를 파악할 때 둘 사이의 전치사구, 즉 '전치사 + 명사 덩어리'를 특히 주의해서 찾아내어 제외시키고 주어와 동사 수 일치를 확인할 수 있도록 한다.

단어 콕콕!

preserve 유지하다, 지키다
original 기존의, 원래의
policy 방침, 정책
personnel department 인사과
corporation 회사
accept 받다, 수용하다
application 지원서
thoroughly 철저히, 완전히
inspect 검사하다, 조사하다

토익정답과 친해지는 **EXERCISE** 주어와 동사를 찾아 수가 일치하면 O, 일치하지 않으면 X 하세요.

정답 및 해석/해설 p. 050

1 The CEO of Trino Utility, Inc. wants to preserve the original policy.

2 The personnel department at TKE Corporations have accepted Mr. Kim's application.

3 All of the products with the star logo were thoroughly inspected.

토익 대표 유형 분석하기

학습 목표 | 문제의 유형을 확인한 후, 지문의 구조와 단서를 파악하면서 문제를 풀어 봅시다.

1 주의해야 할 단수 주어의 수 일치 문제

<u>Each</u> (of the candidates) / ------- strengths / in various aspects of finance.
주어　　　　　　　　　　　　동사　　목적어　　　　　부사구

(A) having　　　　　　(B) to have
(C) has　　　　　　　　(D) are having

단서 주어와 목적어 사이의 빈칸은 동사 자리인데 주어가 단수형이니까 단수 동사가 와야 해요.

풀이 과정

STEP 1 보기 형태 확인: 보기에 동사와 동사가 아닌 것들이 섞여 있다.

STEP 2 단서 확인: 주어와 목적어 사이의 빈칸은 동사 자리다. 주어(Each of the candidates)가 단수형이므로 빈칸에도 동사의 단수형이 와야 한다.

STEP 3 보기 분석: (A) having은 '동명사 또는 현재분사', (B) to have는 'to부정사', (C) has는 '동사의 단수형', (D) are having은 '동사의 복수형'

STEP 4 정답 선택: 보기에 동사의 단수형은 has뿐이므로 정답은 (C)!

해석 각각의 지원자들은 / 강점을 가지고 있다 / 금융의 다양한 측면에 있어서

2 주어와 동사 사이에 수식어가 낀 수 일치 문제

<u>Scientists</u> (at Ralston) / ------- / a number of ways / to fight cancer.
주어　　　　　　　　　　　동사　　　목적어　　　　　부사구

(A) researches　　　　　(B) to research
(C) have researched　　 (D) is researching

단서 주어와 목적어 사이의 빈칸은 동사 자리인데 수식어를 무시하고 주어를 보면 복수형이에요. 따라서 복수 동사가 와야 해요.

풀이 과정

STEP 1 보기 형태 확인: 보기에 동사와 동사가 아닌 것들이 섞여 있다.

STEP 2 단서 확인: 주어와 목적어 사이의 빈칸은 동사 자리다. 수식어구 at Ralston을 묶어 주면 주어와 동사가 잘 보인다. 주어(Scientists)가 복수형이므로 빈칸에도 동사의 복수형이 와야 한다.

STEP 3 보기 분석: (A) researches는 '동사의 단수형', (B) to research는 'to부정사', (C) have researched는 '동사의 복수형', (D) is researching은 '동사의 단수형'

STEP 4 정답 선택: 보기에 동사의 복수형은 have researched뿐이므로 정답은 (C)!

해석 랠스턴 실험실의 과학자들은 / 연구했다 / 많은 방법들을 / 암과 싸우기 위한

핵심 콕콕!

반드시 외우고 시험장에 가자!

1번 포인트!
'each of the + 복수 명사'와 'one of the + 복수 명사'도 단수 주어로 쓰인다.

2번 포인트!
주어를 뒤에서 꾸며주는 수식어를 괄호로 묶으면 주어와 동사의 수 일치가 쉬워진다.

단어 콕콕!

candidate 지원자, 후보자
strength 강점, 힘
aspect 측면, 양상
finance 금융, 재정
a number of 많은
way 방법
cancer 암
research 연구하다, 조사하다

자신감 쑥쑥! 실전 도전 Part 5

학습 목표 | 오늘 공부한 토익에 자주 출제되는 어휘와 대표 문장에 따른 문법 설명을 떠올리며 Part 5 실전 문제를 풀어 봅시다.

⏱ 3초 문제

1. Economists ------- that the price of oil will rise in the coming months.

(A) predictable
(B) predicts
(C) predicting
(D) predict

⏱ 3초 문제

2. Every vendor ------- to obtain the necessary certifications from the city.

(A) are requiring
(B) require
(C) is required
(D) requirable

3. The system failure has ------- the production of the factory for 3 days.

(A) stayed
(B) delayed
(C) remained
(D) promoted

4. A spokesperson for Emerson, Inc. ------- that the company had just acquired PTR Heavy Industries.

(A) to note
(B) have noted
(C) noted
(D) are noting

5. Because students can receive ------- feedback on each task, this learning application is very efficient.

(A) immediate
(B) alive
(C) diverse
(D) determined

이거 어려워!

6. A lack of communication between departments ------- delays in project completion.

(A) cause
(B) causing
(C) have caused
(D) is causing

7. To welcome the delegates from European countries, the company will ------- a reception tomorrow at Delta Hotel.

(A) assemble
(B) access
(C) participate
(D) hold

8. The date for the interview with the prospective candidates ------- for next month.

(A) are scheduled
(B) to schedule
(C) have been scheduled
(D) is scheduled

9. The designs of Stellar Furniture ------- minimalist and rustic styles for a unique look.

(A) combination
(B) combines
(C) combining
(D) combine

이거 어려워!

10. If you have any questions about the work flow in the office, you can ------- the manual in the cabinet.

(A) revise
(B) consult
(C) notify
(D) imply

자신감 쑥쑥! 실전 도전 Part 6

학습 목표 | 오늘 공부한 토익에 자주 출제되는 어휘와 대표 문장에 따른 문법 설명을 떠올리며 Part 6 실전 문제를 풀어 봅시다.

Questions 11-14 refer to the following letter.

March 11

Mr. Daniel Harper
22 Wilson Avenue
Montgomery, AL, 34029

Dear Mr. Harper,

The senior customer representative at Merriweather Electronics ------- the letter of
11.
complaint that you sent 3 days ago. We apologize for the problems you suffered. Since
the computer caused ------- to you, we will replace it for free.
12.

-------. Please send us the ------- receipt as soon as possible so that we can process
13. **14.**
the return.

Once we receive the receipt, we will send your new computer at once.

Sincerely,

Jane Hampton
Merriweather Electronics

11. (A) receiving

(B) are receiving

(C) has received

(D) to receive

12. (A) inconvenient

(B) inconveniently

(C) inconvenience

(D) inconvenienced

13. (A) Nevertheless, we will work to quickly revise your bill.

(B) Unfortunately, your warranty has expired.

(C) However, we have one request.

(D) In addition, our refund process is simple and easy.

14. (A) quick

(B) routine

(C) original

(D) immediate

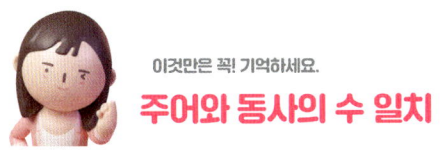

이것만은 꼭! 기억하세요.

주어와 동사의 수 일치

개념 1 단수 주어의 형태

단수 주어는 명사 뒤에 -s가 없습니다.

단수 주어
Every customer / deserves / good service.

모든 고객은 / 받을 자격이 있다 / 좋은 서비스를

개념 2 복수 주어의 형태

복수 주어
Ms. Garcia and I / are reviewing / the terms of the contract.

가르시아 씨와 나는 / 검토하고 있다 / 계약서의 조건들을

명사 뒤에 -s가 있거나, 두 명사가 and로 연결되어 하나의 주어를 이룰 때 복수 주어입니다.

개념 3 주어와의 수 일치 - 1. 조동사

단수 주어   will
The company / **will** open / a new
              복수 주어   will
branch, / and many workers / **will** be
hired.

회사가 / 열 것이다 / 새로운 지점을 / 그리고 많은 직원들이 / 고용될 것이다

조동사는 주어의 수에 따른 형태 변화가 없습니다.

개념 4 주어와의 수 일치 - 2. be동사

be동사는 단수 주어에는 is/was를, 복수 주어에는 are/were를 씁니다.

단수 주어   단수 동사
The new computer design / **was**
            복수 주어
very attractive, / but its sales /
복수 동사
were disappointing.

새로운 컴퓨터 디자인은 / 매우 매력적이었다 / 하지만 그것의 판매량은 / 실망스러웠다

개념 5 주어와의 수 일치 - 3. 일반동사

일반동사는 주어가 단수이고 현재 시제일 때 동사에 -(e)s를 붙입니다.

단수 주어   단수 동사(동사 + -s)
The store / **offers** / discounts / to
new customers.

그 가게는 / 제공한다 / 할인을 / 신규 고객들에게

개념 6 주어와 동사 찾기 - 주어와 동사 사이의 수식어

단수 주어   수식어
An **exhibition** / for local artists /
단수 동사
was held / yesterday.

전시회가 / 지역 예술가들을 위한 / 열렸다 / 어제

주어와 동사 사이의 수식어가 있더라도 수식어는 무시하고 주어와 동사를 수 일치시켜야 합니다.

Good job! 내일 또 봐요!

DAY 09

시제

요기서 몸풀기!

토익에 출제되는 시제는 총 여섯 가지이며, 이 중 미래 시제와 과거 시제를 묻는 문제가 가장 많이 나오는 편이에요.

1 **토익에 출제되는 여섯 가지 시제는 무엇일까요?**
(1) 현재 시제 (2) 과거 시제 (3) 미래 시제 (4) 현재완료 시제 (5) 과거완료 시제 (6) 진행 시제 이렇게 총 6개예요.

2 **시제에 따라 동사의 형태가 변할까요?**
'한다', '했다', '할 것이다'라는 우리말처럼 영어도 표현하고자 하는 시점에 따라서 동사의 형태가 달라져요.

토익 빈출 단어! Check up!

아래 단어를 보고, 이미 알고 있는 단어에 ✔ 표시해 봅시다.

중요도 ⭐⭐⭐

- ☐ regularly
- ☐ frequently
- ☐ tentatively
- ☐ effectively
- ☐ accurately
- ☐ initiate
- ☐ represent
- ☐ face
- ☐ replace
- ☐ exceed
- ☐ receive
- ☐ serve
- ☐ dispose
- ☐ available

중요도 ⭐⭐

- ☐ check
- ☐ run
- ☐ enter
- ☐ challenge
- ☐ defective
- ☐ target
- ☐ permission

중요도 ⭐

- ☐ president
- ☐ abroad
- ☐ original
- ☐ receipt
- ☐ successful

Vocabulary

토익이 좋아하는 **짝꿍표현**

학습 목표 | 토익 Part 5&6의 핵심인 어휘 문제를 한 방에 해결할 수 있는 토익 짝꿍표현들을 먼저 익혀 봅시다.

1 부사 + 동사

regularly check
규칙적으로 점검하다

frequently meet
자주 만나다

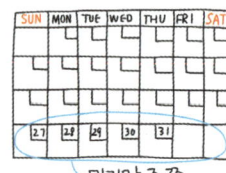

tentatively schedule
잠정적으로 일정을 잡다

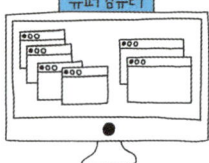

effectively run
효과적으로 작동하다

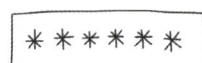

accurately enter
정확하게 입력하다

짝꿍표현 뜯어보기

check
(동) 점검하다
(명) 점검

frequently
(부) 자주, 빈번하게
(파) frequent (형) 빈번한

tentatively
(부) 잠정적으로, 임시로
(파) tentative (형) 잠정적인

schedule
(동) 일정을 잡다
(명) 일정

effectively
(부) 효과적으로
(파) effective (형) 효과적인

run
(동) 작동하다, 운영되다, 달리다

accurately
(부) 정확하게
(파) accurate (형) 정확한

initiate
(동) 시작하다

represent
(동) 대표하다
(파) representative (명) 대표

face
(동) 직면하다
(명) 얼굴

challenge
(명) 도전, 어려움
(동) 도전하다

replace
(동) 교체하다

exceed
(동) 초과하다

target
(명) 목표
(동) 목표로 하다

permission
(명) 허가
(파) permit (동) 허가하다

dispose
(동) 버리다, 처리하다
(파) disposal (명) 폐기

2 동사 + 명사

initiate a program
프로그램을 시작하다

represent a company
회사를 대표하다

face a challenge
도전에 직면하다

replace a defective product
결함 있는 제품을 교체하다

exceed the target
목표를 초과하다

receive permission
허가를 받다

3 숙어

serve as
~로 일하다, ~의 역할을 하다

dispose of
~을 버리다

be available to A
A가 이용 가능하다

토익정답과 친해지는 EXERCISE 빈칸에 알맞은 단어를 선택하세요.

정답 및 해석/해설 p. 055

1 Because the president is abroad, the senior director will ------- the company at the meeting.

(A) represent   (B) initiate

2 If you have the original receipt, we will ------- any defective product within 3 weeks of purchase.

(A) review   (B) replace

3 Though Yamazaki Foods has been successful in the industry over the years, it will ------- a new challenge next year.

(A) hold   (B) face

어휘   president 회장   abroad 해외에   senior director 상무이사   original 원래의   receipt 영수증   within ~ 이내에   purchase 구매   review 검토하다   though 비록 ~일지라도   successful 성공적인

DAY 09

 **Grammar**

시제

학습 목표 | 여섯 가지 시제의 형태와 특징을 배워 봅시다.

개념 1 현재 시제 반복되는 상황을 나타낼 때는 현재 시제를 씁니다.

반복 상황 / 현재 시제

The company / **regularly checks** / its computer system.

그 회사는 / 정기적으로 점검한다 / 컴퓨터 시스템을

1 현재 시제는 **동사원형이나 '동사원형 + -(e)s'**로 나타낸다.

Mr. Kim **loves** apples, so I often **buy** them for him.
　　　　동사원형 + -s　　　　　　　　　　　　동사원형

김 씨는 사과를 좋아한다. 그래서 나는 종종 그를 위해 사과를 사 준다.

➔ 현재 시제를 쓸 때 주어가 I나 you 또는 복수이면 동사원형을 쓰고, I나 you를 제외한 단수이면 동사원형에 -(e)s를 붙여요.

2 현재 시제는 **반복되는 상황, 습관, 진리 등을 묘사**할 때 쓴다.

I **usually drink** coffee in the morning. 나는 보통 아침에 커피를 마신다.
　반복 상황　현재 시제

➔ 매일 아침에 커피를 마신다면 '나는 보통 아침에 커피를 마셔'라고 하지 '마셨다'라고 하지 않죠? 이처럼 습관이나 반복되는 상황을 나타낼 때 현재 시제를 써요.

The sun **rises** in the east. 해는 동쪽에서 뜬다.
　　　　　현재 시제

➔ '해가 동쪽에서 떴어'라고 과거 시제로 표현한다면 어색하죠? 해가 동쪽에서 뜨는 것은 어제도 오늘도 변함없는 진리이기 때문이에요. 이처럼 진리를 나타낼 때는 현재 시제를 써요.

3 반복적인 상황을 나타내는 **부사** 표현은 현재 시제와 함께 쓰인다.

현재 시제와 어울리는 반복 상황 표현

usually(= typically) 보통　　　frequently(= often) 자주
regularly(= periodically) 정기적으로

토익정답과 친해지는 EXERCISE 밑줄 친 '부사+동사' 표현을 시제에 주의하여 해석해 보세요.

정답 및 해석/해설 p. 055

1 They <u>usually store</u> the supplies in this room.

2 The team <u>frequently has</u> a meeting in the afternoon.

3 The janitor <u>periodically disposes of</u> waste materials here.

토익 고수 단계! 🔥

가까운 미래에 정해져 있는 확실한 일은 현재 시제로도 표현할 수 있다.

예)
He **leaves** at 6 P.M.
그는 오후 6시에 **출발할 것이다.**
➔ 가까운 미래인 오후 6시에 출발하는 것이 정해져 있기 때문에 현재 시제를 쓸 수 있어요.

📍 **빈도부사 알고 가기**
usually와 같이 일의 '빈도'를 나타내는 부사는 be동사 뒤, 조동사 뒤, 일반동사 앞에 위치한다.

예)
I **always drink** a cup of coffee in the morning.
나는 **항상** 아침에 커피 한 잔을 마신다.

단어 콕콕!

store 보관하다, 저장하다
supplies 비품, 저장품
frequently 종종, 자주
janitor 관리인, 수위
periodically 정기적으로
dispose of ~을 처리하다
material 물질, 재료

개념 2 과거 시제 과거시점을 나타내는 표현은 과거 시제와 함께 씁니다.

The team **held** / a public meeting / **last week**.
_과거 시제_ _과거 시점_

그 팀은 열었다 / 공청회를 / 지난주에

1 과거 시제는 '동사원형 + -(e)d'로 나타내지만 형태 변화가 불규칙한 동사도 있다.

Mr. Kim **loved** apples, so I often **bought** them for him.
동사원형 + -(e)d 불규칙 동사

김 씨는 사과를 좋아했다. 그래서 나는 그를 위해 사과를 사 줬다.

→ 일반적으로 일반동사의 과거형은 '동사원형 + -(e)d' 형태이지만, buy의 과거형은 buyed가 아닌 bought예요. 이처럼 시제에 따른 형태 변화가 불규칙한 동사들이 있어요.

현재	과거	현재	과거
give 주다	gave 주었다	write 쓰다	wrote 썼다
tell 말하다	told 말했다	speak 말하다	spoke 말했다
see 보다	saw 봤다	become 되다	became 되었다
know 알다	knew 알았다	begin 시작하다	began 시작했다
make 만들다	made 만들었다	forget 잊다	forgot 잊었다

2 과거 시제는 과거에 있었던 일을 묘사할 때 쓴다.

I **washed** my hands **two hours ago**. 나는 2시간 전에 손을 씻었다.
_과거 시제_ _과거 시점_

→ 두 시간 전(two hours ago)에 일어난 일은 과거의 일이죠? 따라서 과거 시제를 썼어요. 이처럼 과거를 나타내는 시점 표현이 있으면 과거 시제를 씁니다.

3 과거 시점을 나타내는 부사 표현은 과거 시제와 함께 쓰인다.

과거 시제와 어울리는
과거 시점 표현

yesterday 어제   last week[month/year] 지난주[달/해]
시점 + ago ~ 전에   in + 과거 연도 ~년에

💡 일반동사 과거형의 수 일치
일반동사의 과거형은 수 일치의 영향을 받지 않는다. 즉, 단수/복수 주어에 상관없이 동사는 한 가지 형태이다.

토익정답과 친해지는 EXERCISE 다음 중 알맞은 것을 선택하세요.

정답 및 해석/해설 p. 056

1 The supervisor (has reviewed / reviewed) the proposal three days ago.

2 The inspector (looked into / looks into) the matter last month.

3 The store (postponed / will postpone) the outdoor event yesterday.

단어 콕콕!
supervisor 관리자, 감독
proposal 제안서
inspector 조사관
look into ~을 조사하다
postpone 연기하다, 미루다
outdoor 야외의

개념 **3** 미래 시제 미래 시점을 나타내는 표현은 미래 시제와 함께 씁니다.

The new lounge / **will be** available / (미래 시제)

exclusively to our employees / **next month**. (미래 시점)

새로운 라운지가 / 이용 가능할 것이다 / 오로지 우리 직원들만 / 다음 달에

---

1 미래 시제는 주로 'will + 동사원형'으로 나타낸다.

I **will visit** your office tomorrow. 나는 내일 당신 사무실을 방문할 것이다.
   (will + 동사원형)

➜ 미래 시제는 'will + 동사원형'이나 'be going to + 동사원형'으로 나타내요.

2 미래 시제는 앞으로 있을 일을 묘사할 때 쓴다.

We **will be** out of town **next week**.
   (미래 시제)   (미래 시점)

우리는 다음 주에 지방에 있을 것이다.

➜ 다음 주(next week)에 일어날 일은 미래의 일이죠? 따라서 미래 시제를 썼어요. 이처럼 미래를 나타내는 시점 표현이 있으면 미래 시제를 씁니다.

3 미래 시점을 나타내는 부사 표현은 미래 시제와 함께 쓰인다.

미래 시제와 어울리는 미래 시점 표현	soon 곧	shortly 곧
	tomorrow 내일	next + 시점 다음 ~에
	in + 미래 연도 ~년에	

> **📍 미래 시제를 나타내는 표현**
> 'will + 동사원형'뿐만 아니라 'be going to/can/may + 동사원형'과 '명령문'도 미래의 일을 나타낼 수 있다.

> **토익 고수 단계!🔥**
> 시간(~할 때, ~전에 등)과 조건(~라면 등)을 나타내는 부사절에서는 앞으로 있을 미래의 일을 묘사하더라도 현재가 미래를 대신한다.
> 예)
> If we **call** you next week ~. (O)
> If we **will call** you next week ~. (X)
> 만약 우리가 다음 주에 당신에게 **전화한다면** ~.

토익정답과 친해지는 **EXERCISE** 다음 중 알맞은 것을 선택하세요.

정답 및 해석/해설 p. 056

1 Moore, Inc. (initiates / will initiate) a program next Monday.

2 You (will broaden / have broadened) your expertise in finance in the upcoming seminar.

3 The professional development workshop (began / will begin) shortly.

> **단어 콕콕!**
> out of town 도시를 떠나서, 시골에서
> initiate 시작하다
> broaden 넓히다, 퍼지다
> expertise 전문 지식[기술]
> finance 재무, 재정
> upcoming 곧 있을
> professional 직업상의, 전문적인
> development 개발, 발전

개념 **4** 현재완료 시제   과거부터 지금까지 계속되는 상황을 나타낼 때는 현재완료 시제를 씁니다.

현재완료 시제
The sales figure / has risen dramatically / over the past 3 months.

기간 표현

판매 수치가 / 크게 증가해 왔다 / 지난 3개월 동안

현재완료 시제는 'has/have + p.p.'로 나타내고 과거부터 계속되는 상황(계속 ~해 왔다), 과거의 일이 막 끝난 경우(~했다), 과거에 있었던 경험(~해 본 적이 있다)을 묘사할 때 쓴다.

❶ 계속 ~해 왔다

I have worked for the shop since 2006.

현재완료 시제(일해 왔다)   기간 표현

나는 2006년부터 지금까지 그 가게에서 계속 일해 왔다.

➔ since 2006은 '2006년부터 지금까지', 즉 과거부터 지금까지 계속되는 상황을 나타내므로 현재완료 시제를 써요.

현재완료 시제와 어울리는 시간 표현

since + 과거 시점 ~ 이래로 지금까지	for + 기간 ~의 기간 동안
over/in/for/during + the past/the last + 기간 지난 ~기간 동안	

❷ ~했다

He has already finished his homework.

현재완료 시제(벌써 마쳤다)

그는 벌써 그의 숙제를 마쳤다.

➔ 과거에 시작한 일이 막 끝난 경우에도 현재완료 시제를 쓰는데, 이때는 주로 just(지금 막), now (이제), already(벌써), yet(아직), recently(최근에) 등의 부사 표현과 함께 쓰여요.

❸ ~해 본 적이 있다

Jane has never seen snow. 제인은 눈을 결코 본 적이 없다.

현재완료 시제(결코 본 적이 없다)

➔ 과거에 한 경험을 나타낼 때도 현재완료 시제를 쓰는데, 이때는 주로 ever(~한 적이 있는), never (결코 ~한 적이 없는), once(한 번), before(전에) 등의 부사 표현과 함께 쓰여요.

토익정답과 친해지는 EXERCISE   다음 중 알맞은 것을 선택하세요.

정답 및 해석/해설 p. 056

1 Ms. Barnes (represented / has represented) the company over the last 3 months.

2 The restaurants (face / have faced) challenges since 2011.

3 Vendors have replaced defective products (in / to) the past 2 weeks.

앗! 이거 주의해야 돼! ✱✱

과거 시제 vs. 현재완료 시제

과거 시제는 과거 그 시간대에 끝난 행위를 나타낸다면, 현재완료 시제는 그 행위가 지금까지 계속되거나 영향을 주는 일을 나타낸다.

예)

He studied English.

그는 영어를 **공부했다.**

(이전에 공부를 했고 지금은 하는지 알 수 없음)

He has studied English for 3 years.

그는 3년 동안 영어를 **공부해 왔다.**

(지금도 공부를 하고 있음)

▶ 단어 콕콕!

represent 대표하다
face 직면하다
challenge 어려움, 도전
vendor 판매사
replace 교체하다, 바꾸다
defective 결함 있는

개념 5 과거완료 시제 과거보다 더 먼저 일어난 과거의 일을 나타낼 때 과거완료 시제를 씁니다.

② 과거 시제

The company / <u>offered</u> promotion / to Mr. Allen /   ② 나중에 일어남

① 과거완료 시제   ↑

after he **had exceeded** / the sales target.   ① 먼저 일어남

그 회사는 / 승진을 제안했다 / 알렌 씨에게 / 그가 초과한 후에 / 판매 목표를

---

1 과거완료 시제는 'had + p.p.'로 나타낸다.

I **had visited** Busan before I came here.
　　 had + p.p.

나는 여기 오기 전에 부산을 방문했었다.

➜ 과거완료 시제는 had + p.p.로 나타내요.

2 과거완료 시제는 과거보다 먼저 일어난 일을 묘사할 때 쓴다.

By the time I **arrived** at the airport, the plane
　　　　　　　 과거 시제

had already **left**.

과거완료 시제(과거보다 먼저 일어남)

내가 공항에 도착했을 때쯤 비행기는 벌써 떠난 상태였다.

➜ 공항에 도착한 것은 과거에 일어난 일이고, 비행기가 떠난 것은 그보다 먼저 일어난 일이죠? 이처
　럼 과거보다 더 먼저 일어난 사건을 나타낼 때 과거완료 시제를 씁니다.

3 접속사 before, after, by the time이 있으면 과거완료 시제가 쓰일 수 있다.

주어 + **과거완료 시제(A)** + [before + 주어 + 과거 시제(B)] B하기 전에 A하였다

➜ 과거의 일(B) 이전에 과거완료의 일(A)이 일어났어요.

주어 + 과거 시제(A) + [after + 주어 + **과거완료 시제(B)**] B한 후에 A하였다

➜ 과거완료의 일(B) 이후에 과거의 일(A)이 일어났어요.

주어 + **과거완료 시제(A)** + [by the time + 주어 + 과거 시제(B)]

B할 때쯤 A하였다

➜ 과거의 일(B)이 일어났을 때쯤 그보다 먼저 과거완료의 일(A)이 일어났어요.

토익정답과 친해지는 **EXERCISE** 다음 중 알맞은 것을 선택하세요.

정답 및 해석/해설 p. 057

1 The snow (has completely covered / had completely covered)
the roads by the time I woke up.

2 Mr. Howard finally reserved the venue after he (had received /
will receive) permission.

3 The assistant (will have / had) tentatively scheduled the
meeting before the manager confirmed the date.

토익 고수 단계! 🔥

접속사 by the time이 있으
면 미래완료 시제도 쓰일 수
있다. 미래완료 시제는 will +
have + p.p.로 나타내며, (과
거나 현재에 시작된) 어떤 일
이 미래 시점이 되면 특정 기
간이 채워지거나 완료되는 것
임을 의미한다.

예)

By the time you
arrive at the airport, I
will have waited for
you for 5 hours.

당신이 공항에 도착할 때쯤, 나
는 당신을 **기다린 지** 5시간이
될 것이다.

➜ 미래의 일(공항에 도착하
는 일)이 일어날 때쯤 그보다
먼저 일어난 미래완료의 일
(기다린 일)의 지속 시간이 채
워진다는 예문이에요.

단어 쏙쏙!

completely 완전히
cover 덮다
reserve 예약하다
venue (콘서트·경기·회담
등의) 장소
permission 허가, 허락
assistant 비서, 조수, 보조
tentatively 잠정적으로
confirm 확인하다

 **개념 6** **진행 시제** 진행 시제는 특정 시점에 진행되고 있는 일이나 동작을 나타낼 때 씁니다.

The construction company / **was repairing** / the road.
과거진행 시제

그 건설회사는 / 수리하는 중이었다 / 도로를

1 현재진행 시제는 'am/is/are + -ing' 형태이며, 현재 진행 중인 일이나 가까운 미래의 일을 묘사할 때 쓴다.

I **am watching** TV now. 나는 지금 TV를 보는 중이다.
　　현재진행 시제

➔ TV를 보는 것은 지금(now) 하고 있는 일이죠? 이처럼 현재 하고 있는 일이나 동작을 나타낼 때 현재진행 시제를 써요.

I **am meeting** Ms. Jolie **tomorrow**. 나는 내일 졸리 씨를 만날 것이다.
　　현재진행 시제　　　　　　　　미래 시점

➔ 현재진행 시제는 가까운 미래의 일을 나타낼 때도 쓸 수 있어요.

2 과거진행 시제는 'was/were + -ing' 형태이며, 과거에 진행 중이던 일을 묘사할 때 쓴다.

I **was talking** to Mr. Kim **at 4 P.M. yesterday**.
　　과거진행 시제　　　　　　　　　　과거 시점

나는 어제 4시에 김 씨에게 얘기하는 중이었다.

➔ 이야기를 하는 것은 과거의 특정 시점(4 P.M.)에 하고 있던 일이죠? 이처럼 과거에 하고 있던 일이나 동작을 나타낼 때 과거진행 시제를 써요.

3 미래진행 시제는 'will be -ing' 형태이며, 미래에 진행 중일 일을 묘사할 때 쓴다.

I **will be traveling** to Europe **next summer**.
　　미래진행 시제　　　　　　　　　　미래 시점

나는 다음 여름에 유럽을 여행하는 중일 것이다.

➔ 여행을 하는 것은 미래의 특정 시점(next summer)에 하고 있을 일이죠? 이처럼 미래에 하고 있을 일이나 동작을 나타낼 때 미래진행 시제를 써요.

> **완료진행형**
> 어떤 사건이나 동작이 계속되고 있음을 강조하기 위해서 완료진행형을 쓸 수 있다.
> 1) have(has) been -ing: 현재완료진행
> 2) had been -ing: 과거완료진행
> 3) will have been -ing: 미래완료진행

암기 꼭

진행 시제가 불가능한 동사
1) 감정동사: interest(관심을 갖게 하다), like(좋아하다), hate(싫어하다) 등
2) 소유동사: have(가지고 있다), own(소유하다), possess(소유하다) 등
3) 상태동사: know(알다), believe(믿다), understand(이해하다) 등

토익정답과 친해지는 **EXERCISE** 다음 중 알맞은 것을 선택하세요.

정답 및 해석/해설 p. 057

1 The employee (was entering / is entering) client data accurately at 10 A.M. yesterday.

2 Bliss Co. (held / is holding) an extremely popular fund-raising event next week.

3 Ms. Laney (will be teaching / taught) part-time at a conveniently located school next month.

단어 콕콕!

client 고객
accurately 정확히
hold 개최하다
extremely 매우, 극도로
fund-raising 모금
part-time 시간제로
conveniently 편리하게, 알맞게

토익 대표 유형 분석하기

학습 목표 | 문제의 유형을 확인한 후, 지문의 구조와 단서를 파악하면서 문제를 풀어 봅시다.

1 미래 시제 문제

<u>Mr. Kim</u> / ------ <u>his report</u> / <u>on automobile manufacturing techniques</u> /
주어   동사   목적어   부사구
<u>next Monday</u>.
   부사구

(A) will conduct   (B) have conducted
(C) to conduct   (D) conducted

> **단서**
> 빈칸은 next Monday(다음 주 월요일)와
> 어울리는 동사의 미래형 자리예요.

> **핵심 콕콕!**
>
> 반드시 외우고 시험장에 가자!
>
> **1번 포인트!**
> 시간 부사구를 통해 동사의 시제를 알 수 있다. next, tomorrow 등과 같은 미래 시점을 나타내는 표현이 있으면 미래 시제가 정답이다.

풀이 과정

STEP 1 보기 형태 확인: 보기에 동사와 동사가 아닌 것들이 섞여 있다.

STEP 2 단서 확인: 주어와 목적어 사이의 빈칸은 동사 자리다. 주어(Mr. Kim)가 단수형이므로 동사도 단수형이 와야 하고, 시간 부사구인 next Monday(다음 주 월요일)와 어울리는 미래 시제 동사를 빈칸에 넣어야 한다.

STEP 3 보기 분석: (A) will conduct는 '동사의 미래형', (B) have conducted는 '복수 동사의 현재완료형', (C) to conduct는 'to부정사', (D) conducted는 '동사의 과거형 또는 과거분사'

STEP 4 정답 선택: 보기에 동사의 미래형은 will conduct뿐이므로 정답은 (A)!

해석 김 씨는 / 그의 보고를 시행할 것이다 / 자동차 제조 기술에 관한 / 다음 주 월요일에

2 현재완료 시제 문제

<u>Mr. Singh</u> / ------ <u>employed</u> / <u>by several of the leading software companies</u> /
주어   동사   보어   부사구
<u>for the last 10 years</u>.
    부사구

(A) is   (B) will be
(C) has been   (D) have

> **단서**
> 빈칸은 for the last 10 years(지난 10년간)와
> 어울리는 동사의 현재완료형 자리예요.

> **2번 포인트!**
> 과거 시점에서 시작해 현재까지 계속되는 일이나 현재에 막 끝난 일을 묘사할 때 현재완료 시제를 쓰며, 'for the last[past] ~'와 같은 기간 표현과 잘 어울린다.

풀이 과정

STEP 1 보기 형태 확인: 보기가 모두 동사다.

STEP 2 단서 확인: 주어(Mr. Singh)가 단수형이므로 동사도 단수형이 와야 하고, 시간 부사구인 for the last 10 years(지난 10년간)와 어울리는 현재완료 시제 동사를 빈칸에 넣어야 한다.

STEP 3 보기 분석: (A) is는 '단수 동사의 현재형', (B) will be는 '동사의 미래형', (C) has been는 '단수 동사의 현재완료형', (D) have는 '복수 동사'

STEP 4 정답 선택: 보기에 단수 동사의 현재완료형은 has been뿐이므로 정답은 (C)!

해석 싱 씨는 / 고용되었다 / 몇몇 선도적인 소프트웨어 회사에 / 지난 10년간

> **단어 콕콕!**
>
> **automobile** 자동차
> **manufacture** 제조하다
> **conduct** 시행하다, 수행하다
> **employ** 고용하다
> **several** 몇몇의
> **leading** 선도적인

자신감 쑥쑥! 실전 도전 Part 5

학습 목표 | 오늘 공부한 토익에 자주 출제되는 어휘와 대표 문장에 따른 문법 설명을 떠올리며 Part 5 실전 문제를 풀어 봅시다.

3초 문제

1. Starting next month, Listercom Computer Co. ------- childcare service for its workers.

(A) has provided
(B) will be providing
(C) has been provided
(D) are providing

2. By the time the factory closed, Ipipo Tools, Inc. ------- to relocate its workers.

(A) will begin
(B) begins
(C) to begin
(D) had begun

3. Ms. Beth ------- met city officials to talk about the problems with the construction project.

(A) frequently
(B) considerably
(C) severely
(D) approximately

3초 문제

4. Last month, the accounting office ------- the new billing procedures.

(A) implement
(B) implemented
(C) implements
(D) implementing

이거 어려워!

5. The workshop for new employees was ------- scheduled for next Thursday.

(A) steadily
(B) tentatively
(C) currently
(D) routinely

6. Spectrum Inc. ------- offers online courses to educate customers on their products and services.

(A) severely
(B) mutually
(C) frequently
(D) approximately

7. All the computers in this office are ------- checked for viruses.

(A) recently
(B) excessively
(C) regularly
(D) wrongly

이거 어려워!

8. Ten years ago, Blue Monroes ------- only a few locations, but now it has opened stores across the country.

(A) should have
(B) had
(C) having
(D) will have

9. Alpha Corporation ------- heavily in research and development over the past decade.

(A) will invest
(B) invest
(C) had invested
(D) has invested

10. The bank should not ------- any private information to others without their consent.

(A) respond
(B) resolve
(C) refund
(D) release

자신감 쑥쑥! 실전 도전 Part 6

학습 목표 | 오늘 공부한 토익에 자주 출제되는 어휘와 대표 문장에 따른 문법 설명을 떠올리며 Part 6 실전 문제를 풀어 봅시다.

Questions 11-14 refer to the following e-mail.

To: Donald Francis <dfrancis@cartman.edu>
From: Ingrid Colt <hillscafe@innunet.net>
Date: February 2
Subject: Start date

Dear Donald,

I'm glad that you have decided to join us at Hills Café. I think you'll be a great ------- **11.** to the team! As we discussed in our interview, your responsibilities include ------- **12.** large orders to nearby offices. We will provide a company vehicle, so you do not need to use your own. You also need to pick up beans and other goods from our distributor.

Your orientation -------on February 15 at 10 A.M. Please wear slip-resistant shoes and **13.** tan pants.
-------. We look forward to meeting you in person.
14.

Sincerely,

Ingrid Colt
Manager, Hills Café

---

11. (A) addition
   (B) promotion
   (C) position
   (D) division

12. (A) they deliver
   (B) delivering
   (C) deliver
   (D) delivery

13. (A) are held
   (B) was held
   (C) will be held
   (D) has been holding

14. (A) We offer a variety of beans and roasting options on our menu.
   (B) Meanwhile, the internship will last for twelve weeks.
   (C) Please apply again when another position becomes available.
   (D) Also, please make sure to bring a valid form of identification.

이것만은 꼭! 기억하세요.

시제

개념 1 현재 시제

> 반복되는 상황을 나타낼 때는 현재 시제를 씁니다.

반복 상황 **현재 시제**

The company / **regularly checks** / its computer system.

그 회사는 / 정기적으로 점검한다 / 컴퓨터 시스템을

개념 2 과거 시제

과거 시제

The team **held** / a public meeting /

과거 시점
last week.

그 팀은 열었다 / 공청회를 / 지난주에

> 과거 시점을 나타내는 표현은 과거 시제와 함께 씁니다.

개념 3 미래 시제

미래 시제

The new lounge / **will be** available / exclusively to our employees /

미래 시점
next month.

새로운 라운지가 / 이용 가능할 것이다 / 오로지 우리 직원들만 / 다음 달에

> 미래 시점을 나타내는 표현은 미래 시제와 함께 씁니다.

개념 4 현재완료 시제

> 과거부터 지금까지 계속되는 상황을 나타낼 때는 현재완료 시제를 씁니다.

현재완료 시제

The sales figure / **has risen**

기간 표현
dramatically / **over the past 3 months**.

판매 수치가 / 크게 증가해 왔다 / 지난 3개월 동안

개념 5 과거완료 시제

② 과거 시제

The company / **offered** promotion /

① 과거완료 시제
to Mr. Allen / after he **had exceeded** / the sales target.

그 회사는 / 승진을 제안했다 / 알렌 씨에게 / 그가 초과한 후에 / 판매 목표를

> 과거보다 더 먼저 일어난 과거의 일을 나타낼 때 과거완료 시제를 씁니다.

개념 6 진행 시제

The construction company /

과거진행 시제
was repairing / the road.

그 건설회사는 / 수리하는 중이었다 / 도로를

> 진행 시제는 특정 시점에 진행되고 있는 일이나 동작을 나타낼 때 씁니다.

Good Job! 내일 또 봐요!

DAY **10**

능동태와 수동태

요기서 몸풀기!

능/수동태 문제는 거의 매달 출제되는 중요한 문제예요. 빈칸 뒤 목적어의 유무에 따라 결정하는 3형식 동사의 능/수동태를 묻는 문제가 가장 많이 나와요.

1 **능동태와 수동태의 차이점은 뭘까요?**
능동태 동사는 '~하다'로 해석되고 목적어를 가질 수 있지만, 수동태 동사(be + p.p.)는 '~되다'로 해석되며 목적어를 가질 수 없어요.

2 **자동사와 감정을 나타내는 동사는 어떤 '태'를 취할까요?**
자동사는 항상 능동태로 쓰고 감정을 느끼는 것은 수동태로 표현해요.

아래 단어를 보고, 이미 알고 있는 단어에 ✔ 표시해 봅시다.

중요도 ⭐⭐⭐

☐ approve   ☐ implement   ☐ encourage   ☐ order   ☐ conduct

☐ resolve   ☐ accurately   ☐ widely   ☐ temporary   ☐ prolific

☐ spacious   ☐ final   ☐ improper   ☐ distinguished

중요도 ⭐⭐

☐ participation   ☐ part   ☐ complaint   ☐ estimate   ☐ advertise

☐ employee   ☐ writer   ☐ statesman   ☐ figure   ☐ transaction

중요도 ⭐

☐ reduce   ☐ expense   ☐ hire   ☐ related   ☐ account

10

Vocabulary

토익이 좋아하는 **짝꿍표현**

학습 목표 | 토익 Part 5&6의 핵심인 어휘 문제를 한 방에 해결할 수 있는 토익 짝꿍표현들을 먼저 익혀 봅시다.

1 동사 + 목적어

approve a plan
계획을 승인하다

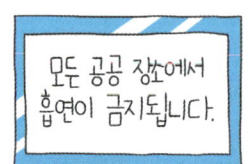

implement a policy
정책을 시행하다

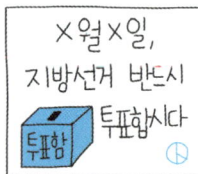

encourage participation
참여를 독려하다

order a part
부품을 주문하다

conduct a meeting
회의를 진행하다

resolve customer complaints
고객 불만 사항을 해결하다

짝꿍표현 뜯어보기

approve
동 승인하다
파 approval 명 승인

implement
동 시행하다, 실시하다
명 도구

encourage
동 독려하다, 장려하다

participation
명 참여, 참석
파 participate 동 참석하다

order
동 주문하다
명 주문, 주문품

part
명 부품, 부분

resolve
동 해결하다

complaint
명 불만, 불평
파 complain 동 불평하다

widely
부 널리

temporary
형 임시의
파 temporarily 부 임시로

prolific
형 다작의, 다산의

spacious
형 넓은

figure
명 수치, 인물, 모양
동 중요하다, 생각하다

improper
형 부적절한
반 proper 형 적절한

transaction
명 거래

distinguished
형 유명한

2 부사 + 동사

accurately estimate
정확하게 추정하다

widely advertise
널리 광고하다

3 형용사 + 명사

a **temporary** employee
임시직 직원

a **prolific** writer
다작하는 작가

a **spacious** room
넓은 방

the **final** sales figures
최종 매출액

an **improper** transaction
부적절한 거래

a **distinguished**
statesman
유명한 정치인

토익정답과 친해지는 **EXERCISE** 빈칸에 알맞은 단어를 선택하세요.

정답 및 해석/해설 p. 062

1 Many companies were able to reduce expenses by hiring part-time and ------- employees.

(A) temporary　　　　　(B) spacious

2 If any ------- transaction is found, the related account will be investigated.

(A) improper　　　　　(B) prolific

3 The government should ------- estimate the total consumption of dairy products in order to impose a tax on companies.

(A) widely　　　　　(B) accurately

어휘 reduce 줄이다　expense 경비　hire 고용하다　related 관련된　account 계좌　investigate 조사하다　government 정부　estimate 추정하다　consumption 소비　dairy product 유제품　in order to V ~하기 위해서　impose 부과하다

토익 시험 당일 영단기에서 바로 정답을 확인하세요. 정확한 점수 확인 및 놀라운 자료와 혜택 제공

Grammar

능동태와 수동태

학습 목표 | 능동태와 수동태의 형태와 쓰임을 배워 봅시다.

개념 1 능동태의 의미와 형태
타동사의 능동태는 '~하다'로 해석되며 목적어를 가집니다.

능동태 **목적어**

The management / **approved** / a new plan.

경영진이 / 승인했다 / 새로운 계획을

1 **주어가 행위의 주체로서 행위를 할 때 능동태를 쓴다.**

Mr. Kim **wrote** this book. 김 씨가 이 책을 썼다.
    행위의 주체   능동태

➜ 사람이 책을 '쓰였다'가 아니라 사람이 책을 '썼다'가 적절하죠? 따라서 능동태를 씁니다.

2 **능동태는 '~하다'로 해석되며 행위의 대상이 되는 목적어를 가질 수 있다.**

I **opened** the door. 나는 문을 열었다.
   능동태   목적어

➜ 동사 opened (열었다)의 목적어로 the door(문)가 쓰인 것처럼 능동태 동사는 목적어를 가질 수 있어요. 이렇게 목적어를 가지는 동사를 타동사라고 불러요.

> 📍 **목적어 자리에 올 수 있는 형태**
>
> 명사, 대명사, to부정사, 동명사, 그리고 that절 등이 올 수 있다. '전치사 + 명사' 형태는 목적어가 아니다.
> 예)
> We knocked **at the door**.
>   목적어(X)
> 우리는 **문을** 두드렸다.

토익정답과 친해지는 EXERCISE
다음 중 알맞은 것을 선택하세요.

정답 및 해석/해설 p. 062

1 The company (hired / was hired) additional staff.

2 The government will (implement / be implemented) the new policies.

3 The manager (encouraged / was encouraged) participation in the seminar.

> **단어 콕콕!**
>
> hire 고용하다
> additional 추가의
> staff 직원
> government 정부
> implement 시행하다
> policy 정책
> encourage 장려하다, 고무시키다
> participation 참석, 참여

개념 2 수동태의 의미와 형태 수동태는 'be동사 + p.p.' 형태이며 '~되다'로 해석됩니다.

수동태
A new plan / **was approved** / by the management.
새로운 계획이 / 승인되었다 / 경영진에 의해서

1 주어가 행위의 대상이 되어서 **행위를 당할 때 수동태를 쓴다.** 수동태는 '**be동사 + p.p.**' 형태로 나타나며 '**~되다, 당하다**'로 해석된다.

The door **was opened**. 문이 열렸다.
수동태

➜ 주어는 The door(문)이고 문이 '연' 것이 아니라 '열린' 것이므로 수동태가 쓰였어요. 이처럼 주어가 행위를 당하는 입장일 때 수동태를 씁니다.

2 수동태에서 **행위의 주체는 'by + 명사'**로 나타낸다.

The door was opened **by** the man. 문이 그 남자에 의해서 열렸다.
수동태   by + 명사

➜ 누가 문을 열었는지 나타내기 위해서 by the man(그 남자에 의해서)이 쓰였어요. 이처럼 수동태 문장에서 행위의 주체를 표시할 때는 'by + 명사'를 씁니다.

📍 **수동태 + by 명사**

수동태 뒤에 전치사 by로 행위의 주체를 표현하지만, 'by + 명사' 전체는 생략이 가능하다.

📍 **능동태의 목적어 → 수동태의 주어**

능동태 문장에서는 목적어가 '동작의 대상'이 되지만, 수동태는 목적어 입장에서 말하는 문장이므로 능동태의 목적어가 결국 수동태의 주어가 된다.
예)
[능동태]
The man opened **the door**.
목적어
[수동태]
The door was opened
주어
(by the man).

토익정답과 친해지는 EXERCISE 다음 중 알맞은 것을 선택하세요.

정답 및 해석/해설 p. 063

1 A service agreement (is including / will be included) in the packet.

2 Mr. Smith (will order / is ordered) the machine parts for you.

3 Harley Ltd. (is explaining / will be explained) the budget proposal to its employees.

🔖 단어 콕콕

agreement 동의, 합의
include 포함하다
packet (안내책자 등의) 꾸러미, 묶음
order 주문하다
machine 기계
part 부품
budget 예산
proposal 제안서, 제의

The monthly meeting / **has been conducted** / by specialists.

완료 수동태(has been + p.p.)

월례 회의가 / 진행되었다 / 전문가들에 의해서

동사의 시제에 따라 수동태의 형태가 달라진다. 동사의 수동태는 크게 다음 세 가지로 정리할 수 있다.

기본형 – be동사 + p.p.

진행형 – be동사 + being + p.p.

완료형 – have동사 + been + p.p.

→ 수동태는 모두 p.p.(과거분사)로 끝나고 p.p. 앞에 be동사(be/being/been)가 있어요.

시제별 수동태 형태

시제	형태	예
현재	am/is/are + p.p.	is developed 개발된다
과거	was/were + p.p.	was developed 개발되었다
미래	will be + p.p.	will be developed 개발될 것이다
현재진행	am/is/are + being + p.p.	is being developed 개발되고 있는 중이다
과거진행	was/were + being + p.p.	was being developed 개발되고 있는 중이었다
현재완료	has/have + been + p.p.	have been developed 개발되었다
과거완료	had been + p.p.	had been developed 개발되었었다
미래완료	will have + been + p.p.	will have been developed 개발된 상태가 될 것이다

토익 고수 단계! 🔥

4형식과 5형식 동사의 수동태는 동사 뒤에 각각 목적어와 목적격 보어가 남게 되므로 능동태의 목적어와 혼동하지 않도록 주의해야 한다.

예)

[4형식 능동태]

I sent **him a present**.
    목적어 1 목적어 2

나는 그에게 선물을 보냈다.

[4형식 수동태]

He was sent **a present**
주어   목적어

by me.

그는 나에 의해 선물을 받았다.

[5형식 능동태]

He named **Mr. Lee**
              목적어

our manager.
  목적격 보어

그는 이 씨를 우리의 매니저로 임명했다.

[5형식 수동태]

Mr. Lee was named
  주어

our manager by him.
  목적격 보어

이 씨는 그에 의해 **우리의 매니저로** 임명되었다.

단어 콕콕!

accurately 정확히
estimate 추정하다
the number of ~의 수
attendee 참석자
widely 널리, 광범위하게
advertise 광고하다
diligently 열심히
proposal 제안(서), 제의

토익정답과 친해지는 EXERCISE 밑줄 친 부분이 능동태인지 수동태인지 표시하세요.

정답 및 해석/해설 p. 063

1 The organizer has accurately estimated the number of attendees.

2 The item was being widely advertised in all stores.

3 These employees have been working diligently on the proposal.

개념 4 수동태 – 2. 자동사와 수동태 자동사는 능동태로만 쓸 수 있습니다.

능동태(자동사)

The reception / for the new manager / **proceeded** smoothly.

환영 만찬회는 / 새로운 매니저를 위한 / 매끄럽게 진행되었다

목적어를 가지지 못하는 동사를 자동사라고 부른다. 수동태를 만들 때 능동태의 목적어가 수동태의 주어가 되어야 하므로 목적어를 갖지 못하는 자동사는 수동태로 쓸 수 없다.

Mr. Kim **loves** you. (〇) 김 씨는 당신을 사랑한다.
　　　능동태(타동사) 목적어

You **are loved** by Mr. Kim. (〇) 당신은 김 씨에게 사랑받는다.
주어　수동태(타동사)

➔ love(사랑하다)는 목적어를 가지는 타동사예요. 따라서 수동태를 만들 때는 사랑을 받는 대상인 능동태의 목적어(you)가 주어 자리로 옵니다.

I **smiled.** (〇) 나는 미소 지었다.
능동태(자동사)

I **was smiled.** (✕)
　수동태(자동사)

➔ '~을 웃다'라는 뜻은 어색하죠? smile(미소 짓다)은 목적어를 가지지 못하는 자동사예요. 따라서 수동태의 주어로 올 말이 없기 때문에 수동태로 쓸 수 없어요.

A big accident **happened.** (〇) 큰 사고가 일어났었다.
　　　　　능동태(자동사)

A big accident **was happened.** (✕) 큰 사고가 일어나졌다.
　　　　　수동태(자동사)

➔ '큰 사고가 일어나졌다'라는 수동태 문장은 우리말 의미상 가능해 보이지만, happen은 자동사이므로 수동태로 쓸 수 없기 때문에 틀린 문장이에요.

 자동사

arrive 도착하다　proceed 진행되다　appear 나타나다
remain 남아있다　rise 오르다
happen(= take place, occur) 발생하다

토익정답과 친해지는 EXERCISE 다음 중 알맞은 것을 선택하세요.

정답 및 해석/해설 p. 064

1 The profits from exports (were risen / have been rising) steadily.

2 A temporary employee (will arrive / will be arrived) early next week.

3 The prolific writer (has remained / was remained) quiet about his new book.

단어 콕콕!
profit 이익, 수익
export 수출
steadily 꾸준히
temporary 임시의
prolific 다작하는

자동사 + 전치사 = 타동사
특정 자동사는 전치사의 도움을 받아 목적어를 가질 수 있기 때문에 수동태로 쓸 수 있다.
예)
deal with ~을 다루다
dispose of ~을 버리다
agree upon/to ~에 동의하다

The complaints **were dealt with** promptly.
불만은 신속하게 **처리되었다.**

DAY 10 능동태와 수동태

 ## 수동태 – 3. 감정동사의 수동태 <small>감정동사의 수동태는 '~한 감정을 느끼다'라는 뜻입니다.</small>

수동태(감정동사)
The company / **is pleased** / to relocate
to Silicon Valley.

그 회사는 / 기쁘다 / 실리콘밸리로 이전하게 되어서

영어에서 감정과 관련된 동사는 모두 '~한 감정을 느끼게 만들다'라는 의미의 타동사
이다. 따라서 '~한 감정을 느끼다'라고 말할 때는 <u>수동태로 표현</u>한다.

I **am satisfied** with the result. 나는 그 결과에 만족한다.
수동태(감정동사)
➜ 동사 satisfy는 '만족하게 만들다'라는 의미입니다. 따라서 '만족하다, 만족을 느끼다'는 be
satisfied(수동태)로 표현해야 해요.

I **am excited** about the news. 나는 그 소식에 신났다.
수동태(감정동사)
➜ 동사 excite는 '신나게 만들다'라는 의미입니다. 따라서 '신나다, 신남을 느끼다'는 be excited (수동
태)로 표현해야 해요.

감정동사

please 기쁘게 만들다	→ be pleased 기뻐하다
satisfy 만족시키다	→ be satisfied 만족하다
disappoint 실망시키다	→ be disappointed 실망하다
excite 신나게 하다	→ be excited 신나다
concern 걱정시키다	→ be concerned 걱정하다
honor 영광을 돌리다	→ be honored 영광이다

앗! 이거 주의해야 돼! *

company, department,
division 등과 같이 사람들이
모인 집단의 의미를 가진 단어
가 주어 자리에 오면 감정동사
의 수동태로 나타낼 수 있다.
예)
Our <u>department</u> **was
disappointed**.
우리 부서는 **실망했다**.

--- 토익정답과 친해지는 **EXERCISE** <small>다음 중 알맞은 것을 선택하세요.</small> ---

정답 및 해석/해설 p. 064

1 Ms. Clark was (pleased / pleasing) to meet the distinguished
statesman.

2 The staff members are (excited / exciting) to use the spacious
room.

3 The final sales figures were (disappointing / disappointed).

단어 콕콕!

distinguished 유명한
statesman 정치인
spacious 공간이 넓은
sales figures 매출액
disappointing
실망스러운

개념 **6** 수동태 뒤의 전치사 수동태 뒤에 by 외에 다른 전치사가 올 수 있습니다.

be concerned about(~에 대해 걱정하다)

The agent / was concerned / **about** high costs.

그 대리인은 / 걱정했다 / 높은 비용에 대해

수동태 뒤에는 **수동태 표현에 따라 by 이외에도 다양한 전치사가 쓰일 수 있다.**
수동태 표현과 전치사를 함께 묶어서 암기하는 것이 좋다.

I am pleased **with** the gift. 나는 그 선물에 만족한다.

be pleased with

➔ 수동태 표현 be pleased(기쁘다, 만족하다) 뒤에 오는 전치사는 by가 아니라 with입니다.
be pleased with는 '~에 기쁘다, 만족하다'라는 의미예요.

'수동태 +
전치사' 표현

be interested in ~에 관심이 있다	be involved in ~에 관련되다
be engaged in ~에 종속되다	be skilled in ~에 노련하다
be indulged in ~에 빠져 있다	be based on ~에 근거하다
be committed to ~에 전념[헌신]하다	be dedicated to ~에 헌신하다
be exposed to ~에 노출되다	be assigned to ~에 할당되다
be provided with ~을 제공받다	be satisfied with ~에 만족하다
be associated with ~와 관계가 있다	be equipped with ~을 갖추고 있다

앗! 이거 주의해야 돼! ★

전치사에 따라 의미가 달라지는 '수동태 + 전치사' 표현
be known **for** ~때문에 알려져 있다(이유)

be known **as** ~로 알려져 있다(자격)

be known **to** ~에게 알려져 있다(대상)

be concerned **about**
~에 대해 걱정하다

be concerned **with**
~에 관계가 있다

→ 동사 know와 concern은 뒤에 오는 전치사에 따라서 의미가 달라져요.

정답 및 해석/해설 p. 064

토익정답과 친해지는 **EXERCISE** 다음 중 알맞은 것을 선택하세요.

1 The client is concerned (at / about) the improper transaction.

2 Employees are committed (to / in) resolving customer complaints.

3 Mr. Turner was provided (with / for) numerous documents.

단어 콕콕!

improper 부당한, 부적절한
transaction 거래
resolve 해결하다
complaint 불만, 불평
numerous 많은
document 서류, 문서

토익 대표 유형 분석하기

학습 목표 | 문제의 유형을 확인한 후, 지문의 구조와 단서를 파악하면서 문제를 풀어 봅시다.

1 능동태의 의미와 형태 문제

The safety manual / ------- **the procedures** / (for using a fire extinguisher).
　　　주어　　　　　　동사　　목적어

(A) to outline　　　(B) outlines
(C) was outlined　　(D) outlining

단서
빈칸 뒤에 목적어가 있으니
빈칸은 능동태 동사 자리예요.

풀이 과정

STEP 1 보기 형태 확인: 보기에 동사와 동사가 아닌 것들이 섞여 있다.

STEP 2 단서 확인: 주어와 목적어 사이의 빈칸은 동사 자리다. 주어(The safety manual)가 단수형이므로 동사도 단수형이 와야 하고, 빈칸 뒤에 목적어가 있으므로 빈칸은 능동태 단수 동사 자리다.

STEP 3 보기 분석: (A) to outline은 'to부정사', (B) outlines는 '능동태 단수 동사', (C) was outlined는 '수동태 단수 동사', (D) outlining은 '동명사 또는 현재분사'

STEP 4 정답 선택: 보기에 능동태 단수 동사는 outlines(간략히 설명하다)뿐이므로 정답은 (B)!

해석 안전 매뉴얼은 / 절차를 간략히 설명한다 / 소화기를 사용하는 것에 관한

2 감정동사의 수동태 문제

The manager (at Jackson Catering) / is ------- / in hiring two new chefs /
　주어　　　　　　　　　　　　　　　동사　　　　　　　　　부사구
for the kitchen.
　부사구

(A) interests　　　(B) interesting
(C) interested　　(D) interestingly

단서
빈칸이 be동사 바로 뒤에 있고 보기에 감정동사가 섞여있으니 주어를 봐야 해요. 주어가 감정을 느끼는 사람(The manager)이므로 빈칸은 주어의 감정을 묘사하는 과거분사 자리예요.

풀이 과정

STEP 1 보기 형태 확인: 보기에 감정동사와 동사가 아닌 것들이 섞여 있다.

STEP 2 단서 확인: 빈칸 뒤에는 부사구뿐이니, be동사 뒤에 있는 빈칸은 주격 보어 자리다. 주어(The manager)의 감정을 나타내어 '~에 관심이 있다'라는 문맥이 알맞으므로 과거분사가 와서 is 동사와 함께 수동태를 만드는 것이 적절하다.

STEP 3 보기 분석: (A) interests는 '복수 명사 또는 단수 동사', (B) interesting은 '동명사 또는 현재분사', (C) interested는 '동사의 과거형 또는 과거분사', (D) interestingly는 '부사'

STEP 4 정답 선택: 보기에 과거분사는 interested(관심 있는)뿐이므로 정답은 (C)!

해석 잭슨 케이터링의 매니저는 / 관심이 있다 / 두 명의 새 요리사를 고용하는 데 / 주방에

핵심 콕콕!

반드시 외우고 시험장에 가자!

1번 포인트!
타동사의 능동태는 '~하다'라는 뜻으로 뒤에 목적어를 가진다.

2번 포인트!
감정과 관련된 타동사는 모두 '~한 감정을 느끼게 만들다'는 뜻이므로 '~한 감정을 느낀다'라고 말할 때는 수동태를 써야 한다.

단어 콕콕!

safety 안전
procedure 절차
fire extinguisher 소화기
hire 고용하다
chef 요리사

자신감 쑥쑥! 실전 도전 Part 5

학습 목표 | 오늘 공부한 토익에 자주 출제되는 어휘와 대표 문장에 따른 문법 설명을 떠올리며 Part 5 실전 문제를 풀어 봅시다.

1. Hyperion Enterprises' products ------- with cutting-edge technology and innovative features.

   (A) have designed
   (B) design
   (C) will design
   (D) are designed

2. To make the delivery system more efficient, the company ------- a new policy.

   (A) collected
   (B) implemented
   (C) supplemented
   (D) manufactured

3. Anna Smith is highly ------- by all of the clients she works with.

   (A) regard
   (B) regards
   (C) regarding
   (D) regarded

3초 문제

4. The head chef at Ocean's Delight ------- the seafood recipe by adding a new blend of spices.

   (A) varied
   (B) was varied
   (C) vary
   (D) will be varied

5. To ------- participation, management has made various kinds of promotional materials.

   (A) encourage
   (B) remind
   (C) enable
   (D) decrease

6. Everyone in the office is ------- to get the opportunity to meet Mr. Salvador after lunch.

   (A) excites
   (B) exciting
   (C) excitedly
   (D) excited

7. The software at Quantum Solutions has been ------- to meet the unique needs of their clients.

   (A) customize
   (B) customized
   (C) customizing
   (D) customizes

8. The newly hired manager will ------- a monthly staff meeting.

   (A) involve
   (B) relate
   (C) conduct
   (D) install

9. TWP Consulting will ------- the amount of garbage it produces thanks to its new campaign.

   (A) reduction
   (B) be reducing
   (C) reduces
   (D) be reduced

10. Due to the bad weather conditions, we had to ------- the outdoor event until July 15.

    (A) define
    (B) postpone
    (C) serve
    (D) anticipate

자신감 쑥쑥! 실전 도전 Part 6

학습 목표 | 오늘 공부한 토익에 자주 출제되는 어휘와 대표 문장에 따른 문법 설명을 떠올리며 Part 6 실전 문제를 풀어 봅시다.

Questions 11-14 refer to the following letter.

April 18

Dear Ms. Wilson,

Thank you for becoming a member of the Southern Airlines frequent flier program. We at Southern Airlines ------- to providing you with the best possible service. -------.

        11.   **12.**

If you are ------- with your membership at any time, please contact a customer service

      13.

representative at 1-888-555-4242. The person you speak with will be happy to solve any problems or deal with any complaints you have.

We at Southern Airlines ------- you to use your membership benefits as often as

       14.

possible.

Feel free to redeem your air miles for free tickets or to upgrade to a higher class.

Sincerely,

Brad Thomas
Southern Airlines

11. (A) should be committing
    (B) are committed
    (C) will have committed
    (D) were committed

12. (A) Enclosed is a booklet detailing membership benefits.
    (B) Team members have permission to attend sales seminars.
    (C) Southern Airlines is planning to hire 30 workers this month.
    (D) You started to use our flight service three years ago.

13. (A) dissatisfy
    (B) dissatisfying
    (C) dissatisfies
    (D) dissatisfied

14. (A) encourage
    (B) resolve
    (C) conduct
    (D) implement

이것만은 꼭! 기억하세요.

능동태와 수동태

개념 1 능동태의 의미와 형태

> 타동사의 능동태는 '~하다'로 해석되며 목적어를 가집니다.

능동태
The management / **approved**

목적어
a new plan.

경영진이 / 승인했다 / 새로운 계획을

개념 2 수동태의 의미와 형태

수동태
A new plan / **was approved** / by the management.

새로운 계획이 / 승인되었다 / 경영진에 의해서

> 수동태는 'be동사 + p.p.' 형태이며 '~되다'로 해석됩니다.

개념 3 수동태 – 1. 다양한 형태의 수동태

완료 수동태(has been + p.p.)
The monthly meeting / **has been**

conducted / by specialists.

월례 회의가 / 진행되었다 / 전문가들에 의해서

> 동사의 시제에 따라 다양한 형태의 수동태가 쓰입니다.

개념 4 수동태 – 2. 자동사와 수동태

> 자동사는 능동태로만 쓸 수 있습니다.

The reception / for the new manager

능동태(자동사)
/ **proceeded** smoothly.

환영 만찬회는 / 새로운 매니저를 위한 / 매끄럽게 진행되었다

개념 5 수동태 – 3. 감정동사의 수동태

수동태(감정동사)
The company / **is pleased** / to relocate to Silicon Valley.

그 회사는 / 기쁘다 / 실리콘밸리로 이전하게 되어서

> 감정동사의 수동태는 '~한 감정을 느끼다'라는 뜻입니다.

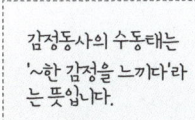

개념 6 수동태 뒤의 전치사

be concerned about(~에 대해 걱정하다)
The agent / was concerned / **about** high costs.

그 대리인은 / 걱정했다 / 높은 비용에 대해

> 수동태 뒤에 by 외에 다른 전치사가 올 수 있습니다.

Good job! 내일 또 봐요!

DAY 11

명사와 수량 형용사

요기서 몸풀기!

명사 자리 문제는 비교적 난이도는 낮지만, 출제 빈도는 매우 높아요. 수량 형용사가 제시되고 이에 알맞은 명사의 수를 묻는 문제나 빈칸 뒤의 명사의 수에 알맞은 수량 형용사를 묻는 문제가 나와요.

---

1 **명사가 정답이 되는 자리는 어디일까요?**
명사는 (1) 관사 뒤 (2) 소유격 뒤 (3) 형용사 뒤 (4) 전치사 뒤 (5) 주어 자리 (6) 목적어 자리 (7) 명사 앞뒤에 올 수 있어요.

2 **수량 형용사와 명사의 수를 맞춰야 할까요?**
맞춰야 합니다. 예를 들어, many employees는 맞는 표현이지만, many employee는 틀려요.

토익 빈출 단어! Check up!

아래 단어를 보고, 이미 알고 있는 단어에 ✔ 표시해 봅시다.

중요도 ⭐⭐⭐

☐ confidential ☐ regular ☐ remarkable ☐ consent ☐ arrival

☐ provide ☐ renew ☐ promote ☐ submit ☐ retain

☐ address ☐ conduct ☐ request ☐ present

중요도 ⭐⭐

☐ maintenance ☐ achievement ☐ subscription ☐ cooperation ☐ request

☐ receipt ☐ concern ☐ survey ☐ estimate ☐ confirmation

중요도 ⭐

☐ customs ☐ pharmaceutical ☐ industry ☐ unstable ☐ capable

토익이 좋아하는 **짝꿍표현**

학습 목표 | 토익 Part 5&6의 핵심인 어휘 문제를 한 방에 해결할 수 있는 토익 짝꿍표현들을 먼저 익혀 봅시다.

1 형용사 + 명사

confidential files
기밀 서류

regular maintenance
정기적인 보수

a **remarkable** achievement
놀라운 업적

2 숙어

without consent
동의를 구하지 않고, 무단으로

upon arrival
도착하자마자

provide A with B
A에게 B를 제공하다

짝꿍표현 뜯어보기

confidential
형 기밀의
파 confidentiality 명 기밀성

regular
형 정기적인
파 regularly 부 정기적으로

maintenance
명 보수, 유지
파 maintain 동 유지하다

remarkable
형 놀라운, 주목할 만한

achievement
명 업적, 성취
파 achieve 동 성취하다

renew
동 갱신하다
파 renewal 명 갱신

subscription
명 구독
파 subscribe 동 구독하다

cooperation
명 협력, 협동
파 cooperative 형 협동적인

submit
동 제출하다
파 submission 명 제출

request
명 요청(서)
동 요청하다

retain
동 보관하다, 보유하다

address
동 다루다, 처리하다, 연설하다
명 주소, 연설

concern
명 우려, 걱정거리
동 걱정스럽게 만들다

conduct
동 하다, 지휘하다

present
동 제시하다
형 현재의 명 선물

confirmation
명 확인(서)
파 confirm 동 확인하다

3 동사 + 목적어

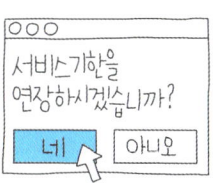

renew a subscription
구독을 갱신하다

promote cooperation
협력을 장려하다

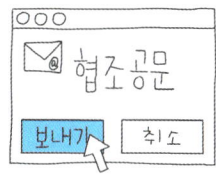

submit a request
요청서를 제출하다

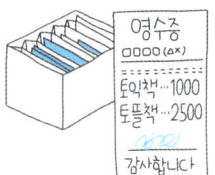

retain receipts
영수증을 보관하다

address concerns
문제 사항을 다루다

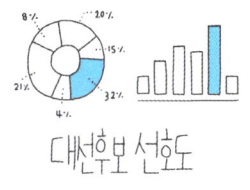

conduct a survey
설문조사를 하다

request an estimate
견적서를 요청하다

present confirmation
확인서를 제시하다

명사와 수량 형용사

토익정답과 친해지는 **EXERCISE** 빈칸에 알맞은 단어를 선택하세요. 정답 및 해석/해설 p. 069

1 All the visitors are required to go through customs ------- arrival.

(A) as (B) upon

2 Mr. Wakefield has made a ------- achievement in the pharmaceutical industry.

(A) remarkable (B) confidential

3 Because the new system is unstable, ------- maintenance is required.

(A) capable (B) regular

어휘 visitor 방문객 go through 통과하다 customs 세관 arrival 도착 pharmaceutical 제약의 industry 산업
confidential 기밀의 unstable 불안정한 require 필요로 하다, 요구하다 capable 능력이 있는

토익 시험 당일 영단기에서 바로 정답을 확인하세요. 정확한 점수 확인 및 놀라운 자료와 혜택 제공

PART 5&6_DAY 11 149

Grammar

명사와 수량 형용사

학습 목표 | 명사가 들어가는 자리와 수량 형용사와 명사의 수 일치를 배워 봅시다.

개념 **1** 관사와 전치사 뒤   관사와 전치사 뒤에는 명사가 옵니다.

관사   명사
The **location** of the new hotel / is ideal.
새 호텔의 위치가 / 이상적이다

1 관사에는 a/an/the가 있다. **관사 뒤에는 명사**가 온다.

a **song** 하나의 노래   an **adult** 한 명의 어른
a   명사   an   명사

the **examination** 그 시험
the   명사

→ a, an은 '하나의, 어떤'라는 의미로 뒤에 오는 명사를 수식해요. 뒤에 이어지는 명사의 발음이 자음으로 시작할 때는 a를, 모음으로 시작할 때는 an을 씁니다. the는 '그'라는 의미로 뒤의 명사를 수식해요.

2 전치사의 전치는 '앞에 위치한다'의 의미로 엄밀하게 말하면 '명사 앞에 위치한다'는 의미이다. 따라서 **전치사 뒤에는 명사**가 오고, 전치사 뒤에 오는 명사를 전치사의 목적어라고 부른다.

in a **building** (○) 건물 안에   in **build** (✕) 짓다 안에
전치사   명사   전치사   동사

→ '건물 안에'는 자연스럽지만 '짓다 안에'는 어색하죠? 이처럼 전치사 뒤에는 명사가 와야 해요.

전치사

in ~안에	of ~의	with ~와 함께	for ~을 위해
by ~에 의해서	to ~로	at ~에	on ~위에
upon ~하자마자, ~할 때			

토익정답과 친해지는 **EXERCISE** 다음 중 알맞은 것을 선택하세요.

정답 및 해석/해설 p. 069

1 Jason made a (reserve / reservation) for his flight over the Internet.

2 The project was delayed due to the (confusion / confuses) about the system.

3 You should contact me upon (arrival / arrives).

셀 수 있는 명사와 셀 수 없는 명사

명사는 셀 수 있는 명사와 셀 수 없는 명사로 나뉜다. 셀 수 있는 명사가 단수이면 명사 앞에 a/an을 붙이고, 복수이면 명사 뒤에 -s/-es를 붙인다. 셀 수 없는 명사는 단독으로 쓰거나 앞에 the를 붙일 수 있지만, 복수형은 존재하지 않는다.

전치사의 목적어

전치사의 목적어 자리에는 일반명사뿐만 아니라 동명사, 명사절 접속사가 이끄는 문장 형태 등도 올 수 있다. 단, to부정사와 that이 이끄는 문장은 전치사의 목적어 자리에 쓰지 못한다.

단어 콕콕!

make a reservation
예약하다
delay 연기하다, 미루다
due to ~ 때문에
confusion 혼란, 혼동
arrival 도착

개념 **2** 소유격과 형용사 뒤 소유격과 형용사 뒤에는 명사가 옵니다.

소유격   명사
Mr. Inoki's **performance** / was impressive.

이노키 씨의 실적은 / 인상적이었다

1 소유격 표현에는 my(나의)/your(너의)/his(그의)/her(그녀의)/our(우리의)/
their(그들의, 그것들의)/its(그것의)/명사 + 's가 있다. **소유격**은 명사가 누구에게
또는 어디에 속하는지를 나타내므로 **뒤에 명사**가 온다.

her **recommendation** (O) 그녀의 추천
소유격   명사

her **recommend** (X) 그녀의 추천하다
소유격   동사

➔ '그녀의 추천'은 자연스럽지만 '그녀의 추천하다'는 어색하죠? 이처럼 소유격 뒤에는 명사가 와야
해요.

Mr. Kim's **hand** 김 씨의 손
      소유격   명사

➔ 명사 뒤에 's를 붙이면 '~의'라는 의미가 되어서 소유격이 됩니다.

2 **형용사**는 명사의 상태나 성격을 설명해 주는 것이므로 **뒤에 명사**가 온다.

important **information** (O) 중요한 정보
   형용사   명사

important **inform** (X) 중요한 알리다
   형용사   동사

➔ '중요한 정보'는 자연스럽지만 '중요한 알리다'는 어색하죠? 이처럼 형용사 뒤에는 명사가 와야
해요.

앗! 이거 주의해야 돼!

[단수 명사의 소유격]
Mr. Kim**'s** computer
김 씨**의** 컴퓨터
[복수 명사의 소유격]
employee**s'** computer
직원들**의** 컴퓨터
➔ 복수 명사 뒤에는 's를 붙
이지 않고 '만 써서 소유격
을 나타내요.

**📍 명사를 수식하는 형용사
의 위치**

형용사가 명사를 수식할 때 주
로 명사 앞에 오지만, 명사 뒤
에 올 수도 있다. 특히 형용사
뒤에 수식어구가 딸려 있을 경
우 명사 뒤에서 명사를 수식
한다.
예)
~ goods **available in
your shop**
당신의 가게에서 이용 가능한
상품들

토익정답과 친해지는 **EXERCISE** 다음 중 알맞은 것을 선택하세요.

정답 및 해석/해설 p. 070

1 We provide complimentary limousine service to your
(satisfaction / satisfy).

2 The mayor appreciated the company's (commitment / commit)
to reducing waste.

3 The young skater made a remarkable (achievement /
achieving) in the contest.

단어 콕콕!

complimentary 무료의
satisfaction 만족
mayor 시장
appreciate 고마워하다
commitment 헌신, 전념
reduce 줄이다, 감소하다
remarkable 놀라운,
주목할 만한
achievement 업적, 성취

 **개념 3** **주어와 목적어 자리** 주어와 목적어 자리에는 명사가 옵니다.

명사(주어)
Confirmation / of reservation / **should be** 동사
presented.
확인서가 / 예약의 / 제시되어야 한다

 컨시어지

1 주어 자리에는 '누구'나 '무엇'이 오므로 주어 자리에는 명사가 온다.

Construction will begin. (O) 공사가 시작될 것이다.
　　명사　　　　　동사

Construct will begin. (X) 공사하다가 시작될 것이다.
　　동사　　　　동사

➔ '공사가 시작될 것이다'는 자연스럽지만 '공사하다가 시작될 것이다'는 어색하죠? 이처럼 주어 자리에는 명사가 와야 해요.

2 동사의 목적어 자리에도 명사가 온다.

make an **appointment** (O) 약속을 잡다
동사　　　명사

make an **appoint** (X) 약속하다를 잡다
동사　　　동사

➔ '약속을 잡다'는 자연스럽지만 '약속하다를 잡다'는 어색하죠? 이처럼 동사의 목적어 자리에는 명사가 와야 해요.

📍 **주어 자리에 올 수 있는 형태**

명사 외에 대명사, 동명사, 명사절도 주어 자리에 올 수 있다. 주어 자리에 오는 명사의 형태에 따라 동사의 단수/복수가 달라진다.

📍 **목적어 자리에 올 수 있는 형태**

명사 외에 대명사, 동명사, to부정사, 명사절 목적어 자리에 올 수 있다.

토익정답과 친해지는 EXERCISE 다음 중 알맞은 것을 선택하세요.

정답 및 해석/해설 p. 070

1 (Enrollment / Enroll) in the new evening class has doubled.

2 Before graduation, we have to seek (employ / employment).

3 Sunny Florist will not offer (deliver / delivery) of flowers to a suburban area.

단어 콕콕!

enrollment 등록자 수, 등록
double 두 배가 되다
graduation 졸업
seek 찾다, 구하다
employment 일자리, 고용
suburban 교외의

명사 명사
The company / recently revised / its **safety standards**.
회사는 / 최근에 개정했다 / 안전 기준을

명사가 두 개 이상 나란히 쓰여 하나의 의미를 이루는 명사를 복합명사라고 부른다.

safety belt (O) 안전벨트
명사   명사

safe belt (X) 안전한 벨트
형용사 명사

→ '안전벨트 매세요'는 자연스럽지만 '안전한 벨트 매세요'는 어색하죠? 이처럼 명사와 명사가 연결되어야 자연스러운 표현이 있어요.

복합명사

work environment 업무 환경
expiration date 만기일
job openings 공석
product availability 상품 입수 가능성
safety regulations[inspections] 안전 규칙[점검]
retirement ceremony[celebration] 은퇴식[축하]

delivery company 배송 업체
keynote speaker 기조 연사
employee productivity 직원 생산성

토익 고수 단계! 🔥

복합명사의 복수형은 두 번째 명사에 -s나 -es를 붙여 만든다.
예)
delivery companies
배송 업체들

앗! 이거 주의해야 돼! ✶

모든 명사를 두 개 이상 나열한다고 해서 복합명사로 쓸 수 있는 것이 아니다. 복합명사로 쓸 수 있는 것이 따로 있으므로 암기해 두는 것이 좋다.

토익정답과 친해지는 EXERCISE 다음 중 알맞은 것을 선택하세요.

정답 및 해석/해설 p. 070

1 This lecture will improve your (communicative / communication) skills.

2 You should wear protective clothing at all times in our (produced / production) facilities.

3 The (assembled / assembly) line stopped due to the power outage.

◀ **단어 콕콕!**

lecture 강좌, 강의
improve 향상시키다
communication 의사소통
protective 보호하는
at all times 항상
facility 시설
assembly line 조립 라인
due to ~때문에
power outage 정전

개념 5　**가산명사(셀 수 있는 명사)**　가산명사는 단수형 앞에 한정사(a(n), the, 소유격)를 붙이거나 복수형으로 써야 합니다.

discount(가산명사) + -s

The shopping mall / offers heavy **discounts** / to new customers.

쇼핑몰은 / 대폭 할인을 제공한다 / 신규 고객들에게

1　a(n) + 가산명사 (O)　　가산명사 + -(e)s (O)

a book (O) 한 권의 책 / **books** (O) 책들

→ book(책)은 셀 수 있는 명사예요. 어떤 명사가 셀 수 있다면 '한 개'라는 말도 '여러 개'라는 말도 할 수 있겠죠? 한 개(단수)의 명사를 나타낼 때는 명사 앞에 a(n)가 오고, 여러 개(복수)의 명사를 나타낼 때는 명사 뒤에 -(e)s가 붙어요.

2　a(n)/the/소유격 + 단수 명사 (O)

book (X) 책 / **the book** (O) 그 책 / **her book** (O) 그녀의 책

→ 셀 수 있는 명사를 단수로 쓸 때는 반드시 명사 앞에 a(n)나 the 또는 소유격 표현이 와야 합니다. 혼자서는 쓰일 수 없어요.

가산명사
- 사람을 나타내는 명사

customer 고객	representative 직원
retailer 소매업자	employee 직원

가산명사
- 셀 수 없어 보이지만 셀 수 있는 명사

discount 할인	detail 세부사항
benefit 혜택	circumstance 상황
survey 조사	refund 환불
request 요청사항	opening 공석
standard 기준	cost 비용

암기꼭 ✿

반드시 복수 형태로 쓰이는 명사
belongings 소지품
goods 상품
proceeds 수익
valuables 귀중품
supplies 용품

토익정답과 친해지는 EXERCISE 다음 중 알맞은 것을 선택하세요.

정답 및 해석/해설 p. 071

1 You can use our online news service at an additional (cost / costs).

2 The construction company will submit (request / requests) for grants.

3 Oran, Inc. provides its workers with comprehensive (benefit / benefits).

♦ 단어 콕콕!

additional 추가의
cost 비용
construction 건설
submit 제출하다
request 요청(서), 요구
grant 보조금
comprehensive 포괄적인
benefit 혜택, 이익

개념 ⑥ 불가산명사(셀 수 없는 명사)

불가산명사는 앞에 a(n)이 올 수 없고 복수형으로 쓸 수 없으며 단수형으로만 씁니다.

information(불가산명사)
# Only executives / can access / sensitive **information**.

오직 임원들만 / 접근할 수 있다 / 민감한 정보에

---

1 a(n) + 불가산명사 (✕)　　불가산명사 + -(e)s (✕)

an information (✕) 하나의 정보 / **informations** (✕) 정보들

→ information(정보)은 셀 수 없는 명사예요. 어떤 명사가 셀 수 없다면 '한 개'라는 말도 '여러 개'라는 말도 할 수 없겠죠? 따라서 불가산명사 앞에는 a(n)가 올 수 없고, 뒤에 복수를 나타내는 -(e)s가 붙을 수도 없어요.

2 없음/the/소유격 + 불가산명사 (○)

information (○) 정보 / **the information** (○) 그 정보 / **her information** (○) 그녀의 정보

→ 셀 수 없는 명사는 앞에 아무런 한정사 없이 혼자서 쓰일 수도 있고, the나 소유격이 앞에 올 수도 있어요.

불가산명사 – 물건의 종류 전체를 대표하는 명사	equipment 장비 merchandise 상품	furniture 가구 baggage 짐

불가산명사 – 셀 수 있어 보이지만 셀 수 없는 명사	information 정보 consent 허가 advice 충고	access 접근 knowledge 지식 research 연구

토익 고수 단계! 🔥

의미나 형태가 비슷하지만, 가산/불가산으로 나누어지는 명사들이 있다.

가산명사	불가산명사
product 상품	merchandise 상품
permit 허가증	permission 허가
guide 안내인	guidance 안내
approach 접근 방법	access 접근, 이용

토익정답과 친해지는 **EXERCISE** 다음 중 알맞은 것을 선택하세요.

정답 및 해석/해설 p. 071

1 You cannot use this software without (consent / consents).

2 Unclaimed (baggage / baggages) will be donated to a local charity.

3 The Biz Magazine conducted a comprehensive (survey / research) of CEOs in Japan.

단어 콕콕!

consent 허가
unclaimed baggage
수취인이 없는 수하물
donate 기부하다
charity 자선 단체
conduct a survey
실문조사를 하다
comprehensive
광범위한

every 뒤에는 가산 단수 명사가 와야 하며, much 뒤에는 셀 수 없는 명사가 와야 합니다.

every 단수 명사
Please retain / **every receipt** / for incidental expenses.

갖고 계십시오 / 모든 영수증을 / 부대비용에 대한

---

1 every + 가산 단수 명사 (○)

every student (○) 모든 학생 / **every students** (✕) 모든 학생들

→ every는 '모든'이라는 의미이지만 각각을 강조해서 '하나하나로 된 전체'를 의미하므로 뒤에는 반드시 가산 단수 명사가 와야 해요. every처럼 단수 명사하고만 결합하는 형용사를 정리해 두세요.

단수 명사하고만
결합하는 수량 형용사

a(n) 하나의 each 각각의 every 모든
another 또 다른 하나의

앗! 이거 주의해야 돼! ✱

수량 형용사와 관사는 함께 쓰지 않는다.
예)
every student (○)
a student (○)
every a student (✕)

---

2 much + 불가산명사 (○)

much information (○) 많은 정보
much informations (✕) 많은 정보들

→ much 역시 '많은'이라는 의미이지만 불가산명사와만 결합하고, 불가산명사는 복수로 나타낼 수 없기 때문에 much information이 맞는 표현입니다.

You don't need **much equipment** for regular
much 불가산명사
maintenance. 정기 점검을 하는 데 많은 장비가 필요하지 않습니다.

→ much 뒤에 불가산명사(equipment)가 왔으니 올바른 문장이에요. much처럼 불가산명사와만 결합하는 형용사를 정리해 두세요.

불가산명사하고만
결합하는 수량 형용사

much 많은 little 거의 없는 a little 조금 있는

토익정답과 친해지는 **EXERCISE** 다음 중 알맞은 것을 선택하세요.

정답 및 해석/해설 p. 071

1 Every (student / students) will receive free admission to the museum.

2 Nisson Automobile anticipates much (revenue / revenues) this year.

3 The salesperson will have (much / many) competition to attract additional customers.

◀ 단어 콕콕!

admission 입장(허가)
anticipate 기대하다
revenue 수익, 이익
competition 경쟁
attract 끌다, 끌어들이다
additional 추가의

개념 8 수량 형용사 + 복수 명사와 불가산명사

several 뒤에는 복수 명사가 와야 하고, all 뒤에는 복수 명사나 불가산명사가 와야 합니다.

The board will address / **several concerns** / about the new
construction project.

<small>several / 복수 명사</small>

이사회는 다룰 것이다 / 몇 가지 문제를 / 새 건설 프로젝트와 관련된

1 many + 복수 명사 (○)

many computer (✕) 많은 컴퓨터
many computers (○) 많은 컴퓨터들

→ many는 '많은'이라는 의미죠? 따라서 '많은 컴퓨터'보다는 '많은 컴퓨터들'이 자연스러워요.
이처럼 many 뒤에는 반드시 복수 명사가 와야 해요.

복수 명사하고만
결합하는 수량 형용사

many 많은	several 여러 개의, 여러 명의
both 둘 다의	few 거의 없는
a few 몇 개의, 몇 명의	one of the ~들 중의 하나
each of the ~들 각각	

> **'~ + of the + 복수 명사'
> 형태로 된 주어와 동사 수
> 일치**
>
> one of the + 복수 명사 →
> 단수 동사
> each of the + 복수 명사 →
> 단수 동사
> → 동사의 수에 주의해요!
> 예)
> **Each** of the packages
> **is** ~.
> 상자들 중 각각은 ~이다.

2 all + 복수 명사 (○)   all + 불가산명사 (○)

all customer (✕) 모든 고객 / **all customers** (○) 모든 고객들 /
all information (○) 모든 정보

→ all은 '모든'이라는 의미이죠? 따라서 '모든 고객'보다는 '모든 고객들'이 자연스러워요. 이처럼 all
뒤에 오는 가산명사는 복수 형태가 되어야 해요. information은 불가산명사이죠? 이처럼 all 뒤
에는 불가산명사도 올 수 있어요.

We store **all confidential files** in a safe place.

<small>all / 복수 명사</small>

우리는 모든 기밀 서류를 안전한 장소에 보관한다.

→ all 뒤에 복수 명사(files)가 왔으므로 올바른 문장이에요.

복수 명사 또는 불가산명사와   all 모든   most 대부분의   some 약간의, 몇몇의
결합하는 수량 형용사

> **토익 고수 단계!**
>
> all, most, some은 대명사
> 로도 쓰인다. 따라서 문장에서
> 단독으로 등장할 수 있다.
> 예)
> **Some** approve of the
> <small>주어(대명사) 동사</small>
> idea.
> 몇몇은 그 아이디어에 찬성한다.

토익정답과 친해지는 EXERCISE 다음 중 알맞은 것을 선택하세요.

정답 및 해석/해설 p. 072

1 The politician made several (attempt / attempts) to settle the
dispute.

2 Mr. Han requested an estimate from one of the best design
(company / companies).

3 (Each / Most) new employees will attend the training session.

> **단어 콕콕!**
>
> politician 정치인
> make an attempt
> 시도하다
> settle 해결하다
> dispute 분쟁
> request 요청하다
> estimate 견적서, 추정
> session 과정, 모임, 교육

토익 대표 유형 분석하기

학습 목표 | 문제의 유형을 확인한 후, 지문이 구조와 단서를 파악하면서 문제를 풀어 봅시다.

1 명사 자리 문제

Online shopping / has increased / <u>the</u> ------- (of strong Web site security).
　　　　주어　　　　　　동사　　　　　　목적어

(A) necessary 　　　(B) necessitate

(C) necessity 　　　(D) necessarily

단서 관사는 명사를 앞에서 수식하고, '전치사 + 명사 덩어리'는 명사를 뒤에서 수식하니 빈칸은 명사 자리예요.

풀이 과정

STEP 1 보기 형태 확인: 보기의 끝말이 모두 다르므로 품사 문제다.

STEP 2 단서 확인: 정관사 the와 전치사 of 사이에 있는 빈칸이 동사(has increased)의 목적어 자리에 있으므로 빈칸은 명사 자리다. 빈칸 앞의 관사와 빈칸 뒤의 '전치사 + 명사 덩어리'가 빈칸 자리의 명사를 수식한다.

STEP 3 보기 분석: (A) necessary는 '형용사', (B) necessitate는 '동사', (C) necessity는 '명사', (D) necessarily는 '부사'

STEP 4 정답 선택: 보기에 명사는 명사 끝말 –ty로 끝나는 necessity(필요성)뿐이므로 정답은 (C)!

해석 온라인 쇼핑은 / 증가시켰다 / 강한 웹사이트 보안의 필요성을

핵심 콕콕!
반드시 외우고 시험장에 가자!

1번 포인트!
관사(a(n), the)와 전치사 사이의 빈칸은 명사 자리다.

2 수량 형용사 문제

------- foreign policy analysts / must attend the meeting / (scheduled for 3:00
　　　　주어　　　　　　　　　　　동사　　　　　목적어
P.M.)

(A) All 　　　(B) Every

(C) Another 　　　(D) Either

단서 빈칸은 복수 명사(policy analysts)와 결합할 수 있는 수량 형용사 자리예요.

풀이 과정

STEP 1 보기 형태 확인: 보기가 모두 수량 형용사다.

STEP 2 단서 확인: 수량 형용사의 수식을 받는 명사를 찾아 수를 확인한다. 주어 자리의 명사는 policy가 아니라 policy analysts인데, 이렇게 두 개 이상의 명사가 연달아 나오는 복합명사의 수는 마지막 명사(analysts)가 결정하므로, 빈칸은 복수 명사와 결합할 수 있는 수량 형용사 자리다.

STEP 3 보기 분석: (A) All은 '복수 명사 또는 불가산명사'와 결합, (B) Every는 '단수 명사와 결합', (C) Another는 '단수 명사와 결합', (D) Either는 '단수 명사와 결합'

STEP 4 정답 선택: 보기에 복수 명사와 결합할 수 있는 수량 형용사는 All(모든)뿐이므로 정답은 (A)!

해석 모든 해외 정책 분석가들은 / 회의에 참석해야 한다 / 오후 3시로 예정된

2번 포인트!
명사가 두 개 이상 연달아 나오는 복합명사의 수는 마지막 명사가 결정하며, 수량 형용사와 명사의 수를 일치시켜야 한다.

단어 콕콕!

increase 증가시키다
security 보안
necessary 필요한
necessitate 필요하게 만들다
necessity 필요성
foreign 해외의, 외국의
policy 정책
analyst 분석가
attend 참석하다

자신감 쑥쑥! 실전 도전 Part 5

학습 목표 | 오늘 공부한 토익에 자주 출제되는 어휘와 대표 문장에 따른 문법 설명을 떠올리며 Part 5 실전 문제를 풀어 봅시다.

⏱3초 문제

1. The team-building exercises at Bright Enterprises have significantly improved the company's -------.

   (A) productive
   (B) productivity
   (C) produced
   (D) productively

⏱3초 문제

2. Ms. Kim will be recognized for making a significant ------- to this company.

   (A) contribute
   (B) contributing
   (C) contributes
   (D) contribution

3. At the new year's meeting, the president ------- cooperation among employees.

   (A) charged
   (B) promoted
   (C) devised
   (D) agreed

⏱3초 문제

4. During the meeting, Ms. Kipling addressed several ------- that had been mentioned by her employees.

   (A) concerned
   (B) concerns
   (C) to concern
   (D) concern

5. Phoenix Employment Center offers extensive resources for those who seek ------- in various industries.

   (A) employs
   (B) employee
   (C) employment
   (D) employable

주의 이거 어려워!

6. Our maintenance team will help to ------- your concerns about the heating system.

   (A) allow
   (B) consult
   (C) address
   (D) increase

7. Martin's Department Store has ------- on men's clothing this week only.

   (A) discounts
   (B) discount
   (C) discountable
   (D) discounted

8. Clients of Western Bank have ------- to an extensive network of ATMs all around the country.

   (A) access
   (B) accessed
   (C) accesses
   (D) accessing

⏱3초 문제

9. The Balesbury Food Company made a merger proposal during the ------- with Milkyway Desserts Company.

   (A) negotiate
   (B) negotiating
   (C) negotiations
   (D) negotiates

10. Your lease ------- at Phoenix Rentals is inclusive of all utilities and maintenance costs.

    (A) payment
    (B) pays
    (C) paying
    (D) paid

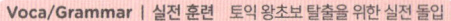

자신감 쑥쑥! 실전 도전 Part 6

학습 목표 | 오늘 공부한 토익에 자주 출제되는 어휘와 대표 문장에 따른 문법 설명을 떠올리며 Part 6 실전 문제를 풀어 봅시다.

Questions 11-14 refer to the following report.

To Briggsmore Auto:

JTM, Inc. safety specialists ------- the Briggsmore Auto plant last week as part of
                                11.
yearly equipment evaluations.

Based on this, it is recommended that Briggsmore Auto update all fire detection
devices to the industry standards.

The ------- of these fire detectors is critical for worker safety. Acting on this
     12.
recommendation is your -------.
                 13.

Please contact JTM, Inc. if you have any questions. -------.
                                     14.

JTM, Inc.
434-555-2323

---

11. (A) purchased
    (B) inspected
    (C) borrowed
    (D) replaced

⏱ 3초문제
12. (A) install
    (B) installs
    (C) installed
    (D) installation

13. (A) responsible
    (B) respond
    (C) responsibly
    (D) responsibility

14. (A) Let us further explain our company's safety guidelines.
    (B) We will be very happy to assist you.
    (C) Please note that this promotion is valid only until next month.
    (D) We hope you will not miss this special event.

이것만은 꼭! 기억하세요.

명사와 수량 형용사

관사와 전치사 뒤

관사와 전치사 뒤에는 명사가 옵니다.

관사　명사
The **location** of the new hotel / is ideal.

새 호텔의 위치가 / 이상적이다

소유격과 형용사 뒤

소유격　　　명사
Mr. Inoki's **performance** / was impressive.

이노키 씨의 실적은 / 인상적이었다

소유격과 형용사 뒤에는 명사가 옵니다.

주어와 목적어 자리

명사(주어)
Confirmation / of reservation /
동사
should be presented.

확인서가 / 예약의 / 제시되어야 한다

주어와 목적어 자리에는 명사가 옵니다.

복합명사(명사 + 명사)

The company / recently revised / its
명사　　명사
safety standards.

회사는 / 최근에 개정했다 / 안전 기준을

명사는 두 개 이상 나란히 쓰일 수 있습니다.

가산명사(셀 수 있는 명사)

The shopping mall / offers
discount(가산명사) + –s
heavy **discounts** / to new customers.

쇼핑몰은 / 대폭 할인을 제공한다 / 신규 고객들에게

가산명사는 단수형 앞에 한정사(a(n), the, 소유격)를 붙이거나 복수형으로 써야 합니다.

불가산명사(셀 수 없는 명사)

Only executives / can access /
information(불가산명사)
sensitive **information**.

오직 임원들만 / 접근할 수 있다 / 민감한 정보에

불가산명사는 앞에 a(n)이 올 수 없고 복수형으로 쓸 수 없으며 단수형으로만 씁니다.

수량 형용사 + 가산 단수 명사와 불가산명사

every　단수 명사
Please retain / **every receipt** / for incidental expenses.

갖고 계십시오 / 모든 영수증을 / 부대비용에 대한

every 뒤에는 가산 단수 명사가 와야 하며, much 뒤에는 셀 수 없는 명사가 와야 합니다.

수량 형용사 + 복수 명사와 불가산명사

The board will address /
several　복수 명사
several concerns / about the new construction project.

이사회는 다룰 것이다 / 몇 가지 문제를 / 새 건설 프로젝트와 관련된

several 뒤에는 복수 명사가 와야 하고, all 뒤에는 복수 명사나 불가산명사가 와야 합니다.

Good job! 내일 또 봐요!

DAY 12

인칭대명사

요기서 몸풀기!

인칭대명사의 자리 문제는 출제 빈도가 높은 편이에요. 특히 명사를 수식하는 소유격을 묻는 문제가 가장 많이 나와요.

1 **he, his, him, his, himself라고 외우긴 했는데 어떻게 다른 걸까요?**

he, his, him, his, himself 모두 '그 남자'를 가리키지만, 쓰이는 자리가 달라요. 예를 들어, He(주격) 자리에 him(목적격)을 쓸 수 없어요. 또한, his(소유격) 자리에 he(주격)를 쓸 수 없어요.

2 **주격, 소유격, 목적격, 소유대명사, 재귀대명사로 불리는 이 단어들이 각각 어떤 역할을 할까요?**

주격은 주어 자리에, 소유격은 명사 앞에, 목적격은 동사나 전치사 뒤에, 소유대명사는 주어 자리/목적어 자리/보어 자리에, 재귀대명사는 목적어 자리나 강조하는 자리에 쓰여요.

토익 빈출 단어! Check up!

아래 단어를 보고, 이미 알고 있는 단어에 ✔ 표시해 봅시다.

중요도 ⭐⭐⭐

☐ outstanding ☐ skilled ☐ final ☐ broad ☐ enclosed

☐ valuable ☐ promptly ☐ persistently ☐ variety ☐ schedule

☐ familiarize ☐ inform ☐ substitute ☐ recommend

중요도 ⭐⭐

☐ contribution ☐ technician ☐ draft ☐ knowledge ☐ survey

☐ asset

중요도 ⭐

☐ appreciate ☐ status ☐ despite ☐ volume ☐ ship

토익이 좋아하는 **짝꿍표현**

학습 목표 | 토익 Part 5&6의 핵심인 어휘 문제를 한 방에 해결할 수 있는 토익 짝꿍표현들을 먼저 익혀 봅시다.

1 형용사 + 명사

an **outstanding** contribution

뛰어난 공헌

a **skilled** technician

숙련된 기술자

a **final** draft

최종 원고

broad knowledge

풍부한 지식

an **enclosed** survey

동봉된 설문지

a **valuable** asset

가치 있는 자산

짝꿍표현 뜯어보기

outstanding
형 뛰어난, 미지불의

contribution
명 공헌
파 contribute 동 공헌하다

skilled
형 숙련된

final
형 최종의, 마지막의

draft
명 원고, 초안

broad
형 풍부한, 넓은
파 broaden 동 넓히다

enclosed
형 동봉된

valuable
형 가치 있는

asset
명 자산

promptly
부 즉시, 신속하게

persistently
부 끊임없이

variety
명 다양성
파 various 형 다양한

familiarize
동 친숙하게 만들다
파 familiar 형 친숙한, 익숙한

inform
동 알리다
파 information 명 정보

substitute
동 대신하다, 대체하다
파 substitution 명 대리(인),
대용(품)

recommend
동 추천하다
파 recommendation
명 추천

2 부사 + 동사

promptly send
즉시 보내다

persistently work
끊임없이 일하다

3 숙어

a wide variety of
매우 다양한

on schedule
예정대로

familiarize A with B
A에게 B를 친숙하게 만들다

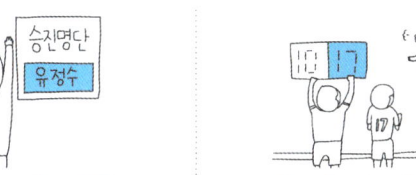

inform A of B
A에게 B를 알리다

substitute A for B
A로 B를 대신하다

recommend A for B
A를 B에 추천하다

토익정답과 친해지는 **EXERCISE** 빈칸에 알맞은 단어를 선택하세요. ──────── 정답 및 해석/해설 p. 076

1 Please fill out the ------- survey and send it back to us.

(A) enclosed   (B) skilled

2 We would appreciate it if you ------- us of any changes in your status.

(A) recommend   (B) inform

3 Despite increased volume, most of the products were shipped ------- schedule.

(A) for   (B) on

어휘 fill out 작성하다, 기입하다   survey 설문지, 조사   appreciate 감사하다, 높이 평가하다, 감상하다   status 상황, 지위
despite ~에도 불구하고   volume 양, 용량   product 상품, 제품, 생산품   ship 배송하다, 운송하다

Grammar

인칭대명사

학습 목표 | 인칭대명사의 종류와 쓰임을 배위 봅시다.

개념 **1** 인칭대명사 – 1. 주격 · 문장의 주어 자리에는 주격 대명사를 씁니다.

주어 자리
The firm / will hire Mr. Melta / because **he** works / in a wide variety of styles.

그 회사는 / 멜타 씨를 고용할 것이다 / 왜냐하면 그는 일하기 때문이다 / 매우 다양한 스타일로

인칭대명사 주격은 주어 자리에 쓰인다.

I like **Mr. Pitt** because **he** is kind. (O)

나는 피트 씨를 좋아한다, 왜냐하면 그는 친절하기 때문이다.

I like **Mr. Pitt** because **him** is kind. (X)

나는 피트 씨를 좋아한다, 왜냐하면 그를 친절하기 때문이다.

➡ he는 앞의 명사 Mr. Pitt를 대신하여 쓰인 표현이므로 대명사입니다. 또한, '그는 친절하다'는 자연스럽지만 '그를 친절하다'는 어색하죠? 이처럼 주어 자리에는 '~은/는/이/가'로 해석되는 인칭대명사 주격이 와야 합니다.

인칭대명사 주격

나는	I	우리는	we
너는	you	그들은(사람) / 그것들은(사물)	they
그는	he	그것은	it
그녀는	she		

📍 **대명사란?**

명사를 대신하는 말을 말한다. 즉, '톰이 늦게 왔다. 그리고 그는 잠들었다'라는 문장을 보면 두 번째 문장에서 톰을 '그(He)'라는 말로 바꾸어 표현했는데 이를 대명사라고 한다.

📍 **인칭대명사란?**

'나(I), 너(You), 그녀(She), 그것(It), 그들/그것들(They)'처럼 사람이나 사물을 가리키는 말로 영어에서는 인칭이나 수, 성, 격에 따라 형태가 달라진다.

토익정답과 친해지는 **EXERCISE** · 다음 중 알맞은 것을 선택하세요.

정답 및 해석/해설 p. 076

1 (We / Ourselves) worked persistently to finish the project.

2 Mr. Roger operated small businesses efficiently before (him / he) joined the company.

3 Because Ms. Ray wants a new apartment, (she / her) checks listings regularly.

단어 콕콕!

persistently 끊임없이
operate 운영하다
efficiently 효율적으로
join 입사하다
listing 목록, 명단
regularly 정기적으로

개념 2 인칭대명사 – 2. 소유격 명사를 수식하는 자리(명사 앞)에는 소유격 대명사를 씁니다.

명사를 수식하는 자리

Ms. Fosh / will be promoted / because of **her**
outstanding contribution / to the firm.

포쉬 씨는 / 승진될 것이다 / 그녀의 뛰어난 공헌 때문에 / 그 회사에

인칭대명사 소유격은 명사를 수식하는 자리(명사 앞)에 쓰인다.

We love **Ms. Hepbern** because of **her** good character. (O)
우리는 헵번 씨를 사랑한다, 왜냐하면 그녀의 좋은 성격 때문이다.

We love **Ms. Hepbern** because of **she** good character. (X)
우리는 헵번 씨를 사랑한다, 왜냐하면 그녀가 좋은 성격 때문이다.

➔ her는 앞의 명사 Ms. Hepbern을 대신하여 쓰인 표현이므로 대명사입니다. 또한, '그녀의 좋은 성격'
은 자연스럽지만 '그녀가 좋은 성격'은 어색하죠? 이처럼 명사를 꾸며주는 자리에는 '~의'로 해석되는
인칭대명사 소유격이 와야 합니다.

인칭대명사 소유격

나의	my	우리의	our
너의	your	그들의(사람) / 그것들의(사물)	their
그의	his	그것의	its
그녀의	her		

앗! 이거 주의해야 돼! ✱✱

관사/소유격 + 형용사 + 명사
명사 앞에 관사/소유격과 형용사가 함께 나올 경우 어순에 주의해야 한다.
예)
a new staff (O)
new a staff (X)

토익정답과 친해지는 **EXERCISE** 다음 중 알맞은 것을 선택하세요.

정답 및 해석/해설 p. 077

1 You should take the initiative to manage (your / you) time effectively.

2 The professor received (herself / her) final draft yesterday.

3 Mr. Davidson improved the proposal with (him / his) broad knowledge of the topic.

단어 콕콕

take the initiative
앞장서서 하다
manage 관리하다
effectively 효과적으로
draft 원고, 초안
improve 향상시키다
proposal 제안(서), 제의
broad 폭넓은, 광범위한
knowledge 지식

인칭대명사 – 3. 목적격 문장의 목적어 자리에는 목적격 대명사를 씁니다.

If you receive / any messages, / please send
동사의 목적어 자리
them promptly / to Mr. Jaeger.
당신이 받는다면 / 어떤 메시지라도 / 그것들을 즉시 보내 주세요 / 재거 씨에게

---

1 인칭대명사 목적격은 동사의 목적어 자리에 쓰인다.

I ordered three **books** and will receive **them**
tomorrow. (O) 나는 세 권의 책을 주문했다. 그리고 내일 그것들을 받을 것이다.

I ordered three **books** and will receive **their** tomorrow.
(X) 나는 세 권의 책을 주문했다. 그리고 내일 그것들의 받을 것이다.

→ them은 앞의 명사 books를 대신하여 쓰인 표현이므로 대명사입니다. 또한, '그것들을 받을 것이다'는 자연스럽지만 '그것들의 받을 것이다'는 어색하죠? 이처럼 동사의 목적어 자리에는 '~을/를'로 해석되는 인칭대명사 목적격이 와야 합니다.

2 인칭대명사 목적격은 전치사의 목적어 자리에도 쓰인다.

When Mr. Kim invites **his friends**, he prepares dinner
for **them**. (O) 김 씨가 그의 친구들을 초대할 때, 그는 그들을 위해서 저녁을 준비한다.

When Mr. Kim invites **his friends**, he prepares dinner
for **they**. (X) 김 씨가 그의 친구들을 초대할 때, 그는 그들이 위해서 저녁을 준비한다.

→ them은 앞에 오는 명사 friends를 대신하여 쓰인 표현이죠? 또한, '그들을 위해서'는 자연스럽지만 '그들이 위해서'는 어색합니다. 이처럼 전치사의 목적어 자리에도 인칭대명사 목적격이 옵니다.

인칭대명사 목적격

나를	me	우리를	us
너를	you	그들을(사람) / 그것들을(사물)	them
그를	him	그것을	it
그녀를	her		

앗! 이거 주의해야 돼!

주격과 목적격, 소유격과 목적격이 똑같이 생긴 인칭대명사는 문장에서 자리를 통해 구분해야 한다.
예)
Mr. Taylor met **her**.
　　　　　　목적격(그녀를)
테일러 씨는 **그녀를** 만났다.
→ 동사의 목적어 자리에 있으니까 목적격이에요.
Mr. Taylor met **her**
　　　　　　소유격(그녀의)
brother.
테일러 씨는 **그녀의** 오빠를 만났다.
→ 동사와 명사 사이, 즉 명사를 수식하는 자리에 있으니까 소유격이에요.

단어 콕콕!

delegate 대표
inform A of B A에게 B를 알리다
detail 세부사항
vinegar 식초
substitute A with B A를 B로 대체하다
contract 계약
recommend 추천하다
promotion 승진, 진급

토익정답과 친해지는 EXERCISE 다음 중 알맞은 것을 선택하세요.

정답 및 해석/해설 p. 077

1 When Ms. Kelly saw the delegates, she informed (they / them) of the meeting details.

2 If you have no vinegar, substitute (it / its) with lemon juice.

3 Because Ms. Page won a major contract, I recommend (she / her) for a promotion.

개념 4 인칭대명사 – 4. 소유대명사

'~의 것'으로 해석되는 명사 자리에는 소유대명사를 씁니다.

Mr. Kwon / completed his report / on schedule, / but

그녀의 것 = 그녀의 보고서(her report)

Ms. Bogota / has not yet completed **hers**.

권 씨는 / 그의 보고서를 완성했다 / 예정대로 / 하지만 보고타 씨는 / 그녀의 것을 아직 완성하지 못했다

---

1 소유대명사는 주어 자리에 올 수 있다.

Your **hair** was long, but **mine** was short. (O)

너의 머리는 길었다. 하지만 나의 것은 짧았다.

Your **hair** was long, but **I** was short. (X)

너의 머리는 길었다. 하지만 나는 짧았다.

➔ '너의 머리'와 비교하는 것은 '나'가 아니라 '나의 머리'가 되어야 해요. '나의 머리(my hair)'는 소유대명사 mine(나의 것)으로 표현할 수 있어요. 이처럼 소유대명사는 명사를 대신하므로 주어 자리에 올 수 있습니다.

2 소유대명사는 목적어나 보어 자리에 올 수 있다.

I bought my **computer**, and Mr. Kim bought **his**. (O)

나는 나의 컴퓨터를 샀다. 그리고 김 씨는 그의 것을 샀다.

The **phone** on the desk is **hers**. (O)

책상 위에 있는 전화기는 그녀의 것이다.

➔ '나의 컴퓨터'와 비교하는 것은 '김 씨의 컴퓨터(his = his computer)'가 되어야 해요. 또한, 전화기는 사람이 아니므로 '그녀의 것(hers = her phone)'이라고 표현해야 해요. 이처럼 소유대명사는 명사를 대신하므로 목적어나 보어 자리에 올 수 있습니다.

소유대명사

나의 것	mine	우리의 것	ours
너의 것	yours	그들의 것(사람)	theirs
그의 것	his	그것의 것	X
그녀의 것	hers		

앗! 이거 주의해야 돼!

소유격과 소유대명사의 형태가 같은 his는 문장에서 자리를 통해 구분해야 한다.

예)

This is **his** report.

소유격(그의)

이것은 **그의** 보고서이다.

➔ 명사를 수식하는 자리에 있으니까 소유격이에요.

This report is **his**.

소유대명사(그의 것)

이 보고서는 **그의 것**이다.

➔ 소유격이라면 뒤에 명사가 있어야 하는데, 없으므로 단독으로 쓰일 수 있는 소유대명사예요.

토익정답과 친해지는 **EXERCISE** 다음 중 알맞은 것을 선택하세요.

정답 및 해석/해설 p. 077

1 Please inform the managers that these enclosed surveys are (them / theirs).

2 Ms. Joyce has valuable assets at Branton Bank, but (ours / we) are at Hultz Bank.

3 Mr. Douglas sent his confidential documents yesterday and Ms. Green submitted (her / hers) last week.

단어 쿡쿡!

enclosed 동봉된

survey 설문지

valuable 귀중한

asset 자산, 재산

confidential 기밀의

document 서류

submit 제출하다

동사의 목적어 자리(themselves = Drivers)

Drivers / should familiarize **themselves** / with the instruction manual.

운전자들은 / 그들 자신이 익숙해져야 한다 / 사용 설명서에

---

1 재귀대명사는 목적어 자리에 쓰인다.

You should love **yourself**. (O) 당신은 당신 자신을 사랑해야 합니다.

You should love **you**. (X) 당신은 당신을 사랑해야 합니다.

➜ 주어와 목적어가 같을 때는 목적어 자리에 인칭대명사 목적격이 아닌 재귀대명사를 씁니다. 재귀대명사는 '자기 자신을'이라는 의미예요.

2 재귀대명사는 명사 뒤나 문장 끝에 쓰일 수도 있다.

Clara wrote all the songs **herself**. 클라라는 모든 노래를 직접 썼다.
= **Clara herself** wrote all the songs.

➜ 재귀대명사 herself가 '직접'이라는 의미로 행위를 강조하기 위해서 쓰였어요. 이때 herself를 생략할 수도 있고 강조하는 명사 바로 뒤에 오거나 문장 끝에 올 수도 있습니다.

재귀대명사

나 자신을 / 내가 직접	myself	우리 자신을 / 우리가 직접	ourselves
너 자신을 / 네가 직접	yourself	그들(그것들) 자신을 / 그들(그것들)이 직접	themselves
그 자신을 / 그가 직접	himself	그것 자신을 / 그것이 직접	itself
그녀 자신을 / 그녀가 직접	herself		

토익 고수 단계! 🔥

재귀대명사는 두 가지 용법으로 나뉜다.
1) 재귀용법: 주어와 목적어가 같을 때
예)
We introduced **ourselves**.
(We = ourselves)
우리는 우리 자신을 소개했다.
2) 강조용법: 주어나 목적어를 강조할 때 쓰며, 강조하는 말 바로 뒤 또는 문장 마지막에 위치한다.
예)
Lisa herself cooked dinner.
리사가 직접 저녁을 했다.

토익정답과 친해지는 **EXERCISE** 다음 중 알맞은 것을 선택하세요.

정답 및 해석/해설 p. 078

1 Ms. Yoshida has shown (her / herself) to be a skilled technician.

2 Mr. Kent proved (him / himself) to be a dedicated employee.

3 The employees dropped the boxes suddenly and hurt (them / themselves).

단어 콕콕!

skilled 숙련된
technician 기술자
prove 증명하다
dedicated 헌신적인
drop 떨어뜨리다
suddenly 갑자기

개념  인칭대명사 관용 표현 인칭대명사가 관용적으로 쓰이는 경우가 있습니다.

You can download / the manual / for quick reference /

by oneself → 혼자서, 스스로
by yourself.

당신은 다운로드받을 수 있다 / 설명서를 / 쉽게 참고할 수 있도록 / 스스로

---

1 by oneself

Jason fixed the machine **by himself**.

제이슨은 기계를 스스로 수리했다.

→ by oneself 는 '스스로, 혼자서'라는 의미입니다. Jason이 스스로 수리를 한 것이므로 himself가 쓰였어요.

2 one's own + 명사

Ms. Lee started **her own** business.

이 씨는 자신만의 사업을 시작했다.

→ 명사 앞에 one's own이라는 표현이 붙으면 '~만의'라는 의미가 됩니다.

3 on one's own

You can develop a Web site **on your own**.

당신은 혼자의 힘으로 웹사이트를 개발할 수 있습니다.

→ on one's own은 '혼자서, 혼자의 힘으로'라는 의미로 쓰여요.

암기 꼭!

인칭대명사의 관용 표현

for oneself 혼자의 힘으로
of itself 저절로

→ 추가로 외워 두세요.

토익정답과 친해지는 **EXERCISE** 다음 중 알맞은 것을 선택하세요.

정답 및 해석/해설 p. 078

1 Ms. Greer worked rapidly on the advertisement by (her / herself).

2 Ms. Sanchez established (her own / herself) restaurant at a convenient location.

3 Mr. Doyle contacted the professional advisor on (himself / his own).

단어 콕콕!

rapidly 빠르게, 신속히
advertisement 광고
establish 만들다, 설립하다
convenient 편리한
contact 연락하다
professional 전문적인
advisor 컨설턴트, 조언자

토익 대표 유형 분석하기

학습 목표 | 문제이 유형을 확인한 후, 지문의 구조와 단서를 파악하면서 문제를 풀어 봅시다.

1 인칭대명사 주격 문제

Ms. Francis said that / ------- would ask volunteers / to work during the
　　　　　주어　　동사　　　　　　　　　　　　목적어(명사절)
holidays.

(A) her　　　　　　(B) hers
(C) she　　　　　　(D) herself

> **단서**
> 명사절의 동사 앞인 주어 자리가 비어 있으니
> 빈칸은 인칭대명사의 주격 자리예요.

**풀이
과정**

STEP 1 보기 형태 확인: 보기가 모두 인칭대명사다.

STEP 2 단서 확인: 목적어 역할을 하는 명사절의 주어 자리에 빈칸이 있으므로, 빈칸은 주격
대명사(she)나 소유대명사(hers) 자리다.

STEP 3 보기 분석: (A) her는 '소유격', (B) hers는 '소유대명사', (C) she는 '주격', (D)
herself는 '재귀대명사'

STEP 4 정답 선택: hers(그녀의 것)가 가리키는 것이 무엇인지 알 수 없으므로 오답이고, 인
칭대명사 주격인 she가 적절하므로 정답은 (C)!

해석 프랜시스 씨는 말했다 / 그녀는 자원봉사자들에게 요청할 거라고 / 휴일 동안 일해 달라고

2 인칭대명사 소유격 문제

GT Cable Co. / is offering users / a discount / (to renew ------- Internet
　　주어　　　　　동사　　　간접목적어　직접목적어
subscription).

(A) they　　　　　　(B) their
(C) them　　　　　　(D) theirs

> **단서**
> to부정사와 목적어 사이의 빈칸은 목적어인 명사를
> 수식하는 소유격 자리예요.

**풀이
과정**

STEP 1 보기 형태 확인: 보기가 모두 인칭대명사다.

STEP 2 단서 확인: 수식어 역할을 하는 to부정사(to renew)와 to부정사의 목적어
(Internet subscription) 사이의 빈칸은 목적어인 명사를 수식하는 소유격 자리다.

STEP 3 보기 분석: (A) they는 '주격', (B) their는 '소유격', (C) them은 '목적격', (D)
theirs는 '소유대명사'

STEP 4 정답 선택: 보기에 명사를 수식하는 소유격은 their뿐이므로 정답은 (B)!

해석 GT 케이블 사는 / 사용자들에게 제공하는 중이다 / 할인을 / 그들의 인터넷 서비스를 갱신하는

> **핵심 콕콕!**
> 반드시 외우고 시험장에 가자!
>
> **1번 포인트!**
> 인칭대명사 주격은 주어 자리에
> 쓰인다.
>
> **2번 포인트!**
> 인칭대명사 소유격은 명사를
> 앞에서 수식한다.

> **단어 콕콕!**
> ask 요청하다
> volunteer 자원봉사자
> during ~동안
> discount 할인
> renew 갱신하다, 연장하다
> subscription (서비스)
> 사용, 구독

자신감 쑥쑥! 실전 도전 Part 5

학습 목표 | 오늘 공부한 토익에 자주 출제되는 어휘와 대표 문장에 따른 문법 설명을 떠올리며 Part 5 실전 문제를 풀어 봅시다.

1. It's important to keep ------- supervisor informed of any issues that arise in your project.

(A) you
(B) your
(C) yours
(D) yourself

2. Ms. Cary and Mr. Reil presented their ideas for the new product, and both of ------- received positive feedback.

(A) they
(B) their
(C) themselves
(D) them

3. Fortunately, the newly appointed vice president has a(n) ------- knowledge of marketing and sales in Asia.

(A) final
(B) broad
(C) manageable
(D) impressed

4. Three years after moving to Bend, Inc., Ms. Wi established ------- as a prominent consultant.

(A) her
(B) she
(C) herself
(D) hers

5. The book *Easy Cooking* will guide you to make nutritious home-cooked meals by -------.

(A) your
(B) yours
(C) you
(D) yourself

6. Dr. Frank has worked ------- to develop a treatment for liver cancer.

(A) persistently
(B) drastically
(C) briefly
(D) approximately

7. The workshop was intended to ------- our employees with the new payroll system.

(A) interact
(B) familiarize
(C) comply
(D) explain

8. The team members were supposed to submit their reports by noon, but Ms. Brown has not yet submitted -------.

(A) her
(B) she
(C) hers
(D) herself

9. Mr. Johnson plans to visit the construction site ------- on Monday.

(A) himself
(B) he
(C) his
(D) his own

10. Despite the inclement weather conditions, the flight will be arriving ------- schedule.

(A) in
(B) with
(C) at
(D) on

자신감 쑥쑥! 실전 도전 Part 6

학습 목표 | 오늘 공부한 토익에 자주 출제되는 어휘와 대표 문장에 따른 문법 설명을 떠올리며 Part 6 실전 문제를 풀어 봅시다.

Questions 11-14 refer to the following memo.

Langston Grocers is asking for feedback from all ------- vendors. We want to know if
                                              11.

they are happy with their product's display in our stores. We would also like to know
more about their shipping methods to our warehouses. -------.
                                            12.

Please send the attached survey to your contacts at our vendor companies.
Completing ------- will take less than five minutes. Participation is not mandatory, but
                      13.

doing so may result in lower costs for their business. They will ------- have a better
                                                                         14.

business relationship with Langston Grocers.

11. (A) our
    (B) his
    (C) her
    (D) its

12. (A) The survey was created by a team of professionals.
    (B) They currently have ten warehouses across the region.
    (C) Our ultimate goal is to reduce their transportation costs.
    (D) A variety of clothing lines are also available at our store.

13. (A) them
    (B) both
    (C) it
    (D) theirs

14. (A) early
    (B) then
    (C) instead
    (D) otherwise

이것만은 꼭! 기억하세요.

인칭대명사

개념 1   인칭대명사 – 1. 주격

> 문장의 주어 자리에는 주격 대명사를 씁니다.

The firm / will hire Mr. Melta /
<u>주어 자리</u>
because **he** works / in a wide variety
of styles.

그 회사는 / 멜타 씨를 고용할 것이다 / 왜냐하면 그는 일하기
때문이다 / 매우 다양한 스타일로

개념 2   인칭대명사 – 2. 소유격

Ms. Fosh / will be promoted
<u>명사를 수식하는 자리</u>
/ because of **her** outstanding
contribution / to the firm.

포쉬 씨는 / 승진될 것이다 / 그녀의 뛰어난
공헌 때문에 / 그 회사에

> 명사를 수식하는 자리(명사 앞)에는
> 소유격 대명사를 씁니다.

개념 3   인칭대명사 – 3. 목적격

If you receive / any messages, /
<u>동사의 목적어 자리</u>
please send **them** promptly / to
Mr. Jaeger.

당신이 받는다면 / 어떤 메시지라도 /
그것들을 즉시 보내 주세요 / 재거 씨에게

> 문장의 목적어 자리에는
> 목적격 대명사를 씁니다.

개념 4   인칭대명사 – 4. 소유대명사

Mr. Kwon / completed his report / on
schedule, / but Ms. Bogota / has not
<u>그녀의 것 = 그녀의 보고서(her report)</u>
yet completed **hers**.

권 씨는 / 그의 보고서를 완성했다 / 예정대로 / 하지만 보고
타 씨는 / 그녀의 것을 아직 완성하지 못했다

> '~의 것'으로 해석되는 명사 자리에는
> 소유대명사를 씁니다.

개념 5   인칭대명사 – 5. 재귀대명사

Drivers / should familiarize
<u>동사의 목적어 자리(themselves = Drivers)</u>
themselves / with the
instruction manual.

운전자들은 / 그들 자신이 익숙해져야
한다 / 사용 설명서에

> 주어와 목적어가 같을 때 목적어
> 자리에는 재귀대명사를 씁니다.

개념 6   인칭대명사 관용 표현

You can download / the manual / for
<u>by oneself → 혼자서, 스스로</u>
quick reference / **by yourself**.

당신은 다운로드받을 수 있다 / 설명서를 / 쉽게 참고할 수 있
도록 / 스스로

> 인칭대명사가 관용적으로 쓰이는 경우가 있습니다.

Good job! 내일 또 봐요!

DAY 13

기타 대명사

요기서 몸풀기!

토익에 나오는 기타 대명사로는 지시대명사, 부정/수량대명사가 있어요.

1 **인칭대명사 외에도 명사를 대신해서 쓸 수 있는 대명사는 무엇일까요?**

'누군가'는 someone으로, '누구든지'는 anyone으로, '사람들'은 those로 쓸 수 있어요.

2 **인칭대명사와 마찬가지로 지시대명사와 부정/수량대명사에도 '수'의 개념이 있을까요?**

있습니다. 지시대명사는 단수/복수에 따라 this/these 등으로 나뉘고, 부정/수량대명사에서 another는 단수 취급, many는 복수 취급해요.

토익 빈출 단어! Check up!

아래 단어를 보고, 이미 알고 있는 단어에 ✔ 표시해 봅시다.

중요도 ⭐⭐⭐ ──────────────────────────

☐ primarily   ☐ consistently   ☐ moderately   ☐ particularly   ☐ currently

☐ focus   ☐ specialize   ☐ register   ☐ participate   ☐ benefit

☐ subscribe   ☐ detailed   ☐ relevant   ☐ feasible

중요도 ⭐⭐ ──────────────────────────

☐ responsible   ☐ uncooperative   ☐ successful   ☐ stressful   ☐ inaccessible

☐ report   ☐ experience   ☐ idea

중요도 ⭐ ──────────────────────────

☐ regular   ☐ maintenance   ☐ attract   ☐ client   ☐ require

Vocabulary

토익이 좋아하는 **짝꿍표현**

학습 목표 | 토익 Part 5&6의 핵심인 어휘 문제를 한 방에 해결할 수 있는 토익 짝꿍표현들을 먼저 익혀 봅시다.

1 부사 + 형용사

primarily responsible
주로 (~에) 책임이 있는

consistently uncooperative
계속해서 비협조적인

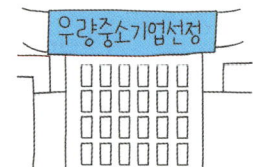

moderately successful
어느 정도 성공한

particularly stressful
특히 스트레스가 되는

currently inaccessible
현재 접근할 수 없는

짝꿍표현 뜯어보기

primarily
(부) 주로
(파) primary (형) 주요한

responsible
(형) 책임이 있는

uncooperative
(형) 협조적이지 않은
(반) cooperative (형) 협조적인

moderately
(부) 어느 정도로, 적당하게
(파) moderate (형) 적당한

successful
(형) 성공적인
(파) success (명) 성공

particularly
(부) 특히
(파) particular (형) 특정한

currently
(부) 현재
(파) current (형) 현재의

focus
(동) 집중하다, 초점을 맞추다
(명) 초점

specialize
(동) 전문으로 하다
(파) specialty (명) 전문

register
(동) 등록하다
(파) registration (명) 등록

participate
(동) 참석하다
(파) participation (명) 참석

subscribe
(동) 구독하다
(파) subscription (명) 구독

detailed
(형) 상세한
(파) detail (명) 세부사항

relevant
(형) 관련된, 적절한
(파) relevance (명) 관련성

experience
(명) 경험
(동) 경험하다

feasible
(형) 실현 가능한
(파) feasibility (명) 실현 가능성

2 동사 + 전치사

focus on
~에 집중하다

specialize in
~을 전문으로 하다

register for
~에 등록하다

participate in
~에 참석하다

benefit from
~로부터 이익을 얻다

subscribe to
~을 구독하다

3 형용사 + 명사

a **detailed** report
상세한 보고서

relevant work experience
관련된 업무 경험

a **feasible** idea
실현 가능한 아이디어

토익정답과 친해지는 **EXERCISE** 빈칸에 알맞은 단어를 선택하세요.

정답 및 해석/해설 p. 082

1 Due to the regular maintenance, the company intranet is ------- inaccessible.

(A) currently　　　　(B) moderately

2 World Travel Agency's marketing plan focused ------- attracting new clients.

(A) in　　　　(B) on

3 The position of human resources manager requires at least 3 years of ------- work experience.

(A) relevant　　　　(B) feasible

어휘 due to ~때문에　regular 정기적인　maintenance 유지, 보수　intranet 내부 전산망　inaccessible 접근할 수 없는
attract 유치하다, 끌어 모으다　client 고객　human resources (회사의) 인사부　require 필요로 하다, 요구하다

DAY 13

Grammar

기타 대명사

학습 목표 | 토익에 특히 많이 출제되는 기타 대명사의 종류와 쓰임을 배워 봅시다.

개념 1 지시대명사 – this/that/these/those

this는 형용사(이것의) 또는 대명사(이것) 역할을 하며 대명사로 쓰일 경우 단수형입니다.

이것
This is a reminder / to all division heads.
이것은 알려드리기 위한 것입니다 / 모든 부서장에게

지시대명사에는 this/that/these/those가 있다.

This is my book. 이것은 나의 책이다.
이것   단수 동사

These are my books. 이것들은 나의 책들이다.
이것들   복수 동사

That is your computer. 저것은 너의 컴퓨터이다.
저것   단수 동사

Those are your computers. 저것들은 너의 컴퓨터들이다.
저것들   복수 동사

→ this(이것), that(저것), these(이것들), those(저것들)는 사물이나 사람을 가리킬 때 쓰는 대명사이 므로 지시대명사라고 합니다. 지시대명사가 주어 역할을 할 때 this와 that은 단수 명사를 가리키므로 단수 동사를 쓰고, these와 those는 복수 명사를 가리키므로 복수 동사를 씁니다.

📍 **지시형용사 알고 가기**

this/that/these/those는 뒤에 오는 명사를 꾸며주는 형 용사 역할도 한다. this/that 뒤에는 단수 명사가, these/ those 뒤에는 복수 명사가 온다.
this/that + 단수 명사
these/those + 복수 명사
예)
this/that pen 이/저 펜
these/those pens
이/저 펜들

🏷️ **단어 콕콕!**

associate (사업·직장) 동료, 준회원
complete 끝마치다, 완료하다
training 연수, 교육, 훈련
available 이용 가능한
parking 주차 공간, 주차
in front of ~의 앞에
innovative 혁신적인

토익정답과 친해지는 **EXERCISE** 다음 중 알맞은 것을 선택하세요.

정답 및 해석/해설 p. 083

1 (This / These) new associates have completed the training.

2 Please use (that / those) available parking spaces in front of the building.

3 Solor Co. created (this / these) innovative Web browser.

개념 **2** those

those는 '사람들'이라는 의미로 수식하는 표현이 뒤따르며 복수 취급합니다.

사람들(who 이하가 those를 수식)

For **those** / [who are interested in the event], / an information packet / will be provided.

사람들에게 / 이 행사에 관심 있는 / 자료집이 / 제공될 것이다

---

1 those는 '사람들'이라는 의미로 복수 취급한다.

I love **those** [with warm hearts].

사람들

나는 [따뜻한 마음을 가지고 있는] 사람들을 사랑한다.

➜ those는 '저것들'이라는 뜻 외에도 '사람들'이라는 의미를 가지고 있어요. 이때 those를 꾸며주는 표현이 뒤에 나와서 어떤 사람들인지를 설명해 줍니다.

Those [who love animals] are generally kind.

복수 주어   복수 동사

[동물을 사랑하는] 사람들은 대개 친절하다.

➜ those는 복수 개념의 대명사이므로 those가 주어로 쓰일 경우 복수 동사가 나와요.

2 anyone(누구든지)과 those(사람들)를 구별하는 문제가 자주 출제된다. 둘이 함께 보기에 나오면 뒤에 오는 동사를 확인해야 한다. those 뒤에는 복수 동사가, anyone 뒤에는 단수 동사가 나온다.

For **anyone** [who registers in May], a discount will be

단수 주어   단수 동사

provided.

[5월에 등록하는] 누구든지, 할인이 제공될 것입니다.

토익 고수 단계! 🔥

that/those는 두 대상을 비교할 때 반복을 피하기 위해 앞에 언급된 명사를 대신해서 쓸 수 있다. 단수 명사는 that, 복수 명사는 those를 쓴다.

예)

This year's **profit** surpassed **that** of last

= profit

year.

올해의 **수익**은 작년 **수익**을 넘었다.

➜ that은 앞의 단수 명사 profit를 대신해요.

토익정답과 친해지는 **EXERCISE** 다음 중 알맞은 것을 선택하세요.

정답 및 해석/해설 p. 083

1 (Those / That) who work on the planning team are primarily responsible for making the schedule.

2 Competition is fierce for (these / those) with moderately successful businesses.

3 (Anyone / Those) who is consistently uncooperative will receive a warning letter.

단어 쏙쏙!

primarily 주로
responsible 책임지는
competition 경쟁
fierce 극심한, 격렬한
moderately 적당히
successful 성공적인
consistently 일관하여
uncooperative 비협조적인
warning 경고, 주의

개념 3 another/others/each other/one another

another는 단수 취급, others는 복수 취급한다.

Mr. Landsworth / interacts effectively /
다른 사람들
with **others**.

랜즈워스 씨는 / 효과적으로 소통한다 / 다른 사람들과

1 another와 others는 <mark>정해지지 않은 어떤 사람이나 사물을 나타낼 때</mark> 쓴다.

This phone is damaged, so please send me **another**.

정해지지 않은 다른 하나(단수)

이 전화기는 하자가 있으니 제게 다른 것을 보내 주세요.

➡ 전화기를 주문했는데 망가진 것이 왔다면 '다른 것을 보내 주세요'라고 할 수 있죠? 이처럼 정해지지 않은 단수의 사물이나 사람을 가리킬 때 another를 씁니다.

Please be considerate of **others**. 다른 사람들을 배려해 주세요.

정해지지 않은 다른 사람들(복수)

➡ '다른 사람들을 배려해 주세요'라고 할 때 '다른 사람들'은 정해진(특정한) 사람들이 아니죠? 이처럼 정해지지 않은 복수의 사물이나 사람의 가리킬 때 others를 씁니다.

2 each other와 one another는 <mark>'서로'의 의미로 쓰이는 대명사</mark>로 동사와 전치사의 <mark>목적어 자리</mark>에 온다.

We love **each other(=one another)**. 우리는 서로를 사랑한다.

서로

➡ 동사 love 뒤 목적어 자리에 와서 '서로'라고 해석됩니다.

앗! 이거 주의해야 돼! ✦

형용사 another 뒤에는 무조건 단수 명사를 쓴다.
예)
another phone
다른 전화기

앗! 이거 주의해야 돼! ✦

other vs. others
other(다른)와 others(다른 것들)는 형태가 비슷하지만, other는 형용사로만 쓰인다.
예)
I want **other** books.
(O)
나는 **다른** 책들을 원한다.
I want **other**. (X)
나는 **다른을** 원한다.

➡ other는 형용사이므로 목적어 자리에 올 수 없어요.

토익정답과 친해지는 EXERCISE 다음 중 알맞은 것을 선택하세요.

정답 및 해석/해설 p. 084

1 Mr. Gerald and Mr. Henney had a particularly stressful time working with (other / each other).

2 Ms. Fitz decided to leave her company and move to (another / one another).

3 Mr. Gale enjoys helping (other / others) with their financial problems.

단어 콕콕!

particularly 특히
stressful 스트레스가 많은
financial 재정의

개념 **4** all/most/some

all/most/some은 형용사와 대명사로 쓰이며, 대명사일 경우 가리키는 명사에 따라 단수도 되고 복수도 됩니다.

대부분(의 사람들)
Most / have refused / to sign the petition.
대부분의 사람들은 / 거부했다 / 탄원서에 서명하는 것을

1 대명사 all은 앞에 언급된 명사의 전부를 가리킨다.

I read ten books, and **all** are interesting.
　　　　　　복수 명사　　대명사(복수)　복수 동사
나는 열 권의 책을 읽었다. 그리고 열 권의 책 모두가 흥미롭다.

I have information about Mr. Kim, and **all** is interesting.
　　　불가산명사　　　　　　　　　　　대명사(단수)　단수 동사
나는 김 씨에 대한 정보를 가지고 있다. 그리고 (김 씨에 대한 정보) 모두가 흥미롭다.

→ 두 문장 모두 all이 주어 자리에 쓰였고 앞에 나온 명사의 전부를 가리켜요. 그런데 뒤에 나온 동사가 각각 복수와 단수로 다르죠? all은 가리키는 명사가 복수 명사(books)이면 복수 취급(are)하고 불가산명사(information)이면 단수 취급(is)합니다.

2 most(대부분)와 some(일부)도 all처럼 대명사의 역할을 할 수 있고, 가리키는 명사에 따라 수가 달라진다.

Most of the milk was spilled. 우유의 대부분이 엎질러졌다.
대명사

Some of the milk was spilled. 우유가 조금 엎질러졌다.
대명사

앗! 이거 주의해야 돼!

every(모든)는 all(모든, 모두)과 비슷해 보이지만, 오직 형용사로만 쓰인다.

예)
I like **every** product.
(O)
나는 **모든** 상품이 좋다.
I like **every**. (X)
나는 **모든** 좋다.
→ every는 형용사이므로 목적어 자리에 올 수 없어요.

토익정답과 친해지는 **EXERCISE** 다음 중 알맞은 것을 선택하세요.

정답 및 해석/해설 p. 084

1 Professor Shuford will teach about data analysis, and (most / one) have registered for the course.

2 The convention for the company executives starts tomorrow, and (every / all) must attend the events.

3 Only (some / each other) benefit from the new employee contract conditions.

단어 콕콕!

analysis 분석
register for ~에 등록하다
convention 총회, 대회
executive 임원, 간부
attend 참석하다
benefit from ~로부터 혜택을 받다
contract 계약

개념 5 many/few/both

many/few/both는 형용사와 대명사로 쓰이며, 대명사일 때는 복수 취급합니다.

많은 사람들
Many / have agreed / to make donations / to the library.

많은 사람들이 / 동의했다 / 기부하는 것을 / 도서관에

1 대명사 many와 few는 앞에 언급된 명사의 일부분을 가리키며 항상 복수 취급한다.

I read 10 books, and **many** were interesting.
　　　　　복수 명사　　　　대명사(복수) 복수 동사

나는 열 권의 책을 읽었다, 그리고 많은 책들이 흥미로웠다.

I read 10 books, and **few** were difficult.
　　　　　복수 명사　　대명사(복수) 복수 동사

나는 열 권의 책을 읽었다. 그리고 어려운 책들은 거의 없었다.

➜ many와 few 둘 다 주어 자리에 쓰였죠? 이처럼 many(다수)와 few(거의 없는)는 앞에 나온 명사의 일부분을 가리키는 대명사로 쓰입니다. 또한, many와 few는 항상 복수 취급합니다.

2 대명사 both는 앞에 언급된 두 개의 명사를 가리킨다.

I invited June and Lily to the festival, and **both** were
　　　　　　두 개의 명사　　　　　　　　　대명사(복수) 복수 동사
satisfied with the event.

나는 준과 릴리를 축제에 초대했다. 그리고 준과 릴리 둘 다 그 행사에 만족했다.

➜ both가 주어 자리에 쓰였죠? 이처럼 both는 앞 문장의 '준과 릴리 둘 다'를 가리키는 대명사로 쓰입니다. both는 '둘 다'의 의미이기 때문에 앞에 나오는 명사가 반드시 둘이어야 하고 항상 복수 취급합니다.

앗! 이거 주의해야 돼! ✱

many, few, both는 뒤에 오는 명사를 꾸며주는 형용사 역할도 한다.
예)
many exceptions
많은 예외들
few questions
거의 없는 질문
both proposals
제안서 둘 다

앗! 이거 주의해야 돼! ✱

a few(조금 있는) vs. few(거의 없는)
둘 다 뒤에 복수 명사를 데리고 오는 형용사로 쓰이지만, 해석상 차이가 있으므로 주의해야 한다.
예)
A few people know about me.
몇몇 사람들이 나에 대해 안다.
Few people know about me.
나에 대해 아는 사람이 **거의 없다.**

단어 콕콕

recently 최근에
hire 고용하다
specialize in
~을 전문으로 하다
subscribe 가입하다
agency 대행사, 대리점
focus on ~에 중점을 두다
awareness 인지(도), 의식

토익정답과 친해지는 **EXERCISE** 다음 중 알맞은 것을 선택하세요.

정답 및 해석/해설 p. 084

1 We recently hired Ms. Hill and Mr. Stapleton, and (both / many) specialize in graphic design.

2 (This / Many) subscribed to the latest online banking service.

3 Many (agency / agencies) focus on increasing brand awareness.

개념 6 much/little/neither

much/little/neither는 형용사와 대명사로 쓰이며, 대명사일 때는 단수 취급합니다.

I recently visited my hometown, / and **much** has changed.

많은 부분

나는 최근에 고향에 방문했다 / 그리고 많은 부분이 변했다

much/little/neither는 주어 자리에 쓸 수 있고 항상 단수 취급한다.

I have information about Mr. Lee, and **much** is interesting.

셀 수 없는 명사 　　　　　　　　　　대명사(단수) 단수 동사

나는 이 씨에 대한 정보를 가지고 있다. 그리고 정보 중 많은 부분이 흥미롭다.

I have information about Mr. Lee, and **little** is interesting.

셀 수 없는 명사 　　　　　　　　　　대명사(단수) 단수 동사

나는 이 씨에 대한 정보를 가지고 있다. 그리고 정보 중 흥미로운 부분이 거의 없다.

➡ much와 little 둘 다 주어 자리에 쓰였죠? 이처럼 much(많은 부분)와 little(거의 없는)은 앞에 나온 명사의 일부분을 가리키는 대명사로 쓰입니다. 또한, much와 little은 불가산명사와 함께 쓰이기 때문에 항상 단수 취급합니다.

I read two books, and **neither** was difficult.

두 개의 명사 　　　대명사(단수) 단수 동사

나는 두 권의 책을 읽었다. 그리고 두 책 모두 어렵지 않았다.

➡ 대명사 neither는 '둘 다 아니다'라는 의미이기 때문에 앞에 나오는 명사가 반드시 둘이어야 합니다. 또한, neither는 항상 단수 취급합니다.

앗! 이거 주의해야 돼!

much, little, neither는 뒤에 오는 명사를 꾸며주는 형용사 역할도 한다.

예)
much data 많은 자료
little data 거의 없는 자료
neither proposal 제안서 둘 다 ~아닌

앗! 이거 주의해야 돼!

a little(조금 있는) vs. little(거의 없는)

둘 다 뒤에 불가산명사를 데리고 오는 형용사로 쓰이지만, 해석상 차이가 있으므로 주의해야 한다.

예)
I have **a little** information on her.
그녀에 대한 정보가 조금 있다.
I have **little** information on her.
그녀에 대한 정보가 거의 없다.

단어 콕콕!

briefly 간단히, 짧게
strategy 전략
cover 포함하다
detailed 상세한
candidate 지원자, 후보자
send in 보내다, 발송하다
application 원서
relevant 관련 있는
submission (의견의) 개진, (서류·제안서 등의) 제출(된 것)
feasible 실현 가능한

토익정답과 친해지는 **EXERCISE** 다음 중 알맞은 것을 선택하세요.

정답 및 해석/해설 p. 085

1 Mr. Sain briefly talked about the strategy, but (much / many) was covered in the detailed reports.

2 The candidates sent in their applications, but (little / few) have relevant work experience.

3 Arrow Enterprises received two submissions, but (neither / both) was a feasible idea.

토익 대표 유형 분석하기

학습 목표 | 문제의 유형을 확인한 후, 지문의 구조와 단서를 파악하면서 문제를 풀어 봅시다.

1 those 문제

At Rides Park, / we make sure that / our facilities / are accessible /
부사구　　　주어　　　동사　　　　　목적어(명사절)

for ------- (with disabilities).
　　　　　부사구

(A) that　　　　　　　(B) those
(C) this　　　　　　　(D) these

[단서] 빈칸은 전치사(for)의 목적어 자리면서 전치사구 (with disabilities)의 수식을 받는 지시대명사 자리예요.

[풀이 과정]

STEP 1 보기 형태 확인: 보기가 모두 지시대명사다.

STEP 2 단서 확인: 빈칸은 전치사 for의 목적어 자리면서, 전치사구(with disabilities)의 수식을 받는 지시대명사 자리다. 시설을 이용하는 사람들을 가리킬 수 있는 대명사가 적절하다.

STEP 3 보기 분석: (A) that, (C) this, (D) these는 모두 전치사구의 수식을 받지 못한다.

STEP 4 정답 선택: 보기에 전치사구 with disabilities(장애를 가진)의 수식을 받아 '~인 사람들'이라는 의미로 쓰이는 것은 those뿐이므로 정답은 (B)!

[해석] 라이즈 공원에서 / 저희는 확실하게 합니다 / 저희 시설을 / 이용 가능하도록 / 장애를 가진 사람들이

2 all/most/some 문제

Many commuters / ride the subway / to work, / but ------- / simply
　　주어1　　　　동사1　목적어1　　　부사구　등위 접속사 주어2　　부사

continue to drive.
동사2　목적어2

(A) some　　　　　　　(B) anyone
(C) other　　　　　　　(D) another

[단서] 빈칸은 복수형 동사(continue)와 수가 일치하는 복수형 대명사 자리예요.

[풀이 과정]

STEP 1 보기 형태 확인: 보기에 대명사와 대명사가 아닌 것이 섞여 있다.

STEP 2 단서 확인: 등위 접속사(but) 뒤 문장의 주어가 없으니 빈칸은 주어 역할을 하는 대명사 자리다. 주어 역할을 하는 명사나 대명사를 고를 때 동사의 수와 일치시켜야 하므로 빈칸은 복수 동사 continue와 어울리는 복수형 대명사가 들어가는 것이 알맞다.

STEP 3 보기 분석: (A) some은 '복수 동사나 단수 동사와 쓸 수 있는 대명사', (B) anyone 은 '단수 동사에만 어울리는 대명사', (C) other는 '형용사', (D) another는 '단수 동사에만 어울리는 대명사'

STEP 4 정답 선택: 보기에 복수 동사와 쓸 수 있는 대명사는 some뿐이므로 정답은 (A)!

[해석] 많은 통근자들이 / 지하철을 타고 간다 / 직장으로 / 하지만 몇몇은 / 그저 계속 차를 몰고 다닌다

핵심 콕콕!

반드시 외우고 시험장에 가자!

1번 포인트!
지시대명사(this, that, these, those) 중에서 '사람들'이라는 의미로 쓰일 수 있는 것은 those뿐이다.

2번 포인트!
보기에 대명사가 두 개 이상 나오면, 각 보기의 품사, 수, 뜻을 따져 정답을 찾는다.

단어 콕콕!

make sure 확실하게 하다
facility 시설
accessible 이용 가능한, 접근 가능한
disability 장애
commuter 통근자
ride 타다
continue 계속하다

자신감 쑥쑥! 실전 도전 Part 5

학습 목표 | 오늘 공부한 토익에 자주 출제되는 어휘와 대표 문장에 따른 문법 설명을 떠올리며 Part 5 실전 문제를 풀어 봅시다.

1. Of the various travel packages that are offered this summer, ------- have sold out.

   (A) much
   (B) most
   (C) another
   (D) other

2. Since too much traffic shut down our server this morning, the Web site is currently -------.

   (A) irreversible
   (B) inaccessible
   (C) unnecessary
   (D) unbiased

3. ------- wants to talk to Ms. Simpson about the issues concerning customer satisfaction.

   (A) Someone
   (B) Her
   (C) Few
   (D) They

4. Ms. Patel's original plan had to be replaced with ------- due to unforeseen circumstances.

   (A) other
   (B) another
   (C) one another
   (D) one

5. Mr. Clayton is ------- responsible for supervising the work of the R&D team.

   (A) variously
   (B) quickly
   (C) faintly
   (D) primarily

6. Free language software will be provided for ------- who registers for the foreign business course.

   (A) those
   (B) that
   (C) this
   (D) anyone

7. Ms. Patel and Mr. Nguyen are experienced engineers, and ------- are known for their attention to detail.

   (A) several
   (B) both
   (C) everything
   (D) many

8. Our ------- report on the last quarter's sales figures will be available on the Internet shortly.

   (A) renowned
   (B) detailed
   (C) experienced
   (D) understanding

9. The two vacuum cleaners were both advertised as powerful, but ------- was able to effectively clean carpets.

   (A) another
   (B) somebody
   (C) everything
   (D) neither

10. Many businesses in China will benefit ------- the new trade agreement with the United States.

   (A) of
   (B) for
   (C) from
   (D) with

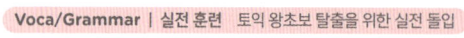
자신감 쑥쑥! 실전 도전 Part 6

학습 목표 | 오늘 공부한 토익에 자주 출제되는 어휘와 대표 문장에 따른 문법 설명을 떠올리며 Part 6 실전 문제를 풀어 봅시다.

Questions 11-14 refer to the following article.

The City of Anderson is excited to announce the opening of the Misiano Sports Complex this spring. The complex is named after local resident John Misiano who donated a large portion of the funding. It will include a swimming pool and a fitness center. ------- will be available to the public free of charge for the first month of
11.
operation.

------- agree that the facilities should be easily accessible to all Anderson city
12.
residents.

For a small fee, a shuttle bus can be used to and from the main city bus terminal.
-------.
13.

Please celebrate by joining us on April 9 for the grand opening of this ------- to the City
14.
of Anderson.

---

11. (A) Several

(B) Some

(C) Both

(D) Few

12. (A) Many

(B) Little

(C) Anyone

(D) Few

13. (A) It is operated several times each day.

(B) This is the second such center opened by Mr. Misiano.

(C) You can use this service at no cost.

(D) It started operating three years ago.

14. (A) add

(B) addition

(C) added

(D) additions

이것만은 꼭! 기억하세요.

기타 대명사

개념 1 지시대명사 – this/that/these/those

> this는 형용사(이것의) 또는 대명사(이것) 역할을 하며, 대명사로 쓰일 경우 단수형입니다.

이것
This is a reminder / to all division heads.

이것은 알려드리기 위한 것입니다 / 모든 부서장에게

개념 2 those

사람들(who 이하가 those를 수식)
For **those** / [who are interested in the event], / an information packet / will be provided.

사람들에게 / 이 행사에 관심 있는 / 자료집이 / 제공될 것이다

> those는 '사람들'이라는 의미로 수식하는 표현이 뒤따르며 복수 취급합니다.

개념 3 another/others/each other/one another

Mr. Landsworth / interacts effectively
다른 사람들
/ with **others**.

랜즈워스 씨는 / 효과적으로 소통한다 / 다른 사람들과

> another는 단수 취급, others는 복수 취급한다.

개념 4 all/most/some

> all/most/some은 형용사와 대명사로 쓰이며, 대명사일 경우 가리키는 명사에 따라 단수도 되고 복수도 됩니다.

대부분(의 사람들)
Most / have refused / to sign the petition.

대부분의 사람들은 / 거부했다 / 탄원서에 서명하는 것을

개념 5 many/few/both

많은 사람들
Many / have agreed / to make donations / to the library.

많은 사람들이 / 동의했다 / 기부하는 것을 / 도서관에

> many/few/both는 형용사와 대명사로 쓰이며, 대명사일 때는 복수 취급합니다.

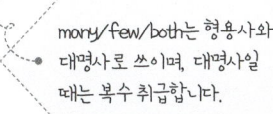

개념 6 much/little/neither

I recently visited my hometown, /
많은 부분
and **much** has changed.

나는 최근에 고향에 방문했다 / 그리고 많은 부분이 변했다

> much/little/neither는 형용사와 대명사로 쓰이며, 대명사일 때는 단수 취급합니다.

Good Job 내일 또 봐요!

DAY 14

형용사와 부사 자리

요기서 몸풀기!

형용사는 명사 수식과 보어 자리가, 부사는 동사 수식과 형용사 수식 자리가 가장 많이 출제돼요.

1 **형용사가 정답이 되는 자리는 어디일까요?**
형용사는 (1) 명사 앞 (2) 주격 보어 자리 (3) 목적격 보어 자리에 쓰여요.

2 **부사가 정답이 되는 자리는 어디일까요?**
부사는 (1) 문장 앞 (2) 형용사 앞 (3) 동사 앞이나 목적어 뒤 (4) 동사 사이 (5) 부정사나 동명사를 수식하는 자리에 쓰여요.

토익 공부 14일차 모든 문장이 토익지문으로 보이기 시작

형용사+명사,
부사+동사의
조합이로군. 후훗!

토익 빈출 단어! Check up!

아래 단어를 보고, 이미 알고 있는 단어에 ✓ 표시해 봅시다.

중요도 ⭐⭐⭐

☐ thorough   ☐ affordable   ☐ prospective   ☐ accessible   ☐ eligible

☐ vulnerable   ☐ possess   ☐ sign   ☐ avoid   ☐ nearly

☐ significantly   ☐ completely   ☐ unusually   ☐ unexpectedly

중요도 ⭐⭐

☐ revision   ☐ equipment   ☐ employee   ☐ license   ☐ lease

☐ delay   ☐ complete   ☐ effective   ☐ unexpected   ☐ busy

중요도 ⭐

☐ construction   ☐ stadium   ☐ correctly   ☐ process   ☐ withdrawal

Vocabulary

토익이 좋아하는 **짝꿍표현**

학습 목표 | 토익 Part 5&6의 핵심인 어휘 문제를 한 방에 해결할 수 있는 토익 짝꿍표현들을 먼저 익혀 봅시다.

1 형용사 + 명사

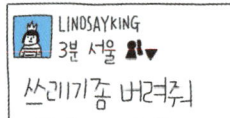

a **thorough** revision
철저한 수정

affordable equipment
가격이 알맞은 장비

a **prospective** employee
채용 후보자

2 숙어

be accessible to
~에 접근 가능하다

be eligible for
~에 대한 자격이 있다

be vulnerable to
~에 취약하다

짝꿍표현 뜯어보기

thorough 형 철저한 파 thoroughly 부 철저하게	**affordable** 형 (가격이) 알맞은, 적당한	**prospective** 형 미래의, 가능성이 있는	**accessible** 형 접근[이용]이 가능한
eligible 형 자격이 있는	**vulnerable** 형 취약한	**possess** 동 소유하다 파 posession 명 소유	**sign** 동 서명하다 명 신호, 표지(판)
lease 명 임대 동 임대하다	**avoid** 동 피하다	**delay** 명 지연 동 지연시키다	**nearly** 부 거의
complete 형 완료된, 완전한 동 끝내다 파 completely 부 완전히	**significantly** 부 상당히 파 significant 형 상당한	**unusually** 부 평소와는 다르게	**unexpectedly** 부 예상치 못하게

3 동사 + 목적어

possess a license
자격증을 소유하다

sign a lease
임대 계약에 서명하다

avoid delays
지연을 피하다

4 부사 + 형용사

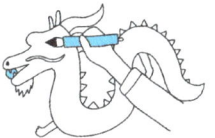

nearly complete
거의 완성된

significantly effective
상당히 효과적인

completely unexpected
전혀 예상치 못한

unusually cold
평소와 다르게 추운

unexpectedly busy
예상치 못하게 붐비는

토익정답과 친해지는 **EXERCISE** 빈칸에 알맞은 단어를 선택하세요.

정답 및 해석/해설 p. 089

1 The construction of the new stadium is ------- complete.

(A) unusually   (B) nearly

2 Please enter your account number correctly to ------- delays in processing the withdrawal.

(A) avoid   (B) possess

3 After 5 years of service to the company, Mr. Beckham is now ------- for promotion to manager.

(A) accessible   (B) eligible

어휘 construction 건설   stadium 경기장   complete 완료된   account number 계좌번호   correctly 정확하게, 올바르게   process 처리하다; 과정   withdrawal 인출, 철회, 취소   promotion 승진, 홍보

Grammar

형용사와 부사 자리

학습 목표 | 형용사와 부사가 정답이 되는 자리를 배워 봅시다.

개념 **1** 형용사 자리 – 1. 명사 앞 〈명사 앞에 형용사가 옵니다.〉

The two companies / are discussing /
　　　　　　　　　형용사　　　　　명사
a **tentative** agreement.

두 회사는 / 논의 중이다 / 잠정적인 합의를

명사 앞에 형용사가 온다.

expensive phone (O) 값비싼 전화기
　형용사　　　명사

expensively phone (X) 값비싸게 전화기
　부사　　　　　명사

➜ 의미상 '값비싼 전화기'는 자연스럽지만 '값비싸게 전화기'는 어색하죠? 이처럼 명사를 앞에서 꾸며주는 역할을 하는 것은 형용사입니다.

📍 형용사란?

명사의 상태나 성질, 모양 등을 나타내거나 보어 자리에 와서 주어 혹은 목적어를 보충 설명해 주는 역할을 한다. 보통 형용사는 -tive, -sive, -able, -ful, -ous 등으로 끝난다.

📍 형용사의 자리

형용사가 명사를 수식할 때 보통 명사 앞에 오지만, 명사 중 -thing으로 끝나는 것은 형용사가 명사 뒤에서 수식한다.
예)
some**thing dangerous**
　　　명사　　　형용사

위험한 어떤 것

토익정답과 친해지는 **EXERCISE** 다음 중 알맞은 것을 선택하세요.

정답 및 해석/해설 p. 090

1 Mr. Hatford made a (thorough / thoroughly) revision to the blueprint.

2 The (respective / respectively) stockholders met at the headquarters today.

3 Mr. Riley explained his (unique / uniquely) case to the lawyer.

🏷️ 단어 콕콕!

thorough 철저한, 빈틈없는
revision 수정
blueprint 계획(안), 청사진
respective 각각의
stockholder 주주
headquarters 본사, 본부
explain 설명하다
unique 특수한, 독특한
lawyer 변호사

개념 2  형용사 자리 – 2. 보어 자리

주어나 목적어의 상태를 나타내는 자리에는 형용사가 옵니다.

be동사   형용사(주격 보어)

The information / is **accessible** / to board members.

그 정보는 / 접근 가능하다 / 이사회 임원들은

1 동사 be/become 등의 **주격 보어** 자리에 형용사가 온다.

The phone is **expensive**. (O) 그 전화기는 비싸다.
be동사   형용사

The phone is **expensively**. (X) 그 전화기는 비싸게이다.
be동사   부사

→ is는 '~이다'라는 의미이므로 뒤에는 주어의 상태를 나타낼 수 있는 말이 와야 해요. 전화기의 상태
가 '비싼' 것이므로 is 뒤에 형용사인 expensive가 쓰였어요. 이처럼 주어를 설명해 주는 주격 보
어 자리에는 형용사가 쓰입니다.

2 동사 keep/find/consider/make 등의 **목적격 보어** 자리에 형용사가 온다.

Please keep your skin **clean**. (O)
keep   목적어   형용사

당신의 피부를 깨끗한 상태로 유지하세요.

Please keep your skin **cleanness**. (X)
keep   목적어   명사

당신의 피부를 깨끗함 유지하세요.

→ 'keep + 목적어 + 목적격 보어'는 '목적어를 ~한 상태로 유지하다'라는 의미이므로 목적어 뒤에는
목적어를 설명하는 말인 목적격 보어가 있어야 해요. 목적격 보어 자리에는 형용사나 명사가 올 수
있지만 목적어와 보어가 동일한 것이 아닐 경우에는 형용사를 목적격 보어 자리에 써야 해요. 즉, '피
부 = 깨끗함'이 아니라 피부의 특성이 깨끗한 것이므로 보어 자리에 형용사인 clean이 쓰였어요.

암기 꼭 📌
주격 보어를 취하는 동사
be ~이다
remain ~한 상태로 남아 있다
seem, appear ~한 상태인
것 같다
look ~처럼 보이다
prove ~로 판명되다

암기 꼭 📌
목적격 보어를 취하는 동사
keep ~을 …한 상태로 유지하다
find ~을 …라고 알다[깨닫다]
consider ~을 …로 여기다
[간주하다]
make ~을 …하게 만들다
leave ~을 …한 상태로 두다
call ~을 …라고 부르다

토익정답과 친해지는 EXERCISE 다음 중 알맞은 것을 선택하세요.

정답 및 해석/해설 p. 090

1 Mr. Kingsley is (eligibly / eligible) for a phone upgrade.

2 The medicine becomes significantly (effective / effectively) after one hour.

3 Ms. Grayson finds the residential area (clean / cleanly).

단어 쏙쏙!
be eligible for ~에 대한
자격이 있다
medicine 의약품, 의학,
의료
significantly 크게, 상당히
effective 효과적인
residential 주거의

 **개념 3** 부사 자리 – 1. 문장 앞 문장 전체를 꾸며주는 것은 부사이며 문장 앞에 위치할 수 있습니다.

부사
Ultimately, / Mr. Collins was selected /
문장
to chair the committee.

결국 / 콜린스 씨가 선출되었다 / 위원회의 의장으로

문장 앞에 부사가 온다.

Fortunately, I passed the exam. (O)
  부사

다행스럽게도, 나는 시험에 통과했다.

Fortunate, I passed the exam. (X) 다행스러운, 나는 시험에 통과했다.
  형용사

→ '다행스럽게도, 나는 시험에 통과했다'는 자연스럽지만 '다행스러운, 나는 시험에 통과했다'는
  어색하죠? fortunately(다행스럽게도)가 뒤에 나오는 문장 전체를 꾸며주고 있으며, 이처럼 문장 앞
  에 와서 문장 전체를 수식하는 것은 부사입니다.

부사란?

부사는 주로 동사, 형용사, 부
사, 문장 전체 등을 수식하여
그 의미를 강조하는 역할을 한
다. 주로 형용사 뒤에 -ly가 붙
은 형태가 부사이다.
예)
quickly ⓑ 빠르게
slightly ⓑ 약간
eventually ⓑ 결국

앗! 이거 주의해야 돼!

명사 + -ly → 형용사
명사 뒤에 -ly가 붙은 형태는
부사가 아니라 형용사다.
예)
costly ⓗ 비싼
timely ⓗ 시의적절한

단어 콕콕!

recently 최근에
lease 임대 계약
currently 현재
possess 소유하다,
보유하다
license 면허(증), 자격(증)
motorcycle 오토바이
usually 보통, 대개
avoid 피하다
traffic jam 교통 체증

토익정답과 친해지는 EXERCISE 다음 중 알맞은 것을 선택하세요.

정답 및 해석/해설 p. 090

1 (Recent / Recently), I signed a lease for a condo.

2 (Currently / Current), I possess a license to ride motorcycles.

3 (Usually / Usual), I leave my home early to avoid a traffic jam.

개념  부사 자리 – 2. 형용사와 다른 부사 앞

부사는 형용사와 다른 부사 앞에서 그것들을 수식할 수 있습니다.

부사 형용사
The restaurant / received / **consistently** positive review / in the magazine.

그 식당은 / 받았다 / 지속적으로 긍정적인 평을 / 그 잡지에서

1 형용사 앞에 부사가 온다.

The actor is **extremely** popular. (○) 그 배우는 아주 유명하다.
　　　　　　부사　　　　형용사

The actor is **extreme** popular. (✕) 그 배우는 아주 유명하다.
　　　　　　형용사　　　　형용사

→ '아주 유명한'은 자연스럽지만 '극도의 유명한'은 어색하죠? 부사 extremely(아주, 극도로)는 형용사인 popular(유명한)를 수식하고 있어요. 이처럼 형용사를 수식하는 것은 부사이며 형용사 앞에 옵니다.

2 부사는 다른 부사 앞에 와서 꾸며줄 수 있다.

Thank you **very** much for coming to the airport.
　　　　　부사　　부사

공항에 나와 주셔서 정말 감사합니다.

→ much는 부사인데, 그 앞에 또 very라는 부사가 왔죠? 이처럼 부사를 수식할 수 있는 것은 부사이며, 수식하는 부사 앞에 위치합니다.

토익 고수 단계! 🔥

'대략, 약'이라는 의미로 숫자와 양을 나타내는 말을 수식하는 부사가 있다.

예)
almost, around, about, approximately + 숫자/양을 나타내는 말

암기 꼭 💧

very나 much처럼 -ly로 끝나지 않는 부사가 있다.

예)
already 이미
still 여전히
yet 아직
only 오직
just 막, 단지

토익정답과 친해지는 EXERCISE 다음 중 알맞은 것을 선택하세요.

정답 및 해석/해설 p. 091

1 The new Italian restaurant was (unexpected / unexpectedly) busy in the morning.

2 Preparation is (near / nearly) complete for the building's grand opening.

3 We suffered from (unusual / unusually) cold weather last winter.

단어 콕콕!

unexpectedly 예상외로, 갑자기
preparation 준비
nearly 거의
complete 완벽한, 완전한
grand opening 개장, 개점
suffer 고통받다, 시달리다
unusually 평소와 달리, 대단히

 동사를 수식하는 것은 부사이며, 동사 앞뒤 또는 동사 사이에 올 수 있습니다.

Mr. Kim / **carefully** read / the manuscripts / and he edited
부사 동사 동사

them / **properly**.
목적어 부사

김 씨는 / 신중히 읽었다 / 원고들을 / 그리고 그것들을 편집했다 / 적절히

---

1 동사를 수식하는 자리에 부사가 온다.

I **really** like your voice. (O) 나는 너의 목소리를 정말로 좋아한다.
　부사　동사

I **real** like your voice. (X) 나는 너의 목소리를 정말의 좋아한다.
　형용사　동사

→ '정말로 좋아한다'는 자연스럽지만 '정말의 좋아한다'는 어색하죠? 이처럼 동사를 수식하는 역할은 부사가 합니다.

I **quickly** answered the question. 나는 그 질문에 빨리 대답했다.
동사 앞에 부사　　동사　　　목적어

= I answered the question **quickly**.
　동사　　목적어　　목적어 뒤에 부사

→ 부사가 동사를 꾸며줄 때는 동사 앞에도, 목적어 뒤에도 위치할 수 있어요.

2 동사 사이에 부사가 온다.

You can **easily** find the restaurant.
조동사와 동사원형 사이에 부사

당신은 그 식당을 쉽게 찾을 수 있다.

I have **thoroughly** read all instructions.
현재완료 동사 사이에 부사

나는 모든 지시 사항을 꼼꼼하게 읽었다.

Mr. Kim is **currently** working in Seoul.
진행형 동사 사이에 부사

김 씨는 현재 서울에서 근무 중이다.

The problem was **quickly** solved. 그 문제는 신속히 해결되었다.
수동태 동사 사이에 부사

→ 이처럼 동사가 2개의 단어로 이루어져 있을 때, 부사가 동사 사이에 위치할 수 있어요.

앗! 이거 주의해야 돼! ✱

부사가 동사를 수식할 때 동사와 목적어 사이에는 올 수 없다.
예)

carefully read reports
　부사　　동사　목적어
(O)

read **carefully** reports
동사　부사　목적어
(X)

보고서를 주의 깊게 읽다

단어 콕콕!

automatically
자동적으로
receive 받다
gift 선물
furniture 가구
skillfully 솜씨 있게,
능숙하게
advertisement 광고
strategically 전략적으로
place 배치하다, 놓다

토익정답과 친해지는 EXERCISE 다음 중 알맞은 것을 선택하세요.

정답 및 해석/해설 p. 091

1 Winners (automatic / automatically) receive a gift set.

2 Mr. Wallace designed the new furniture (skillful / skillfully).

3 Advertisements are (strategic / strategically) placed in the building.

개념 6 부사 자리 – 4. to부정사와 동명사 수식
to부정사와 동명사는 부사가 수식합니다.

to부정사 수식

The company / wants to **significantly** increase / its profits /

동명사 수식

by **actively** advertising / new products.

그 회사는 / 많이 증가시키기를 원한다 / 회사의 이윤을 / 적극적으로 광고함으로써 / 신제품을

to부정사를 수식하는 자리와 동명사를 수식하는 자리에 부사가 온다.

Nancy wants to solve the problem **quickly**. (O)
　　　　　　 to부정사　　　　　　 부사

낸시는 문제를 빠르게 해결하는 것을 원한다.

Nancy wants to solve the problem **quick**. (X)
　　　　　　 to부정사　　　　　　 형용사

낸시는 문제를 빠른 해결하는 것을 원한다.

➡ 의미상 '빠르게 해결하는 것'은 자연스럽지만, '빠른 해결하는 것'은 어색하죠? to부정사는 동사 앞에 to를 붙인 형태이므로 동사의 성격을 가지고 있어요. 따라서 부사가 to부정사를 수식하는 역할을 합니다.

Tom opened Mary's heart by **regularly** giving her gifts.
　　　　　　　　　　　　　　　　 부사　　　 동명사

(O) 톰은 그녀에게 지속적으로 선물을 줌으로써 메리의 마음을 열었다.

Tom opened Mary's heart by **regular** giving her gifts.
　　　　　　　　　　　　　　　　 형용사　　 동명사

(X) 톰은 그녀에게 지속적인 선물을 줌으로써 메리의 마음을 열었다.

➡ 의미상 '지속적으로 주는 것'은 자연스럽지만, '지속적인 주는 것'은 어색하죠? 동명사는 동사 뒤에 -ing를 붙인 형태이므로 동사의 성격을 가지고 있어요. 따라서 부사가 동명사를 수식하는 역할을 합니다.

📍 **to부정사와 동명사를 수식하는 부사의 위치**

1) to부정사 뒤에 위치
to부정사 + 목적어 + **부사**
2) to부정사 사이에 위치
to + **부사** + 동사원형 + 목적어
3) 동명사 뒤에 위치
동명사 + 목적어 + **부사**
4) 동명사 앞에 위치
부사 + 동명사 + 목적어

토익정답과 친해지는 EXERCISE 다음 중 알맞은 것을 선택하세요.

정답 및 해석/해설 p. 091

1 You need to decline the invitation (polite / politely).

2 Ms. Sabuto had an opportunity to speak about the policy (public / publicly).

3 Mr. Grant challenged himself by (active / actively) pursuing a different career.

🏷 **단어 쏙쏙**

decline 거절하다
invitation 초대
politely 정중하게, 공손하게
opportunity 기회
policy 정책, 방침
publicly 공개적으로
challenge 도전하다
actively 적극적으로
pursue 추구하다
career 경력, 직업

토익 대표 유형 분석하기

학습 목표 | 문제의 유형을 확인한 후, 지문의 구조와 단서를 파악하면서 문제를 풀어 봅시다.

1 형용사 자리 문제

Zyginic / runs an ------- network / (of sales representatives) /
주어   동사
in over 100 countries.
부사구

(A) extends   (B) extensive

(C) extend   (D) extensively

단서
관사와 명사 사이의 빈칸은 명사를 수식하는
형용사 자리예요.

풀이 과정

STEP 1 보기 형태 확인: 보기의 끝말이 모두 다르므로 품사 문제다.

STEP 2 단서 확인: 부정관사(an)와 명사(network) 사이의 빈칸은 형용사 자리다.

STEP 3 보기 분석: (A) extends는 '단수 동사', (B) extensive는 '형용사', (C) extend는
'복수 동사', (D) extensively는 '부사'

STEP 4 정답 선택: 보기에 형용사는 extensive(광범위한)뿐이므로 정답은 (B)!

해석 지기닉 사는 / 광대한 네트워크를 운영한다 / 판매 직원들의 / 100개국이 넘는 곳에서

2 부사 자리 문제

Marina Oil Corporation / only needs to be ------- successful /
주어   부사   동사   목적어
to turn a profit.
부사구

(A) moderates   (B) moderating

(C) moderated   (D) moderately

단서
be동사와 형용사 사이의 빈칸은 형용사를
수식하는 부사 자리예요.

풀이 과정

STEP 1 보기 형태 확인: 보기의 끝말이 모두 다르므로 품사 문제다.

STEP 2 단서 확인: be동사와 형용사 사이의 빈칸은 형용사를 수식하는 부사 자리다.

STEP 3 보기 분석: (A) moderates는 '단수 동사', (B) moderating은 '동명사 또는 현재
분사', (C) moderated는 '동사의 과거형 또는 과거분사', (D) moderately는 '부사'

STEP 4 정답 선택: 보기에 부사는 moderately(적당히)뿐이므로 정답은 (D)!

해석 마리나 석유 회사는 / 적당히 성공하기만 하면 된다 / 이익을 창출하기 위해

핵심 콕콕!

반드시 외우고 시험장에 가자!

1번 포인트!

형용사는 명사를 앞에서 수식
하거나, 주어나 목적어의 보어
역할을 한다.

2번 포인트!

부사는 문장 앞, 형용사/다른
부사 앞, 동사 앞뒤, 동사 사이
에 올 수 있으며, to부정사와
동명사까지 수식할 수 있다.

단어 콕콕!

network 망, 연결
네트워크
representative 직원,
대표
extensive 광대한
extend 넓히다
extensively 광범위하게
corporation 회사
successful 성공적인
profit 이익
moderate 완화되다;
적당한
moderately 적당히

자신감 쑥쑥! 실전 도전 Part 5

학습 목표 | 오늘 공부한 토익에 자주 출제되는 어휘와 대표 문장에 따른 문법 설명을 떠올리며 Part 5 실전 문제를 풀어 봅시다.

1. The hotel room had ------- space to fit a king-sized bed and a sofa, as well as a small desk and TV.

   (A) suffice
   (B) sufficient
   (C) sufficiently
   (D) suffices

2. After receiving applications from many ------- employees, we had a hard time reviewing all of them.

   (A) workable
   (B) prospective
   (C) thorough
   (D) affordable

3. Markus Bryner is ------- employed as CEO until the board votes on a permanent replacement.

   (A) temporary
   (B) temporarily
   (C) temporariness
   (D) temporal

4. Ms. Rodriguez ------- seeks out challenges to push herself out of her comfort zone.

   (A) intended
   (B) intention
   (C) intentional
   (D) intentionally

5. The conference room currently under renovation will be ------- to all the staff shortly.

   (A) presentable
   (B) eligible
   (C) accessible
   (D) profitable

6. The new grocery shop that opened last week offers ------- priced organic fruit and vegetable.

   (A) reasons
   (B) reasoning
   (C) reasonable
   (D) reasonably

7. Automobile engines with poor radiators are ------- to heat and temperature change.

   (A) concealed
   (B) available
   (C) disappointed
   (D) vulnerable

8. Ms. Kim's leadership skills were essential for ------- launching the new product line in the market.

   (A) successfully
   (B) succeed
   (C) successful
   (D) success

9. Small Touch Tech would like to make the relationship between the sales and customer service divisions -------.

   (A) strong
   (B) strongly
   (C) strength
   (D) more strongly

10. Because the clothing store has been ------- busy, the manager is now considering hiring more sales assistants.

    (A) unexpectedly
    (B) immediately
    (C) reasonably
    (D) closely

자신감 쑥쑥! 실전 도전 Part 6

학습 목표 | 오늘 공부한 토익에 자주 출제되는 어휘와 대표 문상에 따른 문법 설명을 떠올리며 Part 6 실전 문제를 풀어 봅시다.

Questions 11-14 refer to the following article.

March 16 — -------. Remodeling and expansion of the rail system is nearly -------.
         11.   **12.**

The city transport project began in June of last year. It will make affordable public transportation ------- to commuters from the Fremont and Billington suburbs. Some
                    13.

updates are being made to existing routes as well.

The new lines will be used once inspectors report that construction has been carried out -------. Visit www.citytransport.gov/rail for the latest information.
         14.

---

11. (A) Please be advised that the Metro Railway will be closed temporarily.

    (B) The Metro Railway has announced increases in fare.

    (C) The Metro Railway is getting ready to operate at full capacity.

    (D) The Metro Railway has several job openings.

12. (A) accessible

    (B) eligible

    (C) vulnerable

    (D) complete

이거 어려워!

13. (A) available

    (B) avails

    (C) availability

    (D) availably

3초 문제

14. (A) satisfies

    (B) satisfied

    (C) satisfying

    (D) satisfactorily

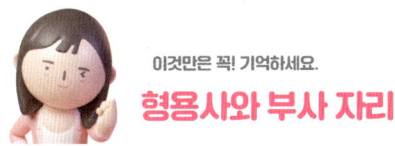

이것만은 꼭! 기억하세요.

형용사와 부사 자리

개념 1 형용사 자리 – 1. 명사 앞

The two companies / are discussing
/ a **tentative** agreement.

형용사 / 명사

두 회사는 / 논의 중이다 / 잠정적인 합의를

> 명사 앞에 형용사가 옵니다.

개념 2 형용사 자리 – 2. 보어 자리

> 주어나 목적어의 상태를 나타내는
> 자리에는 형용사가 옵니다.

The information / is **accessible** / to
board members.

be동사 형용사(주격 보어)

그 정보는 / 접근 가능하다 / 이사회 임원들은

개념 3 부사 자리 – 1. 문장 앞

Ultimately, / Mr. Collins was
selected / to chair the committee.

부사 / 문장

결국 / 콜린스 씨가 선출되었다 / 위원회의 의장으로

> 문장 전체를 꾸며주는 것은
> 부사이며 문장 앞에
> 위치할 수 있습니다.

개념 4 부사 자리 – 2. 형용사와 다른 부사 앞

The restaurant / received /
consistently positive review / in the
magazine.

부사 / 형용사

그 식당은 / 받았다 / 지속적으로 긍정적인 평을 / 그 잡지에서

> 부사는 형용사와 다른 부사 앞에서
> 그것들을 수식할 수 있습니다.

개념 5 부사 자리 – 3. 동사 앞뒤/동사 사이

Mr. Kim / **carefully** read / the
manuscripts / and he edited them /
properly.

부사 / 동사 / 동사 / 목적어 / 부사

김 씨는 / 신중히 읽었다 / 원고들을 / 그리고 그것들을 편집
했다 / 적절히

> 동사를 수식하는 것은 부사이며, 동사 앞뒤 또는
> 동사 사이에 올 수 있습니다.

개념 6 부사 자리 – 4. to부정사와 동명사 수식

The company / wants
to **significantly** increase / its profits
/ by **actively** advertising / new
products.

to부정사 수식 / 동명사 수식

그 회사는 / 많이 증가시키기를 원한다 / 회사의 이윤을 /
적극적으로 광고함으로써 / 신제품을

> to부정사와 동명사는 부사가 수식합니다.

Good job! 내일 또 봐요!

DAY 15

전치사

요기서 몸풀기!

전치사는 자리를 묻는 문법 문제보다는 여러 전치사 중에서 알맞은 것을 고르는 어휘 문제가 더 많이 나오는 편이에요.

1 **전치사 뒤에는 어떤 게 올 수 있을까요?**
전치사 뒤에는 명사 형태(명사, 대명사, 동명사)만 올 수 있어요.

2 **'전치사 + 명사 형태'는 문장에서 어떤 역할을 할까요?**
형용사나 부사 역할을 해요.

제 20회 지방선거 공식연설

토익 빈출 단어! Check up!

아래 단어를 보고, 이미 알고 있는 단어에 ✓ 표시해 봅시다.

중요도 ⭐⭐⭐

☐ favor   ☐ charge   ☐ honor   ☐ behalf   ☐ behind

☐ notice   ☐ authorized   ☐ growing   ☐ written   ☐ diverse

☐ alternative   ☐ complimentary   ☐ express   ☐ expand

중요도 ⭐⭐

☐ center   ☐ demand   ☐ permission   ☐ attraction   ☐ medicine

☐ cleaning   ☐ gratitude   ☐ operation

중요도 ⭐

☐ receive   ☐ repair   ☐ maintenance   ☐ performance   ☐ retire

DAY 15

Vocabulary

토익이 좋아하는 **짝꿍표현**

학습 목표 | 토익 Part 5&6의 핵심인 어휘 문제를 한 방에 해결할 수 있는 토익 짝꿍표현들을 먼저 익혀 봅시다.

1 숙어

in favor of
~을 찬성하는, 지지하는

in charge of
~을 맡고 있는, 책임지고 있는

in honor of
~에게 경의를 표하여

on behalf of
~을 대신하여, 대표하여

behind schedule
일정보다 늦어진

until further notice
추후 공지가 있을 때까지

짝꿍표현 뜯어보기

favor
® 찬성, 호의, 선의
⑧ 찬성하다, 호의를 보이다

honor
® 명예, 영예
⑧ 영예를 돌리다

behind
㉼ ~의 뒤에

notice
® 공지
⑧ 알아채다

authorized
® 인증받은, 공인된
㉄ authorize ⑧ 허가하다, 인증하다

demand
® 수요, 요구
⑧ 요구하다

permission
® 허가
㉄ permit ⑧ 허가하다

diverse
® 다양한
㉄ diversify ⑧ 다양화하다

attraction
® 관광명소, 매력

alternative
® 대안의 ® 대안

complimentary
® 무료의

cleaning
® 청소

express
⑧ 표현하다
㉄ expression ® 표현

gratitude
® 감사

expand
⑧ 확장하다
㉄ expansion ® 확장, 확대

operation
® 사업
㉄ operate ⑧ 영업하다

2 형용사 + 명사

an authorized center
인증받은 센터

growing demand
증가하는 수요

written permission
서면 허가

diverse attractions
다양한 관광명소들

alternative medicine
대체 약물

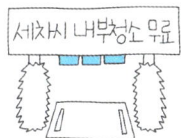

complimentary cleaning
무료 청소

3 동사 + 목적어

express gratitude
감사를 표하다

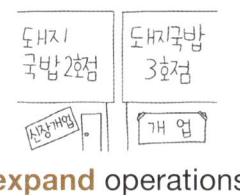

expand operations
사업을 확장하다

토익정답과 친해지는 EXERCISE 빈칸에 알맞은 단어를 선택하세요. ──────── 정답 및 해석/해설 p. 095

1 You can receive the repair and maintenance services from our ------- centers.

(A) sensitive (B) authorized

2 Ms. Humiko was honored for the last month's excellent performance ------- behalf of all the team members.

(A) in (B) on

3 A banquet in ------- of our retiring CEO will be held next Friday.

(A) honor (B) charge

어휘 receive 받다 repair 수리 maintenance 관리 performance 실적, 성과, 공연 retire 은퇴하다 hold 열다, 개최하다 banquet 연회, 만찬

DAY 15

Grammar

전치사

학습 목표 | 전치사 뒤에 올 수 있는 형태와 전치사의 역할을 배워 봅시다.

개념 1 전치사 뒤에 오는 말 – 명사 형태(명사, 대명사, 동명사)

전치사 뒤에는 '명사 형태(명사, 대명사, 동명사)'가 오며 동사는 올 수 없습니다.

전치사 / 명사
In recognition of Mr. Wagner's achievement, / the company /

전치사 내명사
will give a bonus / **to him**.

와그너 씨의 업적을 인정하여 / 회사는 / 보너스를 줄 것이다 / 그에게

전치사 뒤에는 명사, 대명사, 동명사 등 명사 형태가 온다.

I will provide you **with inform** about the movie. (✕)
　　　　　　　　　　전치사　　동사
나는 당신에게 영화에 관한 알려주다를 제공할 것이다.

I will provide you **with information** about the movie. (○)
　　　　　　　　　　전치사　　　　명사
나는 당신에게 영화에 관한 정보를 제공할 것이다.

I bought a book **for him**. (○) 나는 그를 위해 책을 구입했다.
　　　　　　　　전치사 대명사

You can share your ideas **by visiting** our Web site. (○)
　　　　　　　　　　　　전치사　　동명사
당신은 우리 웹사이트를 방문함으로써 당신의 생각을 공유할 수 있다.

→ 전치사 뒤에 동사는 올 수 없어요. 전치사 뒤에는 명사 역할을 하는 명사, 대명사, 동명사 등이 와야 하는데, 이때 전치사와 명사 형태를 함께 묶어서 전치사구라고 부릅니다.

📍 전치사란?

명사 앞에 써서 장소나 시간, 이유, 방법 등의 다양한 의미를 나타내는 역할을 하는 것을 말한다.
예)
in Korea 한국에서 → 장소
on Sunday 일요일에 → 시간

토익 고수 단계! 🔥

전치사 뒤에는 that이나 if가 이끄는 문장이 올 수 없다.
예)
~ worried **about**
if he will come ~ (✕)
　if가 이끄는 문장
그가 올지 안 올지에 **관해** 걱정했다.

토익정답과 친해지는 EXERCISE 다음 중 알맞은 것을 선택하세요.

정답 및 해석/해설 p. 096

1　Ms. Manalo created her artwork with (inspire / inspiration) from nature.

2　In (response / respond) to the growing demand of this item, we have increased production.

3　The stadium will be under (construction / constructive) until further notice.

단어 콕콕!

artwork 미술품
inspiration 영감, 자극
demand 수요; 요구하다
increase 증가하다
production 생산
stadium 경기장
under construction
공사 중인
notice 통지, 알림

명사 수식
The copier / **in my office** / is temporarily
주격 보어
out of order.

복사기가 / 내 사무실에 있는 / 일시적으로 작동이 되지 않는다

1 전치사구는 **형용사 역할**을 할 수 있다.

Ralph took a class **on architecture**.
명사 수식

랄프는 건축에 대한 수업을 들었다.

→ 전치사구 on architecture(건축에 대한)가 앞의 명사 class(수업)를 꾸며주죠? 이처럼 전치사
구는 명사 뒤에서 명사를 수식하는 역할을 합니다.

This book is **for you**. 이 책은 당신을 위한 것이다.
주어   주격 보어

→ 전치사구 for you(당신을 위한)가 This book(이 책)이 어떤 책인지 설명해 주는 역할을 하죠?
이처럼 전치사구는 주어에 대해 설명해 주는 주격 보어 역할을 합니다.

2 전치사구는 **부사 역할**도 할 수 있다.

I live **in Busan**. 나는 부산에 산다.
동사 수식

→ 전치사구 in Busan(부산에)이 동사 live(산다)를 꾸며주죠? 이처럼 전치사구는 동사를 수식하는
역할을 합니다.

Mark was happy **with the result**. 마크는 그 결과에 만족했다.
형용사 수식

→ 전치사구 with the result(그 결과에)가 앞의 형용사 happy(행복한, 만족하는)를 꾸며주죠?
이처럼 전치사구는 형용사를 수식하는 역할을 합니다.

암기꼭 🔑

특정 전치사와 잘 어울리는 명
사, 동사, 형용사가 있다.

1) 명사 + 전치사
interest **in** ~에 대한 관심
increase **in** ~에서의 증가
demand **for** ~에 대한 수요
problem **with** ~의 문제

2) 동사 + 전치사
care **for** ~을 돌보다
consist **of** ~로 구성되다
result **in** ~을 야기하다
deal **with** ~을 다루다
submit A **to** B A를 B에게
제출하다
offer A **to** B A를 B에게 제
안하다

3) 형용사 + 전치사
responsible **for** ~에 대해
책임이 있는
different **from** ~와는 다른
absent **from** ~에 결석한,
부재중인
similar **to** ~와 유사한

토익정답과 친해지는 **EXERCISE** 밑줄 친 전치사구가 무슨 역할을 하는지 써 보세요.

정답 및 해석/해설 p. 096

1 The person in charge of this charitable organization volunteers
on the weekends.

2 Mr. Laney is behind schedule on paying his subsequent bills.

3 Mr. Ahmad is comfortable with drafting a plan for the factory.

단어 콕콕!

in charge of ~을 맡고
있는
charitable 자선의
organization 단체, 조직
volunteer 자원봉사하다
subsequent 다음의
bill 청구서, 계산서
comfortable 편안한
draft 초안을 작성하다

개념 3 전치사의 종류 – 1. 시간/기간 전치사   시간/기간을 나타내는 전치사가 있습니다.

Ms. Lee / will start the work / **at 3 P.M.** /
at + 시각(~에)
and will finish it / **within the next three hours**.
within + 기간(~기간 내에)

이 씨는 / 근무를 시작할 것이다 / 오후 3시에 / 그리고 근무를 마칠 것이다 / 3시간 내에

---

1 **시간을 나타내는 전치사**는 매우 다양하다. 토익에 자주 출제되는 다음 전치사들을 특히 잘 알아 두자.

❶ at + 시각/시점

at 1 o'clock 1시에   **at** night 밤에

❷ on + 날짜/요일

on March 1 3월 1일에   **on** Friday 금요일에

❸ in + 월/연도

in January 1월에   **in** 2016 2016년에

2 **기간을 나타내는 전치사**는 매우 다양하다. 토익에 자주 출제되는 다음 전치사들을 특히 잘 알아 두자.

❶ within + 기간

within 3 years 3년 이내에

❷ for + 기간

for 2 months 두 달 동안에

❸ throughout + 행사/기간

throughout the summer 여름 내내

❹ during + 행사/기간

during the meeting 회의 동안에

> 📍 **전치사 in: ~후에**
> 전치사 in 뒤에 '기간'이 오면 '~후에'라는 의미로 쓸 수 있다.
> 예)
> **in** a month 한 달 **후에**

> **앗! 이거 주의해야 돼!**
> **for vs. during**
> 전치사 for 다음에는 구체적인 기간, during 다음에는 행사나 사건을 나타내는 명사가 온다.
> 예)
> **for** three years 3년 **동안**
> **during** the seminar 세미나 **동안**

토익정답과 친해지는 EXERCISE   다음 중 알맞은 것을 선택하세요.

정답 및 해석/해설 p. 097

1 The basketball team will play three consecutive games (at / on) July 21st.

2 You will receive a complimentary cleaning (on / within) thirty days of purchase.

3 The clerk delivers orders (throughout / at) the day.

> 🏷 **단어 콕콕!**
> consecutive 연속적인
> complimentary 무료의
> purchase 구입, 구매
> clerk 점원
> deliver 배송하다, 운송하다

 **개념 4 전치사의 종류 – 2. 장소 전치사** 장소를 나타내는 전치사가 있습니다.

in + 장소(~장소 안에)
Mr. Ryu / started his company / **in France**, / and expanded

throughout + 장소(장소 곳곳에)
operations / **throughout Europe**.

류 씨는 / 회사를 창업했다 / 프랑스에서 / 그리고 사업을 넓혔다 / 유럽 전역에

장소를 나타내는 전치사는 매우 다양하다. 토익에 자주 출제되는 다음 전치사들을 특히 잘 알아 두자.

❶ at + 지점

   at the entrance 출입구에   **at** the company 회사에서

❷ in + 공간

   in the office 사무실에서   **in** Seoul 서울에서

❸ on + 표면

   on the second floor 2층에   **on** the shelf 선반 위에

장소 표현

near the area 지역 근처에   **across** the street 길을 건너서
to the office 사무실로   **along** the coast 해안을 따라
within the company 회사 내에   **through** the entrance 입구를 통해
throughout the building 건물 곳곳에
beside(= next to) the store 가게 옆에

앗! 이거 주의해야 돼! *

전치사 within과 throughout은 '장소', '시간' 등을 나타낼 수 있다.
1) within + 장소/시간
2) throughout + 장소/시간
예)
throughout the area
지역 전반**에 걸쳐**
throughout the year
일 년 **내내**

단어 쏙쏙!

offer 제공하다
comprehensive
종합적인, 포괄적인
solution 해결책
modern 현대적인
submit 제출하다
document 서류
courteous 예의 바른,
정중한
staff 직원

토익정답과 친해지는 **EXERCISE** 다음 중 알맞은 것을 선택하세요.

정답 및 해석/해설 p. 097

1 Workers (at / through) Liebe Communications offer comprehensive solutions.

2 Mr. Parker went to our modern shopping center located (in / to) the center of Ottawa.

3 Please submit your documents (next to / to) the courteous staff at the front desk.

for(~을 위해)
For your safety, / you should work /
with(~와 함께)
with protective equipment.

당신의 안전을 위하여 / 당신은 일해야 한다 / 보호 장비를 갖추고

시간이나 장소를 나타내는 전치사 외에도 다양한 의미의 전치사가 있다. 토익에 자주 출제되는 다음 전치사들을 특히 잘 알아 두자.

❶ for ~을 위해 (목적이나 대상을 나타낼 때)

for the event 행사를 위해   **for** employees 직원들을 위해

❷ with ~와 함께, ~을 가지고 (소유나 동반을 나타낼 때)

with expertise 전문지식을 가지고 있는
with your team members 당신의 팀 구성원들과 함께

❸ about(= on) ~에 관하여 (주제나 내용을 나타낼 때)

about the industry 그 산업에 관하여

❹ as ~로서 (자격이나 용도를 나타낼 때)

as a volunteer 자원봉사자로서   **as** a courtesy 예의로서

❺ through ~을 통해 (도구나 수단을 나타낼 때)

through the survey 조사를 통해서

❻ without ~없이 (없음을 나타낼 때)

without authorization 허가 없이

❼ under ~ 중인, ~하에 있는 (진행 중이거나 영향을 받는 상황을 나타낼 때)

under construction 공사 중인   **under** control 통제하에 있는

암기꼭 🔑

두 단어 이상으로 이루어진 전치사
instead of ~ 대신에
prior to ~ 이전에
in response to ~에 대한 응답으로
regardless of ~와 관계없이
according to ~에 따르면
such as ~와 같은
because of(= due to, owing to) ~ 때문에
in spite of(= despite) ~에도 불구하고

토익 고수 단계! 🔥

관용적인 전치사 표현
1) on/upon + 명사 ~하자마자
2) out of date 구식의
   out of order 고장 난
3) around the corner 바로 직전에 닥친

토익정답과 친해지는 **EXERCISE** 다음 중 알맞은 것을 선택하세요.

정답 및 해석/해설 p. 098

1 His career began (with / such as) remarkable achievements in sales.

2 (Under / For) further information, please contact the authorized service center.

3 Employees cannot share sensitive client information (about / without) written permission.

단어 콕콕!

remarkable 엄청난, 놀랄 만한
achievement 성과, 업적
further 추가의, 더 이상의
authorized 공인된
employee 직원
share 공유하다
sensitive 민감한
written 서면의
permission 허가, 허락

 **개념 6** **혼동하기 쉬운 전치사** 비슷한 의미를 가졌지만 쓰임이 다른 전치사가 있습니다.

between + 두 개의 명사(~사이에)

The merger / **between** Atz Co. and Nox, Inc. / generated

among + 셋 이상의 불특정 다수(~사이에)

much interest / **among** customers.

합병은 / 에츠 사와 녹스 사 사이의 / 많은 관심을 불러일으켰다 / 고객들 사이에

1 between vs. among

There was an argument **between** Sam and Julie.

between   A and B

샘과 줄리 사이에 논쟁이 있었다.

There was an argument **among** customers.

among   불특정 다수

고객들 사이에 논쟁이 있었다.

➡ between과 among은 둘 다 '~사이'로 우리말 의미가 같지만 쓰임이 달라요. '둘 사이'를 나타 낼 때 between을 쓰고, '셋 이상 사이'를 나타낼 때 among을 써요. Sam and Julie는 '둘'을 나타내고 customers는 다수를 나타내므로 '셋 이상'이라고 말할 수 있죠?

2 by vs. until

Please deliver the desk **by** 3 P.M. 오후 3시까지 책상을 배달해 주세요.

한 번하면 완료되는 의미의 동사   by(~까지)

I will wait for the delivery **until** 3 P.M.

특정 시점까지 지속되는 의미의 동사   until(~까지)

나는 3시까지 배달을 기다릴 것이다.

➡ by와 until은 둘 다 '~까지'로 우리말 의미가 같지만 쓰임이 달라요. '배달(deliver)'은 지속되는 것이 아니라 3시까지 한 번만 하면 완료되는 것이죠? 이처럼 전치사 by는 완료의 의미를 가지고 있 는 동사와 함께 쓰입니다. 반면에 '기다리는(wait)' 상태는 3시까지 지속되는 것이죠? 이처럼 전 치사 until은 지속의 의미를 가지고 있는 동사와 함께 쓰입니다.

📍 **between + 기간**

between 뒤에는 기간 표현 을 쓰지 않는다.

예)

between three months (X)

3개월 사이에

토익정답과 친해지는 **EXERCISE** 다음 중 알맞은 것을 선택하세요.

정답 및 해석/해설 p. 098

1 The contest will promote fierce competition (among / between) the workers.

2 Ms. Shah should submit the energy distribution plan (until / by) 5 P.M. tomorrow.

3 The diverse attractions are open (between / among) 8 A.M. and 9 P.M.

🏷 **단어 콕콕!**

contest 대회, 시합
promote 촉진하다, 홍보하다
fierce 치열한, 격렬한
competition 경쟁
submit 제출하다
distribution 분배
diverse 다양한
attraction (관광)명소, 명물

토익 대표 유형 분석하기

학습 목표 | 문제의 유형을 확인한 후, 지문의 구조와 단서를 파악하면서 문제를 풀어 봅시다.

1 시간/기간 전치사 문제

A confirmation number / will be sent / to your e-mail /
　　　주어　　　　　　　동사　　　　　　　부사구
------ twelve hours of purchase.
　　　　부사구

(A) within　　　　　(B) about
(C) before　　　　　(D) among

단서
빈칸은 기간 표현과 함께 쓰는
전치사 자리예요.

풀이 과정

STEP 1 보기 형태 확인: 보기가 모두 전치사로 쓰일 수 있다.

STEP 2 단서 확인: 빈칸 뒤에 기간 표현(twelve hours of purchase) 명사구가 있으므로 빈칸은 기간 표현과 함께 쓰는 전치사 자리다.

STEP 3 보기 분석: (A) within은 '기간 표현과 함께 쓰는 전치사', (B) about은 '기간 표현과 쓰지 않는 전치사', (C) before는 '시점 표현과 어울리는 전치사', (D) among은 '기간 표현과 쓰지 않는 전치사'

STEP 4 정답 선택: 기간 표현과 함께 쓰는 전치사는 within(~이내에)뿐이므로 정답은 (A)!

해석 예약 확인 번호가 / 보내질 것입니다 / 당신의 이메일로 / 구매 후 12시간 내에

2 기타 전치사 문제

Revised office procedures / will be addressed /
　　　　주어　　　　　　　　　동사
------ the new employee orientation.
　　　　부사구

(A) about　　　　　(B) under
(C) during　　　　　(D) along

단서
빈칸은 완벽한 문장에 명사구를 연결하는
전치사 자리예요. 명사구와 뜻이 어울리는
전치사를 골라야 해요.

풀이 과정

STEP 1 보기 형태 확인: 보기가 모두 전치사로 쓰일 수 있다.

STEP 2 단서 확인: 주어(Revised office procedures)와 수동형 동사(will be addressed)가 완벽한 문장을 이루므로 명사구(the new employee orientation)를 연결하기 위해서는 빈칸에 전치사가 필요하다. 빈칸과 연결되는 전치사 숙어 표현이 없으므로 문장을 해석하여 의미상 어울리는 전치사를 정답으로 고른다.

STEP 3 보기 분석: (A) about은 '~에 관하여', (B) under는 '~ 아래에', (C) during은 '~ 동안에', (D) along은 '~을 따라'

STEP 4 정답 선택: '오리엔테이션 동안에(during) 개정된 사무 절차가 발표될 것이다'라는 의미가 자연스러우므로 정답은 (C)!

해석 개정된 사무 절차가 / 발표될 것이다 / 신입 직원 오리엔테이션 동안에

핵심 콕콕!
반드시 외우고 시험장에 가자!

1번 포인트!
시간 전치사 중에는 by, until, before처럼 시점 표현과 함께 쓰는 전치사가 있고, within, for, during처럼 기간 표현과 함께 쓰는 전치사가 있다.

2번 포인트!
의미가 다른 전치사들이 보기로 나올 때, 연결되는 전치사 숙어 표현이 없으면 해석을 통해 문제를 푼다.

단어 콕콕!

confirmation 확인
purchase 구매
within ~ 이내에
about ~에 관해, 대해
before ~ 전에
among ~ 사이에
revised 개정된
procedure 절차, 과정
address 발표하다
employee 직원
orientation 오리엔테이션

자신감 쑥쑥! 실전 도전 Part 5

학습 목표 | 오늘 공부한 토익에 자주 출제되는 어휘와 대표 문장에 따른 문법 설명을 떠올리며 Part 5 실전 문제를 풀어 봅시다.

 **3초 문제**

1. In ------- of 50 years in business, Panini's Deli will offer a fifty percent discount all day today.

(A) celebrate
(B) celebration
(C) celebrated
(D) celebrates

2. The company's policy requires employees to complete the training program ------- 30 days of their start date.

(A) above
(B) behind
(C) within
(D) upon

 이거 어려워!

3. Sign up for e-mail alerts to obtain information ------- our most current offers.

(A) through
(B) within
(C) about
(D) to

4. Mr. Wagner's fitness studio has multiple locations ------- the city of Los Angeles in order to cater to different communities.

(A) among
(B) between
(C) throughout
(D) during

5. All flights from Narita Airport in Tokyo will be postponed until ------- notice.

(A) later
(B) diverse
(C) favorable
(D) further

6. Mr. Scott is currently planning the agenda ------- his department's monthly meeting.

(A) for
(B) over
(C) among
(D) by

7. Any guests visiting our hotel during October can enjoy the ------- cleaning service.

(A) complimentary
(B) impressed
(C) sensitive
(D) alternative

8. All perishable items ------- milk, fruits, and vegetables should be stored in a cool place.

(A) across
(B) such as
(C) also
(D) until

 이거 어려워!

9. Ms. Rodriguez's pet store is open ------- 10 P.M., allowing customers to purchase supplies after work.

(A) by
(B) during
(C) across
(D) until

10. Ms. Keith, the vice president, expressed her ------- to everyone who took part in the charity event.

(A) poverty
(B) imitation
(C) operation
(D) gratitude

자신감 쑥쑥! 실전 도전 Part 6

학습 목표 | 오늘 공부한 토익에 자주 출제되는 어휘와 대표 문장에 따른 문법 설명을 떠올리며 Part 6 실전 문제를 풀어 봅시다.

Questions 11-14 refer to the following article.

Organic fruit juices ------- popularity across the country. The sales of organic apple,
11.

orange, and pomegranate juices grew by 18% last quarter. -------. Brenda Sharp, CEO
12.

of Nutter Farm Fruits, started production on organic lines of fruit juices three years

ago in ------- to the increasing demand for these products. They have since been
13.

embraced by distributors ------- the Northeast region.
14.

---

11. (A) are gaining

(B) gaining

(C) will have gained

(D) was gaining

12. (A) Restaurants offer a variety of fruit-
based beverages.

(B) Pomegranate is a desert fruit and
grows best in desert areas.

(C) Organic products do not use
chemical additives or pesticides.

(D) That rate is three times higher than
that of non-organic brands.

13. (A) responded

(B) response

(C) respond

(D) responds

14. (A) during

(B) between

(C) except

(D) throughout

이것만은 꼭! 기억하세요.

전치사

개념 1 전치사 뒤에 오는 말 – 명사 형태 (명사, 대명사, 동명사)

전치사 명사
In recognition of Mr. Wagner's achievement, / the company / will
전치사 대명사
give a bonus / **to him**.

와그너 씨의 업적을 인정하여 / 회사는 / 보너스를 줄 것이다 / 그에게

> 전치사 뒤에는 '명사 형태(명사, 대명사, 동명사)'가 오며 동사는 올 수 없습니다.

개념 2 전치사구의 역할

명사 수식
The copier / **in my office** /
주격 보어
is temporarily **out of order**.

복사기가 / 내 사무실에 있는 / 일시적으로 작동이 되지 않는다

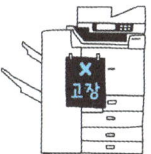

> 전치사구는 명사 뒤에서 명사를 수식하거나 주격 보어로 쓰입니다.

개념 3 전치사의 종류 – 1. 시간/기간 전치사

Ms. Lee / will start the work /
at + 시각(~에)
at 3 P.M. / and will finish it /
within + 기간(~ 기간 내에)
within the next three hours.

이 씨는 / 근무를 시작할 것이다 / 오후 3시에 / 그리고 근무를 마칠 것이다 / 3시간 내에

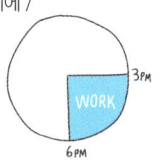

> 시간이나 기간을 나타내는 전치사가 있습니다.

개념 4 전치사의 종류 – 2. 장소 전치사

Mr. Ryu / started his company /
in + 장소(~장소 안에)
in France, / and expanded
throughout + 장소(장소 곳곳에)
operations / **throughout Europe**.

류 씨는 / 회사를 창업했다 / 프랑스에서 / 그리고 사업을 넓혔다 / 유럽 전역에

> 장소를 나타내는 전치사가 있습니다.

개념 5 전치사의 종류 – 3. 기타 전치사

for(~을 위해)
For your safety, / you should work /
with(~와 함께)
with protective equipment.

당신의 안전을 위하여 / 당신은 일해야 한다 / 보호 장비를 갖추고

> 시간이나 장소를 나타내는 전치사 외에도 다양한 의미의 전치사가 있습니다.

개념 6 혼동하기 쉬운 전치사

between + 두 개의 명사(~ 사이에)
The merger / **between** Atz Co. and
Nox, Inc. / generated much interest /
among + 셋 이상의 불특정 다수(~ 사이에)
among customers.

합병은 / 에츠 사와 녹스 사 사이의 / 많은 관심을 불러일으켰다 / 고객들 사이에

> 비슷한 의미를 가졌지만 쓰임이 다른 전치사가 있습니다.

Good job! 내일 또 봐요!

DAY 16

부사절

요기서 몸풀기!

부사절 접속사는 거의 매회 출제되는 문제예요. 특히 부사절 접속사, 전치사, 접속부사를 구별하는 문제가 많이 출제됩니다.

1 **although, despite, nevertheless 모두 '~에도 불구하고'라는 의미인데, 어떻게 다른 걸까요?**

although는 '부사절 접속사', despite는 '전치사', nevertheless '접속부사'예요. 품사가 다르죠.

2 **부사절의 종류로는 어떤 것들이 있을까요?**

(1) 시간 부사절 (2) 조건 부사절 (3) 이유 부사절 (4) 양보 부사절 등이 있어요.

토익 빈출 단어! Check up!

아래 단어를 보고, 이미 알고 있는 단어에 ✔ 표시해 봅시다.

중요도 ⭐⭐⭐

☐ generous ☐ comparable ☐ valid ☐ due ☐ overall

☐ limited ☐ launch ☐ reduce ☐ increase ☐ obtain

☐ revise ☐ meet ☐ later ☐ advance

중요도 ⭐⭐

☐ support ☐ expertise ☐ receipt ☐ profitability ☐ space

☐ campaign ☐ expenditure ☐ productivity ☐ code ☐ expectation

중요도 ⭐

☐ specialist ☐ sophisticated ☐ reimbursement ☐ recycle ☐ asset

Vocabulary

토익이 좋아하는 **짝꿍표현**

학습 목표 | 토이 Part 5&6의 핵심인 어휘 문제를 한 방에 해결할 수 있는 토익 짝꿍표현들을 먼저 이혀 봅시다.

1 형용사 + 명사

a **generous** support
넉넉한 지원

comparable expertise
필적할 만한 전문 지식

a **valid** receipt
유효한 영수증

a **due** date
만기일

overall profitability
전반적인 수익성

limited space
제한된 공간

짝꿍표현 뜯어보기

generous
형 넉넉한, 관대한
파 generosity 명 너그러움

comparable
형 필적할 만한, 비교할 만한

expertise
명 전문 지식

valid
형 유효한
파 validity 명 유효성

due
형 기한이 된
cf. be due to V ~할 예정이다

overall
형 전반적인

limited
형 제한된, 한정된
cf. limited to ~로 제한된

launch
동 시작하다, 출시하다
명 출시

reduce
동 줄이다
파 reduction 명 감소

expenditure
명 비용, 지출

productivity
명 생산성
파 productive 형 생산적인

obtain
동 ~을 얻다

rate
명 요금, 비율
동 평가하다

revise
동 수정하다, 변경하다
파 revision 명 수정

code
명 규칙, 암호

meet
동 (기대 따위를) 충족시키다,
(마감일을) 맞추다, 만나다

2 동사 + 목적어

launch a campaign
캠페인을 **시작하다**

reduce expenditures
비용을 **줄이다**

increase productivity
생산성을 **향상시키다**

obtain special rates
우대 요금을 **적용받다**

revise a code
규칙을 **수정하다**

meet expectations
기대를 **충족시키다**

3 숙어

no later than
~까지, ~보다 늦지 않게

in advance
미리

토익정답과 친해지는 **EXERCISE** 빈칸에 알맞은 단어를 선택하세요. ⎯⎯⎯⎯⎯⎯⎯⎯⎯⎯⎯⎯ 정답 및 해석/해설 p. 102

1 The specialist's sophisticated design will meet your -------.

(A) reimbursement   (B) expectations

2 Carlson, Inc. has reduced its ------- on office supplies by purchasing recycled items.

(A) expenditures   (B) assets

3 Generous bonuses and reduced working hours will increase employee -------.

(A) possibility   (B) productivity

어휘 specialist 전문가   sophisticated 세련된, 정교한   reimbursement 상환, 배상   expectation 기대   office supplies
사무용품   recycle 재활용하다   asset 자산   working hour 근무 시간   increase 증가시키다   possibility 가능성

Grammar

부사절

학습 목표 | 부사절의 종류 및 전치사와 접속부사와 차이점이 무엇인지 배워 봅시다.

개념 **1** 부사절의 역할과 위치 부사절은 주절을 수식하는 부사 역할을 합니다.

The foundation / received / generous financial
                                    부사 역할을 하는 문장(절)
support / [**when** they held their annual fund-raiser].
재단은 / 받았다 / 넉넉한 재정 지원을 / [그들이 연례 모금 행사를 개최했을 때]

부사절은 '부사절 접속사 + 문장 (주어 + 동사 ~)' 형태이며 **주절의 앞이나 뒤에서 주절을 수식**한다.

I will go to Europe [**after** I finish this book].
                    부사절 접속사   문장(주어 + 동사 ~)

나는 [이 책을 마친 후에] 유럽에 갈 것이다.

➡ 부사절 접속사 after가 이끄는 부사절 after I finish this book(내가 이 책을 마친 후에)은 시간을 나타내며 앞에 나올 주절(I will go to Europe)을 수식합니다. 문장을 수식하는 품사는 부사이죠? 이처럼 문장(절)이 부사의 역할을 할 때 부사절이라고 불러요. 또한, 부가적인 정보이기 때문에 없어도 전체 문장은 성립합니다.

I can do anything [**because** I am young].
                  이유를 나타내는 부사절

[나는 젊기 때문에] 어떤 일이든 할 수 있다.

= [**Because** I am young], I can do anything.
  이유를 나타내는 부사절

[나는 젊기 때문에] 어떤 일이든 할 수 있다.

➡ 부사절 접속사 because가 이끄는 부사절 because I am young(나는 젊기 때문에)은 이유를 나타내는 부사의 역할을 하는 부사절입니다. 부사가 문장의 앞이나 뒤에 올 수 있듯이 부사절도 전체 문장의 앞부분이나 뒷부분에 올 수 있어요.

> 📍 **부사절이 주절 앞에 올 경우**
> 부사절이 주절 앞에 오면 부사절과 주절 사이에 콤마(,)를 붙이고, 부사절이 주절 뒤에 있으면 콤마를 붙일 필요가 없다.
> 예)
> **If I finish my work,** I will meet you.
> = I will meet you **if I finish my work**.
> 제가 일이 끝나면, 당신을 만날 거예요.

🏷 **단어 콕콕!**

take advantage of
~을 이용하다
at a low price 낮은 가격에
temporary 임시의
supervisor 부서장, 책임자
be away on business 출장 중이다
be entitled to V
~할 권리가 있다
competition 대회, 경쟁

토익정답과 친해지는 **EXERCISE** 밑줄 친 부분이 부사절이면 O, 아니면 X 하세요.

정답 및 해석/해설 p. 102

1 Because I took advantage of the big sale, I could buy an expensive camera at a low price.

2 Ms. Way worked as a temporary supervisor while Mr. Ding was away on business.

3 Mr. Riley will be entitled to receive money if he wins the competition.

개념 2 부사절의 종류 – 1. 시간과 조건 부사절

때나 상황, 조건을 나타내는 부사절이 있습니다.

시간을 나타내는 부사절(~하는 동안에)

Employees / encountered problems / [**while** they used the new software].

직원들은 / 문제에 직면했다 / [그들이 새 소프트웨어를 사용하는 동안에]

---

1 시간 부사절은 때나 상황을 나타낸다.

Sam met me [**before** he left Korea].

시간을 나타내는 부사절(~하기 전에)

샘은 [그가 한국을 떠나기 전에] 나를 만났다.

➔ before he left Korea(그가 한국을 떠나기 전에)는 문장(절)의 형태로 시간을 나타내는 부사의 역할을 하죠? 이와 같은 절을 시간 부사절이라고 하며, before와 같이 절 앞에 붙어서 시간 부사절을 만드는 접속사를 시간 부사절 접속사라고 해요.

시간 부사절 접속사

when ~할 때	before ~하기 전에	after ~한 후에
while ~하는 동안에	as soon as ~하자마자	until ~할 때까지
since ~한 이래로	once 일단 ~한 후에	

2 조건 부사절은 조건을 나타낸다.

I will stay home [**if** it rains tomorrow].

조건을 나타내는 부사절(만약 ~한다면)

[만약 내일 비가 온다면] 나는 집에 있을 것이다.

➔ if it rains tomorrow(내일 비가 온다면)는 문장(절)의 형태로 조건을 나타내는 부사의 역할을 하죠? 이와 같은 절을 조건 부사절이라 하며, if와 같이 절 앞에 붙어서 조건 부사절을 만드는 접속사를 조건 부사절 접속사라고 해요.

조건 부사절 접속사

if(= provided that) 만약 ~한다면	as long as ~하는 한
only if ~하기만 한다면	unless 만약 ~하지 않는다면

토익정답과 친해지는 EXERCISE 다음 중 알맞은 것을 선택하세요.

정답 및 해석/해설 p. 103

1 I suspended my regular activities (although / while) I was on a business trip.

2 Ms. Olham can obtain special rates (once / until) she opens an account at Urban Bank.

3 You cannot exchange or return merchandise (because / unless) you show a valid receipt.

앗! 이거 주의해야 돼!

시간 부사절에서는 '현재/현재완료'가 미래를 대신한다. 따라서 시간 부사절에는 미래 시제를 쓰지 않는다.
예)
When James **arrives**, we will welcome him. (○)
When James **will arrive**, we will welcome him. (✕)
제임스가 **도착할** 때, 우리는 그를 환영할 것이다.

📍 접속사 since

since는 '~한 이래로'라는 '시간'을 나타내는 뜻 외에도 '~때문에'라는 '이유'를 나타내는 접속사로 쓸 수 있다.
예)
The company will make a profit **since** its employees met sales expectations.
회사 직원들이 예상 판매액을 충족시켰기 **때문에** 회사는 수익을 낼 것이다.

단어 쏙쏙!

suspend 중단하다
regular 규칙적인
business trip 출장
obtain 얻다, 구하다
special rate 우대 금리
account 계좌
exchange 교환하다
merchandise 상품, 물품
valid 유효한
receipt 영수증

The directors / are not tired /
이유를 나타내는 부사절(~하기 때문에)
[**since** they are accustomed to working long hours].
관리자들은 / 피곤하지 않다 / [그들은 긴 시간 근무하는 것에 익숙하기 때문에]

이유 부사절은 **이유나 원인**을 나타낸다.

The restaurant is popular [**because** it has a good
이유를 나타내는 부사절(~하기 때문에)
location].

그 식당은 [위치가 좋기 때문에] 인기가 많다.

➔ because it has a good location(위치가 좋기 때문에)은 문장(절)의 형태로 이유를 설명하는 부사의 역할을 하죠? 이와 같은 절을 이유 부사절이라고 하며, because와 같이 절 앞에 붙어서 이유 부사절을 만드는 접속사를 이유 부사절 접속사라고 해요.

이유 부사절
접속사

because ~하기 때문에	since ~하기 때문에
as ~하기 때문에	now that ~이므로

앗! 이거 주의해야 돼!

because vs. because of
둘 다 '이유'를 나타내지만 because는 접속사이므로 뒤에 '문장'이, because of는 전치사이므로 뒤에 '명사나 동명사'가 온다.

앗! 이거 주의해야 돼!

since와 as는 시간 부사절 접속사로도 쓰인다. 이때 since는 '~한 이래로', as는 '~할 때'라는 의미가 된다.

토익정답과 친해지는 EXERCISE 다음 중 알맞은 것을 선택하세요.

정답 및 해석/해설 p. 103

1 Customers knew about the phone in advance (since / so that) the store had early promotions.

2 Mr. Jackson launched the campaign successfully (as / unless) he had a great team to help him.

3 The company will not declare bankruptcy (now that / even if) it has reduced its expenditures.

단어 쏙쏙

in advance 사전에, 미리
promotion 홍보, 승진
launch 시작하다, 착수하다
successfully 성공적으로
declare 선고하다
bankruptcy 파산
reduce 감소하다
expenditure 지출, 경비

개념 4 부사절의 종류 – 3. 양보 부사절 양보의 부사절은 주절과 내용이 상반됩니다.

양보를 나타내는 부사절(~에도 불구하고)

[Although the main office / has limited parking spaces], /
it is easily accessible / by public transport.

[본사는 / 주차 공간이 협소함에도 불구하고] / 쉽게 갈 수 있다 / 대중교통으로

양보 부사절은 주절과 상반되는 내용을 담고 있다.

The computer sells well [**although** it doesn't have a

양보를 나타내는 부사절(~에도 불구하고)

good design].

[디자인이 좋지 않음에도 불구하고] 그 컴퓨터는 잘 팔린다.

→ although it doesn't have a good design(디자인이 좋지 않음에도 불구하고)은 문장(절)의 형
태로 주절(the computer sells well)을 수식하는 부사절입니다. 그런데 주절과 상반되는 내용이죠?
이처럼 부사절의 내용이 주절과 대조를 이룰 때 양보 부사절이라 하며, although와 같이 절 앞에 붙
어 양보 부사절을 만드는 접속사를 양보 부사절 접속사라고 해요.

양보 부사절
접속사

though/although/even though/even if ~에도 불구하고

while/whereas ~인 반면에

암기꼭 ✔

'양보'의 의미를 가진 전치사
despite, in spite of
~임에도 불구하고
→ 전치사이므로 뒤에 명사나
   동명사가 와요.
예)
Despite the company's
     전치사   명사
requests, we decided
to ~.
회사의 요청**에도 불구하고**, 우리
는 ~하기로 결정했다.

토익정답과 친해지는 EXERCISE 다음 중 알맞은 것을 선택하세요.

정답 및 해설/해설 p. 103

1 (Because / While) some customers prefer online banking,
   others want a traditional way.

2 Ms. Perez shops at this market (because / even though) it has
   an extensive selection of organic products.

3 The manager hired another candidate (although / as) I recommended
   my former colleague.

단어 콕콕!

prefer 선호하다
traditional 전통적인
extensive 광범위한
selection 선택 (가능한
것들)
organic 유기농의
candidate 후보
recommend 추천하다
colleague 동료

Employees / need to work efficiently / **목적을 나타내는 부사절(~하기 위해서)** [**so that** they can increase productivity].

직원들은 / 효율적으로 일해야 한다 / [생산성을 향상시킬 수 있도록 하기 위해서]

토익에 자주 출제되는 기타 부사절에 대해서도 알아야 한다.

I left early [**so that** I can arrive on time].
목적을 나타내는 부사절(~하기 위해서)

[제시간에 도착할 수 있도록 하기 위해서] 나는 일찍 출발했다.

→ so that I can arrive on time(제시간에 도착할 수 있도록 하기 위해서)은 문장(절)의 형태로 목적을 나타내는 부사의 역할을 하는 부사절입니다. 접속사 so that 뒤에 나오는 부사절에 조동사 can/may가 쓰이는 경우가 많아요.

기타 부사절 접속사	so that(= in order that) ~하기 위해서
	as if 마치 ~인 것처럼
	assuming that ~라고 가정한다면

앗! 이거 주의해야 돼!

so that절 vs. so + 형용사/부사 + that절
so that절은 '~하기 위해서'라는 의미이며, 'so + 형용사/부사 + that절'은 '너무 ~해서 …하다'라는 의미이다.

앗! 이거 주의해야 돼!

in order that + 문장 vs. in order to + 동사원형
둘 다 '~하기 위해서'라는 의미는 같지만, 뒤에 오는 형태가 다르므로 주의해야 한다.

토익정답과 친해지는 EXERCISE 다음 중 알맞은 것을 선택하세요.

정답 및 해석/해설 p. 104

1 The company hired Mr. Wang (because / as if) he had considerable expertise in engineering.

2 (Assuming that / Although) I leave no later than 3 P.M., I will catch the train on time.

3 The restaurant will revise the dress code (so that / before) all employees must wear the uniform with the new logo.

단어 콕콕!

considerable 상당한
expertise 전문 지식
no later than 늦어도 ~까지는
catch (버스·기차 등을) 타다
on time 정시에
revise 변경하다, 수정하다
dress code 복장 규정

개념 **6** 부사절 접속사 vs. 전치사 vs. 접속부사

부사절 접속사 뒤에는 절이 오고 전치사 뒤에는 명사가 옵니다. 접속부사는 두 개의 문장 사이에 위치합니다.

부사절 접속사   절(주어 + 동사)
[Although the product is good,**]** they will not manufacture it /
전치사   명사
due to its overall low profitability.

[제품이 좋음에도 불구하고] / 그들은 그것을 만들지 않을 것이다 / 전반적으로 낮은 수익성 때문에

---

1 부사절 접속사, 전치사, 접속부사는 쓰임이 다르며 뒤에 오는 형태도 다르다. **부사절 접속사는 뒤에 주어와 동사가 있는 절이 나오고, 전치사는 뒤에 명사 형태가 나온다.** 접속부사는 문장의 맨 앞 또는 문장 사이에 위치하며 뒤에 콤마(,)가 있다.

I like Mary **because** she is kind.
부사절 접속사(~하기 때문에)   절(주어 + 동사)

그녀가 친절하기 때문에 나는 메리를 좋아한다.

→ 뒤에 주어와 동사를 갖춘 절(she is kind)이 나오면 부사절 접속사 because가 쓰여야 해요.

= I like Mary **because of** her kindness.
전치사(~때문에)   명사

그녀의 친절함 때문에 나는 메리를 좋아한다.

→ 뒤에 명사(her kindness)가 나오면 전치사 because of가 쓰여야 해요.

= Mary is kind. **Therefore,** I like her.
문장.   접속부사(그러므로),   문장.

메리는 친절하다. 그래서 나는 그녀를 좋아한다.

→ '메리는 친절하다'와 '나는 그녀를 좋아한다'는 두 개의 독립된 문장이므로, 그 사이에는 접속부사 Therefore가 쓰여야 해요. 접속부사란 연결하는 의미를 가진 부사라는 뜻으로, 의미상 그럴 뿐 실제로는 두 문장을 연결하지는 못해요.

접속부사

therefore 그러므로	however 그러나
meanwhile 반면에, 동시에	otherwise 그렇지 않으면
moreover(= furthermore) 더욱이	in fact 사실상
in addition 게다가	as a result 그 결과로
nevertheless(= nonetheless) 그럼에도 불구하고	

토익 고수 단계! 🔥

부사절 접속사와 전치사, 두 가지 역할을 하는 단어도 있다.
예)
I will meet you **after**
전치사
the meeting.
명사
나는 회의 후에 너를 만날 것이다.

= I will meet you
after the meeting is
부사절 접속사   절(주어 + 동사)
finished.
나는 회의가 끝난 후에 너를 만날 것이다.

→ after는 전치사와 부사절 접속사로 모두 쓰이므로 뒤에 명사가 올 수도 있고 절이 올 수도 있어요.

암기꼭 🔖

부사절 접속사와 전치사 두 가지 역할을 하는 단어
after ~ 후에
before ~ 전에
until ~까지
since [접속사] ~ 이래로, 때문에
    [전치사] ~ 이래로

토익정답과 친해지는 **EXERCISE** 다음 중 알맞은 것을 선택하세요.

정답 및 해석/해설 p. 104

1 The client terminated his phone service (because / due to) the expensive additional fees.

2 We accepted the proposal submission (although / despite) the due date had passed.

3 The organizers did not publicize the marathon well. (However / Although), the event attracted many runners.

단어 콕콕!

terminate 중단하다
accept 수락하다
proposal 제안서
submission 제출
due date 마감일
organizer 주최 측, 조직자
publicize 홍보하다
attract 끌다, 모으다

토익 대표 유형 분석하기

학습 목표 | 문제의 유형을 확인한 후, 지문의 구조와 단서를 파악하면서 문제를 풀어 봅시다.

1 이유 부사절 문제

Iotero Electronics / provides / free technical support /
　　주어1　　　　　동사1　　　　　목적어1

------ customers can have the help / (they need).
　　　　주어2　　　　동사2　　목적어2

(A) in addition　　　(B) so that
(C) although　　　　(D) due to

단서 완벽한 문장 두 개를 연결하는 빈칸은 부사절 접속사 자리예요.

풀이 과정

STEP 1 보기 형태 확인: 보기에 부사절 접속사, 접속부사, 전치사구가 섞여 있다.

STEP 2 단서 확인: 주어, 동사, 목적어를 갖춘 완벽한 문장 두 개를 연결하는 빈칸은 접속사 자리다. 보기에 접속사가 두 개 있는데, 모두 부사절 접속사이므로 각 접속사를 빈칸에 넣어 해석이 자연스러운 것을 정답으로 고른다.

STEP 3 보기 분석: (A) in addition(게다가)은 '접속부사', (B) so that(~하기 위해서)은 '부사절 접속사', (C) although(~에도 불구하고)는 '부사절 접속사', (D) due to(~ 때문에)는 '전치사구'

STEP 4 정답 선택: '고객들이 도움을 받을 수 있도록 하기 위해서(so that) 무료 기술 지원을 제공한다'가 자연스러우므로 정답은 (B)!

해석 아이오테로 전자는 / 제공합니다 / 무료 기술 지원을 / 고객들이 도움을 받을 수 있도록 하기 위해서 / 그들이 필요로 하는

2 부사절 접속사 vs. 전치사 vs. 접속부사 문제

Motorists / will take a detour / ------ the new bridge is complete.
　주어1　　　동사1　　목적어　　　　　주어2　　동사2　보어

(A) still　　　　　(B) from
(C) until　　　　　(D) nevertheless

단서 완벽한 문장 두 개를 연결하는 빈칸은 부사절 접속사 자리예요.

풀이 과정

STEP 1 보기 형태 확인: 보기에 부사, 전치사, 부사절 접속사, 접속부사가 섞여 있다.

STEP 2 단서 확인: 빈칸 앞에 주어, 동사, 목적어를 갖춘 완전한 문장이 있고, 빈칸 뒤에도 주어, 동사, 보어를 갖춘 문장이 있으므로, 빈칸은 완벽한 문장 두 개를 연결하는 부사절 접속사 자리다.

STEP 3 보기 분석: (A) still(여전히)은 '부사', (B) from(~부터)은 '전치사', (C) until(~까지)은 '부사절 접속사', (D) nevertheless(그럼에도 불구하고)는 '접속부사'

STEP 4 정답 선택: 보기에 접속사는 until(~까지)뿐이므로 정답은 (C)!

해석 운전자들은 / 우회할 것이다 / 새 다리가 완공될 때까지

핵심 콕콕!

반드시 외우고 시험장에 가자!

1번 포인트!
보기에 부사절 접속사가 2개 이상 있을 경우, 해석을 통해 알맞은 접속사를 고른다.

2번 포인트!
보기에 부사, 부사절 접속사, 전치사, 접속부사가 섞여 있을 때 우선 빈칸 뒤의 구조를 본다.

단어 콕콕!

provide 제공하다
technical 기술의
motorist 운전자
detour 우회
complete 완성된, 완료된

자신감 쑥쑥! 실전 도전 Part 5

학습 목표 | 오늘 공부한 토익에 자주 출제되는 어휘와 대표 문장에 따른 문법 설명을 떠올리며 Part 5 실전 문제를 풀어 봅시다.

DAY 16 부사절

1. ------- she had previous experience, Ms. Garcia was able to quickly adapt to her new job.

   (A) How
   (B) Because
   (C) Either
   (D) When

2. The charity organization expressed gratitude to the local businesses for their ------- support.

   (A) hesitant
   (B) reluctant
   (C) generous
   (D) spacious

⏱3초문제

3. Ms. Garcia will be able to accommodate your schedule ------- you let her know in advance.

   (A) if
   (B) besides
   (C) until
   (D) not only

⏱3초문제

4. The company merger will occur ------- lawyers have finalized the contract.

   (A) usually
   (B) very
   (C) once
   (D) even

5. To get reimbursed for the business travel expenses, you should submit ------- receipts.

   (A) outdated
   (B) valid
   (C) costly
   (D) improper

6. The food and beverage will be served ------- the catering staff has finished setting up the buffet table.

   (A) until
   (B) despite
   (C) once
   (D) then

7. Since the company ------- its dress code last month, a growing number of employees have been wearing casual attire.

   (A) resigned
   (B) reserved
   (C) revised
   (D) resolved

⏱3초문제

8. ------- reports of accidents in the Brisbane Amusement Park, many people still visit the site every day.

   (A) Even if
   (B) Despite
   (C) However
   (D) Although

이거 어려워!

9. ------- there has been a decline in the tourist industry, Grant Hotels will postpone further expansion.

   (A) Even if
   (B) Since
   (C) Therefore
   (D) Regardless of

10. Any vacation requests should be submitted at least 4 weeks -------.

   (A) in detail
   (B) on purpose
   (C) by chance
   (D) in advance

자신감 쑥쑥! 실전 도전 Part 6

학습 목표 | 오늘 공부한 토익에 자주 출제되는 어휘와 대표 문장에 따른 문법 설명을 떠올리며 Part 6 실전 문제를 풀어 봅시다.

Questions 11-14 refer to the following online review.

Rating: Five Stars
User: JD McDowell

I recently visited Mick's Auto Body Shop on Jefferson Street. I have noticed that some reviewers here said the work was done by inexperienced technicians. -------, I had an
11.
overwhelmingly positive experience.

My vehicle was badly damaged, but the shop's specialists had the ------- to make it
12.
look new again. -------.
13.

-------, I would recommend anyone in need of auto body work to visit Mick's Auto
14.
Body Shop without hesitation.

11. (A) In addition
(B) However
(C) After
(D) When

12. (A) expertise
(B) article
(C) revision
(D) session

13. (A) Furthermore, they did it for less than their original estimate.
(B) Particularly, they came to my place to do the service.
(C) Unfortunately, I was very disappointed in their lack of professionalism.
(D) In fact, they helped me to choose a right model.

14. (A) Although
(B) Due to
(C) Therefore
(D) Nevertheless

이것만은 꼭! 기억하세요.

부사절

개념 1 부사절의 역할과 위치

The foundation / received / generous
부사 역할을 하는 문장(절)
financial support / [**when** they held
their annual fund-raiser].

재단은 / 받았다 / 넉넉한 재정 지원을
/ [그들이 연례 모금 행사를 개최했을 때]

> • 부사절은 주절을 수식하는
> 부사 역할을 합니다.

개념 2 부사절의 종류 – 1. 시간과 조건 부사절

Employees / encountered problems /
시간을 나타내는 부사절(~하는 동안에)
[**while** they used the new software].

직원들은 / 문제에 직면했다 / [그들이 새 소프트웨어를 사용
하는 동안에]

> • 때나 상황, 조건을 나타내는 부사절이 있습니다.

개념 3 부사절의 종류 – 2. 이유 부사절

The directors / are not tired /
이유를 나타내는 부사절(~하기 때문에)
[**since** they are accustomed to
working long hours].

관리자들은 / 피곤하지 않다 / [그들은 긴 시간 근무하는 것에
익숙하기 때문에]

> • 이유를 나타내는
> 부사절이 있습니다.

개념 4 부사절의 종류 – 3. 양보 부사절

양보를 나타내는 부사절(~에도 불구하고)
[**Although** the main office / has
limited parking spaces], / it is easily
accessible / by public transport.

[본사는 / 주차 공간이 협소함에도 불구하고 / 쉽게 갈 수 있
다 / 대중교통으로

> • 양보의 부사절은 주절과 내용이 상반됩니다.

개념 5 부사절의 종류 – 4. 기타 주요 부사절

Employees / need to work efficiently
목적을 나타내는 부사절(~하기 위해서)
/ [**so that** they can increase
productivity].

직원들은 / 효율적으로 일해야 한다 / [생산성을 향상시킬 수
있도록 하기 위해서]

> • 시간과 조건, 이유, 양보 이외에도 기타 부사절이 있습니다.

개념 6 부사절 접속사 vs. 전치사 vs. 접속부사

부사절 접속사   절(주어 + 동사)
[**Although** the product is good,] /

they will not manufacture it /
전치사   명사
due to its overall low profitability.

[제품이 좋음에도 불구하고 / 그들은 그것을 만들지 않을 것
이다 / 전반적으로 낮은 수익성 때문에

> • 부사절 접속사 뒤에는 절이 오고 전치사 뒤에는 명사가
> 옵니다. 접속부사는 두 개의 문장 사이에 위치합니다.

Good job! 내일 또 바인!

DAY 17

명사절

요기서 몸풀기!

명사절 문제는 출제 빈도가 낮은 편인데, 주로 명사절 접속사 that과 what을 구별하는 문제가
나와요.

1 **명사절은 문장의 어디에 위치해야 할까요?**
명사의 역할을 하는 문장(절)을 명사절이라고 불러요. 따라서, 명사절은 주어와 보어,
동사의 목적어, 전치사의 목적어 자리에 쓰여요.

2 **다양한 명사절 접속사가 있는데, 그것들의 차이는 무엇일까요?**
명사절 접속사는 각각의 의미와 함께 뒤에 완전한 문장이 오는지 불완전한 문장이
오는지에 따라 차이가 있어요.

토익 빈출 단어! **Check up!**   아래 단어를 보고, 이미 알고 있는 단어에 ✔ 표시해 봅시다.

중요도 ⭐⭐⭐

☐ momentarily   ☐ strictly   ☐ originally   ☐ quickly   ☐ temporarily

☐ securely   ☐ reserve   ☐ present   ☐ forward   ☐ organize

☐ serve   ☐ avoid   ☐ stock   ☐ accommodate

중요도 ⭐⭐

☐ halt   ☐ adhere   ☐ right   ☐ lecture   ☐ inquiry

☐ gathering   ☐ refreshment   ☐ congestion

중요도 ⭐

☐ refurbishment   ☐ complete   ☐ prohibit   ☐ pet   ☐ trade

Vocabulary

토익이 좋아하는 **짝꿍표현**

학습 목표 | 토익 Part 5&6의 핵심인 어휘 문제를 한 방에 해결할 수 있는 토익 짝꿍표현들을 먼저 익혀 봅시다.

1 부사 + 동사

momentarily halt
잠시 멈추다

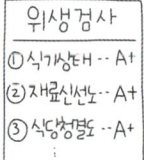

strictly adhere to
~을 엄격히 준수하다

be **originally** scheduled
원래 (~하도록) 예정되어 있다

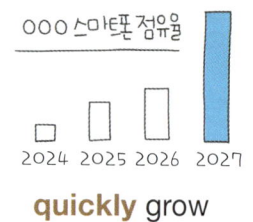

quickly grow
빠르게 성장하다

temporarily close
일시적으로 문을 닫다

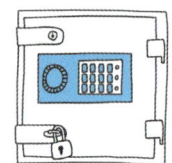

securely store
안전하게 보관하다

짝꿍표현 뜯어보기

momentarily
(부) 잠시, 잠깐
(파) momentary (형) 잠시의

halt
(동) 멈추다, 중지하다
(명) 중지

strictly
(부) 엄격하게
(파) strict (형) 엄격한

adhere to
(동) ~을 준수하다

securely
(부) 안전하게, 단단하게
(파) secure (형) 안전한

store
(동) 보관하다
(명) 가게

right
(명) 권리, 권한, 오른쪽
(형) 오른쪽의 (부) 오른쪽으로

forward
(동) 보내다 (부) 앞으로
(형) 앞으로 향하는

inquiry
(명) 문의사항
(파) inquire (동) 문의하다

organize
(동) 조직하다
(파) organization (명) 조직

gathering
(명) 모임
(파) gather (동) 모으다

serve
(동) 제공하다

refreshment
(명) 다과

congestion
(명) 체증, 혼잡

stock
(동) (물건 따위를) 채우다
(명) 재고

accommodate
(동) (공간에) 수용하다

2 동사 + 목적어

reserve the right
권리가 있다

present a lecture
강의를 하다

forward inquiries
문의사항을 보내다

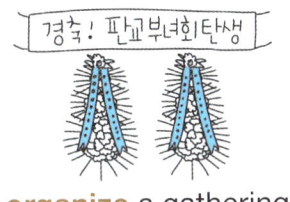
organize a gathering
모임을 조직하다

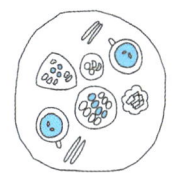
serve refreshments
다과를 제공하다

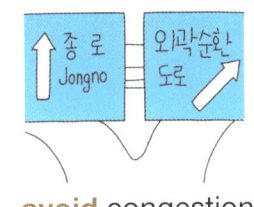
avoid congestion
교통체증을 피하다

stock items
물건을 채우다

accommodate offices
사무실을 수용하다

토익정답과 친해지는 **EXERCISE** 빈칸에 알맞은 단어를 선택하세요. 정답 및 해석/해설 p. 108

1 The refurbishment of the building was ------- scheduled to be completed by last Friday.

(A) strictly   (B) originally

2 Our restaurant ------- the right to prohibit people from entering with their pets.

(A) avoids   (B) reserves

3 The new trade center in Hong Kong can ------- more than 2,000 offices.

(A) stock   (B) accommodate

어휘 refurbishment 새 단장 complete 완료하다, 완성하다 prohibit A from -ing A가 ~하는 것을 금지하다 pet 애완동물
avoid 피하다 reserve 가지다, 보유하다 trade 무역 more than ~이상의

 Grammar

명사절

학습 목표 | 명사절의 역할과 종류를 배워 봅시다

개념 ① **명사절의 역할** 명사절은 주어/보어/목적어 등 명사 역할을 합니다.

명사 역할을 하는 문장(절)

The president / believes / [**that** stock prices / will increase substantially].

회장은 / 믿는다 / [주가가 / 크게 오를 거라는 것]을

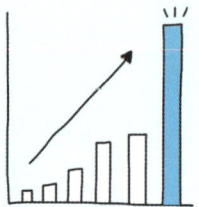

명사절은 '**명사절 접속사 + 문장(절)**' 형태이며, **명사 역할**을 한다.

I believe [**that** Henry is a good person].
　　　　　　명사절 접속사　　　　문장(주어 + 동사)
나는 [헨리가 좋은 사람이라는 것]을 믿는다.

→ that Henry is a good person(헨리가 좋은 사람이라는 것)은 believe의 목적어로 쓰였습니다. 목적어로 쓸 수 있는 품사는 명사이므로 문장(절)이 명사의 역할을 할 때 명사절이라고 불러요.

We are curious about [**who** will receive this year's CEO
　　　　　　　　　　　　명사절 접속사　　　　　불완전한 문장
award]. 우리는 [누가 올해 CEO상을 받을지] 궁금하다.

→ who will receive this year's CEO award(누가 올해 CEO상을 받을지)는 전치사 about의 목적어로 쓰였습니다. 목적어로 쓸 수 있는 품사는 명사이므로 who절 역시 명사절이라고 불러요.

📍 **부사절 vs. 명사절**

부사절은 단지 주절을 꾸며주는 역할을 하지만, 명사절은 문장에서 필수 성분인 명사 역할을 한다는 점에서 차이가 있다.

토익정답과 친해지는 **EXERCISE** 명사절 부분에 밑줄을 그으세요.

정답 및 해석/해설 p. 109

1 I heard that Mr. Gibbs would promote a new mobile game.

2 Ravera Co. should feel proud of what it has done for green growth.

3 The problem is that the project is behind schedule for about two to three months.

🏷️ **단어 콕콕!**

promote 홍보하다
proud 자랑스러워하는
green growth 녹색 성장, 친환경 성장
behind schedule 예정보다 늦은

 **개념 2** **명사절의 위치** 명사절은 주어/보어/목적어 등 명사 자리에 위치할 수 있습니다.

동사의 목적어 자리

The report indicates / [**that** consumer spending / has risen dramatically].

보고서는 나타낸다 / [개인 소비가 / 급격히 상승했다는 것]을

명사절은 **주어/보어/동사의 목적어/전치사의 목적어 자리**에 올 수 있다.

❶ 주어

[**Who** took the picture] is unclear. [누가 사진을 찍었는지]는 분명하지 않다.
　　　　주어 역할

→ took the picture 앞에 명사절 접속사인 who가 와서 Who ~ picture는 명사절이 되었으므로 전체 문장의 주어 역할을 할 수 있어요.

❷ 보어

The fact is [**that** Sam is too young]. 사실은 [쌤이 너무 어리다는 것]이다.
　　　　　　　보어 역할

→ 절(Sam is too young) 앞에 명사절 접속사인 that이 와서 that ~ young은 명사절이 되었으므로 동사(is)의 보어 역할을 할 수 있어요.

❸ 동사의 목적어

We expect [**that** the event will be successful].
　　　　　　　동사의 목적어 역할

우리는 [그 행사가 성공적일 것]이라고 예상한다.

→ 절(the event will be successful) 앞에 명사절 접속사인 that이 와서 that ~ successful은 명사절이 되었으므로 동사(expect)의 목적어 역할을 할 수 있어요.

❹ 전치사의 목적어

Taylor talked about [**what** he learned today].
　　　　　　　　전치사의 목적어 역할

테일러는 [그가 오늘 무엇을 배웠는지]에 관해 이야기했다.

→ 절(he learned today) 앞에 명사절 접속사인 what이 와서 what ~ today는 명사절이 되었으므로 전치사(about)의 목적어 역할을 할 수 있어요.

앗! 이거 주의해야 돼!
명사절은 전치사의 목적어 자리에 올 수 있지만 명사절 중 if절/that절은 올 수 없다.

토익정답과 친해지는 EXERCISE 다음 중 알맞은 것을 선택하세요.

정답 및 해석/해설 p. 109

1 Mr. Obi predicted (that / although) the congestion would halt momentarily.

2 (While / What) Ms. Rivers presents the lecture, she is required to answer questions.

3 Working cooperatively is (what / since) most employees should do.

단어 꼭꼭!

predict 예측하다
congestion 교통체증
halt 멈추다, 중단하다
momentarily 잠시
present 발표하다, 제시하다
lecture 강의
require 요구하다
cooperatively 협력하여

 **개념 3** **명사절 접속사의 종류 – 1. that** 명사절 접속사 that은 완전한 문장을 이끌며, '~라는 것'으로 해석됩니다.

that 완전한 문장
[**That** the company strictly adheres to the contract] /
is encouraging.

[회사가 계약을 엄격히 준수하는 것]은 / 고무적이다

---

that이 이끄는 명사절은 '~라는 것'으로 해석된다. 명사절 접속사 **that은 완전한 문장을 이끈다**.

❶ 주어

[**That** Rena designed the chair] was not true.
　　that　　　　완전한 문장
[레나가 그 의자를 디자인했다는 것]은 사실이 아니었다.

→ that 뒤에는 주어(Rena), 동사(designed), 목적어(the chair)가 있는 완전한 문장이 왔어요.

❷ 보어

The problem is [**that** the product was not shipped yet].
　　　　　　　　that　　　　　　완전한 문장
문제는 [그 상품이 아직 배송되지 않았다는 것]이다.

→ that 뒤에는 주어(the product)와 목적어가 필요 없는 수동태 동사(was not shipped)가 쓰인 완전한 문장이 왔어요.

❸ 동사의 목적어

I know [**that** you are a creative artist].
　　　　that　　　　완전한 문장
나는 [당신이 창조적인 예술가라는 것]을 안다.

→ that 뒤에는 주어(you), 동사(are), 보어(a creative artist)가 있는 완전한 문장이 왔어요.

🔹 동사의 목적어로 쓰일 때의 명사절 접속사 that

that이 이끄는 명사절이 동사의 목적어로 쓰일 때, that은 생략할 수 있다.
예)
I know [**that** you are busy].
= I know [you are busy].
나는 [당신이 바쁘**다는 것**]을 안다.

토익정답과 친해지는 EXERCISE 다음 중 알맞은 것을 선택하세요.

정답 및 해석/해설 p. 110

1 The manual specifies (that / because) all inquiries should be forwarded to Ms. Nixon.

2 The issue is (that / although) Mr. Chang was originally scheduled to meet you yesterday.

3 (That / Since) the architect designed the room poorly made customers annoyed.

단어 콕콕!

manual 안내책자
specify 명시하다
inquiry 문의사항
forward 보내다, 전송하다
originally 원래
be scheduled to V ~할 예정이다
architect 건축가
annoyed 화난, 짜증난

개념 4 명사절 접속사의 종류 – 2. who/what

명사절 접속사 who와 what은 불완전한 문장을 이끌며 '누구를[무엇을] ~인지, ~이 누구[무엇]인지'로 해석됩니다.

Employees / are wondering / [**what** their training programs are].
what 불완전한 문장

직원들은 / 궁금해한다 / [그들의 훈련 프로그램이 무엇인지]

who가 이끄는 명사절은 '**누가/누구를 ~인지**', what이 이끄는 명사절은 '**무엇을 ~인지, ~이 무엇인지**'로 해석된다. 명사절 접속사 who와 what은 주어나 목적어나 보어가 없는 **불완전한 문장**을 이끈다.

❶ 주어

[**Who** won the prize] was not known.
who 불완전한 문장(주어가 없음)

[누가 상을 받았는지]는 알려지지 않았다.

➜ who 뒤에 주어가 없는 불완전한 문장이 왔어요.

❷ 보어

My concern is [**who** the man loves].
who 불완전한 문장(목적어가 없음)

나의 관심사는 [그 남자가 누구를 사랑하는지]이다.

➜ who 뒤에 목적어가 없는 불완전한 문장이 왔어요.

❸ 동사의 목적어

I know [**what** you like]. 나는 [당신이 무엇을 좋아하는지]를 안다.
what 불완전한 문장(목적어가 없음)

➜ what 뒤에 목적어가 없는 불완전한 문장이 왔어요.

❹ 전치사의 목적어

I am aware of [**what** your plans are].
what 불완전한 문장(보어가 없음)

나는 [당신의 계획이 무엇인지]를 안다.

➜ what 뒤에 보어가 없는 불완전한 문장이 왔어요.

토익정답과 친해지는 EXERCISE 다음 중 알맞은 것을 선택하세요.

정답 및 해석/해설 p. 110

1 (What / That) makes this application special is its ability to securely store all your information.

2 The manager will determine (that / who) will organize the farewell gathering.

3 This document indicates (that / what) you should submit for prompt reimbursement.

토익 고수 단계!🔥

what이 '무슨, 어느'라는 의미일 때는 뒤에 완전한 문장이 올 수 있다.

예)

They want to know [**what** programs are
완전한 문장

helpful].

그들은 [**무슨** 프로그램이 도움이 되는지] 알고 싶어 한다.

🔖 단어 쏙쏙!

application 응용프로그램
ability 능력
securely 안전하게
store 저장하다, 보관하다
determine 결정하다
farewell 작별
organize 조직하다
gathering 모임
indicate 보여주다
submit 제출하다
prompt 즉각적인
reimbursement 상환, 배상

 명사절 접속사 if와 whether는 완전한 문장을 이끌며 '~인지 (아닌지)'로 해석됩니다.

The committee / will determine / [**whether** refreshments will be served / during the reception].

위원회는 / 결정할 것이다 / [다과를 제공할지 (안 할지)를 / 만찬회 동안]

명사절 접속사 if나 whether는 완전한 문장을 이끌며 '~인지 (아닌지)'로 해석된다.

❶ 주어

[**Whether** Mary will join our club or not] is not certain.

[매리가 우리 클럽에 가입할지 안 할지]는 확실하지 않다.

→ whether 뒤에 주어(Mary), 동사(will join), 목적어(our club)가 있는 완전한 문장이 왔어요.

❷ 보어

The question is [**whether** Susie is available tonight].

문제는 [수지가 오늘 밤 시간이 있는지 없는지]이다.

→ whether 뒤에 주어(Susie), 동사(is), 보어(available)가 있는 완전한 문장이 왔어요.

❸ 동사의 목적어

We questioned [**if** the machine was fixed].

우리는 [그 기계가 고쳐졌는지 아닌지]를 물어보았다.

→ if 뒤에 주어(the machine)와 목적어가 필요 없는 수동태 동사(was fixed)가 쓰인 완전한 문장이 왔어요.

❹ 전치사의 목적어

Joan was uncertain about [**whether** she ordered the book]. 조앤은 [그녀가 그 책을 주문했는지 안 했는지]에 대한 확신이 없었다.

→ whether 뒤에 주어(she), 동사(ordered), 목적어(the book)가 있는 완전한 문장이 왔어요.

♀ if절

문장의 주어 자리와 전치사의 목적어 자리에는 올 수 없다. 부사절 접속사 if(만약~라면)와 혼동하지 않도록 주의해야 한다.

♀ whether절

whether는 명사절/부사절 접속사로 모두 쓸 수 있다. 단, 형태에 차이가 있다.
1) 명사절 접속사(~인지 아닌지) whether, whether ~ or (not)
2) 부사절 접속사(~이든 아니든) whether ~ or (not)
→ whether 단독으로 쓰이면 명사절 접속사예요.

토익정답과 친해지는 EXERCISE 다음 중 알맞은 것을 선택하세요.

정답 및 해석/해설 p. 111

1 Mr. Goh wants to know (who / whether) the building can accommodate all the offices.

2 Regardless of (what / whether) we can avoid congestion, we must leave shortly after the meeting.

3 Please indicate in advance (who / whether) the requested items will be stocked.

● 단어 콕콕

accommodate
수용하다
regardless of ~에 상관
없이
avoid 피하다
congestion 교통체증
shortly 곧, 이내
indicate 나타내다,
보여주다
in advance 미리
stock (물건 따위를) 채우다

개념 **6** 명사절 접속사의 종류 – 4. when/where/how/why

명사절 접속사 when/where/how/why는 완전한 문장을 이끌며 '언제/어디서/어떻게/왜 ~는지'로 해석됩니다.

The article / focused on / [**how** office supplies can be managed efficiently].
                               how   완전한 문장

그 기사는 / 중점을 두었다 / [어떻게 사무용품이 효율적으로 관리되는지]에

---

when/where/how/why는 완전한 문장을 이끌며 각각 '언제/어디서/어떻게/왜 ~는지'로 해석된다.

❶ 주어

[**When** the event will start] cannot be told.
  when   완전한 문장

[언제 그 행사가 시작될지]는 말해 줄 수 없다.

➜ when 뒤에 주어(the event)와 자동사(will start)가 쓰인 완전한 문장이 왔어요.

❷ 보어

The issue is [**where** we should install the oven].
           where   완전한 문장

문제는 [어디에 우리가 그 오븐을 설치해야 하는지]이다.

➜ where 뒤에 주어(we), 동사(should install), 목적어(the oven)가 있는 완전한 문장이 왔어요.

❸ 동사의 목적어

Ginger explained [**why** the festival was postponed].
          why   완전한 문장

진저는 [왜 그 축제가 연기되었는지] 설명했다.

➜ why 뒤에 주어(the festival)와 수동태 동사(was postponed)가 쓰인 완전한 문장이 왔어요.

❹ 전치사의 목적어

We need advice on [**how** we should solve our problems].
            how   완전한 문장

우리는 [어떻게 우리의 문제를 해결해야 할지]에 관한 조언이 필요하다.

➜ how 뒤에 주어(we), 동사(should solve), 목적어(our problems)가 있는 완전한 문장이 왔어요.

토익 고수 단계! 🔥

명사절 접속사 뒤에는 보통 문장의 형태가 오지만, 의문사(who, when, where, what, how) 뒤에는 to부정사 형태도 올 수 있다. (단, 'why + to부정사'는 잘 안 쓰임)

예)

Ms. Clyde doesn't know [**what** to do].
               의문사 to부정사

클라이드 씨는 [무엇을 해야 할지] 모른다.

단어 쏙쏙!

install 설치하다
postpone 연기하다
account for ~을 설명하다
loss 손실
client 고객
address (문제 등을) 다루다
handle 처리하다
complaint 불만, 불평
effectively 효과적으로
indicate 나타내다
temporarily 일시적으로
facility 시설

토익정답과 친해지는 EXERCISE 다음 중 알맞은 것을 선택하세요.

정답 및 해석/해설 p. 111

1 (Though / How) we will account for the loss of clients will be addressed in the meeting.

2 Employees attended a workshop on (what / how) employees can handle customer complaints effectively.

3 The notice indicated (what / where) will be temporarily closed among company facilities.

토익 대표 유형 분석하기

학습 목표 | 문제의 유형을 확인한 후, 지문의 구조와 단서를 파악하면서 문제를 풀어 봅시다.

1 명사절 접속사 that 문제

Because of recent accidents, / a sign now **indicates** /
　　　부사구　　　　　 주어　　부사　　동사
------- running down the stairs / is prohibited.
　　　　　목적어(명사절)　　　　　　　　단서

(A) that　　　　　　(B) who
(C) what　　　　　　(D) about

> **단서**
> 타동사와 완전한 문장 사이의
> 빈칸은 명사절 접속사 자리예요.

풀이 과정

STEP 1 보기 형태 확인: 보기에 명사절 접속사와 전치사가 섞여 있다.

STEP 2 단서 확인: 빈칸은 동사(indicates)의 목적어 자리에 있다. 빈칸 뒤에 '주어 + 동사의 수동태' 형태의 절이 있으므로 빈칸은 완전한 문장을 이끄는 명사절 접속사 자리다.

STEP 3 보기 분석: (A) that은 '완전한 문장을 이끄는 명사절 접속사', (B) who는 '불완전한 문장을 이끄는 명사절 접속사', (C) what은 '불완전한 문장을 이끄는 명사절 접속사', (D) about은 '전치사'

STEP 4 정답 선택: 보기에 완전한 문장을 이끄는 명사절 접속사는 that뿐이므로 정답은 (A)!

해석 최근의 사고 때문에 / 표지판은 현재 나타낸다 / 계단을 뛰어 내려가는 것은 / 금지된다고

---

2 명사절 접속사 what 문제

After weeks of speculation, / many consumers / still **wonder** /
　　　　부사구　　　　　　　　주어　　　　 부사　　동사
------- the Tech Co.'s new product will be.
　　　목적어(명사절)

(A) about　　　　　　(B) what
(C) whether　　　　　(D) that

> **단서**
> 타동사와 (주어, 보어, 목적어 중 하나가
> 빠진) 불완전한 문장 사이의 빈칸은 명
> 사절 접속사 자리예요.

풀이 과정

STEP 1 보기 형태 확인: 보기에 전치사와 명사절 접속사가 섞여 있다.

STEP 2 단서 확인: 빈칸은 동사(wonder)의 목적어 자리에 있다. 빈칸 뒤에 주격 보어가 빠진 불완전한 문장이 있으므로 빈칸은 불완전한 문장을 이끄는 명사절 접속사 자리다.

STEP 3 보기 분석: (A) about은 '전치사', (B) what은 '불완전한 문장을 이끄는 명사절 접속사', (C) whether는 '완전한 문장을 이끄는 명사절 접속사', (D) that은 '완전한 문장을 이끄는 명사절 접속사'

STEP 4 정답 선택: 보기에 불완전한 문장을 이끄는 명사절 접속사는 what뿐이므로 정답은 (B)!

해석 몇 주간의 추측 후에 / 많은 소비자들은 / 여전히 궁금해한다 / 테크 사의 신제품이 무엇일지

> **핵심 콕콕!**
> 반드시 외우고 시험장에 가자!
>
> **1번 포인트!**
> 완전한 문장을 이끄는 명사절 접속사에는 that, if, whether, when, where, how, why, whose가 있다.
>
> **2번 포인트!**
> 불완전한 문장을 이끄는 명사절 접속사에는 who, whom, what, which가 있다.
>
> **단어 콕콕!**
> because of ~ 때문에
> indicate 나타내다
> prohibit 금지하다
> speculation 추측, 짐작
> consumer 소비자
> product 제품

자신감 쑥쑥! 실전 도전 Part 5

학습 목표 | 오늘 공부한 토익에 자주 출제되는 어휘와 대표 문장에 따른 문법 설명을 떠올리며 Part 5 실전 문제를 풀어 봅시다.

1. ------- she wrote the proposal, Ms. Kim gathered all the necessary data and information.

   (A) Rather
   (B) Whether
   (C) Before
   (D) Why

2. Ms. Kim, the marketing department head, is determining ------- it would be more efficient to outsource the project.

   (A) about
   (B) according to
   (C) whether
   (D) because

3. To avoid accidents, visitors to our construction site should ------- adhere to the safety rules.

   (A) creatively
   (B) strictly
   (C) nearly
   (D) seemingly

이거 어려워!

4. A meeting will be held about ------- XZP Consulting should hire additional staff.

   (A) whether
   (B) now that
   (C) what
   (D) who

5. The east wing of Plaza Hotel will be ------- closed until the remodeling is completed.

   (A) previously
   (B) considerably
   (C) fairly
   (D) temporarily

3초 문제

6. The safety handbook for all employees indicates ------- stairs should be used in case of fire.

   (A) and
   (B) while
   (C) that
   (D) though

7. Any inquiry about the reservation should be ------- to Natalie Hassel in the customer service department.

   (A) forwarded
   (B) located
   (C) instructed
   (D) benefited

3초 문제

8. The article in May issue describes ------- Mr. Lee expanded his small company into a multinational corporation.

   (A) what
   (B) about
   (C) how
   (D) since

9. The quality control team is trying to determine ------- caused the defects in the latest product line.

   (A) when
   (B) what
   (C) where
   (D) that

10. Mr. Silva was promoted to manager as a result of successfully ------- this year's nationwide gathering.

   (A) observing
   (B) applying
   (C) organizing
   (D) specializing

자신감 쑥쑥! 실전 도전 Part 6

학습 목표 | 오늘 공부한 토익에 자주 출제되는 어휘와 대표 문장에 따른 문법 설명을 떠올리며 Part 6 실전 문제를 풀어 봅시다.

Questions 11-14 refer to the following press release.

April 2 — Ling Corporation announced ------- construction of a new apartment
　　　　　　　　　　　　　　　　　　　　11.
complex on Stewart Lane will begin on April 20.

-------. Because of this delay, the corporation was forced to ------- its deadline for the
12.　　　　　　　　　　　　　　　　　　　　　　　　　　　　　　13.
project as well.

To follow progress of the work, simply ------- www.lingcorp.com/stewartcomplex. Any
　　　　　　　　　　　　　　　　　　　　14.
questions can be submitted online.

---

11. (A) before
(B) that
(C) this
(D) what

12. (A) Many expect that the construction
will cause terrible traffic congestions.
(B) The facilities will include a pool, gym
and resident clubhouse.
(C) After careful planning, the project is
expected to be complete in June.
(D) Previous plans in March were
interrupted by a late winter storm.

13. (A) adjust
(B) react
(C) send
(D) enter

3초문제

14. (A) visit
(B) visits
(C) visiting
(D) visited

이것만은 꼭! 기억하세요.

명사절

개념 1 명사절의 역할

The president / believes /
명사 역할을 하는 문장(절)
[**that** stock prices / will increase
substantially].

회장은 / 믿는다 / [주가가 / 크게 오를 거라는 것]을

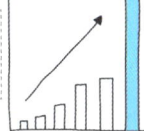

> 명사절은 주어/보어/목적어 등
> 명사 역할을 합니다.

개념 2 명사절의 위치

The report indicates /
동사의 목적어 자리
[**that** consumer spending / has risen
dramatically].

보고서는 나타낸다 / [개인 소비가 / 급격히 상승했다는 것]을

> 명사절은 주어/보어/목적어 등
> 명사 자리에 위치할 수 있습니다.

개념 3 명사절 접속사의 종류 – 1. that

that　　　완전한 문장
[**That** the company strictly adheres
to the contract] / is encouraging.

[회사가 계약을 엄격히 준수하는 것]은 / 고무적이다

> 명사절 접속사 that은 완전한 문장을
> 이끌며, '~라는 것'으로 해석됩니다.

개념 4 명사절 접속사의 종류 – 2. who/what

Employees / are wondering /
what　　　불완전한 문장
[**what** their training programs are].

직원들은 / 궁금해한다 / [그들의 훈련 프로그램이 무엇인지]

> 명사절 접속사 who와 what은
> 불완전한 문장을 이끌며 '누구를
> [무엇을]~인지, ~이 누구[무엇]
> 인지'로 해석됩니다.

개념 5 명사절 접속사의 종류 – 3. if/whether

The committee / will determine /
whether　　　완전한 문장
[**whether** refreshments will be
served / during the reception].

위원회는 / 결정할 것이다 / [다과를 제공할지 (안 할지)를 /
만찬회 동안]

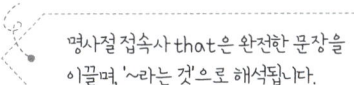

> 명사절 접속사 if와 whether는 완전한 문장을 이끌며
> '~인지 (아닌지)'로 해석됩니다.

개념 6 명사절 접속사의 종류 – 4. when/where/how/why

The article / focused on / [how
완전한 문장
office supplies can be managed
efficiently].

그 기사는 / 중점을 두었다 / [어떻게 사무용품이 효율적으로
관리되는지]에

> 명사절 접속사 when/where/how/why는 완전한 문장을
> 이끌며 '언제/어디서/어떻게/왜 ~는지'로 해석됩니다.

Good Job 내일 또 봐요!

DAY 18

형용사절

요기서 몸풀기!

형용사절은 주로 빈칸에 알맞은 관계대명사를 고르는 문제가 나오며, '주격>소유격>목적격' 순의 출제 비중을 보여요.

1 **문장에서 형용사절의 역할을 무엇일까요?**
형용사 역할을 하게 된 문장을 형용사절이라고 불러요. 항상 명사 뒤에서 명사를 수식해요.

2 **다양한 관계대명사가 있는데, 그것들의 차이는 무엇일까요?**
who, which, that, whose 등 다양한 관계대명사가 있는데, 각각 사람/사물 중 무엇을 수식하느냐, 어떤 형태의 문장을 이끄느냐에 따라 차이가 있어요.

중요도 ⭐⭐⭐

☐ knowledgeable ☐ immediate ☐ following ☐ nearby ☐ scenic

☐ absolute ☐ anonymous ☐ healthful ☐ renowned ☐ outsource

☐ welcome ☐ acquire ☐ overcome ☐ distribute

중요도 ⭐⭐

☐ retailer ☐ opening ☐ route ☐ confidence ☐ donation

☐ patron ☐ property ☐ difficulty ☐ manual

중요도 ⭐

☐ delay ☐ connecting ☐ orphanage ☐ considerably ☐ decide

Vocabulary

토익이 좋아하는 **짝꿍표현**

학습 목표 | 토익 Part 5&6의 핵심인 어휘 문제를 한 방에 해결할 수 있는 토익 짝꿍표현들을 먼저 익혀 봅시다.

1 형용사 + 명사

a **knowledgeable** retailer
아는 것이 많은 소매업자

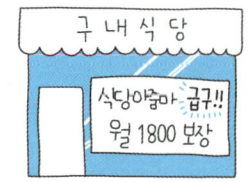

an **immediate** opening
바로 채용 가능한 일자리

the **following** day
다음날

a **nearby** hotel
근처의 호텔

a **scenic** route
경치가 좋은 길

absolute confidence
완전한 자신감

짝꿍표현 뜯어보기

knowledgeable
형 아는 것이 많은
파 knowledge 명 지식

retailer
명 소매업자, 소매업체
파 retail 명 소매

following
형 (the ~) 다음의
전 ~후에

nearby
형 근처의, 인근의

scenic
형 경치가 좋은

absolute
형 완전한, 절대적인
파 absolutely 부 전적으로

confidence
명 자신감
파 confident 형 자신이 있는

anonymous
형 익명의
파 anonymity 명 익명

donation
명 기부
파 donate 동 기부하다

healthful
형 건강에 좋은
파 health 명 건강

outsource
동 외주로 맡기다, 아웃소싱하다

patron
명 고객, 후원자
파 patronize 동 단골로 삼다

acquire
동 얻다, 인수하다
파 acquisition 명 인수

property
명 재산, 부동산

overcome
동 극복하다

distribute
동 나누어 주다, 유통시키다
파 distribution 명 분배, 유통

an anonymous donation
익명의 기부

a healthful meal
건강에 좋은 음식

a renowned artist
유명한 예술가

2 동사 + 목적어

outsource the work
일을 외주로 맡기다

welcome patrons
고객을 맞이하다

acquire property
부동산을 구입하다

overcome difficulties
어려움을 극복하다

distribute the manual
매뉴얼을 나누어 주다

토익정답과 친해지는 **EXERCISE** 빈칸에 알맞은 단어를 선택하세요.

정답 및 해석/해설 p. 115

1 Due to the long delay, passengers for the connecting flight were advised to stay at a ------- hotel.

(A) nearby   (B) satisfied

2 During the Christmas season, ------- donations to orphanages increase considerably.

(A) anonymous   (B) renowned

3 Robson Toys has decided to ------- the work from next month.

(A) overcome   (B) outsource

어휘   due to ~때문에   delay 지연   passenger 승객   connecting flight 연결 항공편   be advised to V ~하도록 권고받다
donation 기부(금, 물품)   orphanage 고아원   considerably 상당히   decide to V ~하기로 결정하다

DAY **18**

Grammar

형용사절

학습 목표 | 형용사절(관계대명사절)의 역할과 종류를 배워 봅시다.

개념 **1** 형용사절(관계대명사절)의 역할과 위치

형용사절은 앞의 명사를 수식하는 형용사 역할을 합니다.

명사 수식

형용사 역할을 하는 문장(절)

We will hire / an applicant / [**who** has a lot of expertise].

우리는 고용할 것입니다 / 지원자를 / [많은 전문 지식을 가지고 있는]

1 형용사절은 '관계대명사 + 불완전한 문장' 형태이며 앞에 있는 명사를 수식하는 형용사 역할을 한다.

I saw a man [**who** looked like you].

명사 관계대명사 불완전한 문장(주어가 없음)

나는 [당신과 닮은] 한 남자를 보았다.

→ who looked like you(당신과 닮은)가 앞에 있는 명사 a man(한 남자)을 수식합니다. 명사를 수식하는 품사는 형용사이죠? 이처럼 문장(절)이 형용사 역할을 할 때 형용사절(관계대명사절)이 라고 불러요. 그리고 문장(절) 앞에 와서 형용사절(관계대명사절)로 만들어주는 것이 관계대명사 예요.

2 관계대명사절은 명사 뒤에서만 수식할 수 있다.

the man [**who** I met yesterday] [어제 내가 만났던] 그 남자

the book [**which** was written by Ms. Yoon]

[윤 씨에 의해 쓰인] 그 책

> **선행사란?**
>
> 관계대명사 앞에서 관계대명 사절의 수식을 받는 명사를 선 행사라고 부른다. 이 선행사가 사람이냐 사물이냐에 따라 관 계대명사 형태가 결정된다.

──── **토익정답**과 친해지는 **EXERCISE** 다음 중 알맞은 것을 선택하세요. ────

정답 및 해석/해설 p. 116

1 Candidates (who / they) are interested in our immediate job openings are on this list.

2 The costs are cheaper (who / when) we outsource the work to a different company.

3 The invoice (which / it) was received the following business day is in the folder.

> **단어 콕콕!**
>
> candidate 지원자, 후보자
> be interested in
> ~에 관심이 있다
> immediate 즉각의,
> 즉시의
> cost 비용
> outsource 외부에
> 위탁하다, 아웃소싱하다
> invoice 송장
> following 그 다음의
> business day 영업일

관계대명사 who/whom은 사람을 수식하며
주어나 목적어가 없는 문장을 이끕니다.

사람 명사 who   주어가 없는 문장
Anyone / [**who** submitted required documents] / will be
promptly reimbursed.

누구든지 / [구비 서류를 제출한] / 즉시 상환받을 것이다

1 관계대명사 who는 한 문장의 주어를 대신하면서 그 문장을 형용사절로 만든다.
who는 앞에 있는 사람 명사를 수식하는 역할을 하는데, 이때 주어를 대신하기 때
문에 주격 관계대명사라고 한다.

Cindy [**who** works with me] is a good writer.
사람 명사 who   주어가 없는 문장

[나와 함께 일하는] 신디는 좋은 작가이다.

→ works with me 앞에 주어 자리가 비어 있으므로 주어를 대신할 말이 필요해요. 또한, 앞의 사람
명사(Cindy)를 수식할 수 있어야 하므로 주격 관계대명사 who가 쓰였습니다.

2 관계대명사 whom은 한 문장의 목적어를 대신하면서 그 문장을 형용사절로 만든
다. whom은 앞에 있는 사람 명사를 수식하는 역할을 하는데, 이때 목적어를 대신
하기 때문에 목적격 관계대명사라고 한다.

The consultant [**whom** I met yesterday] will visit your
사람 명사   whom   목적어가 없는 문장

office tomorrow.

[내가 어제 만났던] 그 컨설턴트가 내일 당신의 사무실을 방문할 것이다.

→ I met yesterday에서 동사(met) 뒤에 목적어 자리가 비어 있으므로 목적어를 대신할 말이 필
요해요. 또한, 앞의 사람 명사(The consultant)를 수식할 수 있어야 하므로 목적격 관계대명사
whom이 쓰였습니다.

📍 **주격/목적격 관계대명사
who**

who는 whom을 대신해서
목적격 관계대명사로도 쓸 수
있다. 따라서 who 뒤에 빠져
있는 것이 주어인지 목적어인
지 잘 확인해야 한다.

토익정답과 친해지는 **EXERCISE** 다음 중 알맞은 것을 선택하세요.

정답 및 해석/해설 p. 116

1 James Liu (who / she) works at our subsidiary in Kingston will
retire this month.

2 Anyone (who / whom) welcomes patrons must wear a uniform.

3 The agent knows (who / as) will acquire the property.

단어 쏙쏙!

subsidiary 자회사
retire 은퇴하다
patron 고객, 후원자
agent 중개인, 대리인
acquire (사거나 받아서)
획득하다
property 부동산, 재산

관계대명사 which는 사물을 수식하며 주어나 목적어가 없는 문장을 이끕니다.

We appreciate / your prompt payment / [**which** is due on May 1].

사물 명사 — which — 주어가 없는 문장

우리는 감사하게 생각한다 / 당신의 즉각적인 지불에 대해 / [만기일이 5월 1일인]

관계대명사 which는 한 문장의 주어나 목적어를 대신하면서 그 문장을 형용사절로 만든다. which는 앞에 있는 사물 명사를 수식하는 역할을 하는데, 이때 주어나 목적어를 대신하기 때문에 주격/목적격 관계대명사라고 한다.

I wrote the book [**which** sells very well].

사물 명사 — which — 주어가 없는 문장

나는 [잘 팔리고 있는] 책을 썼다.

➡ sells very well 앞에 주어 자리가 비어 있으므로 주어를 대신할 말이 필요해요. 또한, 앞의 사물 명사 (the book)를 수식할 수 있어야 하므로 주격 관계대명사 which가 쓰였습니다.

The movie [**which** I watched last night] was boring.

사물 명사 — which — 목적어가 없는 문장

[내가 어젯밤에 보았던] 영화는 지루했다.

➡ I watched last night에서 동사(watched) 뒤에 목적어 자리가 비어 있으므로 목적어를 대신할 말이 필요해요. 또한, 앞의 사물 명사(The movie)를 수식할 수 있어야 하므로 목적격 관계대명사 which가 쓰였습니다.

토익 고수 단계! 🔥

~ 콤마(,) + which

관계대명사 which 앞에 콤마가 있으면 바로 앞의 명사뿐 아니라 앞 문장 전체 혹은 부분을 수식할 수 있다.

예)
We missed the train, **which** was

앞 문장 전체 수식

totally unexpected.
우리는 기차를 놓쳤는데, **이는** 완전히 예상치 못한 일이었다.

토익정답과 친해지는 **EXERCISE** 다음 중 알맞은 것을 선택하세요.

정답 및 해석/해설 p. 117

1 The seminar will teach techniques (which / who) will help workers to overcome difficulties.

2 The architect (which / who) designed the nearby hotel is famous.

3 The online service (which / who) customers need to reserve a room is not working.

단어 콕콕!

technique 기술
overcome 극복하다
architect 건축가
nearby 근처의
reserve 예약하다
work (기계 등이) 작동하다

개념 4 — 관계대명사의 종류 – 3. that

관계대명사 ~~that~~은 사람과 사물을 모두 수식하며 주어나 목적어가 없는 문장을 이끕니다.

사물 명사   that   주어가 없는 문장

The manual / [**that** details office procedures] / will be distributed shortly.

안내책자가 / [사무 업무를 상세히 기술한] / 곧 배포될 것이다

관계대명사 that은 한 문장의 주어나 목적어를 대신하면서 그 문장을 형용사절로 만든다. that은 앞에 있는 사람이나 사물 명사를 수식하는 역할을 하는데, 이때 주어나 목적어를 대신하기 때문에 주격/목적격 관계대명사라고 한다.

I am drinking coffee [**that** smells very good].

사물 명사   that   주어가 없는 문장

나는 [향이 매우 좋은] 커피를 마시고 있다.

→ smells very good 앞에 주어 자리가 비어 있으므로 주어를 대신할 말이 필요해요. 또한, 앞의 사물 명사(coffee)를 수식할 수 있어야 하므로 주격 관계대명사 that이나 which가 쓰일 수 있습니다.

James Lee is a famous scientist [**that** many people admire].

사람 명사   that   목적어가 없는 문장

제임스 리는 [많은 사람들이 존경하는] 유명한 과학자이다.

→ many people admire에서 동사(admire) 뒤에 목적어 자리가 비어 있으므로 목적어를 대신할 말이 필요해요. 또한, 앞의 사람 명사(scientist)를 수식할 수 있어야 하므로 목적격 관계대명사 that이나 whom이 쓰일 수 있습니다.

앗! 이거 주의해야 돼!

수식하는 명사 뒤에 콤마(,)가 있으면 관계대명사 that은 쓸 수 없다.
예)
The building, (~~that~~ / **which**) was built 100 years ago, is internationally famous.
100년 전에 지어진 그 건물은 국제적으로 유명하다.
→ building 뒤에 콤마(,)가 있으므로 관계대명사 that 이 아닌 which를 써야 해요.

토익 고수 단계!

관계대명사 that vs. 명사절 접속사 that
관계대명사 that 뒤에는 주어나 목적어가 빠진 불완전한 문장이 오지만, 명사절 접속사 that 뒤에는 완전한 문장이 온다.

토익정답과 친해지는 EXERCISE 다음 중 알맞은 것을 선택하세요.

정답 및 해석/해설 p. 117

1 The server removed the empty tray (who / that) was on the table.

2 The scenic route (that / it) we took yesterday was beautiful.

3 Mr. Miller indicated (who / that) he has absolute confidence in the contract.

단어 콕콕!

remove 치우다, 제거하다
tray 쟁반
scenic 경치가 좋은
indicate 보여주다
absolute 완전한
confidence 자신감
contract 계약

DAY 18 형용사절

 관계대명사 whose는 사람과 사물을 모두 수식하며
완전한 문장을 이끕니다.

I met / the renowned **artist** / [**whose** work is being displayed in the gallery].

사람 명사　　whose　　완전한 문장

나는 만났다 / 유명한 예술가를 / [그의 작품이 미술관에 전시 중인]

관계대명사 whose는 완전한 문장 앞에 와서 그 문장을 형용사절로 만든다. whose는 앞에 위치한 사람이나 사물 명사를 수식하는 역할을 하는데, 이때 whose 바로 뒤에 반드시 명사가 와서 A whose B는 'A의 B'의 의미가 되기 때문에 소유격 관계대명사라고 한다.

소녀의 머리카락

I like the girl [**whose** hair is long].

사람 명사　whose　완전한 문장

나는 [머리카락이 긴] 소녀를 좋아한다.

→ hair is long은 주어(hair), 동사(is), 보어(long)가 있는 완전한 문장이에요. 또한, girl whose hair는 '소녀의 머리카락'이라는 의미가 되어 자연스럽죠? 따라서 소유격 관계대명사 whose가 쓰였습니다.

회사의 서비스

We are looking for a company [**whose** services satisfy

사물 명사　　whose　　완전한 문장

our needs]. 우리는 [서비스가 우리의 필요를 만족시키는] 회사를 찾고 있다.

→ services satisfy our needs는 주어(services), 동사(satisfy), 목적어(our needs)가 있는 완전한 문장이에요. 또한, company whose services는 '회사의 서비스'라는 의미가 되어 자연스럽죠? 따라서 소유격 관계대명사 whose가 쓰였어요.

앗! 이거 주의해야 돼!

소유격 관계대명사 whose와 명사 사이에는 관사나 소유격 등 어떠한 한정사도 쓰지 않는다.

예)

~ the CEO **whose**

소유격 관계대명사

schedule ~ (O)

명사

~ the CEO **whose** the

소유격 관계대명사　관사

schedule ~ (X)

명사

그 최고경영자의 일정

토익정답과 친해지는 **EXERCISE** 다음 중 알맞은 것을 선택하세요.

정답 및 해석/해설 p. 118

1 The employee (whose / their) sales record exceeds the monthly target will receive a bonus.

2 We will call the candidates (who / whose) values reflect our dedication to exemplary service.

3 The organization (which / whose) business relies on anonymous donations will hold another fund-raiser.

단어 콕콕

exceed 초과하다
target 목표
reflect 반영하다
dedication 헌신
exemplary 모범적인
rely on ~에 의존하다
anonymous 익명의
donation 기부
fund-raiser 모금 행사

개념 **6** 관계대명사의 생략 목적격 관계대명사는 단독으로 생략할 수 있습니다.

목적격 관계대명사   목적어가 없는 문장

The retailer / [(**whom**) we met last night] / was very courteous and knowledgeable.

그 소매업자는 / [우리가 어젯밤에 만난] / 매우 예의 바르고 명석했다

목적격 관계대명사는 단독으로 생략할 수 있다. 따라서 목적어가 없는 형용사절(관계대명사절)은 관계대명사 없이 '주어 + 동사'의 형태로 앞의 명사를 바로 수식할 수 있다.

The man [I like] speaks very gently.
　　　동사의 목적어가 없는 문장
[내가 좋아하는] 그 사람은 매우 부드럽게 말한다.

= The man [**whom** / **that** I like] speaks very gently.

➜ I like는 동사(like)의 목적어가 없는 문장이므로 목적격 관계대명사가 앞에 쓰여서 앞의 명사(The man)를 수식해야 해요. 하지만 목적격 관계대명사는 생략할 수 있으므로 'I like(주어 + 동사)' 형태로 명사를 수식할 수도 있어요.

The accountant [we talked to] was very helpful.
　　　　　전치사의 목적어가 없는 문장
[우리가 이야기를 나누었던] 회계사는 매우 도움이 되었다.

= The accountant [**whom** / **that** we talked to] was very helpful.

➜ we talked to는 전치사(to)의 목적어가 없는 문장이므로 목적격 관계대명사가 앞에 쓰여서 앞의 명사(The accountant)를 수식해야 해요. 하지만 목적격 관계대명사는 생략할 수 있으므로 'we talked to(주어 + 동사 + 전치사)' 형태로 명사를 수식할 수도 있어요.

토익 고수 단계! 🔥

목적격 관계대명사는 단독으로 생략 가능하지만, 주격 관계대명사는 뒤에 be동사가 있을 경우에만 함께 생략한다. 단독으로는 절대 생략해서 쓰지 않는다.
예)
~ the item (**which is**)
　　　　　주격   be동사
used ~
사용되는 물건

단어 콕콕!

monitor 관리하다, 감시하다
sufficient 충분한
inventory 재고
healthful 건강에 좋은
recommend 추천하다
regulation 규정, 규제
comply with
~을 준수하다, 지키다
explicitly 분명하게
outline 서술하다
handbook 안내책자

토익정답과 친해지는 EXERCISE 밑줄 친 명사를 뒤에서 수식하는 부분을 [괄호]로 묶으세요.

정답 및 해석/해설 p. 118

1 The services we need to monitor sufficient inventory are expensive.

2 Clients can have the healthful meal I recommend at this restaurant.

3 The regulations employees should comply with are explicitly outlined in the handbook.

토익 대표 유형 분석하기

학습 목표 | 문제의 유형을 확인한 후, 지문의 구조와 단서를 파악하면서 문제를 풀어 봅시다.

1 관계대명사 who 문제

Only those employees / (------ received the safety training) / can access
　　주어1　　　　　　　　　 주어2　　　　　동사2　　　　　목적어2　　　　　　　　동사1
this area.
목적어1

(A) which　　　　　　　　(B) they
(C) who　　　　　　　　　(D) whose

> **단서** 주어(사람 명사) 뒤에 접속사 없이 동사가 두 개 나오니
> 빈칸은 주어를 수식하는 형용사절을 이끄는
> 주격 관계대명사 자리예요.

풀이 과정

STEP 1 보기 형태 확인: 보기에 관계대명사와 인칭대명사가 섞여 있다.

STEP 2 단서 확인: 빈칸은 문장의 주어인 사람 명사(Only those employees)를 수식하는 관계대명사 자리다. 빈칸 뒤에 형용사절의 동사가 있으므로 빈칸은 주격 관계대명사 자리다.

STEP 3 보기 분석: (A) which는 사물 명사를 수식하는 '주격/목적격 관계대명사', (B) they는 '주격 인칭대명사(접속사의 역할을 못한다)', (C) who는 '사람 명사를 수식하는 주격 관계대명사', (D) whose는 '소유격 관계대명사'

STEP 4 정답 선택: 보기에 사람 명사를 수식하는 주격 관계대명사는 who뿐이므로 정답은 (C)!

해석 오직 직원들만 / 안전 교육을 받은 / 이 구역에 들어갈 수 있다

2 관계대명사 which 문제

The quarterly meeting / (------ discussed upcoming marketing campaign) /
　　주어1　　　　　　　　 주어2　　 동사2　　　　　　 목적어2
was held yesterday.
동사1　　　부사

(A) what　　　　　　　　(B) who
(C) which　　　　　　　 (D) whose

> **단서** 주어(사물 명사) 뒤에 접속사 없이 동사가 두 개 나오니
> 빈칸은 주어를 수식하는 형용사절을 이끄는 주격
> 관계대명사 자리예요.

풀이 과정

STEP 1 보기 형태 확인: 보기에 명사절 접속사와 관계대명사가 섞여 있다.

STEP 2 단서 확인: 빈칸은 문장의 주어인 사물 명사(The quarterly meeting)를 수식하는 관계대명사 자리다. 빈칸 뒤에 형용사절의 동사가 있으므로 빈칸은 주격 관계대명사 자리다.

STEP 3 보기 분석: (A) what은 '명사절 접속사', (B) who는 '사람 명사를 수식하는 주격 관계대명사', (C) which는 '사물 명사를 수식하는 주격/목적격 관계대명사', (D) whose는 '소유격 관계대명사'

STEP 4 정답 선택: 보기에 사물 명사를 수식하는 주격 관계대명사는 which뿐이므로 정답은 (C)!

해석 분기 회의가 / 곧 있을 마케팅 캠페인에 관하여 논의한 / 어제 열렸다

핵심 콕콕!

반드시 외우고 시험장에 가자!

1번 포인트!
사람 명사를 수식하는 형용사절을 이끄는 관계대명사에는 who, whom, whose, that이 있다.

2번 포인트!
사물 명사를 수식하는 형용사절을 이끄는 관계대명사에는 which, whose, that이 있다.

단어 콕콕!

employee 직원
receive 받다
safety 안전
access 입장하다, 접근하다
area 구역, 지역
quarterly 분기별의
discuss 논의하다, 토론하다
upcoming 곧 있을, 다가오는
hold 열다, 개최하다

자신감 쑥쑥! 실전 도전 Part 5

학습 목표 | 오늘 공부한 토익에 자주 출제되는 어휘와 대표 문장에 따른 문법 설명을 떠올리며 Part 5 실전 문제를 풀어 봅시다.

⏱3초문제

1. Ms. Stall, ------- has been with the company for 10 years, was promoted to Vice President last month.

(A) where
(B) whose
(C) what
(D) who

2. You can find ------- openings for graphic designers on our Web site.

(A) renowned
(B) immediate
(C) cautious
(D) alert

⏱3초문제

3. The software development team is moving to a new office ------- is closer to the city center.

(A) whose
(B) that
(C) while
(D) where

⏱3초문제

4. James Lee is a nationally renowned scientist ------- specializes in brain research.

(A) why
(B) who
(C) which
(D) whose

5. Although it is faster to take the expressway to San Diego, many people prefer the ------- coastal route.

(A) scenic
(B) generous
(C) intelligent
(D) limited

6. Janet Wilson, ------- outstanding marketing strategy is praised among all employees, will soon be promoted.

(A) who
(B) what
(C) which
(D) whose

7. Once Pintech Mobile ------- SMK Communication next month, a number of employees in SMK will be laid off.

(A) acquires
(B) generates
(C) remains
(D) emerges

8. The Spanish restaurant, ------- recently opened in Goa district, has locations throughout Asia.

(A) who
(B) that
(C) whose
(D) which

9. Ms. Bridgers, ------- research on marine life has received recognition, is hosting a workshop this Friday.

(A) who
(B) whose
(C) whom
(D) whoever

10. Richard Burton ------- numerous difficulties while founding his online business.

(A) focused
(B) conducted
(C) overcame
(D) resumed

자신감 쑥쑥! 실전 도전 Part 6

학습 목표 | 오늘 공부한 토익에 자주 출제되는 어휘와 대표 문장에 따른 문법 설명을 떠올리며 Part 6 실전 문제를 풀어 봅시다.

Questions 11-14 refer to the following letter.

Dear Mr. Simmons,

Thank you for coming to the interview yesterday. You were both ------- and
11.
knowledgeable about your field. In addition, the answers ------- you gave when I
12.
questioned you about your profession were all outstanding.

I believe that you are a man ------- expertise will make you a valuable employee here
13.
at Williams Technology.

As a result, I would like to offer you the job. -------.
14

Sincerely,

Dean Johnson

11. (A) courteous
(B) valid
(C) overall
(D) limited

13. (A) which
(B) when
(C) what
(D) whose

12. (A) that
(B) who
(C) why
(D) what

14. (A) Williams Tech is the highest rated company in its field.
(B) Please let me know if you will accept this position.
(C) Therefore, please prepare for the job interview.
(D) Nevertheless, I will keep your résumé on file.

이것만은 꼭! 기억하세요.

형용사절

개념 1 형용사절(관계대명사절)의 역할과 위치

명사 수식

We will hire / an applicant / [**who** has
a lot of expertise].

형용사 역할을 하는 문장(절)

우리는 고용할 것입니다 / 지원자를 / [많은 전문 지식을 가지고 있는]

형용사절은 앞의 명사를 수식하는 형용사 역할을 합니다.

개념 2 관계대명사의 종류 – 1. who/whom

사람 명사 who 주어가 없는 문장

Anyone / [**who** submitted required
documents] / will be promptly
reimbursed.

누구든지 / [구비 서류를 제출한] / 즉시 상환받을 것이다

관계대명사 who/whom은 사람을 수식하며 주어나 목적어가 없는 문장을 이끕니다.

개념 3 관계대명사의 종류 – 2. which

We appreciate / your prompt

사물 명사 which 주어가 없는 문장

payment / [**which** is due on May 1].

우리는 감사하게 생각한다 / 당신의 즉각적인 지불에 대해 / [만기일이 5월 1일인]

관계대명사 which는 사물을 수식하며 주어나 목적어가 없는 문장을 이끕니다.

개념 4 관계대명사의 종류 – 3. that

사물 명사 that 주어가 없는 문장

The manual / [**that** details office
procedures] / will be distributed shortly.

안내책자가 / [사무 업무를 상세히 기술한] / 곧 배포될 것이다

관계대명사 that은 사람과 사물을 모두 수식하며 주어나 목적어가 없는 문장을 이끕니다.

개념 5 관계대명사의 종류 – 4. whose

사람 명사

I met / the renowned artist /

whose 완전한 문장

[**whose** work is being displayed in
the gallery].

나는 만났다 / 유명한 예술가를 / [그의 작품이 미술관에 전시 중인]

관계대명사 whose는 사람과 사물을 모두 수식하며 완전한 문장을 이끕니다.

개념 6 관계대명사의 생략

목적격 관계대명사는 단독으로 생략할 수 있습니다.

목적격 관계대명사 목적어가 없는 문장

The retailer / [(**whom**) we met last
night] / was very courteous and
knowledgeable.

그 소매업자는 / [우리가 어젯밤에 만난] / 매우 예의 바르고 명석했다

Good job! 내일 또 바요!

DAY 19

비교급과 최상급

요기서 몸풀기!

비교 구문은 거의 매회 출제되는 편이고, 출제 빈도는 비교급>최상급>원급 순이에요.

1 **원급, 비교급, 최상급은 어떨 때 쓸까요?**
두 대상의 동등함을 비교할 때는 원급 비교 구문을, 하나가 다른 하나보다 더 뛰어남을 나타낼 때는 비교급 비교 구문을, 셋 이상을 비교하여 하나가 가장 뛰어난 것을 나타낼 때는 최상급 비교 구문을 써요.

2 **원급, 비교급, 최상급은 어떻게 표현할까요?**
원급은 'as ~ as'로, 비교급은 '-(e)r/more ~ than A', 최상급은 'the/소유격 + -(e)st/most ~'로 표현해요.

아래 단어를 보고, 이미 알고 있는 단어에 ✓ 표시해 봅시다.

중요도 ⭐⭐⭐

☐ enjoyable　☐ optimal　☐ latest　☐ profitable　☐ authentic

☐ managerial　☐ proficient　☐ exceptional　☐ timely　☐ collaborative

☐ weekly　☐ promptly　☐ punctually　☐ severely

중요도 ⭐⭐

☐ stay　☐ performance　☐ novel　☐ subsidiary　☐ experience

☐ assistant　☐ achievement　☐ advice　☐ effort　☐ conference

중요도 ⭐

☐ overcome　☐ recession　☐ supervisor　☐ exhibition　☐ knowledgeable

Vocabulary

토익이 좋아하는 **짝꿍표현**

학습 목표 | 토익 Part 5&6의 핵심인 어휘 문제를 한 방에 해결할 수 있는 토익 짝꿍표현들을 먼저 익혀 봅시다.

1 형용사 + 명사

an **enjoyable** stay
즐거운 머무름

an **optimal** performance
최상의 성능

the **latest** novel
최신 소설

a **profitable** subsidiary
수익성이 좋은 자회사

an **authentic** work
진품

managerial experience
관리 경험

짝꿍표현 뜯어보기

stay
⑱ 머무름, 숙박
⑧ 머무르다

optimal
⑱ 최상의

latest
⑱ 최신의, 최근의(최상급)
㊵ late ⑱ 늦은(원급)

profitable
⑱ 수익성이 좋은
㊵ profit ⑲ 수익

subsidiary
⑱ 자회사

authentic
⑱ 진짜의, 진품의

managerial
⑱ 관리의, 경영의
㊵ management ⑲ 관리, 경영

proficient
⑱ 능숙한, 숙련된
㊵ proficiency ⑲ 능숙함

exceptional
⑱ 뛰어난, 예외적인
㊵ exception ⑲ 예외

timely
⑱ 시기적절한

collaborative
⑱ 함께하는, 협동적인
㊵ collaboration ⑲ 협동

weekly
⑱ 매주의, 주 1회의
⑲ 주간지

contact
⑧ 연락하다
⑲ 연락, 지인

punctually
㉰ 정시에
㊵ punctual ⑱ 시간을 지키는

severely
㉰ 심하게, 가혹하게
㊵ severe ⑱ 심한, 가혹한

reprimand
⑧ 질책하다
⑲ 질책

a proficient assistant
능숙한 조교

an exceptional achievement
뛰어난 성취

timely advice
시기적절한 조언

a collaborative effort
함께하는 노력

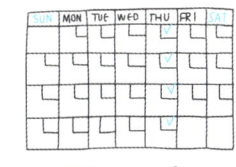

a weekly conference
주간 컨퍼런스

2 부사 + 동사

promptly contact
즉시 연락하다

punctually arrive
정시에 도착하다

severely reprimand
심하게 질책하다

토익정답과 친해지는 **EXERCISE** 빈칸에 알맞은 단어를 선택하세요.

정답 및 해석/해설 p. 122

1 As Xiang Foods had several ------- subsidiaries, it managed to overcome the recent recession.

(A) profitable   (B) proficient

2 Because of the ------- advice from his supervisor, Mr. Hassam was able to finish the job on time.

(A) enjoyable   (B) timely

3 At this year's special exhibition in September, you can finally see the ------- works of Pablo Picasso.

(A) authentic   (B) knowledgeable

어휘 several 몇몇의　manage to V 간신히 ~하다　overcome 극복하다　recession 경기 침체　supervisor 부서장, 책임자
on time 정시에　enjoyable 즐거운　exhibition 전시회　knowledgeable 박식한

DAY 19

 Grammar

비교급과 최상급

학습 목표 | 원급, 비교급, 최상급의 형태와 관용 표현을 배워 봅시다.

개념 ① 원급 비교 구문 as~as 사이에는 형용사나 부사가 올 수 있습니다.

> as + 형용사/부사 + as
> A valuable employee / is **as** important **as** /
> a good CEO.
>
> 가치 있는 직원은 / 중요하다 / 훌륭한 최고경영자만큼

1 원급 비교 구문은 두 대상의 성격이나 특징, 상태 등이 동등할 경우에 쓰며, 'as ~ as A(A만큼 ~한/하게)'로 표현한다.

Richard is **as** smart **as** Michael. 리차드는 마이클만큼 똑똑하다.
as + 원급 + as(~만큼)

➔ 비교하는 두 대상 Richard와 Michael은 '똑똑한(smart)' 특성이 동등합니다. 따라서 원급 비교 구문 as ~ as가 쓰였어요.

2 as ~ as 사이에는 형용사나 부사가 올 수 있다. 둘 중 무엇이 들어가야 하는지 구별하는 문제가 나오면 앞의 as를 없애고 문장의 구조를 살펴봐야 한다.

The second movie is **as** popular **as** the first one.
as + 형용사 + as

두 번째 영화는 첫 번째 것만큼 인기가 있다.

➔ as ~ as 표현에서 앞의 as를 없애고 보면 주어(The second movie)와 be동사(is)의 구조가 보여요. be동사 뒤에는 부사가 아니라 형용사 보어가 와야 하므로 popular(형용사)가 쓰였어요.

I will finish the work **as** quickly **as** possible.
as + 부사 + as

나는 가능한 한 빨리 일을 끝낼 것이다.

➔ as ~ as 표현에서 앞의 as를 없애고 보면 주어(I), 동사(will finish), 목적어(the work)로 된 완전한 문장 구조가 보여요. 따라서 동사를 수식하는 quickly(부사)가 쓰였어요.

암기 꼭 🔖

원급 수식 부사
원급 앞에서 원급 비교를 강조할 수 있는 부사가 있다.
nearly, almost 거의
just 꼭
예)
~ **just** as good as ~
~만큼 꼭 좋은

📍 **as + many/much + 명사 + as**

as ~ as 사이에는 보통 형용사나 부사가 들어가지만, 앞에 many, much와 함께 명사가 들어갈 수도 있다.
예)
~ as **much information** as ~
~만큼 **많은 정보**

토익정답과 친해지는 EXERCISE 다음 중 알맞은 것을 선택하세요.

정답 및 해석/해설 p. 123

1 Mr. Connell became an effective speaker who was as (good / better) as his instructor.

2 The business partners were contacted as (prompt / promptly) as possible.

3 We will make your stay as (enjoyable / enjoyably) as possible.

🏷 단어 콕콕!

effective 유능한, 효과적인
instructor 강사
contact 연락하다, 접촉하다
promptly 즉시, 신속히
enjoyable 즐거운

비교급 비교 구문 than 앞에는 비교급 표현이 있어야 합니다.

-(e)r/more + than
The company's production costs / were low**er** / **than** anticipated.

회사의 생산 비용은 / 더 낮았다 / 예상했던 것보다

1 비교급 비교 구문은 두 대상의 성격이나 특징, 상태 등에 우열이 있을 때 쓰며, '-(e)r/more ~ than A(A보다 더 ~한/하게)'로 표현한다. 비교하는 대상은 than 으로 나타낸다.

Richard is smart**er than** Michael. 리차드는 마이클보다 더 똑똑하다.
비교급(더) + than(~보다)

➔ Michael과 비교하여 Richard가 '더 똑똑한(smarter)' 것을 나타내기 위해 비교급 비교 구문이 쓰었어요.

2 형용사와 부사를 비교급 표현으로 만들 수 있다. 보통 1음절 단어는 뒤에 -(e)r을 붙이고 2음절 이상인 단어는 앞에 more를 붙인다. 음절의 개수는 대개 모음의 개수와 동일하다.

I will finish the work fast**er than** you expect.
1음절 단어(fast) + -er

나는 당신이 예상하는 것보다 더 빨리 일을 끝낼 것이다.

➔ fast(빠른)는 1음절 단어이므로 비교급(더 빠른)을 만들기 위해 뒤에 -er을 붙였어요.

The second movie is **more** popular **than** the first one.
more + 2음절 이상 단어(popular)

두 번째 영화는 첫 번째 것보다 더 인기 있다.

➔ popular(인기 있는)는 3음절 단어이므로 비교급(더 인기 있는)을 만들기 위해 앞에 more를 붙였어요.

토익 고수 단계! 🔥

라틴어계 비교급은 -er이 아닌 -or로 끝나며, 비교 대상 앞에 than 대신 to를 쓴다. 토익에 자주 나오는 라틴어계 비교급 표현을 통째로 외워두자.

pri**or to** ~보다 먼저
inferi**or to** ~보다 열등한
superi**or to** ~보다 뛰어난

암기꼭 🔖

비교급 표현이 불규칙한 경우도 있다.

원급	비교급
good/well 좋은/잘	better 더 좋은/더 잘
bad 나쁜	worse 더 나쁜
many/ much 많은	more 더 많은
little 적은	less 더 적은

토익정답과 친해지는 **EXERCISE** 다음 중 알맞은 것을 선택하세요. ─

정답 및 해석/해설 p. 123

1 The engine's optimal performance is (highest / higher) than the others'.

2 The workers arrived (punctually / more punctually) than usual.

3 The boss reprimanded the workers much (more severe / more severely) than before.

◀─ **단어 콕콕!** ─

optimal 최상의
performance 성능
punctually 시간을 엄수하여, 정각에
than usual 평소보다
reprimand 질책하다, 비난하다
severely 심하게
than before 이전보다

the/소유격 + most/-(e)st + of/in/among

The global marketing conference / was **the** short**est** / **of** the three weekly conferences.

글로벌 마케팅 회의가 / 가장 짧았다 / 세 개의 주간 회의 중에서

---

1 최상급 비교 구문은 셋 이상의 대상 중에서 성격이나, 특징, 상태 등이 최고임을 나타낼 때 쓰며, 'the/소유격 + -(e)st/most ~(가장 ~한/하게)'로 표현한다. 비교하는 대상들은 of(~중에서), in(~에서), among(~사이에서)을 써서 나타낸다.

Richard is **the** smart**est of** all students.
_{the + 최상급(가장) + of(~중에서)}

리차드는 모든 학생들 중에서 가장 똑똑하다.

→ 다른 학생들과 비교하여 모든 학생들 중에서 Richard가 '가장 똑똑한(smartest)' 것을 나타내기 위해 최상급 비교 구문이 쓰였어요.

2 형용사와 부사를 최상급 표현으로 만들 수 있다. 1음절 단어는 앞에 the 혹은 소유격을 붙이고 뒤에 -(e)st를 붙여서 최상급을 만든다. 그리고 2음절 이상인 단어는 앞에 'the + most' 혹은 '소유격 + most'를 붙인다.

Ryan is **my** nic**est** client in England.
_{소유격 + 1음절 단어(nice) + -(e)st}

라이언은 영국에서 나의 가장 친절한 고객이다.

→ nice(친절한)는 1음절 단어이므로 최상급(가장 친절한)을 만들기 위해 앞에 소유격(my)를 쓰고 뒤에 -(e)st를 붙였어요.

Among all the Indian movies, *Hisar* is **the most** popular.
_{the + most + 2음절 이상 단어(popular)}

모든 인도 영화 중에서 <히사르>가 가장 인기 있다.

→ popular(인기 있는)는 3음절 단어이므로 최상급(가장 인기 있는)을 만들기 위해 앞에 the most를 붙였어요.

암기꼭 🔑

최상급 표현이 불규칙한 경우도 있다.

원급	최상급
good/well 좋은, 잘	best 가장 좋은, 가장 잘
bad 나쁜	worst 가장 나쁜
many/ much 많은	most 가장 많은
little 적은, 적게	least 가장 적은, 가장 적게

토익정답과 친해지는 **EXERCISE** 다음 중 알맞은 것을 선택하세요.

정답 및 해석/해설 p. 124

1 Of all luxury sedans we have, the TP-3 model is (dependable / the most dependable).

2 The Beca Sales office is the (more profitable / most profitable) of all our subsidiaries.

3 Mr. Braham's (late / latest) novel won an award last night.

단어 꼭꼭!

dependable 믿을 만한
profitable 수익성 있는
subsidiary 자회사
novel 소설
award 상

개념 4 비교급/최상급과 어울리는 부사와 관용 표현

비교급을 강조하는 부사, 최상급과 어울리는 부사가 정해져 있으므로 암기해야 합니다.

much(훨씬)　　　비교급(더)

You have **much** more managerial experience / than the other candidates.

당신은 훨씬 더 많은 관리 경험이 있다 / 다른 후보자들보다

입사지원서

근무경력 : 30년

1　비교급을 강조하기 위해서 쓰이는 부사로는 much(훨씬), far(훨씬), a lot(훨씬), still(더욱), even(심지어) 등이 있다.

Taking a train is **much** more economical than taking

much(훨씬)　　　비교급(더)

a plane. 기차를 타는 것이 비행기를 타는 것보다 훨씬 더 경제적이다.

➔ 비교급 표현 more economical(더 경제적인)을 강조하기 위해서 부사 much가 쓰였어요.

2　최상급과 어울리는 부사로는 ever(지금까지 ~중에), even(심지어) 등이 있다.

You are the most beautiful person that I have **ever** met.

최상급(가장)　　　　　　　　　　　ever(지금까지 ~중에)

당신은 지금까지 내가 만난 사람 중에서 가장 아름다운 사람이다.

3　관용적으로 쓰이는 비교급/최상급 표현이 있다.

비교급/
최상급 표현

The + 비교급, the + 비교급 ~하면 할수록 더 ~하다
no longer 더 이상 ~하지 않는
no later than 늦어도 ~까지는
비교급 + than ever 어느 때보다 더 ~한[하게] (가장 ~한[하게])
one of the + 최상급 가장 ~한 사람[것] 중 하나
the + 서수 + 최상급 ~번째로 가장 ~한

토익 고수 단계! 🔥

최상급과 어울리는 형용사 single(단 하나의)도 함께 기억해 두자.

예)
This is the single

single(단 하나의)

most important

최상급(가장)

reason.

이것이 가장 중요한 **단 하나의** 이유이다.

토익정답과 친해지는 **EXERCISE** 다음 중 알맞은 것을 선택하세요.

정답 및 해석/해설 p. 124

1　Ms. Bradley works better than (even / much) the most proficient assistant.

2　The more experience you have, the (most / more) timely advice you will give.

3　We (no / not) longer have a vacant position.

◀ **단어 콕콕!**

proficient 능숙한
assistant 조수, 보조자
timely 시기적절한
vacant 결원의, (일자리가)
비어 있는

토익 대표 유형 분석하기

학습 목표 | 문제의 유형을 확인한 후, 지문의 구조와 단서를 파악하면서 문제를 풀어 봅시다.

1 비교급 비교 구문 문제

The Werner project / was completed / ------- /
　　　　주어　　　　　　　　동사
than everyone in the office / had anticipated.
　　　　　　　　부사절

(A) most rapidly　　　(B) rapidness
(C) rapidly　　　　　(D) more rapidly

단서

완벽한 문장과 than 사이의 빈칸은
부사의 비교급 자리예요.

> **풀이 과정**
>
> **STEP 1** 보기 형태 확인: 보기에 품사가 섞여 있으며 비교급과 최상급 표현이 있다.
>
> **STEP 2** 단서 확인: 수동태 문장이라서 목적어가 필요 없으니 빈칸은 부사 자리인데, 비교급 비교의 대상을 나타내는 than이 빈칸 뒤에 있으므로 빈칸은 부사의 비교급 자리다.
>
> **STEP 3** 보기 분석: (A) most rapidly는 '부사의 최상급', (B) rapidness는 '명사', (C) rapidly는 '부사', (D) more rapidly는 '부사의 비교급'
>
> **STEP 4** 정답 선택: 보기에 부사의 비교급은 more rapidly(더 빠르게)뿐이므로 정답은 (D)!

해석　웨너 프로젝트는 / 완료되었다 / 더 빠르게 / 사무실 내 모든 사람이 / 예상했던 것보다

2 최상급 비교 구문 문제

Ron's Dairy / carries only the ------- products, /
　　주어　　　　동사　　부사　　　　목적어
including milk, cheese, and butter.
　　　　　　부사구

(A) freshness　　　(B) freshly
(C) fresher　　　　(D) freshest

단서

the와 명사 사이의 빈칸은
형용사의 최상급 자리예요.

> **풀이 과정**
>
> **STEP 1** 보기 형태 확인: 보기에 품사가 섞여 있으며 비교급과 최상급 표현이 있다.
>
> **STEP 2** 단서 확인: 정관사(the)와 명사(products) 사이의 빈칸은 명사를 수식하는 형용사 자리다. 비교급의 단서는 없고 최상급의 단서인 the가 빈칸 앞에 있으므로, 빈칸은 형용사의 최상급 자리다.
>
> **STEP 3** 보기 분석: (A) freshness는 '명사', (B) freshly는 '부사', (C) fresher는 '형용사의 비교급', (D) freshest는 '형용사의 최상급'
>
> **STEP 4** 정답 선택: 보기에 형용사의 최상급은 freshest(가장 신선한)뿐이므로 정답은 (D)!

해석　론즈 데어리는 / 오직 가장 신선한 제품만 취급한다 / 우유, 치즈 그리고 버터를 포함하여

핵심 콕콕!

반드시 외우고 시험장에 가자!

1번 포인트!
빈칸 뒤에 than이 있거나 빈칸 앞에 비교급 강조부사(much, far, a lot, still, even)가 있으면 빈칸은 비교급 자리다.

2번 포인트!
최상급 비교는 셋 이상의 대상을 비교하는 것으로 빈칸 앞에 the나 소유격이 있다.

단어 콕콕!

complete 완료하다
anticipate 예상하다
rapidly 빠르게
carry (가게에서 품목을) 취급하다
including ~을 포함하여

자신감 쑥쑥! 실전 도전 Part 5

학습 목표 | 오늘 공부한 토익에 자주 출제되는 어휘와 대표 문장에 따른 문법 설명을 떠올리며 Part 5 실전 문제를 풀어 봅시다.

DAY 19

비교급과 최상급

⏱ 3초 문제

1. The latest smartphone model is ------- than its predecessor, making it easier to carry around.

   (A) light
   (B) lighter
   (C) lightest
   (D) lightly

2. To ensure that the orientation session starts on time, all the newly hired interns are required to arrive -------.

   (A) clearly
   (B) severely
   (C) consistently
   (D) punctually

⏱ 3초 문제

3. Salespeople at Zell's are as ------- as they can be when it comes to giving bargains to customers.

   (A) flexible
   (B) flexibly
   (C) flexibility
   (D) more flexible

4. We will contact you ------- after we finish repairing your car.

   (A) promptly
   (B) slightly
   (C) randomly
   (D) accidentally

⏱ 3초 문제

5. Mr. Harvey's restaurant has become ------- more popular since he introduced a vegan option.

   (A) much
   (B) so
   (C) very
   (D) too

6. The hiring committee agreed that Arnold Landers is the ------- of all the applicants.

   (A) qualify
   (B) qualified
   (C) most qualified
   (D) more qualifying

7. Many employees were recognized at the annual banquet for their ------- achievements.

   (A) upcoming
   (B) exceptional
   (C) anticipated
   (D) experienced

⏱ 3초 문제

8. Ms. Friel suggested using a more expensive catering service ------- the one we had used last year.

   (A) than
   (B) over
   (C) even
   (D) because

9. To register for the conference, you must pay the entry fee ------- than the last Friday in May.

   (A) quickly
   (B) as possible
   (C) no later
   (D) hastily

10. Tim Design Co. is seeking a marketing director with at least 5 years of ------- experience.

    (A) managerial
    (B) duplicate
    (C) defective
    (D) sincere

Voca/Grammar | 실전 훈련 토익 왕초보 탈출을 위한 실전 돌입

정답 및 해석/해설 p. 127

자신감 쑥쑥! 실전 도전 Part 6

학습 목표 | 오늘 공부한 토익에 자주 출제되는 어휘와 대표 문장에 따른 문법 설명을 떠올리며 Part 6 실전 문제를 풀어 봅시다.

Questions 11-14 refer to the following letter.

Dear Kirk Mason,

Thank you for attending the Somerville Cleanup Day special event on June 20. More than 250 residents participated in this event. It was definitely ------- event we have

11.

ever held.

We collected more than 5 tons of trash in places throughout the city. Thanks to your efforts, Somerville looks ------- than ever.

12.

-------. There is an enclosed ------- thanking you for your service to the city. We hope

13.   **14.**

you will proudly display this document so that others can see it.

Sincerely,

Mary Carter
Somerville Mayor's Office

11. (A) the most popular

(B) popularity

(C) popular

(D) more popular

12. (A) beautiful

(B) more beautifully

(C) more beautiful

(D) the most beautifully

13. (A) Somerville Cleanup Day will be held in the coming week.

(B) As a token of our appreciation, we would like to give you a present.

(C) Please stop by my office at your earliest convenience to receive your gift.

(D) Our institution would like to thank you with an offer for a free class.

14. (A) opening

(B) certificate

(C) confidence

(D) donation

이것만은 꼭! 기억하세요.

비교급과 최상급

개념 1 원급 비교 구문

as ~ as 사이에는 형용사나 부사가 올 수 있습니다.

as + 형용사/부사 + as

A valuable employee / is **as important as** / a good CEO.

가치 있는 직원은 / 중요하다 / 훌륭한 최고경영자만큼

개념 2 비교급 비교 구문

-(e)r/more + than

The company's production costs / were low**er** / **than** anticipated.

회사의 생산 비용은 / 더 낮았다 / 예상했던 것보다

than 앞에는 비교급 표현이 있어야 합니다.

개념 3 최상급 비교 구문

the/소유격 + most/-(e)st + of/in/among

The global marketing conference / was **the** short**est** / **of** the three weekly conferences.

글로벌 마케팅 회의가 / 가장 짧았다 / 세 개의 주간 회의 중에서

최상급 표현 앞에는 반드시 the나 소유격이 있어야 합니다.

개념 4 비교급/최상급과 어울리는 부사와 관용 표현

비교급을 강조하는 부사, 최상급과 어울리는 부사가 정해져 있으므로 암기해야 합니다.

much(훨씬)   비교급(더)

You have **much** more managerial experience / than the other candidates.

당신은 훨씬 더 많은 관리 경험이 있다 / 다른 후보자들보다

Good job! 내일 또 봐요!

DAY **20**

빈칸에 알맞은 문장 고르기

요기서 몸풀기!

빈칸 앞 뒤의 문맥을 파악하고 있는지 물어보는 Part 6 유형이에요.

1 **빈칸의 위치는 다양하게 출제될까요?**

빈칸의 위치는 지문의 첫 부분, 중간 부분, 마지막 부분 등 다양하게 출제될 수 있어요. 4개의 보기는 주로 문장 형태로 나옵니다.

2 **핵심 단서는 무엇일까요?**

지시어와 대명사, 연결어가 핵심 단서가 될 수 있어요.

토익 빈출 단어! Check up!

아래 단어를 보고, 이미 알고 있는 단어에 ✓ 표시해 봅시다.

중요도 ⭐⭐⭐

☐ healthcare ☐ loan ☐ industry ☐ keynote ☐ safety

☐ storage ☐ parking ☐ noticeable ☐ lengthy ☐ local

중요도 ⭐⭐

☐ payment ☐ professional ☐ supplies ☐ address ☐ regulation

☐ capacity ☐ permit ☐ arrangement ☐ description ☐ farm

중요도 ⭐

☐ elementary ☐ casual ☐ graduate ☐ permanent

토익이 좋아하는 **짝꿍표현**

학습 목표 | 토익 Part 5&6이 핵심인 어휘 문제를 한 방에 해결할 수 있는 토익 짝꿍표현들을 먼저 익혀 봅시다.

1 복합 명사(명사 + 명사)

a **job offer**
일자리 제안

healthcare needs
의료 서비스 필요 사항

a **loan payment**
대출금 지불

an **industry professional**
업계 전문가

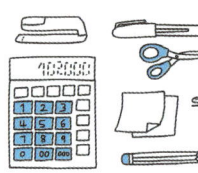

office supplies
사무용품

a **keynote address**
기조연설

짝꿍표현 뜯어보기

healthcare	**needs**	**loan**	**payment**
명 의료 서비스, 건강 관리 형 건강 관리의, 의료의	명 필요 사항	명 대출 동 빌려주다	명 지불 파 pay 동 지불하다 명 급여
industry	**professional**	**supplies**	**keynote**
명 산업	명 전문가 형 전문적인	명 비품, 저장물품 파 supply 동 공급하다 명 공급	명 기조, 주안점
leave	**regulation**	**storage**	**capacity**
명 휴가 동 떠나다	명 규칙 파 regulate 동 규제하다	명 저장, 보관 파 store 동 저장하다, 보관하다	명 용량, 수용력, 능력
permit	**arrangement**	**noticeable**	**lengthy**
명 허가증 동 허락하다	명 준비 파 arrange 동 준비하다	형 현저한, 눈에 띄는 파 notice 동 알아채다	형 (길이가) 긴 파 length 명 길이

sick leave
병가

a **safety regulation**
안전 규칙

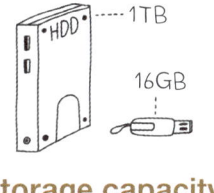

storage capacity
저장 용량

a **parking permit**
주차 허가증

travel arrangements
여행 준비

2 형용사 + 명사

a **noticeable** rise
현저한 상승

a **lengthy** description
긴 설명

a **local** farm
현지 농장

토익정답과 친해지는 **EXERCISE** 빈칸에 알맞은 단어를 선택하세요.

정답 및 해석/해설 p. 128

1 The elementary school provides its students with vegetables and fruits from ------- farms.

(A) casual   (B) local

2 All the requests for office ------- should be submitted to Ms. Noak in the maintenance department.

(A) supplied   (B) supplies

3 Both university graduates and experienced industry ------- can apply for this permanent position.

(A) professionals   (B) permits

- -

어휘 elementary 초등의, 기초의   casual 평상시의   request 요청(서), 요구   submit 제출하다   maintenance 관리
graduate 졸업생   apply for ~에 지원하다   permanent 영구적인

빈칸에 알맞은 문장 고르기

학습 목표 | 빈칸에 알맞은 문장 고르기가 어떤 유형인지 알아보고 핵심 전략을 배워 봅시다.

 **전략 1** ## 앞뒤 흐름 파악하기   빈칸 앞뒤 문장 그리고 지문의 첫 번째 문장을 읽고 문맥상 연결되는 문장을 찾아야 합니다.

> [빈칸 앞 문장] 안전 점검으로 인해 뉴저지 방면 지하철 운행이 중단되므로 이쪽 방면으로 출퇴근하는 직장인들이나 거주민들은 다른 노선이나 버스를 이용해야 합니다.
>
> [빈칸 문장]
>
> [빈칸 뒤 문장] 이 대안에 대한 추가적인 정보를 알고 싶으시면 저희 웹사이트를 참고해 주십시오.

빈칸 앞뒤 문장과 지문의 첫 번째 문장을 먼저 읽어서 흐름을 파악한다.

빈칸 앞뒤 문장 그리고 지문의 첫 번째 문장과 연결되지 않는 보기는 모두 오답이 돼요.

보기 1: 뉴저지로 놀러 오세요.

➜ 빈칸 앞뒤 내용과 전혀 관계없는 내용이에요.

보기 2: 매년 안전 점검이 있을 것입니다.

➜ 빈칸 앞 문장에서 다른 노선이나 버스 이용에 대해 언급했으므로 안전 점검 관련 내용은 흐름상 관련 없어요.

보기 3: 브롱스 방면 지하철 공사가 진행될 예정입니다.

➜ 빈칸 앞 문장에서 '뉴저지 방면' 지하철 운행 중단을 언급했으므로 흐름상 연결되지 않아요.

앗! 이거 주의해야 돼!

보기에 지문과 관련 있는 어휘가 있다고 해서 바로 정답으로 선택해서는 안 된다.

토익정답과 친해지는 EXERCISE 빈칸에 알맞은 것을 고르세요.

정답 및 해석/해설 p. 129

We would like to remind you that all employees should receive training for a month. This program will deal with computer skills, foreign languages and advanced accounting. It begins on June 1st. -------. We are sure that you will find these programs to be beneficial to you.

(A) It will be provided for only new members of staff.
(B) Please be aware that the program requires advance registration.

단어 쏙쏙!

receive 받다
deal with ~을 다루다
advanced 고급의, 고등의
beneficial 유익한, 이로운
advance 사전의
registration 등록

전략 2 지시어 단서 파악하기 빈칸 뒤 문장의 지시어와 어울리는 보기를 선택해야 합니다.

[빈칸 앞 문장] 안전 점검으로 인해 뉴저지 방면 지하철 운행이 중단되므로 이쪽 방면으로 출퇴근하는
직장인들이나 거주민들은 다른 노선이나 버스를 이용해야 합니다.

[빈칸 문장] 즉, 버스 는 정상적으로 운행될 것입니다.

[빈칸 뒤 문장] **이 대안**에 대한 추가적인 정보를 알고 싶으시면 저희 웹사이트를 참고해 주십시오.
'이 대안'이 가리키는 것이 빈칸 문장에 있어야 함

지시어가 빈칸 뒤 문장에 있으면 **지시어가 가리키는 내용이 언급된 보기를 정답으로 선택**한다.

➡ 지시어가 보기에 있는 경우, 해당 지시어가 가리키는 내용과 앞 문장의 내용 연결이 자연스럽다면 해
당 보기를 정답으로 선택하고, 지시어가 빈칸 뒤 문장에 있는 경우 해당 지시어가 가리키는 내용이 언
급된 보기를 정답으로 선택한다.

지시어의 종류

단수	복수
she, he, it, this, that	they, them, these, those

> 📍 **지시어 단/복수**
>
> 지시어도 앞뒤 가리키는 대상
> 이 단수냐 복수냐에 따라 달
> 라진다. 앞의 가리키는 대상이
> 단수이면 she/he/it/this/
> that, 복수이면 they/them/
> these/those가 나온다.

Ellie Baker and Brian Lee are recent hires in our
department. -------. 엘리 베이커와 브라이언 리는 우리 부서의 최근 채용자입니다.

(A) All employees are encouraged to participate.
모든 직원들은 참여가 권장됩니다.

(B) **They** have already received positive feedback from
clients. 그들은 이미 고객들로부터 긍정적인 피드백을 받았습니다.

➡ 앞 문장에서 두 명의 인물(Ellie Baker and Brian Lee)을 언급했으므로 이를 '그들(They)'로 표현
하여 최근의 상황을 설명한 (B)가 정답이에요.

토익정답과 친해지는 EXERCISE 빈칸에 알맞은 것을 고르세요.

정답 및 해석/해설 p. 129

We are pleased to be able to provide you with our catering
services on March 13. -------. These are very popular particularly
among company employees. If you do not find the options listed
here satisfactory, please contact us at 123-344-3365.

(A) It is our goal to offer our customers items that are healthy
and nutritious.
(B) We are no longer in a catering business.

> **단어 콕콕!**
>
> provide 제공하다
> catering service
> 출장연회 서비스
> particularly 특히
> option 선택 사항
> satisfactory 만족스러운
> contact 연락하다
> goal 목표
> healthy 건강한
> nutritious 영양가가 있는
> no longer 더 이상 ~ 아닌

[빈칸 앞 문장] 안전 점검으로 인해 뉴저지 방면 지하철 운행이 중단되므로 이쪽 방면으로 출퇴근하는 직장인들이나 거주민들은 다른 노선이나 버스를 이용해야 합니다.

[빈칸 문장] **즉**, 버스는 정상적으로 운행될 것입니다.
    앞 문장의 버스를 이용하라는 말의 환언

[빈칸 뒤 문장] 이 대안에 대한 추가적인 정보를 알고 싶으시면 저희 웹사이트를 참고해 주십시오.

보기나 빈칸 뒤 문장에 연결어가 있는 경우, **연결어 앞뒤 문장이 자연스럽게 연결되는 것으로 정답을 선택**한다.

구분	연결어 종류
대조	however(그러나), but(그러나), yet(그러나), on the other hand(반면에), in contrast(대조적으로)
순서	first/second/third(첫 번째/두 번째/세 번째), next(다음에), then(그다음에), finally(마지막으로)
인과	therefore(그러므로), thus(이와 같이)
예시	for example/for instance(예를 들어)
추가/부연	also(또한), in addition(게다가), moreover(게다가)
비교	similarly(유사하게)
결론	in conclusion(끝으로), in short(요약하자면)

연결어 상관관계
1) 대조: 앞뒤 내용 반대
2) 순서: 앞뒤 내용이 흐름상 맞게 연결
3) 인과: 앞 문장이 원인, 뒤 문장이 결과
4) 예시: 앞 문장의 구체적인 예시 제공
5) 추가/부연: 앞 문장의 내용에 좀 더 추가하거나 보충 설명
6) 비교: 앞뒤 문장에 비슷한 상황이 제시
7) 결론: 전체 문장의 마지막 부분에 마무리 내용

The first step in planning a trip is to choose your destination. -------. 여행을 계획하는 첫 번째 단계는 여행지를 선택하는 것입니다.

(A) **Then**, you may start looking for flights and accommodations.
    그러면, 항공편과 숙박을 찾기 시작할 수 있습니다.

(B) Therefore, we need to hire some more staff.
    따라서, 우리는 직원을 좀 더 고용해야 합니다.

→ 앞 문장에서 첫 번째 단계(The first step)를 언급했으므로, Then(그리고 나서, 그러면)과 함께 그 다음 해야 할 일을 언급한 (A)가 정답이에요.

토익정답과 친해지는 **EXERCISE** 빈칸에 알맞은 것을 고르세요.

정답 및 해석/해설 p. 129

The work will start on September 1, and you will be paid $3,000 per month. When you arrive for your first day of work, please be sure to bring all of the forms that we sent to you. -------. After you have submitted these forms, there will be a lunch event with all of the other employees.

(A) You also need to bring your social security card.
(B) Therefore, submitted documents will not be returned.

단어 콕콕!

be sure to 반드시 ~하다
submit 제출하다
social security card 사회 보장 카드
return 되돌려 주다

토익 대표 유형 분석하기

학습 목표 | 문제의 유형을 확인한 후, 풀이 전략을 단계적으로 파악하면서 문제를 풀어 봅시다

Question 1 refers to the following article.

After six months of renovations, the Pelican Grand Resort will open to the public on May 1. There is only one month left until its reopening and the renowned resort maintains the same charm that it is famous for, but with some new facilities. Additions include an outdoor spa and a child care center. _____. Those wishing to attend the May 1 event should reserve their space by calling
1.
800-232-3432.   **STEP 1** ▶ 지문의 첫 번째 문장과 빈칸 앞뒤 문장을 확인해요.

1. (A) They will be closed for a month due to the renovations.

(B) Both will be available to guests free of charge.

STEP 2-1 ▶ 보기를 읽으면서 첫 번째 문장이나 빈칸 앞뒤 문장과 관련 없는 내용은 정답에서 제외시켜요.

STEP 2-2 ▶ 보기에 힌트가 되는 지시어나 연결어가 있는지 확인해요.

풀이 과정

STEP 1 지문 첫 번째 문장과 빈칸 앞뒤 문장 확인하기

지문 첫 번째 문장에서 보수공사를 한 지 6개월 후인 5월 1일에 새로 문을 연다고 했고, 빈칸 앞 문장에서는 야외 스파와 탁아소가 새로 추가된다고 언급했습니다.

STEP 2-1 보기를 읽고 관련 없는 내용 제외시키기

(A)는 그것들은 보수공사 때문에 문을 닫을 것이라고 했고 '그것'이 바로 앞에 언급된 야외 스파와 탁아소로 볼 수 있지만, 지문 첫 문장에서 이미 보수공사가 끝나고 5월 1일 문을 연다고 했으므로 이 내용은 흐름상 맞지 않아요.

STEP 2-2 보기에서 힌트가 되는 지시어나 연결어 확인하기

(B)에서 Both가 바로 앞 문장에서 언급된 '야외 스파와 탁이소'를 대신하면서 두 가지 모두 무료로 이용 가능할 것이라고 하여 앞 문장과 자연스럽게 연결되므로 정답이 됩니다.

해석 1번은 다음 기사를 참조하시오.

보수공사를 한 지 6개월 후에, 펠리칸 그랜드 리조트는 5월 1일 일반인에게 문을 연다. 재개장까지는 한 달밖에 남지 않았고, 리조트가 유명한 이유인 매력을 그대로 유지하면서 몇 가지 새로운 시설이 추가될 것이다. 추가에는 야외 스파와 탁아소도 포함된다. 투숙객은 두 가지 모두 무료로 이용할 수 있다. 5월 1일 행사에 참석하기를 원하는 사람은 800-232-3432로 전화해서 예약해야 한다.

1. (A) 그것들은 보수공사 때문에 한 달간 문을 닫을 것이다.
   (B) 투숙객은 두 가지 모두 무료로 이용할 수 있다.

자신감 쑥쑥! 실전 도전 Part 6

학습 목표 | 오늘 공부한 토익에 자주 출제되는 어휘와 신유형 전략을 떠올리며 Part 6 실전 문제를 풀어 봅시다.

Questions 1-4 refer to the following e-mail.

Dear Mr. Annesly,

We received the Costs Inquiry Form that you submitted concerning excess charges for the vehicle you rented from Rent-to-Go. Unfortunately, it seems you may have overlooked a few ------- stated on your contract.
                                    1.

First, your contract states that you were to return the vehicle to the pick-up location at Martime Airport. -------. This added a price of $12.99 to each of the five days you
                                    2.

contracted the car.

-------, you were charged for the toll fees that you incurred while using the Express
  3.

Pass. These came to $23. We are sorry that there was a misunderstanding regarding these charges. If you have any further questions, simply ------- a Costs Inquiry Form
                                                              4.

with your new concerns.

Sincerely,

June Walters
Customer Service
Rent-to-Go

---

1. (A) expenses

(B) propositions

(C) policies

(D) disagreements

2. (A) Also, the Costs Inquiry Form was sent to the wrong address.

(B) Let me explain the extra costs charged for the late return.

(C) Instead, the rental was returned to the office located at 343 O'Bryan Street.

(D) We have already sent the revised contract.

3. (A) Likewise

(B) However

(C) As a result

(D) Additionally

4. (A) disregard

(B) receive

(C) interest

(D) resubmit

Questions 5-8 refer to the following announcement.

Attention all Annesse Inc. employees!

As many of you already know, long-time CEO John Smith recently announced he will resign next month.

In response to this great loss, the board voted to appoint the previous CFO Janet Young to fill the position, which she ------- on Tuesday, September 17.
5.

In addition to the ten years she spent as Annesse CFO, Ms. Young ------- a Master's
6.

degree in Business Administration from Newler University, where she is currently serving as president. Join us on September 15 in ------- Ms. Young back to the
7.

Annesse family.

A luncheon will be held in the North Annex at one o'clock. -------.
8.

We look forward to seeing you.

Richard Casey
Human Resources

5. (A) has assumed
(B) will assume
(C) assume
(D) had assumed

3초문제

6. (A) manufactures
(B) holds
(C) occupies
(D) observes

7. (A) extending
(B) accompanying
(C) welcoming
(D) assigning

8. (A) Please confirm your attendance with the HR department.
(B) John Smith will give a lecture in Newler University next week.
(C) Feel free to contact Ms. Young for further questions.
(D) We will hold the farewell party on September 15.

Questions 9-12 refer to the following announcement.

Several employees have not yet confirmed their hotel reservations for the upcoming design conference in Shady Falls. Please check your information packet and make sure you are not one of -------. If there is a problem with your assigned room, please
9.
contact Silvia in the HR department. Other hotels in the area are fully booked and are not -------. You must stay at the hotel we have reserved for our employees. -------.
10. **11.**

If you need to ------- your attendance at the conference, please let us know by Friday.
12.

9. (A) neither
(B) them
(C) whom
(D) our

10. (A) frequent
(B) important
(C) confusing
(D) available

11. (A) However, a similar event will be held next month.
(B) Parking is also available in a nearby garage.
(C) The final bill will be paid by the client.
(D) Otherwise, you will need to commute into the city.

12. (A) present
(B) arrive
(C) cancel
(D) remain

DAY 21

주제와 목적

요기서 몸풀기!

'이 기사의 주제는 무엇인가요?', '이 편지의 목적은 무엇인가요?' 등과 같이 지문의 주제와 목적을 묻는 문제는 토익 독해의 전체 문제 중에서 10~15%를 차지하는 빈출 유형이에요.

1 **주제와 목적을 묻는 문제는 어떤 유형일까요?**
지문에 나온 세부적인 정보가 아니라 글의 요지나 글을 쓴 이유 등 전체 글의 핵심에 대해 묻는 유형입니다.

2 **주제와 목적을 찾는 문제는 비교적 쉽게 풀 수 있는 유형입니다.**
시간이 많이 걸리지 않고, 애매한 보기가 출제되지 않아요.

영단기 토익 스타트가 당신의 파트 7 풀이시간을

비약적으로 단축시켜드립니다.

토익 빈출 단어! Check up!

아래 단어를 보고, 이미 알고 있는 단어에 ✔ 표시해 봅시다.

중요도 ⭐⭐⭐

- ☐ promote
- ☐ publicize
- ☐ extend
- ☐ review
- ☐ announce
- ☐ proper
- ☐ update
- ☐ profile
- ☐ feature
- ☐ encourage
- ☐ cheaper
- ☐ fund
- ☐ incorrect
- ☐ acknowledge

중요도 ⭐⭐

- ☐ recent
- ☐ invitation
- ☐ contribution
- ☐ colleague
- ☐ appropriate
- ☐ available
- ☐ nationally
- ☐ renowned
- ☐ inaccurate

중요도 ⭐

- ☐ occupancy
- ☐ specific
- ☐ behavior
- ☐ probably
- ☐ chief

Reading

주제와 목적

학습 목표 | 주제와 목적을 묻는 문제의 질문 형태와 핵심 전략을 배워 봅시다.

유형 **1** 주제를 묻는 문제

무엇을   기사는 다루는가
What does **the article discuss**?
기사는 무엇을 다루는가?

무엇에   공고는 ~에 관한 것인가
What is **the notice about**?
공고는 무엇에 관한 것인가?

글이 무엇을 다루고 있는지, 무엇에 관한 내용인지를 묻는 것은 글의 '주제'를 묻는 문제이다.

토익정답과 친해지는 **풀이전략**

STEP 1   유형 파악하기
질문을 먼저 보고 유형을 파악해요. What ~ discuss, What ~ about 등의 문제가 주제를 묻는 문제입니다.

STEP 2   마지막에 풀 문제로 남겨 놓기
주제는 글의 전체적인 맥락을 알면 쉽게 풀리므로 이 문제는 건너뛰고 다른 문제를 먼저 푸세요.

STEP 3   제목 확인 후 정보를 종합하여 문제 풀기
지문의 제목은 중요한 단서가 될 수 있어요. 제목이 있다면 꼭 읽고, 나머지 문제를 풀면서 알게 된 정보를 토대로 주제 문제를 풀어요.

📍 **글의 주제 문제 푸는 순서**
글의 주제는 다른 문제를 풀면서 얻은 정보를 통해서도 쉽게 파악할 수 있다. 따라서 다른 문제를 먼저 풀고 주제 문제를 풀면 정답도 쉽게 찾을 수 있고 시간도 절약할 수 있다.

유형 2 목적을 묻는 문제

무엇이   목적   기사

What is the purpose of the article?

기사의 목적은 무엇인가?

왜   이메일이 보내졌는가

Why was the e-mail sent?

이메일은 왜 보내졌는가?

왜   편지가 쓰여졌는가

Why was the letter written?

편지는 왜 쓰여졌는가?

글이 쓰인 이유, 보내진 이유 등을 묻는 것은 글의 '목적'을 묻는 문제이다.

토익정답과 친해지는 풀이전략

STEP 1 유형 파악하기
질문을 먼저 보고 유형을 파악해요. What ~ purpose, Why ~ sent 등의 문제가 목적을 묻는 문제입니다.

STEP 2 지문의 초반부에서 목적을 찾아보기
지문의 첫 단락에 글의 목적이 나와있는 경우가 많아요. 따라서 첫 번째 단락의 첫 1~3 문장을 읽은 후 바로 문제의 보기를 점검하여 정답이 있는지 확인해요.

STEP 3 나머지 단락의 첫 부분 읽기
첫 번째 단락만으로 정답을 찾을 수 없다면, 나머지 단락의 첫 1~2문장을 읽어보면 목적을 알 수 있어요. 그 후 다시 보기에서 정답을 찾아요.

앗! 이거 주의해야 돼!

목적 문제의 보기는 한 단어 때문에 오답이 되는 경우가 많다. 따라서 보기를 꼼꼼히 읽는 것이 아주 중요하다.

토익 고수 단계!

글의 종류에 따라 주제 및 목적 문제의 단서 위치가 다르다.
1) 기사/광고/메모/공지: 글의 앞부분
2) 편지/이메일: 첫 번째 단락에 없으면 나머지 단락의 첫 1~2줄

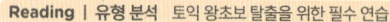

토익 대표 유형 분석하기

학습 목표 | 문제의 유형을 확인한 후, 지문의 구조와 단계별 전략을 파악하면서 문제를 풀어 봅시다.

Question 1 refers to the following e-mail.

To: All Employees

From: Human Resources

Subject: Evaluations 〔STEP 2〕 제목을 확인해요.

Please be notified that / annual employee reviews / will take place / during the month of January. // Each individual / will be assigned 〔STEP 3-1〕 첫 번째 단락의 첫 부분을 먼저 읽어요.
a meeting time / with his or her supervisor. // These meetings / will discuss ways / for the employee / to make professional improvements. //

As in past years, / each staff member / is asked to complete / a self-evaluation form / prior to the formal evaluation. // This document / 〔STEP 4〕 STEP 4는 생략해도 돼요. (첫 번째 단락으로 정답을 찾았으므로 나머지 단락을 읽을 필요가 없어요.)
can be found / at the bottom of this e-mail. // Please complete it / and submit it / to your department head / before December 15. //

---

1. What is the **purpose** of **the e-mail**? 〔STEP 1〕 유형을 파악해요.
   (A) To alert workers of a routine assessment
   (B) To advise staff of a new policy
   〔STEP 3-2〕 첫 번째 단락을 읽은 다음 보기를 읽고 정답을 찾아요.

핵심 콕콕!

인사팀이 전 직원에게 직원 평가에 관하여 알리는 이메일이다.

1단락	직원 평가 안내
2단락	양식 제출 요청

단어 콕콕!

evaluation 평가
notify 알리다
annual 연례의, 매년의
take place 일어나다, 발생하다
assign 배정하다, 부과하다
supervisor 상사, 관리자
professional 전문적인
improvement 향상, 개선
complete 작성하다, 완료하다
prior to ~전에
bottom 하단, 바닥
submit 제출하다
department 부서
alert A of B A에게 B를 알리다
routine 정기적인, 일상의, 판에 박힌
assessment 평가
advise A of B A에게 B를 알리다
policy 정책

풀이 과정

STEP 1 유형 파악하기

질문의 What ~ purpose를 통해 목적 문제임을 알 수 있어요.

STEP 2 제목 확인하기

Evaluations(평가)라는 제목을 통해 글을 쓴 목적이 '평가'와 관련이 있음을 알 수 있어요.

STEP 3 첫 번째 단락의 첫 부분 읽기

첫 번째 단락의 2~3줄을 읽습니다. Please be notified는 '(~을) 알려 드립니다'라는 뜻이므로 뒤의 that절에 알리고자 하는 내용이 나와요. 따라서 이 부분을 집중해서 읽고 '연례 직원 평가(annual employee reviews)가 있다'는 사실을 알리고 있음을 확인해요. 다음으로 지문의 내용과 일치하는 보기가 있는지 꼼꼼히 읽습니다. (A)의 alert workers of와 (B)의 advise staff of는 '직원들에게 ~을 알리다'라는 뜻으로 의미가 같아요. 하지만 '새로운 정책(new policy)'을 알리는 것은 아니므로 (B)는 오답입니다. (A)에서 routine(정기적인)은 지문의 annual(연례)과 의미가 일치하고 assessment와 review는 '평가'라는 같은 의미이므로 (A)가 정답이에요.

STEP 4 나머지 단락의 첫 부분 읽기

STEP 3에서 정답을 찾았으므로 다음 단락은 읽을 필요가 없어요.

해석 1번 문제는 다음 이메일을 참조하시오.

수신: 모든 직원

발신: 인사과

제목: 직원 평가

알려 드립니다 / 연례 직원 평가가 / 있을 것입니다 / 1월 한 달간 // 각 직원은 / 면담 시간을 배정받을 것입니다 / 자신의 상사와의 // 이 면담에서 / 방법을 논의할 것입니다 / 직원들의 / 전문성을 향상시키기 위한 //

지난 몇 년 동안과 마찬가지로 / 각 직원은 / 작성해야 합니다 / 자기 평가서를 / 공식적인 평가가 있기 전에 // 이 양식은 / 찾을 수 있습니다 / 이 이메일의 하단에서 // 작성해 주십시오 / 그리고 제출해 주십시오 / 여러분의 부서장에게 / 12월 15일 전에 //

---

1. 이 이메일의 목적은 무엇인가?

(A) 정기적인 평가에 대해 직원들에게 알리기 위해서

(B) 새로운 정책에 대해 직원들에게 알리기 위해서

독해의 정답을 찾는 열쇠

학습 목표 | 오늘의 Part 7 유형의 정답을 찾는 데 필요한 핵심 표현을 익혀 봅시다.

목적 문제의 보기는 주로 to V(~하기 위해서)로 표현됩니다. 정답으로 자주 출제되는 표현과 정확한 의미를 알고 있다면 목적 문제를 더욱 쉽게 풀 수 있어요.

🔵 **파란색으로 표시된 영어 표현에 해당하는 우리말을 선택하세요.**

1. to promote a new service

   (A) 승진시키기 위해서   ☑(B) 홍보하기 위해서

2. to publicize recent changes

   (A) 출판하기 위해서   ☑(B) 알리기 위해서

3. to extend an invitation

   ☑(A) (초대)하기 위해서   (B) (초대를) 연장하기 위해서

4. to review a restaurant

   (A) 구경하기 위해서   ☑(B) 평가하기 위해서

5. to announce a special offer

   (A) 불평하기 위해서   ☑(B) 알리기 위해서

6. to acknowledge Mr. Kim's contribution to the team

   (A) 이해하기 위해서   ☑(B) 인정하기 위해서

7. to update a colleague

   ☑(A) 최신 정보를 알려주기 위해서   (B) 최신 정보를 요청하기 위해서

8. to profile a business

   ☑(A) 개괄적으로 설명하기 위해서   (B) 방문하기 위해서

9. to feature restaurants

   (A) 취소하기 위해서   ☑(B) 관련 기사를 싣기 위해서

10. to encourage membership

   ☑(A) 장려하기 위해서   (B) 제한하기 위해서

단어 콕콕!

promote 홍보하다, 승진시키다
publicize 알리다, 공표하다
recent 최근의
extend 연장하다, 주다
review 평가하다, 검토하다
special offer 특가 판매, 특가품
acknowledge 인정하다, 감사를 표하다
contribution 기여
update 최신 정보를 주다, 갱신하다
colleague 동료
profile 개요를 알려주다 [작성하다]
feature 특집 기사로 다루다, 특징이 되다
encourage 장려하다

토익 제대로 대비하기

학습 목표 | '구 → 문장 → 지문'의 3단계 훈련으로 토익 유형을 철저하게 대비해 봅시다.

[1단계: 구 패러프레이징 연습]

A 파란색으로 표시된 표현과 가장 가까운 의미가 되도록 빈칸에 알맞은 표현을 고르세요.

1. cheaper → _____ expensive
(A) more   (B) less

2. give an award to a singer → _____ an artist
(A) recognize   (B) disregard

3. vice president of a corporation → a company _____
(A) executive   (B) inspector

4. fund an exhibit → _____ an event
(A) attend   (B) finance

5. every other month → every _____ months
(A) two   (B) three

6. biography of the author → _____ of the writer
(A) sense   (B) life

B 비슷한 의미를 가진 표현끼리 연결하세요.

7. incorrect detail   •   • (A) appropriate behavior
8. proper etiquette   •   • (B) nationally renowned
9. famous throughout the country • • (C) inaccurate information
10. see videos   •   • (D) view recordings

> **단어 콕콕!**
>
> award 상
> recognize 인정하다, 알아보다
> disregard 무시하다
> vice president 부사장
> corporation 회사
> executive 임원, 이사
> inspector 조사관
> fund 자금을 대다
> exhibit 전시회
> finance 자금을 대다
> biography 일대기, 전기문
> author 작가
> sense 감각
> incorrect 틀린
> detail 세부 사항
> appropriate 적절한
> behavior 행동
> proper 적절한, 올바른
> etiquette 예의, 에티켓
> nationally 전국적으로
> renowned 유명한
> throughout ~ 도처에, ~ 내내
> inaccurate 부정확한
> recording 녹화(된 것)

정답 및 해석

A 1. (B) 더 싼 → 덜 비싼   2. (A) 가수에게 상을 주다 → 예술가를 인정하다   3. (A) 회사의 부사장 → 회사 임원
4. (B) 전시회에 자금을 대다 → 행사에 자금을 대다   5. (A) 두 달에 한 번 → 두 달마다   6. (B) 작가의 일대기 → 작가의 일생
B 7.–(C) 틀린 세부 사항 → 부정확한 정보   8.–(A) 적절한 에티켓 → 적절한 행동   9.–(B) 전국적으로 유명한 → 전국적으로
유명한   10.–(D) 비디오를 보다 → 녹화물을 보다

[2단계: 문장 패러프레이징 연습]

❗ 주어진 문장과 의미가 일치하는 내용을 고르세요.

1. The hotel is at full occupancy during the Christmas period.

(A) All the rooms in the hotel will be rented out at a specific time.
(B) More expensive rooms will be available during Christmas.

2. The cinema will close for maintenance from March 4 to March 8.

(A) Maintenance work will probably begin on March 4.
(B) The cinema will open again on March 6.

3. Chief chef Carlos Jobim joined Cass Restaurant a month ago.

(A) The restaurant hired a new chief chef last month.
(B) Carlos Jobim has recently purchased the restaurant.

4. YTM members are issued special parking passes.

(A) A parking pass is needed to become a YTM member.
(B) A designated parking zone is a benefit of membership.

5. The French cosmetics company will launch in Japan next year.

(A) The cosmetics company will start doing business in Japan.
(B) The company will be moving to Japan next year.

핵심 콕콕!

패러프레이징 부분만
골라 보기!

1. at full occupancy
→ All the rooms will
be rented out

2. close for
maintenance
from March 4 →
Maintenance work
will begin on March 4

3. ① Chief chef
Carlos Jobim joined
→ hired a new chief
chef
② a month ago → last
month

4. members are
issued → a benefit of
membership

5. launch → start
doing business

---

1. 호텔은 크리스마스 기간 동안에는 전 객실이 모두 가득 찬다.
   (A) 특정 기간에 호텔에 있는 모든 방은 다 나갈 것이다. (B) 크리스마스 동안 더 비싼 방은 이용 가능할 것이다.
2. 영화관은 유지보수를 위해 3월 4일부터 3월 8일까지 문을 닫을 것이다.
   (A) 유지보수 작업이 아마 3월 4일에 시작될 것이다. (B) 영화관은 3월 6일에 다시 문을 열 것이다.
3. 수석 주방장 카를로스 조빔 씨는 한 달 전에 카스 식당에 들어왔다.
   (A) 식당은 지난달에 새 수석 주방장을 고용했다. (B) 카를로스 조빔 씨는 최근에 식당을 매입했다.
4. YTM 회원들은 특별 주차권을 발급받는다.
   (A) YTM 회원이 되기 위해서는 주차권이 필요하다. **(B) 지정 주차 공간은 회원이 받는 혜택이다.**
5. 그 프랑스 화장품 회사는 내년에 일본에서 일을 시작할 것이다.
   (A) 그 화장품 회사는 일본에서 사업을 시작할 것이다. (B) 그 회사는 내년에 일본으로 이전할 것이다.

[3단계: 지문 유형 연습]

정답 및 해석/해설 p. 134

❗ 다음 지문을 읽고 질문에 알맞은 답을 고르세요.

Question 1 refers to the following letter.

Dear Mr. Starling,

Welcome! You now belong to the Billington Writer's Association. The sample you submitted was considered and selected by a committee of professional editors. Each year, more than 1,000 writers apply to join the BWA, but only 200 are accepted. In the packet enclosed in this envelope, you will find information about the benefits of being a part of the Billington Writer's Association.

---

1. Why was the letter sent to Mr. Starling?

(A) To request he write an article
(B) To inform him of changes to a membership
(C) To identify him as a member
(D) To invite him to attend an event

Question 2 refers to the following e-mail.

To: Michelle Lee
From: Sarah Fromme

Good afternoon, Ms. Lee.

It was a pleasure to interview you on Monday. After considering all applicants, I would like to offer you a position as the assistant director of sales at Martin & Jones Textiles, Inc. If you accept this job, you will be responsible for overseeing a large team of sales associates and working closely with the director of sales.

---

2. Why was the e-mail sent?

(A) To give information about a company
(B) To confirm a job offer
(C) To announce a sale
(D) To request information

단어 콕콕!

belong to ~에 속하다
association 협회, 연합
submit 제출하다
consider 고려하다, 생각하다
select 선정하다, 고르다
committee 위원회
professional 전문적인
editor 편집자
apply 지원하다
accept 받아들이다
packet 안내 책자
enclosed 동봉된
benefit 혜택, 이익
request 요청하다, 요구하다
article 기사
inform A of B A에게 B에 대해 알리다
identify 확인하다, 인정하다
invite A to V A에게 ~할 것을 권하다
pleasure 기쁨, 즐거움
applicant 지원자
offer 제공하다, 제안하다
assistant director 차장
be responsible for ~에 책임을 지다, ~을 담당하다
oversee 감독하다, 살피다
associate 동료, 직원
confirm 확정하다, 확인하다
announce 알리다

DAY 21

주제와 목적

자신감 쑥쑥! 실전 도전 Part 7

학습 목표 | 오늘 공부한 유형 핵심 전략과 독해의 정답을 찾는 핵심 표현을 떠올리며 Part 7 실전 문제를 풀이 봅시다.

Question 1 refers to the following memo.

TO: All Employees
FROM: Ritu Verma, EWA Marketing Manager
DATE: March 25

Subject: Join us for an Informative Seminar on Digital Marketing

Next month, Enlighten Wisdom Academy(EWA) will offer a seminar on digital marketing. The seminar will be an excellent opportunity for you to learn about the latest trends and techniques in digital marketing and how they can be leveraged to help our organization thrive in the digital age.
The seminar will be held on Thursday, April 28, from 2:00 pm to 4:00 pm in the conference hall on the 3rd floor of our headquarters. We have the pleasure of welcoming Kavita Singh, a seasoned digital marketer who has worked with some of the world's leading brands. She will share her expertise and insights on a range of topics, including search engine optimization, social media marketing, content marketing, and analytics.
To register for this seminar, please contact our events coordinator, Deepak Chopra, at dchopra@ewa.com or call 555-8654. The registration fee is $50 per person, which includes refreshments and materials.

1. What is the purpose of the memo?

  (A) To introduce a new staff member
  (B) To notify employees of an upcoming inspection
  (C) To publicize an educational session
  (D) To request volunteers to offer a presentation

Question 2 refers to the following article.

The Shelbyville Chamber of Commerce is going to give a present to people attending the summer festival. The present is a tote bag with "Shelbyville: The State's Best City" on it. These fashionable bags are made of cloth so they are both washable and reusable. To obtain a bag, a person must show a ticket for the Shelbyville Summer Festival at the information center. The chamber of commerce is giving away 10,000 bags. There is a limit of one bag per person.

2. What is the purpose of this article?

(A) To announce the launching of new fashionable bags
(B) To thank those who are visiting Shelbyville for the first time
(C) To invite people to a commercial festival held in Shelbyville
(D) To inform the festival attendants of free gifts

DAY

22

세부 사항

'언제 회의가 열릴 예정인가요?', '왜 행사가 미루어졌나요?' 등과 같이 세부적인 내용을 물어보는 유형은 전체 문제 중에서 25~35%를 차지하는 최다 빈출 유형이에요.

1 세부 사항을 묻는 문제는 어떤 유형일까요?

세부 사항을 묻는 문제는 누가, 언제, 어디서, 무엇을, 어떻게, 왜 등과 같은 구체적인 정보를 묻는 유형이에요.

2 세부 사항을 묻는 문제는 무엇이 가장 중요할까요?

지문의 한 부분만 읽어도 정답을 알 수 있는 유형이기 때문에 지문과 문제 보기에서 같은 의미를 나타내기 위해 다른 말로 표현한 부분을 찾는 패러프레이징 연습이 매우 중요해요.

중요도 ⭐⭐⭐

☐ offer   ☐ request   ☐ advise   ☐ moderate   ☐ hire

☐ pamphlet   ☐ coworker   ☐ reputation   ☐ distribute   ☐ chairperson

☐ receive

중요도 ⭐⭐

☐ lead   ☐ panel   ☐ discussion   ☐ recruit   ☐ executive

☐ material   ☐ colleague   ☐ handle

중요도 ⭐

☐ acquire   ☐ major   ☐ distributor   ☐ currently   ☐ retailer

Reading
세부 사항

학습 목표 | 세부 사항을 묻는 문제의 질문 형태와 핵심 전략을 배워 봅시다.

유형 1 · 단서의 위치를 예측할 수 있는 문제

무엇을   요청받는가
What is Ms. Barns **asked(invited)** to do?

반스 씨는 무엇을 하라고 요청받는가?

어떻게   지원하는가
How can candidates **apply** for the position?

지원자들이 어떻게 그 직책에 지원할 수 있는가?

어떻게   갱신하는가
How can members **renew** their subscription?

회원들이 어떻게 구독을 갱신할 수 있는가?

어떤 문제를   겪는가
What problem does Mr. Nelson **have**?

넬슨 씨는 어떤 문제를 겪고 있는가?

요청 사항이나 제안 사항, 지원 방법이나 갱신 방법, 문제점 등을 묻는 세부 사항 문제는 정답을 알 수 있는 **구체적인 단서가 지문의 특정한 곳에 있는 경우가 많다**. 따라서 질문을 통해 단서의 위치를 예측할 수 있는 유형임을 파악하는 것이 중요하다.

토익정답과 친해지는 풀이전략

STEP 1   **유형 파악하기**
질문을 먼저 보고 유형을 파악해요. 요청 사항, 지원 방법, 갱신 방법, 문제점 등을 묻는다면 단서의 위치를 예측할 수 있는 세부 사항 문제입니다.

STEP 2   **질문의 종류에 따라 특정 부분에서 단서의 위치 파악하기**
(1) 요청 사항이나 제안 사항, 지원이나 갱신 방법을 묻는 문제라면 지문의 마지막 단락에서 단서를 찾아보세요.
(2) 문제점에 대해 묻는 문제라면 지문의 첫 번째 단락이나 두 번째 단락에서 단서를 찾아보세요.

STEP 3   **단서에 부합하는 보기 선택하기**
지문에서 단서를 찾아 해당 내용에 대해 언급하거나 패러프레이징된 보기를 정답으로 선택합니다.

📍 요청 사항을 묻는 질문의 능/수동태 구분

[능동태]
What does Ⓐ ask Ⓑ to do?
Ⓐ가 Ⓑ에게 하라고 요청하는 것은 무엇인가?

[수동태]
What is Ⓑ asked to do?
Ⓑ는 무엇을 하라고 요청받는가?

암기 꼭 🌱

문제에 등장하는 의문사의 의미를 정확하게 정리해 둔다.

what 무엇, 어느	who 누가
when 언제 (시간, 날짜)	where 어디(장소)
how 어떻게(방법)	why 왜(이유)
which 어느, 어떤	

유형 2 단서의 위치를 예측하기 어려운 문제

누구 **마이클 양**
Who is **Michael Yang**?

마이클 양은 누구인가?

어떻게 **할인받는가**
How can customers **get a discount**?

고객들은 어떻게 할인을 받는가?

왜 **제안을 거절했는가**
Why did Mr. Garner **reject the offer**?

가너 씨는 왜 제안을 거절했는가?

구체적인 정보를 묻는 문제이지만, 단서의 위치가 정해져 있지 않은 문제들도 있다. 하지만 이런 경우도 **단서가 지문 전체에 퍼져 있는 것이 아니라 한 부분에 집중되어 있으**므로 이 부분만 찾으면 문제를 빨리 풀 수 있다.

📍 지문에서 단서를 찾을 때

질문에 제시된 이름이나 특정 장소와 같은 고유명사나 시간 표현 또는 부사 표현이 있다면 꼭 표시하면서 읽어야 한다.

토익정답과 친해지는 풀이전략

STEP 1 유형 파악하기

질문을 먼저 보고 유형을 파악해요. 요청 사항, 지원이나 갱신 방법, 문제점 외의 세부 사항에 대해 묻는다면 단서의 위치를 예측하기 어려운 문제입니다.

STEP 2 질문과 관련된 내용을 지문에서 찾기

지문의 모든 문장을 다 꼼꼼히 읽지 말고, 주어와 동사를 중심으로 지문을 빠르게 훑어 나가면서 질문에서 언급한 내용이 나와 있는 부분을 찾아요.

(1) 질문에 고유명사가 있는 경우, 지문에서 해당 고유명사를 찾으세요. 고유 명사는 눈에 잘 띄므로 쉽게 찾을 수 있어요.

(2) 문제에서 언급된 단어와 관련이 있는 단어를 지문에서 찾으세요. 예를 들어, 할인 방법을 묻는 문제인 경우, reduced(감소된), ~% off(~퍼센트 할인) 등과 같이 할인과 관련된 단어나 표현이 있는지 먼저 찾으세요.

STEP 3 단서에 부합하는 보기 선택하기

지문에서 단서를 찾아 해당 내용에 대해 언급하거나 패러프레이징된 보기를 정답으로 선택합니다.

토익 고수 단계! 🔥

시점 표현 단서 찾기

보기나 질문에 언급된 시점 표현이 지문에 그대로 제시되지 않을 수도 있다.
예)
[지문] ~ October, ~ next month ~
[정답] November

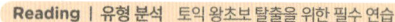

토익 대표 유형 분석하기

학습 목표 | 문제의 유형을 확인한 후, 지문의 구조와 단계별 전략을 파악하면서 문제를 풀어 봅시다.

Question 1 refers to the following notice.

Attention Diamond Fuels Customers

Due to a recent problem / with our automated payment system, / all fuel purchases / must be completed inside / with a service station attendant. //

You may pump your gasoline / prior to paying. // Once you finish, / simply leave your vehicle / and alert the attendant / of your pump number / so you are charged / the correct amount. // Cash, credit and debit cards / are all accepted. //

Also, remember that / when you use your Diamond Fuels credit card, / you will receive / 10% off your purchase. // Apply today / to get the

STEP 2 질문 내용에 대한 단서를 찾아요.

card / if you don't have one. // Visit diamondfuel.com/members / for additional details. //

---

1. **How** do consumers **get a discount**?   **STEP 1** 유형을 파악해요.
   (A) By making an online payment
   (B) By paying with a store credit card   **STEP 3** 보기를 읽고 정답을 찾아요.

핵심 콕콕!

한 주유소가 결제 시스템에 관해 고객들에게 알리는 공고이다.

1단락	결제 시스템 문제
2단락	해결 방법
3단락	할인 카드 안내

단어 콕콕!

automated 자동화된
payment 지불
fuel 연료
purchase 구매(품)
complete 완료하다
service station 주유소
attendant 직원, 점원
pump 퍼 올리다
prior to ~전에
once 일단 ~하면
vehicle 자동차
alert A of B A에게 B를 알리다
pump number 주유기 번호
charge 청구하다
amount 금액, 총액
debit card 직불카드
accept 수용하다, 받다
receive 받다
additional 추가적인
details 세부 사항
get a discount 할인받다

**풀이
과정**

STEP 1 유형 파악하기

질문의 How, get a discount를 통해 세부 사항을 묻는 문제임을 알 수 있어요. 그중에서도 단서의 위치를 예측하기 어려운 문제 유형임을 파악해요. 유형을 파악한 후, 질문의 키워드인 How(어떻게)와 get a discount(할인을 받다)에 표시합니다.

STEP 2 질문과 관련된 내용을 지문에서 찾기

지문을 빠르게 훑어 나가며 질문의 키워드와 관련된 단서를 찾아요. 할인 방법을 묻는 문제이므로 reduced나 off 등과 같은 관련 표현이 보이는지 찾습니다. 세 번째 단락에 10% off(10퍼센트 할인)가 보이므로 해당 문장(when you use your Diamond Fuels credit card, you will receive 10% off your purchase)을 해석하여 '다이아몬드 정유회사 신용카드를 사용하면 10퍼센트 할인을 받을 수 있다'는 내용임을 확인해요.

STEP 3 단서에 부합하는 보기 선택하기

신용카드 사용에 대해 언급하는 보기가 있는지 꼼꼼히 읽어요. (A)와 (B) 중에서 (B) By paying with a store credit card(매장 신용카드로 결제함으로써)를 정답으로 선택합니다.

해석   1번 문제는 다음 공고를 참조하시오.

다이아몬드 정유회사 고객들은 주목해 주세요

최근 발생한 문제 때문에 / 저희 자동 결제 시스템에 / 모든 연료 구매는 / 반드시 내부에서 완료되어야 합니다 / 주유소 직원을 통해 //

고객님께서 휘발유를 넣으실 수도 있습니다 / 정산 전에 // 주유를 완료하시면 / 차를 두고 / 직원에게 알려 주십시오 / 주유기 번호를 / 그러면 청구됩니다 / 정확한 금액이 // 현금, 신용카드 그리고 직불카드 / 모두 수용됩니다 //

또한 기억해 주십시오 / 고객님께서 다이아몬드 정유회사 신용카드를 사용하실 때 / 받을 수 있다는 것을 / 구매액에서 10퍼센트 할인을 // 오늘 신청하세요 / 카드를 받기 위해 / 가지고 있지 않다면 // diamondfuel.com/members를 방문하세요 / 추가 정보를 원하시면 //

---

1.   손님들은 어떻게 할인을 받는가?
     (A) 온라인으로 비용을 지불함으로써
     (B) 매장 신용카드로 결제함으로써

Reading | 유형 특강 토익 왕초보 탈출을 위한 정답 찾기 훈련

독해의 정답을 찾는 열쇠

학습 목표 | 오늘의 Part 7 유형의 정답을 찾는 데 필요한 핵심 표현을 익혀 봅시다.

요청 문제는 요청하는 주체와 요청받는 대상, 그리고 요청 내용을 빠르게 파악하는 것이 중요해요.
먼저 아래의 세 가지 요청 질문 유형을 숙지하세요.
① A가 제안하는 것 What does+A+제안 동사의 원형 (+to do)?
　　　　　　　　　A는 무엇을 (하겠다고) 제안하는가?
② A가 요청받는 것 What is+A+요청 동사의 p.p.+to do? A는 무엇을 하라고 요청받는가?
③ A가 B에게 요청하는 것 What does+A+요청 동사의 원형+B+to do?
　　　　　　　　　A는 B에게 무엇을 하라고 요청하는가?

> **단어 콕콕!**
>
> offer 제안하다
> request 요청하다
> ask A to V A에게 ·히도록
> 요청하다
> want A to V A가 ~하기를
> 원하다
> advise A to V
> A에게 ~하라고 조언하다
> encourage A to V
> A에게 ~하도록 격려하다

❗ **각 질문에 언급된 사람이 요청하는 사람인지 요청을 받는 사람인지 선택하세요.**

1. What does Mr. Lee offer to do?
   이 씨는 무엇을 **(A)** 하겠다고 제안하는가? (B) 하라고 제안받는가?

2. What does Mr. Lee offer to do for Ms. Sienna?
   이 씨는 시에나 씨를 위해 무엇을 **(A)** 하겠다고 제안하는가? (B) 하라고 제안받는가?

3. What does Mr. Lee request from Ms. Sienna?
   이 씨는 시에나 씨에게 무엇을 **(A)** 요청하는가? (B) 요청받는가?

4. What does Mr. Lee ask Ms. Sienna to do?
   이 씨는 시에나 씨에게 무엇을 **(A)** 하라고 요청하는가? (B) 하라고 요청받는가?

5. What does Mr. Lee want Ms. Sienna to do?
   이 씨는 시에나 씨가 무엇을 **(A)** 하기를 원하는가? (B) 하라고 요청받는가?

6. What does Mr. Lee advise Ms. Sienna to do?
   이 씨는 시에나 씨에게 무엇을 **(A)** 하라고 조언하는가? (B) 하라고 조언받는가?

7. What does Mr. Lee encourage Ms. Sienna to do?
   이 씨는 시에나 씨에게 무엇을 **(A)** 하라고 격려하는가? (B) 하라고 격려받는가?

8. What does Mr. Lee request Ms. Sienna do?
   이 씨는 시에나 씨에게 무엇을 **(A)** 하라고 요청하는가? (B) 하라고 요청받는가?

9. What is Mr. Lee asked to do?
   이 씨는 무엇을 (A) 하라고 요청하는가? **(B)** 하라고 요청받는가?

10. What is Ms. Sienna advised to do?
    시에나 씨는 무엇을 (A) 하라고 조언하는가? **(B)** 하라고 조언받는가?

 Reading | 유형 훈련 토익 왕초보 탈출을 위한 실전 적응 훈련

토익 제대로 대비하기

학습 목표 | '구 → 문장 → 지문'의 3단계 훈련으로 토익 유형을 철저하게 대비해 봅시다.

[1단계: 구 패러프레이징 연습]

A 파란색으로 표시된 표현과 가장 가까운 의미가 되도록 빈칸에 알맞은 표현을 고르세요.

1. moderate a panel discussion ➔ _____ a group talk
(A) renew
(B) lead

2. recruit employees ➔ _____ workers
(A) train
(B) hire

3. schedule an interview before May 2 ➔ reserve a meeting time _____ May 2
(A) following
(B) prior to

4. speak during the executive meeting ➔ _____ the executives
(A) address
(B) interview

5. pamphlets in Korean, Chinese, and Italian ➔ _____ in several languages
(A) sessions
(B) materials

6. offer guidance to your coworker ➔ provide help to your _____
(A) employer
(B) colleague

B 비슷한 의미를 가진 표현끼리 연결하세요.

7. with a stellar reputation • • (A) handle food items

8. distribute fruits and vegetables • • (B) get feedback

9. chairperson of the fund-raiser • • (C) well-regarded

10. receive comments • • (D) in charge of the event

 정답 및 해석

A 1. (B) 공개 토론회의 사회를 보다 → 그룹 토론을 이끌다   2. (B) 직원을 뽑다 → 직원을 고용하다   3. (B) 5월 2일 전에 면접 일정을 잡다 → 5월 2일 전에 만날 시간을 지정하다   4. (A) 임원 회의 중에 연설하다 → 경영진에게 연설하다   5. (B) 한국어, 중국어, 그리고 이탈리아 어로 된 소책자 → 여러 언어로 된 자료   6. (B) 당신의 동료에게 안내를 해주다 → 당신의 동료 직원에게 도움을 제공하다

B 7.-(C) 뛰어난 명성을 지닌 → 유명한   8.-(A) 과일과 채소를 유통하다 → 식품을 다루다   9.-(D) 기금 모금 행사의 의장 → 행사를 책임지고 있는   10.-(B) 의견을 받다 → 의견을 얻다

[2단계: 문장 패러프레이징 연습]

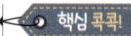

핵심 콕콕!

패러프레이징 부분만
골라 보기!

❗ 주어진 문장과 의미가 일치하는 내용을 고르세요.

1. Fine Print Designs was acquired by Thompson Corporation, a major distributor of printing materials.

　(A) Fine Print Designs sold its products to Thompson Corporation.
　(B) Fine Print Designs was bought by another company.

2. A record 5,000 people participated in the City Music Festival this year.

　(A) A higher number of people took part in this year's event than before.
　(B) The City Music Festival was less successful this year.

3. I was a part-time worker at the local supermarket until last year.

　(A) I am currently hired by the local supermarket.
　(B) I used to work at the local supermarket.

4. The fashion retailer, Best Dressed, has been selling clothes for over a decade.

　(A) The clothing store has been in business for more than ten years.
　(B) The retailer will close down in a decade.

5. Please report any damaged products to the manager.

　(A) The manager will refund any returned products.
　(B) The manager will be informed of any problem with the products.

1. was acquired → was bought

2. ① A record 5,000 people → A higher number of people ② participated in → took part in

3. was a worker until last year → used to work

4. ① fashion retailer → clothing store ② selling clothes → in business ③ over a decade → more than ten years

5. ① report → be informed ② damaged products → problem with the products

정답 및 해석

1. 파인 프린트 디자인 회사는 인쇄용 자재를 유통하는 주요 업체인 톰슨 사에 의해 인수되었다.
　(A) 파인 프린트 디자인 회사는 톰슨 사에 자사의 제품을 팔았다. **(B) 파인 프린트 디자인 회사는 다른 회사에 팔렸다.**

2. 올해 기록적인 5천 명의 사람들이 도시 음악 축제에 참가했다.
　(A) 이전보다 더 많은 사람들이 올해의 행사에 참가했다. (B) 올해는 도시 음악 축제가 덜 성공적이었다.

3. 나는 작년까지 근처의 슈퍼마켓에서 시간제 근로자였다.
　(A) 나는 현재 근처의 슈퍼마켓에 의해 고용되어 있다. **(B) 나는 근처의 슈퍼마켓에서 근무를 했었다.**

4. 의류 소매업체인 베스트 드레스드는 10년이 넘는 기간 동안 옷을 판매해 왔다.
　(A) 매장은 10년 넘게 영업해 왔다. (B) 소매업체는 10년 후에 문을 닫을 것이다.

5. 하자가 있는 어떤 제품이든 관리자에게 알려 주십시오.
　(A) 책임자가 어떤 반품된 제품이라도 환불해 줄 것이다. **(B) 책임자는 제품이 지닌 어떤 문제에 대해서든지 통보를 받을 것이다.**

[3단계: 지문 유형 연습]

정답 및 해석/해설 p. 138

단어 쏙쏙!

DAY 22
세부 사항

ⓘ 다음 지문을 읽고 질문에 알맞은 답을 고르세요.

Question 1 refers to the following notice.

Attention Lakeside community members:

At 6 P.M. on March 5, Lakeside high school will hold a gathering to celebrate Steve Lowry's leaving after 30 years of service as an educator. Throughout his career, Mr. Lowry has impacted the lives of countless students in Lakeside, and many of them are now local business owners and professionals. The celebration is open to anyone interested. Please contact the district office at 833-939-1313.

1. What event will take place on March 5?

(A) A retirement party
(B) A business meeting
(C) A school board meeting
(D) A monthly celebration

Question 2 refers to the following letter.

Dear Ms. Clark,

Our records show that your Harbor Fitness Club membership will expire on March 31. If you renew your year-long membership before that date, you will receive an additional month of free membership. To do this, simply stop by the front desk during your next visit to the gym. If you have any questions, please call 842-1966.

2. How can Ms. Clark renew her membership?

(A) In person
(B) By phone
(C) On the Web site
(D) By e-mail

community 지역 사회
hold 열다, 개최하다
gathering 행사, 모임
celebrate 기념하다,
축하하다
educator 교육자
throughout ~ 동안에,
내내
career 경력, 직장 생활
impact 영향을 끼치다
countless 수많은
professional 전문직
종사자
celebration 기념행사,
축하 행사
interested 관심 있는
contact 연락하다
district office 구청, 군청
take place 발생하다
retirement 퇴직, 은퇴
board 이사회
monthly 월례의, 매달의
membership 회원(권)
expire 만료하다
renew 갱신하다
year-long 1년간의
additional 추가적인
stop by (잠시) 들르다
gym 헬스클럽, 체육관
in person (직접) 가서,
방문하여

자신감 쑥쑥! 실전 도전 Part 7

학습 목표 | 오늘 공부한 유형 핵심 전략과 독해의 정답을 찾는 핵심 표현을 떠올리며 Part 7 실전 문제를 풀어 봅시다.

Questions 1-2 refer to the following Web page.

Terrain ComfortTrek

As we celebrate our 10th anniversary this October, we are excited to offer a limited time discount of 25 percent on our hiking shoes. This exclusive pricing is applicable on our previous selection as well as the brand-new line, which has just arrived. You can browse and purchase the new designs on our website or visit our retail stores for the widest selection. In addition to the limited-time discount, we're also giving away a free T-shirt with our logo for every purchase made during the month of October, whether online or in-store. We want to thank our customers for their continued support and for making our journey possible.

Don't miss this opportunity to upgrade your outdoor gear and join us in celebrating our 10th anniversary!

---

1. What is the reason for offering a discount?

(A) To celebrate the reopening of a shop
(B) To prepare for an upcoming event
(C) To commemorate an anniversary
(D) To launch a new marketing campaigns

2. What is an exclusive benefit of shopping at a retail store location?

(A) Free one-on-one consultation services
(B) Access to a broader range of products
(C) Additional discounts on a limited selection
(D) An opportunity to receive a complimentary gift

Questions 3-4 refer to the following e-mail.

From: Molly Wilson
To: All Employees
Subject: Annual Event
Date: December 10

Let me remind you that this year's annual end-of-the-year party will be held on December 28. It is going to take place in the banquet room of the Jackson Hotel. The party will begin at 6 P.M.

First, CEO David Martin will give a short speech. Then, we will all have dinner together. After dinner ends, Vice President Carter O'Neil will present the Employee of the Year award. Following that, we will spend the rest of the evening dancing, listening to music, and enjoying ourselves.

All employees are invited to attend the event. Each employee may bring one guest. You need to provide the name of your guest to me by December 23. You can reach me in the Human Resources Department at extension 76.

3. Who is Molly Wilson?

(A) The employee of the year
(B) A Human Resources employee
(C) The company's CEO
(D) A vice president at the company

4. What are the employees asked to do?

(A) Indicate if they are bringing a guest
(B) Reserve a room at the Jackson Hotel
(C) Nominate people for awards
(D) Choose the item they want for dinner

DAY 23

진위 확인

요기서 몸풀기!

'행사에 대해 언급된 것은 무엇인가?', '이메일에 언급되지 않은 것은 무엇인가?'처럼 지문에 근거해서 사실인지 아닌지를 파악하는 진위 확인 유형은 전체 문제 중 18~22%를 차지한다.

1 **진위 확인 문제는 어떤 유형일까요?**
진위 확인 유형은 지문에 나와 있는 특정 대상에 대해 사실인 내용 또는 사실이 아닌 내용을 묻는 유형이에요.

2 **진위 확인 문제는 어떻게 푸는 게 좋을까요?**
지문과 보기의 내용을 하나씩 대조해 보며 풀어야 하므로 정답을 찾는 데 비교적 시간이 많이 걸리는 유형이에요. 사실인 것을 묻는 유형의 경우, 지문의 일부만 읽어서 정답을 알 수 없을 때는 마지막에 푸는 것이 좋아요.

토익 빈출 단어! Check up!

아래 단어를 보고, 이미 알고 있는 단어에 ✔ 표시해 봅시다.

중요도 ⭐⭐⭐

☐ base ☐ locate ☐ celebrate ☐ overseas ☐ complimentary

☐ autograph ☐ quarterly ☐ formally ☐ operate ☐ extra

중요도 ⭐⭐

☐ standard ☐ refrain ☐ sign ☐ yearly ☐ beverage

☐ officially ☐ additional

중요도 ⭐

☐ accessible ☐ reach ☐ permit ☐ allow ☐ borrow

진위 확인

학습 목표 | 진위 확인 문제의 질문 형태와 핵심 전략을 배워 봅시다.

유형 1 사실인 내용을 묻는 문제

무엇이 · 언급되는가 · 래드포드 씨
What is indicated about Mr. Radford?
래드포드 씨에 대해 언급된 것은 무엇인가?

무엇이 · 언급되는가 · 컨퍼런스
What is mentioned about the conference?
그 컨퍼런스에 대해 언급된 것은 무엇인가?

무엇이 · 언급되는가 · 르 까사 호텔
What is stated about Le Casa Hotel?
르 까사 호텔에 대해 언급된 것은 무엇인가?

1 진위 확인 문제에는 지문에 나온 특정 대상에 대해서 <mark>사실인 내용을 설명한 보기를</mark> 찾는 문제가 있다.

2 질문에 주로 '<mark>indicated/mentioned/stated + about 특정 대상?(~에 대해 언급된 것은?)</mark>'의 형태가 포함되어 있으며 <mark>about 뒤에 나오는 특정 대상이 문제의 키워드</mark>이다.

📍 **사실인 내용을 묻는 경우**

특정 보기에 나온 내용이 지문에서 아예 언급조차 안 된 경우도 많다. 따라서 각 보기의 내용을 무작정 지문에서 찾으려 하기보다 질문의 키워드를 중심으로 지문 내용과 일치하는 보기를 찾아야 한다.

─── 토익정답과 친해지는 **풀이전략** ───

STEP 1 유형 파악하기
질문을 먼저 보고 유형을 파악해요. 언급된 것을 묻는다면 사실인 내용을 묻는 진위 확인 유형입니다.

STEP 2 질문에서 about 뒤에 나온 명사에 동그라미로 표시하기
about 뒤에 나온 명사가 정답을 찾기 위한 키워드이므로 동그라미로 표시하세요.

STEP 3 키워드 주변을 확인하기
지문에서 키워드를 찾아 주변 문장을 읽은 후, 해당된 내용을 보기에서 찾아 정답으로 선택합니다. 키워드가 지문의 주제이거나 수신인/발신인인 경우 키워드 관련 내용이 지문의 여러 곳에 언급되어 있어 문제를 푸는 데 시간이 많이 걸릴 수 있으므로 나머지 문제를 푼 후 마지막에 풉니다.

 **유형 2 사실이 아닌 내용을 묻는 문제**

무엇이　　언급되지 않는가　　　　　　　존스 씨
What is NOT indicated about Mr. Jones?
존스 씨에 대해 언급되지 않은 것은 무엇인가?

무엇이　　언급되지 않는가　　　　　　회원의 혜택
What is NOT mentioned as a benefit of the membership?
회원의 혜택으로 언급되지 않은 것은 무엇인가?

무엇이　　　언급되지 않는가　　축제
What is NOT stated about the festival?
축제에 대해 언급되지 않은 것은 무엇인가?

1 진위 확인 문제에는 지문에 나온 특정 대상에 대해서 사실이 아닌 내용을 설명한 보기를 찾는 문제가 있다.

2 질문에 주로 'NOT indicated/mentioned/stated + about 특정 대상?(~에 대해 언급되지 않은 것은?)'의 형태가 포함되어 있으며, NOT과 about 뒤에 나오는 특정 대상이 문제의 키워드이다.

── **토익정답**과 친해지는 **풀이전략** ────

STEP 1 유형 파악하기
질문을 먼저 보고 유형을 파악해요. NOT이 있다면 사실이 아닌 내용을 묻는 진위 확인 유형입니다.

STEP 2 질문에서 about 뒤에 나온 명사에 동그라미 표시하기
about 뒤에 나온 명사가 정답을 찾기 위한 키워드이므로 동그라미로 표시하세요.

STEP 3 키워드 주변을 확인하기
지문에서 키워드를 찾아 주변 문장을 읽은 후, 해당된 내용을 보기에서 찾아 정답으로 선택합니다. 키워드가 지문의 주제이거나 수신인/발신인인 경우 키워드 관련 내용이 지문의 여러 곳에 언급되어 있어 문제를 푸는 데 시간이 많이 걸릴 수 있으므로 나머지 문제를 푼 후 마지막에 풉니다.

📍 **사실이 아닌 내용을 묻는 경우**

정답을 제외한 나머지 보기의 내용은 모두 지문에 언급되어 있으므로 보기의 내용을 지문에서 직접 찾는 방법으로 풀 수 있다.

🔥 **토익 고수 단계!**

진위 확인 유형은 특히 다양한 행사 관련 지문에서 자주 출제된다.
예)
What is (NOT) indicated about the event/seminar/ meeting ~?
행사/세미나/회의에 대해 언급한 (언급되지 않은) 것은 무엇인가?

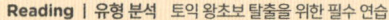

토익 대표 유형 분석하기

학습 목표 | 문제의 유형을 확인한 후, 지문의 구조와 단계별 전략을 파악하면서 문제를 풀어 봅시다.

Question 1 refers to the following advertisement.

Hulse Fair Market / is a family-owned company / that offers handmade high quality goods / from Belize. // At Hulse, / our mission / is to support

STEP 3-2 ▶ 보기에 나온 고유명사와 관련된 내용과 지문 내용을 대조해요.

the work of our local craftsmen / by paying a fair market value / for their work. //

We also try / to promote our workers' health and safety. // For almost

STEP 4 ▶ 나머지 보기 내용을 확인해요.

ten years, / we have been providing / secure work environments / and educational opportunities / to all of our employees. // Support the people of Belize / by purchasing a Hulse Fair Market product today. // Our items / are available / at retailers / across Europe. //

---

1. What is indicated about Hulse Fair Market?

STEP 1&2 ▶ 유형을 파악해요. & about 뒤에 나오는 명사에 표시해요.

(A) It has recently relocated from Belize.

　　　　　　　　　　　　　　STEP 3-1 ▶ 고유명사나 숫자 표현이 있는 보기를 확인해요.

(B) It supports the well-being of its workers.

핵심 콕콕!

제품 구입을 장려하는 광고문이다.

1단락	회사 소개
2단락	제품 구입 장려

단어 콕콕!

family-owned 가족 소유의
offer 제공하다
handmade 수제의, 손으로 만든
high quality 고급, 고품질
goods 상품, 물건
mission 사명, 임무
support 지원하다
craftsman 장인
fair 공정한
market value 시장 가치
promote 증진하다, 촉진하다
secure 안전한
environment 환경
educational 교육의
opportunity 기회
employee 직원
available 이용 가능한
retailer 소매점, 소매업자
recently 최근에
relocate 이전하다, 옮기다
well-being 복지

풀이 과정

STEP 1 유형 파악하기

지문에 쓰인 What, indicated를 통해 진위 확인 유형 중에서 '사실인 내용을 묻는 문제'임을 확인해요.

STEP 2 질문에서 about 뒤에 나온 명사에 동그라미로 표시하기

about 뒤에 쓰인 명사 Hulse Fair Market이 키워드입니다.

STEP 3 고유명사 혹은 숫자 표현이 있는 보기 확인하기

보기 중에 고유명사가 있는지 확인해요. 보기 (A)에 고유명사 Belize가 있으므로 표시를 하고 지문에서 Belize를 찾아 내용을 대조합니다. 지문의 두 번째 줄에 나와 있는 Belize 주변 문장을 해석하면 '헐스 페어 마켓이 벨리즈 지역에서 만든 제품들(goods from Belize)을 제공하는(offers) 회사'라는 내용이에요. 이를 통해 벨리즈에서 이전(relocate)한 사실은 확인할 수가 없으므로 (A)를 오답으로 소거합니다.

STEP 4 나머지 보기 확인하기

질문의 키워드인 Hulse Fair Market에 관한 정보를 지문에서 찾아요. 지문의 두 번째 단락, 첫 번째 문장에 나온 내용 promote our workers' health and safety(직원의 건강과 안전을 증진시킨다)를 통해서 (B) It supports the well-being of its workers.(직원들의 복지를 지원한다.)가 사실임을 알 수 있으므로 정답은 (B)입니다.

해석 1번 문제는 다음 광고를 참조하시오.

헐스 페어 마켓은 / 가족 소유의 회사입니다 / 고급 수제 제품을 제공하는 / 벨리즈에 있는 // 헐스 사에서 / 저희의 사명은 / 지역 장인들의 작품을 지원하는 것입니다 / 공정한 시장 가격을 지불함으로써 / 그들의 작품에 대해 //

또한 저희는 노력합니다 / 직원들의 건강과 안전을 증진하려고 // 거의 10년 동안 / 저희는 제공해 왔습니다 / 안전한 업무 환경을 / 그리고 교육을 받을 수 있는 기회를 / 저희 모든 직원들에게 // 벨리즈 사람들을 지원해 주세요 / 오늘 헐스 페어 마켓 제품을 구입하셔서 // 저희 제품은 / 구입 가능합니다 / 소매점에서 / 유럽 전역에 있는 //

1. 헐스 페어 마켓에 대해 언급된 것은 무엇인가?
   (A) 최근 벨리즈에서 이전하였다.
   (B) 직원들의 복지를 지원한다.

독해의 정답을 찾는 열쇠

학습 목표 | 오늘의 Part 7 유형의 정답을 찾는 데 필요한 핵심 표현을 익혀 봅시다.

진위 확인 문제는 특히 회사나 인물에 관한 문제가 매우 자주 출제돼요. 따라서 반복적으로 출제되는 내용과 관련 표현을 미리 알아 두면 아주 유용합니다.

❶ 회사나 인물 관련 빈출 표현

1. 특정 지역에 위치하고 있음

The company **is based in** New York. 그 회사는 뉴욕에 기반을 두고 있다.
The company **is located in** New York. 그 회사는 뉴욕에 위치하고 있다.

2. 특정 기간 동안 운영되었음

The company **has been in business for** 15 years.
그 회사는 15년 동안 영업해 왔다.
The company **is celebrating** 15 years **in business**.
그 회사는 영업 15주년을 기념하고 있다.

3. 세계적인 기업임

The company has **locations overseas**. 그 회사는 해외에 지점들을 가지고 있다.
The company has **stores worldwide**. 그 회사는 전 세계에 상점들을 가지고 있다.

4. 무료 서비스를 제공함

The company offers a **free/complimentary** estimate or shipping service.
그 회사는 무료 견적 서비스 또는 배송 서비스를 제공한다.

5. 서비스를 1년 내내 제공함

The firm provides **year-round** service. 그 회사는 연중 계속되는 서비스를 제공한다.
The firm provides service **throughout a year**.
그 회사는 1년 내내 서비스를 제공한다.

6. 개방된 행사임

The event is **open to the public**. 그 행사는 대중들에게 개방되어 있다.
The event is **for local residents and tourists**.
그 행사는 지역 주민과 관광객을 위한 것이다.

7. 과거에 해본 적이 있음

I visited the store **before**. 전에 그 상점을 방문했었다.
I visited the store **in the past**. 과거에 그 상점을 방문했었다.

단어 콕콕

be based in ~에 기반을 두다
be located in ~에 위치하다
be in business 영업하다
celebrate 기념하다, 축하하다
location 지점, 지사, 위치
overseas 해외에
worldwide 전 세계에
offer 제공하다, 제안하다
free 무료의, 공짜의
complimentary 무료의
estimate 견적(서), 추정
provide 제공하다
year-round 연중 계속되는
the public 대중
local 지역의, 현지의
resident 주민
tourist 관광객
visit 방문하다
past 과거

토익 제대로 대비하기

학습 목표 | '구 → 문장 → 지문'의 3단계 훈련으로 토익 유형을 철저하게 대비해 봅시다.

[1단계: 구 패러프레이징 연습]

A 파란색으로 표시된 표현과 가장 가까운 의미가 되도록 빈칸에 알맞은 표현을 고르세요.

1. meet the guidelines ➜ _____ the standards
(A) adhere to　　　　　　　　　(B) revise

2. do not use cellular phones ➜ _____ using mobile devices
(A) refrain from　　　　　　　　(B) recommend

3. a T-shirt ➜ an article of _____
(A) item　　　　　　　　　　　(B) clothing

4. autograph the book ➜ _____ the book
(A) purchase　　　　　　　　　(B) sign

5. quarterly performed ➜ carried out on a _____ basis
(A) yearly　　　　　　　　　　(B) regular

6. includes a bottle of water ➜ comes with a _____
(A) manual　　　　　　　　　　(B) beverage

B 비슷한 의미를 가진 표현끼리 연결하세요.

7. formally call　　　　　　•　　•　(A) close to a public place
8. operate the ticket booth　•　　•　(B) officially name
9. extra charge　　　　　　•　　•　(C) sell tickets
10. next to the community center　•　•　(D) additional fee

단어 콕콕!

meet (의무·조건 등에) 부합하다
standard 기준
adhere to ~을 지키다, 고수하다
revise 수정하다
cellular phone 휴대 전화
refrain from -ing ~하는 것을 삼가다
recommend 추천하다
article 항목, 물품
autograph 서명하다
purchase 구매하다
quarterly 분기별로
perform 시행하다, 수행하다
carry out 실행하다
yearly 해마다 있는
regular 정기적인
include 포함하다
come with ~가 함께 나오다
beverage 음료
formally 공식적으로
operate 운영하다
ticket booth 매표소
officially 공식적으로
charge 요금
additional 추가의
fee 요금

정답 및 해석

A 1. (A) 기준에 부합하다 → 기준을 지키다　2. (A) 휴대 전화를 사용하지 않다 → 모바일 기기 사용을 삼가다　3. (B) 티셔츠 한 장 → 의류 한 점　4. (B) 책에 서명하다 → 책에 서명하다　5. (B) 분기별로 시행되는 → 정기적으로 실행되는　6. (B) 물 한 병을 포함하다 → 음료가 함께 나오다

B 7.–(B) 공식적으로 부르다 → 공식적으로 명명하다　8.–(C) 매표소를 운영하다 → 표를 팔다　9.–(D) 추가 요금 → 추가 요금　10.–(A) 주민 센터 옆에 있는 → 공공장소에 가까운

[2단계: 문장 패러프레이징 연습]

❶ 주어진 문장과 의미가 일치하는 내용을 고르세요.

1. The center is open 24 hours a day.
   (A) The center is accessible all day.
   (B) It takes 24 hours to reach the center.

2. Hearth Library does not permit books to be checked out.
   (A) Items are allowed to be borrowed.
   (B) Materials must remain in the library.

3. Kline's Clothing will soon offer a larger selection of products.
   (A) The store will offer a more variety in the near future.
   (B) The store will expand its production facilities.

4. Fremand Institute offers night and weekend classes.
   (A) Students can take classes on weekdays.
   (B) Classes are available in the evening.

5. See our menu for the information about ingredients and preparation time of each food.
   (A) The menu contains detailed descriptions of each food item.
   (B) Information will be given about how the menu book is prepared.

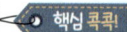 핵심 콕콕!

패러프레이징 부분만
골라 보기!

1. ① open →
accessible
② 24 hours a day →
all day

2. ① not permit ~ to
be checked out →
must remain
② books → Materials

3. ① a larger
selection of products
→ a more variety
② soon → in the near
future

4. offers night
classes → Classes
are available in the
evening.

5. information →
detailed descriptions

 정답 및 해석
   1. 센터는 24시간 내내 열려 있다.
      (A) 센터는 하루 종일 이용 가능하다. (B) 센터에 도착하는 데 24시간이 걸린다.
   2. 허스 도서관은 책을 대출하는 것을 허용하지 않는다.
      (A) 물품을 빌리는 것이 허용된다. **(B) 자료는 도서관에 계속 있어야 한다.**
   3. 클라인스 클로딩은 곧 더 다양한 제품들을 제공할 것이다.
      (A) 그 매장은 조만간 더 다양한 것을 제공할 것이다. (B) 그 매장은 생산 시설을 확장할 것이다.
   4. 프리먼드 협회는 야간 및 주말 수업을 제공합니다.
      (A) 학생들은 주중에 수업을 들을 수 있다. **(B) 저녁에 수업을 들을 수 있다.**
   5. 각 요리의 재료와 조리 시간에 대한 정보를 위해 저희 메뉴를 보세요.
      (A) 메뉴는 각 요리에 대한 상세한 설명을 포함한다. (B) 어떻게 메뉴판이 준비되는지에 관한 정보가 주어질 것이다.

[3단계: 지문 유형 연습]

정답 및 해석/해설 p. 141

단어 콕퀵!

🚫 다음 지문을 읽고 질문에 알맞은 답을 고르세요.

Question 1 refers to the following article.

Wilson News

Local Business

Wilson, May 14 — Wheeler Resort and Golf Course has begun development of land located near Highway 103. Troy Hill's company, Hill's Landscaping, received the development contract in April, immediately after the property was purchased. Mr. Hill, a local of Wilson, said he is happy to have such a large contract with Wheeler Resort and Golf Course. The resort is expected to attract many new businesses and tourists to the area.

1. What is indicated about Hill's Landscaping?

(A) It was purchased in April.
(B) It will construct a shopping center.
(C) Its owner is a resident of Wilson.
(D) It is located close to Highway 103.

Question 2 refers to the following letter.

October 9

Dear Ms. Wellington,

Horning Bank has been the number one trusted financial institution in the western region for the last 25 years. Whether you want to learn techniques to manage your money, or simply open an account, visit any Horning Bank location or talk with a customer service representative at 800-223-4343. Accounts can also be made at horning.com/newmemebers.

2. What is NOT mentioned as a good way to set up a new account?

(A) Calling the bank
(B) Visiting in person
(C) Writing an e-mail
(D) Viewing the Web site

development 개발, 발전
receive 받다
contract 계약(서)
immediately 즉시
property 건물, 부동산
purchase 구입하다
local 지역 주민
be expected to V
~할 것으로 예상되다
attract 끌어들이다
tourist 여행객
construct 짓다, 건설하다
owner 소유주
resident 주민
trusted 신뢰받는
financial 금융의, 재정의
institution 기관
region 지역
manage 관리하다, 다루다
account 계좌
representative 직원
set up 개설하다
in person 직접
view 보다

DAY 23

진위 확인

자신감 쑥쑥! 실전 도전 Part 7

학습 목표 | 오늘 공부한 유형 핵심 전략과 독해의 정답을 찾는 핵심 표현을 떠올리며 Part 7 실전 문제를 풀어 봅시다.

Questions 1-2 refer to the following notice.

> Getting Around: Passenger Boat Transport from Sapphire Island to Kingsport
>
> Starting on June 20th, the Sapphire Island-Kingsport Ferry Service will initiate its summer operations for a period of eight weeks. The ferries will be available every half-hour from 7:00 a.m. to 9:00 p.m.
>
> Cyclists are welcome on the ferries and they are advised to arrive 30 minutes before departure and wait in the designated bicycle lane. Each ferry is equipped with bicycle racks that can accommodate up to 100 bikes.
>
> Sapphire Island prohibits motorized vehicles. Overnight car parking is offered at the primary ferry terminal in Kingsport for a charge of $3 per hour, for a maximum of five hours. For parking durations between 5 and 24 hours, a flat rate of $20 applies.
>
> To see photos of the ferries and a map of Sapphire Island and to learn about fare increases during peak hours, kindly visit our website at www.sitransport.com.

1. What is indicated about cyclists on the ferries?

(A) They must remain standing during the journey.
(B) They should arrive at the terminal ahead of time.
(C) They can only board on weekdays.
(D) They should acquire an additional safety permit.

2. What is NOT permitted on Sapphire Island?

(A) Riding bicycles
(B) Bringing pets
(C) Operating cars
(D) Staying overnight in tents

Questions 3-4 refer to the following e-mail.

To: Amy Frederickson <amy_f@ihktech.com>
From: Douglas Jones <douglasj@iaee.com>
Subject: Information
Date: May 23

The International Association of Electrical Engineers(IAEE) is going to start a lecture series this summer. There will be eight special events held in the months of June, July, and August. Each lecture is going to take place in a different city in Europe and North America. The lectures are scheduled to last around two hours. Then, there will be a question-and-answer session after the lecture as well as a reception.

As a member of the IAEE, you may make an advance reservation for any of these lectures. Please see the attached form for more information. It contains the dates and locations of the events as well as the names of the speakers. Most of them are very well-known individuals in the field of electrical engineering.

We hope you will be able to attend at least one event. For more information, feel free to contact me by e-mail any time.

Sincerely,

Douglas Jones
Events Coordinator, IAEE

3. What is indicated about the lectures?

(A) There will be eight of them each month.
(B) They will be held only in North America.
(C) They are not scheduled for the month of July.
(D) They will be related to electrical engineering.

4. What is NOT mentioned as something found on the attached form?

(A) The names of the lecturers
(B) The fee for attending a lecture
(C) The dates the lectures will happen
(D) The places the lectures will take place

DAY 24

추론

1 **추론 문제는 어떤 유형일까요?**

추론 유형은 정답의 단서가 지문에 직접적으로 명시되어 있지 않아 글의 내용을 전반적으로 살펴본 후 정답을 유추해서 찾아야 하는 유형이에요.

2 **추론 문제는 어떻게 나눌 수 있을까요?**

추론에 필요한 정보의 종류에 따라 출처나 대상을 묻는 문제와 그 밖의 일반적인 추론 문제로 나뉘어요.

출처나 대상을 묻는 문제는

제목 및 다른 문제의 정보만으로 답을 알 수 있습니다.

토익 빈출 단어! Check up!

아래 단어를 보고, 이미 알고 있는 단어에 ✓ 표시해 봅시다.

중요도 ⭐⭐⭐

☐ comfortable ☐ workplace ☐ appliance ☐ expert ☐ specialist

☐ admission ☐ discount ☐ charge ☐ overseas ☐ minimize

☐ consumption

중요도 ⭐⭐

☐ district ☐ reduced ☐ retired ☐ commercial ☐ release

☐ abroad ☐ clarify ☐ excessive

중요도 ⭐

☐ latest ☐ flip ☐ direct ☐ description ☐ distribute

Reading

추론

학습 목표 | 추론 문제의 질문 형태와 핵심 전략을 배워 봅시다.

유형 1 출처나 대상을 묻는 문제

어디에서   찾을 수 있겠는가
Where would this information **most likely be found**?
이 정보는 어디에서 찾을 수 있겠는가?

누구를 위해   의도된 것 같은가
For whom is this information **most likely intended**?
이 정보는 누구를 대상으로 하는 것 같은가?

1 지문이 어디에서(Where) 볼 수 있는 내용인지를 묻는 문제와 누구를 대상으로 하는(For whom) 것인지 묻는 문제는 추론 유형에 해당한다.

2 지문 내용을 전체적으로 읽어서 얻은 정보를 바탕으로 문제를 풀어야 하므로 추론이 필요하다.

토익정답과 친해지는 풀이전략

STEP 1 **유형 파악하기**
질문을 먼저 보고 유형을 파악해요. 질문에 Where ~ found이나 For whom 등이 있으면 출처나 대상을 묻는 추론 유형입니다.

STEP 2 **마지막에 풀 문제로 남겨 놓기**
글의 출처나 대상을 묻는 문제는 나중에 푸는 것이 좋으니 다른 문제들을 먼저 푸세요.

STEP 3 **제목 확인 후 정보를 종합하여 문제 풀기**
지문의 제목은 중요한 단서가 될 수 있어요. 글에 제목이 있다면 반드시 제목부터 확인한 후, 다른 문제를 풀면서 알게 된 여러 정보와 제목을 토대로 출처나 대상을 묻는 문제를 마지막으로 풉니다.

앗! 이거 주의해야 돼!

추론 문제라고 지문에 없는 내용을 상상해서 푸는 것이 아니다. 반드시 지문에서 단서를 찾아 그 단서를 바탕으로 추론해서 답을 찾아야 한다.

출처나 대상을 묻는 추론 문제의 풀이 순서는?

지문의 전체적인 내용을 파악해야 풀 수 있는 문제이지만 모든 내용을 상세히 알 필요는 없다. 제목이나 다른 문제를 먼저 풀면서 알게 된 정보만으로도 정답을 찾을 수 있기 때문이다. 따라서 출처나 대상을 묻는 추론 문제는 다른 문제를 먼저 풀고 마지막에 푸는 것이 좋다.

일반적인 추론 유형 문제

무엇이   암시되는가   센 씨
What is **implied** about **Mr. Sen**?
센 씨에 대해 암시된 것은 무엇인가?

무엇이   암시되는가   축제
What is **suggested** about **the festival**?
축제에 대해 암시된 것은 무엇인가?

누가 가장 ~일 것 같은가   과학 이슈
Who most likely will discuss **a scientific issue**?
누가 과학 이슈에 대해 논의할 것 같은가?

1 추론 유형의 문제에는 주로 '암시하다'라는 뜻의 **동사 imply**나 suggest, 또는 '가장 ~일 것 같은'이라는 의미를 지니는 most likely가 쓰인다.

2 about 뒤에는 추론이 필요한 특정 대상이 나오며 이것이 **문제의 키워드**가 된다.

토익정답과 친해지는 **풀이전략**

STEP 1 유형 파악하기
질문을 먼저 보고 유형을 파악해요. 질문에 implied, suggested, most likely 등의 표현이 있으면 일반적인 추론 유형입니다.

STEP 2 질문에서 about 뒤에 나온 명사에 동그라미로 표시하기
about 뒤에 나온 명사가 정답을 찾기 위한 키워드이므로 동그라미로 표시하세요.

STEP 3 고유명사 혹은 숫자 표현이 있는 보기 확인하기
지문에서 키워드를 찾아 주변 문장을 읽은 후, 해당된 내용을 보기에서 찾아 정답으로 선택합니다. 키워드가 지문의 주제이거나 수신인/발신인인 경우 키워드 관련 내용이 지문의 여러 곳에 언급되어 있어 문제를 푸는 데 시간이 많이 걸릴 수 있으므로 나머지 문제를 푼 후 마지막에 풉니다. 추론 유형이므로 정답의 단서가 직접적으로 언급되지 않는다는 사실을 기억하고, 지문의 단서를 통해 유추할 수 있는 내용만을 정답으로 선택합니다.

📍 추론 유형은?
추론 유형은 앞에서 배웠던 세부 사항/진위 확인 유형에 약간의 추론 과정만 더해진 유형이다. 지문의 정보를 통해 정답 내용을 유추할 수는 있지만, 지문에 쓰인 내용이나 표현이 정답으로 그대로 나오지는 않는다.

🔥 토익 고수 단계!
날짜/요일 표현 추론 유형
보기의 날짜와 요일이 지문에 그대로 나오지 않는 경우 나머지 정보를 통해 추론할 수 있어야 한다.
[질문] 상점에 대해 암시된 것은 무엇인가?
[단서] 영업시간
월요일–금요일: 오전 7시–오후 10시
토요일: 오전 7시-오후 8시
[정답] 일요일에는 문을 닫는다.

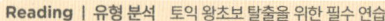

토익 대표 유형 분석하기

학습 목표 | 문제의 유형을 확인한 후, 지문의 구조와 단계별 전략을 파악하면서 문제를 풀어 봅시다.

Question 1 refers to the following notice.

> Starting January 3, / Charles Freeman / will be taking over / as the Chief Financial Officer / at Donahue Bank and Credit. //
>
> **STEP 3-2** 보기에 나온 고유명사와 관련된 내용과 지문 내용을 대조해요.
>
> He has been with Donahue Bank and Credit / for eleven years, / serving in a variety of positions. // Six years ago, / he was transferred / to the investment division, / where he successfully managed / the accounts of the large corporations / who partnered with us / to secure their finances.
>
> **STEP 4** 나머지 보기 내용을 확인해요.
>
> // Mr. Freeman / has shown an outstanding ability / to direct the overall business / and finance of this bank. // We look forward / to his continued contributions. //

1. What is suggested about Donahue Bank and Credit?

   STEP 1&2 유형을 파악해요. & about 뒤에 나오는 명사에 표시해요.

   (A) It is located in the city of Donahue.　**STEP 3-2** 고유명사가 있는 보기를 확인해요.
   (B) It has an investment division.

핵심 콕콕!

새로운 직책을 맡게 될 직원을 소개하는 공고이다.

1단락	새 직책 공지
2단락	직원 소개

단어 콕콕!

take over 인계받다, 인수하다
chief financial officer 최고 재무 책임자
serve 근무하다, 일하다
a variety of 다양한
transfer 전근하다, 전근시키다
investment 투자
division 부서
successfully 성공적으로
manage 관리하다, 다루다
account 계좌, 계정
corporation 회사
partner 제휴하다
secure 안전하게 지키다, 확보하다
finance 자금
outstanding 뛰어난
ability 능력
direct 총괄하다
overall 전반적인
look forward to ~을 기대하다, 고대하다
continued 지속적인
contribution 공헌, 헌신
be located in[at] ~에 위치하다

풀이 과정

STEP 1 유형 파악하기

질문의 What, suggested, Donahue Bank and Credit을 통해 일반적인 추론 유형임을 확인해요. 추론 유형은 정답의 단서가 지문에 직접적으로 언급되어 있지 않다는 사실을 기억합니다.

STEP 2 질문에서 about 뒤에 나온 명사에 동그라미로 표시하기

about 뒤에 쓰인 명사 Donahue Bank and Credit이 키워드입니다.

STEP 3 고유명사 혹은 숫자 표현이 있는 보기 확인하기

보기 중에 고유명사가 있는지 확인해요. 보기 (A)에 고유명사 Donahue가 있으므로 표시를 하고 지문에서 Donahue를 찾아 내용을 대조합니다. Donahue는 지문의 첫 번째 문장과 두 번째 문장에 두 번 나오지만 은행 이름일 뿐 은행이 위치한 곳의 지명은 아니므로 보기 (A)를 오답으로 소거해요.

STEP 4 나머지 보기 확인하기

질문의 키워드인 Donahue Bank and Credit에 관한 정보를 지문에서 찾아요. 이곳은 찰스 프리먼이 11년 동안 근무한 곳으로 (He has been with Donahue Bank and credit for eleven years), 이 사람이 6년 전에 투자 부서로 옮겼다(Six years ago, he was transferred to the investment division)는 내용을 통해 이 회사에 투자 부서가 있음을 추론할 수 있어요. 따라서 (B)가 정답입니다.

해석 1번 문제는 다음 공고를 참조하시오.

> 1월 3일부터 / 찰스 프리먼은 / 맡을 것이다 / 최고 재무 책임자로서의 직책을 / 도나휴 신용 은행에서 //
>
> 그는 도나휴 신용 은행에서 근무해 왔다 / 11년 동안 / 다양한 직책을 맡으면서 // 6년 전에 / 그는 옮겼다 / 투자 부서로 / 거기서 그는 성공적으로 관리했다 / 큰 회사들의 계좌를 / 우리와 제휴하는 / 그들의 자금을 안전하게 지키기 위해서 // 프리먼 씨는 / 뛰어난 능력을 보여 왔다 / 전반적인 사업을 총괄하는 / 그리고 은행의 재정(을 총괄하는) // 우리는 기대한다 / 그의 지속적인 공헌을 //

1. 도나휴 신용 은행에 대해 암시된 것은 무엇인가?
   (A) 도나휴 시에 위치해 있다.
   (B) 투자 부서가 있다.

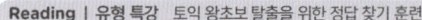

독해의 정답을 찾는 열쇠

학습 목표 | 오늘의 Part 7 유형의 정답을 찾는 데 필요한 핵심 표현을 익혀 봅시다.

글의 출처나 대상을 묻는 추론 문제는 지문에 나오는 몇몇 핵심 정보를 바탕으로 정답을 추론할 수 있어요. 따라서 자주 등장하는 핵심 표현과 이와 연결되는 정답을 미리 익혀 두어야 합니다.

🅘 **다음 핵심 표현을 보고 질문에 대한 정답을 추론해 보세요.**

Q. 어디에서 볼 수 있는 내용인가? (글의 출처)

1. [핵심 표현] visitors to Kingston Museum, new exhibition

   (A) In the local news section   (B) In the business section

2. [핵심 표현] chair, new collection, provides a comfortable workplace

   (A) In a chair assembly manual   (B) In an office furniture catalogue

3. [핵심 표현] thank you for purchasing, appliance, before you cook

   (A) In an instruction manual   (B) In a product catalogue

4. [핵심 표현] This manual is for equipping employees with skills., all workers are required to

   (A) In an employee handbook   (B) In a company brochure

Q. 누구를 대상으로 한 글인가? (글의 대상)

5. [핵심 표현] look for, computer expert

   (A) Computer specialists   (B) Sales professionals

6. [핵심 표현] perfect place to stay, while you attend conferences

   (A) Hotel employees   (B) Business travelers

7. [핵심 표현] office furniture sale, come early

   (A) Shopping mall staff   (B) Business owners

8. [핵심 표현] enjoy the beauty, sights, with Carlson Travels

   (A) Tourists   (B) Local teachers

단어 콕콕!

visitor 방문자
exhibition 전시회
collection 수집품, 소장품
provide 제공하다
comfortable 편안한
workplace 직장, 업무
현장
furniture 가구
assembly 조립
purchase 구입하다
appliance 가전제품
instruction 안내, 지시
equip (장비를) 갖추게
하다
require 요청하다,
요구하다
handbook 소책자
expert 전문가
place 장소
stay 머물다
attend 참석하다
employee 직원
traveler 여행자
owner 소유주
sights 명소, 관광지
tourist 여행자
local 지역의

토익 제대로 대비하기

학습 목표 | '구 → 문장 → 지문'의 3단계 훈련으로 토익 유형을 철저하게 대비해 봅시다.

[1단계: 구 패러프레이징 연습]

단어 콕콕

A 파란색으로 표시된 표현과 가장 가까운 의미가 되도록 빈칸에 알맞은 표현을 고르세요.

1. no admission fee ➔ no _____
(A) charge　　　　　　　(B) inspection

2. a discount ➔ a _____ rate
(A) reduced　　　　　　 (B) regular

3. not working any more ➔ _____
(A) promoted　　　　　　(B) retired

4. business district ➔ _____ area
(A) residential　　　　　(B) commercial

5. turn the pad over ➔ _____ the pad
(A) change　　　　　　　(B) flip

6. overseas trip ➔ travel _____
(A) abroad　　　　　　　(B) locally

B 비슷한 의미를 가진 표현끼리 연결하세요.

7. too much water　　　　　　　• 　• (A) reduce energy use
8. minimize fuel consumption　　• 　• (B) clarify instructions
9. make the procedures clear　　• 　• (C) excessive moisture
10. available for a charge　　　　• 　• (D) can be purchased

admission fee 입장료
charge 요금
inspection 조사, 점검
discount 할인
rate 요금
reduced 할인된, 감소한
regular 보통의, 정기적인
promoted 승진한
retired 은퇴한
district 지역, 구역
residential 주거의
commercial 상업적인
turn over 뒤집다
flip 뒤집다
overseas 해외의
abroad 해외로
locally 현지에서, 근처에
minimize 최소화하다
fuel 연료
consumption 소비
clarify 명확하게 하다
instructions 지시, 안내
procedure 절차
excessive 과도한
moisture 수분
available 이용 가능한
charge (청구) 요금

[2단계: 문장 패러프레이징 연습]

❗ **주어진 문장과 의미가 일치하는 내용을 고르세요.**

◀ 🔵 **핵심 콕콕!**

패러프레이징 부분만 골라 보기!

1. latest movie → at least one movie

2. monthly dues → a fee every month

3. ① confirmed attendance → will be at
② on Monday → on a weekday

4. it was used as a musical theater → once a musical theater

5. long-term debts are very big → will not be profitable immediately

1. Famous actor John Hong's latest movie will be released in March.
(A) John Hong will direct a movie in March.
(B) John Hong has done at least one movie.

2. Members can refer to the pamphlet for detailed descriptions of monthly dues.
(A) Members are charged a fee every month.
(B) The detailed pamphlet is distributed to members as a free benefit.

3. Mr. Jones confirmed his attendance at the business conference in Charleston which will be held on Monday.
(A) Mr. Jones will speak at a conference in Charleston.
(B) Mr. Jones will be at a conference on a weekday.

4. Harin Art Gallery has a wide array of pictures of when it was used as a musical theater.
(A) Harin Art Gallery provides various musical performances.
(B) Harin Art Gallery was once a musical theater.

5. Although sales are high, the company's long-term debts are very big.
(A) Because of high sales, the company can hire new workers this year.
(B) Despite high sales, the company will not be profitable immediately.

---

1. 유명한 배우 존 홍의 최신 영화가 3월에 개봉될 예정이다.
   (A) 존 홍은 3월에 영화를 감독할 것이다. **(B) 존 홍은 적어도 하나의 영화를 했다.**
2. 회원들은 매달 내는 회비에 관한 세부 설명에 대해 소책자를 참조할 수 있다.
   (A) 회원들에게 매달 회비가 부과된다. (B) 자세한 정보가 담긴 소책자가 무료 혜택으로 회원들에게 배포된다.
3. 존스 씨는 월요일에 열릴 찰스턴 비즈니스 회의에 자신의 참석을 확인해 주었다.
   (A) 존스 씨는 찰스턴 회의에서 발표할 것이다. **(B) 존스 씨는 주중에 회의에 참석할 것이다.**
4. 하린 미술관은 미술관이 뮤지컬 극장으로 사용되었을 때의 사진들을 매우 다양하게 구비하고 있다.
   (A) 하린 미술관은 다양한 음악 공연을 제공한다. **(B) 하린 미술관은 한때 뮤지컬 극장이었다.**
5. 판매량이 많음에도 불구하고, 회사의 장기 부채가 매우 크다.
   (A) 회사는 높은 판매량 때문에 올해 새로운 직원을 고용할 수 있다.
   (B) 높은 판매량에도 불구하고, 회사는 즉시 이익을 내지 못할 것이다.

[3단계: 지문 유형 연습]

정답 및 해석/해설 p. 145

🔵 다음 지문을 읽고 질문에 알맞은 답을 고르세요.

Question 1 refers to the following letter.

Dear Mr. Howard

Congratulations! You are being honored as one of our most loyal customers at Brenda's Gourmet. We value your patronage and always hope to be your choice of restaurant. As a token of our appreciation, we would like to present you with this coupon for two free entrées. Please make a reservation if you wish to accept this offer.

---

1. What is suggested about Mr. Howard?

(A) He made a reservation.
(B) He regularly visits Brenda's Gourmet.
(C) He owns Brenda's Gourmet.
(D) He has a membership.

Question 2 refers to the following booklet.

This booklet explains everything you need to know about how to use your new Flatak 3XD television set. Included are step-by-step instructions for how to set up your device and connect it to the cable or Internet provider. A guide to your remote control can be found on page 4. To contact a technical support specialist, simply call the number below.

---

2. Where would the information most likely be found?

(A) In a product catalog
(B) In a TV commercial
(C) In a science journal
(D) In an instructional manual

단어 콕콕!

honor 예우하다, 존중하다
loyal 충실한
value 소중히 여기다
patronage (특정 상점에 대한 고객의) 성원, 후원, 애용
as a token of ~의 표시로
appreciation 감사
present 주다, 증정하다
entrée (식당의) 메인 요리
make a reservation 예약하다
accept 받아들이다
offer 제공
regularly 주기적으로, 규칙적으로
own 소유하다
membership 회원 (자격)
booklet 안내 책자, 소책자
explain 설명하다
how to V ~하는 법
step-by-step 단계적인
instructions 설명, 지시
set up 설치하다
device 장치
remote control 리모컨
contact 연락하다
support 지원, 지지
specialist 전문가
commercial 광고(방송)
journal 잡지
instructional 교육용의
manual 소책자

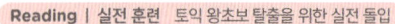

자신감 쑥쑥! 실전 도전 Part 7

학습 목표 | 오늘 공부한 유형 핵심 전략과 독해의 정답을 찾는 핵심 표현을 떠올리며 Part 7 실전 문제를 풀어 봅시다.

Questions 1-2 refer to the following letter.

Dear Drackton Music,

On behalf of Carlton's Crepes, welcome to the neighborhood!

Allow us to help acquaint you with the district's finest breakfast restaurant. Please accept this discount offer for 25 percent off a single purchase valued at up to $50. This coupon can be used any time before June 30.

We are open from 6 A.M. to 4 P.M. on Monday through Friday and between 9 A.M. and 6 P.M. on weekends. Please come by and get to know us soon!

Best wishes,

John Carlson

Manager of Carton's Crepes

이거 어려워!

1. What is implied about Drackton Music?

(A) It accepted an offer for free food.

(B) It placed an order for $50.

(C) It was invited to play at Carlton's Crepes.

(D) It is a new business in the area.

2. What will most likely happen after June 30?

(A) The store hours will change.

(B) Carlton's Crepes will be closing.

(C) The discount will not be valid.

(D) Drackton Music will receive a coupon.

Questions 3-4 refer to the following advertisement.

Smith Building Group

The Smith Building Group is an architectural design and construction firm founded five decades ago by a construction expert named Michael Smith, who moved to Denver to learn the details of the industry while working for another local building company.

In the beginning, the company's main emphasis was on building small, standalone homes such as townhomes and condominiums. Nonetheless, as the enterprise expanded, it broadened its scope and commenced constructing a variety of properties for both commercial and residential use, such as shopping centers, educational institutions, and medical facilities.

Ten years ago, when Michael's eldest son took over the company's management, the Smith Building Group started working on large-scale infrastructure projects, such as airports and bridges, expanding its operations to nearby cities such as Boulder and Colorado Springs.

Despite intense competition and rising material costs, the company is well-known for providing high-quality service and maintaining reasonable prices for its clients.

If you're looking for a reliable construction company, the Smith Building Group is an excellent choice. To learn more about their services, visit their website at http://www.smithbuildinggroup.com.

3. Where would the advertisement most likely be seen?
(A) In a store catalogue
(B) In a regional newspaper
(C) At a recruitment fair
(D) On a website for company products

4. What is suggested about Smith Building Group?
(A) It deals only with high-rise buildings.
(B) It was founded within the last five years.
(C) It is a family-owned business.
(D) It is going to relocate to a new city.

DAY **25**

의도 파악과
주어진 문장 넣기

요기서 몸풀기!

의도 파악과 주어진 문장 넣기는 매회 유형당 2문제가 출제됩니다.

1 **의도 파악 문제는 어떤 유형일까요?**
대화 내용 중 '단어나 구, 문장 형태의 인용구'를 보고 그것이 의도하는 것을 찾는 문제
로 문자 메시지(text message chain), 온라인 채팅(online chat discussion)
에서 볼 수 있어요.

2 **주어진 문장 넣기 문제는 어떤 유형일까요?**
지문의 [1], [2], [3], [4]로 표시된 부분 중 주어진 문장이 자연스럽게 연결되는 자리
를 찾는 문제로 3~4문항짜리 싱글 지문 중 한 문제씩, 총 2문제가 출제돼요.

아래 단어를 보고, 이미 알고 있는 단어에 ✓ 표시해 봅시다.

중요도 ⭐⭐⭐

☐ equipped   ☐ supplies   ☐ example   ☐ posting   ☐ updated

☐ operation   ☐ generation   ☐ attraction

중요도 ⭐⭐

☐ matched   ☐ stocked   ☐ hectic   ☐ attractive   ☐ sample

☐ dependent   ☐ decade   ☐ agency

중요노 ⭐

☐ display   ☐ comment   ☐ coordinator   ☐ transport   ☐ booking

DAY
25

의도 파악과 주어진 문장 넣기

학습 목표 | 의도 파악과 주어진 문장 넣기 문제의 질문 형태와 핵심 전략을 배워 봅시다.

 **유형 1** 의도를 묻는 문제

지문에 나와 있는 시각 확인
At 1:30 P.M., what does Ms. Lauren mean when she writes,

의도를 파악해야 하는 표현
"Hold on"?

오후 1시 30분에 로렌 씨가 "Hold on"이라고 썼을 때, 그녀가 의도한 것은 무엇인가?

1 의도를 묻는 문제는 '문자 메시지와 온라인 채팅'에서 출제된다.

2 문자 메시지는 두 사람 간의 대화로 '메시지를 보내는 이유 → 세부 사항(요청, 제안 등) → 마무리'로 이어지는 단순한 구조이므로 어렵지 않게 풀 수 있다. 온라인 채팅은 3~4인 간에 이루어지는 대화로 복잡하다. 따라서 누가 어떤 내용을 말하는지 파악하며 지문을 읽는 것이 중요하다.

토익정답과 친해지는 풀이전략

STEP1 질문 확인 후 지문에 표시하기
질문 첫 부분에 나와있는 시각을 지문에서 찾아, 의도를 묻는 해당 표현에 밑줄을 긋습니다.

STEP2 앞뒤 문장 확인하기
의도를 묻는 표현은 다른 사람이 앞에 쓴 메시지에 응답을 하는 문장인 경우가 많으므로 바로 앞/뒤 메시지의 내용을 파악한 후 보기에서 정답을 찾아보세요.
예) At 09:36 A.M., what does Mr. Morrison mean when he writes, "Got it"?
오전 9시 36분에 모리슨 씨가 "Got it"이라고 썼을 때, 그가 의도한 것은 무엇인가?
→ 보통 got it이라는 표현은 상대방이 말한 말을 이해했다고 할 때나 상대방의 요청 사항을 들어주겠다고 할 때 쓰는 표현이므로 바로 앞 문장에서 상대방이 무엇을 말했는지, 무엇을 요청했는지를 파악하면 정답을 알 수 있어요.

STEP3 전체 대화 내용 파악하기
앞뒤 문장을 확인했는데도 정답이 보이지 않는다면 대화 첫 부분부터 읽습니다. 특히 3인 이상이 대화하는 온라인 채팅의 경우, 누가 어떤 메시지를 보내고 있는지 잘 구별해서 봐 주세요. 또한 한 사람이 연결해서 여러 번 메시지를 보낼 수 있으므로 주의합니다.

암기꾹 💊

1) Sure thing. / Absolutely. / Certainly. / Definitely. / You bet. / Of course.
"물론이죠." (부탁이나 요청 사항을 들어주겠다는 의미)

2) I'm on it.
"그렇게 할게요."

3) (Just) go ahead.
"그렇게 하세요." (상대방의 허락 요청을 수락)

4) You're telling me. / I think so. / I believe so. / Same here.
"당신 말이 맞습니다." (상대 의견에 동의)

5) Go for it. / Give it a shot. / Give it a try!
"한번 해보세요." (권유 표현)

6) I should have stayed there.
"제가 그곳에 있었어야 했는데요." (그곳에 있지 않아서 후회하는 표현)

7) Got it!
"알겠습니다." (상대의 말을 이해했다는 의미)

유형 2 주어진 문장의 위치를 묻는 문제

In which of the positions marked [1], [2], [3], and [4] does the following sentence best belong?

[1], [2], [3], [4]로 표시된 곳 중에서 다음 문장이 들어가기에 가장 적절한 곳은 어디인가?

주어진 문장

"In addition, we offer a wide range of legal services to the poor."

게다가 저희는 영세민에 다양한 법률 서비스를 제공합니다.

1 지문에 [1], [2], [3], [4]로 표시된 곳 중에서 주어진 문장이 들어갈 알맞은 곳을 찾아야 한다.

2 보통 흐름상 앞뒤 문장과 자연스럽게 연결되는 문장을 찾아야 하는 형태가 많이 출제되므로 해석이 중요하다. 또한, 지시어나 연결어 단서를 활용하는 것도 도움이 된다.

토익정답과 친해지는 풀이전략

STEP1 문제에 주어진 문장 읽기
문장 안에 지시어나 연결어가 있다면 단서가 될 수 있으니 잘 표시해 둡니다.

STEP2 단서에 부합하는 문장 찾기
[1]번부터 시작하여 [4]번까지 각 번호 앞의 문장을 읽으며 단서와 일치하거나 내용상 연결되는 문장이 있는지 확인합니다.

STEP3 앞뒤 문장과 자연스럽게 연결되는지 확인하기
주어진 문장이 들어가는 곳을 찾았다면 뒤 문장과도 자연스럽게 연결되는지 확인해 봅니다.

암기꼭

지시어와 연결어 단서

1) 지시어
주어진 문장이나 [번호] 뒤 문장의 '지시어'는 정답 위치를 찾는 데 단서가 될 수 있다.
it/this/that → 단수 명사를 지칭
these/those → 복수 명사를 지칭

2) 연결어
연결어를 통해 주어진 문장과 다른 문장과의 관계를 알 수 있다.
however → 앞뒤 문장 내용에 반대
therefore → 뒤 문장이 앞 문장의 결과
for example → 구체적인 예시
* DAY 20에서 연결어를 복습하세요!

유형 분석

토익 대표 유형 분석하기 [1]

학습 목표 | 문제의 유형을 확인한 후, 지문의 구조와 단계별 전략을 파악하면서 문제를 풀어 봅시다.

Question 1 refers to the following text message chain.

> **STEP 2** 전체 대화 내용을 파악해요.

Walker, Sherri	8:10 A.M.

Hi Katlyn. // I'm going to be able to make it / to the office / until 2 P.M. today. // Could you handle something / for me? //

Hult, Katlyn	8:12 A.M.

Sure, / no problem. // What is it? //

Walker, Sherri	8:13 A.M.

I forgot / to send Jack in HR / the list of new available positions / for our department. // He wanted them / by this morning. //

> **STEP 3** 앞 문장을 확인해요.

Hult, Katlyn	8:15 A.M.

OK, / where can I find / the list? // Is it already put together? //

Walker, Sherri	8:16 A.M.

Yeah, / it's in the shared electronic folder / that we both have access to. // It's called "June Positions." //

Hult, Katlyn	8:20 A.M.

I'm on it! // Is there anything else? //

Walker, Sherri	8:21 A.M.

Nope, / that's it. // I just really need that / finished before lunch. // Thanks so much! //

Hult, Katlyn	8:22 A.M.

Anytime! // See you later. //

---

1. At 8:20 A.M., what does Ms. Hult mean when she writes, "I'm on it"?

> **STEP 1** 질문을 먼저 읽어요.

(A) She will pay for their lunch.
(B) She is on the list.
(C) She will send the file now.
(D) She is applying for a job in HR.

핵심 콕콕!

동료에게 업무 관련 일을 부탁하는 문자 메시지이다.

단어 콕콕!

be able to V ~할 수 있다
make it to ~로 가다
handle ~을 처리하다, 다루다
forget to V ~하는 것을 잊다
HR[Human Resources] 인사과
available position 공석
by (기한을 나타내어) ~까지
put together ~을 모으다, 조합하다
shared 공유의
both (둘) 모두
have access to ~을 이용하다, ~에 접근하다
nope(= No) 아니요
need A p.p. A가 ~되길 바라다
anytime 언제든지요

풀이 과정

STEP 1 질문 먼저 읽기

헐트 씨가 "I'm on it"이라고 말한 의도가 무엇인지 묻고 있습니다.

STEP 2 전체 대화 내용 파악하기

문자 메시지의 주요 내용은 본인 대신 인사과 직원에게 파일을 보내 달라고 부탁하는 내용입니다.

STEP 3 앞뒤 문장 확인하기

문제에 주어진 인용구 'I'm on it' 앞에 있는 문장을 다시 읽어 보세요. 정답의 단서가 바로 앞에 나올 수도 있지만 2~3줄 위에 더 올라가서 봐야 하는 경우도 많아요. 이 문제에서도 앞의 'Walker, Sherri 8:13 A.M.' 부분에서 I forgot to send Jack in HR the list of new available positions for our department. He wanted them by this morning.(우리 부서에서 새로 생긴 공석을 담은 목록을 인사과의 잭에게 보내는 것을 깜빡 했어요. 잭이 오늘 아침까지 그것을 받아 보기를 원했거든요.)이라고 했고 그다음에 I'm on it!이라고 한 것은 부탁한 내용에 대해 그 일을 해 주겠다는 것으로 볼 수 있어요. 따라서 그녀가 지금 파일을 보낼 것이라고 한 (C)가 정답입니다.

해석 1번 문제는 다음 문자 메시지를 참조하시오.

워커, 쉐리	오전 8:10
안녕하세요, 케이틀린 // 저는 갈 수 있을 겁니다 / 사무실로 / 오늘 오후 2시까지 // 뭔가를 좀 처리해 주시겠어요 / 저를 위해서 //	
헐트, 케이틀린	오전 8:12
물론이지요 / 문제없습니다 // 무슨 일인가요 //	
워커, 쉐리	오전 8:13
저는 깜박했습니다 / 인사과의 잭에게 보내는 것을 / 새로 생긴 공석을 담은 목록을 / 우리 부서에서 // 그는 그것들을 원했습니다 / 오늘 아침까지 //	
헐트, 케이틀린	오전 8:15
알았어요 / 어디서 찾을 수 있나요 / 그 목록을 // 이미 정리되어 있나요 //	
워커, 쉐리	오전 8:16
네 / 공유 전자 문서 폴더 안에 있어요 / 우리 둘 다 이용하고 있는 // "6월 직책들"이라는 이름으로 되어 있어요 //	
헐트, 케이틀린	오전 8:20
그렇게 할게요 // 또 필요한 건 없으세요 //	
워커, 쉐리	오전 8:21
없어요 / 그게 전부입니다 // 저는 그것이 정말 필요합니다 / 점심시간 전에 끝낼 수 있길 // 정말 감사합니다 //	
헐트, 케이틀린	오전 8:22
언제든지요 // 이따가 뵙죠 //	

1. 오전 8시 20분에 헐트 씨가 "I'm on it"이라고 썼을 때, 그녀가 의도한 것은 무엇인가?
   (A) 그녀는 두 사람의 점심값을 지불할 것이다.
   (B) 그녀는 명단에 있다.
   (C) 그녀는 이제 파일을 보낼 것이다.
   (D) 그녀는 인사과에 난 자리에 지원할 것이다.

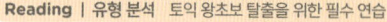

토익 대표 유형 분석하기 (2)

학습 목표 | 문제의 유형을 확인한 후, 지문의 구조와 단계별 전략을 파악하면서 문제를 풀어 봅시다.

Question 1 refers to the following article.

> **STEP 2** 지문을 처음부터 읽으며 단서에 부합하는 문장을 찾아요.
> March 5 — / *Cycling Advisor*, / the oldest monthly magazine / for bicycle product reviews, / is celebrating / its upcoming 100th issue. // — [1] —.
> **STEP 3** 주어진 문장을 넣어본 후 앞뒤 문장과 자연스럽게 연결되는지 확인해요.
> The poster design / will incorporate / the magazine's five most popular covers / as chosen by readers / in an online poll / conducted last month. //
>
> According to chief editor Harold Rosen, / it should be no surprise / that the magazine picked Wildware / for this project. // "We've highlighted / their art designs / for bicycle manufacturers / many times in our magazine / in the past, / so they were a natural choice. // And they were equally thrilled / to work with us." //
>
> — [2] —. The poster / will go on sale / through the Cycling Advisor Web site / on March 15 — / the same day / the 100th issue hits shelves. //

1. In which of the positions marked [1] and [2] does the following sentence best belong?

> "To mark the occasion, the magazine is teaming up with Wildware Concept Designs to create a limited-edition wall poster."

STEP 1 문제에 주어진 문장을 읽어요.

(A) [1]
(B) [2]

핵심 콕콕!

한 잡지사의 기념행사를 알리는 기사이다.

1단락	100호 발간 기념 행사를 하는 잡지사와 협업사 소개
2단락	그 협업사를 선택한 이유
3단락	포스터 판매 일정

단어 콕콕!

monthly 월간의
review 기사, 평가, 의견
celebrate ~을 기념하다, 축하하다
upcoming 곧 있을, 다가오는
issue (잡지 등의) 호
incorporate ~을 포함하다
poll 투표, 여론 조사
conduct ~을 하다
according to ~에 따르면
chief editor 편집장
highlight ~을 강조하다
in the past 과거에
natural choice 당연한 선택
equally 똑같이, 동등하게
be thrilled to V ~해서 기쁘다, 흥분되다
go on sale 판매하다
hit shelves 발매되다
mark ~을 기념하다
occasion 특별한 일, 행사
team up with ~와 협업하다
limited-edition 한정판

풀이 과정

STEP 1 문제에 주어진 문장 읽기

문제에 주어진 문장을 먼저 읽으세요. 문장 안에 힌트가 될 수 있는 표현이 있는지 확인합니다. To mark the occasion(행사를 기념하기 위해)에서 어떤 것을 기념하는지 앞에 제시되어 있어야 합니다.

STEP 2 단서에 부합하는 문장 찾기

지문 처음부터 읽으면서 '기념할 만한 일'이 언급된 문장을 찾습니다. [1] 앞에 '자전거 제품 리뷰를 소개하는 가장 오래된 월간지인 <싸이클링 어드바이저>가 곧 있을 100호 발간을 기념한다.'고 했으므로 이 일이 곧 축하할 일로 이어질 수 있어요. 따라서 주어진 문장이 들어갈 곳은 [1]임을 판단할 수 있습니다.

STEP 3 앞뒤 문장과 자연스럽게 연결되는지 확인하기

마지막으로 빈칸에 답으로 선택한 문장을 넣고 앞 문장과 함께 연결해 봅니다. '3월 5일 – 자전거 제품 리뷰를 다루는 가장 오래된 월간지인 <싸이클링 어드바이저>가 곧 있을 100호 발간을 기념한다. [행사를 기념하기 위해, 이 잡지사는 와일드웨어 콘셉트 디자인 사와 협업하여 한정판 포스터를 제작하고 있다.]' 이렇게 문맥상 자연스럽게 이어짐을 확인해 주세요.

해석

1번 문제는 다음 기사를 참조하시오.

> 3월 5일 / <싸이클링 어드바이저>가 / 가장 오래된 월간지인 / 자전거 제품 리뷰를 다루는 / 기념한다 / 곧 있을 100호 발간을 // 행사를 기념하기 위해 / 이 잡지사는 협업하고 있다 / 와일드웨어 콘셉트 디자인 사와 / 한정판 포스터를 제작하기 위하여 // 포스터 디자인은 / 포함할 것이다 / 잡지사의 가장 인기 있는 5개의 표지를 / 독자들이 선정한 / 온라인 투표에서 / 지난달 실시된 //
>
> 편집장인 해롤드 로센 씨에 따르면 / 놀라운 일이 아니다 / 잡지사가 와일드웨어를 선정한 것은 / 이 프로젝트를 위해 // 우리는 강조해 왔습니다 / 그들의 예술적인 디자인을 / 자전거 제조사들을 위한 / 여러 번 저희 잡지에서 / 과거에 / 그래서 당연한 선택이었습니다 // 그리고 그들도 똑같이 기뻐했습니다 / 우리와 함께 일해서 //
>
> 이 포스터는 / 판매될 것이다 / 싸이클링 어드바이저의 웹사이트를 통해 / 3월 15일에 / 같은 날 / 100호 잡지가 발매되는 //

1. [1], [2]로 표시된 곳 중에서 다음 문장이 들어가기에 가장 적절한 곳은 어디인가?

    "행사를 기념하기 위해, 이 잡지사는 와일드웨어 콘셉트 디자인 사와 협업하여 한정판 포스터를 제작하고 있다."

    (A) [1]

    (B) [2]

독해의 정답을 찾는 열쇠

학습 목표 | 오늘의 Part 7 유형의 정답을 찾는 데 필요한 핵심 표현을 익혀 봅시다.

문자 메시지/온라인 채팅 지문에서는 대화에 쓰인 짧은 문장이나 구어체 표현의 정확한 의도를 묻는 문제가 출제됩니다. 보통 앞 메시지에 응답하는 표현의 의도가 많이 출제되므로 앞 내용을 파악하여 의도를 찾는 연습을 하면 도움이 돼요.

❗ **파란색으로 표시된 영어 표현에 해당하는 우리말을 선택하세요.**

1. **Andy Molison**   11:03 A.M.
   헤드폰 배송 비용을 줄이기 위해 더 저렴한 포장지를 제조하는 업체를 알아봅시다.

   Greta Baker   11:04 A.M.
   That sounds great.

   (A) 헤드폰 소리가 잘 들리네요.   (B) 좋은 생각이네요. / 그렇게 합시다. ✓

2. **Kristin Ferroy**   09:55 A.M.
   인사부에 연락해서 이번 신입 직원 연수에 몇 명이 참석하게 될지 알아봐 주세요.

   Larry Lowe   09:58 A.M.
   I'm on it.

   (A) 제가 인사부 직원이에요.   (B) 그렇게 할게요. / 알아볼게요. ✓

3. **Monica Varna**   03:00 P.M.
   다음 달에 토론토로 출장 갈 때 기내에서 제 옆 자리에 앉아 발표 자료를 함께 검토해 주시겠어요?

   Andrea Chang   03:02 P.M.
   Sure thing.

   (A) 물론이죠. / 네, 도와드릴게요. ✓   (B) 확실히 믿을 만한 자료예요.

4. **John Cruz**   10:14 A.M.
   우리가 전화 상담 시 손님을 더 친절하게 대하고 웹사이트의 게시판 문의에도 빠르게 응답하면 매출이 좀 늘어날까요?

   Arnold Jackson   10:15 A.M.
   You're telling me.

   (A) 매출이 늘어날 거예요. / 그렇고 말고요. ✓   (B) 지금 나와 통화하고 있잖아요.

5. **Richard Hanks**   02:45 P.M.
   제가 한 시간 정도 일찍 도착해서 유인물도 복사하고, 영사기도 설치해 놓을까요?

   Julie Song   02:46 P.M.
   Go ahead.

   (A) 그렇게 하세요. ✓   (B) 제 앞에 가세요.

토익 제대로 대비하기

학습 목표 | '구 → 문장 → 지문'의 3단계 훈련으로 토익 유형을 철저하게 대비해 봅시다.

[1단계: 구 패러프레이징 연습]

A 파란색으로 표시된 표현과 가장 가까운 의미가 되도록 빈칸에 알맞은 표현을 고르세요.

1. equipped with whiteboards, markers, notepads and pens
→ _____ with writing supplies
(A) matched
(B) stocked

2. a new look → an _____ design
(A) updated
(B) attractive

3. see examples of job listings → read _____ of job postings
(A) samples
(B) numbers

4. their hectic work schedule → _____ in their jobs
(A) dependent
(B) busy

5. in operation for five generations → in business for _____
(A) a decade
(B) many years

6. go to tour attractions → visit _____
(A) places of interest
(B) travel agencies

B 비슷한 의미를 가진 표현끼리 연결하세요.

7. suffered a 20 percent loss in revenue •
• (A) spend time on his hobby

8. focus energy on his favorite activity •
• (B) made less money than usual

9. conduct a training session •
• (C) hire more workers

10. expand the labor force •
• (D) teach a lesson

단어 콕콕!

supply 비품
matched 어울리는, 걸맞은
stocked 채워진
look 모습, 외관
attractive 매력적인
listing 목록, 명부
dependent 의존하는
operation 운영, 작동
decade 10년
travel agency 여행사
suffer ~을 겪다
loss 손실
revenue 수익, 이익
favorite 가장 좋아하는
activity 활동
usual 평상시의
conduct 수행하다, 시행하다
training session 연수 과정
hire 고용하다
expand 늘리다, 확장하다
labor force 인력, 노동력
lesson 수업

정답 및 해석

A 1. (B) 화이트보드, 마커펜, 메모지, 그리고 펜이 갖춰진 → 필기도구로 채워진 2. (A) 새로운 모습(스타일) → 최신 디자인 3. (A) 구인 목록의 예를 보다 → 구인 광고의 샘플을 읽다 4. (B) 그들의 빡빡한 업무 일정 → 일이 바쁜 5. (B) 5세대 동안 운영 중인 → 많은 해 동안 영업 중인 6. (A) 관광지에 가다 → 명소를 방문하다

B 7.–(B) 수익 면에서 20퍼센트 손실을 겪었다 → 평상시보다 돈을 덜 벌었다 8.–(A) 그가 가장 좋아하는 활동에 에너지를 쏟다 → 그의 취미 생활에 시간을 쓰다 9.–(D) 연수 과정을 수행하다 → 수업을 가르치다 10.–(C) 인력을 늘리다 → 더 많은 직원들을 고용하다

[2단계: 문장 패러프레이징 연습]

❗ 주어진 문장과 의미가 일치하는 내용을 고르세요.

핵심 콕콕!

패러프레이징 부분만
골라 보기!

1. The bus company Web site displays all the transit routes.

    (A) The Web site contains transportation information.

    (B) The company displays new buses.

1. ① displays →
contains
② all the transit
routes →
transportation
information

2. We want customers to tell us why they like our product.

    (A) We want to find new products for the customers.

    (B) We want to invite comments from customers about the products.

2. to tell us → to
invite comments

3. Please send questions to Michael, our information technology coordinator.

    (A) Michael has several questions for the coordinator.

    (B) Michael oversees the company's computers and software.

3. our information
technology
coordinator →
oversees the
company's
computers and
software

4. Guests can travel around the island only by motorbike.

    (A) The island does not have public transport.

    (B) Only cars are allowed on the island.

4. can travel only by
motorbike → does not
have public transport

5. Travel booking services are available for hotel guests at no cost.

    (A) Guests are offered discounts for booking trips.

    (B) Free help with reservations is one of the hotel's benefits.

5. ① booking
services → help with
reservations
② at no cost → Free

 정답 및 해석

1. 버스 회사 웹사이트는 모든 교통 노선을 보여 준다.
    (A) 웹사이트는 교통 정보를 포함하고 있다. (B) 회사는 신형 버스를 선보인다.
2. 우리는 고객들이 왜 우리 제품을 좋아하는지 말해 주기를 원한다.
    (A) 우리는 고객들을 위해 신제품을 찾기를 원한다. **(B) 우리는 제품에 관하여 고객들로부터 의견을 구하기를 원한다.**
3. 저희 정보기술 책임자인 마이클에게 질문을 보내 주세요.
    (A) 마이클은 책임자에게 몇 가지 질문이 있다. **(B) 마이클은 회사의 컴퓨터와 소프트웨어를 감독한다.**
4. 손님들은 오직 오토바이로 섬 주변을 이동할 수 있다.
    (A) 섬에는 대중교통이 없다. (B) 섬에서는 오직 자동차만 허용된다.
5. 여행 예약서비스는 호텔 손님들이 무료로 이용할 수 있다.
    (A) 손님들은 예약한 여행에 대해 할인을 받는다. **(B) 예약을 무료로 도와 드리는 것이 우리 호텔의 혜택 중 하나이다.**

[3단계: 지문 유형 연습]

정답 및 해석/해설 p. 149

❶ 다음 지문을 읽고 질문에 알맞은 답을 고르세요.

Question 1 refers to the following online chat discussion.

Lee, Francis   6:30 P.M.

Since you guys have been here before, can either of you recommend a good place near the Hiltop Hotel to get some food? I'm starving.

Mundall, Adriana   6:31 P.M.

There was a little restaurant right outside the convention center, but I don't remember its name. Something diner.

Cerdenio, Samuel   6:31 P.M.

The Washataw Diner! That place has great sandwiches.

Mundall, Adriana   6:32 P.M.

Yeah, make sure to check that out. It's one of the only places around the convention center.

---

1. At 6:32 P.M., what does Ms. Mundall mean when she writes, "make sure to check that out"?
   (A) She wants Mr. Lee to visit the convention center today.
   (B) She wants Mr. Cerdenio to recommend a business.
   (C) She wants Mr. Lee to go to a restaurant she likes.
   (D) She wants Mr. Cerdenio to order some food.

Question 2 refers to the following flyer.

Sunday Sales

Eastern Park Museum

— [1] —. Visitors who visit the Eastern Park Museum on Sundays will receive a 30% discount on the entrance fee. — [2] —. The Sunday Sales will only be available during the month of September. In order to receive the special offer, the purchasing of tickets should be done online prior to visiting our museum. — [3] —. The discounts will NOT be provided at the ticketing booth. — [4] —. Click on this link to check out the offer or to purchase the tickets. For more information on the discount, refunds and the exhibitions, visit our Web site at www.eparkzoo.com.

---

2. In which of the positions marked [1], [2], [3], and [4] does the following sentence best belong?

   "An additional 20% reduction is possible for groups of 10 or more people."

   (A) [1]   (B) [2]
   (C) [3]   (D) [4]

단어 콕콕!

since ~이므로
either of you 두 사람 중의 어느 한 명
recommend 추천하다
near ~의 근처에
starving 배가 몹시 고픈
right outside ~의 바로 밖에
check A out A를 확인해 보다
visitor 방문객
receive 받다
discount 할인
entrance fee 입장료
available 이용 가능한
in order to ~하기 위하여
purchase 구매하다; 구매
prior to ~이전에
booth (칸막이를 한) 작은 공간, 부스
refund 환불
exhibition 전시회

자신감 쑥쑥! 실전 도전 Part 7

학습 목표 | 오늘 공부한 유형 핵심 전략과 독해의 정답을 찾는 핵심 표현을 떠올리며 Part 7 실전 문제를 풀어 봅시다.

Questions 1-2 refer to the following text message chain.

Williams, Rick   8:10 A.M.

Hi, Ms. Ramos. My name is Rick Williams. I got your phone number on the listing about an apartment for rent.

Ramos, Sabrina   8:12 A.M.

Thank you for writing! Was it the ad for the apartment on 3rd Street or the one on Market Street?

Williams, Rick   8:13 A.M.

I saw the one on Market Street, but I would be interested in having more information about the other as well. I just got a job downtown and would like something within walking distance of my office.

Ramos, Sabrina   8:15 A.M.

Totally understandable. Both places are centrally located. The place on Market Street is a studio, and the 3rd Street apartment has a separate bedroom and living room.

Williams, Rick   8:16 A.M.

Sounds good.

Ramos, Sabrina   8:17 A.M.

Would you like to set up a time to see them?

Williams, Rick   8:18 A.M.

Definitely. Is Monday OK?

Ramos, Sabrina   8:20 A.M.

Sure. I'm free at 4:30 P.M. Let's meet outside of 3002 3rd Street.

Williams, Rick   8:21 A.M.

That will work great.

Ramos, Sabrina   8:22 A.M.

Perfect. See you then.

---

1. What is implied about the apartments?

(A) They are newly remodeled.
(B) They are being sold for similar prices.
(C) They are located in the downtown area.
(D) They are suitable for use as art studios.

2. At 8:15 A.M., what does Ms. Ramos mean when she writes, "Totally understandable"?

(A) She recommends Rick rent the 3rd Street apartment.
(B) She agrees that the apartments are reasonably priced.
(C) She thinks it makes sense to live near work.
(D) She understands that Rick likes to exercise daily.

Questions 3-6 refer to the following Web page.

While the origins of some dishes remain a mystery, our raspberry crumble pie is a well-documented creation. — [1] —. It was developed over a decade ago by our founder chef, Henriette Dubois, who mistakenly overcooked a batch of pies. — [2] —. It has been attempted but never duplicated by many chefs. Today, Chef Benjamin Lee, who once trained under Dubois and currently manages our new location, continues to make the dessert using the same technique he learned from the master. — [3] —.

The pie's crust is partially pre-baked and finished off only after the tart raspberry filling has been added, and then it's topped with a buttery, cinnamon crumble. The result is a delectable treat that is sure to satisfy any sweet tooth. — [4] —.

3. What is indicated about the dish?

(A) It is served with whipped cream.

(B) It is a low-calorie dessert.

(C) It was invented more than ten years ago.

(D) It is made using a secret ingredient.

4. What is implied about Chef Benjamin Lee?

(A) His own business has just opened.

(B) He invented the raspberry crumble pie.

(C) He has a different signature dessert.

(D) His teacher was Chef Dubois.

5. In which of the positions marked [1], [2], [3], and [4] does the following sentence best belong?

"This accident gave birth to the Old Mill Cafe's signature dessert."

(A) [1]

(B) [2]

(C) [3]

(D) [4]

DAY 26

이메일과 편지

요기서 몸풀기!

이메일과 편지는 매회 평균 7~9개의 지문이 출제되므로, 독해 파트에서 가장 많이 보이는 지문 유형이에요.

1 **이메일과 편지의 내용은 주로 어떤 흐름으로 구성될까요?**
주로 '글을 쓴 목적 – 세부 내용 – 요청 사항' 순으로 진행돼요.

2 **이메일과 편지 지문에서는 주로 어떤 문제가 출제될까요?**
요청/제안 사항이나 방법을 묻는 문제, 동봉된 것을 묻는 문제 등이 자주 출제돼요.

편지의 목적은...

첫 부분에 나와있지 않은 경우가 많습니다.

토익 빈출 단어! Check up!

아래 단어를 보고, 이미 알고 있는 단어에 ✓ 표시해 봅시다.

중요도 ⭐⭐⭐

☐ return	☐ form	☐ refer	☐ reply	☐ extension
☐ register	☐ enroll	☐ division	☐ affordable	☐ housing
☐ expedited	☐ demand	☐ transfer	☐ instruction	

중요도 ⭐⭐

☐ select	☐ enter	☐ submit	☐ request	☐ reasonable
☐ property	☐ delay	☐ seasonal		

중요도 ⭐

☐ temporary	☐ inspect	☐ regular	☐ resume	☐ maintenance

DAY

26

이메일과 편지

학습 목표 | 이메일과 편지 지문에서 자주 나오는 문제와 핵심 전략을 배워 봅시다.

 유형 **1** **이메일/편지를 쓴 목적을 묻는 문제**

Why was **the e-mail sent**?

이메일은 왜 보내졌는가?

What is the **purpose** of **the letter**?

편지의 목적은 무엇인가?

이메일/편지가 쓰인 이유를 묻는 <mark>목적 문제가 자주 출제</mark>된다.

토익정답과 친해지는 풀이전략

ONE POINT 각 단락의 첫 부분 읽기

먼저 첫 번째 단락의 앞부분을 읽고 글을 쓴 목적을 찾아본 후, 단서가 보이지 않으면 나머지 단락의 앞부분을 차례대로 읽으며 목적을 파악해요.

TIP 1 목적을 묻는 문제의 풀이 방법을 참고하세요. 이메일과 편지의 목적이 지문의 첫 부분에 나와있지 않더라도 당황하지 말고 나머지 단락의 앞부분까지 꼼꼼하게 살피세요.

TIP 2 목적 문제의 오답 보기는 단어 하나 때문에 오답이 되는 경우가 많아요. 따라서 보기를 대충 읽으면 절대 안 돼요.

지문의 단서 | I would like to postpone the event until July 21.

행사를 7월 21일까지 연기하고 싶다.

정답 보기 | To reschedule the event 행사의 일정을 다시 잡기 위해서
                  O   O

오답 보기 | To postpone the meeting 회의를 연기하기 위해서
                  O   X

➜ 동사 postpone은 지문 내용과 일치하지만 meeting이 지문에 나온 event와 일치하지 않기 때문에 오답이에요.

암기꼭 🔖

목적을 나타내는 표현

to celebrate ~을 기념[축하]하기 위해서

to acknowledge ~을 인정[감사]하기 위해서

to encourage ~을 권하기 위해서

to inform ~을 알리기 위해서

 **2** 요청/제안 사항이나 방법을 묻는 문제

What is Mr. Lopez **asked[instructed]** to do?

로페즈 씨는 무엇을 하라고 요청[지시]받는가?

How can a customer make a **purchase**?

고객이 어떻게 구매할 수 있는가?

이메일/편지의 마지막에 요청 사항이 언급되는 경우가 많다.

토익정답과 친해지는 **풀이전략**

ONE POINT 글의 마지막 단락 읽기

요청/제안 사항이나 방법을 묻는 문제의 단서는 대부분 지문의 마지막 단락에 있으며, 요청/제안/감사를 나타내는 표현이 단서가 되는 경우가 많아요. 따라서 먼저 지문의 마지막 부분을 읽으면서 단서를 찾아보세요.

암기 꼭

요청/제안/감사 표현
please ~해 주세요
invited/required/
requested 요청받는
appreciate 감사하다

 **3** 동봉된 것을 묻는 문제

What is **enclosed** with the letter?

편지에 무엇이 동봉되어 있는가?

What is **included** with the e-mail?

이메일에 무엇이 포함되어 있는가?

이메일/편지에 서류나 양식 등이 동봉/첨부되는 경우가 많으므로 동봉된 것을 묻는 문제가 많이 출제된다.

토익정답과 친해지는 **풀이전략**

ONE POINT 지문을 빠르게 읽으며 단서 표현 찾기

편지나 이메일에 동봉되거나 첨부된 것을 묻는 문제는 지문 중 '~을 동봉합니다'라고 나온 부분에서 정답을 찾을 수 있어요. 따라서 지문을 빠르게 훑으면서 이런 표현이 있는지 찾아내어 메일에 동봉된 것이 무엇인지 확인해야 해요.

암기 꼭

동봉/첨부 표현
enclose 동봉하다
attach 첨부하다
include 포함하다
send with ~와 함께 보내다

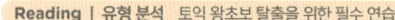

토익 대표 유형 분석하기

학습 목표 | 문제의 유형을 확인한 후, 지문의 구조와 단계별 전략을 파악하면서 문제를 풀어 봅시다.

Questions 1-3 refer to the following e-mail.

To: Marcus Davis <mdavis@ltsales.com>
From: Stephanie Martin <smartin@ltsales.com>
Subject: Reimbursements

Mr. Davis,

Please be aware of a change / in how reimbursements are processed.
1번 문제 단서 첫 번째 단락에서 be aware of 뒤에 나온 내용에 주목하세요.
// The previous policy / was for each employee / to submit work-related receipts / to his or her supervisor. // After three weeks from now, / employees should turn in receipts / directly to the accounting department. // A document / with more specific instructions / is attached
2번 문제 단서 '동봉하다'라는 뜻의 attached를 찾으면 정답이 보여요.
/ to this e-mail. //

This should reduce delays / in processing reimbursements / by several days. // Please communicate / these new instructions / to your department immediately. // Thank you. //
3번 문제 단서 마지막 단락에서 요청 표현 Please를 확인하세요.

---

1. What is the **purpose** of **the e-mail**?
1번 문제 확인 지문의 첫 번째 단락을 먼저 읽고 보기와 대조해요.
(A) To request reimbursement
(B) To explain a new policy

2. What is **enclosed** with the e-mail?
2번 문제 확인 '동봉하다'를 뜻하는 특정 어휘를 지문에서 찾으세요.
(A) A document
(B) Price list

3. What is Mr. Davis **instructed** to do?
3번 문제 확인 지문의 마지막 단락을 먼저 읽고 단서를 찾아야 해요.
(A) To let his colleagues know about new supervisor
(B) To notify his division about the new policy

핵심 콕콕!

환급 처리 방식에 대한 변경사항을 알리는 이메일이다.

1단락	변경사항 알림
2단락	변경사항의 장점 및 전달 요청

단어 콕콕!

be aware of ~을 알고 있다
reimbursement 환급, 배상
process 처리하다
previous 이전의
policy 방침, 정책
submit 제출하다
related 관련된
receipt 영수증
supervisor 상사, 관리자, 감독관
turn in 제출하다
directly 바로, 즉시
accounting department 경리과
specific 자세한
instructions 지시사항
attach 첨부하다, 동봉하다
delay 지연
communicate 전달하다, 소통하다
immediately 즉시
purpose 목적
request 요청하다, 요구하다
enclose 동봉하다
colleague 동료
notify 알리다, 통지하다
division 부서

풀이과정

Question 1. 목적을 묻는 문제

목적 문제는 첫 번째 단락을 읽어야 해요. 첫 문장에 나오는 be aware of a change에서 정책의 변화가 있음을 알 수 있으며 in how reimbursements are processed(환급이 처리되는 방식에 있어서)까지 읽으면 환급 방식에 변화가 있음을 알 수 있어요. 따라서 (B) To explain a new policy(새로운 방침을 설명하기 위해서)가 정답입니다.

Question 2. 동봉된 것을 묻는 문제

지문에서 '동봉되다'를 의미하는 특정 단어를 찾습니다. 첫 번째 단락 마지막 부분 A document ~ is attached에서 첨부된 것이 document임을 알 수 있으므로 (A) A document(서류)가 정답이에요.

Question 3. 요청 사항을 묻는 문제

Please가 요청 사항을 묻는 문제의 단서가 돼요. 마지막 단락에서 Please communicate these new instructions to your department immediately.(이 새로운 지시사항을 즉시 부서에 전달해 주십시오.)라고 했으므로 (B) To notify his division about the new policy(자신의 부서에 새로운 방침을 알리는 것)이 정답입니다. (A)는 supervisor(상사)에 대해 알리는 것이 아니므로 오답이에요.

해석 1-3번 문제는 다음 이메일을 참조하시오.

> 수신: 마커스 데이비스
>
> 발신: 스테파니 마틴
>
> 제목: 환급
>
> 데이비스 씨에게
>
> ■ 변경사항을 알고 계십시오 / 환급이 처리되는 방식에 있어서 // 이전 방침은 / 각 직원이 / 업무와 관련된 영수증을 제출하는 것이었습니다 / 자신의 상사에게 // 지금부터 3주 후에 / 직원들은 영수증을 제출해야 합니다 / 경리과로 바로 // ② 문서가 / 더 자세한 지시사항이 담긴 / 첨부되었습니다 / 이 이메일에 //
>
> 이는 지연을 줄여 줄 것입니다 / 환급을 처리하는 데 있어서 / 며칠 정도 // ③ 전달해 주십시오 / 이 새로운 지시사항을 / 당신의 부서에 즉시 // 감사합니다 //

1. 이메일의 목적은 무엇인가?
   (A) 환급을 요청하기 위해서
   (B) 새로운 방침을 설명하기 위해서

2. 이메일에 동봉된 것은 무엇인가?
   (A) 서류
   (B) 가격표

3. 데이비스 씨는 무엇을 하도록 요청받는가?
   (A) 새 상사에 대해 동료들에게 알리는 것
   (B) 자신의 부서에 새로운 방침을 알리는 것

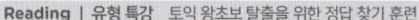

독해의 정답을 찾는 열쇠

학습 목표 | 오늘의 Part 7 유형의 정답을 찾는 데 필요한 핵심 표현을 익혀 봅시다.

이메일과 편지에서 자주 출제되는 문제가 방법을 묻는 문제와 요청 사항을 묻는 문제입니다. 따라서 두 문제 유형에서 정답으로 자주 출제되는 내용과 영어 표현을 알아 두는 것은 매우 유용해요.

❗ 방법 문제 정답 표현

1. 문서로

mail in a slip 쪽지를 우편으로 보내라   send in a contract 계약서를 발송하라
return a form 양식을 (작성하여) 다시 보내라

2. 직접 방문하여

visit the office 사무실을 방문하라
present the form at the desk 데스크에서 양식을 제시하라   in person 직접

3. 인터넷으로

visit www.engdangi.com www.engdangi.com을 방문하라   online 온라인으로
refer to our Web site 우리 웹사이트를 참조하라

4. 전화로

please call 전화하세요   reply by telephone 전화로 답하라
contact A at extension OOO 내선번호 OOO번으로 A에게 연락하라

❗ 요청 문제 정답 표현

5. 설문지 작성 요청

complete a survey 설문지를 작성하라   fill out a questionnaire 설문지를 작성하라
Survey forms are available at our Web site.
설문지 양식을 우리 웹사이트에서 얻을 수 있다.

6. (~에게) 확인하라고 요청

ask Mr. Sing 싱 씨에게 물어보라   check with Mr. Sing 싱 씨에게 확인해 보라
find out from Mr. Sing 싱 씨에게 알아보라

7. 미리 등록하라고 요청

sign up in advance 미리 등록하라
register as soon as possible 가능한 한 빨리 등록하라   enroll early 일찍 등록하라

8. (~에게) 연락하라고 요청

call Mr. Yao 야오 씨에게 전화하라   contact Mr. Yao 야오 씨에게 연락하라
consult Mr. Yao 야오 씨와 상담하라

단어 콕콕!

mail 우편으로 보내다
send 보내다
contract 계약서
return 돌려주다, 환불하다
visit 방문하다
present 제시하다
in person 직접
refer 참조하다
reply 대답하다, 응답하다
contact 연락하다
extension 내선(번호)
complete (양식을) 작성하다, 완료하다
survey 설문지
fill out (양식을) 작성하다
questionnaire 설문지
ask 묻다, 요청하다
check 확인하다
find out 알아보다
sign up 등록하다
in advance 미리
register 등록하다
enroll 등록하다
consult 상담하다

토익 제대로 대비하기

학습 목표 | '구 → 문장 → 지문'의 3단계 훈련으로 토익 유형을 철저하게 대비해 봅시다.

[1단계: 구 패러프레이징 연습]

A 파란색으로 표시된 표현과 가장 가까운 의미가 되도록 빈칸에 알맞은 표현을 고르세요.

1. type in code 342 → _____ a number
(A) select   (B) enter

2. send a form to the human resources department → _____ a form to a division
(A) submit   (B) request

3. an affordable hotel → a hotel with _____ prices
(A) expensive   (B) reasonable

4. grand opening of a new housing → introduction of a new _____
(A) property   (B) campaign

5. reduce lag time → decrease a _____
(A) delay   (B) cost

6. expedited shipping → _____ delivery
(A) late   (B) quick

B 비슷한 의미를 가진 표현끼리 연결하세요.

7. in great demand   •   • (A) financial transaction
8. reduced rates for winter months • • (B) very popular
9. fund transfer   •   • (C) cooking lessons
10. culinary instructions   •   • (D) seasonal discounts

단어 콕퀴!

select 선택하다
enter 입력하다, 들어가다
human resources
department 인사과
division 부서
submit 제출하다
affordable (가격이)
알맞은
reasonable (가격이)
적당한, 비싸지 않은
grand opening 개장,
개업
property 건물, 부동산,
소유지
reduce 줄이다, (가격
등을) 낮추다
lag time 지체 시간
decrease 줄이다
delay 지연
expedite 신속히 처리하다
shipping 배송
demand 수요; 요구하다
financial 금융의, 재정의
transaction 거래
rate 요금
fund 자금
transfer 이체, 이동
culinary 요리의
seasonal 계절에 따라
다른

정답 및 해석

A 1. (B) 암호 342를 입력하다 → 번호를 입력하다   2. (A) 서식을 인사과에 보내다 → 서식을 부서에 제출하다   3. (B) 가격이 알맞은 호텔 → 적당한 가격의 호텔   4. (A) 새 주택 단지의 개장 → 새 건물 도입   5. (A) 지체 시간을 줄이다 → 지연을 줄이다   6. (B) 신속 배송 → 빠른 배달

B 7.–(B) 수요가 많은 → 매우 인기 있는   8.–(D) 겨울 동안 할인 요금 → 계절 할인   9.–(A) 자금 이체 → 금융 거래   10.–(C) 요리 교육 → 요리 수업

[2단계: 문장 패러프레이징 연습]

❗ 주어진 문장과 의미가 일치하는 내용을 고르세요.

1. Mr. Wilson, the building's maintenance supervisor, will inspect your apartment.

(A) The building does not need any maintenance.

(B) Mr. Wilson is responsible for inspections in the building.

2. Our regular telephone service will resume at 6 A.M. tomorrow.

(A) There are no problems with the telephone service.

(B) The service problem is only temporary.

3. Payments should be made by the fifth to the landlord.

(A) The rent is due on the fifth.

(B) Tenants should pay five times more.

4. Those flashy advertisements will catch customers' attention first.

(A) Customers can easily notice the advertisement.

(B) Customers should first purchase the advertisement.

5. The American Biologist's Association will hold its yearly conference on July 6 and 7.

(A) The American Biologist's Association has never organized a conference before.

(B) The conference will take place for two days in July.

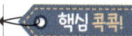

핵심 콕콕!

패러프레이징 부분만
골라 보기!

1. ① supervisor → responsible for
② apartment → building

2. service will resume → service problem is temporary

3. ① Payments to the landlord → rent
② should be made by the fifth → is due on the fifth

4. catch attention → notice

5. ① will hold its conference → The conference will take place
② on July 6 and 7 → for two days

정답 및 해석

1. 건물의 관리 감독관인 윌슨 씨가 당신의 아파트를 점검할 것이다.
   (A) 건물은 어떤 관리도 필요 없다. **(B) 윌슨 씨는 건물의 점검을 책임지고 있다.**
2. 우리의 정기적인 전화 서비스가 내일 오전 6시에 재개될 것이다.
   (A) 전화 서비스에 문제가 없다. **(B) 서비스 문제는 오직 일시적이다.**
3. 5일까지 집주인에게 지불금을 내야 한다.
   (A) 5일이 집세 지불 기일이다. (B) 세입자들은 다섯 번 더 지불해야 한다.
4. 그 화려한 광고들이 먼저 고객들의 관심을 끌 것이다.
   (A) 고객들은 그 광고를 쉽게 알아볼 수 있다. (B) 고객들은 우선 그 광고를 구입해야 한다.
5. 미국 생물학자 협회는 7월 6일과 7일에 연례 회의를 개최할 것이다.
   (A) 미국 생물학자 협회는 이전에 한 번도 회의를 조직한 적이 없다. **(B) 회의는 7월에 이틀 동안 열릴 것이다.**

[3단계: 지문 유형 연습]

정답 및 해석/해설 p. 154

단어 콕콕!

custom-made 주문
제작한
state 말하다, 진술하다
fit 잘 맞다
properly 제대로, 적절히
representative 직원
assess 평가하다
convenience 편리함
appointment 약속
material 물건, 재료, 자료
defective 결함 있는
ship 배송하다, 배달하다
investor 투자자
medical 의료의, 의학의
conduct 시행하다,
수행하다
field 분야
biomedical 생명 의학의
analyst 분석가
estimate 전망하다,
추정하다
significant 상당한,
중요한
take part in ~에 참여하다
portfolio 증권[투자] 자산
enclosed 동봉된
investment 투자
expert 전문가

ⓘ 다음 지문을 읽고 질문에 알맞은 답을 고르세요.

Question 1 refers to the following letter.

Dear Mr. Johnson,

Thank you for contacting Merlin Furniture. I am sorry to hear about the problem with your custom-made oak bookcase. You stated that one of the shelves is not fitting properly and seems to be longer than the others. We will send a representative to your address to assess and correct the problem. At your convenience, please call us at 434-5454 to schedule an appointment.

Francis Merlin

1. What problem is Mr. Johnson experiencing with his order?
   (A) It is the wrong material.
   (B) It has not been delivered yet.
   (C) It has defective parts.
   (D) It was shipped to the wrong address.

Question 2 refers to the following letter.

March 12

Valued investor,

Gainsworth Medical Supply is conducting exciting new research in the field of biomedical technology. Industry analysts estimate significant growth in the near future. Vice president of research and design Martha Starwell invites you to take part in this excellent opportunity to add to the value of your portfolio. Please see the enclosed report for more information.

Mark Arnold
Investor Relations Specialist
Gainsworth Medical Supply

2. Who is Martha Starwell?
   (A) A Gainsworth Medical Supply executive
   (B) An industry analyst
   (C) A medical doctor
   (D) An investment expert

DAY 26 이메일과 편지

실전 훈련

Reading | 실전 훈련 토익 왕초보 탈출을 위한 실전 돌입

정답 및 해석/해설 p. 155

자신감 쑥쑥! 실전 도전 Part 7

학습 목표 | 오늘 공부한 유형 핵심 전략과 독해의 정답을 찾는 핵심 표현을 떠올리며 Part 7 실전 문제를 풀어 봅시다.

Questions 1-2 refer to the following e-mail.

E-mail	
From:	Customer Support <customerservice@holdallindustries.com>
To:	Emma Lawson <emmal@aeoluso.com>
Subject:	Order #2468

Dear Ms. Lawson,

We regret to inform you that we encountered an issue with your recent purchase of a laptop bag (order number: 2468) made on March 25, 2023. Unfortunately, we discovered that the bag you ordered was incorrectly listed as available when it was actually out of stock. We apologize for any inconvenience caused by this mistake.

Our team is working hard to resolve the issue, and we will restock the bag as soon as possible. However, we want to offer you two alternative options that you might be interested in. We have a similar bag in a different color that you could choose instead, or we can process a full refund for your purchase.

Please let us know your preference by replying to this email. If we do not hear from you within 7 days, we will assume you prefer a full refund and process it accordingly.

At HoldAll Industries, we value your business and apologize again for any inconvenience. Please do not hesitate to contact us if you have any further questions or concerns.

Best regards,

Nick Mathew
Customer Service Department
HoldAll Industries

1. What is one purpose of the e-mail?

(A) To promote a new product line
(B) To explain a problem with an order
(C) To request feedback on a service
(D) To report a delayed delivery

2. What is Ms. Lawson asked to do?

(A) Send an e-mail
(B) Make a phone call
(C) Return the faulty product
(D) Change her shipping address

Questions 3-4 refer to the following letter.

Lakeshore Bank
25 Commodore Road
Omaha, Nebraska

April 29

Anabelle Morris
65 Deacon Street
Omaha, Nebraska

Dear Ms. Morris,

We received your letter regarding your recent change of address. Your information has been updated for all of your accounts with us. We will also print 100 checks with your new address and send them to you for free.

You should note that your letter arrived late, so we already sent your monthly statement to your previous address. You can also log on to our Web site and check your accounts online.

If you need anything else, please feel free to contact me at 492-6934.

Sincerely,

Chuck Ramirez
Customer Service
Lakeshore Bank

3. What is the letter about?
(A) A customer's request to change an address
(B) An incorrect bank balance
(C) An application for a loan
(D) A mistake that was made by the bank

4. What does Mr. Ramirez suggest that Ms. Morris do?
(A) Complete a form
(B) Open a checking account
(C) Go to a Web site
(D) Visit the bank in person

DAY **27**

광고

요기서 몸풀기!

광고는 매회 0~4개의 지문이 출제됩니다. 특히 구인 광고, 제품/서비스 광고가 가장 많이 출제 돼요.

1 **광고는 어떤 지문일까요?**
광고는 지시문에 advertisement라고 명시된 지문입니다. 구인 광고와 제품/서비스 광고가 대표적인 광고 지문이에요.

2 **광고 지문에서는 주로 어떤 문제가 출제될까요?**
'광고의 주체', '광고의 대상', '광고되는 직책/상품/서비스'를 묻는 문제가 가장 많이 출제돼요.

여러분 모두

할 수 있습니다. 화이팅!!

토익 빈출 단어! Check up!

아래 단어를 보고, 이미 알고 있는 단어에 ✓ 표시해 봅시다.

중요도 ⭐⭐⭐

- [ ] rate
- [ ] save
- [ ] entitle
- [ ] qualify
- [ ] advertisement
- [ ] advance
- [ ] registration
- [ ] enrollment
- [ ] improve
- [ ] restricted
- [ ] require
- [ ] budget
- [ ] limitation
- [ ] exposure

중요도 ⭐⭐

- [ ] outdoors
- [ ] indoors
- [ ] inquire
- [ ] previous
- [ ] limited
- [ ] routine
- [ ] lack
- [ ] frequently

중요도 ⭐

- [ ] capacity
- [ ] remote
- [ ] empty
- [ ] credit
- [ ] guide

광고

학습 목표 | 광고 지문에서 자주 나오는 문제와 핵심 전략을 배워 봅시다.

 **[구인 광고] 직종이나 직책을 묻는 문제**

What position is being advertised?

어떤 직책이 광고되고 있는가?

1 채용 **직종이나 직책을 묻는 문제**가 구인 광고의 대표적인 문제이다.

2 광고문에서는 **제목에 광고 대상에 대한 핵심 정보**가 있는 경우가 많으므로 반드시 제목을 확인한다.

토익정답과 친해지는 **풀이전략**

ONE POINT 지문의 첫 부분 읽기
직원을 구하는 구인 광고는 먼저 직종이나 현재 비어 있는 직책을 명시한 후에 구체적인 지원 자격과 근무 조건을 언급하는 경우가 대부분이에요. 따라서 제목과 지문의 첫 부분을 읽으면 채용하는 직종과 직책을 알 수 있어요.

암기꼭

구인 관련 표현
is currently looking for
현재 ~을 찾고 있다
is seeking (~을) 구하고 있다
is hiring (~을) 고용하고 있다
예)
We **are currently looking for** individuals with extensive expertise in graphic design.
저희는 **현재** 그래픽 디자인에 폭넓은 전문지식을 가지고 있는 사람들**을 찾고 있습니다.**

유형 2 [구인 광고] 자격 요건을 묻는 문제

What is **NOT** a **requirement** for the position?

그 직책을 위해 요구되는 사항이 아닌 것은 무엇인가?

구인 광고에서는 채용 직책이나 직종의 지원 자격이 언급되며, 자격 요건을 묻는 문제가 자주 출제된다.

토익정답과 친해지는 **풀이전략**

ONE POINT 필수 요건과 선호 요건 구별하기
자격 요건을 설명하는 부분을 보면 필수적으로 갖추어야 하는 요건도 있지만 필수가 아닌 선호 요건으로 제시되는 자격 요건도 나와요. 자격 요건 문제는 이 둘을 잘 구별해야 정답을 맞힐 수 있습니다.

암기꼭

자격 요건 관련 표현
1) 필수 요건
must[should] have[possess] 반드시 (~을) 갖추어야 한다
mandatory 필수적인
required 요구되는
necessary 필요한
essential 필수적인

2) 선호 요건
preferred 선호되는
helpful 도움이 되는
(but) not necessary (하지만) 필수는 아닌

유형 3 [구인 광고] 회사의 종류를 묻는 문제

What most likely is **Plann, Inc.**?

플란 주식회사는 무엇일 것 같은가?

구인 광고를 내는 회사의 종류는 추론 유형의 문제로 출제되는 경우가 많다.

토익정답과 친해지는 **풀이전략**

ONE POINT 채용하는 직종과 업무 내용 확인하기
지문에 회사가 어떤 일을 하는지 직접적으로 언급되지 않는 경우가 많아요. 이때는 채용하는 직종이 무엇인지 확인하고 관련 업무 내용을 살펴보면 회사의 종류를 알 수 있어요.

암기꼭

업무 내용 관련 표현
will be responsible for ~을 맡을 것이다
will take on ~을 맡을 것이다
will oversee ~을 관할할 것이다

 **[구인 광고] 지원 방법을 묻는 문제**

How can candidates apply for the position?

지원자들은 어떻게 지원할 수 있는가?

구인 광고에서 지원 방법은 주로 마지막에 언급된다.

토익정답과 친해지는 **풀이전략**

ONE POINT 마지막 단락 읽기

회사에 지원하는 방법은 보통 지문의 마지막 부분에 나오는 경우가 많으므로 마지막 단락을 먼저 살펴보세요. 예를 들어, 담당자에게 이력서(résumé) 등을 이메일로 보내라는 것이 일반적인 방법입니다. 하지만 우편(mail)으로 보내거나, 직접(in person) 방문하는 방법도 출제됩니다.

📍 **구인 광고의 내용 전개 순서**

구인 광고는 보통 다음과 같은 순서로 내용이 전개된다.
① 회사 소개
② 광고하는 직책과 해당 업무
③ 지원자의 자격 요건
④ 회사가 제공하는 직원 혜택
⑤ 지원 방법과 요청 사항

[상품/서비스 광고] 무엇이 광고되는지를 묻는 문제

What is being advertised?

무엇이 광고되고 있는가?

What event is being held?

어떤 행사가 열리고 있는가?

광고되는 제품이나 서비스가 무엇인지 지문에서 제일 먼저 언급되는 경우가 많다.

토익정답과 친해지는 **풀이전략**

ONE POINT 제목 읽기

지문에서 광고되는 상품이나 서비스가 무엇인지 묻는 문제는 주로 제목이나 지문 앞부분에서 단서를 찾을 수 있어요. 특히 제목에 중요한 정보가 많으니 제목이 있다면 반드시 읽어야 해요.

📍 **상품/서비스 광고의 내용 구성 요소**

보통 상품/서비스 광고는 다음과 같은 내용이 등장한다.
① 할인 판매의 이유와 조건
② 행사 기간과 영업시간
③ 행사 장소
④ 가격

유형 6 [상품/서비스 광고] 할인율이나 할인 방법을 묻는 문제

How can customers **get a discount**?

고객들은 어떻게 할인을 받을 수 있는가?

상품/서비스 광고에서는 할인과 관련된 문제가 자주 출제된다.

토익정답과 친해지는 **풀이전략**

ONE POINT 할인 관련 표현 찾기
할인 행사 광고는 광고 중에서도 빈출 지문이며 할인 방법을 묻는 문제가 자주 출제돼요. 그 밖에 할인 품목, 할인율 등 다른 정보도 잘 알아 두어야 합니다. 정답의 단서를 찾을 때는 지문에서 reduced(감소된), ~% off(~퍼센트 할인) 등의 할인 관련 표현이 나오는 부분을 찾으세요.

암기 꼭

할인 판매 조건을 나타내는 표현
할인 판매 조건을 묻는 문제도 간혹 출제된다.

1) 구매 수량
buy/purchase 3 or more
세 개 혹은 그 이상 구매하다

2) 구매 시점
buy/purchase by May 1 5월 1일까지 구매하다
buy/purchase before August 31
8월 31일 전에 구매하다

토익 대표 유형 분석하기

학습 목표 | 문제의 유형을 확인한 후, 지문의 구조와 단계별 전략을 파악하면서 문제를 풀어 봅시다.

Questions 1-3 refer to the following advertisement.

Reardon, Inc. / is now hiring. //
The following positions / are available. //

Factory manager: The person / must have / at least seven years of experience. // A college degree / is not a requirement. // Excellent
2번 문제단서 ▶ 필수 자격 요건과 선호 요건을 구별해야 해요.
managerial and people skills / are necessary. // The position / will require / a great amount of overtime work. // Salary / depends upon experience. //

Electrical engineer: The person / who gets this job / will work / in the Quality Control Department. // A four-year degree / in electrical
1번 문제단서 ▶ 구인 직종이 공장 관리자와 전기 기사이며 전기 기사가 품질관리부에서 일한다는 것이 단서예요.
engineering or a related field / is necessary. // Experience is not required / but is desired. // Hours / are from Monday to Friday / from 9 A.M. to 6 P.M. // Salary is $60,000 / plus performance bonuses. //

Individuals / interested in either position / should contact Peter Schuler / at pschuler@reardon.com. // Be sure to include / your résumé, a letter of
3번 문제단서 ▶ 담당자의 이름과 이메일 주소가 제시되어 있어요.
introduction, and a list of three references. //

1. What most likely is Reardon, Inc.?
  1번 문제확인 ▶ 구인 직종과 업무 내용을 확인하세요.
  (A) A manufacturing company
  (B) An electronics store

2. What is NOT required for the position of factory manager?
  2번 문제확인 ▶ 지문에서 자격 요건을 설명하는 부분을 찾아 대조하세요.
  (A) Good skills with people
  (B) A diploma from a college

3. How can a person apply for either position?
  3번 문제확인 ▶ 지원 방법을 묻는 문제이므로 마지막 단락을 살펴보세요.
  (A) By submitting an e-mail
  (B) By calling a telephone number

핵심 콕콕!

채용 공고 광고문이다.

1단락	채용 여부 알림
2단락	공장 관리자의 자격 요건 및 업무 내용
3단락	전기 기사의 자격 요건 및 업무 내용
4단락	지원 방법 및 필요 서류 안내

단어 콕콕!

hire 채용하다, 고용하다
at least 최소한
college degree 대학 학위
requirement 필수 요건
managerial 관리의, 경영의
people skills 대인 관계 능력
require 요구하다
overtime work 시간 외 근무
depend upon ~에 달려 있다, ~에 따라 다르다
electrical engineering 전기 공학
related 관련된
field 분야
desire 바라다
performance bonus 성과급
individual 사람, 개인
résumé 이력서
be sure to V 반드시 ~하다
reference 추천서
manufacturing 제조(업)
diploma 학위
submit 제출하다

Question 1. 회사의 종류를 묻는 문제

회사의 종류를 알기 위해서 구인 직종과 업무를 확인합니다. factory manager(공장 관리자)와 electrical engineer(전기 기사)를 구하고 있고, 전기 기사가 Quality Control Department(품질관리부)에서 일할 것이라는 내용이 있어요. 따라서 이 회사는 물건을 만드는 manufacturing company(제조 회사)임을 알 수 있으므로 정답은 (A)입니다.

Question 2. 자격 요건을 묻는 문제

factory manager(공장 관리자)의 필수 자격 요건이 아닌 것을 묻고 있어요. factory manager의 자격 요건 중 A college degree is not a requirement.(대학 학위는 필수 요건이 아닙니다.)에서 college degree를 다르게 바꿔 쓴 (B) A diploma from a college(대학 학위)가 정답입니다.

Question 3. 지원 방법을 묻는 문제

지원 방법을 묻는 문제이므로 마지막 단락을 살펴보세요. 연락할(contact) 사람의 이름과 이메일 주소가 나와 있으므로 (A) By submitting an e-mail(이메일을 보냄으로써)이 정답입니다.

해석 1-3번 문제는 다음 광고를 참조하시오.

> 리어든 사는 / 현재 채용하고 있습니다 //
> 다음의 직책이 / 지원 가능합니다 //
>
> ¹ 공장 관리자: 이 사람은 / 가져야 합니다 / 최소한 7년의 경력을 // ² 대학 학위는 / 필수 요건이 아닙니다 // 우수한 관리 및 대인 관계 능력이 / 필요합니다 // 이 직책은 / 요구할 것입니다 / 많은 양의 초과 근무를 // 월급은 / 경력에 따라 결정됩니다 //
>
> ¹ 전기 기사: ¹ 이 사람은 / 이 직책을 맡는 / 일할 것입니다 / 품질관리부에서 // 4년제 학위가 / 전기 공학이나 관련 분야에서의 / 필요합니다 / 경력은 필수 요건이 아닙니다 / 하지만 있으면 좋습니다 / (근무) 시간은 / 월요일부터 금요일 / 오전 9시부터 오후 6시까지입니다 // 월급은 6만 달러이고 / 성과급이 추가됩니다 //
>
> ³ 사람들은 / 두 직책 중 하나에 관심이 있는 / 피터 슐러 씨에게 연락해야 합니다 / pschuler@reardon.com으로 // 반드시 포함해야 합니다 / 이력서와 자기 소개서, 그리고 세 장의 추천서를 //

1. 리어든 사는 무엇일 것 같은가?
   (A) 제조 회사
   (B) 전자제품 매장

2. 공장 관리자 직에 요구되는 것이 아닌 것은 무엇인가?
   (A) 좋은 대인 관계 기술
   (B) 대학 학위

3. 어떻게 둘 중 하나의 직책에 지원할 수 있는가?
   (A) 이메일을 보냄으로써
   (B) 전화를 함으로써

독해의 정답을 찾는 열쇠

학습 목표 | 오늘의 Part 7 유형의 정답을 찾는 데 필요한 핵심 표현을 익혀 봅시다.

제품/서비스 광고 중에서 가장 많이 나오는 지문이 할인 행사 광고 지문입니다. 주로 할인 행사의 종류, 행사의 이유, 할인 조건 등을 묻는 문제가 자주 출제되니 단서나 정답이 되는 표현을 꼭 알아 두세요.

📌 **단어 콕콕!**

special 특별한
rate 요금
save 절약하다, 저장하다
entitle 자격을 주다
qualify 자격을 갖추다
total 합계가 ~가 되다; 합계
purchase 구입하다; 구입(품)
show 보여 주다
flyer 전단(지)
present 제시하다
advertisement 광고(지)
enter 입력하다
promotion 홍보, 판촉, 승진

❗ 할인 행사 관련 정답 표현

1. 할인 행사 안내

special rate 특별 요금   save up to A% A퍼센트까지 절약하세요
enjoy A% off A퍼센트 할인을 누리세요

2. 할인 행사의 이유

moving 이사   relocating 이전   make room for (신상품을 들일) 공간을 만들기 위해

3. 할인받을 자격

entitle you to the discount 할인받을 자격을 줍니다
qualify[be eligible] for the discount 할인받을 자격이 있습니다

4. 할인의 조건

① 수나 양 (몇 개, 얼마 이상을 구매하면)
buy 3 or more 세 개 이상을 구매하세요
get 2 or more rooms 2개 이상의 방을 얻으세요
any order totaling 50 dollars or more 총 50달러 이상의 모든 주문

② 시기 (특정 시점에 구매하면)
purchase[buy] by June 30 6월 30일까지 구매하세요
before the end of this week 이번 주가 끝나기 전에
during the month of May 5월 동안에

③ 증거 제시 (~을 제시하면)
show this flyer 이 전단을 보여 주세요
present this advertisement 이 광고지를 제시하세요

④ 할인 코드 입력 (할인 코드를 입력하면)
enter discount code 할인 코드를 입력하세요
enter promotion number 행사 번호를 입력하세요

토익 제대로 대비하기

학습 목표 | '구 → 문장 → 지문'의 3단계 훈련으로 토익 유형을 철저하게 대비해 봅시다.

[1단계: 구 패러프레이징 연습]

A 파란색으로 표시된 표현과 가장 가까운 의미가 되도록 빈칸에 알맞은 표현을 고르세요.

1. enjoy our dishes in a wooded area → have food _____
(A) outdoors　　　　　　　　(B) indoors

2. advance registration only → _____ early enrollment
(A) inquire　　　　　　　　(B) require

3. in most populated towns → in _____ cities
(A) remote　　　　　　　　(B) major

4. improve the efficiency of water use → _____ water is wasted
(A) less　　　　　　　　(B) more

5. participation is restricted → the number of attendees is _____
(A) limited　　　　　　　　(B) reduced

6. require very little maintenance → _____ to maintain
(A) hard　　　　　　　　(B) easy

B 비슷한 의미를 가진 표현끼리 연결하세요.

7. budget limitation　　　　　•　　　•　(A) routine maintenance
8. maximum exposure　　　　•　　　•　(B) lack of funds
9. will end on August 31　　　•　　　•　(C) available for a limited time
10. annual check on the system　•　　　•　(D) frequently seen

단어 콕콕!

dish 식사, 요리
outdoors 야외에서
indoors 실내에서
advance 사전의
registration 등록
enrollment 등록
inquire 묻다, 질문하다
populated 인구가 많은
remote 거리가 먼
major 주요한
improve 향상시키다
efficiency 효율성
participation 참가
restrict 제한하다
attendee 참석자
reduce 줄이다
maintenance 관리, 유지
maintain 관리하다, 유지하다
budget 예산
limitation 제한, 한계
routine 일상적인, 정기적인
maximum 최대의
exposure 노출
lack 부족
fund 자금, 기금
available 이용 가능한
annual 연례의
frequently 자주

 정답 및 해석 **A** 1. (A) 숲이 우거진 지역에서 식사를 즐기다 → 야외에서 음식을 먹다　2. (B) 사전 등록만 가능 → 조기 등록을 요구하다
3. (B) 가장 인구가 많은 도시에 → 주요 도시에　4. (A) 물 사용의 효율성을 향상시키다 → 더 적은 물이 낭비되다　5. (A) 참가가 제한되다 → 참석자의 수가 제한되다　6. (B) 관리가 거의 필요하지 않다 → 관리하기 쉬운
B 7.–(B) 예산 제한 → 자금 부족　8.–(D) 최대 노출 → 자주 보이는　9.–(C) 8월 31일에 끝날 것이다 → 제한된 시간 동안 이용 가능　10.–(A) 시스템의 연례 점검 → 정기적인 점검

[2단계: 문장 패러프레이징 연습]

❗ 주어진 문장과 의미가 일치하는 내용을 고르세요.

1. The hall for this year's event has a larger capacity than the one we used last year.
   (A) The hall is too small to hold large events.
   (B) A previous event took place at a different location.

2. Cleaning staff remove everything from the garbage bins at the end of the day.
   (A) Cleaning staff only remove certain items from the bins.
   (B) The garbage bins will be emptied by the cleaners.

3. Your credit card yearly fee will increase to $50.
   (A) You will need to pay $50 every year for your card.
   (B) You will increase your credit by $50 yearly.

4. The class took a guided one-hour walk around the zoo.
   (A) The class guided the walk around the zoo.
   (B) The class joined an hour-long tour of the zoo with a guide.

5. All hotel workers take a training course to provide more courteous service to guests.
   (A) The training course is designed to improve the quality of the hotel service.
   (B) Hotel workers must receive extra training if they provide bad quality service.

◀ 핵심 콕콕!

패러프레이징 부분만
골라 보기!

1. ① The hall for this year's event than the one we used → different location
② last year → previous

2. remove everything from the bins → the bins will be emptied

3. ① yearly → every year
② increase to $50 → need to pay $50

4. guided one-hour walk → an hour-long tour with a guide

5. provide more courteous service → improve the quality of the service

---

1. 올해 행사를 위한 강당은 작년에 우리가 사용했던 곳보다 더 많은 인원을 수용할 수 있다.
   (A) 그 강당은 큰 행사를 열기에 너무 작다. **(B) 이전 행사는 다른 장소에서 열렸다.**
2. 청소부 직원들은 하루가 끝날 때 쓰레기통에서 모든 것을 치운다.
   (A) 청소부 직원들은 쓰레기통에서 오직 특정 물건들만을 치운다. **(B) 쓰레기통은 청소부 직원들에 의해 비워질 것이다.**
3. 당신의 신용카드 연회비는 50달러로 오를 것입니다.
   (A) 당신은 카드를 위해 매해 50달러를 지불해야 합니다. (B) 당신은 매해 한도를 50달러씩 늘릴 것입니다.
4. 그 반은 동물원 주변으로 한 시간짜리 가이드 동반 산책을 했다.
   (A) 그 반은 동물원 주변으로 산책을 안내했다. **(B) 그 반은 가이드를 동반하는 한 시간짜리 동물원 투어에 참가했다.**
5. 모든 호텔 직원들은 손님들에게 더 친절한 서비스를 제공하기 위해 교육을 받는다.
   (A) 교육 과정은 호텔 서비스의 질을 향상시키기 위하여 고안되었다.
   (B) 호텔 직원들은 질 낮은 서비스를 제공한다면 추가 교육을 받아야 한다.

[3단계: 지문 유형 연습]

정답 및 해석/해설 p. 158

단어 콕콕!

🔵 다음 지문을 읽고 질문에 알맞은 답을 고르세요.

Question 1 refers to the following promotion.

> Join us this Thursday for a special presentation of the new Grind1000 Food Processor. This is the most powerful model that Grind has ever developed. It is capable of turning any food to exactly the desired consistency within seconds. Visitors will have the chance to observe the machine in action, and even taste the results! Meet us on the third floor of the Walsh Shopping Mall between 6-9 P.M.

1. What event is being held at the Walsh Shopping Mall?

(A) A demonstration of a new product
(B) A cooking class
(C) A presentation on health
(D) A meeting about the new mall

Question 2 refers to the following announcement.

> Flatwood Bank on 3rd Street is holding an Open House all day Wednesday as part of its grand opening in downtown Fletcher. Although the bank is new to the city, it has a reputation throughout the region as reliable and trustworthy. Remember to stop by on Wednesday for light refreshments and to get to know the staff. During the first week, anyone opening a savings or checking account will qualify for special benefits.

2. What is mentioned about Flatwood Bank?

(A) It is looking to hire new employees.
(B) It will open a new branch in Fletcher.
(C) It is a brand-new bank.
(D) Special accounts will be available for one month.

---

presentation 발표(회)
food processor
푸드 프로세서(식품을
자르거나 으깨는 전동 기구)
powerful 강력한
develop 개발하다
be capable of ~을 할 수
있다
exactly 정확히
consistency 농도, 점도
observe 관찰하다
result 결과(물)
demonstration
시연(회), 설명
open house 일반인 공개,
개방 파티
downtown 도심의,
시내의
reputation 명성
reliable 믿을 수 있는
trustworthy 신뢰할 수
있는
refreshment 다과
savings account 저축
예금 계좌
checking account
당좌 예금 계좌
qualify 자격을 갖추다
benefit 혜택
branch 지점
brand-new 신생의,
완전히 새로운

DAY 27

광고

자신감 쑥쑥! 실전 도전 Part 7

학습 목표 | 오늘 공부한 유형 핵심 전략과 독해의 정답을 찾는 핵심 표현을 떠올리며 Part 7 실전 문제를 풀어 봅시다.

Questions 1-2 refer to the following advertisement.

Introducing FlexFit Gym
Your Premier Fitness Destination For A Healthier Lifestyle!

Are you looking for a gym that offers state-of-the-art equipment and expert guidance to help you achieve your fitness goals? Look no further than FlexFit Gym!

Our facility is fully equipped with the latest cardio and strength training machines, free weights, and functional training equipment. Our certified personal trainers are always available to provide personalized workout plans and guidance, and our group fitness classes are perfect for those who prefer a more social and energetic workout environment.

Need some help with your nutrition and diet plan? Our in-house nutritionist can provide customized meal plans and advice to help you fuel your workouts and achieve your fitness goals.

Join now and enjoy our exclusive promotion - mention this advertisement and receive a 20 percent discount on your membership fees. Don't wait, this offer is only valid until the end of the month.

Take the first step towards a healthier, fitter you and join FlexFit Gym today!

1. What is indicated about FlexFit Gym?
   (A) It is currently seeking qualified trainers.
   (B) Its trainers offer custom workouts.
   (C) It provides meal delivery services.
   (D) Its hours of operation have changed.

2. How can a customer receive a discount from FlexFit Gym?
   (A) By bringing a friend to the gym
   (B) By writing a positive review of the gym
   (C) By referring to the advertisement
   (D) By signing up for a group fitness class

Questions 3-4 refer to the following job advertisement.

Seattle Wood and Tile Company is seeking a highly motivated and creative marketing specialist to increase our brand awareness. Our unique flooring materials are known all over the Pacific Northwest for their quality and beauty. The individual selected for this contract should be able to reach a national audience, helping us expand our products to distributors across the country.

A complete summary of position requirements and duties is available at www.SWT.com/contractjobs. Please be aware that though this is a temporary job, it may involve some weekend meetings or conference calls.

If interested, please send your résumé and cover letter to Marianne Flor at hr@SWT.com.

이거 어려워!

3. What is indicated about Seattle Wood and Tile Company?
(A) It builds houses.
(B) It is looking for a permanent marketing specialist.
(C) It has several locations in Seattle.
(D) It specializes in producing flooring components.

4. What should the marketing specialist be willing to do?
(A) Create graphic designs
(B) Attend occasional weekend meetings
(C) Travel extensively
(D) Participate in a training conference

DAY 28

기사/안내문/공고

요기서 몸풀기!

기사는 매회 1~3개의 지문이, 안내문은 매회 0~2개의 지문이, 공고는 매회 0~1개의 지문이 출제되는 편이에요.

1 기사/안내문/공고는 어떤 지문일까요?

기사는 지시문에 article이나 press release, 안내문은 information, 공고는 notice라고 명시된 지문이에요.

2 기사/안내문/공고에서는 주로 어떤 문제가 출제될까요?

기사에서는 고유명사가 포함된 문제가, 안내문에서는 목적이나 대상을 묻는 문제가, 공고에서는 시간이나 방법을 묻는 문제가 많이 출제돼요.

모든 지문 중 제일 마지막에 풉니다

토익 빈출 단어! Check up!

아래 단어를 보고, 이미 알고 있는 단어에 ✓ 표시해 봅시다.

중요도 ⭐⭐⭐

☐ exhibition   ☐ celebration   ☐ attend   ☐ description   ☐ distinguished

☐ faculty   ☐ prominent   ☐ advantage   ☐ contribution   ☐ accomplishment

☐ panel   ☐ session   ☐ retail   ☐ commemorate

중요도 ⭐⭐

☐ display   ☐ development   ☐ architect   ☐ acknowledge   ☐ assess

☐ managerial   ☐ access   ☐ evaluation   ☐ floor   ☐ avoid

중요도 ⭐

☐ value   ☐ opinion   ☐ flyer   ☐ publicity   ☐ exclusively

Reading

기사/안내문/공고

학습 목표 | 기사/안내문/공고 지문에서 자주 나오는 문제와 핵심 전략을 배워 봅시다.

유형 **1** [기사] 주제나 목적을 묻는 문제

What does **the article discuss**?
기사가 다루고 있는 내용은 무엇인가?

What is the **purpose** of **the article**?
기사의 목적은 무엇인가?

기사는 대부분 두괄식이기 때문에 먼저 글의 주제나 목적을 밝히는 경우가 많다. 따라서 지문의 첫 번째 단락에서 주제나 목적을 명시한 다음 세부적인 내용이 이어진다.

토익정답과 친해지는 **풀이전략**

ONE POINT 우선 지문의 첫 부분만 읽고 보기와 대조하면서 기사의 주제나 목적을 찾아보세요. 특히 제목에서 단서를 얻을 수 있는 경우가 많으므로 제목을 반드시 확인하세요.

TIP 기사의 제목

제목 | New library to open 문을 여는 새 도서관
문제 | What is the purpose of the article? 기사의 목적은 무엇인가?
정답 | To publicize the opening of a new library
　　　　새로운 도서관의 개관을 알리기 위해서
→ 제목을 통해 기사의 목적이 새로운 도서관의 개관을 알리는 것임을 알 수 있어요.

📍 **기사문 문제 풀이 순서**
기사문에서는 대부분 문제 순서와 지문의 전개 순서가 같기 때문에 문제 순서대로 지문에서 단서를 찾는다.

유형 2 [기사] 고유명사가 포함된 문제

Who is Mark Aves?

마크 아베스는 누구인가?

What is mentioned about Crown Valley area?

크라운 밸리 지역에 대해 언급된 것은 무엇인가?

기사에서는 사람, 회사, 지역의 이름 등 고유명사(대문자로 시작)가 포함된 문제가 많이 출제된다.

📍 질문에 고유명사가 등장하는 경우

대부분 그 고유명사의 세부 사항이나 진위 확인을 묻는 문제이다.

🟣 **토익정답**과 친해지는 **풀이전략**

ONE POINT 문제나 지문에 나온 고유명사에 밑줄이나 동그라미 표시를 하세요. 고유명사는 패러프레이징되기 힘들기 때문에 표시를 해 두면 찾아서 대조하기가 훨씬 쉬워져요.

유형 3 [기사] 행사 관련 문제

What will be provided free of charge?

무료로 제공되는 것은 무엇인가?

행사 관련 기사에서는 행사의 종류나 행사에서 무료로 제공되는 것이 무엇인지를 묻는 문제가 많이 출제된다.

🔥 토익 고수 단계!

행사 관련 기사에서 행사 이유나 목적을 묻기도 하므로 관련 표현을 알아두면 좋다.

[행사의 이유/목적]
fund-raiser 기금 모금 행사
benefit 자선 행사
→ to raise the capital[money]
자금을 모으기 위해서

🟣 **토익정답**과 친해지는 **풀이전략**

ONE POINT 행사 관련 지문에서 반복해서 출제되는 행사 관련 어휘나 표현을 알아 두는 것이 매우 중요해요.

TIP 행사 관련 표현

행사의 종류 | benefit/charity 자선 행사
제공되는 것 | refreshment (음료와 스낵 등의) 다과   performance 공연
parking 주차   admission 입장료
무료/유료 | free of charge/for free 무료로
for an additional charge 추가 요금을 내고

 **[안내문] 목적이나 대상을 묻는 문제**

What is the **purpose** of **the information**?

안내문의 목적은 무엇인가?

For whom is the information intended?

안내문은 누구를 대상으로 하는가?

안내문의 목적과 대상은 대부분 지문의 첫머리에 나와 있다.

토익정답과 친해지는 **풀이전략**

ONE POINT 우선 지문의 첫 부분만 읽고 보기와 대조하면서 안내문의 목적이나 대상을 찾아 보세요. 특히 제목만으로 목적이나 대상을 알 수 있는 경우가 많으므로 제목을 반드시 확인하세요.

TIP 안내문의 제목

제목 | Saint Lou Hotel 생 루 호텔

문제 | For whom is the information intended?
안내문은 누구를 대상으로 하는가?

정답 | Hotel guests 호텔 손님들

→ 제목이 Saint Lou Hotel인 안내문의 대상을 묻는다면 호텔 손님들(Hotel guests)일 확률이 높겠죠? 이처럼 제목만으로 대상을 파악할 수도 있어요.

 **[공고] 목적이나 대상을 묻는 문제**

What is the **purpose** of **the notice**?

공고의 목적은 무엇인가?

For whom is the notice intended?

공고는 누구를 대상으로 하는가?

공고의 목적과 대상은 대부분 지문의 첫머리에 나와 있다.

토익정답과 친해지는 **풀이전략**

ONE POINT 우선 지문의 첫 부분만 읽고 보기와 대조하면서 공고의 목적을 찾아보세요. 특히 제목에서 단서를 얻을 수 있는 경우가 많으므로 제목을 반드시 확인하세요.

암기꼭

공고의 목적 표현
to inform
to report
to publicize
to announce
~을 알리기 위해서

 6 [공고] 시간을 묻는 문제

What time does the library open on Mondays?

그 도서관은 월요일에는 몇 시에 문을 여는가?

공고는 소식을 전하는 글이기 때문에, 일정 변경이나 미술관/도서관의 관람 시간과 같은 시간 관련 정보가 포함된 지문이 많다. 따라서 시간 정보를 묻는 문제가 자주 출제 된다.

토익정답과 친해지는 **풀이전략**

ONE POINT 시간 정보를 묻는 문제는 주로 질문에 나온 시간 표현이 키워드입니다. 위 예제에 서는 Mondays(월요일)가 키워드이므로 지문에서 요일별 운영 시간이 언급된 부 분을 찾아야 해요. 단, 요일마다 운영 시간이 다를 수 있으므로 정보를 꼼꼼하게 확인해야 해요.

앗! 이거 주의해야 돼!

'~마다'의 시간 표현
on Mondays = every Monday 월요일마다
→ 이렇게 'on 요일s' 'every 요일'로 서로 패러프레이징 되는 경우가 많아요.

6 [공고] 방법을 묻는 문제

How can customers receive more information?

고객들은 어떻게 더 많은 정보를 받을 수 있는가?

공고에는 시간 정보 외에도 여러 정보가 포함되는데, 그중 방법에 대한 정보를 묻는 문 제도 자주 출제된다.

토익정답과 친해지는 **풀이전략**

ONE POINT 정보를 얻는 방법, 연락하는 방법, 요청하는 방법 등 방법에 대한 정보는 일반적으 로 지문의 마지막 단락에 주어지므로 마지막 단락을 먼저 살펴보세요.

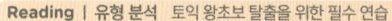

Reading | 유형 분석 토익 왕초보 탈출을 위한 필수 연습

유형 분석

토익 대표 유형 분석하기

학습 목표 | 문제의 유형을 확인한 후, 지문의 구조와 단계별 전략을 파악하면서 문제를 풀어 봅시다.

Questions 1-3 refer to the following article.

Charleston Spring Festival

May 10 – The city of Charleston / is preparing / for its thirtieth annual spring festival. // The festival / will last / from May 14 to 17. // This year,

> **1번 문제 단서** 지문의 첫머리에서 행사를 소개하는 것이 글의 목적과 관련이 있어요.

/ more than 12,000 people / are expected to attend / the festival. //

The festival / will be held / in a variety of locations. // Among them / are Lakeside Park, the city's baseball stadium, / and the area in front of City Hall. // There will be all kinds of events / at the festival. // Complimentary refreshments / are available / at the site. // Parking is available / for an

> **2번 문제 단서** 무료(free of charge)로 제공되는 것을 찾으세요.

extra charge. //

The festival / will open / on Thursday morning at 10. // Mayor Stan Wilson / will open the festival / with a short speech. // Call 381-8274 /

> **3번 문제 단서** Mr. Wilson이 언급되는 부분에 주목하세요. 고유명사에 미리 표시를 해 두면 좋아요.

for more information. //

1. What is the **purpose** of **the article**?
> **1번 문제 확인** 목적을 묻는 문제이므로 제목과 첫 번째 단락을 확인하세요.

(A) To describe an upcoming event
(B) To publicize an annual competition

2. **What** will be provided **free of charge**?
> **2번 문제 확인** 키워드인 free of charge 관련 내용을 지문에서 찾으세요.

(A) Snacks and drinks
(B) Parking

3. **What** is **indicated** about **Mr. Wilson**?
> **3번 문제 확인** 키워드인 고유명사 Mr. Wilson을 지문에서 찾으세요.

(A) He will give a speech on May 14.
(B) He will attend the festival on Friday.

핵심 콕콕!

봄 축제 행사를 알리는 기사이다.

1단락	축제 일정 및 참여 예상 인원
2단락	축제 장소 및 행사 세부 사항
3단락	축제 개최 시간 및 기타 사항

단어 콕콕!

annual 연례의
last 계속하다, 지속하다
be expected to V
~할 것으로 예상되다,
기대되다
be held 열리다, 개최되다
location 장소, 위치
a variety of 다양한
in front of ~앞에
City Hall 시청
complimentary 무료의
refreshment 다과
extra charge 추가 요금
mayor 시장
describe 자세히 설명하다,
묘사하다
upcoming 다가오는, 곧
있을
publicize 홍보하다
competition 대회, 경쟁
free of charge 무료로

Question 1. 목적을 묻는 문제

목적을 묻는 문제이므로 제목과 첫 번째 단락을 먼저 읽어 보세요. 봄 축제 준비와 관련하여 기간, 예상 참석 인원 등이 나와 있으므로 앞으로 열릴 행사에 관한 기사임을 알 수 있으므로 (A) To describe an upcoming event(다가오는 행사를 설명하기 위해서)가 정답입니다. (B)는 competition(대회)이 아니므로 오답이에요.

Question 2. 행사 관련 문제

행사 관련 세부 사항 문제로 지문에서 무료(free of charge)로 제공되는 것을 찾아야 해요. 두 번째 단락에서 Complimentary는 '무료'이고 refreshments는 '다과'이므로 (A) Snacks and drinks(간식과 음료)가 정답입니다.

Question 3. 고유명사가 포함된 문제

고유명사가 포함된 진위 확인 문제로, 지문에서 고유명사에 표시를 해 두었다면 마지막 단락에서 Wilson을 쉽게 찾을 수 있어요. 그의 연설로 축제를 시작할 것(will open the festival with a short speech)이라고 하였고, 첫 번째 단락에 행사가 5월 14일부터 계속된다(last from May 14)는 내용이 있으므로 그가 5월 14일에 연설할 것임을 알 수 있어요. 따라서 (A)가 정답입니다.

해석 1-3번 문제는 다음 기사를 참조하시오.

찰스턴 봄 축제

■ 5월 10일 – 찰스턴 시는 / 준비 중이다 / 30번째 연례 봄 축제를 // 축제는 / 계속될 것이다 / **■** 5월 14일부터 17일까지 // 올해는 / 12,000명이 넘는 사람들이 / 참석할 것으로 예상된다 / 축제에 //

축제는 / 개최될 것이다 / 다양한 장소에서 // 장소들 중에는 / 레이크사이드 공원, 시립 야구장 / 그리고 시청 앞 공간도 있다 // 많은 종류의 행사들이 있을 것이다 / 축제에 // **■** 무료 다과가 / 이용이 가능하다 / 현장에서 // 주차도 할 수 있다 / 별도의 요금을 내고 //

축제는 / 시작할 것이다 / 목요일 아침 10시에 // **■** 스탠 윌슨 시장이 / 축제를 시작할 예정이다 / 짧은 축사와 함께 // 381-8274로 전화 주십시오 / 더 많은 정보를 원하시면 //

---

1. 기사의 목적은 무엇인가?
   (A) 다가오는 행사를 설명하기 위해서
   (B) 연례 대회를 홍보하기 위해서

2. 무엇이 무료로 제공될 예정인가?
   (A) 간식과 음료
   (B) 주차

3. 윌슨 씨에 대해 언급된 것은 무엇인가?
   (A) 그는 5월 14일에 연설을 할 것이다.
   (B) 그는 금요일에 축제에 참석할 것이다.

독해의 정답을 찾는 열쇠

학습 목표 | 오늘의 Part 7 유형의 정답을 찾는 데 필요한 핵심 표현을 익혀 봅시다.

기사/안내문/공고 지문에서 자주 출제되는 문제 중 하나가 시간을 묻는 문제입니다. 시간 문제는 단서와 정답이 연결되는 몇 가지 패턴이 반복적으로 출제되기 때문에 이 패턴들을 알면 아주 쉽게 풀 수 있어요.

먼저 아래의 세 가지 시간 관련 질문 유형을 숙지하세요.

① When does the library open on Monday? 도서관은 월요일에 언제 문을 여는가?
② When does the exhibition begin[start]? 전시회는 언제 시작하는가?
③ When will the event take place[be held]? 행사는 언제 열릴 것인가?

 단어 콕콕!

library 도서관
exhibition 전시회
take place 일어나다
hold 열다, 개최하다
visitor 방문객
run 운영하다, 진행하다
celebration 축하 행사
attend 참석하다

❶ 시간을 묻는 문제의 단서를 확인하고 올바른 시간을 선택하세요.

1. 시작 날짜가 명시된 경우

[단서] open its door to visitors on January 12
[문제] 행사가 시작하는 날짜는?

✓(A) January 12   (B) January 13

2. 행사 기간이 명시된 경우

[단서] run from August 5 to August 10
[문제] 행사가 시작하는 날짜는?

✓(A) August 5   (B) August 10

3. 여러 날짜가 연속으로 나오는 경우

[단서] Please come to the celebration next Monday, Tuesday, and Wednesday – August 11, 12, and 13.
[문제] 행사의 두 번째 날은 언제인가?

(A) August 11   ✓(B) August 12   (C) August 13

4. 요일별로 시간 정보가 다른 경우

[단서] Monday – Friday 9 A.M. – 7 P.M.
      Saturday – Saturday 10 A.M. – 7 P.M.
[문제] 수요일에는 언제 문을 여는가?

✓(A) 9 A.M.   (B) 10 A.M.

5. 글을 쓴 날짜를 통해 유추할 수 있는 경우

[단서] Memo
      Date: Friday, September 3
      I will attend the meeting tomorrow.
[문제] 언제 회의에 참석할 것인가?

(A) September 3   ✓(B) September 4

토익 제대로 대비하기

학습 목표 | '구 → 문장 → 지문'의 3단계 훈련으로 토익 유형을 철저하게 대비해 봅시다.

[1단계: 구 패러프레이징 연습]

A 파란색으로 표시된 표현과 가장 가까운 의미가 되도록 빈칸에 알맞은 표현을 고르세요.

1. show product photos and descriptions ➜ ＿＿＿＿＿＿＿ of items
(A) display   (B) development

2. distinguished faculty ➜ prominent ＿＿＿＿＿＿
(A) architects   (B) professors

3. commemorate her many accomplishments ➜ ＿＿＿＿＿＿ her contribution
(A) acknowledge   (B) assess

4. host a panel discussion ➜ lead a ＿＿＿＿＿＿ session
(A) managerial   (B) group

5. close to a shopping mall ➜ have a good ＿＿＿＿＿＿ to retail stores
(A) view   (B) access

6. advice on machine operation ➜ ＿＿＿＿＿＿ for using equipment
(A) instructions   (B) evaluations

B 비슷한 의미를 가진 표현끼리 연결하세요.

7. click the link to apply   •   • (A) to have more than one floor
8. view the complete program •   • (B) refer to the detailed schedule
9. take advantage of a   •   • (C) submit the résumé online
       reduced rate
10. a two-story building   •   • (D) avoid paying full payment

> **단어 쏙쏙!**
>
> description 설명, 묘사
> display 전시
> development 개발
> faculty 교수진
> prominent 저명한, 탁월한
> architect 건축가
> commemorate 기리다, 기념하다
> accomplishment 업적, 성취
> contribution 공헌
> acknowledge 인정하다
> assess 평가하다
> panel discussion 공개 토론회
> managerial 관리의, 경영의
> retail store 소매점
> access 접근
> operation 작동, 운영
> equipment 장비
> evaluation 평가
> apply 지원하다
> floor 층
> complete 완성된
> program 일정표, 예정표
> refer to ~을 참고하다
> take advantage of ~을 이용하다
> résumé 이력서
> story 층
> avoid 피하다
> payment 지불

정답 및 해석

A 1. (A) 제품 사진과 설명을 보여주다 → 새 제품의 전시   2. (B) 뛰어난 교수진 → 저명한 교수들   3. (A) 그녀의 많은 업적을 기리다 → 그녀의 공헌을 인정하다   4. (B) 공개 토론회를 주최하다 → 그룹 모임을 이끌다   5. (B) 쇼핑몰에 가까운 → 소매점 접근이 용이하다   6. (A) 기계 작동에 관한 조언 → 장비 사용에 대한 설명

B 7.–(C) 지원하기 위하여 링크를 클릭하다 → 이력서를 온라인으로 제출하다   8.–(B) 완성된 일정표를 보다 → 세부 일정을 참고하다   9.–(D) 할인가를 이용하다 → 전액 지불을 피하다   10.–(A) 2층 건물 → 1층 넘게 있는

[2단계: 문장 패러프레이징 연습]

ⓘ 주어진 문장과 의미가 일치하는 내용을 고르세요.

1. Our company values feedback from our shoppers when testing out new products.
   (A) The product development process involves listening to the opinions of consumers.
   (B) The company doesn't listen to staff feedback about its new products.

2. Her job is to make flyers and write press releases for the campaign.
   (A) She helps with publicity for the campaign.
   (B) Her job is to make decisions for the campaign.

3. Extra services are available exclusively to members of our loyalty program.
   (A) Access to extra services is a benefit of the loyalty program.
   (B) Extra services are available to all customers.

4. Mr. Winslow has recently moved to the neighborhood.
   (A) Mr. Winslow has stayed in the same neighborhood.
   (B) Mr. Winslow is new to this community.

5. Some dishes on the restaurant's menu are discounted from Monday to Wednesday.
   (A) Customers can get reduced rates at the restaurant on certain days of the week.
   (B) The restaurant serves different dishes on weekends.

◀ 핵심 콕콕!

패러프레이징 부분만 골라 보기!

1. feedback from our shoppers → opinions of consumers

2. make flyers and write press releases → help with publicity

3. available to members of our loyalty program → benefit of the loyalty program

4. ① recently moved to → is new to
② neighborhood → community

5. ① discounted → reduced rates
② from Monday to Wednesday → on certain days of the week

---

1. 저희 회사는 신제품을 시험해 볼 때 저희 구매자들의 피드백을 소중히 여깁니다.
   (A) 제품 개발 과정은 소비자들의 의견을 듣는 것을 포함한다. (B) 그 회사는 신제품에 관한 직원 피드백을 듣지 않는다.
2. 그녀의 일은 그 캠페인에 대해 전단을 만들고 보도 자료를 쓰는 것이다.
   (A) 그녀는 그 캠페인을 위한 홍보에 도움을 준다. (B) 그녀의 일은 그 캠페인에 대한 결정을 하는 것이다.
3. 추가 서비스는 오직 저희 단골 고객 프로그램의 회원들만 이용할 수 있습니다.
   (A) 추가 서비스 이용은 단골 고객 프로그램의 혜택이다. (B) 추가 서비스는 모든 고객들이 이용할 수 있다.
4. 윈스로우 씨는 최근 근처로 이사했다.
   (A) 윈스로우 씨는 같은 지역에 머무르고 있다. **(B) 윈스로우 씨는 이 지역이 처음이다.**
5. 식당 메뉴에 있는 몇 가지 음식들은 월요일에서 수요일까지 할인된다.
   (A) 손님들은 일주일 중의 특정한 날에는 식당에서 가격 할인을 받을 수 있다.
   (B) 식당은 주말마다 다른 음식을 제공한다.

[3단계: 지문 유형 연습]

정답 및 해석/해설 p. 162

🔵 **다음 지문을 읽고 질문에 알맞은 답을 고르세요.**

Question 1 refers to the following article.

> Yesterday morning, the fifth annual Pine Street Road Race was held. Roughly 4,000 people participated in the 10-kilometer race, so it was the biggest in the event's history. The competitors raced straight down Pine Street from Westside Park to the city's convention center. The organizers claimed that the beautiful spring weather contributed to the high participation in the event.

1. What kind of event does the article describe?
   (A) An athletic competition
   (B) An economic conference
   (C) A city festival
   (D) A company event

Question 2 refers to the following notice.

> Piedmont Used Books has just moved to a new location. We are located at 59 Jasper Street, just across from Shelly's Car Center.
>
> Hours: Mon – Fri 10:00 A.M. – 8:00 P.M.
>   Sat 10:00 A.M. – 6:00 P.M.
>   Sun 12:00 P.M. – 5:00 P.M.
>
> We buy and sell all kinds of used books. We specialize in history, fantasy, and science-fiction works. Call us anytime at 409-1253.

2. What time does the Piedmont Used Books close on Thursday?
   (A) 5:00 P.M.
   (B) 6:00 P.M.
   (C) 8:00 P.M.
   (D) 10:00 P.M.

단어 콕콕!

annual 연례의
roughly 대략
participate in ~에 참여하다
competitor 시합 참가자, 경쟁자
organizer 주최자, 조직자
claim 주장하다, 요구하다
contribute 원인이 되다, 공헌하다
athletic 육상의, 경기의
competition 대회, 시합
economic 경제의
used book 중고 책
location 위치, 장소
locate 위치시키다
specialize in ~을 전문으로 하다
science fiction 공상 과학 소설
anytime 언제든지

DAY 28 기사/안내문/공고

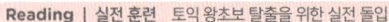

자신감 쑥쑥! 실전 도전 Part 7

학습 목표 | 오늘 공부한 유형 핵심 전략과 독해의 정답을 찾는 핵심 표현을 떠올리며 Part 7 실전 문제를 풀어 봅시다.

Questions 1-2 refer to the following information.

> Knoxville (February 10) – Dyson, Inc. just released its sales figures for the past year. The numbers were higher than industry experts had expected. Sales rose by 4.6% last year while experts had only predicted an increase of 2.2%. The increase, however, was far from the company's best. Three years ago, its sales rose by 6%. Nevertheless, the company's CEO is encouraged by the overall numbers. He announced that he plans to expand into the European market this year.

1. How much were sales expected to rise last year?
   (A) 2.2%
   (B) 3.0%
   (C) 4.6%
   (D) 6.0%

2. What is indicated about the company's CEO?
   (A) He started working at Dyson last year.
   (B) He will hold a press conference tomorrow.
   (C) He wants to sell products in Europe.
   (D) He accurately predicted the increase in sales.

Questions 3-4 refer to the following notice.

Get ready to capture life's moments like never before!

Aperture Academy's upcoming photography class is perfect for beginners and enthusiasts alike who want to learn how to take stunning photographs with their camera. The class will cover the basics of photography, including how to use your camera settings, understanding lighting, and composition. Our experienced instructor, Jay Crouch, will guide you through hands-on exercises and provide constructive feedback to help you improve your skills.

Classes are available in both weekday evenings and weekend sessions, so you can choose the schedule that works best for you. The course is 10 weeks long and begins on May 1st. All classes will be held in our spacious photography studio located in downtown, easily accessible by bus and train. For more information, please visit our website or call us at 555-8541.

3. What is the purpose of the notice?

(A) To describe an artist's career
(B) To advertise a training program
(C) To announce a grand opening event
(D) To promote photo editing software

4. What is indicated about Aperture Academy?

(A) It offers photography equipment rental.
(B) It has offices in multiple locations.
(C) It only offers online photography classes.
(D) It is close to public transportation.

DAY 29

더블 지문

요기서 몸풀기!

더블 지문은 2세트로 총 10문제가 출제돼요.

1 **더블 지문은 어떤 유형일까요?**
더블 지문에서는 두 개의 지문을 읽고 개별 지문이나 두 지문 모두와 연관되는 문제를 풀어야 해요.

2 **단독 문제와 연계 문제의 출제 비중은 어떻게 될까요?**
한 지문만 읽어도 정답을 알 수 있는 단독 문제가 3~4문제, 두 지문을 다 읽어야 알 수 있는 연계 문제가 1~2문제 출제돼요.

토익 빈출 단어! Check up!

아래 단어를 보고, 이미 알고 있는 단어에 ✓ 표시해 봅시다.

중요도 ⭐⭐⭐

- ☐ deliver
- ☐ last
- ☐ balance
- ☐ mark
- ☐ fairly
- ☐ market
- ☐ form
- ☐ receive
- ☐ operation
- ☐ banquet
- ☐ dozen
- ☐ contestant
- ☐ shipment
- ☐ furniture

중요도 ⭐⭐

- ☐ intend
- ☐ promptly
- ☐ reimburse
- ☐ fine
- ☐ halt
- ☐ attend
- ☐ arrange
- ☐ award
- ☐ achieve
- ☐ domestic

중요도 ⭐

- ☐ feature
- ☐ display
- ☐ waive
- ☐ focus
- ☐ relevant

DAY 29

Reading

더블 지문

학습 목표 | 더블 지문에 나오는 단독 문제 및 연계 문제의 형태와 핵심 전략을 배워 봅시다.

유형 1   [단독 문제] 문제에서 지문을 알려주는 경우

According to the first e-mail, who is responsible for the event?

첫 번째 이메일에 따르면, 누가 행사를 담당하고 있는가? (→ 두 개의 이메일 중 첫 번째 이메일에 단서가 있음)

According to the article, what will happen on **May 2**?

기사에 따르면, 5월 2일에 무슨 일이 일어나겠는가? (→ 두 개의 지문 중 기사에 단서가 있음)

문제의 단서가 첫 번째 지문에 있는지, 두 번째 지문에 있는지 알 수 있다면 단서를 빠르게 찾아서 풀이 시간을 단축할 수 있다.

토익정답과 친해지는 **풀이전략**

ONE POINT 문제에 According to(~에 따르면)라는 표현이 있다면, 그 표현 뒤에 나온 지문에서 정답의 단서를 찾으세요.

📍 **더블 지문 빈출 질문 유형**

1) 전반적인 내용을 묻는 질문
  (목적, 대상)
2) 구체적인 정보를 묻는 질문
3) 동의어를 묻는 질문

유형 2 [단독 문제] 문제에서 지문을 알려주지 않는 경우

What is **indicated** about **Cuta Financial Institute**?

쿠타 재정 협회에 대해 언급된 것은 무엇인가? (→ 어떤 지문인지 언급되어 있지 않음)

문제에 지문에 대한 언급이 없더라도 문제별로 주로 어떤 지문에 정답의 단서가 있는
지 확률로 알 수 있다. 다음은 **확률 분석의 결과에 따른 단서의 위치와 문제 풀이 방법**
이므로, 이 순서에 맞추어 문제를 푼다.

 **토익정답**과 친해지는 **풀이전략**

ONE POINT 1번 문제는 단서를 첫 번째 지문에서 먼저 찾으세요.
2, 3번 문제는 단서를 첫 번째 지문 → 두 번째 지문의 순서로 찾으세요.
4, 5번 문제는 단서를 두 번째 지문 → 첫 번째 지문의 순서로 찾으세요.

📍**단서 위치 확률**

1번 문제: 첫 번째 지문(99%),
두 번째 지문(1%), 연계 지문
(0%)
2번 문제: 첫 번째 지문
(86%), 두 번째 지문(8%), 연
계 지문(6%)
3번 문제: 첫 번째 지문
(33%), 두 번째 지문(31%),
연계 지문(36%)
4번 문제: 첫 번째 지문(0%),
두 번째 지문(50%), 연계 지
문(50%)
5번 문제: 첫 번째 지문(2%),
두 번째 지문(56%), 연계 지
문(42%)

유형 3 [단독 문제] 동의어를 묻는 문제

In the information, the word "**carry**" in paragraph 2, line 4 is **closest in meaning to**

안내문에서, 두 번째 단락 네 번째 줄의 단어 "carry"와 의미상 가장 가까운 것은?

특정 단어의 **문맥상 동의어**를 찾는 문제이다. 표면적인 동의어가 아닌 **그 단어가 지문**
에 쓰인 문맥을 파악한 다음 골라야 한다.

토익정답과 친해지는 **풀이전략**

ONE POINT 동의어 문제는 해당 단어가 있는 문장을 읽고 해석을 통해 문장 내에서 의미를 판
단해야 합니다. 가령 performance는 '공연, 실적, 수행' 등의 의미가 있으므로 반
드시 문장 내에서 어떤 뜻으로 쓰였는지 확인하고 정답을 선택합니다.

 **[연계 문제] 양식 & 일반 지문(표 + 글)**

지문 1 [양식]: 일정표, 가격표, 초대장, 설문지 등
지문 2 [일반 지문]: 이메일, 편지, 기사, 광고, 웹페이지 등

연계 문제란 <u>한 지문의 단서와 나머지 지문의 단서를 연계해서 정답을 찾는 문제</u>로, 다섯 문제 중 보통 한 문제, 많으면 두 문제가 출제된다. 반복 출제되는 유형을 알아두면 문제를 좀 더 쉽게 풀 수 있다.

♦ 양식이 있는 연계 문제

가장 먼저 '양식'의 종류와 구성 요소를 파악해야 한다.
예)
invoice 송장
schedule 일정표
form 양식
menu 메뉴

─── 토익정답과 친해지는 **풀이전략** ───

ONE POINT 양식(표)으로 된 지문과 이메일이나 편지 같은 글로 된 일반 지문이 함께 나온 더블 지문에서 문제의 보기가 양식에 나와 있는 항목들로 구성되어 있다면 연계 문제입니다. 이때 주된 단서는 일반 지문에 있으므로 일반 지문에서 먼저 조건을 확인한 후, 그 조건에 알맞은 양식의 항목을 찾아가서 정답을 확인하세요.

TIP 이러한 형태의 연계 문제는 비교적 난이도가 낮은 편이므로 먼저 푸세요.

[양식] 부동산 리스트			[일반 지문] 부동산을 구하는 이메일
부동산	**임대료**	**임대 가능 시점 특징**	가구를 완비한 방 2개짜리 집을 구함
A	1500불	6월 1일부터 방 2개, 가구 완비	
B	2300불	7월 1일부터 방 2개, 가구 완비	가격대는 1400불에서 1600불
C	1650불	8월 1일부터 방 1개, 가구 없음	
D	2000불	지금 가능 방 2개, 가구 없음	

문제 | 이메일을 보낸 사람은 어떤 집을 임대할 것 같은가?
보기 | (A) 부동산 A   (B) 부동산 B   (C) 부동산 C   (D) 부동산 D
정답 | (A) 부동산 A

➔ 양식의 항목으로 보기가 구성되어 있으므로 연계 문제입니다. 일반 지문에서 '가구 완비, 방 2개, 1400~1600불'의 조건을 확인한 후 양식에서 알맞은 항목을 찾으면 부동산 A가 정답이에요.

[양식] 서적과 저자 리스트	[일반 지문] 저자 강연 & 사인회 소개
새로운 건강 관련 서적들	미라클 서점의 5월 행사
– <내 건강 지키기> (마크 김)	건강 관련 신작의 작가인 마크 김, 사라 크러셔, 제시카 쿤의 강연과 사인회가 5월 15일 오후 5시에 열릴 예정입니다.
– <운동이 정답이다> (사라 크러셔)	
– <건강한 몸과 마음> (핀 노레스)	
– <30대의 건강> (제시카 쿤)	

문제 | 5월 행사에서 사인되지 않을 책은?
보기 | (A) <내 건강 지키기>   (B) <운동이 정답이다>
             (C) <건강한 몸과 마음>   (D) <30대의 건강>
정답 | (C) <건강한 몸과 마음>

➔ 양식의 항목으로 보기가 구성되어 있으므로 연계 문제입니다. 일반 지문에서 마크 김, 사라 크러셔, 제시카 쿤의 이름을 확인한 후 양식과 비교합니다. 사인회에는 없는 이름(핀 노레스)을 양식에서 찾으면 이 저자의 책인 (C) <건강한 몸과 마음>이 정답임을 알 수 있어요.

 **유형 5** [연계 문제] 일반 지문 & 일반 지문(글 + 글)

지문 1 [일반 지문]: 이메일, 편지, 기사, 광고, 웹페이지 등
지문 2 [일반 지문]: 이메일, 편지, 기사, 광고, 웹페이지 등

suggested(암시된), implied(암시된), likely(~할 것 같은) 등의 표현이 쓰인 추론 유형 문제는 대부분 연계 문제이다. 특히 두 번째 지문에서 변경된 내용이 언급되면, 변경 내용이 연계 문제로 출제될 확률이 크다.

📍 **일반 지문 & 일반 지문**

[이메일 + 이메일] / [기사 + 편지] / [광고 + 편지]의 조합이 특히 많이 나온다.

토익정답과 친해지는 **풀이전략**

ONE POINT 문제에 suggested/implied/likely 등의 표현이 있으면, 문제의 키워드가 있는 지문을 먼저 살펴보세요. 그 지문에서 키워드가 있는 부분을 읽은 후, 나머지 한 지문에서 이와 중복되는 내용을 찾아서 읽으면 정답이 무엇인지 알 수 있어요.

TIP 두 지문에서 찾은 단서를 종합해야만 정답을 맞힐 수 있어요.

[일반 지문 1] 이메일	[일반 지문 2] 이메일
마케팅 직원들에게 150불의 요금 할인을 받으시려면, 5월 24일까지 마린 호텔에 예약하세요. 이날까지 예약하지 않으면 300불을 지급해야 합니다.	뉴섬 씨, 죄송합니다. 할인 요금을 적용받으셔야 하는데 저희 호텔의 전산 시스템 오류로 인해 300불이 부과되었습니다. 150불을 환불해 드리겠습니다.

문제 | 뉴섬 씨에 대해 암시된(suggested) 것은 무엇인가?
정답 | 5월 24일까지 마린 호텔에 예약했다.
➜ 문제에 suggested(추론 유형)가 있으므로 연계 문제일 가능성이 큽니다. 문제의 키워드인 뉴섬 씨가 언급된 두 번째 지문을 먼저 살펴보세요. 호텔에서 300불 중 150불을 환불해준다는 내용이에요. 이와 연계된 내용을 첫 번째 지문에서 찾으면 5월 24일까지 마린 호텔에 예약을 해야만 150불의 할인 요금 적용이 가능하다고 나와 있어요. 이 두 정보를 종합하면 뉴섬 씨는 5월 24일 이전에 예약했다는 것을 알 수 있습니다.

🔥 **토익 고수 단계!**

더블 지문에서는 '특정 인물에 대해 암시된 것은 무엇인가', '특정 인물이 누구일 것 같은가'와 같은 추론 유형의 질문이 연계 문제로 많이 나온다.
[풀이 전략]
문제에 언급된 이름이 나온 지문과 해당 부분을 찾아서 인물에 대한 정보를 파악한 후, 다른 지문에서 같은 정보가 반복되는 부분을 찾는다.

[일반 지문 1] 공고	[일반 지문 2] 이메일
무료 금융 세미나 4월 17일 오후 3시부터 7시까지 마크 데이비스 강연 줄리아 퀼름 강연	죄송하지만, 급하게 그날 출장을 떠나야 해서 금융 세미나에 참석할 수 없어요. 마크 데이비스

문제 | 마크 데이비스는 언제 출장을 떠날 것 같은가(likely)?
정답 | 4월 17일
➜ 문제에 likely(추론 유형)가 있으므로 연계 문제일 가능성이 큽니다. 두 번째 지문에 언급된 변경 사항을 보면 연계 문제의 단서로 볼 수 있어요. 이 지문에서 마크 데이비스가 출장 때문에 금융 세미나에 참석할 수 없다고 했으므로 출장을 가는 날은 금융 세미나가 열리는 날이에요. 다음으로 첫 번째 지문에서 세미나가 열리는 날짜를 찾으면 정답입니다.

토익 대표 유형 분석하기

학습 목표 | 문제의 유형을 확인한 후, 지문의 구조와 단계별 전략을 파악하면서 문제를 풀어 봅시다.

Questions 1-2 refer to the following advertisement and e-mail.

Come to a special event / at Powell's Bookstore / this weekend. // Several local authors / are going to be / at the bookstore. // They are going to talk / about their latest books. // And they will even autograph / copies of books / that customers buy at the store / or bring with them. // Everyone is invited / to this special event. // It will start / at 1 P.M. on Saturday. // And it will finish / at 5 P.M. // Each author / will speak / for roughly one hour. // Refreshments will be available / for a small fee. //

1번 문제 단서 문제의 키워드인 '토요일'을 찾아서 관련 내용을 확인합니다.

This Saturday's Guests
Tim Joseph   1:00 – 2:00
Theo Kratman   2:00 – 3:00
Susan Garner   3:00 – 4:00
David Ringo   4:00 – 5:00

2번 문제 단서 이메일에서 파악한 변경 내용을 토대로 표와 비교하여 정답을 찾습니다.

To: Theo Kratman <tkratman@homemail.com>
From: David Ringo <dringo@mymail.com>
Date: November 2
Subject: Thank You

Theo,

Thank you so much / for agreeing / to change time slots with me. //

2번 문제 단서 시간 변경에 관한 내용으로 첫 지문에 나온 연설 일정이 바뀔 것임을 알 수 있어요. 토익에 많이 출제되는 유형이에요.

I have a plane to catch / at six in the evening. // That is why I asked Mr. Powell / to change times. // I am glad that / both you and Mr. Powell / agreed to let me speak earlier. //

How is your work / on your new novel going? // I loved the idea / you told me / about a month ago. // I'm curious / if you have written / more of it. // I have an idea / for a new book myself. // If you have time, / let's get together / and talk about it. //

Regards,

David

핵심 콕콕

서점 행사를 알리는 광고와 그 서점 행사에 참여하는 한 작가가 다른 작가에게 보내는 이메일이다.

광고	서점 행사 광고
이메일	행사의 강연 일정 변경에 관한 이메일

단어 콕콕

author 작가
latest 최신의
autograph 사인하다, 서명하다
invite 초대하다
roughly 대략
refreshment 다과
agree 동의하다
time slot 시간대
catch (교통수단을 시간에 맞춰) 타다
curious 궁금한

1. According to the advertisement, what will NOT happen on Saturday?

1번 문제 확인 '광고에 따르면'이라는 표현이 있으므로 광고에서 단서를 찾으세요.

(A) Authors will speak about some of their works.
(B) Customers can get some books signed.
(C) Authors will read from their latest books.
(D) Customers can get food and drinks at the store.

2. When will Mr. Ringo most likely speak to the customers?

(A) At 1:00
(B) At 2:00
(C) At 3:00
(D) At 4:00

2번 문제 확인 보기가 첫 번째 지문인 양식의 항목으로 구성되어 있으므로 연계 문제임을 알 수 있어요.
Ringo라는 이름이 언급되는 부분을 찾아서 정보를 확인한 다음, 시간이 나열된 부분에서
정답을 찾으세요.

 Question 1. 단독 문제 – 문제에서 지문을 알려주는 경우

According to the advertisement가 있으므로 광고에 정답의 단서가 있음을 알 수 있어요. '토요일에 일어나지 않을' 일을 묻고 있으므로, 토요일을 키워드로 보고 지문과 대조하면서 오답 보기를 하나씩 소거해 나가면 됩니다. It will start at 1 P.M. on Saturday(토요일 오후 1시에 시작될 것입니다)에서 행사가 있는 날이 토요일임을 알 수 있어요. 보기 (A)의 speak about(~에 대해 말하다)은 지문의 talk about(~에 대해 말하다)이, works(작품들)는 latest books(최신 책들)가, (B)의 signed(사인하다)는 지문의 autograph(사인하다)가, (D)의 food and drinks(음식과 음료)는 Refreshments(다과)가 패러프레이징된 것이지만 (C)의 내용은 지문에 없으므로 (C)가 정답입니다.

Question 2. 연계 문제 – 양식 & 일반 지문(표 + 글)

'양식 + 일반 지문'에서 연계 문제의 효과적인 풀이 방법은 지문에서 단서를 찾아 조건에 맞는 양식의 항목을 선택하는 것이에요. 두 번째 지문인 이메일의 agreeing to change time slots(시간대를 바꾸는 것에 동의함)에서 이메일을 보낸 사람인 David와 받는 사람인 Theo가 시간을 바꾸었음을 알 수 있어요. 따라서 David가 Theo의 시간인 2:00-3:00에 연설할 것이므로 정답은 (B) At 2:00가 됩니다.

해석 1–2번 문제는 다음 광고와 이메일을 참조하시오.

특별한 행사에 오세요 / 파월 서점에서 열리는 / 이번 주말에 // 몇몇 지역 작가들이 / 올 것입니다 / 서점에 // **¹ 그들은 이야기할 예정입니다 / 그들의 최신작에 대해 // ² 그리고 그들은 심지어 사인을 해줄 것입니다 / 책에 / 고객들이 서점에서 구입한 / 또는 가지고 온** // 모든 분들을 초대합니다 / 이 특별한 행사에 // 행사는 시작할 것입니다 / **토요일** 오후 1시에 // 그리고 끝날 것입니다 / 오후 5시에 // 각 작가는 / 강연할 것입니다 / 대략 1시간 동안 // **³ 다과 이용이 가능합니다 / 소정의 돈을 내면** //

이번 주 토요일의 손님
팀 조세프　　　　　1:00 – 2:00
⁴ 테오 크래프트맨　2:00 – 3:00
수잔 가너　　　　　3:00 – 4:00
⁵ 데이비드 링고　4:00 – 5:00

수신: 테오 크래프트맨
발신: 데이비드 링고
날짜: 11월 2일
제목: 감사합니다

테오 씨에게

⁶ 대단히 감사드립니다 / 동의해 주셔서 / 제외 시간대를 바꾸는 것에 // 저는 비행기를 타야 합니다 / 저녁 6시에 // 그래서 제가 파월 씨에게 부탁했습니다 / 시간을 변경해 달라고 // 저는 기쁩니다 / 당신과 파월 씨 모두 / 제가 먼저 발표할 수 있도록 동의해 주셔서 //

당신의 작업은 어떻게 진행 중인가요 / 새로운 소설에 관한 // 저는 아이디어가 마음에 들었습니다 / 당신이 제게 말한 / 한 달쯤 전에 // 저는 궁금합니다 / 당신이 글을 썼는지 / 그것에 관해 좀 더 // 저는 아이디어가 있습니다 / 저 자신의 새 책에 대한 // 만약 당신이 시간이 된다면 / 함께 모여서 / 그것에 관해 이야기해 봅시다 //

데이비드 드림

---

1. 광고에 따르면, 토요일에 일어날 것 같지 않은 것은 무엇인가?
   (A) 작가들은 그들의 몇몇 작품에 대해 말할 것이다.
   (B) 고객들은 책에 사인을 받을 수 있다.
   (C) 작가들은 자신의 최신작을 읽어 줄 것이다.
   (D) 고객들은 서점에서 음식과 음료를 살 수 있다.

2. 링고 씨는 언제 고객들에게 강연할 것 같은가?
   (A) 1시에
   (B) 2시에
   (C) 3시에
   (D) 4시에

독해의 정답을 찾는 열쇠

학습 목표 | 오늘의 Part 7 유형의 정답을 찾는 데 필요한 핵심 표현을 익혀 봅시다.

동의어 문제(지문에 쓰인 특정 단어의 의미를 묻는 문제)는 더블 지문에서 자주 출제됩니다. 동의어 문제로 출제되는 단어는 대부분 두 개 이상의 의미를 가지고 있으므로, 해당 단어가 지문에서 어떤 의미로 쓰였는지를 파악하는 것이 중요해요.

단어 콕콕!

organization 조직, 단체, 기관
deliver 배달하다, 강의하다
various 다양한
workshop 워크숍
accounting 회계
annual 연례의
local 지역의, 현지의
festival 축제
last 마지막의, 지난
event 행사
transfer 옮기다, 이체하다
balance 잔고, 균형
account 계좌, 계정
take place 개최되다, 일어나다
mark 표시하다, 기념하다; 자국, 표시
fairly 상당히, 공정하게
successful 성공적인
intended 의도된
market 구매층, 시장
accept 받아들이다
form 모습, 수단
payment 지불, 납입

ℹ️ **파란색으로 표시된 영어 표현에 해당하는 우리말을 선택하세요.**

1. The organization delivers various workshops on accounting.

(A) 배달하다, 보내다 　　(B) ✓ 강의나 연설을 하다

2. This year's annual local festival will be bigger than the last event.

(A) 마지막 　　(B) ✓ 지난

3. Please transfer the balance of my First Saver account.

(A) ✓ 잔고 　　(B) 균형

4. An event will take place to mark the opening of the Easter Library.

(A) 표시하다 　　(B) ✓ 축하하다

5. I am fairly certain that the project will be successful.

(A) ✓ 매우 　　(B) 공정하게

6. Adults are the intended market for the new toy series.

(A) ✓ 구매자 　　(B) 상점

7. We accept any form of payment including credit cards.

(A) 모습 　　(B) ✓ 수단

토익 제대로 대비하기

학습 목표 | '구 → 문장 → 지문'의 3단계 훈련으로 토익 유형을 철저하게 대비해 봅시다.

[1단계: 구 패러프레이징 연습]

A 파란색으로 표시된 표현과 가장 가까운 의미가 되도록 빈칸에 알맞은 표현을 고르세요.

1. send an e-mail right away ➜ reply _____
   (A) precisely   (B) promptly

2. receive money for the business trip ➜ get _____ for travel expenses
   (A) reimbursed   (B) fined

3. go out of business ➜ _____ operation
   (A) resume   (B) halt

4. make it to the banquet ➜ _____ a celebratory event
   (A) attend   (B) arrange

5. for a dozen guests ➜ offered to _____ than ten people
   (A) more   (B) less

6. any contestant who wins the prize ➜ whoever is _____
   (A) awarded   (B) achieved

B 비슷한 의미를 가진 표현끼리 연결하세요.

7. complimentary shipment for local orders   •   • (A) fully furnished

8. work between 2 P.M. and 6 P.M.   •   • (B) art works not exhibited

9. with all necessary furniture   •   • (C) domestic deliveries at no cost

10. paintings never seen by the public   •   • (D) do a part-time job

단어 콕콕!

right away 당장
reply 답하다
precisely 정확히
promptly 즉시
business trip 출장
expense 비용
reimburse 환급하다, 상환하다
fine 벌금을 부과하다
operation 영업, 운영
resume 재개하다
halt 중지하다
make it 참석하다
banquet 연회
celebratory 축하하는
arrange 마련하다
dozen 12의
contestant 참가자
award 상을 주다
achieve 성취하다
complimentary 무료의
furnished 가구가 갖춰진
exhibit 전시하다
necessary 필요한
domestic 국내의
at no cost 무료로
part-time 시간제의

정답 및 해석 **A** 1. (B) 당장 이메일을 보내다 → 즉시 답장하다   2. (A) 출장비를 받다 → 여행 경비를 환급받다   3. (B) 폐업하다 → 영업을 중지하다   4. (A) 연회에 참석하다 → 축하 행사에 참석하다   5. (A) 12명의 손님들을 위하여 → 10명이 넘는 사람들에게 제공했다   6. (A) 상을 받은 어떤 참가자든지 → 상을 받는 누구든지
B 7.−(C) 지역 내 주문에 대해서 무료 배송 → 무료 국내 배송   8.−(D) 오후 2시에서 저녁 6시 사이에 일하다 → 시간제로 일하다   9.−(A) 모든 필요한 가구들을 가지고 있는 → 가구가 완비된   10.−(B) 대중들이 본 적이 없는 그림들 → 전시되지 않는 미술 작품

[2단계: 문장 패러프레이징 연습]

🔵 주어진 문장과 의미가 일치하는 내용을 고르세요.

1. At the museum, visitors can see all kinds of art, including paintings and sculptures.

(A) The museum features a variety of artworks.

(B) Only paintings are displayed at the museum.

2. The annual City Marathon began eight years ago, and it gets bigger each year.

(A) The marathon gets less popular each year.

(B) The event has been held for eight years.

3. If you register today, the service activation fee of $20 will be waived.

(A) There will be a monthly fee to activate the service.

(B) You don't have to pay the service activation fee when signing up today.

4. The company will expand its sales capabilities.

(A) The size of the company's sales division will be increased.

(B) The company is going to enhance its capabilities in the research.

5. The consultant gave us advice that was focused on the customer service industry.

(A) The consultant's advice was unrelated to our work.

(B) The advice the consultant gave was relevant to a specified business.

핵심 콕콕!

패러프레이징 부분만 골라 보기!

1. ① all kinds of → a variety of
② paintings and sculptures → artworks

2. began eight years ago → has been held for eight years

3. ① register → signing up
② fee will be waived → don't have to pay

4. expand capabilities → size will be increased

5. ① focused on → relevant to
② customer service industry → specified business

정답 및 해석

1. 박물관에서 방문객들은 그림과 조각품을 포함한 모든 종류의 예술을 볼 수 있다.

(A) 박물관은 다양한 예술 작품을 특징으로 한다. (B) 박물관에서는 오직 그림들만이 전시된다.

2. 연례 시티 마라톤은 8년 전에 시작했고, 매해 점점 더 커지고 있다.

(A) 마라톤은 매해 점점 인기가 떨어지고 있다. **(B) 행사는 8년 동안 계속 열렸다.**

3. 만약 오늘 등록을 하시면 서비스 초기 비용 20달러가 면제될 것입니다.

(A) 서비스 이용을 시작하기 위해서는 한 달 이용료가 있을 것이다.

(B) 오늘 등록하시면 서비스 초기 비용을 지불하실 필요가 없습니다.

4. 회사는 판매 역량을 늘릴 것이다.

(A) 회사의 영업팀 규모가 늘어날 것이다. (B) 회사는 연구 분야에서 능력을 강화할 것이다.

5. 컨설턴트는 고객 서비스 산업에 중점을 두었던 우리에게 조언을 해줬다.

(A) 컨설턴트의 조언은 우리 일과 관련 없다. **(B) 컨설턴트가 해준 조언은 특정 사업과 관련이 있었다.**

[3단계: 지문 유형 연습]

정답 및 해석/해설 p. 166

🏷️ 단어 콕콕!

advertising 광고
rate 비용, 비율
express 표현하다
charge 청구하다
attach 첨부하다
run an advertisement
광고를 내다
place an ad 광고를 내다

ℹ️ 다음 지문을 읽고 질문에 알맞은 답을 고르세요.

Question 1 refers to the following e-mails.

To: Kim Turner <kimturner@rwr.com>
From: Jeb Wilson <jeb@columbiachronicle.com>
Date: June 1
Re: Advertising Rates

Dear Ms. Turner,

Thank you for expressing an interest in advertising in the *Columbia Chronicle*. You asked about the prices we charge. Please take a look at the following.

Size	One Day (Mon-Sat)	6 Days (Mon-Sat)	Sunday Only
Quarter Page	$700	$4,000	$1,200
Half Page	$1,500	$8,000	$2,400
Full Page	$2,600	$12,000	$4,000

Please write back when you decide how you would like to advertise in our paper.

Sincerely,

Jeb Wilson
Advertising Manager, Columbia Chronicle

To: Jeb Wilson <jeb@columbiachronicle.com>
From: Kim Turner <kimturner@rwr.com>
Date: June 3
Subject: Placing an Ad

Dear Mr. Wilson,

I have attached the advertisement I would like to run in your paper. I would like this to be half a page. If business for my company increases, I will place a full-page ad the next time. Could you please run this for six days starting next Monday?

Sincerely,

Kim Turner
RWR, Inc.

---

1. How much will Ms. Turner likely be charged?
   (A) $2,600
   (B) $4,000
   (C) $8,000
   (D) $12,000

Question 2 refers to the following advertisement and e-mail.

Sandecker Industries is looking for employees for its newest factory. The facility is located in Omaha, Nebraska. It is going to open on July 21. More than 200 full-time positions need to be filled at the factory. All types of positions are needed.

Salaries and benefits are highly competitive. Sandecker Industries will pay up to $10,000 per employee for relocation fees. And the company will pay for the first 2 months' rent while employees search for housing. For more information, go to www.sandecker.com and click on the 'Omaha Facility Jobs' icon.

To: Brad Templeton
From: Eric Chang
Date: June 3
Subject: Job

Dear Mr. Templeton,

I would like to offer you a position at our Omaha facility. We would like to hire you as an electrical engineer. This is a full-time position. We will provide you with an annual salary of $58,000. You will also receive all of the benefits we discussed at the interview. Please review the attached contract. If you are satisfied, please sign and return it by June 15. I'm looking forward to working with you.

Sincerely,

Eric Chang
HR Department

2. What is suggested about Mr. Templeton?

(A) He will work in Mr. Chang's department.
(B) He will be working in a newly opened building.
(C) He will receive a yearly bonus at his new job.
(D) He has several years of experience as an engineer.

단어 쏙쏙!

facility 시설, 기관
full-time 정규직의
benefit 수당, 보조금, 혜택
highly 매우
competitive 경쟁력 있는
relocation 이사, 이주
search for ~을 찾다
electrical engineer
전기 기술자
discuss 논의하다
attached 동봉된
contract 계약서
satisfied 만족한
look forward to ~하기를
고대하다
HR[Human Resources]
인사과

자신감 쑥쑥! 실전 도전 Part 7

학습 목표 | 오늘 공부한 유형 핵심 전략과 독해의 정답을 찾는 핵심 표현을 떠올리며 Part 7 실전 문제를 풀어 봅시다.

Questions 1-5 refer to the following notice and e-mail.

Upcoming Events at the Baker Center

Spring Season Opening Day	March 26, 2 P.M.
Amateur League Tournament	March 30, 10 A.M.
Redford Rockets Homecoming Game	April 12, 12 P.M.
All-Star Championship	April 20, 6 P.M.

A new complementary shuttle service to the Baker Center is now available from three pick-up points around the city. Pick-up and drop-off times are every fifteen minutes, starting one hour before the scheduled event and ending one hour after. Please note that space is limited to fifteen passengers on the shuttle. A bus is available to pick up larger groups that wish to travel together. Visiting groups may request special transportation by sending an e-mail to Robert Bern, transportation manager, at shuttles@bakercenter.com, with the location and desired pick-up time for your group.

To: shuttles@bakercenter.com
From: briel@surfweb.com
Date: Thursday, April 11
Subject: Request

Dear Mr. Bern,

I will be visiting the Baker Center tomorrow as part of a company outing. We will meet beforehand and then travel together to your location. Therefore, our group will require your assistance. Could I request a pick-up service from Dalton Square one hour before the start of the event?

Thank you in advance.

Brie Laurence

1. What kind of building most likely is the Baker Center?

(A) A shopping mall
(B) A sports stadium
(C) An art gallery
(D) A movie theater

2. According to the notice, what is indicated about the shuttle service?

(A) It visits locations outside of the city
(B) It requires a special permit.
(C) It is free to use for all passengers.
(D) It only accommodates groups of fifteen or more.

3. Which event is Ms. Laurence most likely attending?

(A) Spring Season Opening Day
(B) Amateur League Tournament
(C) Redford Rockets Homecoming Game
(D) All-Star Championship

4. Why did Ms. Laurence send the email?

(A) To apply for a group discount
(B) To ask for special transportation
(C) To confirm the event details
(D) To purchase tickets for an event

5. What is suggested about Ms. Laurence's group?

(A) It will modify its original schedule.
(B) It is visiting the city for the first time.
(C) It will meet at the Baker Center.
(D) It consists of more than fifteen people.

DAY 29 다를 지문

Questions 6-10 refer to the following brochure and e-mail.

Spring Lecture Series
Sponsored by Taylor, Inc.

Taylor, Inc. is once again sponsoring a special lecture series for the spring. Each lecture is given by a well-known local resident. The lectures cover a variety of topics and they take place at a different school each time. Attendance is not just for students, faculty, and staff, though. All members of the public are welcome to attend. No tickets are necessary, but seating may be restricted based on the size of the facility.

Friday, April 30, 1:00 P.M. – 3:00 P.M.
Speaker: Dr. Carla Washington   Location: Sunnyvale High School
Listen to what Dr. Washington speaks about her experience as a surgeon.

Friday, May 7, 3:00 P.M. – 5:00 P.M.
Speaker: Tim Burgess   Location: Midland High School
Listen to what Mr. Burgess reads from and discusses his latest novel.

Friday, May 14, 10:00 A.M. – 12:00 P.M.
Speaker: Wendy O'Neal   Location: Coldwater Middle School
Listen to what Ms. O'Neal discusses her time in Asia as a diplomat.

Friday, May 28, 2:00 P.M. – 4:00 P.M.
Speaker: Professor Greg Coleman   Location: Asbury High School
Listen to what Professor Coleman speaks about the archaeological discovery he just made.

Contact Teresa Samuels at t_samuels@taylor.com for more information.

● ● ●

To: Teresa Samuels <t_samuels@taylor.com>
From: Clint Hamel <clinthamel@happymail.com>
Date: May 16
Subject: Spring Lecture Series

Dear Ms. Samuels,

I received the e-mail about the Spring Lecture Series that you sent around one month ago. Unfortunately, I was out of town for a couple of weeks and only got back about four days ago. I went to Coldwater Middle School to hear the next lecture. However, when I got there, no one knew anything about the lecture series. Did the schedule change? Could you please let me know when and where the next lecture will take place?

Sincerely,

Clint Hamel

6. In the brochure, the word "restricted" in paragraph 1, line 4 is closest in meaning to

(A) limited
(B) repealed
(C) reduced
(D) approved

7. What is indicated about the lectures?

(A) They are only for students, faculty, and staff.
(B) They are about different topics.
(C) They have a question and answer session.
(D) They require reservations.

8. What will the topic of the lecture on May 28 be?

(A) A new book
(B) A recent discovery
(C) Life as a doctor
(D) A trip to Asia

9. Whose lecture did Mr. Hamel want to attend?

(A) Carla Washington's
(B) Greg Coleman's
(C) Wendy O'Neal's
(D) Tim Burgess's

10. What is the purpose of the e-mail?

(A) To request tickets
(B) To ask about a schedule
(C) To demand an apology
(D) To request an introduction

DAY **30**

트리플 지문

토익 빈출 단어! Check up!

아래 단어를 보고, 이미 알고 있는 단어에 ✓ 표시해 봅시다.

중요도 ⭐⭐⭐

- [ ] cover
- [ ] reflect
- [ ] recognize
- [ ] hold
- [ ] complimentary
- [ ] figure
- [ ] garage
- [ ] retain
- [ ] enclose
- [ ] revise
- [ ] welcome
- [ ] discontinued
- [ ] payment
- [ ] sponsor

중요도 ⭐⭐

- [ ] replace
- [ ] attach
- [ ] update
- [ ] authorize
- [ ] greet
- [ ] increasingly
- [ ] assistance
- [ ] nearby
- [ ] remind
- [ ] serve

중요도 ⭐

- [ ] record
- [ ] remain
- [ ] loan
- [ ] supervisor
- [ ] satisfaction

DAY 30

트리플 지문

학습 목표 | 트리플 지문에 나오는 단독 문제 및 연계 문제의 형태와 핵심 전략을 배워 봅시다.

유형 1 [단독 문제] 전반적인 내용을 묻는 문제

What is **the notice about**?
공고의 내용은 무엇인가?

What is the **purpose** of **the letter**?
편지의 목적은 무엇인가?

Why was **the e-mail sent**?
이메일은 왜 보내졌는가?

주제와 목적을 묻는 문제의 경우, 대체로 질문에 지문의 종류(notice, letter, e-mail, article 등)가 언급되어 있으므로 해당 지문을 찾아가면 된다.

토익정답과 친해지는 **풀이전략**

STEP1 유형 파악하기
질문을 먼저 보고 문제 유형을 파악해요.

STEP2 제목 확인하기
지문의 제목은 중요한 단서가 될 수 있어요. 제목이 있으면 반드시 먼저 확인합니다.

STEP3 정보를 종합하여 마지막에 풀거나 첫 번째 단락의 첫 부분 읽기
주제를 묻는 문제라면 글의 전체적인 내용을 알아야 쉽게 풀리므로 이 문제는 마지막에 풉니다. 목적을 묻는 문제는 첫 번째 단락을 읽은 후 보기와 대조해 보세요. 첫 번째 단락만으로 목적을 알 수 없다면, 나머지 단락의 첫 번째 문장만을 읽은 후 다시 보기에서 정답을 찾아봅니다.

📍 **제목 확인하기**
이메일과 편지, 기사/안내/공고 지문에서 제목을 확인하는 것이 특히 중요하다.

유형 2 [단독 문제] 구체적인 정보를 묻는 문제

According to the e-mail, **what** will happen on **March 14**?

이메일에 따르면, 3월 14일에는 무슨 일이 일어날 것인가?

What are new employees **advised** to do?

신입 직원들은 무엇을 하라고 제안받는가?

Which problem did Ms. Johnson **mention** in her letter?

존슨 씨는 그녀의 편지에서 무슨 문제를 언급했는가?

구체적인 정보를 묻는 문제의 경우, 질문에서 핵심 키워드를 찾은 후 세 개의 지문을 빠르게 훑어 나가며 단서를 찾는다.

토익정답과 친해지는 풀이전략

STEP 1 유형 파악하기
질문을 먼저 보고 문제 유형을 파악해요. 세부 사항을 묻는 문제라면 단서의 위치를 예측할 수 있느냐 없느냐에 따라 다음 단계에서 문제 푸는 방법이 달라집니다.

STEP 2 단서 찾기
(1) 단서 위치가 예측 가능한 경우
    ① 요청 사항이나 제안 사항을 묻는 문제: 지문의 마지막 단락에서 단서 찾기
    ② 지원이나 갱신 방법을 묻는 문제: 지문의 마지막 단락에서 단서 찾기
    ③ 문제점에 대해 묻는 문제: 지문의 첫 번째 단락이나 두 번째 단락에서 단서 찾기

(2) 단서 위치가 예측 불가능한 경우
    ① 질문에 고유명사가 있는 경우: 해당 지문을 빠르게 읽으며 고유명사 찾기
    ② 질문에 고유명사가 없는 경우: 문제에 언급된 단어와 같은 뜻을 가지고 있거나 같은 범주에 속하는 단어 찾기

STEP 3 단서에 부합하는 보기 선택하기
지문에서 단서를 찾아 해당 내용에 대해 언급했거나 패러프레이징된 보기를 정답으로 선택해요.

> 📍 **더블 지문과 트리플 지문에서 출제되는 단독 문제**
>
> 연계 문제 외에 출제되는 문제 유형은 앞에서 공부한 싱글 지문 문제 풀이 전략과 동일하다. 즉, DAY 21~28에서 배운 문제/지문 유형별 전략 방법을 적용할 수 있다.

What is **indicated** about **Mr. Park**?

박 씨에 대해 암시된 것은 무엇인가?

When did Mr. Jackson make his **purchase**?

잭슨 씨는 언제 구매했는가?

How much will Ms. Kimberly **have to pay** the registration fee?

킴벌리 씨는 등록비를 얼마나 내야 하는가?

연계 문제란 한 지문의 단서와 나머지 지문의 단서를 연계해서 정답을 찾는 문제로, 보통 세 지문 중 두 지문이 연계된다.

📍 세 지문 구성 예시

다양한 지문 종류가 결합한 형태로 트리플 지문이 출제된다.
1) [기사 + 양식 + 공고]
2) [기사 + 이메일 + 이메일]
3) [광고 + 양식 + 이메일]
4) [이메일 + 양식 + 편지]
5) [웹사이트 + 양식 + 이메일]

토익정답과 친해지는 **풀이전략**

STEP 1   일반 지문의 경우 첫 1~2줄을, 양식이나 표는 안에 쓰인 구성 요소들을 확인하여 세 지문이 어떤 상황으로 연결되고 있는지 먼저 파악해요.

지문 1 l advertisement (예) 제품 소개 및 특징	지문 1 l article (예) 자동차 리콜 결정
지문 2 l invoice (예) 제품 구매 거래 내역서	지문 2 l letter (예) 구입한 자동차 리콜 제품에 해당되는지 문의
지문 3 l e-mail (예) 제품 발송 오류 항의	지문 3 l form (예) 리콜 신청서 작성

STEP 2   문제를 읽고 첫 번째 문제부터 지문과 대조하며 한 문제씩 순서대로 풉니다. 보통 각 문제의 단서는 지문 순서대로 진행되며 순서가 엇갈리는 경우는 드물어요.

STEP 3   문제에서 직접 지문을 언급(In the letter ~, According to the Web page ~)한다면 바로 그 지문을 확인하여 답을 찾습니다. 단, 그 지문을 읽었는데도 답을 찾을 수 없다면 이 유형은 연계 문제예요. 따라서 다른 지문에서 그 부분과 관련된 정보를 찾아 종합하면 정답을 찾을 수 있습니다.

[광고] 스마트 워치 상품 광고

[안내 책자]

모델	화면 사이즈	배터리 수명	가격
A모델	1.0	12h	$70
B모델	1.2	18h	$90
C모델	1.4	1day	$120

[이메일] 화면 사이즈 1.2 이상, 가격대는 100불 이하로 스마트 워치 구입 희망

문제 l 이메일을 보낸 사람은 어떤 스마트 워치 모델을 구입할 것 같은가?

정답 l B 모델

→ 세 번째 지문(이메일)에서 이메일을 보낸 사람이 원하는 조건 사항을 확인한 후 두 번째 지문(안내 책자)에서 조건에 맞는 알맞은 항목을 찾으면 B 모델이 정답이에요.

 **[연계 문제] 일반 지문(글) & 일반 지문(글) & 일반 지문(글)**

What is most likely true about the department store?

백화점에 대해서 가장 적절한 내용은 무엇인가?

Why did customers receive a discount?

왜 고객들이 할인을 받았는가?

What is suggested about the annual conference?

연례 회의에 대해 암시된 것은 무엇인가?

더블 지문과 마찬가지로 suggested(암시된), implied(암시된), likely(~할 것 같은) 등의 표현이 쓰인 추론 유형 문제 중에서 연계 문제가 많다.

📍 **연계 문제가 출제되는 지문 조합**

트리플 지문에서 연계 문제가 출제되는 지문은 'A지문-B지문, A지문-C지문, B지문-C지문' 등 다양한 조합이 가능하다.

토익정답과 친해지는 **풀이전략**

STEP 1 세 지문이 모두 일반 지문으로 구성되어 있으므로 첫 1~2줄을 확인하여 세 지문이 어떤 관계로 연결되고 있는지 먼저 파악해요.

STEP 2 '일반 지문(글) & 일반 지문(글) & 양식(표)' 형식의 2단계와 동일합니다. 문제를 읽고 첫 번째 문제부터 지문과 대조하며 한 문제씩 순서대로 풉니다.

STEP 3 문제에서 직접 지문을 언급하는 표현(In the letter ~, According to the Web page ~)이 있음에도 불구하고 해당 지문을 읽었을 때 정답을 찾을 수 없다면 연계 문제이겠죠?

[웹사이트] 올해의 직원상은 회계팀의 톰슨 씨 결정. 7월 1일부터 8일까지 영국의 지식 포럼 참가 기회 제공	**문제ㅣ** 톰슨 씨에 대해 암시된 것은 무엇인가? **정답ㅣ** 7월 1일부터 8일까지 브라질에 있을 것이다.
[이메일] 인사팀 팀장님께, 그날 브라질 출장이 있어서 지식 포럼에 참가할 수 없습니다. 부하 직원 딘 씨를 대신 보내고 싶습니다.	→ 톰슨 씨가 언급된 웹사이트(첫 번째 지문)와 톰슨 씨가 작성한 이메일(두 번째 지문)을 모두 확인합니다. 웹사이트에는 톰슨 씨가 7월 1일부터 8일까지 영국 지식 포럼에 참가할 수 있다고 했는데, 이메일에서 그 기간에 브라질 출장을 간다고 했으므로 두 정보를 종합하면 톰슨 씨는 7월 1일부터 8일까지 브라질에 있을 것으로 추측 가능해요.
[이메일] 톰슨 씨에게, 다른 직원을 보내는 것도 가능합니다. 관련 스케줄을 딘 씨에게 보내겠습니다.	

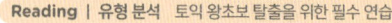

Reading | 유형 분석 토익 왕초보 탈출을 위한 필수 연습

토익 대표 유형 분석하기

학습 목표 | 문제의 유형을 확인한 후, 지문의 구조와 단계별 전략을 파악하면서 문제를 풀어 봅시다.

Questions 1-2 refer to the following Web site, letter, and receipt.

Summer is the perfect time / to visit the scenic Oregon coast. // Forget / noisy and cramped hotels. // Book yourself / a charming cottage instead, / and enjoy / the comforts of home / while you're away from home! // Each cottage comes / with a double bedroom, a fireplace, full

1번 문제 단서 목적을 묻는 문제는 첫 번째 단락 2~3줄을 확인하세요.

kitchen, / and modern bathroom. // You'll also enjoy / an outdoor patio / complete with a charcoal grill. // Make your booking / before May 1 and get 10% off your cottage. //

2번 문제 단서 제공하는 서비스를 언급했고 실제로 이 서비스를 이용했는지는 영수증을 통해 확인할 수 있어요.

The rental fee / is $180 per night / or $900 per week / and includes all utilities, cable television, Wi-Fi, / and off-road parking for two vehicles. // You can also rent / bicycles, surfboards, and more. // For those / traveling by air, / an airport shuttle service / is available / for an additional fee. //

2번 문제 단서 제공하는 서비스를 언급했고 실제로 이 서비스를 이용했는지는 영수증을 통해 확인할 수 있어요.

To make a booking, / call us at 541-555-4968. //

Dear Mr. Dugan,

Thank you / for booking a cottage / with Coos Bay Travel. // In response to your inquiry, / bicycle rental is available / for the entire duration of your stay. // You mentioned that / you will be using the cottage / with your wife. // Therefore, / you can rent two bicycles, / and we will

2번 문제 단서 제공하는 서비스를 언급했고 실제로 이 서비스를 이용했는지는 영수증을 통해 확인할 수 있어요.

include a map / of some of the most popular biking routes. // The rental / requires a deposit / of $50 (for both bikes). // At the end of the stay, / $40 of this deposit / will be returned to you, / as long as there is no damage. // We hope / you thoroughly enjoy your stay / with Coos Bay. //

2번 문제 단서 제공하는 서비스를 언급했고 실제로 이 서비스를 이용했는지는 영수증을 통해 확인할 수 있어요.

Sincerely,

Marlene Thomas
Coos Bay Travel

핵심 콕콕!

별장 광고 웹사이트와 웹사이트를 보고 보낸 문의 사항에 대한 회신 편지와 실제 이용한 서비스에 대한 영수증이다.

웹사이트	별장 광고
편지	서비스 설명
영수증	서비스 가격 및 할인 내역

단어 콕콕!

cramped 비좁은
comfort 안락함, 편안함
fireplace 벽난로
patio 테라스
book 예약하다
rental 대여, 임대
fee 요금
utility (가스·수도·전화·전기 등) 공공요금
vehicle 자동차, 차량
available 이용 가능한
additional 추가의
inquiry 문의, 질문
duration (지속되는) 기간
include 포함하다
deposit 보증금
damage 파손, 손상
thoroughly 정말로, 대단히

```
                    Coos Bay Travel
                   3846 Broad Street
                 Coos Bay, Oregon 97420
                     541-555-4968

Customer: Robert Dugan, 914 Hamilton Drive, Kansas City, MO 64108
```

Unit	Check-in Date	Check-out Date
Hummingbird Cottage (#018)	August 7	August 13

Description of Services	Fee	Credits/Refunds
Unit Rental (1 week)	$900.00	
Discount (10%)		$90.00
Bicycle Deposit	$50.00	
Deposit Returned		$40.00
Tax	$65.60	
Total Due: $885.60		

2번 문제 단서 웹사이트와 편지에서 파악한 내용을 토대로 영수증과 비교하여 정답을 찾아요.

1. What is the **purpose** of **the Web site**?

1번 문제 확인 '웹사이트의 목적'이므로 웹사이트 지문에서 단서를 찾으세요.

(A) To provide a review of a business
(B) To announce building upgrades
(C) To promote accommodation rental
(D) To recommend a scenic drive

2. What is **NOT true** about **Mr. Dugan**?

2번 문제 확인 웹사이트와 편지를 통해 듀간 씨와 관련된 사실, 어떤 종류의 서비스를 이용했는지를 영수증을 통해 확인할 수 있으므로 연계 문제임을 알 수 있어요.

(A) He stayed at the site with another person.
(B) He was charged for damaging a bicycle.
(C) He was eligible for an early booking discount.
(D) He did not use an airport transportation service.

풀이 과정

Question 1. 단독 문제 – 전반적인 내용을 묻는 문제

문제의 the purpose of the Web site에서 웹사이트에 정답의 단서가 있음을 알 수 있어요. 목적을 묻는 문제는 첫 번째 단락 2~3줄을 읽은 후 보기와 대조해 봅니다. Book yourself a charming cottage instead, and enjoy the comforts of home while you're away from home!(멋진 산장을 예약하셔서 집에서 멀리 떨어져 있는 동안에도 집과 같은 안락함을 즐기시기 바랍니다!)을 통해 숙박 시설 대여를 홍보하기 위한 목적임을 알 수 있으므로 (C)가 정답입니다.

Question 2. 연계 문제 – 일반 지문(글) + 일반 지문(글) + 양식(표)

'일반 지문 + 일반 지문 + 양식' 연계 문제는 일반 지문에서 단서를 찾되, 단서가 충분치 않을 경우 양식의 항목을 하나하나 비교하면 됩니다. 편지(두 번째 지문)에서 다른 사람과 산장에 머무른다고 했으므로 (A)는 오답이에요. 웹사이트(첫 번째 지문)와 영수증(세 번째 지문)의 'Discount (10%)'를 통해 일찍 예약해서 할인을 받았다는 사실을 알 수 있으므로 (C)도 오답입니다. 웹사이트에서 '추가 요금을 내시면 공항 셔틀버스를 이용하실 수 있습니다'라고 언급했지만 영수증에는 추가 요금 내역이 보이지 않으므로 공항 픽업 서비스를 이용하지 않았다는 (D) 역시 사실이므로 오답입니다. 편지의 마지막 단락에 '자전거가 파손되지 않는 한 보증금 중 40달러를 돌려 드릴 것입니다'라고 했고 영수증에 40달러를 그대로 돌려받은 증거가 있으므로 사실과 다른 (B)가 정답입니다.

해석 1-2번은 다음 웹사이트, 편지, 영수증을 참조하시오.

여름은 완벽한 시간입니다 / 경치 좋은 오레곤 주 해안가를 방문하기에 / 잊어버리세요 / 시끄럽고 비좁은 호텔을 // **◙** 예약하세요 / 대신에 멋진 산장을 / 그리고 즐기세요 / 집과 같은 안락함을 / 집에서 멀리 떨어져 있는 동안 // 각 산장은 갖추어져 있습니다 / 두 개의 침실, 벽난로, 주방 그리고 현대식 욕실을 / 귀하께서는 또한 즐길 수 있을 것입니다 / 야외 테라스를 / 숯불 그릴과 함께 // **◙** 예약하세요 / 5월 1일 전에 / 그리고 산장에 머무는 데 10퍼센트 할인을 받으세요 //

대실료는 / 하루에 180달러입니다 / 또는 한 주에 900달러입니다 / 그리고 모든 요금, 케이블 텔레비전, 와이파이를 포함합니다 / 그리고 두 자동차의 비포장도로 주차와 // 귀하께서는 또한 빌리실 수 있습니다 / 자전거, 서핑보드 그리고 그 외에 여러 가지를 // **◙** 사람들에게 / 비행기로 오시는 / 공항 셔틀버스 서비스를 / 이용하실 수 있습니다 / 추가 요금으로 //

예약하기 위해서는 / 541-555-4968번으로 전화 주십시오 //

─────────

듀간 씨께

감사합니다 / 산장을 예약해 주셔서 / 쿠스 베이 여행사에서 // 귀하의 문의에 답해 드리면 / 자전거 대여는 가능합니다 / 귀하가 머무시는 기간 내내 // **◙** 귀하께서 언급하셨습니다 / 산장을 이용하실 거라고 / 아내분과 함께 // 따라서 / 두 대의 자전거를 빌리실 수 있습니다 / 그리고 저희들이 지도를 동

봉하겠습니다 / 가장 인기 있는 자전거 도로가 실린 // 대여는 / 보증금을 요구합니다 / 50달러의 (두 자전거에) // **◙** 마지막 날에 / 보증금 중 40달러를 / 귀하께 돌려 드릴 것입니다 / 파손이 없는 한 / 저희들은 바랍니다 / 귀하께서 정말로 즐거운 시간을 보내시길 / 쿠스 베이와 함께 //

마를렌 토마스 드림
쿠스 베이 여행사

쿠스 베이 여행사
3846 브로드 가
쿠스 베이, 오레곤 97420
541-555-4968

고객명: 로버트 듀간, 914 해밀턴 드라이브, 캔자스 시, MO 64108

유형	체크인 날짜	체크아웃 날짜
허밍버드 산장 (#018)	8월 7일	8월 13일

서비스 내용	요금	입금내역 / 환불
렌탈 (일주일)	$900.00	
◙ 할인 (10퍼센트)		$90.00
자전거 보증금	$50.00	
◙ 환불된 보증금		$40.00
세금	$65.60	
총계: $885.60		

1. 웹사이트의 목적은 무엇인가?
(A) 회사에 관한 리뷰를 제공하기 위하여
(B) 건물 업그레이드를 발표하기 위하여
(C) 숙박 시설 대여를 홍보하기 위하여
(D) 경치 좋은 드라이브코스를 추천하기 위하여

2. 듀간 씨에 관하여 사실이 아닌 것은 무엇인가?
(A) 그는 다른 사람과 그 장소에 머물렀다.
(B) 그는 자전거를 파손한 것에 책임을 졌다.
(C) 그는 일찍 예약해서 할인받을 자격이 되었다.
(D) 그는 공항 수송 서비스를 이용하지 않았다.

독해의 정답을 찾는 열쇠

학습 목표 | 오늘의 Part 7 유형의 정답을 찾는 데 필요한 핵심 표현을 익혀 봅시다.

동의어 문제(지문에 쓰인 특정 단어의 의미를 묻는 문제)는 더블 지문뿐만 아니라 트리플 지문에서도 출제됩니다. 동의어 문제로 출제되는 단어는 대부분 두 가지 이상의 의미를 가지고 있으므로, 해당 단어가 지문에서 어떤 의미로 쓰였는지 파악하는 것이 중요해요.

단어 콕콕!

cover 덮다, (비용을) 충당하다
airfare 항공료
expense 비용
reflect 심사숙고하다, 반영하다
current 현재의
labor 노동
recognize (누구인지) 알아보다, 인정하다
excellent 훌륭한
as ~이기 때문에, ~인 것처럼
conference 회의
hold 유지하다, (회의 등을) 열다
complimentary 무료의
breakfast 아침식사
figure 인물, 수치
quarter 분기

❶ 파란색으로 표시된 영어 표현에 해당하는 우리말을 선택하세요.

1. The company will cover all airfare and moving expenses.
   (A) 덮을 것이다   (B) ✓ 지불할 것이다

2. The data reflect the current labor market in Mexico City.
   (A) 심사숙고한다   (B) ✓ 반영한다

3. Douglas Elliot was recognized with the Housing Design Award for his excellent work.
   (A) 신원을 확인받았다   (B) ✓ 공로를 인정받았다

4. As our schedule is likely to change, you should call us in advance to confirm your appointment.
   (A) ✓ ~이기 때문에   (B) ~인 것처럼

5. The conference will be held in the first week of May.
   (A) 지연될 것이다   (B) ✓ 열릴 것이다

6. A complimentary breakfast is offered to all guests.
   (A) ✓ 무료 아침식사   (B) 맛있는 아침식사

7. Sales figures for this quarter are twice higher than those of the last quarter.
   (A) 인물   (B) ✓ 수치

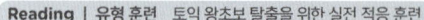

토익 제대로 대비하기

학습 목표 | '구 → 문장 → 지문'의 3단계 훈련으로 토익 유형을 철저하게 대비해 봅시다.

[1단계: 구 패러프레이징 연습]

A 파란색으로 표시된 표현과 가장 가까운 의미가 되도록 빈칸에 알맞은 표현을 고르세요.

1. parking in the underground garage ➜ _____ parking
   (A) indoor (B) outdoor

2. retain a receipt ➜ _____ the proof of purchase
   (A) keep (B) replace

3. enclose a preliminary quote ➜ _____ an estimate
   (A) request (B) attach

4. revise the agenda ➜ _____ a document
   (A) update (B) authorize

5. welcome conference attendees ➜ _____ conference participants
   (A) contact (B) greet

6. a design that has been discontinued ➜ a model that is _____
   (A) increasingly popular (B) no longer available

B 비슷한 의미를 가진 표현끼리 연결하세요.

7. provide breakfast daily •
8. inform that the next payment will be due on March 31 •
9. sponsored by Royal Bank •
10. make a recommendation to local grocery store •

• (A) receive monetary assistance from a financial institution
• (B) contact a nearby business
• (C) remind of an upcoming payment
• (D) serve morning meals every day

단어 콕콕!

underground 지하의
garage 차고
retain 보유하다
receipt 영수증
proof 증거
replace 교환하다
enclose 동봉하다
preliminary 시초의
quote 견적서
estimate 견적서
attach 첨부하다
revise 수정하다
agenda 안건
update 갱신하다
authorize 인가하다
welcome 환영하다
attendee 참석자
greet 환영하다
monetary 재정적인
assistance 지원, 도움
financial 금융의, 재정의
institution 기관
payment 지불
due 만기가 된
nearby 근처에
sponsor 후원하다
remind (기억하도록) 다시 한 번 알려주다
upcoming 다가오는, 곧 있을
recommendation 추천
grocery store 식료품점

정답 및 해석

A 1. (A) 지하 차고에 주차 → 실내 주차 2. (A) 영수증을 보유하다 → 구매 증거를 가지고 있다 3. (B) 초기 견적가를 동봉하다 → 견적서를 첨부하다 4. (A) 안건을 수정하다 → 문서를 업데이트하다 5. (B) 회의 참석자들을 환영하다 → 회의 참석자들을 맞이하다 6. (B) 중단된 디자인 → 더 이상 이용 가능하지 않은 모델

B 7.-(D) 아침식사를 매일 제공하다 → 아침식사를 매일 제공하다 8.-(C) 다음 지불은 3월 31일이 만기일임을 알리다 → 다가오는 지불을 다시 한 번 알려주다 9.-(A) 로얄 은행이 후원하는 → 금융 기관에서 재정적 지원을 받다 10.-(B) 지역 식료품점에 추천하다 → 인근 가게에 연락하다

[2단계: 문장 패러프레이징 연습]

❶ 주어진 문장과 의미가 일치하는 내용을 고르세요.

핵심 콕콕!

패러프레이징 부분만
골라 보기!

1. Cleaning this machine requires expensive and newly-developed cleaning tools.

(A) Only special equipment can be used to clean the machine.
(B) Developing new machines costs a lot of money.

1. expensive and newly-developed cleaning tools → Only special equipment

2. The credit agency's records indicate you have two monthly payments remaining on your loan.

(A) The remaining payments must be paid immediately.
(B) After two more payments, the loan will be paid in full.

2. two monthly payments remaining on your loan → After two more payments, the loan will be paid in full.

3. Unfortunately, our evening supervisor Jeff is sick today. Who would like to take his evening shift tonight?

(A) The evening supervisor needs to take a morning shift.
(B) The manager needs to find a substitute for a sick worker.

3. Who would like to take his evening shift → find a substitute

4. According to the results of our survey, customers expressed a higher level of satisfaction with our latest product.

(A) The company's new product was well received by customers.
(B) Customers were more satisfied with the company's earlier products.

4. a higher level of satisfaction with our latest product → The company's new product was well received

5. Currently untitled, the workshop will deal with Internet-searching techniques and time management methods.

(A) What the workshop will be called has not been decided.
(B) The workshop's methods are currently untitled.

5. Currently untitled, the workshop → What the workshop will be called has not been decided.

1. 이 기계를 청소하는 것은 비싸고 새롭게 개발된 청소 도구를 필요로 한다.
   (A) 오직 특별한 장비만이 그 기계를 청소하는 데 사용될 수 있다. (B) 새 기계를 개발하는 것은 많은 돈이 든다.
2. 신용 기관의 기록은 당신이 대출금에서 남은 두 달 치 지불액이 있다고 나타냅니다.
   (A) 남아 있는 지불액은 즉시 지불되어야 한다. **(B) 두 번의 지불 후에 대출금은 완납될 것이다.**
3. 불행히도 우리 야간 근무 관리자인 제프 씨가 오늘 아픕니다. 오늘 밤 그의 야간 근무를 누가 대신하겠습니까?
   (A) 야간 근무 관리자는 오전 근무를 해야 한다. **(B) 관리자는 아픈 동료를 대신할 사람을 찾아야 한다.**
4. 우리 설문조사의 결과에 따르면, 고객들은 우리 신제품에 대한 더 높은 수준의 만족을 나타냈다.
   (A) 회사의 신제품은 고객들에 의해 호평을 받았다. (B) 고객들은 회사의 이전 제품에 더 만족했다.
5. 현재 제목이 없는 워크숍은 인터넷 검색 기술과 시간 관리 방법을 다룰 것이다.
   (A) 워크숍을 무엇이라고 부를지는 결정되지 않았다. (B) 워크숍 방식은 현재 제목이 없다.

[3단계: 지문 유형 연습]

정답 및 해석/해설 p. 174

❗ 다음 지문을 읽고 질문에 알맞은 답을 고르세요.

Question 1 refers to the following notice and e-mails.

Attention Local Restaurants

Andrade (April 10) — The City of Andrade will be once again holding a charity banquet during the month of July. This year's profits will benefit local children's organizations. In past years, the city has contracted mostly large catering companies, such as Délicieux. This year we hope to support local businesses by partnering with an Andrade City restaurant. In order to make the best selection, interested businesses are encouraged to present a menu and sample meal to the Charity Banquet Committee by 11:30 A.M. on May 6 To be considered, all submissions should include a list of ingredients and estimated price per plate of food. Contact Shirley Marsh at s.marsh@city.andrade.gov for more details.

From: s.marsh@city.andrade.gov
To: sam.gomez@city.andrade.gov
Date: April 30
Subject: Charity Banquet Submissions

Dear Mr. Gomez,

I have received 5 submissions from local restaurants interested in catering the charity banquet. I have listed each restaurant below along with meal type and price per plate. Of course the committee will receive a detailed submission by each restaurant on May 6.

1. The Boutique	French Mediterranean seafood	$15-$20
2. La Calabaza Dulce	Mexican food	$10-$13
3. Piccolo Pasta House	Italian pastas and breads	$12-$14
4. Garden Buffet	Vegetarian food	$10-$12
5. House of Noodles	Thai and Chinese food	$11-$13

Have a great day.

Sincerely,

Shirley Marsh

From: sam.gomez@city.andrade.gov
To: s.marsh@city.andrade.gov
Date: May 9
Subject: Committee Restaurant Decision

Ms. Marsh,

All five restaurants that presented their dishes on May 6 did an outstanding job. It was incredibly difficult for the committee to arrive at a consensus. However, after considering taste, ingredients and price, a decision was made.

Please help me with the following:

• Schedule a meeting with the owner of Piccolo Pasta House to discuss further details regarding the banquet.

• Please thank The Boutique, La Calabaza Dulce, Garden Buffet and House of Noodles for presenting their menu options. Let them know that their meals were delicious and we hope to work with them another year.

Thanks for all of your help in organizing this selection process.

Sincerely,

Sam Gomez

1. Who will most likely partner with the charity banquet?
(A) The Boutique
(B) Délicieux
(C) Piccolo Pasta House
(D) Garden Buffet

단어 쿡쿡!

dish 요리
outstanding 훌륭한
incredibly 매우
consensus 합의, 의견 일치
organize 준비하다
process 과정

DAY 30

트리플 지문

Question 2 refers to the following e-mails and schedule.

From: mlee.logistics@IHBC.com
To: j.reagan@mail.com
Date: May 20
Subject: Re: Scheduling problem

Dear Mr. Reagan,

Thank you for contacting me regarding your seminar time at the 35th
International Halls Business Conference to be held on June 5-7. I am
sorry to hear that the only flights available are for June 6. However,
I have already spoken with Ms. Kim and arranged for you and her to
exchange speaking times. I have attached the new schedule to this
e-mail. Please see below.

Let me know if there is anything else you need.

Sincerely,

Maya Lee
Logistics and Scheduling
International Halls Business Conference

IHBC Schedule for the Speakers			
	3:00 P.M.	5:00 P.M.	7:00 P.M.
June 5	Lilly Kim	Marcia Jones	Matthew Dunst
June 6	Robert Jacobs	Lillian White	Maria Romero
June 7	Sarah Young	John Reagan	Doug Han

From: j.reagan@mail.com
To: mlee.logistics@IHBC.com
Date: May 20
Subject: Re: Re: Scheduling problem

Ms. Lee,

Thank you for your prompt reply. June 7 will work perfectly. Please thank
Ms. Kim for me. I look forward to attending the 35th IHBC. I consider it a
privilege to present at this remarkable event.

Take care,

John Reagan

단어 콕콕!

contact 연락하다
regarding ~에 관한
international 국제의,
국제적인
arrange 마련하다
exchange 바꾸다,
교환하다
attach 첨부하다
below 아래에
prompt 빠른, 즉각적인
reply 답변
perfectly 더할 나위 없이,
완벽하게
attend 참석하다
consider 생각하다
privilege 영광, 특권
present 발표하다
remarkable 주목할 만한

2. What is implied about Mr. Reagan?

(A) He was originally scheduled to speak on June 5.

(B) He will have to leave the conference early.

(C) He will switch speaking times with Ms. Lee.

(D) This is his first time to attend the conference.

자신감 쑥쑥! 실전 도전 Part 7

학습 목표 | 오늘 공부한 유형 핵심 전략과 독해의 정답을 찾는 핵심 표현을 떠올리며 Part 7 실전 문제를 풀어 봅시다.

Questions 1-5 refer to the following Web page, chart, and form.

Record your next hit song at Brick City Studios!

Brick City Studios provides recording spaces, equipment, and software to its members. We can provide these services through the support of monthly membership fees. Become a member today and use the same facilities award-winning musicians have used to produce their best-selling albums. Studio space is available 24/7, and enjoy other benefits as well:

- Soundproof rooms for musicians and bands to use to practice and experiment with different instruments and gear, all of which are provided by Brick City.

- Workshops and presentations by music industry leaders and acclaimed artists. Log in to our Web site with your membership to see upcoming events and to register for those you wish to attend.

- Full access to a full suite of professional-level recording and editing software in our computer lab and a royalty-free sample library.

- On-staff recording engineers who can help you create your musical masterpiece.

Membership Level	Type	Monthly Rate	Description
Platinum	Producer	$1,200	For professional producers working with multiple artists. Reserve up to 30 sessions a month.
Gold	Band	$500	For bands of three to six people. Reserve up to 20 sessions a month.
Silver	Solo artist	$300	For singer-songwriters. Up to two people. Reserve up to 10 sessions a month.
Bronze	Virtual member	$100	Individual membership. Includes remote access to software and sample library.

Membership Application
Please complete the form below.

Name: Emersyn Wolfe
Address: 611 Alton Drive, Trinity, California 55577
Telephone Number: (113) 555-7098
Joint Members, if any: Timothy Hearst (guitars), Lee Sizemore (drums)
Membership Level: Gold

What are your reasons for joining Brick City Studios?

Recording time	✓
Instrument use	
Practice space	✓
Software access	
Recording engineers	

1. What is indicated about Brick City Studios?

(A) It is open Monday through Friday
(B) Its previous members include well-known artists.
(C) It charges additional fees for equipment rental.
(D) It provides tutorials on how to use its software.

2. According to the Web page, for which activity are members required to register?

(A) Using special gear
(B) Attending a lecture
(C) Accessing a computer lab
(D) Requesting assistance

3. Which membership is best for someone who does not require on-site services?

(A) Platinum
(B) Gold
(C) Silver
(D) Bronze

4. How much will Ms. Wolfe most likely pay for her membership?

(A) $1,200
(B) $500
(C) $300
(D) $100

5. What is suggested about Ms. Wolfe?

(A) She has recorded at Brick City before.
(B) She recently moved to California.
(C) She plans to use the soundproof rooms.
(D) She will work with a recording engineer.

Questions 6-10 refer to the following article and e-mails.

A New Team Leader for the Asia Sales Division

Dajoo Corporation has appointed Simon Montgomery to the position of senior sales representative for Asia, following the resignation of Carla Bogart.

Simon joined Dajoo five years ago as an intern sales clerk in the European division, and quickly progressed to a sales representative role. For the last year, he has worked as a senior sales representative in the Americas division.

Simon will now report to Les Gordon, head of Asia sales. Mr. Gordon said, "Simon has demonstrated good leadership skills and has consistently produced outstanding sales results. I'm looking forward to his contribution to the Asia division."

We wish good luck to Simon in his new role, which he will take up on December 1.

To: Simon <sm@dajoo.com>
From: Terry Snow <ts1@dajoo.com>
Subject: Congratulations
Date: November 12

Dear Simon,

Hi. My name is Terry and I work in the Asia division. I look forward to working with you. We have a networking event with important customers at the Dorchester Hotel two weeks before you start your new position. It starts at 10:00 A.M.

I think it will be a great chance for you to meet customers and your work colleagues before you officially join the division. Your new boss will be giving a presentation about his vision for the division, so it could be quite important to attend.

Please let me know if you can come as soon as possible.

Best,

Terry Snow

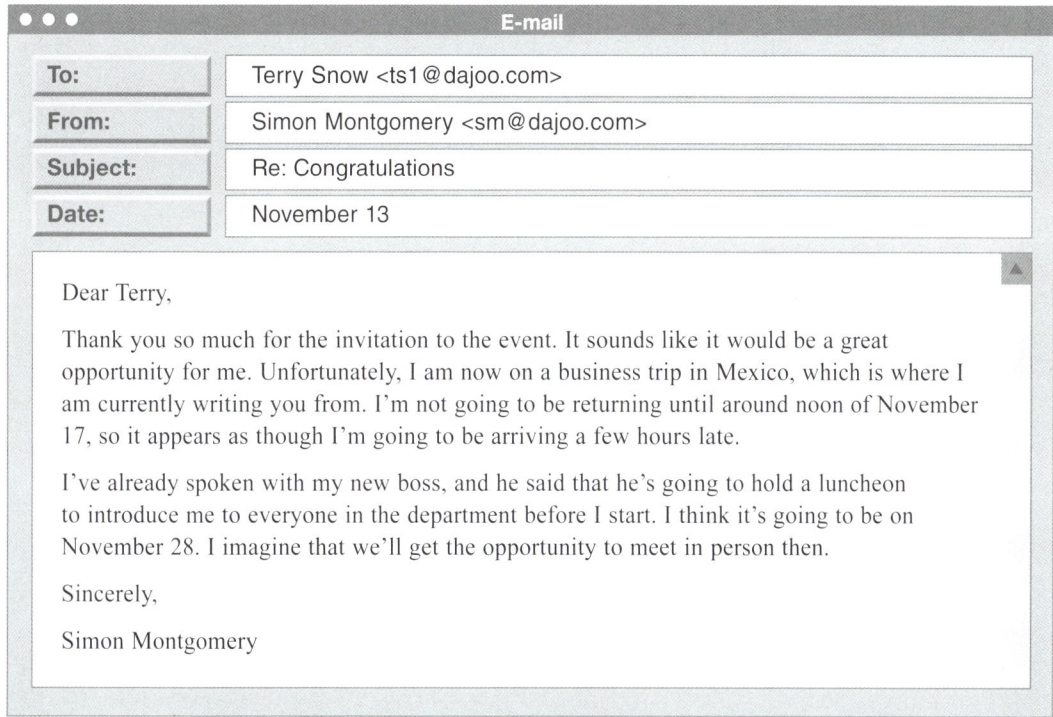

E-mail

To:	Terry Snow <ts1@dajoo.com>
From:	Simon Montgomery <sm@dajoo.com>
Subject:	Re: Congratulations
Date:	November 13

Dear Terry,

Thank you so much for the invitation to the event. It sounds like it would be a great opportunity for me. Unfortunately, I am now on a business trip in Mexico, which is where I am currently writing you from. I'm not going to be returning until around noon of November 17, so it appears as though I'm going to be arriving a few hours late.

I've already spoken with my new boss, and he said that he's going to hold a luncheon to introduce me to everyone in the department before I start. I think it's going to be on November 28. I imagine that we'll get the opportunity to meet in person then.

Sincerely,

Simon Montgomery

6. In which publication would the article most likely appear?

(A) A sales brochure
(B) A national magazine
(C) A company newsletter
(D) A business journal

7. What does the article imply about Mr. Montgomery?

(A) He has been promoted several times.
(B) He will work for Terry Snow.
(C) He is new to working in sales.
(D) He is leaving Dajoo Corporation.

8. What is indicated about the networking event?

(A) It is only for customers of Dajoo Corporation.
(B) It occurs before December 1.
(C) It will be held at the company's headquarters.
(D) Tickets are required in order to attend.

9. In the second e-mail, the word "in person" in paragraph 2, line 3, is closest in meaning to

(A) manually
(B) independently
(C) solely
(D) personally

10. Who is going to organize the luncheon on November 28?

(A) Simon Montgomery
(B) Carla Bogart
(C) Terry Snow
(D) Les Gordon

영단기 토익 토익 매출 **1위***

적중예측 시리즈 **675만***

영단기 토익 LC·RC 대표
정재현

토익 입문서 <영단기 토익 스타트 RC>
토익 기본서 <영단기 토익 RC>
<영단기 토익 기출 보카>
<정재현 토익 똑똑한 기본서 LC+RC>
<영단기 신토익 RC 20일 속성>

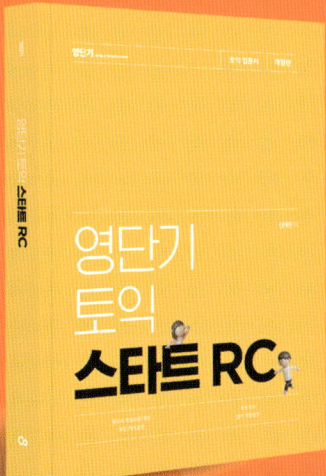

정재현 선생님의 토익 강좌 수강 찬스!

정재현의 한 달 만에 끝내는
토익 시작반 – 어휘 / 문법

샘플수강권 **X3T4 – QDSZ – Q6IA – C5QI**

- 커넥츠 영단기 홈페이지에서 회원가입 및 로그인 후,
  회원정보 > CONECTS 활동내역 > 쿠폰등록 에서 위 번호 등록 후 사용 가능합니다.
- 쿠폰 사용 기간은 등록일로부터 1개월 입니다.
- 1인 1회만 사용 가능하며, 중복 사용이 불가능합니다.

영단기 토익 교재

입문서

영단기 토익 왕기초 LC

영단기 토익 왕기초 RC

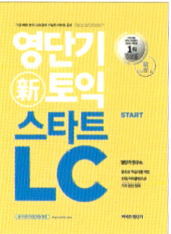
영단기 신토익 스타트 LC

영단기 토익 스타트 RC

영단기 영문법 스타트

기본서

영단기 토익 LC

영단기 토익 RC

영단기 토익 기출보카

기적의 토익 LC

기적의 토익 RC

필기노트

영단기 700+
기적의 필기노트

영단기 토익 만점자
필기노트 PART 5 문법

LC+RC 통합 기본서

영단기 토익 LC+RC
700+한 달에 끝내기

정재현 토익
똑똑한 기본서 LC+RC

기술서/요약서

영단기 토익 기술 LC

영단기 토익 기술
실전문제집 LC

영단기 토익 기술 RC

영단기 토익 기술
실전문제집 RC

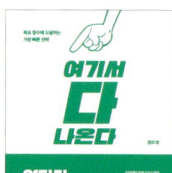
영단기 신토익 LC
20일 속성

영단기 신토익 RC
20일 속성

영단기 eng.conects.com

토익 입문서 | 개정판

영단기 토익

정재현 저

스타트 RC

정답 및 해석 / 해설

영단기 토익

스타트 RC

토익 정답과 친해지는 **EXERCISE** 본문 p. 015

정답 **1.** (B) **2.** (A) **3.** (A)

1. Most employees / reacted favorably / to their new billing procedure.
   (A) steadily **(B) favorably**
   대부분의 직원들은 / 호의적으로 반응했다 / 그들의 새로운 청구서 발급 절차에
   (A) 꾸준하게 **(B) 호의적으로**

   해설 빈칸에 쓰일 부사는 앞의 동사 reacted(반응했다)를 꾸며줍니다. 동사 reacted(반응했다)와 favorably(호의적으로)를 연결해서 해석하면 '새로운 청구서 발급 절차에 호의적으로 반응했다'로 자연스러우므로 (B) favorably가 정답이 됩니다. favorably react(호의적으로 반응하다)로 묶어서 기억해 두세요.

2. The production will resume / at the beginning of next month.
   (A) resume **(B)** reopen
   생산이 재개될 예정이다 / 다음 달 초에
   (A) 재개되다 (B) 다시 문을 열다

   해설 문장의 주어가 production(생산)이고 빈칸은 동사 자리입니다. 주어 production(생산)과 resume(재개되다)을 연결해서 해석하면 '생산이 재개되다'로 자연스러우므로 (A) resume이 정답이 됩니다. production resumes(생산이 재개되다)로 묶어서 기억해 두세요.

3. Mr. Drexler / accepted the position of vice president / yesterday.
   (A) accepted (B) submitted
   드렉슬러 씨는 / 부사장 직을 수락했다 / 어제
   (A) 수락하다 (B) 제출하다

   해설 빈칸은 동사 자리이고 목적어가 the position(직책)입니다. accepted(수락하다)와 목적어 the position(직책)을 연결해서 해석하면 '직책을 수락했다'로 자연스러우므로 (A) accepted가 정답이 됩니다. accept the position(일자리를 수락하다)으로 묶어서 기억해 두세요.

 DAY **01** 주어와 동사 Grammar

개념 1 **주어와 동사**

토익 정답과 친해지는 **EXERCISE** 본문 p. 016

정답 **1.** Customers, reacted **2.** Prices, rose **3.** The event, proceeded

1. Customers / reacted / favorably. 고객들은 / 반응했다 / 호의적으로
   　주어　　　동사

2. Prices / of computers / rose / steadily. 가격이 / 컴퓨터의 / 상승했다 / 꾸준히
   　주어　　　　　　　　　동사

3. The event / at the Prima Arts Center / proceeded / slowly. 그 행사는 / 프리마 예술 센터에서의 / 진행되었다 / 더디게
   　주어　　　　　　　　　　　　　　동사

개념 2 주어 자리 - 명사

토익 정답과 친해지는 **EXERCISE**

정답　**1.** Production　**2.** Improvements　**3.** Attendance

1. (**Production** / Produced) / of larger ovens / will resume / next month.

생산이 / 더 큰 오븐의 / 재개될 것이다 / 다음 달에

해설 of 앞이 주어 자리이므로 빈칸은 명사 자리입니다. Production(생산)이 명사 끝말 -tion을 가지고 있으므로 명사인 것을 알 수 있어요. 따라서 Production이 정답입니다.

2. (Improve / **Improvements**) / will be made / to our security system.

개선이 / 이뤄질 것이다 / 우리 보안 시스템에

해설 will 앞이 주어 자리이므로 빈칸은 명사 자리입니다. Improvements(개선)가 명사 끝말 -ment를 가지고 있고, 뒤의 -s를 통해 복수를 나타내는 명사인 것을 알 수 있어요. 따라서 Improvements가 정답입니다.

3. (Attend / **Attendance**) / is mandatory / for all employees.

참석은 / 필수입니다 / 모든 직원들에게

해설 is 앞이 주어 자리이므로 빈칸은 명사 자리입니다. Attendance(참석)가 명사 끝말 -ance를 가지고 있으므로 명사인 것을 알 수 있어요. 따라서 Attendance가 정답입니다.

개념 3 동사 자리 - 1. 조동사 + 동사원형

토익 정답과 친해지는 **EXERCISE**

정답　**1.** reopen　**2.** double　**3.** accept

1. The French restaurant / will (**reopen** / reopens) / in September.

프랑스 식당이 / 다시 문을 열 것이다 / 9월에

해설 will(~할 것이다)은 조동사이므로 뒤에 동사원형이 와야 해요. 따라서 동사원형인 reopen(다시 문을 열다)이 정답이에요. 동사 뒤에 -s가 붙은 것은 동사원형이 아니며, I와 You 외의 모든 단수 주어와 함께 현재를 나타낼 때 동사 끝에 -s를 붙여요.

2. Revenues from the ticket sales / can (**double** / to double) / soon.

티켓 판매에서 나오는 수익이 / 두 배가 될 수 있다 / 곧

해설 can(~할 수 있다)은 조동사이므로 뒤에 동사원형이 와야 해요. 따라서 동사원형인 double(두 배가 되다)이 정답이에요. 동사 앞에 to가 붙은 것은 동사원형이 아니에요.

3. Mr. Kim / may (**accept** / accepting) / the position.

김 씨는 / 수락할 수도 있다 / 그 직책을

해설 may(~일 수도 있다)는 조동사이므로 뒤에 동사원형이 와야 해요. 따라서 동사원형인 accept(받아들이다)가 정답이에요. 동사 뒤에 -ing가 붙은 것은 동사원형이 아니에요.

개념 4 동사 자리 - 2. be동사와 일반동사

토익 정답과 친해지는 **EXERCISE**

정답　**1.** analyze　**2.** arrived　**3.** celebrates

1. Our representatives / (**analyze** / analyzing) / the test data.

우리 직원들은 / 분석한다 / 시험 데이터를

해설 빈칸 앞뒤를 살펴보면 명사 Our representatives(우리 직원들)와 명사 the test data(시험 데이터)가 있을 뿐 동사가 없어요. 문장이 성립하려면 반드시 동사가 있어야 하는데 -ing 형태로 끝나면 동사가 될 수 없어요. 따라서 동사원형인 analyze(분석하다)가 정답입니다.

PART 5&6

정답 및 해석/해설

토익 시험 당일 영단기에서 바로 정답을 확인하세요. 정확한 점수 확인 및 놀라운 자료와 혜택 제공　　　　　　　PART 5&6_DAY 01　**003**

2. The replacement for the broken copier / (arrival / arrived) / yesterday.

고장 난 복사기의 교체품이 / 도착했다 / 어제

해설 빈칸 앞뒤를 살펴보면 명사 The replacement for the broken copier(고장 난 복사기의 교체품)와 부사 yesterday(어제)가 있을 뿐 동사가 없어요. 따라서 빈칸은 동사 자리인데 명사 끝말 -al이 붙은 arrival(도착)은 명사이므로 오답이고 동사의 과거형인 arrived(도착했다)가 정답이 됩니다.

3. Tess Salon / (celebrates / to celebrate) / its third anniversary / next week.

테스 살롱은 / 축하한다 / 개업 3주년을 / 다음 주에

해설 빈칸 앞뒤를 살펴보면 명사 Tess Salon(테스 살롱)과 명사 its third anniversary(개업 3주년)가 있을 뿐 동사가 없어요. 따라서 빈칸은 동사 자리인데 to가 붙어 있으면 동사가 될 수 없으므로 celebrates(축하하다)가 정답입니다.

실전훈련 자신감 쑥쑥! 실전 도전 **Part 5**

본문 p. 021

정답 **1.** (A) **2.** (B) **3.** (A) **4.** (B) **5.** (A) **6.** (C) **7.** (B) **8.** (B) **9.** (C) **10.** (A)

1. Confirmation of attendance / is required / to reserve a space / in the writing workshop.

(A) Confirmation　　(B) Confirmed　　　(C) Confirms　　　(D) Confirming

참석에 대한 확인이 / 필요합니다 / 자리를 예약하기 위해 / 작문 워크숍에

* attendance 참석　required 필요한, 필수인　reserve 예약하다　confirmation 확인(서)　confirm 확인해주다

해설 빈칸과 of 전치사구 뒤로 동사 is required가 이어지고 있습니다. 따라서, 빈칸은 of 전치사구의 수식을 받으면서 동사 is required 앞에서 주어 역할을 할 명사 자리임을 알 수 있으므로 명사 (A) Confirmation이 정답이에요.

오답 (B) Confirmed는 동사의 과거형 또는 과거분사형이고, (C) Confirms는 동사의 형태이므로 오답이에요. (D) Confirming은 동명사 또는 현재분사형인데, confirm이 타동사여서 주어 역할이 가능한 동명사로 쓰이려면 목적어가 바로 뒤에 쓰여야 하므로 오답입니다.

2. Please keep your personal belongings / with you / at all times / while on the tour.

(A) kept　　　　　**(B) keep**　　　　　(C) keeps　　　　　(D) keeping

여러분의 개인 소지품을 갖고 계십시오 / 여러분께서 / 항상 / 투어 중에

* belongings 소지품　at all times 항상　while ~하는 중에, ~하는 동안　keep (계속) 갖고 있다, 보관하다, 유지하다

해설 명령문 구조를 이끄는 Please 뒤에는 동사 원형이 쓰여야 하므로 (B) keep이 정답이에요.

오답 (A) kept와 (C) keeps, (D) keeping은 모두 동사 원형이 아니므로 Please와 함께 명령문을 구성할 수 없어요.

3. The CEO / considered various cost-cutting measures / to improve the company's financial performance.

(A) considered　　(B) considering　　(C) consideration　　(D) to consider

대표이사님께서 / 다양한 비용 절감 조치들을 고려하셨다 / 회사의 재무 성과를 개선하기 위해

* cost-cutting 비용을 절감하는　measure 조치, 수단　improve 개선하다, 향상시키다　financial 재무의, 재정의, 금융의　performance 성과, 실적, 성적, 실력, 공연　consider 고려하다　consideration 고려, 숙고

해설 주어 The CEO 뒤로 빈칸과 명사구 various cost-cutting measures, 그리고 to부정사구가 이어지는 어순이므로 빈칸이 문장의 동사 자리임을 알 수 있어요. 따라서, 과거시제 동사의 형태인 (A) considered가 정답이에요.

오답 (B) considering은 동명사 또는 현재분사형이며, (C) consideration은 명사, 그리고 (D) to consider는 to부정사이므로 문장의 동사가 필요한 자리인 빈칸에 맞지 않는 오답이에요.

4. New members / can receive / free shipping / on their first online purchase.

(A) receipt　　　　**(B) receive**　　　　(C) receives　　　　(D) receiving

신규 회원들은 / 받을 수 있다 / 무료 배송을 / 그들의 첫 온라인 구매에 대해

* free 무료의　shipping 배송　purchase 구매, 구입　receipt 영수증, 수령　receive 받다

해설 can은 조동사이므로 뒤에 동사원형이 와야 해요. 보기 중 동사원형은 receive 밖에 없으므로 (B) receive가 정답이에요.

오답 (A) receipt(영수증, 수령)는 명사이므로 오답입니다. (C) receives는 동사 뒤에 -s가 붙었으므로 동사원형이 아닙니다. (D) receiving 역시 동사 뒤에 -ing가 붙었으므로 오답이에요.

5. The national museum in Boston / attracts / thousands of tourists / every month.

(A) attracts　　　(B) remains　　　(C) celebrates　　　(D) charges

보스턴의 국립 박물관은 / 끌어들인다 / 수천 명의 관광객들을 / 매달

(A) 끌다, 유치하다　　　(B) 남다　　　(C) 축하하다　　　(D) 요금을 부과하다

* national 국립의　tourist 관광객

해설 주어 The national museum(국립 박물관)과 목적어 thousands of tourists(수천 명의 관광객들)를 보기의 동사들과 함께 해석해 보면 '박물관이 수천 명의 관광객들을 끌어들이다'가 가장 자연스럽습니다. 따라서 '끌다, 유치하다'를 의미하는 (A) attracts가 정답이에요. attract tourists(관광객들을 유치하다)로 묶어서 기억해 두세요.

오답 혹시 '박물관에 수천 명의 관광객이 남아 있다'로 해석해서 (B) remains를 정답으로 선택했다면 remain의 정확한 의미를 알아야 해요. remain 뒤에 명사가 오려면 주어와 동일한 것이 되어야 하는데, 이 문장에서는 '박물관=관광객'이 성립하지 않으므로 오답이에요.

6. All new tenants / must pay / a deposit of $500 / beginning in June.

(A) begins　　　(B) will begin　　　**(C) beginning**　　　(D) has begun

모든 새로운 세입자들은 / 지불해야 합니다 / 500달러의 보증금을 / 6월부터

* tenant 세입자, 임차인　deposit 보증금

해설 문장의 주어는 All new tenants(모든 새로운 세입자들)이고 동사는 '조동사 + 동사원형'인 must pay(지불해야 한다)입니다. 기본적으로 한 문장 내에서 동사는 하나인데 이미 동사가 있으므로 빈칸은 동사가 들어갈 자리가 아니에요. 보기 중 동사가 아닌 형태는 동사 뒤에 -ing가 붙은 beginning 밖에 없어요. 따라서 (C) beginning이 정답입니다.

오답 '동사원형 + -s', '조동사 + 동사원형', 'have + p.p.'는 모두 동사 역할을 하는 형태이므로 (A) begins, (B) will begin, (D) has begun은 모두 동사입니다. 따라서 오답이에요.

7. The total number of students / attending the lecture / has risen steadily / over the months.

(A) respectively　　　**(B) steadily**　　　(C) accurately　　　(D) currently

총 학생 수가 / 강의를 수강하는 / 꾸준히 증가해 왔다 / 수개월에 걸쳐

(A) 각각　　　(B) 꾸준히　　　(C) 정확하게　　　(D) 현재

* the number of ~의 숫자　lecture 강의, 강연　rise 증가하다, 오르다

해설 빈칸에 쓰일 부사는 앞의 동사인 has risen(증가해 왔다)을 수식합니다. 따라서 주어진 보기의 부사들과 함께 연결해서 해석해 보면 '꾸준히 증가해 왔다'가 가장 적절하므로 (B) steadily가 정답이 됩니다.

오답 (A) respectively(각각)는 가리키는 대상이 2개 이상일 때 쓰는 표현으로 증가한 것이 두 개 이상이 되어야 하므로 오답이에요. (C) accurately(정확하게)는 일반적으로 정확한 수치와 함께 쓰이므로 오답이에요. (D) currently(현재)는 over the months(수개월에 걸쳐)와 어울리지 않으므로 오답입니다.

8. Huntsley College / publishes / writings of its students / in its weekly journal.

(A) publishing　　　**(B) publishes**　　　(C) publisher　　　(D) publication

헌츨리 대학은 / 게재한다 / 학생들의 글을 / 대학의 주간지에

* writing 글, 쓴 것　weekly 주간의, 매주의　journal 잡지, 학술지　publish (글 등을) 게재하다, 싣다　publisher 출판인, 출판사

publication 출판, 출판물

해설 빈칸 앞뒤를 살펴보면 명사 Huntsley College(헌츨리 대학)와 명사구 writings of its students in its weekly journal(대학 주간지에 학생들의 글)만 있을 뿐 동사가 없어요. 문장이 성립하려면 반드시 동사가 있어야 하므로 보기 중 유일한 동사인 (B) publishes가 정답이에요. I와 You 외의 모든 단수 주어와 함께 현재를 나타내기 위해 publish에 -es를 붙였습니다.

오답 (A) publishing은 동사 뒤에 -ing가 붙었으므로 동사 역할을 할 수 없어요. (C) publisher는 동사 뒤에 -er이 붙어 명사가 되었으므로 동사 역할을 할 수 없어요. (D) publication은 명사 끝말 -tion으로 끝난 명사이므로 오답이에요.

9. If your phone is eligible, / your battery / will be replaced / by Connect Mobile / for free.

(A) replaced　　　(B) replacement　　　**(C) be replaced**　　　(D) replaces

만약 귀하의 전화기가 자격조건이 된다면 / 배터리를 / 교체해 드릴 것입니다 / 컨넥트 모바일 사가 / 무료로

* eligible 자격이 있는, 적격의　for free 무료로　replace 교체하다

해설 will은 조동사이므로 뒤에 동사원형이 와야 해요. (C) be replaced에서 be는 be동사의 동사원형이므로 조동사 뒤에 올 수 있어요. 따라서 보기 중 유일한 동사원형인 (C) be replaced가 정답이 됩니다.

오답 (A) replaced는 동사원형 뒤에 -(e)d가 붙었으므로 오답이에요. (B) replacement는 동사에 명사 끝말 -ment가 붙어 명사가 되었으

므로 오답이에요. (D) replaces는 동사원형 뒤에 -s가 붙었으므로 오답이에요.

10. After the construction of the laboratory / was completed, / the university / purchased / a lot of equipment.

(A) purchased   **(B) bargained**   **(C) emerged**   **(D) appeared**

실험실 건설 공사가 / 완료된 후에 / 대학은 / 구입했다 / 많은 장비를
(A) 구입했다   (B) 흥정했다   (C) 나타났다   (D) ~인 것 같았다
* construction 건설, 건축   laboratory 실험실   completed 완료된   equipment 장비

해설 빈칸 앞뒤를 살펴보면 명사 the university(대학)와 명사구 a lot of equipment(많은 장비)가 있으므로, 주어진 보기의 동사들과 함께 연결해서 해석해 봅니다. '대학이 많은 장비를 구입했다'가 가장 적절하므로 (A) purchased(구입했다)가 정답이 됩니다.

오답 혹시 '장비를 흥정했다'로 해석해서 (B) bargained(흥정했다)를 정답으로 선택했다면, 'bargain + 사물'의 형태로는 쓸 수 없고, 'bargain with + 사람'의 형태로 '사람과 흥정하다'라는 의미로 써야 한다는 것을 기억해 두세요. (C) emerged(나타났다)와 (D) appeared(~인 것 같았다)는 모두 목적어를 가질 수 없는 동사이므로 오답이에요.

실전훈련 **자신감 쑥쑥! 실전 도전** **Part 6**

본문 p. 022

정답   **11.** (C)   **12.** (B)   **13.** (D)   **14.** (B)

Questions 11-14 refer to the following e-mail. 다음 이메일을 참조하시오.

Date: 18 June 날짜: 6월 18일
To: Tomas Klein <tklein@campusmail.edu> 수신: 토머스 클라인
From: Sean Park <spark@primeaudio.com> 발신: 션 박
Subject: Feedback request 제목: 의견 요청

Dear Mr. Klein, 클라인 씨께,

Congratulations on your recent purchase / of the Prime Audio HM-3000 wireless headphones.
귀하의 최근 구매를 축하 드립니다 / 프라임 오디오 HM-3000 무선 헤드폰에 대한

I want you to know / about a special offer / available to everyone / who bought this product.
귀하께서 알고 계시기를 원합니다 / 특별 제공 서비스와 관련해 / 모든 분께 이용 가능한 / 이 제품을 구입하신

If you provide feedback, / then we will send you a convenient stand / for your headphones.
귀하께서 의견을 제공해주시면 / 그때 저희가 편리한 스탠드를 보내 드리겠습니다 / 귀하의 헤드폰에 필요한

This useful device / will also quickly recharge your headphones.
이 유용한 장치는 / 또한 귀하의 헤드폰을 빠르게 재충전해줄 것입니다

Please complete the survey / attached to this e-mail / and submit it on our Web site.
설문 조사지를 작성 완료해 주십시오 / 이 이메일에 첨부된 / 그리고 그것을 저희 웹 사이트에서 제출해 주십시오

Then, / simply select your preferred color / for your stand.
그런 다음 / 선호하시는 색상을 선택하기만 하시면 됩니다 / 귀하의 스탠드에 대해

Prime Audio will send it to you / for free.
프라임 오디오가 그것을 귀하께 보내 드리겠습니다 / 무료로

날짜: 6월 18일
수신: 토머스 클라인 <tklein@campusmail.edu>
발신: 션 박 <spark@primeaudio.com>
제목: 의견 요청

클라인 씨께,

프라임 오디오 HM-3000 무선 헤드폰에 대한 귀하의 최근 구매를 축하 드립니다. 이 제품을 구입하신 모든 분께 이용 가능하신 특별 제공 서비스와 관련해 알아두셨으면 합니다. 귀하께서 의견을 제공해주시면, 그때 저희가 귀하의 헤드폰에 필요한 편리한 스탠드를 보내 드리겠습니다. 이 유용한 장치는 또한 귀하의 헤드폰을 빠르게 재충전해줄 것입니다. 이 이메일에 첨부된 설문 조사지를 작성 완료해 저희 웹 사이트에서 제출해 주십시오. 그런 다음, 귀하의 스탠드에 대해 선호하시는 색상을 선택하기만 하시면 됩니다. 저희 프라임 오디오가 그것을 무료로 귀하께 보내 드리겠습니다.

Thank you, 감사합니다	감사합니다.
Sean Park, Customer Satisfaction Manager 션 박, 고객 만족 관리 책임자	션 박, 고객 만족 관리 책임자
Prime Audio 프라임 오디오	프라임 오디오

* feedback 의견   request 요청   recent 최근의   purchase 구매(품)   offer 제공(되는 것)   available to ~가 이용 가능한   then 그때, 그런 다음, 그럼, 그렇다면   convenient 편리한   useful 유용한   device 장치, 기기   recharge 재충전하다   complete 완료하다   survey 설문 조사(지)   attach A to B A를 B에 첨부하다   submit 제출하다   select 선택하다   preferred 선호하는   for free 무료로

---

11. (A) prize   (B) evaluation   **(C) purchase**   (D) testing

    (A) 상, 상품   (B) 평가(서)   (C) 구매(품)   (D) 시험, 실험, 검사

해설 보기가 모두 다른 명사로 구성되어 있으므로 해석해서 풀어야 하는 문제입니다. 다음 문장에 프라임 오디오 HM-3000 무선 헤드폰을 this product로 지칭해 그 제품을 구입한 사람이 이용 가능한 특별 서비스와 관련해 설명하고 있습니다. 따라서, 빈칸이 속한 문제는 해당 제품의 구입에 대해 축하하는 의미를 나타내야 자연스러우므로 '구매(품)'을 뜻하는 (C) purchase가 정답입니다.

오답 무선 헤드폰의 상(prize), 무선 헤드폰의 평가(evaluation), 무선 헤드폰의 시험(testing)은 모두 다음 문장에 제시되는 정보와 흐름상 어울리지 않으므로 (A), (B), (D)는 오답입니다.

---

12. (A) It is a known issue with this range of products.

    (A) 그것은 이 제품군과 관련해 알려져 있는 문제입니다.

    (B) This useful device will also quickly recharge your headphones.

    (B) 이 유용한 장치는 또한 귀하의 헤드폰을 빠르게 재충전해줄 것입니다.

    (C) The limited warranty will expire after 12 months.

    (C) 그 한정적인 품질 보증 서비스가 12개월 후에 만료될 것입니다.

    (D) This defect will cause problems with the audio quality.

    (D) 이 결함이 오디오 품질에 여러 문제를 초래할 것입니다.

해설 빈칸 앞 문장에 헤드폰에 필요한 편리한 스탠드를 보내주겠다고 알리고 있어요. 따라서, 이 제품과 관련된 정보를 담은 문장이 빈칸에 쓰여야 흐름상 알맞으므로 해당 스탠드를 This useful device로 지칭해 그 스탠드가 지닌 특징을 설명하는 (B)가 정답이에요.

오답 (A): 빈칸 앞 문장에 편리한 스탠드를 보내주겠다고 알리는 말이 쓰여 있으므로 특정 제품군과 관련해 알려진 문제를 말하는 것은 흐름상 어울리지 않아요.

(C): 빈칸 앞 문장에 편리한 스탠드를 보내주겠다고 알리는 말이 쓰여 있으므로 품질 보증 서비스가 만료되는 시점을 알리는 것도 흐름상 어울리지 않아요.

(D): 마찬가지로, 빈칸 앞 문장에서 편리한 스탠드를 보내주겠다고 알리고 있는데, 특정 결함을 언급하는 것도 지문의 흐름에 맞지 않아요.

---

13. (A) completion   (B) completed   (C) completes   **(D) complete**

해설 빈칸 앞에 위치한 Please는 동사원형과 결합해 '~하시기 바랍니다'라는 의미를 나타내는 명령문을 구성하는 요소입니다. 따라서, 빈칸에 동사원형이 쓰여야 알맞으므로 (D) complete이 정답입니다.

오답 (A) completion은 명사, (B) completed는 동사의 과거형 또는 과거분사형, 그리고 (C) completes는 3인칭 단수 주어와 수 일치되는 형태이므로 모두 동사원형이 필요한 빈칸에 맞지 않는 오답입니다.

---

14. (A) to send   **(B) send**   (C) sending   (D) sent

해설 조동사 will 뒤에 빈칸이 위치해 있는데, 조동사 다음은 동사원형이 필요한 자리이므로 동사원형인 (B) send가 정답입니다.

오답 (A) to send는 to부정사, (C) sending은 동명사 또는 현재분사, 그리고 (D) sent는 동사의 과거형 또는 과거분사형이므로 모두 조동사 바로 뒤에 위치할 수 없는 오답입니다.

 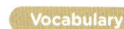
토익 정답과 친해지는 EXERCISE 본문 p. 027

정답 **1.** (A) **2.** (B) **3.** (B)

1. The Clan Research Institute / announced a plan / to build two additional factories / in China.
   (A) announced (B) rose

클랜 연구소는 / 계획을 발표했다 / 2개의 공장을 더 짓겠다고 / 중국에
   (A) 발표했다 (B) 올랐다

해설 빈칸에 쓰일 동사 뒤에 a plan(계획)이라는 목적어가 있으므로 a plan과 의미가 더 잘 어울리는 동사를 고르면 됩니다. 보기 (A) announced(발표했다)와 (B) rose(올랐다)를 a plan과 연결해서 해석해 보면 '클랜 연구소가 계획을 발표했다'가 자연스러우므로 (A) announced가 정답이 됩니다. announce a plan(계획을 발표하다)으로 묶어서 기억해 두세요.

2. All students / should meet the specific requirements / for the class.
   (A) artificial **(B) specific**

모든 학생들은 / 특정한 요구사항을 충족시켜야 한다 / 수업에 필요한
   (A) 인공의 **(B) 구체적인, 특정한**

해설 빈칸에 들어갈 형용사는 뒤의 명사인 requirements(요구사항)를 꾸며줍니다. 따라서 보기 (A) artificial(인공의)과 (B) specific(구체적인)을 requirements와 연결해서 해석해 보면 '구체적인 요구사항'이 자연스러우므로 (B) specific이 정답이 됩니다. a specific requirement(구체적인 요구사항)로 묶어서 기억해 두세요.

3. Mr. Adams / will be promoted / as he devised / a very innovative measure / to improve the company's delivery system.
   (A) brief **(B) innovative**

애덤스 씨는 / 승진될 것이다 / 그가 고안했기 때문에 / 매우 혁신적인 방법을 / 회사의 운송 시스템을 개선하기 위하여
   (A) 짧은, 간략한 **(B) 혁신적인**

해설 빈칸에 들어갈 형용사는 뒤의 명사 measure(방법, 방책)를 꾸며줍니다. 따라서 보기 (A) brief(짧은, 간략한)와 (B) innovative(혁신적인)를 measure와 연결해서 해석해 보면 '혁신적인 방법'이 자연스러우므로 (B) innovative가 정답이 됩니다. an innovative measure(혁신적인 방법)로 묶어서 기억해 두세요.

 **DAY 02** 보어와 목적어 Grammar

개념 1 주격 보어

토익 정답과 친해지는 EXERCISE 본문 p. 028

정답 **1.** beneficial **2.** innovative **3.** strong

1. Your review / was **beneficial.** 당신의 논평은 / 매우 도움이 되었다
   ─── 주격 보어

해설 형용사 beneficial(도움이 되는, 이익이 되는)이 주어(Your review)의 특징을 설명해 주는 역할을 하고 있으므로 beneficial이 주격 보어입니다.

2. The measures / seem **innovative.** 그 조치는 / 혁신적으로 보인다
   ──── 주격 보어

해설 형용사 innovative(혁신적인)가 주어(The measures)의 상태를 설명해 주는 역할을 하고 있으므로 innovative가 주격 보어입니다.

3. **The competition / remains strong.** 경쟁이 / 여전히 심하다
<u>주격 보어</u>

해설 형용사 strong(강한)이 주어(The competition)의 상태를 설명해 주는 역할을 하고 있으므로 strong이 주격 보어입니다.

개념2 주격 보어 자리 – 명사 or 형용사

토익 정답과 친해지는 EXERCISE 본문 p. 029

정답 **1.** reliable **2.** available **3.** defective

1. **Ms. Bong / is (reliable / reliability).** 봉 씨는 / 믿을 만하다

해설 '봉 씨는 의존(reliance)이다'는 어색하지만 '봉 씨는 믿을 만(reliable)하다'는 자연스럽죠? 이처럼 주어와 보어가 동일하지 않은 경우에는 형용사 보어를 쓰므로 reliable이 정답이에요.

2. **The service / became (available / availability).** 그 서비스는 / 이용 가능하게 되었다

해설 '서비스는 이용 가능성(availability)하게 되었다'는 어색하지만 '서비스는 이용 가능(available)하게 되었다'는 자연스럽죠? 이처럼 주어와 보어가 동일하지 않은 경우에는 형용사 보어를 쓰므로 available이 정답이에요.

3. **The product / seemed (defective / defect).** 그 제품은 / 결함이 있는 것 같았다

해설 '그 제품은 결함(defect)인 것 같았다'는 어색하지만 '그 제품은 결함이 있는(defective) 것 같았다'는 자연스럽죠? 이처럼 주어와 보어가 동일하지 않은 경우에는 형용사 보어를 쓰므로 defective가 정답이에요.

개념3 목적어

토익 정답과 친해지는 EXERCISE 본문 p. 030

정답 **1.** <u>the problem</u> **2.** <u>a new plan</u> **3.** <u>all employees</u>, <u>vacation</u>

1. **We will discuss / <u>the problem</u>.** 우리는 토론할 것이다 / 그 문제를
<u>목적어</u>

해설 discuss(토론하다)는 목적어를 필요로 하는 동사로 다음에 나온 명사 the problem이 목적어입니다.

2. **The company / announced / <u>a new plan</u>.** 회사는 / 발표했다 / 새로운 계획을
<u>목적어</u>

해설 announce(발표하다)는 목적어를 필요로 하는 동사로 다음에 나온 명사 a new plan이 목적어입니다.

3. **The manager / granted / <u>all employees</u> / <u>vacation</u>.** 부장은 / 허락했다 / 모든 직원들에게 / 휴가를
<u>목적어1</u>　　<u>목적어2</u>

해설 grant(허락하다)는 두 개의 목적어를 가질 수 있는 동사로 다음에 나온 명사 all employees가 첫 번째 목적어, vacation이 두 번째 목적어입니다.

개념4 목적어 자리 – 명사

토익 정답과 친해지는 EXERCISE 본문 p. 031

정답 **1.** nominations **2.** confidentiality **3.** requirements

1. **The manager / received / (nominations / nominates) / for employee of the month.**
부장은 / 받았다 / 추천들을 / 이달의 직원에 대한

해설 동사 received(받았다) 다음은 목적어 자리이므로 명사 자리입니다. 따라서 동사 nominate(추천하다)는 오답이며, 명사 끝말 -tion을 가진 nominations(추천들)가 정답이 됩니다.

2. **We will ensure / (confidential / confidentiality) / for all of our clients.**
우리는 보장할 것이다 / 기밀사항을 / 모든 우리 고객들에 대한

해설 동사 will ensure(보장할 것이다) 다음은 목적어 자리이므로 명사 자리입니다. 따라서 형용사인 confidential(기밀의)은 오답이며, 명사 끝말 -ty를 가진 confidentiality(기밀사항)가 정답이 됩니다.

3. **You should fulfill / the specific (requirements / required) / for this job.**
당신은 충족해야 한다 / 구체적인 요구사항들을 / 이 직책에 대한

해설 specific이 명사가 아니므로 specific 앞의 동사 should fulfill(충족해야 한다)의 목적어 역할을 할 명사가 필요합니다. 따라서 동사나 형용사로 쓰이는 required(요구했다, 요구된)는 오답이며, 명사 끝말 -ment를 가진 requirements(요구사항들)가 정답이 됩니다.

개념 5 목적격 보어

토익 정답과 친해지는 EXERCISE   본문 p. 032

정답   **1.** tidy   **2.** interesting   **3.** brief

1. **Ms. Edwards / kept / her workplace / tidy.** 에드워즈 씨는 / 유지했다 / 그녀의 일터를 / 깨끗한 상태로
                                        목적격 보어

해설 목적어(her workplace)를 '깨끗한(tidy)' 상태로 유지했다는 의미이므로 tidy가 목적어의 상태를 설명해 주는 목적격 보어입니다.

2. **We found / your articles / interesting.** 우리는 생각했다 / 당신의 기사가 / 흥미롭다고
                              목적격 보어

해설 목적어(your articles)를 '흥미로운(interesting)' 특징을 가지고 있다고 생각했다는 의미이므로 interesting이 목적어의 특징을 설명해 주는 목적격 보어입니다.

3. **Please make / your report / brief.** 만들어 주십시오 / 귀하의 보고서를 / 짧은 상태로
                          목적격 보어

해설 목적어(your report)를 '짧은(brief)' 상태가 되도록 만들라는 의미이므로, brief가 목적어의 상태를 설명해 주는 목적격 보어입니다.

개념 6 목적격 보어 자리 – 명사 or 형용사

토익 정답과 친해지는 EXERCISE   본문 p. 033

정답   **1.** innovative   **2.** artificial   **3.** attractive

1. **The company / kept / its marketing strategies / (innovate / innovative).**
회사는 / 유지했다 / 마케팅 전략을 / 혁신적으로

해설 동사 keep의 목적격 보어 자리에는 명사나 형용사가 올 수 있어요. innovate는 동사, innovative는 형용사이므로 형용사 innovative가 정답이에요.

2. **Ms. Togo / considered / the plant / (artificial / artificially).**
토고 씨는 / 간주했다 / 그 초목이 / 인공적이라고

해설 동사 consider의 목적격 보어 자리에는 명사나 형용사가 올 수 있어요. artificial은 형용사, artificially는 부사이므로 형용사 artificial이 정답이에요.

3. **Executives / found / the design / (attractive / attractiveness).**
경영진은 / 생각했다 / 그 디자인이 / 매력적이라고

해설 동사 find의 목적격 보어 자리에는 명사나 형용사가 올 수 있는데 attractive는 형용사, attractiveness는 명사입니다. 그럼 이제 목적어와 목적격 보어의 관계를 확인해야 해요. 디자인이 매력적인(attractive) 것이지 매력(attractiveness) 자체는 아니므로 형용사 attractive가 정답이에요.

실전훈련 자신감 쑥쑥! 실전 도전 Part 5   본문 p. 035

| 정답 | **1.** (A) | **2.** (B) | **3.** (B) | **4.** (C) | **5.** (C) | **6.** (D) | **7.** (A) | **8.** (C) | **9.** (A) | **10.** (A) |

1. East Haven Street Parking Garage / is not responsible / for damage / caused to any vehicle / in the parking garage.

(A) responsible   (B) responsibly   (C) responsibility   (D) responsibilities

이스트 헤이븐 스트리트 주차장은 / 책임을 지지 않습니다 / 피해에 대해 / 어떤 차량에든지 발생된 / 주차장에서

* parking garage 주차장   damage 피해, 손상   vehicle 탈것   responsible 책임이 있는   responsibility 책임, 책임감

해설 빈칸 앞의 be동사(is)는 주격 보어를 필요로 해요. 주어와 보어가 동일할 경우에는 명사 보어를, 주어와 보어가 동일하지 않을 경우에는 형용사 보어를 써야 하는데, 주차장(Parking Garage)이 책임(responsibility)은 아니므로 명사가 아닌 형용사가 와야 해요. 따라서 (A) responsible이 정답이 됩니다. 토익에서는 주격 보어 문제의 정답으로 주로 형용사가 출제되니 기억해 두세요.

오답 (B) responsibly는 부사이므로 주격 보어 역할을 할 수 없어서 오답이에요. (D) responsibilities도 명사(복수)이므로 오답이에요.

2. Good services and incentive programs / will make / your airlines / attractive / to customers.

(A) attracts   **(B) attractive**   (C) attractively   (D) attraction

좋은 서비스와 인센티브 프로그램은 / 만들 것입니다 / 귀하의 항공사를 / 매력적으로 / 고객들에게

* incentive 우대 정책, 장려 정책   make A 형용사 A를 ~하게 만들다   attractive 매력적인   customer 고객   attract 끌어들이다   attractively 매력적으로   attraction 매력, 명소

해설 동사 make는 목적어 및 목적격 보어(형용사 또는 명사)와 함께 쓰이는 동사예요. 따라서 목적어로 쓰인 your airlines 다음에는 your airlines의 보어가 와야 해요. 보기 중에서 목적격 보어의 역할이 가능한 것은 형용사인 (B) attractive와 명사인 (D) attraction입니다. 명사의 경우 목적어와 동격이 되어야 하지만, 이 문장에서 your airlines와 attraction(매력, 명소)은 동격으로 볼 수 없어요. 따라서 형용사인 (B) attractive(매력적인)가 정답이에요.

오답 (A) attracts는 동사이고, 부사 끝말인 -ly로 끝나는 (C) attractively는 부사이므로 모두 오답이에요.

3. Due to the strong competition, / Garner Foods / had to reduce / its product prices.

(A) artificial   **(B) strong**   (C) narrow   (D) vague

심한 경쟁 때문에 / 가너 푸드는 / 인하해야 했다 / 제품 가격을

(A) 인공의   (B) 강한   (C) 좁은   (D) 모호한

* due to ~때문에   competition 경쟁   reduce 인하하다, 줄이다

해설 빈칸은 뒤에 오는 명사 competition(경쟁)을 수식하는 형용사 자리입니다. 뒤에 이어지는 내용을 읽어보면 회사가 제품 가격을 인하해야만 했다(had to reduce its products prices)는 내용이 있으므로 경쟁이 심한 상태임을 알 수 있어요. 따라서 '심한, 강한'을 의미하는 (B) strong이 정답이 됩니다. strong competition(심한 경쟁)으로 묶어서 기억해 두세요.

오답 (A) artificial(인공의), (C) narrow(좁은), (D) vague(모호한) 모두 명사 competition과 의미가 어울리지 않아서 오답이에요.

4. The revised inventory management policy / became effective / at the start of the new fiscal year.

(A) effects   (B) effect   **(C) effective**   (D) effectively

변경된 재고 관리 정책이 / 발효되었다 / 새로운 회계 연도가 시작될 때

* revise 변경하다, 수정하다   inventory 재고 (목록)   policy 정책   fiscal year 회계 연도   effect 효과, 영향, 결과   effective 발효되는, 효과적인   effectively 효과적으로

해설 빈칸 앞에 과거시제로 쓰여 있는 동사 become은 형용사 또는 명사와 결합해 '~한 상태가 되다' 또는 '~가 되다'라는 의미를 나타내요. 그리고 이 문장에서는 주어인 변경된 재고 관리 정책을 설명할 형용사가 쓰여야 알맞으므로 형용사 (C) effective가 정답이에요.

오답 (A) effects와 (B) effect는 명사인데, become 뒤에 명사가 쓰이려면 주어와 동격이어야 하지만 이 문장에서는 그렇지 않으므로 오답입니다. (D) effectively는 보어 자리에 쓰일 수 없는 부사이므로 오답이에요.

5. Defective products / can be exchanged / within 7 days of purchase.

(A) Efficient   (B) Correct   **(C) Defective**   (D) Abrupt

결함 있는 제품들은 / 교환될 수 있다 / 구입한 날로부터 7일 이내에

(A) 효율적인   (B) 정확한   (C) 결함이 있는   (D) 갑작스러운

* exchange 교환하다   within ~이내에   purchase 구입, 구매

해설 빈칸은 뒤의 명사 products(제품들)를 수식하는 형용사 자리입니다. products는 문장의 주어 역할을 하는데, 동사 부분을 읽어보면 can be exchanged(교환될 수 있다)라는 내용이 있으므로 '결함이 있는 제품들은 교환될 수 있다'가 의미상 적절합니다. 따라서 '결함이 있는'을 뜻하는 (C) Defective가 정답이 됩니다. a defective product(결함이 있는 제품)로 묶어서 기억해 두세요.

오답 혹시 '정확한 상품이 교환될 수 있다'로 해석해 (B) Correct(정확한)을 정답으로 선택했다면 correct는 '옳고 그름'을 판단할 때 쓰는

형용사이므로 product(제품)와는 함께 쓸 수 없다는 것을 기억해 두세요.

6. It is advisable / to wear protective gear / when working with hazardous materials.

    (A) advise   (B) advisably   (C) advises   **(D) advisable**

바람직합니다 / 보호 장비를 착용하시는 것이 / 위험 물질로 작업하실 때

* **protective gear** 보호 장비   **hazardous** 위험한   **material** 물질, 물품, 재료   **advise** 조언하다, 충고하다   **advisably** 바람직하게
advisable 바람직한, 권장되는

해설 'It is ~ to부정사'의 구조로 된 가주어/진주어 문장에서 is와 to부정사 사이에 위치한 빈칸은 형용사 보어가 필요한 자리이므로 (D) advisable이 정답이에요.

오답 (A) advise와 (C) advises는 동사, (B) advisably는 부사이므로 형용사 자리인 빈칸에 쓰일 수 없는 오답이에요.

7. The new tablet / has been popular / among college students / for its attractive design.

    (A) attractive   (B) temporary   (C) upcoming   (D) absolute

새 태블릿은 / 인기 있다 / 대학생들 사이에서 / 매력적인 디자인 때문에

(A) 매력적인   (B) 일시적인   (C) 앞으로 있을   (D) 절대적인

* **popular** 인기 있는

해설 보기가 모두 의미가 다른 형용사로 구성되어 있으므로 해석해서 문제를 풀어야 해요. 빈칸에 쓰일 형용사는 뒤에 오는 명사 design(디자인)을 수식합니다. 문장의 앞부분에서 새로운 태블릿이 인기가 있다(The new tablet has been popular)는 내용이 있으므로 디자인이 좋다는 말이 되어야 자연스러워요. 따라서 (A) attractive(매력적인)가 정답이 됩니다.

오답 (B) temporary(일시적인), (C) upcoming(앞으로 있을), (D) absolute(절대적인) 모두 design과 어울리기는 하지만, 전체 문장의 의미와 맞지 않아서 오답이에요.

8. The company / uses efficient manufacturing processes / to keep its merchandise affordable.

    (A) afforded   (B) affords   **(C) affordable**   (D) affording

그 회사는 / 효율적인 제조 과정을 이용하고 있다 / 자사의 상품을 저렴하게 유지하기 위해

* **efficient** 효율적인   **manufacturing** 제조   **process** 과정   **merchandise** 상품   **keep A** 형용사 A를 ~하게 유지하다
afford ~할 여유가 되다   **affordable** 저렴한, 가격이 알맞은

해설 빈칸 앞에 to부정사로 쓰인 동사 keep은 'keep + 목적어 + 형용사'의 구조로 쓰여 '~을 …하게 유지하다'라는 의미를 나타내요. 따라서, 목적어 its merchandise 뒤에 위치한 빈칸은 형용사 자리이므로 (C) affordable이 정답이에요.

오답 (A) afforded는 동사의 과거형 또는 과거분사형이고, (B) affords는 동사, (D) affording은 동명사 또는 현재분사형이므로 오답이에요.

9. Hot Springs Energy Consortium / offered / Ms. Gladstone / a job in research and development department.

    (A) offered   (B) hired   (C) relocated   (D) created

핫 스프링스 에너지 컨소시엄은 / 제안했다 / 글래드스톤 씨에게 / 연구 개발 부서에 있는 일자리를

(A) 제안했다   (B) 고용했다   (C) 이전했다   (D) 창조했다

* **consortium** 컨소시엄, 협력단   **research and development(= R&D)** 연구 개발   **department** 부서

해설 보기가 모두 의미가 다른 동사로 구성되어 있으므로 해석해서 문제를 풀어야 하지만, 빈칸 뒤에 두 개의 목적어(Ms. Gladstone, a job)가 있다는 것을 파악했다면 쉽게 풀 수 있는 문제입니다. 보기 중에 두 개의 목적어를 가질 수 있는 동사는 offered(제공했다)가 유일하므로 (A) offered가 정답이 됩니다.

오답 (B) hired(고용했다), (C) relocated(이전했다), (D) created(창조했다) 모두 의미상으로도 어색하지만 한 개의 목적어만 가지는 동사이므로 오답이에요.

10. All the members of the board / gathered / in the conference room / and discussed / the urgent problems.

    (A) discussed   (B) discarded   (C) informed   (D) talked

이사회의 모든 구성원들이 / 모였다 / 회의실에 / 그리고 논의했다 / 긴급한 문제들을

(A) 논의했다   (B) 버렸다   (C) 알렸다   (D) 말했다

* **board** 이사회   **gather** 모이다   **conference** 회의   **urgent** 긴급한

해설 보기가 모두 의미가 다른 동사로 구성되어 있으므로 해석해서 풀어야 해요. 문장의 주어 All the members(모든 구성원들), 동사의 목적어 the urgent problems(긴급한 문제들)와 보기의 동사들을 함께 해석해 보면 '모든 구성원들이 긴급한 문제들을 논의했다'가 가장 적절

합니다. 따라서 (A) discussed가 정답입니다. discuss a problem(문제를 논의하다)으로 묶어서 기억해 두세요.

오답 (B) discard는 '물건 따위를 버리다'라는 의미이므로 목적어인 problems와는 어울리지 않아요. 혹시 (C) informed(알리다)를 정답으로 선택했다면, 'inform + 목적어'는 '~에게 알리다'라는 의미가 된다는 것을 기억해 두세요. 따라서 '문제들에게 알리다'라는 어색한 의미를 나타내므로 오답이에요. (D) talked(말했다)도 우리말 해석으로는 '문제들을 말했다'가 되어 자연스러운 것 같지만 동사 뒤에 about이 있어야 목적어를 가질 수 있으므로 오답이에요.

 **자신감 쑥쑥! 실전 도전** Part 6
본문 p. 036

정답 **11.** (A)   **12.** (C)   **13.** (C)   **14.** (A)

Questions 11-14 refer to the following e-mail. 다음 이메일을 참조하시오.

Subject: Board meeting 제목: 이사회 회의
Attached: HR Manual 첨부: HR 안내책자
Mr. Fox, 폭스 씨에게

On behalf of all members / of the Blau International Board of Advisors, / I would like to welcome you / to our team.
모든 멤버들을 대표하여 / 블라우 국제 자문 위원회의 / 진심으로 환영합니다 / 저희 팀에 합류하신 것을

The next meeting / will be held / at 6 P.M. on Tuesday, September 23. 다음 회의는 / 열릴 것입니다 / 9월 23일 화요일 저녁 6시에

Please be punctual, / as we have many items on the agenda.
시간을 꼭 지켜 주십시오 / 의논할 사항이 많기 때문에

Blau Intl. / is in the process / of hiring a new regional manager.
블라우 국제 자문 위원회는 / 과정 중에 있습니다 / 새로운 지역 담당자를 고용하는

Therefore, / in this week's meeting, / we will review specifications / regarding qualifications for this position.
그러므로 / 이번 주 회의에서 / 저희는 세부사항을 검토할 것입니다 / 이 직책의 자격 요건과 관련하여

We will also compile / a list of possible questions / to ask applicants. 저희는 또한 정리할 것입니다 / 가능한 질문 목록을 / 지원자에게 질문할

To be prepared, / we ask that / you review the manual / from Human Resources / that provides interview procedures.
준비를 위해 / 저희는 요청드립니다 / 귀하께서 안내책자를 검토하기를 / 인사과에서 보낸 / 면접 절차가 담긴

You can find it / at the bottom of this e-mail.
그것을 찾을 수 있습니다 / 이 이메일 하단에서

We look forward to / working with you.
저희는 고대합니다 / 귀하와 함께 일하기를

Sincerely,

Wilma Sanders 윌마 샌더스 드림
Blau International Board of Advisors, Chairperson
블라우 국제 자문 위원회 회장

제목: 이사회 회의
첨부: HR 안내책자
폭스 씨에게

블라우 국제 자문 위원회의 모든 멤버들을 대표하여, 저희 팀에 합류하신 것을 진심으로 환영합니다. 다음 회의는 9월 23일 화요일 저녁 6시에 열릴 것입니다. 의논할 사항이 많기 때문에 시간을 꼭 지켜 주십시오.

블라우 국제 자문 위원회는 새로운 지역 담당자를 고용하는 과정 중에 있습니다. 그러므로 이번 주 회의에서 저희는 이 직책의 자격 요건과 관련한 세부사항을 검토할 것입니다. 저희는 또한 지원자에게 질문할 가능한 질문 목록을 정리할 것입니다.

준비를 위해, 인사과에서 보낸 면접 절차가 담긴 안내책자를 귀하께서 검토해 주시길 요청드립니다. 이 이메일 하단에서 책자를 찾을 수 있습니다.

귀하와 함께 일하기를 고대합니다.

윌마 샌더스 드림
블라우 국제 자문 위원회 회장

---

* board 이사회 on behalf of ~을 대표하여, 대신하여 international 국제적인 hold (행사 등을) 열다, 개최하다 agenda 의제, 안건 therefore 그러므로 regarding ~에 관한 qualification 자격 요건 compile 정리하다, 묶다, 편집하다 applicant 지원자 manual 안내책자 Human Resources 인사과 punctual 시간을 엄수하는 process 과정 regional 지역의 specify 명시하다 specification 세부사항 procedure 절차 subscriber 구독자 associate 동료 chairperson 회장

11. (A) punctual   (B) punctuality   (C) punctualities   (D) punctually

해설 빈칸 앞의 be동사는 주격 보어를 필요로 하는 동사이므로 빈칸은 명사나 형용사가 들어갈 자리입니다. 하지만 빈칸에 명사인 punctuality(시간 엄수)가 들어가면 '시간 엄수가 되세요'라는 말이 되어 어색해요. 명령문의 주어는 생략된 you(당신)인데 '당신 = 시간 엄수'는 성립하지 않으므로 (B) punctuality는 오답입니다. 따라서 형용사인 (A) punctual이 정답이 됩니다.

오답 (C) punctualities는 명사 punctuality의 복수형이므로 오답입니다. (D) punctually는 부사이므로 오답이에요.

12. (A) Each of our new employees receives a detailed orientation.
(A) 각각의 신입 직원들은 상세한 오리엔테이션 교육을 받습니다.

(B) Your presentation on management and hiring is scheduled first.
(B) 경영 및 채용에 관한 귀하의 발표는 맨 처음으로 예정되어 있습니다.

(C) Blau Intl. is in the process of hiring a new regional manager.
(C) 블라우 국제 자문 위원회는 새로운 지역 담당자를 고용하는 과정 중에 있습니다.

(D) We have recently hired Mr. Daniel Townsend as regional manager.
(D) 저희는 최근에 대니얼 타운센드 씨를 새로운 지역 담당자로 채용했습니다.

해설 새로운 단락의 시작 부분에 빈칸이 있으므로 이 단락의 나머지 부분에 쓰여 있는 내용과 어울리는 문장을 찾아야 해요. 뒤에 이어지는 문장을 보면, 특정 직책을 가리키는 this position이라는 말과 함께, 해당 직책에 대한 자격 요건(qualifications)을 검토해야 한다는 내용이 있고, 지원자들에게 물어볼 질문 목록을 만들어야 한다는 내용(compile a list of possible questions to ask applicants)이 있어요. 따라서 현재 새로운 직원을 채용하려 한다는 것을 알 수 있으므로 this position이 가리킬 수 있는 직책인 a new regional manager를 포함해 '새로운 지역 담당자를 고용하는 과정에 있다'라는 의미를 나타내는 (C)가 정답이에요.

오답 (A): 빈칸 앞부분에 위치한 문장을 보면, 회의 일정과 함께 다뤄야 할 많은 안건이 있다고 알리고 있고, 빈칸 뒤에서는 특정 직책에 필요한 인원을 채용하는 것과 관련해 앞으로 해야 할 일을 알리는 문장들이 쓰여 있어요. 따라서 '신입 직원 오리엔테이션'에 대해 언급한 이 문장은 지문의 흐름을 자연스럽게 해주는 문장으로 볼 수 없어요.
(B): 빈칸 뒤에 이어지는 문장들은 직원을 채용하는 데 필요한 과정을 설명하고 있으므로 발표 순서와 관련된 내용이 아니어서 어울리지 않는 보기예요.
(D): 빈칸 뒤에 이어지는 문장들을 보면, 아직 누군가를 채용하기 전이라는 것을 알 수 있으므로 이미 대니얼 타운센드 씨를 채용했다는 의미로 쓰인 이 보기는 지문의 흐름에 어울리지 않아요.

13. (A) specify   (B) specified   **(C) specifications**   (D) specifies

해설 빈칸은 동사 will review(검토할 것이다)의 목적어 자리이므로 명사 자리입니다. 보기 중 명사는 명사 끝말 -tion으로 끝나는 specifications(세부사항들)밖에 없으므로 (C) specifications가 정답이 됩니다.

오답 (A) specify는 동사이므로 오답이에요. (B) specified는 -ed로 끝나므로 동사나 형용사로 쓰여 오답이에요. (D) specifies는 동사에 -es가 붙은 형태로 여전히 동사 역할을 하므로 오답이에요.

14. **(A) procedures**   (B) subscribers   (C) Web sites   (D) associates
(A) 절차들   (B) 구독자들   (C) 웹사이트들   (D) 동료들

해설 앞 문장들에서 언급된 내용을 통해 '직원을 고용하는 과정 중'임을 알 수 있습니다. 빈칸 앞의 that provides interview의 that은 앞의 명사를 수식하는 역할을 하기 때문에 'the manual from Human Resources that provides interview -------'는 '인터뷰 ~을 제공하는 인사과에서 보낸 안내책자'라고 해석되고, 이 정보들을 모두 종합하면 '인터뷰 절차를 제공하는 인사과에서 보낸 안내책자'가 해석상 적절하므로 '절차'를 뜻하는 (A) procedures가 정답이 됩니다.

오답 (B) subscribers(구독자들), (C) Web sites(웹사이트들), (D) associates(동료들)는 모두 의미상 어색하므로 오답이에요.

DAY 03   토익이 좋아하는 **짝꿍표현**   Vocabulary

토익 정답과 친해지는 EXERCISE   본문 p. 041

정답   **1.** (A)   **2.** (A)   **3.** (B)

1. Sneider Steel, Inc. / <u>urgently</u> needs / financial aids / from the federal government.
   (A) urgently   (B) briefly

스나이더 철강 회사는 / 급히 필요로 한다 / 재정 지원을 / 연방 정부로부터
(A) 급히, 긴급하게   (B) 간략하게

해설 빈칸에 쓰일 부사는 뒤에 오는 동사 needs(필요로 한다)를 수식합니다. '급히(urgently) 필요로 한다'는 자연스럽지만 '간략하게 (briefly) 필요로 한다'는 어색합니다. 따라서 (A) urgently가 정답이에요.

2. The conditions of the contract / between Keith Co. and Daren Motors / were mutually <u>beneficial</u>.
   (A) beneficial   (B) popular

계약 조건은 / 키이스 사와 다렌 자동차 회사 사이의 / 상호 간에 이로웠다
(A) 이익이 되는   (B) 인기 있는

해설 빈칸 앞의 mutually(상호 간에)와 함께 해석해 보면 '상호 간에 이익이 되었다'가 자연스러우므로 (A) beneficial이 정답이에요. mutually beneficial(상호 간에 이익이 되는)로 묶어서 기억해 두세요.

3. The <u>recent</u> survey / shows that / the demand for leisure vehicles / has steadily increased / for the last 6 months.
   (A) upcoming   **(B) recent**

최근의 조사는 / 나타낸다 / 레저 차량에 대한 수요가 / 꾸준히 증가했다고 / 지난 6개월간
(A) 앞으로 있을   (B) 최근의

해설 빈칸에 쓰일 형용사는 뒤에 오는 명사 survey(조사)를 꾸며줍니다. 두 형용사 보기와 함께 연결해서 해석해 보면 둘 다 자연스럽게 느껴지지만, 동사 shows(보여준다)와 함께 특정 결과를 말하는 내용이 나오므로 '앞으로 있을 조사'는 어색해요. 따라서 과거의 일을 의미하는 '최근의 조사'가 자연스러우므로 (B) recent가 정답이 됩니다. a recent survey(최근의 조사)로 묶어서 기억해 두세요.

DAY 03 수식어 Grammar

개념 1 명사를 앞에서 수식 – 관사/소유격/형용사

토익 정답과 친해지는 **EXERCISE**   본문 p. 042

정답 **1.** additional   **2.** reasonable   **3.** the upcoming

1. Many employees / received / (add / additional) duties. 많은 직원들이 / 받았다 / 추가 업무를

   해설 add(더하다)는 동사이고 additional(추가적인)은 형용사입니다. 괄호 뒤의 duties(업무들)가 명사이므로 형용사의 수식을 받아야 해요. 따라서 additional이 정답이에요.

2. The popular restaurant / provides / (reasonable / reasonably) prices.
   그 인기 있는 식당은 / 제공한다 / 합리적인 가격을

   해설 reasonable(합리적인)은 형용사이고, reasonably(합리적으로)는 부사입니다. 괄호 뒤의 prices(가격들)가 명사이므로 형용사의 수식을 받아야 해요. 따라서 reasonable이 정답이에요.

3. We will attend / (the upcoming / upcoming the) event. 우리는 참석할 것이다 / 곧 있을 행사에

   해설 the(그)는 관사이고, upcoming(다가오는)은 형용사입니다. 형용사 앞에 관사가 위치해야 하므로 the upcoming이 맞는 순서입니다.

개념 2 명사를 뒤에서 수식 – '전치사 + 명사 덩어리'

토익 정답과 친해지는 **EXERCISE**   본문 p. 043

정답 **1.** <u>The tour</u>   **2.** <u>compensation</u>   **3.** <u>Your quick response</u>

1. [<u>The tour</u> / **with Chelsia travel company**] / will depart / tomorrow.
   투어가 / 첼시아 여행사와의 / 시작될 것이다 / 내일

해설 '전치사 + 명사 덩어리(with Chelsia travel company)'가 앞의 The tour를 수식합니다.

2. They urgently needed / [compensation / **for damage**].

그들은 긴급히 필요했다 / 보상이 / 손해에 대한

해설 '전치사 + 명사 덩어리(for damage)'가 앞의 compensation을 수식합니다.

3. [Your quick response / **to our requests**] / is much appreciated.

당신의 신속한 답변에 / 우리의 요구사항에 대한 / 대단히 감사합니다

해설 '전치사 + 명사 덩어리(to our requests)'가 앞의 Your quick response를 수식합니다.

개념 3 동사 수식 – 부사와 '전치사 + 명사 덩어리'

토익 정답과 친해지는 EXERCISE 본문 p. 044

정답 **1.** clearly **2.** successfully **3.** finished 수식

1. The representative / (clear / clearly) showed / his commitment.

그 직원은 / 확실히 보여주었다 / 자신의 헌신을

해설 clear(확실한)는 형용사이고 clearly(확실히)는 부사입니다. 괄호가 동사(showed) 앞에 있으므로 동사를 앞에서 수식하는 부사가 와야 해요. 따라서 clearly가 정답입니다.

2. The new manager / runs the department / (successful / successfully).

새 팀장은 / 부서를 운영한다 / 성공적으로

해설 successful(성공적인)은 형용사이고 successfully(성공적으로)는 부사입니다. 괄호가 동사(runs)와 동사의 목적어(the department) 뒤에 있어요. 괄호 다음에 아무것도 나타나 있지 않으므로 명사를 수식하는 형용사 successful은 정답이 될 수 없으며, 부사 successfully가 동사를 수식하는 문장이 되어야 자연스러워요. 따라서 successfully가 정답이에요.

3. John finished / the relatively difficult job / **without my help**(finished 수식 / job 수식).

존은 끝마쳤다 / 비교적 어려운 임무를 / 내 도움 없이

해설 '전치사 + 명사 덩어리(without my help)'가 동사 finished를 수식합니다.

개념 4 형용사 수식 – 부사(형용사 + -ly)

토익 정답과 친해지는 EXERCISE 본문 p. 045

정답 **1.** mutually **2.** increasingly **3.** readily

1. The agreement / between the two companies / was (mutual / mutually) beneficial.

합의는 / 두 회사 사이의 / 상호 간에 이로웠다

해설 mutual(상호 간의)은 형용사이고 mutually(상호 간에, 서로)는 부사입니다. 괄호는 뒤에 오는 형용사 beneficial(이로운)을 수식하는 자리이므로 부사가 와야 해요. 따라서 부사인 mutually가 정답이에요.

2. This product / is (increasingly / increased) popular / among business owners.

이 상품은 / 점점 더 인기가 있다 / 사업주들 사이에서

해설 increasingly(점점 더)는 부사이고 increased(증가했다, 증가된)는 동사도 되고 형용사도 됩니다. 괄호는 뒤에 오는 형용사 popular(인기 있는)를 수식하는 자리이므로 부사가 와야 해요. 따라서 부사인 increasingly가 정답이에요.

3. The service / will become (readily / ready) available / soon.

서비스는 / 쉽게 이용 가능해질 것이다 / 곧

해설 readily(쉽게)는 부사이고 ready(쉬운)는 형용사입니다. 괄호는 뒤에 오는 형용사 available(이용 가능한)을 수식하는 자리이므로 부사가 와야 해요. 따라서 부사인 readily가 정답이에요.

정답　**1.** (C)　**2.** (D)　**3.** (D)　**4.** (A)　**5.** (A)　**6.** (B)　**7.** (C)　**8.** (D)　**9.** (B)　**10.** (A)

1. The local government / is funding new initiatives / to support small businesses and startups.
   (A) locally　　(B) locality　　**(C) local**　　(D) localizing

   지역 정부가 / 새로운 계획들에 자금을 제공하고 있다 / 소기업과 신생 기업들을 지원하기 위해

   * fund 자금을 제공하다　initiative 계획　support 지원하다, 후원하다　locally 지역적으로　locality 장소, 소재지, 인근
   local 지역의, 현지의　localize 현지화하다, 한 지역에 국한시키다

   해설 정관사 The와 명사 government 사이에 위치한 빈칸은 명사를 수식할 형용사 자리이므로 형용사 (C) local이 정답이에요.

   오답 (A) locally는 부사이므로 오답이고, (B) locality는 명사로서 government와 복합명사를 구성하기에는 의미가 적합하지 않으므로 오답이에요. (D) localizing은 동명사 또는 동사의 현재분사형인데, 현재분사보다는 형용사가 명사 앞에서 우선하므로 오답입니다.

2. Hamilton Electronics / always provides / specific guidelines / on the usage / of all their electronic equipment.
   (A) specifically　　(B) specifics　　(C) specify　　**(D) specific**

   해밀턴 일렉트로닉스 사는 / 항상 제공합니다 / 구체적인 가이드라인을 / 사용법에 관한 / 자사의 모든 전자 기기들의

   * provide 제공하다　specific 구체적인; 상세사항　usage 사용(법)　electronic equipment 전자 기기　specifically 구체적으로
   specify 명시하다

   해설 동사 provides와 동사의 목적어로 쓰인 명사 guidelines 사이에 빈칸이 있어요. 따라서 빈칸은 명사 guidelines를 수식하는 형용사 자리예요. 보기 중에서 형용사는 (D) specific(구체적인)이에요.

   오답 부사 끝말인 -ly로 끝나는 (A) specifically는 부사이며, (B) specifics는 복수 형태로 쓰인 명사이므로 오답이에요. 그리고 -fy라는 끝말이 쓰인 (C) specify는 동사입니다.

3. The employees / were pleased that / no additional duties / were assigned / to them.
   (A) benefits　　(B) supports　　(C) invitations　　**(D) duties**

   직원들은 / 기뻤다 / 추가 임무가 / 할당되지 않아서 / 그들에게
   (A) 혜택들　　　　(B) 지원들　　　　(C) 초대장들　　　　(D) 업무들
   * pleased 기쁜　additional 추가의　duty 업무, 의무

   해설 be pleased that은 '~라서 기쁘다'라는 의미이므로 that 이하에는 직원들이 기뻐하는 이유가 나와야 해요. 따라서 '추가 업무가 할당되지 않아서 기뻤다'가 자연스러우므로 '업무, 의무'라는 의미를 지닌 (D) duties가 정답이 됩니다. additional duties(추가 업무들)로 묶어서 기억해 두세요.

   오답 (A) benefits(혜택들), (B) supports(지원들), (C) invitations(초대장들)가 추가로 주어지지 않는 것이 기쁜 일은 아니므로 모두 오답이에요.

4. Since the company / implemented / new policies, / overall expenses / have sharply declined.
   (A) sharply　　(B) frequently　　(C) urgently　　(D) sincerely

   회사가 / 시행했기 때문에 / 새로운 정책을 / 전반적인 비용은 / 급격하게 감소했다
   (A) 급격하게　　　　(B) 자주　　　　(C) 급히　　　　(D) 진심으로
   * implement 시행하다　policy 정책　overall 전반적인　expense 비용

   해설 빈칸에 쓰일 부사는 동사 have declined(감소했다)를 꾸며주는 역할을 해요. 보기 중 (A) sharply(급격하게)는 증가나 감소를 나타내는 동사와 자주 함께 쓰이는 단어입니다. 따라서 (A) sharply가 정답이에요. sharply decline(급격히 감소하다)으로 묶어서 기억해 두세요.

   오답 혹시 '자주 감소했다'로 해석해서 (B) frequently(자주)를 정답으로 선택했다면 frequently는 '반복적으로 일어나는'이라는 의미라는 것을 기억해 두세요. 새로운 정책을 시행해서 비용이 한 번 감소한 것이지, 반복적으로 감소한 것이 아니므로 오답이에요.

5. The intern / learned the necessary skills quickly / and impressed the supervisor / with his work.
   (A) quickly　　(B) quick　　(C) quicken　　(D) quickening

   그 인턴은 / 필수적인 기술을 빠르게 배웠다 / 그리고 상사에게 깊은 인상을 남겼다 / 자신의 업무로
   * necessary 필수적인, 필요한　skill 기술, 능력　impress 깊은 인상을 남기다　supervisor 상사, 책임자, 감독　quicken 빠르게 하다

   해설 동사 learned와 명사구 목적어 the necessary skills 뒤에 위치한 빈칸은 동사를 뒤에서 수식할 부사가 필요한 자리이므로 부사 (A) quickly가 정답이에요.

오답 (B) quick은 형용사, (C) quicken은 동사이고, (D) quickening은 동명사 또는 동사의 현재분사형이므로 부사 자리인 빈칸에 맞지 않는 오답이에요.

6. A financially rewarding career / requires a solid education / and relevant experience.

(A) financial　　　　(B) financially　　　(C) finances　　　(D) finance

금전적으로 보상이 되는 진로는 / 탄탄한 교육을 필요로 한다 / 그리고 관련 경험을

* rewarding 보상이 되는, 보람 있는　career 진로, 경력, 직장 생활　require 필요로 하다　solid 탄탄한, 견고한, 단단한　relevant 관련 있는　financial 재무의, 재정의, 금융의　financially 금전적으로, 재정적으로　finance 재무, 재정, 자금을 대다

해설 부정관사 A와 형용사 rewarding 사이에 빈칸이 위치해 있어 또 다른 형용사 또는 rewarding을 수식할 부사가 빈칸에 쓰일 수 있는데, rewarding을 수식하여 '금전적으로 보상이 되는'이란 의미가 자연스러우므로 (B) financially가 정답이에요.

오답 (C) finances와 (D) finance는 명사 또는 동사의 형태이므로 빈칸에 어울리지 않는 오답이에요.

7. JPS, Inc. / intends to sell its products / in India / in cooperation with the Whitmore Group.

(A) cooperate　　　(B) cooperates　　　(C) cooperation　　　(D) cooperated

JPS 사는 / 자사의 제품을 팔려고 한다 / 인도에서 / 위트모어 그룹과 협력하여

* intend 의도하다, 생각하다　in cooperation with ~와 협력하여　cooperate 협력하다

해설 빈칸 앞에 전치사(in)가 있어요. 전치사 뒤에는 명사 형태가 와야 하는데 빈칸 뒤에도 전치사(with)가 있을 뿐 명사 형태가 없으므로 빈칸은 명사 자리입니다. 보기 중 명사는 명사 끝말 -tion으로 끝나는 cooperation(협력)이 유일하므로 (C) cooperation이 정답이에요.

오답 (A) cooperate는 동사이므로 오답이에요. (B) cooperates는 동사에 -s가 붙은 형태로 역시 동사이므로 오답이에요. (D) cooperated는 -ed로 끝나 동사나 형용사로 쓰이므로 오답입니다.

8. The data analysis software / has successfully supported / the product development.

(A) succeed　　　　(B) succeeded　　　(C) successful　　　(D) successfully

데이터 분석 소프트웨어는 / 성공적으로 뒷받침해 왔다 / 제품 개발을

* analysis 분석　support 뒷받침하다, 지지하다　development 개발　succeed 성공하다　successful 성공적인　successfully 성공적으로

해설 빈칸은 문장의 동사로 쓰인 has supported 사이에 위치해 있어요. 이렇게 현재완료 동사로 쓰인 'have[has] + 과거분사' 사이에 빈칸이 있을 때는 동사를 수식하는 부사가 와야 해요. 따라서 부사 끝말 -ly로 끝나는 (D) successfully(성공적으로)가 정답이에요.

오답 문장에 이미 동사 has supported가 있으므로 또 다른 동사인 (A) succeed와 (B) succeeded는 빈칸에 올 수 없어요. 또한, (C) successful은 형용사이므로 동사를 수식할 수 없어서 오답이에요.

9. The charity organization / will hold a meeting / next week / to prepare for the upcoming event.

(A) recent　　　　(B) upcoming　　　(C) adjacent　　　(D) numerous

자선 단체는 / 회의를 열 것이다 / 다음 주에 / 곧 있을 행사를 준비하기 위하여

(A) 최근의　　　　(B) 곧 있을　　　(C) 가까운　　　(D) 수많은

* charity 자선　organization 단체, 조직　prepare 준비하다　upcoming 곧 있을, 다가오는

해설 빈칸에 쓰일 형용사는 뒤에 오는 명사 event(행사)를 수식합니다. (A) recent(최근의)와 (B) upcoming(곧 있을) 둘 다 행사와 어울리는 형용사이므로 앞부분을 좀 더 읽어 봅니다. to prepare for(~을 준비하기 위해서)에서 행사가 아직 일어나지 않았다는 사실을 알 수 있어요. 따라서 미래의 일에 대해 사용하는 (B) upcoming이 정답이 됩니다.

오답 (C) adjacent(가까운)는 '거리상 가까운'이라는 의미이므로 오답이에요. (D) numerous(수많은)는 뒤에 복수 명사가 와야 하므로 오답이에요.

10. The deadline / for the submission of proposals / is this Friday, / so we need / a quick response / to the questionnaire.

(A) quick　　　　(B) busy　　　(C) fragile　　　(D) significant

마감일은 / 제안서 제출에 대한 / 이번 주 금요일입니다 / 그래서 우리는 필요합니다 / 빠른 답변이 / 설문지에 대한

(A) 빠른　　　　(B) 바쁜　　　(C) 부서지기 쉬운　　　(D) 중요한, 상당한

* deadline 마감일　submission 제출　proposal 제안서　response 답변, 응답　questionnaire 설문지

해설 빈칸은 뒤에 오는 명사 response(응답)를 수식하는 형용사 자리이므로, 보기 중에서 response와 의미가 가장 어울리는 것을 찾아봅

니다. '빠른 응답'이라는 의미가 가장 자연스러우므로 (A) quick이 정답이 됩니다.

오답 busy(바쁜) 응답, fragile(부서지기 쉬운) 응답, significant(중요한, 상당한) 응답은 의미상 어색하므로 (B), (C), (D) 모두 오답이에요.

 **자신감 쑥쑥! 실전 도전** Part 6   본문 p. 048

정답   **11.** (B)   **12.** (C)   **13.** (A)   **14.** (C)

Questions 11-14 refer to the following e-mail. 다음 이메일을 참조하시오.

Date: 8 April 날짜: 4월 8일
To: Benjamin Mills <bmills@geode.net> 수신: 벤자민 밀즈
From: Claire Montaigne <cmontaigne@whitecreek.com>
발신: 클레어 몽테뉴
Subject: Content Development Position 제목: 콘텐츠 개발 직책

Thank you / for your interest in White Creek Publishing.
감사 드립니다 / 화이트 크릭 퍼블리싱에 대한 귀하의 관심에

We are one of the leading textbook publishers / for topics in math and science.
저희는 선도적인 교재 출판사들 중의 하나입니다 / 수학 및 과학 주제들에 대한

Your teaching experience / perfectly suits our company's mission.
귀하의 교직 경력이 / 저희 회사의 사명에 완벽히 어울립니다

We have reviewed your résumé, / and we would like to schedule an online interview / with you for next week.
저희가 귀하의 이력서를 검토해봤습니다 / 그리고 저희가 온라인 면접 일정을 잡고자 합니다 / 귀하와 함께 다음 주로

Please let us know / when you are available.
저희에게 알려주십시오 / 언제 시간이 되실지

We will ask you some questions / about your previous work / during the interview.
저희가 몇 가지 질문을 드릴 것입니다 / 귀하의 이전 업무와 관련해 / 면접 중에

We will also share a brief summary / of our benefits package.
저희가 또한 간략한 요약 내용을 공유해 드릴 것입니다 / 저희 복지 혜택에 대한

Then, / if the interview process is successful, / you will be ready to make your decision.
그 후에 / 면접 과정이 성공적이라면 / 귀하께서는 결정을 내리실 준비가 되실 것입니다

The interview will last 45 minutes.
이 면접은 45분 동안 지속될 것입니다

I look forward to speaking / with you.
이야기 나눌 수 있기를 고대합니다 / 귀하와 함께

Claire Montaigne 클레어 몽테뉴
Hiring Manager, White Creek Publishing 고용 책임자, 화이트 크릭 퍼블리싱

날짜: 4월 8일

수신: 벤자민 밀즈 <bmills@geode.net>

발신: 클레어 몽테뉴 <cmontaigne@whitecreek.com>

제목: 콘텐츠 개발 직책

화이트 크릭 퍼블리싱에 대한 귀하의 관심에 감사 드립니다. 저희는 수학 및 과학 주제들에 대한 선도적인 교재 출판사들 중의 하나입니다. 귀하의 교직 경력이 저희 회사의 사명에 완벽히 어울립니다.

저희가 귀하의 이력서를 검토해봤으며, 다음 주로 귀하와 함께 하는 온라인 면접 일정을 잡고자 합니다. 언제 시간이 되실지 저희에게 알려주십시오. 저희가 면접 중에 귀하의 이전 업무와 관련해 몇 가지 질문을 드릴 것입니다. 저희가 또한 저희 복지 혜택에 대한 간략한 요약 내용을 공유해 드릴 것입니다. 그 후에, 면접 과정이 성공적이라면, 귀하께서는 결정을 내리실 준비가 되실 것입니다. 이 면접은 45분 동안 지속될 것입니다. 귀하와 함께 이야기 나눌 수 있기를 고대합니다.

클레어 몽테뉴

고용 책임자, 화이트 크릭 퍼블리싱

---

* development 개발, 발전   interest in ~에 대한 관심   leading 선도적인, 앞서 가는   suit 어울리다, 적합하다   mission 사명
review 검토하다   résumé 이력서   would like to V ~하고자 하다, ~하고 싶다   let A know A에게 알리다   available (사람) 시간이 되는
previous 이전의, 과거의   share 공유하다   summary 요약(한 것)   benefits package 복지 혜택   process 과정
be ready to V ~할 준비가 되다   make one's decision 결정을 내리다   last 지속되다   look forward to -ing ~할 수 있기를 고대하다

11.   (A) arrival at   **(B) interest in**   (C) delivery of   (D) order with
     (A) ~에의 도착   **(B) ~에 대한 관심**   (C) ~의 배송   (D) ~에 대한 주문

해설 보기가 모두 의미가 다른 명사 및 전치사 조합으로 구성되어 있으므로 해석해서 풀어야 하는 문제입니다. 상단에 제목이 콘텐츠 개발 직책(Content Development Position)으로 되어 있고, 다음 단락에 상대방의 이력서를 검토한 사실과 함께 면접 일정을 잡고자 한다고 제안하는 말이 쓰여 있습니다. 따라서, 상대방이 화이트 크릭 퍼블리싱이라는 회사의 콘텐츠 개발 직책에 지원한 상태임을 알 수 있는데, 이는 그 회사에 대해 관심을 보인 것과 같으므로 '~에 대한 관심'을 뜻하는 (B) interest in이 정답입니다.

오답 화이트 크릭 퍼블리싱에 대한 도착(arrival at), 화이트 크릭 퍼블리싱의 배송(delivery of), 그리고 화이트 크릭 퍼블리싱에 대한 주문(order with)은 모두 제목 및 다음 단락의 내용과 흐름상 맞지 않으므로 오답입니다.

12. (A) perfect   (B) perfection   (C) perfectly   (D) perfected

해설 문장의 주어 Your teaching experience와 동사 suits 사이에 위치한 빈칸은 동사를 앞에서 수식할 부사 자리이므로 부사인 (C) perfectly가 정답입니다.

오답 (A) perfect는 형용사이므로 주어와 동사 사이에 위치할 수 없고, 명사인 (B) perfection이 빈칸 앞의 명사와 복합명사를 구성하기에 의미가 적합하지 않으므로 오답입니다. (D) perfected는 동사의 과거형 또는 과거분사형이므로 문장의 동사 suits 앞에 위치할 수 없는 오답입니다.

13. (A) brief   (B) satisfied   (C) sharp   (D) distant
(A) 간략한, 짧은   (B) 만족한   (C) 날카로운, (변화 등) 급격한   (D) 먼, 멀리 있는

해설 보기가 모두 의미가 다른 형용사로 구성되어 있으므로 해석해서 풀어야 하는 문제입니다. 빈칸에 쓰일 형용사는 바로 뒤에 위치한 명사 summary를 수식해 복지 혜택과 관련된 요약 내용의 특성을 나타내야 합니다. 따라서, '간략한 요약'이라는 의미가 구성되는 것이 가장 자연스러우므로 '간략한, 짧은' 등을 뜻하는 (A) brief가 정답입니다.

오답 만족한(satisfied) 요약, 날카로운(sharp) 요약, 먼(distant) 요약이라는 말은 모두 어색하므로 (B), (C), (D)는 오답입니다.

14. (A) You can receive directions in the lobby.
(A) 로비에서 안내를 받으실 수 있습니다.

(B) White Creek Publishing was founded 30 years ago.
(B) 화이트 크릭 퍼블리싱은 30년 전에 설립되었습니다.

(C) The interview will last 45 minutes.
(C) 이 면접은 45분 동안 지속될 것입니다.

(D) We appreciate the work you have done for us.
(D) 저희를 위해 귀하께서 해주신 작업에 감사드립니다.

해설 앞선 문장들을 읽어보면, 질문 및 정보 공유 등과 같이 면접 중에 하려는 일들을 설명하고 있습니다. 이는 면접을 어떻게 진행하는지 말하는 것이므로 그러한 면접 진행 방식과 관련된 또 다른 정보를 담은 문장이 빈칸에 쓰여야 흐름이 자연스럽습니다. 따라서, 면접 진행 시간을 알리는 (C)가 정답입니다.

오답 (A): 로비에서 어디론가 찾아가는 길을 안내 받을 수 있다는 말은 앞서 언급된 면접 진행 방식과 관련 없는 정보이므로 흐름상 어울리지 않아요.

(B): 화이트 크릭 퍼블리싱이라는 회사가 설립된 과거 시점을 알리는 내용이므로 앞서 언급된 면접 진행 방식과 관련 없는 정보이므로 흐름상 어울리지 않는 오답이에요.

(D): 상대방이 한 일에 대해 감사의 인사를 전하는 문장이므로 마찬가지로 앞서 언급된 면접 진행 방식과 흐름상 관련 없는 오답이에요.

DAY 04   토익이 좋아하는 짝꿍표현   `Vocabulary`

토익 정답과 친해지는 EXERCISE   본문 p. 053

정답   1. (A)   **2.** (B)   **3.** (A)

1. If you <u>place</u> an order online, / you will benefit / from the discount promotion.

(A) place   (B) keep

만약 당신이 온라인으로 <u>주문을 한다면</u> / 당신은 혜택을 받을 것이다 / 할인 행사로부터

(A) (지시·명령·주문 등을) 하다   (B) 유지하다

해설 빈칸 다음의 an order와 어울리는 동사로 '주문을 하다'라는 의미를 나타낼 때 사용하는 (A) place가 정답이에요. place an order 외에 make an order도 같은 의미로 쓰여요.

2. Because the sales of the new cell phone / have risen sharply, / the previous model / is being discontinued.

(A) generated   **(B) discontinued**

새 휴대 전화 판매가 / 급증했기 때문에 / 이전 모델은 / 생산이 중단되고 있다

(A) 창출했다   (B) 중단했다

해설 Because(~때문에)에서 sharply로 이어지는 부분에서 새로운 휴대 전화의 판매량이 늘었다는 사실을 알 수 있으므로, 이전 모델 (the previous model)은 '생산이 중단되고 있다'가 논리적으로 적절합니다. 따라서 '(생산을) 중단하다'라는 의미를 가지고 있는 (B) discontinued가 정답입니다.

3. All the department leaders / are required / to develop a new business plan / each quarter.

(A) develop   **(B) locate**

모든 부서 팀장은 / 요구받는다 / 새로운 사업 계획을 개발하도록 / 각 분기에

(A) 개발하다   (B) (위치를) 찾아내다

해설 a new business plan(새로운 사업 계획)은 to부정사의 목적어입니다. '새로운 사업 계획을 개발하다'가 자연스러우므로 (A) develop이 정답이에요. (B) locate(찾아내다)는 물건이나 장소를 찾을 때 쓰이므로 오답이에요. develop a plan(계획을 세우다)으로 묶어서 기억해 두세요.

to부정사 Grammar

개념 1   to부정사의 형태와 특징

토익 정답과 친해지는 EXERCISE   본문 p. 054

정답   **1.** to make   **2.** gave   **3.** to collect

1. I want / (make / to make) inquiries / about the insurance policy.

나는 원합니다 / 문의하기를 / 보험증권에 대해

해설 동사 want(원하다)가 괄호 앞에 있으므로 동사 make(만들다)를 또 쓸 수 없어요. 하지만 make 앞에 to를 붙여 to부정사가 되면 '만드는 것'이라는 의미가 되어 want의 목적어 역할을 할 수 있으므로 to make가 정답이에요.

2. The store / (gave / to give) huge discounts / to influence consumer spending.

그 상점이 / 할인을 크게 해주었다 / 소비자 지출에 영향을 줄

해설 문장에는 반드시 동사가 필요한데 빈칸 앞뒤를 살펴보아도 동사가 없어요. The store(가게)는 주어이고, 문장에서 동사의 형태를 갖춘 것이 없으므로 빈칸은 동사 자리입니다. 동사 앞에 to를 붙이면 동사 역할을 할 수 없으므로 동사원형 give의 과거형 gave가 정답이에요.

3. The marketing team / made the plan / (collect / to collect) suggestions / from customers.

마케팅 팀은 / 계획을 세웠다 / 제안사항을 수집할 / 고객들로부터

해설 동사 made(만들었다)가 이미 있으므로 동사 collect(모으다)를 또 쓸 수 없어요. 하지만 동사 collect 앞에 to를 붙여 to부정사가 되면 '수집할, 모을'이라는 의미로 앞의 명사 plan을 수식할 수 있으므로 to collect가 정답이에요.

개념 2   to부정사의 역할 – 1. 명사

토익 정답과 친해지는 EXERCISE   본문 p. 055

정답   **1.** to select   **2.** to write   **3.** to keep

1. The board / decided / (to select / selects) a new CEO soon.

이사회는 / 결정했다 / 곧 새 최고경영자를 선정하기로

> 해설 동사 decided(결정했다)는 to부정사를 목적어로 취하는 동사이므로 to select가 정답이에요.

2. Ms. Holly / refused / (writing / to write) an explanation / for her absence.

홀리 씨는 / 거부했다 / 사유서를 쓰는 것을 / 자신의 결근에 대한

> 해설 동사 refused(거절했다)는 to부정사를 목적어로 취하는 동사이므로 to write가 정답이에요.

3. The accountant / agrees / (to keep / keeping) a record / of the financial documents.

회계사는 / 동의한다 / 기록해 두는 것을 / 금융 서류에 대한

> 해설 동사 agrees(동의하다)는 to부정사를 목적어로 취하는 동사이므로 to keep이 정답이에요.

개념 3 to부정사의 역할 – 2. 형용사

토익 정답과 친해지는 EXERCISE

본문 p. 056

정답   **1.** to reduce   **2.** to make   **3.** to market

1. The business / discontinued the appliance / in an effort (to reduce / reducing) losses.

업체는 / 가전기기 생산을 중단했다 / 손실을 줄이기 위한 노력으로

> 해설 effort(노력)는 to부정사의 수식을 받는 명사로 in an effort to V는 '~하기 위한 노력으로'라는 의미로 쓰여요. 따라서 to reduce가 정답이에요.

2. The staff / cleaned the warehouse / in an attempt (to make / making) room / for new inventory.

직원들은 / 창고를 청소했다 / 공간을 만들기 위한 시도로 / 새 재고품을 위한

> 해설 attempt(시도)는 to부정사의 수식을 받는 명사로 in an attempt to V는 '~하기 위한 시도로'라는 의미로 쓰여요. 따라서 to make가 정답이에요.

3. Ms. Bailey / had a chance / (market / to market) the product / on television.

베일리 씨는 / 기회가 있었다 / 제품을 홍보할 / 텔레비전에서

> 해설 chance(기회)는 to부정사의 수식을 받는 명사로 chance to V는 '~할 수 있는 기회'라는 의미로 쓰여요. 따라서 to market이 정답이에요. 참고로 market은 '시장'이라는 명사 의미 외에 '마케팅하다, 홍보하다'라는 의미를 나타내는 동사로도 쓰인다는 것을 알아두세요.

개념 4 to부정사의 역할 – 3. 부사

토익 정답과 친해지는 EXERCISE

본문 p. 057

정답   **1.** to develop   **2.** sponsor   **3.** to

1. We will consult the designer / (develops / to develop) a plan / for the building.

우리는 디자이너와 상의할 것입니다 / 계획을 세우기 위해 / 건물에 대한

> 해설 develops는 동사이고 to develop은 to부정사입니다. 문장에 이미 동사 will consult가 있으므로 동사를 또 쓸 수 없기 때문에 develops는 오답이에요. '계획을 세우기 위해' 디자이너와 상의한다는 의미의 문장이 자연스러우므로 to develop이 정답이에요.

2. The firm / holds an annual event / in order to (sponsor / sponsoring) the charity.

회사는 / 연례행사를 개최합니다 / 자선 단체를 후원하기 위해서

> 해설 in order to(~을 하기 위해서) 뒤에는 반드시 동사원형이 와야 하므로 sponsor(후원하다)가 정답이에요.

3. I need to see a complete schedule / (to / for) buy the plane tickets.

나는 전체 일정을 봐야 할 필요가 있다 / 비행기 티켓을 사기 위해

> 해설 for는 전치사이므로 뒤에 명사, 동명사, 명사구, 명사절 등과 같은 명사 형태가 와야 해요. 그런데 괄호 뒤 buy(사다)가 동사원형이므로

for는 오답입니다. 하지만 to는 뒤에 동사원형이 올 수 있으므로 to가 정답이에요.

개념 5 의미상 주어와 목적격 보어로 쓰이는 to부정사

본문 p. 058

토익 정답과 친해지는 **EXERCISE**

정답 **1.** for **2.** to check **3.** to release

1. The hotel / will arrange / (for / of) an attendant / to personally welcome guests / at the airport.
호텔은 / 준비할 것이다 / 안내원이 / 직접 손님들을 맞이하도록 / 공항에서

해설 to부정사의 의미상 주어는 to부정사 앞에 'for + 명사'의 형태로 나타내며, 의미상으로도 attendant(직원)가 to personally welcome(직접 맞이하도록)이 되어 자연스럽게 연결되므로 for가 정답입니다. 'arrange for + 명사 + to V'는 '명사가 ~하도록 준비하다'라는 의미로 많이 쓰이는 표현이므로 함께 묶어서 기억해 두세요.

2. The database / is designed / for managers / (checking / to check) stores / for sufficient inventory.
데이터베이스는 / 고안된다 / 관리자들이 / 가게들을 점검하도록 / 재고가 충분한지

해설 'for + 명사 + to부정사'의 형태가 익숙하다면 쉽게 정답 to check를 찾을 수 있는 문제입니다. to부정사의 의미상 주어는 'for + 명사'로 나타내므로, is designed for managers to check를 해석하면 '관리자들이 점검하도록 고안된다'라는 의미가 되어 자연스러워요.

3. The judge / required / the corporation / (release / to release) its tax records.
판사는 / 요구했다 / 회사에게 / 세무 기록을 공개하도록

해설 require(요구하다)는 'require + 목적어 + to V'의 형태로 to부정사를 목적격 보어로 취하는 동사입니다. 따라서 to release가 정답이에요.

개념 6 to부정사 숙어 표현

본문 p. 059

토익 정답과 친해지는 **EXERCISE**

정답 **1.** to accept **2.** to assist **3.** to announce

1. Nora, Inc. / is unable (to accept / accepting) / the low bid.
노라 사는 / 받아들일 수 없다 / 낮은 입찰가를

해설 'be unable to부정사'는 '~할 수 없다'라는 의미의 숙어 표현입니다. 따라서 to accept가 정답이에요.

2. The representatives / are available / (to assist / assisting) customers / all day.
직원들은 / 시간이 있다 / 고객들을 도울 / 하루 종일

해설 'be available to부정사'는 '~할 시간이 있다'라는 의미의 숙어 표현입니다. 따라서 to assist가 정답이에요.

3. Mr. Jordan / is going (to announce / to announcing) / his retirement / at the ceremony.
조던 씨는 / 발표할 것이다 / 그의 은퇴를 / 행사에서

해설 'be going to부정사'는 '~할 것이다'라는 의미의 숙어 표현입니다. 따라서 to announce가 정답이에요.

자신감 쑥쑥! 실전 도전 Part 5

본문 p. 061

정답 **1.** (D) **2.** (D) **3.** (B) **4.** (A) **5.** (B) **6.** (B) **7.** (D) **8.** (A) **9.** (A) **10.** (C)

1. The company / is doing a survey / in order to determine / whether the consumer demand / for portable computers / is increasing.
(A) even though (B) when (C) as a result (D) in order to
그 회사는 / 설문조사를 하고 있다 / 결정하기 위해 / 소비자 수요가 / 휴대용 컴퓨터에 대한 / 증가하고 있는지
* survey 설문조사 **determine** 결정하다 **whether** ~인지 아닌지 **consumer** 소비자 **demand for** ~에 대한 수요 **portable**

휴대용의 **increase** 증가하다 **even though** 비록 ~이지만 **as a result** 결과적으로 **in order to V** ~하기 위해

해설 빈칸 바로 뒤에 동사원형인 determine이 있어요. 보기 중에서 동사원형 앞에 위치할 수 있는 것은 to부정사를 만들 수 있는 to가 포함된 (D) in order to(~하기 위해)뿐이에요.

오답 (A) even though(비록 ~이지만)와 (B) when(~할 때, ~할 경우)은 모두 접속사이므로 그 뒤에 주어와 동사가 와야 해요. (C) as a result는 부사구인데, 문장 중간이 아닌 맨 앞에 콤마와 함께 쓰여야 해요.

2. The new application / will help users / to easily and quickly locate / nearby restaurants, theaters, or hotels.

(A) enlarge	(B) assist	(C) arrive	**(D) locate**

새 애플리케이션이 / 사용자들을 도울 것이다 / 쉽고 빠르게 찾을 수 있도록 / 근처의 식당과 극장 또는 호텔을

(A) 확장시키다	(B) 돕다	(C) 도착하다	**(D) 찾아내다**

* application 애플리케이션, 응용프로그램 easily 쉽게 quickly 빠르게 nearby 근처의

해설 보기가 모두 의미가 다른 동사로 구성되어 있으므로 해석해서 문제를 풀어야 합니다. '새로운 애플리케이션이 사용자들이 쉽고 빠르게 근처의 식당, 극장, 호텔을 찾는 것을 도와줄 것이다'라는 의미가 가장 자연스러우므로 '위치를 찾아내다, 위치시키다'라는 뜻으로 쓰이는 (D) locate가 정답이 됩니다. locate a restaurant(식당을 찾아내다)로 묶어서 기억해 두세요.

오답 '식당을 확장시키다(enlarge)'도 말은 되지만 애플리케이션으로 할 수 있는 일은 아니므로 오답이에요. '식당에 도착하다'는 arrive at restaurants로 써야 하는데 at이 없어서 오답이에요.

3. Our online resources / provide convenient ways / for people to learn new skills efficiently.

(A) learn	**(B) to learn**	(C) learned	(D) learns

저희 온라인 자원은 / 편리한 방법들을 제공합니다 / 사람들이 새로운 기술을 효율적으로 배우는

* resource 자원, 자산 provide 제공하다 convenient 편리한 way for A to V A가 ~하는 방법 efficiently 효율적으로

해설 빈칸 앞에 이미 문장의 동사 provide가 있으므로 빈칸은 동사 자리가 아니에요. 따라서, learn이 준동사의 형태로 빈칸에 쓰여야 하는데, 명사 way 및 for 전치사구와 어울려 '~가 …하는 방법'이라는 의미를 나타내야 하므로 이러한 구조에 쓰이는 to부정사 (B) to learn이 정답이에요.

오답 (A) learn과 (D) learns는 동사이므로 동사가 이미 있는 문장에서 오답이에요. (C) learned는 동사의 과거형 또는 과거분사형이므로 to부정사 자리인 빈칸에 맞지 않는 오답이에요.

4. Employees / who wish to continue their professional development / can attend our upcoming training sessions.

(A) to continue	(B) continued	(C) continues	(D) continuing

직원들은 / 자신들의 직무 능력 개발을 지속하기를 바라는 / 우리의 다가오는 교육 시간에 참석할 수 있습니다

* professional development 직무 능력 개발, 전문성 개발 attend 참석하다 upcoming 다가오는, 곧 있을 training 교육, 훈련 session (특정 활동을 하는) 시간 continue 지속하다, 계속하다

해설 빈칸 앞에 위치한 동사 wish는 to부정사와 결합해 '~하기를 바라다'라는 의미를 나타내므로 to부정사 (A) to continue가 정답이에요.

오답 동사의 과거형 또는 과거분사형인 (B) continued, 동사의 형태인 (C) continues, 동명사 또는 동사의 현재분사형인 (D) continuing은 모두 동사 wish와 결합하지 않으므로 오답이에요.

5. The charity event / has been sponsored / by a number of local businesses / over the years.

(A) collected	**(B) sponsored**	(C) collaborated	(D) relied

자선 행사는 / 후원받았다 / 많은 지역 기업들에 의하여 / 수년 간

(A) 수집했다	**(B) 후원했다**	(C) 협력했다	(D) 의존했다

* charity 자선 a number of 많은 local 지역의

해설 보기가 모두 의미가 다른 동사로 구성되어 있으므로 해석해서 문제를 풀어야 합니다. 주어가 The charity event(자선 행사)이고, has been과 함께 빈칸은 수동태 동사를 이루는데, '자선 행사는 후원을 받았다'가 자연스러우므로 (B) sponsored가 정답이에요.

오답 '자선 행사가 수집되었다(collected)'는 의미상 어색합니다. collaborate(협동하다)와 rely(의지하다)는 자동사이므로 수동태로 쓸 수 없어서 오답이에요.

6. The fundraiser / provides donors with the opportunity / to purchase tickets / to a special charity event.

(A) purchases　　　**(B) to purchase**　　　(C) purchased　　　(D) purchasing

그 모금 행사는 / 기부자들에게 기회를 제공한다 / 티켓을 구입할 수 있는 / 특별 자선 행사로 가는

* **fundraiser** 모금 행사　　**provide A with B** A에게 B를 제공하다　　**opportunity to V** ~할 수 있는 기회　　**charity** 자선 (활동), 자선 단체
　purchase 구입하다

[해설] 빈칸 앞에 위치한 명사 opportunity는 to부정사와 결합해 '~할 수 있는 기회'라는 의미를 나타내므로 to부정사 (B) to purchase가 정답이에요.

[오답] 동사 혹은 명사의 형태인 (A) purchases, 동사의 과거형 또는 과거분사형인 (C) purchased, 그리고 동명사 또는 동사의 현재분사형인 (D) purchasing는 모두 명사 opportunity를 뒤에서 수식할 수 없으므로 오답이에요.

7. In an effort to repair the damage, / David Smith / started taking apart the engine / to look at it.

(A) repair　　　　(B) repairs　　　　(C) would repair　　　**(D) to repair**

파손된 부분을 수리하기 위한 노력으로 / 데이비드 스미스 씨는 / 엔진을 분해하기 시작했다 / 그것을 자세히 보기 위하여

* **in an effort to V** ~해보려는 노력으로　　**damage** 파손, 손상, 피해　　**take apart** 분해하다　　**repair** 수리하다

[해설] in an effort to V는 '~하기 위한 노력으로'라는 의미로 쓰이는 숙어 표현입니다. 따라서 (D) to repair가 정답이에요.

8. Forte, Inc. / will aggressively market / its new products / in China / to increase its sales profits.

(A) market　　　　(B) avoid　　　　(C) organize　　　　(D) consist

포르테 사는 / 공격적인 마케팅을 펼칠 것이다 / 그들의 신제품을 / 중국에서 / 판매 수익을 늘리기 위해서

(A) 마케팅하다, 광고하다　　(B) 피하다　　　　(C) 조직하다　　　　(D) 구성하다

* **aggressively** 공격적으로　　**profit** 수익, 이익

[해설] 보기가 모두 의미가 다른 동사로 구성되어 있으므로 해석해서 문제를 풀어야 합니다. 주어가 Forte, Inc.(포르테 사)이고 빈칸은 동사 자리이며 목적어가 its new products(신제품들)이므로, 각 보기의 동사들과 연결해서 해석해 보면 '포르테 사가 신제품을 마케팅할 것이다'가 가장 자연스러운데다 to increase its sales profits(판매 수익을 늘리기 위해서)와도 어울리므로 '마케팅하다'라는 뜻의 (A) market이 정답이 됩니다. market a product(제품을 광고하다)로 묶어서 기억해 두세요.

[오답] '신제품을 피하다(avoid)', '신제품을 조직하다(organize)'는 의미상 어색하므로 오답입니다. consist는 전치사와 함께 사용해야 하는 동사이므로 오답이에요.

9. The employees / are expected / to participate / in the health and safety workshop / on the 26th of May.

(A) to participate　　(B) participation　　　(C) participating　　　(D) participate

직원들은 / 예상된다 / 참가할 것으로 / 건강과 안전 워크숍에 / 5월 26일에 열리는

* **be expected to V** ~할 것으로 예상되다　　**safety** 안전　　**participate in** ~에 참가하다　　**participation** 참가

[해설] 빈칸 앞에 이미 문장의 동사 are expected가 있는데, are expected는 to부정사와 함께 쓰여 '~할 것으로 예상되다, 기대되다'라는 의미를 나타내므로 (A) to participate가 정답이에요.

[오답] (B) participation은 명사인데, are expected는 수동태이므로 빈칸은 명사가 올 수 없는 자리예요. 동명사인 (C) participating은 are expected와 함께 쓰이지 않으므로 오답이에요. 문장에 이미 동사 are expected가 있으므로 동사원형인 (D) participate도 오답이에요.

10. The duty of Matthew Green / is to regularly check / if they have sufficient inventory / in the warehouse.

(A) efficient　　　　(B) following　　　　**(C) sufficient**　　　(D) expensive

매튜 그린 씨의 일은 / 정기적으로 확인하는 것이다 / 재고가 충분한지 / 창고에

(A) 효율적인　　　　(B) 다음의　　　　(C) 충분한　　　　(D) 비싼

* **duty** 일, 의무　　**regularly** 정기적으로　　**inventory** 재고　　**warehouse** 창고

[해설] 보기가 모두 의미가 다른 형용사로 구성되어 있으므로 해석해서 문제를 풀어야 합니다. 빈칸에 쓰일 형용사는 뒤에 오는 명사 inventory(재고)를 수식하므로 보기 중 이와 어울리는 것은 sufficient(충분한)입니다. 따라서 (C) sufficient가 정답이에요. sufficient inventory(충분한 재고)로 묶어서 기억해 두세요.

[오답] efficient(효율적인)는 방법이나 사람은 수식할 수 있지만 재고와는 어울리지 않아요. following(다음의)은 설명할 목록이 바로 이어질 때 쓰이는 형용사이므로 오답입니다. expensive(비싼) 역시 재고와는 어울리지 않아 오답이에요.

정답 **11.** (C) **12.** (A) **13.** (C) **14.** (A)

Questions 11-14 refer to the following letter. 다음 편지를 참조하시오.

Dear Ms. Robinson, 로빈슨 씨에게	로빈슨 씨에게
We received your request / to renew your subscription. 저희는 귀하의 요청을 받았습니다 / 구독 신청을 갱신해 달라는	저희는 구독 신청을 갱신해 달라는 귀하의 요청을 받았습니다. 귀하께서 저희 잡지를 즐겨 보고 계시고 계속 구독하기를 원하신다니 기쁩니다. 귀하의 요청을 처리하기 위해서 저희는 1년치 구독에 대한 지불금이 필요합니다.
We are pleased that / you enjoy our magazine / and want to continue reading it. 저희는 기쁩니다 / 귀하가 저희 잡지를 즐겨 보고 계셔서 / 그리고 계속 구독하기를 원하셔서	
In order to process your request, / we need to receive payment / for the entire year's subscription. 귀하의 요청을 처리하기 위해서 / 저희는 지불금이 필요합니다 / 1년치 구독에 대한	
That amount / is $49.00. 총액은 / 49달러입니다 You can pay / by check or credit card. 귀하는 지불 가능합니다 / 수표나 신용카드로	총액은 49달러입니다. 수표나 신용카드로 지불 가능합니다. 추가로, 만약 2년 연장을 원하시면 지금 바로 75달러만 내시면 그 기회를 잡을 수 있습니다.
In addition, / if you would like to renew / for 2 years, / you have the opportunity / to do that / by paying only $75.00 right now. 추가로 / 만약 연장하시기 원하시면 / 2년 동안 / 기회를 잡을 수 있습니다 / 그렇게 할 수 있는 / 지금 바로 75달러만 내시는 방법으로	
Let us know / if you are interested in this offer. 알려 주십시오 / 귀하가 이 제안에 관심이 있으신지	이 제안에 관심이 있으신지 알려 주십시오. 만약 저희와 전화 연락이 힘드시면 대신에 이메일을 보내주십시오.
If you are unable to contact us / by phone, / please send an e-mail to us instead. 만약 저희와 연락이 힘드시면 / 전화로 / 대신에 이메일을 보내주십시오	
Sincerely,	
Kim Gardener 킴 가드너 드림 Women's Health 위민스 헬스	킴 가드너 드림 위민스 헬스

* pleased 기쁜 continue 계속하다 in order to V ~하기 위해서 payment 지불 entire 전체의 subscription 구독 amount 총액 in addition 게다가 subscription 구독 opportunity 기회 right now 지금 당장 be interested in ~에 관심 있다 be unable to V ~할 수 없다 instead 대신에 request 요청, 요구 renew 연장하다, 갱신하다 process 처리하다 contact 연락하다

11. **(A)** *Women's Health* reported a decrease in its subscription.
(A) <위민스 헬스>는 구독률 감소를 보고했습니다.
(B) Congratulations on winning a free sample of *Women's Health*!
(B) <위민스 헬스>의 무료 샘플 당첨자가 되신 것을 축하드립니다.
(C) We received your request to renew your subscription.
(C) 저희는 구독 신청을 갱신해 달라는 귀하의 요청을 받았습니다.
(D) We highly appreciate your feedback.
(D) 저희는 귀하의 의견에 진심으로 감사합니다.

해설 지문 시작 부분에 빈칸이 있으므로 뒤에 이어지는 지문의 내용을 먼저 확인해 본 후에 가장 잘 어울리는 문장을 찾아야 해요. 우선 바로 뒤에 이어지는 문장을 보면, 상대방이 자사의 잡지를 즐겨 보고 있으며 계속해서 읽어 보기를 원하는 것에 대해 기쁘다고 말하고, 뒤이어 비용을 지불하는 것과 관련된 조건들을 제시하는 내용이 이어지고 있어요. 이는 상대방이 그동안 구독하던 잡지를 계속해서 받아 보겠다는 의사를 표현했다는 것을 의미하므로 상대방으로부터 '구독 신청을 갱신해 달라는 요청을 받았다'라는 뜻을 나타내는 (C)가 빈칸에 쓰여야 지문 전체 내용과 가장 잘 어울려요.

오답 (A): 이 보기의 핵심은 '구독률 감소에 대한 보고'예요. 이는 빈칸 바로 다음에 이어지는 '자사의 잡지를 즐겨 보고 있으며 계속해서 읽어

보기를 원하는 것에 대해 기쁘다'라고 알리는 문장과 어울리지 않는 내용이므로 오답이에요.

(B): 빈칸 뒤에서 '잡지를 즐겨 보고 있으며 계속해서 구독하고 싶다고 말한 것에 대해 기쁘다'라고 알리는 내용으로 볼 때, 상대방이 무료 샘플을 받도록 신청한 것이 아니라는 점을 알 수 있으므로 빈칸에 어울리지 않는 문장이에요.

(D): 이 문장은 의견을 제시해 준 것에 대해 감사의 뜻을 전하는 내용을 담고 있어요. 따라서 이 문장이 지문 시작 부분에 쓰이려면 해당 잡지사에서 제공하는 서비스의 장점이나 단점에 대한 의견을 제공해 준 것에 대해 감사의 뜻을 전하거나 사과를 하는 내용이 뒤에 이어져야 하는데 그렇지 않으므로 오답이에요.

12. (A) process   (B) collect   (C) locate   (D) discontinue
(A) 처리하다   (B) 모으다   (C) 찾아내다   (D) 중단하다

해설 보기가 모두 의미가 다른 동사로 구성되어 있으므로 해석해서 문제를 풀어야 합니다. '당신의 요청을 처리하기 위해서 지불금이 필요하다'가 자연스러운 의미이므로, '처리하다'라는 뜻으로 쓰이는 (A) process가 정답이에요.

오답 (B) collect(모으다), (C) locate(찾아내다, 위치시키다), (D) discontinue(중단하다)는 모두 의미상 어울리지 않아 오답이에요.

13. (A) renew   (B) renewing   **(C) to renew**   (D) renews

해설 would like to V는 '~하고 싶다'라는 의미로 쓰이는 숙어 표현이므로 (C) to renew가 정답이에요.

14. (A) contact   (B) contacts   (C) contacting   (D) contacted

해설 be unable to V는 '~할 수 없다'라는 의미로 쓰이는 숙어 표현으로, to부정사를 구성할 수 있는 동사원형 (A) contact가 정답입니다.

 **DAY 05**   토익이 좋아하는 **짝꿍표현**   

토익 정답과 친해지는 EXERCISE   본문 p. 067

정답   **1.** (A)   **2.** (B)   **3.** (A)

1. The conference organizers / did not use the hotel / because they could not afford its price.
(A) afford   (B) feature

회의 주최자 측은 / 호텔을 이용하지 않았다 / 가격을 지불할 여유가 없었기 때문이다
(A) ~할 여유가 있다   (B) ~을 특성으로 가지다

해설 빈칸은 동사 자리고, its price(그것의 가격)가 동사의 목적어입니다. '가격을 지불할 여유가 있다'가 자연스러우므로 '~할 여유가 있다'라는 의미로 쓰이는 (A) afford가 정답이에요. (B) feature는 '~을 특징으로 하다'라는 의미이므로 문장의 내용과 어울리지 않아요.

2. Many companies / were invited / to join the professional financial association / in Atlanta.
(A) request   **(B) join**

많은 회사들이 / 요청받았다 / 전문 재정 협회에 가입할 것을 / 애틀랜타에 있는
(A) 요청하다   (B) 가입하다

해설 the professional financial association(전문 재정 협회)은 to부정사의 목적어로 '전문 재정 협회에 가입하다(join)'가 의미상 자연스러우므로 (B) join이 정답이에요. join an association(협회에 가입하다)으로 묶어서 기억해 두세요.

3. Because of minor errors / in the sales report, / the marketing director / decided to postpone / his presentation.
(A) errors   (B) environments

사소한 실수 때문에 / 판매 보고서에 있는 / 마케팅 이사는 / 연기하기로 결정했다 / 자신의 발표를
(A) 실수들   (B) 환경들

해설 빈칸은 앞에 있는 형용사 minor(사소한)의 수식을 받는 명사 자리입니다. '사소한 실수들(errors)'은 자연스럽지만 '사소한 환경들(environments)'은 어색하므로 (A) errors가 정답이에요. minor errors(사소한 실수들)로 묶어서 기억해 두세요.

개념 1 동명사의 형태와 특징

토익 정답과 친해지는 **EXERCISE**　　　　　　　　　　　　　　본문 p. 068

정답　　**1.** receiving　　**2.** can afford　　**3.** Creating

1. I mind / (receive / receiving) the employee training / during the weekend.

나는 꺼려한다 / 직원 교육을 받는 것을 / 주말 동안

해설 동사 mind(꺼려하다)가 이미 있으므로, 동사 receive(받다)를 곧바로 이어서 쓸 수는 없어요. receive 뒤에 -ing를 붙이면 '받는 것'이라는 의미를 나타내는 동명사가 되어 mind의 목적어 역할을 할 수 있으므로 receiving이 정답이에요.

2. Ms. Long / (can afford / affording) / the price of the room. 롱 씨는 / 여유가 있다 / 방값을 낼

해설 문장이 성립되려면 반드시 동사가 필요한데 동사 afford 뒤에 -ing를 붙인 affording은 동사 역할을 할 수 없으므로 오답입니다. can afford(~할 여유가 있다)는 '조동사 + 동사원형'으로 동사 역할을 할 수 있으므로 정답입니다.

3. (Create / Creating) a pleasant environment / for guests / is important.

쾌적한 환경을 만드는 것은 / 손님들을 위하여 / 중요하다

해설 문장이 성립되려면 주어와 동사가 필요한데 이미 동사 is가 있으므로 괄호는 동사 자리가 아닌 주어 자리예요. create 뒤에 -ing를 붙이면 '창조하는 것'이라는 뜻의 동명사가 되어 주어 역할을 할 수 있으므로 Creating이 정답입니다.

개념 2 동명사의 역할 – 1. 주어와 보어

토익 정답과 친해지는 **EXERCISE**　　　　　　　　　　　　　　본문 p. 069

정답　　**1.** Showing　　**2.** reviewing　　**3.** Changing

1. (Showing / Shows) consideration / for others / is respectful.

배려를 보여주는 것이 / 다른 사람들을 위한 / 예의 바른 것이다

해설 is가 문장의 동사이고 괄호에서 others까지가 문장의 주어 역할을 해야 해요. 따라서 주어 역할을 할 수 있는 동명사 Showing이 정답이에요.

2. Nancy's job / is (review / reviewing) applications. 낸시의 일은 / 지원서를 검토하는 것이다

해설 동사 is가 이미 있으므로 동사 review(검토하다)가 또 쓰일 수 없어요. reviewing은 '검토하는 것'이라는 의미의 동명사로 보어 자리에 올 수 있으므로 reviewing이 정답이에요.

3. (Changing / Change) the itinerary / will be difficult. 여행 일정을 바꾸는 것은 / 어려울 것이다

해설 will be가 문장의 동사이고 괄호에서 itinerary까지가 문장의 주어 역할을 해야 해요. 동명사 Changing(바꾸는 것)은 주어 자리에 올 수 있을 뿐 아니라 the itinerary를 목적어로 가질 수도 있어요. Changing the itinerary(여행 일정을 바꾸는 것)는 자연스러우므로 Changing이 정답입니다.

개념 3 동명사의 역할 – 2. 목적어

토익 정답과 친해지는 **EXERCISE**　　　　　　　　　　　　　　본문 p. 070

정답　　**1.** making　　**2.** requesting　　**3.** charging

1. I avoid / (making / to make) minor errors / at work. 나는 피한다 / 작은 실수를 하는 것을 / 회사에서

해설 avoid(피하다)는 동명사를 목적어로 가지는 동사이므로 making이 정답이에요.

2. The customer / kept (**requesting** / to request) / a copy of the receipt. 고객은 / 계속 요구했다 / 영수증 사본을

   해설 keep(계속하다)은 동명사를 목적어로 가지는 동사이므로 requesting이 정답이에요.

3. The store / covered the extra fees / instead of (to charge / **charging**) the customer.

   그 가게는 / 추가 요금을 충당했다 / 고객에게 청구하는 대신에

   해설 instead of(~대신에)는 전치사입니다. 전치사 뒤에는 명사, 동명사, 명사구, 명사절과 같은 명사 형태가 올 수 있으므로 동명사 charging이 정답이에요. to부정사도 명사의 역할을 할 수 있지만 전치사 뒤에 올 수는 없어요.

개념 4 동명사 숙어 표현

토익 정답과 친해지는 EXERCISE 본문 p. 071

정답 **1.** expanding **2.** leading **3.** maximizing

1. We are dedicated / to (expand / **expanding**) our online presence.

   우리는 헌신한다 / 우리의 온라인 활동 영역을 늘리는 데

   해설 be dedicated to(~에 헌신하다)의 to는 전치사이므로 뒤에 명사 형태가 와야 해요. 따라서 동명사 expanding이 정답이에요.

2. Mr. Dean / is accustomed to / (lead / **leading**) a large group.

   딘 씨는 / 익숙하다 / 큰 조직을 이끄는 데

   해설 be accustomed to(~에 익숙하다)의 to는 전치사이므로 뒤에 명사 형태가 와야 해요. 따라서 동명사 leading이 정답이에요.

3. Mr. Bourne's laziness / prevented / him / from (maximize / **maximizing**) his potential.

   본 씨의 게으름이 / 막았다 / 그가 / 그의 잠재력을 최대화하는 것을

   해설 prevent A from -ing는 'A가 ~하지 못하도록 막다'라는 의미로 사용되는 숙어 표현입니다. 따라서 동명사 maximizing이 정답이에요.

실전훈련 자신감 쑥쑥! 실전 도전 Part 5

본문 p. 073

정답 **1.** (B) **2.** (C) **3.** (C) **4.** (A) **5.** (B) **6.** (B) **7.** (D) **8.** (C) **9.** (D) **10.** (B)

1. In an ongoing **effort** to access Asia markets, / Rex Banking Group / is opening a new branch / in Japan.
   (A) growth (B) **effort** (C) interest (D) order

   아시아 시장에 진입하려는 지속적인 노력으로 / 렉스 뱅킹 그룹은 / 새 지점을 연다 / 일본에
   (A) 성장 (B) 노력 (C) 흥미 (D) 주문
   * ongoing 계속 진행 중인, 지속적인 **access** 접근하다 **branch** 지점 **in an effort to V** ~해 보려는 노력으로

   해설 보기가 모두 의미가 다른 형용사로 구성되어 있으므로 해석해서 문제를 풀어야 해요. effort(노력)를 넣어서 해석하면 '아시아 시장에 진입하려는 지속적인 노력으로'라는 뜻이 되어 자연스러워요. 따라서 (B) effort가 정답이에요. in an effort to V(~하려는 노력으로)라는 숙어 표현과 함께 ongoing effort(지속적인 노력)도 묶어서 기억해 두세요.

   오답 growth(성장), interest(관심), order(주문) 모두 in a(n) ~ to V의 형태로 쓰이지 않으므로 오답이에요.

2. **In addition to** extending the warranty, / we are providing / a complimentary maintenance service.
   (A) Compared with (B) Likewise (C) **In addition to** (D) Even if

   품질 보증 서비스를 연장하는 것뿐만 아니라 / 저희는 제공합니다 / 무료 유지 관리 서비스도
   * extend 연장하다, 확대하다 **warranty** 품질 보증(서) **provide** 제공하다 **complimentary** 무료의 **maintenance** 유지 관리, 시설 관리 **compared with** ~와 비교해 **likewise** 마찬가지로 **in addition to** ~뿐만 아니라, ~ 외에도 **even if** 설사 ~한다 하더라도

   해설 빈칸 뒤에 동명사 또는 현재분사의 형태인 extending이 이끄는 구가 쓰여 있으므로 동명사를 목적어로 취하는 전치사 또는 분사구문을 구성하는 접속사 중에서 하나를 찾아야 해요. 여기서 extending the warranty는 providing a complimentary maintenance service 외의 또 다른 혜택을 나타내야 의미가 자연스러우므로 '~뿐만 아니라, ~ 외에도'라는 의미로 추가 사항을 말할 때 사용하는 전치사 (C) In addition to가 정답이에요.

오답 (A) Compared with는 비교를 나타내므로 의미가 맞지 않는 오답이며, (B) Likewise는 부사이므로 오답이에요. (D) Even if는 접속 사이기는 하지만 분사와 결합한 구조로 된 분사구문을 이끌지는 않으므로 오답이에요.

3. Ms. Wilson / plans on outlining the merger / and how it is going to proceed / at the meeting.

(A) outline　　　　(B) outlined　　　　**(C) outlining**　　　　(D) outliner

윌슨 씨는 / 합병에 대한 개요를 설명할 계획이다 / 그리고 어떻게 진행되는지 / 회의에서
* merger 합병　proceed 진행되다, 나아가다　outline 개요를 서술하다, 윤곽을 보여주다

해설 빈칸 앞의 on은 전치사이므로 빈칸에는 명사 형태(명사나 동명사)가 와야 합니다. 빈칸 뒤에 목적어(the merger)기 있으므로 목적어를 가질 수 있는 동명사 (C) outlining이 정답이 됩니다.

오답 (A) outline(개요)과 (D) outliner(아웃트라이너(프로그램)) 둘 다 명사이므로 전치사 뒤에 올 수 있지만, 빈칸 뒤의 the merger와 의미가 연결되지 않아 오답이에요. (B) outlined(설명했다, 설명된)는 동사나 형용사로 쓰이므로 오답이에요.

4. The employees at Limelight, Inc. / should notify / the company / of any changes / in their contact information.

(A) notify　　　　(B) notice　　　　(C) communicate　　　　(D) speak

라임라이트 사에 근무하는 직원들은 / 알려야 한다 / 회사에 / 어떤 변경사항이든지 / 그들의 연락처에 대한
(A) 알리다　　　　(B) 주목하다　　　　(C) 의사소통하다　　　　(D) 말하다
* employee 직원　contact information 연락처

해설 보기가 모두 의미가 다른 동사로 구성되어 있으므로 해석해서 문제를 풀어야 하지만, 목적어가 the company of any changes로 'A of B'의 형태로 되어 있어요. 보기 중 notify가 notify A of B(A에게 B를 알리다)로 쓰이며, '회사에 어떤 변경사항이든지 알리다'라는 의미가 되어 적절하므로 (A) notify가 정답이 됩니다.

오답 (B) notice는 '알리다'라는 의미가 아니라 '주목하다, 알아채다'라는 의미이므로 의미상 맞지 않아 오답입니다. (C) communicate와 (D) speak는 A of B의 형태로 된 목적어를 취하지 않으므로 오답이에요.

5. Canterbury Software / protects / its properties / by updating / security systems / regularly.

(A) updates　　　　**(B) updating**　　　　(C) updated　　　　(D) to update

캔터베리 소프트웨어는 / 보호한다 / 자사의 건물을 / 업데이트함으로써 / 보안 시스템을 / 주기적으로
* protect 보호하다　property 건물　by (방법이나 수단) ~함으로써　security 보안　regularly 주기적으로

해설 전치사 by 바로 뒤에 빈칸이 있는데, 빈칸 다음에 security systems라는 명사구가 있으므로 이 명사구를 목적어로 가지면서 by의 목적어 역할을 할 수 있는 동명사 (B) updating이 정답이에요.

오답 (A) updates는 명사인데, 또 다른 명사(구)와 쓰이려면 전치사가 필요하므로 오답이에요. '업데이트된'이라는 의미를 지니는 과거분사 (C) updated는 명사를 수식하는 역할이 가능하지만, '~함으로써'라는 의미로 방법을 나타내는 by와 어울리지 않으므로 오답이에요. to부정사인 (D) to update는 전치사의 목적어가 될 수 없어요.

6. The company will consider / purchasing the new equipment / if it improves / production efficiency.

(A) to purchase　　　　**(B) purchasing**　　　　(C) has purchased　　　　(D) purchase

그 회사는 고려할 것이다 / 새 장비를 구입하는 것을 / 만일 그것이 개선한다면 / 생산 효율성을
* consider -ing ~하는 것을 고려하다　equipment 장비　improve 개선하다, 향상시키다　efficiency 효율(성)　purchase 구입하다

해설 빈칸 앞에 위치한 동사 consider는 동명사를 목적어로 취해 '~하는 것을 고려하다'라는 의미를 나타내므로 동명사의 형태인 (B) purchasing이 정답이에요.

오답 (A) to purchase는 consider의 목적어로 쓰이지 않는 to부정사이며, (C) has purchased는 동사의 형태이므로 오답이에요. (D) purchase는 동사 또는 명사의 형태인데, 명사로 쓰인다 하더라도 바로 뒤에 위치한 명사구와 연결되려면 전치사가 필요하므로 오답이에요.

7. Xenoah Electronics / plans to maximize / its full potential / by varying its marketing strategies.

(A) specialize　　　　(B) decline　　　　(C) appear　　　　**(D) maximize**

제노아 전자는 / 극대화할 계획이다 / 자사의 최대 잠재력을 / 마케팅 전략을 달리함으로써
(A) 전문으로 하다　　　　(B) 감소하다　　　　(C) 나타나다　　　　(D) 극대화하다
* potential 잠재력　vary 달리하다, 다르다　strategy 전략

해설 보기가 모두 의미가 다른 동사로 구성되어 있으므로 해석해서 문제를 풀어야 해요. 빈칸 뒤의 its full potential(최대 잠재력)이 목적어

이므로 각 보기의 동사들과 연결해서 해석하면 '최대 잠재력을 극대화하다(maximize)'가 가장 자연스럽습니다. 따라서 (D) maximize가 정답이에요. maximize the potential(잠재력을 극대화하다)로 묶어서 기억해 두세요.

오답 (A) specialize와 (C) appear는 의미상으로도 어색하지만 전치사와 함께 쓰여야 하는 동사들이므로 오답이에요.

8. Jane Marston / has a great deal of experience / in selecting talented individuals / for important positions.

(A) selection   (B) selected   **(C) selecting**   (D) selective

제인 마스톤 씨는 / 경험이 많다 / 재능 있는 사람을 선발하는 데 / 중요한 자리에
* a great deal of 많은   talented 재능 있는   individual 사람, 개인   select 선발하다, 고르다

해설 빈칸 앞의 in은 전치사이므로 빈칸에는 명사 형태(명사나 동명사)가 와야 합니다. 빈칸 뒤에 목적어 talented individuals(재능이 있는 사람들)가 있으므로 동명사가 와서 in selecting talented individuals가 되면 '재능 있는 사람을 선발하는 데'라는 의미가 되어 자연스러워요. 따라서 (C) selecting이 정답이에요.

오답 (A) selection은 명사이므로 전치사 뒤에 올 수 있지만, 빈칸 뒤의 목적어 talented individuals를 취할 수 없으므로 오답이에요.

9. Infinity Investments is committed / to helping its clients / to achieve their financial goals.

(A) help   (B) helpful   (C) helped   **(D) helping**

인피니티 인베스트먼츠는 전념하고 있다 / 자사의 고객들을 돕는 데 / 그들의 재정 목표를 달성하도록
* be committed to -ing ~하는 데 전념하다   achieve 달성하다, 성취하다   financial 재정의, 재무의, 금융의

해설 빈칸 앞에 위치한 be committed to는 '~에 전념하다'를 의미하는 표현인데, 여기서 to는 전치사예요. 따라서, 명사구 its clients를 목적어로 취하면서 전치사 to의 목적어 역할을 할 동명사가 빈칸에 쓰여야 알맞으므로 (D) helping이 정답이에요.

오답 (A) help는 동사 또는 명사, (B) helpful은 형용사, 그리고 (C) helped는 동사의 과거형 또는 과거분사형이므로 오답이에요.

10. The manufacturing company / hired two lawyers / to effectively negotiate / a very delicate contract.

(A) ensure   **(B) negotiate**   (C) cover   (D) manufacture

제조업체는 / 두 명의 변호사를 고용했다 / 효과적으로 협상하기 위하여 / 매우 까다로운 계약을
(A) 보장하다   (B) 협상하다   (C) 덮다   (D) 제조하다
* manufacturing 제조   hire 고용하다   lawyer 변호사   effectively 효과적으로   delicate 까다로운, 섬세한   contract 계약

해설 보기가 모두 의미가 다른 동사로 구성되어 있으므로 해석해서 문제를 풀어야 합니다. 빈칸 뒤의 a very delicate contract(매우 까다로운 계약)가 목적어이므로, 각 보기의 동사들과 연결해서 해석하면 '매우 까다로운 계약을 협상하다(negotiate)'가 가장 자연스럽습니다. 따라서 (B) negotiate가 정답이에요. negotiate a contract(계약을 협상하다)로 묶어서 기억해 두세요.

오답 (A) ensure(보장하다)는 '안전이나 기밀을 보장하다'라는 의미로 쓰이므로 계약과 어울리지 않아요. (C) cover(덮다) 역시 계약과 어울리지 않아 오답이에요. '계약을 생산하다'도 의미가 어색하므로 (D) manufacture(생산하다)도 오답이에요.

 **자신감 쑥쑥! 실전 도전** Part 6   본문 p. 074

정답   **11.** (C)   **12.** (D)   **13.** (D)   **14.** (C)

Questions 11-14 refer to the following memo. 다음 회람을 참조하시오.

Memorandum 회람   회람
Schema Footwear 스키마 풋웨어   스키마 풋웨어

To: All employees 수신: 전 직원   수신: 전 직원
RE: Congratulations to our product design team!   제목: 우리 제품 디자인팀을 축하해 주십시오!
제목: 우리 제품 디자인팀을 축하해 주십시오!

Please join me / in recognizing the recent accomplishments / of our product design team.
저와 함께 해주십시오 / 최근의 업적을 인정하는 데 있어 / 우리 제품 디자인팀의

They will receive the Design of the Year Award / at the upcoming industry conference.
그분들께서 올해의 디자인 상을 받으실 것입니다 / 다가오는 업계 컨퍼런스에서

Mark Trust, project leader, / will accept the award / on behalf of the team.
프로젝트 팀장이신 마크 트러스트 씨께서 / 상을 받으실 것입니다 / 그 팀을 대표해

This is a significant achievement / for the whole company, / since the award is a testament / to the hard work and dedication of our product design team.
이는 특별한 의미가 있는 업적입니다 / 회사 전체에게 있어 / 이 상이 증거이기 때문입니다 / 우리 제품 디자인팀의 노고와 헌신에 대한

We will have a special dinner / to celebrate the team's success.
우리는 특별 만찬 행사를 열 것입니다 / 그 팀의 성공을 기념하기 위해

It has been scheduled / for next Wednesday, / and we encourage everyone / to attend.
그것은 예정되었습니다 / 다음 주 수요일로 / 그리고 우리는 모든 분께 권합니다 / 참석하시도록

저와 함께 우리 제품 디자인팀의 최근 업적을 인정해주시기 바랍니다. 그분들께서 다가오는 업계 컨퍼런스에서 올해의 디자인 상을 받으실 것입니다. 프로젝트 팀장이신 마크 트러스트 씨께서 그 팀을 대표해 상을 받으실 것입니다. 이는 회사 전체에게 있어 특별한 의미가 있는 업적인데, 이 상이 우리 제품 디자인팀의 노고와 헌신에 대한 증거이기 때문입니다. 우리는 이 팀의 성공을 기념하는 특별 만찬 행사를 열 것입니다. 이는 다음 주 수요일로 예정되어 있으며, 모든 분께 참석하시도록 권해 드립니다.

* join 함께 하다, 합류하다   recognize 인정하다, 표창하다   recent 최근의   accomplishment 업적, 성취(= achievement)   receive 받다   upcoming 다가오는, 곧 있을   industry 업계   accept 받아들이다, 수락하다   on behalf of ~을 대표해, ~을 대신해   significant 특별한 의미가 있는, 중요한, 상당한   whole 전체의   since ~하기 때문에   testament to ~에 대한 증거   dedication 헌신, 전념   celebrate 기념하다, 축하하다   success 성공   be scheduled for ~로 예정되다   encourage A to V A에게 ~하도록 권하다

11. (A) recognize   (B) recognizes   **(C) recognizing**   (D) to recognize

해설 전치사 in과 명사구 the recent accomplishments 사이에 위치한 빈칸은 이 명사구를 목적어로 취하면서 전치사 in의 목적어 역할을 할 동명사가 필요한 자리입니다. 따라서, 동사 recognize가 동명사의 형태로 빈칸에 들어가야 알맞으므로 (C) recognizing이 정답입니다.

오답 (A) recognize와 (B) recognizes는 동사의 형태이며, (D) to recognize는 to부정사이므로 모두 동명사 자리인 빈칸에 쓰일 수 없는 오답입니다.

12. (A) except for   (B) in accordance with   (C) according to   **(D) on behalf of**
(A) ~을 제외하고   (B) ~에 따라   (C) ~에 따라   (D) ~을 대표해, ~을 대신해

해설 보기가 모두 의미가 다른 전치사로 구성되어 있으므로 해석해서 풀어야 하는 문제입니다. 빈칸 앞에는 프로젝트 팀장인 마크 트러스트 씨가 상을 받을 것이라는 말이 쓰여 있고, 빈칸 뒤에는 해당 팀을 가리키는 명사구가 쓰여 있습니다. 따라서, 팀장인 마크 씨가 팀을 대표해 상을 받는다는 의미가 구성되는 것이 가장 자연스러우므로 '~을 대표해, ~을 대신해'를 뜻하는 (D) on behalf of가 정답입니다.

오답 그 팀을 제외하고(except for), 그 팀에 따라(in accordance with), 그리고 그 팀에 따라(according to)는 모두 문장 내에서 의미가 어색하므로 (A), (B), (C)는 오답이에요.

13. (A) guideline   (B) production   (C) category   **(D) achievement**
(A) 지침(서)   (B) 생산, 제작   (C) 항목, 범주   (D) 업적, 성취

해설 보기가 모두 의미가 다른 명사로 구성되어 있으므로 해석해서 풀어야 하는 문제입니다. 빈칸에 쓰일 명사는 바로 앞에 위치한 형용사 significant와 어울려 특별한 의미가 있거나 중요한 것을 나타내야 합니다. 또한, 주어인 This가 가리키는 일을 대신할 수 있어야 하는데, 여기서 This는 앞서 언급된 올해의 디자인 상을 받는 일을 지칭합니다. 따라서, significant와 함께 '특별한 의미가 있는 업적'이라는 의미가 구성되어야 알맞으므로 '업적, 성취' 등을 뜻하는 (D) achievement가 정답입니다.

오답 특별한 의미가 있는 지침(guideline), 특별한 의미가 있는 생산(production), 그리고 특별한 의미가 있는 항목(category)은 모두 상을 받는 일을 대신할 수 있는 말로 어울리지 않으므로 (A), (B), (C)는 오답이에요.

14. **(A) The department will hire three new graphics designers.**
(A) 그 부서가 세 명의 신입 그래픽 디자이너를 고용할 것입니다.

(B) The new line of shoes will launch on March 20.

(B) 그 새로운 신발 제품 라인이 3월 20일에 출시될 것입니다.

(C) We will have a special dinner to celebrate the team's success.

(C) 우리는 이 팀의 성공을 기념하는 특별 만찬 행사를 열 것입니다.

(D) These changes will help us compete with our competitor's latest products.

(D) 이러한 변화들은 우리가 경쟁사의 최신 제품들과 경쟁하는 데 도움을 줄 것입니다.

해설 빈칸 앞에는 상을 받는다는 사실과 함께 그 상이 지니는 의미를 알리는 말이, 빈칸 뒤에는 대명사 It과 함께 무언가가 예정되어 있다고 알리면서 전 직원에게 참석하도록 권하는 말이 쓰여 있습니다. 따라서, 상을 받는 일과 관련해 어떤 행사가 열리는 것으로 생각할 수 있으므로 해당 팀의 성공을 기념하는 특별 만찬 행사 개최를 알리는 문장인 (C)가 정답입니다.

오답 (A): 빈칸 앞뒤 문장들이 신입 직원 고용과 관련된 내용이 아니므로 흐름상 어색한 문장입니다.

(B): 빈칸 앞뒤 문장들이 새로운 제품 출시와 관련된 정보를 담고 있지 않으므로 흐름상 맞지 않는 문장입니다.

(D): 빈칸 앞뒤 문장들이 특정한 변화와 관련되어 있지 않으므로 흐름상 어울리지 않는 문장입니다.

 토익이 좋아하는 **짝꿍표현**

토익 정답과 친해지는 EXERCISE 본문 p. 079

정답 **1.** (B) **2.** (B) **3.** (A)

1. Participating in the charity event / was a <u>rewarding</u> experience / to many local residents.

   (A) leading   **(B) rewarding**

자선 행사에 참석하는 것은 / 보람 있는 경험이었다 / 많은 지역 주민들에게

(A) 선도적인   (B) 보람 있는

해설 빈칸은 뒤의 명사 experience(경험)를 수식하는 형용사 자리입니다. 명사 experience(경험)를 (B) rewarding(보람 있는)과 함께 해석해 보면 '보람 있는 경험'으로 자연스러우므로 (B) rewarding이 정답이에요. a rewarding experience(보람 있는 경험)로 묶어서 기억해 두세요.

2. Donalds.com says / the <u>estimated</u> time / to deliver its products / to places within the town / is 3 hours.

   (A) unexpected   **(B) estimated**

도날즈닷컴 사는 말한다 / 예상되는 시간이 / 물건을 배송하는 데 / 도시 내 여러 지역에 / 3시간이라고

(A) 예상치 못한   (B) 예상되는

해설 빈칸은 뒤에 오는 명사(time)를 수식하는 형용사 자리입니다. '예상치 못한(unexpected) 시간', '예상되는(estimated) 시간' 모두 자연스럽지만 문장을 좀 더 읽어 보면 '상품을 배달하기 위해 예상되는 시간은 3시간이다'가 자연스러우므로 (B) estimated가 정답이에요. an estimated time(예상되는 시간)으로 묶어서 기억해 두세요.

3. Though Rachel is a new employee, / she will be playing a <u>challenging</u> role / in the upcoming demonstration.

   (A) challenging   (B) misleading

레이첼이 신입 직원임에도 불구하고 / 그녀는 도전적인 역할을 할 것이다 / 곧 있을 제품 시연 행사에서

(A) 도전적인   (B) 오해하게 하는

해설 빈칸은 뒤에 오는 명사 role을 수식하는 형용사 자리입니다. role과 보기를 함께 해석해 보면 '도전적인(challenging) 역할'은 자연스럽지만 '오해하게 하는(misleading) 역할'은 어색해요. 또한, '레이첼이 신입 직원임에도 불구하고'와 '어려운 역할을 수행할 것이다'가 논리적으로 잘 어울리므로 (A) challenging이 정답이에요. a challenging role(도전적인 역할)로 묶어서 기억해 두세요.

 **DAY 06** 분사

개념 1 분사의 형태와 특징

토익 정답과 친해지는 EXERCISE 본문 p. 080

정답 **1.** 동명사 **2.** 분사 **3.** 분사

1. The employee / enjoys <u>developing</u> / his marketing techniques.
　　　　　　　　　　　　동명사

그 식원은 / 개발하는 것을 즐긴다 / 자신의 마케팅 기법을

해설 developing이 동사 enjoys의 목적어 자리에서 명사처럼 쓰이고 있어요. 해석상으로도 '자신의 마케팅 기법을 개발하는 것을 즐긴다'가 적절하므로 developing은 '개발하는 것'이라는 의미로 쓰이는 동명사입니다.

2. Please see the manual / <u>containing</u> instructions. 매뉴얼을 보세요 / 설명을 담고 있는
　　　　　　　　　　　　　분사

해설 containing instructions(설명을 담고 있는)가 앞에 있는 명사 manual을 수식하는 형용사처럼 쓰이고 있어요. 해석상으로도 '설명을 담고 있는 매뉴얼'이 적절하므로 containing은 '포함하는'이라는 의미로 쓰이는 분사예요.

3. The bill is expensive / because of <u>rising</u> electricity costs. 고지서 요금이 많이 나왔다 / 오르는 전기 요금 때문에
　　　　　　　　　　　　　　　　　　분사

해설 rising이 뒤에 오는 명사 electricity costs를 수식하는 형용사처럼 쓰이고 있어요. 해석상으로도 '오르는 전기 요금 때문에'가 적절하므로 분사입니다.

개념 2 분사의 역할 – 1. 명사 수식

토익 정답과 친해지는 EXERCISE 본문 p. 081

정답 **1.** unexpected **2.** estimated **3.** working

1. It was an (unexpected / unexpectedly) outcome. 이는 예상치 못한 결과였다.

해설 괄호 앞에는 관사(an)가, 뒤에는 명사(outcome)가 있어요. 따라서 괄호는 명사를 수식하는 형용사 자리이므로 unexpected가 정답입니다. unexpectedly(예상치 못하게)는 부사입니다.

2. I completed the task / in the (estimates / estimated) time. 나는 일을 완료했다 / 예상된 시간 안에

해설 괄호 앞에는 관사(the)가, 뒤에는 명사(time)가 있어요. 따라서 괄호는 명사를 수식하는 형용사 자리인데 estimates(예상하다)는 동사이므로 오답입니다. estimated(예상된)는 estimate의 과거분사로 형용사 역할을 하므로 정답이에요.

3. I met the attendant / (works / working) in the commercial building area.

나는 직원을 만났다 / 상업 건물 구역에서 일하고 있는

해설 I(나)가 주어, met(만났다)이 동사, the attendant(직원)가 목적어입니다. 문장의 동사는 하나가 되어야 하므로 동사 works(일하다)는 오답이에요. 분사에 수식어가 붙어 길어지면 명사 뒤에서 수식할 수 있는데, working 뒤에 in the commercial building area가 붙어서 attendant를 뒤에서 수식하고 있어요. 따라서 현재분사 working이 정답입니다.

개념 3 분사의 역할 – 2. 보어

토익 정답과 친해지는 EXERCISE 본문 p. 082

정답 **1.** challenging **2.** rewarding **3.** qualified

1. Mr. Stuart's new role / as manager / is (challenging / challenges).

스튜어트 씨의 새로운 역할은 / 매니저로서 / 도전적이다

해설 challenging(도전적인)은 동사 challenge(도전하다)의 현재분사입니다. 현재분사는 형용사 역할을 하므로 주격 보어 자리에 쓰일 수 있어요. 또한, role is challenging(역할이 도전적이다)이 되어 의미상으로도 자연스러우므로 현재분사 challenging이 정답이에요.

2. Many people / found / the experience / (reward / rewarding).

많은 사람들은 / 생각했다 / 경험이 / 보람 있는 것이라고

해설 동사 find는 목적격 보어로 형용사를 취해 '목적어를 ~하다고 생각하다'라는 의미로 쓰입니다. rewarding(보람 있는, ~할 만한 가치가 있는)은 동사 reward(보상하다)의 현재분사로 형용사 역할을 하므로 목적격 보어 자리에 올 수 있어요. 또한, found the experience rewarding(경험이 보람 있는 것이라고 생각했다)이 되어 의미상으로도 자연스러우므로 현재분사 rewarding이 정답이에요.

3. The engineer / seemed (qualification / qualified) / for the project.

기술자는 / 자격을 갖춘 듯했다 / 이 프로젝트에 대해

해설 동사 seem은 형용사 주격 보어와 함께 '~인 것 같다'라는 의미로 쓰여요. qualified(자격을 갖춘)는 동사 qualify(자격을 갖추게 하다)의 과거분사로 형용사 역할을 하므로 주격 보어 자리에 올 수 있어요. 또한, seemed qualified(자격을 갖춘 것 같았다)가 되어 의미상으로도 자연스러우므로 qualified가 정답이에요.

개념 4 현재분사(-ing)를 쓰는 경우

토익 정답과 친해지는 **EXERCISE** ⟨본문 p. 083⟩

정답　**1.** promising　**2.** overwhelming　**3.** causing

1. The (promised / promising) candidate / will be a valuable addition / to your company.

그 전도유망한 지원자는 / 귀중한 인재가 될 것입니다 / 귀하의 회사에

해설 과거분사 promised는 '약속된', 현재분사 promising은 '전도유망한'이라는 의미입니다. 수식을 받는 명사 candidate(지원자)와 연결해 해석해 보면, '그 전도유망한 지원자는 귀하의 회사에 귀중한 인재가 될 것이다'가 자연스러우므로 현재분사 promising이 정답이에요.

2. The factory / considers / the volume of sales / (overwhelmed / overwhelming).

공장은 / 생각한다 / 판매량이 / 압도적이라고

해설 동사 considers는 목적격 보어를 가지는 동사로 목적어 the volume of sales(판매량) 다음에 위치한 괄호는 목적격 보어 자리입니다. 과거분사 overwhelmed는 '압도된', overwhelming은 '압도적인'이라는 의미로 '압도적인 판매량'이 해석상 적절하므로 현재분사 overwhelming이 정답이에요.

3. The manager / talked to the employee / (caused / causing) an inconvenience.

팀장은 / 직원에게 이야기했다 / 불편함을 야기하는

해설 괄호에서 inconvenience까지가 앞의 명사 the employee를 꾸며줍니다. 분사가 명사를 뒤에서 수식할 때, 분사 뒤에 목적어가 있으면 -ing 형태(현재분사)만 쓸 수 있어요. 괄호 뒤에 목적어 an inconvenience(불편함)가 있으므로 causing이 정답이에요.

개념 5 과거분사(p.p.)를 쓰는 경우

토익 정답과 친해지는 **EXERCISE** ⟨본문 p. 084⟩

정답　**1.** unlimited　**2.** proposed　**3.** experienced

1. Employees / have (unlimiting / unlimited) access / to company resources.

직원들은 / 무제한 접근 권한을 가진다(무제한으로 이용 가능하다) / 회사 자료에 대한

해설 have(가지다)가 동사, access(접근)가 목적어이므로 괄호는 뒤에 오는 명사 access를 수식하는 형용사 자리입니다. '무제한 접근'이 자연스러우므로 unlimited가 정답이에요.

2. The director / approved / the (proposing / proposed) changes / to the building.

감독관은 / 승인했다 / 제안된 변경사항을 / 건물에 대한

해설 현재분사 proposing은 '제안하는', 과거분사 proposed는 '제안된'이라는 의미입니다. 수식을 받는 명사 changes(변경사항들)는 '제안하는' 것이 아니라 '제안되는' 것이므로 '제안된'이라는 의미를 나타내는 과거분사 proposed가 정답이에요.

3. Our team / will hire an (experiencing / experienced) guide / for the business trip.

우리 팀은 / 경험이 많은 가이드를 고용할 것이다 / 출장을 위해

> [해설] 괄호는 뒤에 오는 명사 guide(가이드, 안내원)를 수식하는 형용사 자리입니다. 따라서 '경험이 많은'이라는 의미로 쓰이는 experienced가 정답이에요.

개념 6 감정을 나타내는 분사

토익 정답과 친해지는 EXERCISE

본문 p. 085

정답   **1.** pleased   **2.** fascinating   **3.** interested

1. Ms. Clemmons is (pleasing / pleased) / to see a notable improvement.

클레몬스 씨는 기쁘다 / 눈에 띄는 발전을 보게 되어

> [해설] 괄호는 주격 보어 자리고 주어가 사람(Ms. Clemmons)입니다. 사람이 감정을 느낄 때는 과거분사(p.p.)로 표현하므로 pleased가 정답이에요.

2. The workers / find / the CEO's biography / (fascinated / fascinating).

직원들은 / 생각한다 / 최고경영자의 전기가 / 흥미롭다고

> [해설] 동사 find는 목적격 보어를 가지는 동사로 괄호는 목적격 보어 자리입니다. 과거분사 fascinated는 '매혹된'이라는 의미로 사람의 감정을 나타낼 때 쓰고, 현재분사 fascinating은 '흥미로운, 매혹적인' 이라는 의미로 사물이 감정을 느끼게 만들 때 쓰는 표현입니다. 목적어가 the CEO's biography(최고경영자의 전기)로 사물이 감정을 느끼게 만드는 상황이므로 현재분사 fascinating이 정답이에요.

3. Clients / (interesting / interested) in buying versatile furniture / visited my store.

고객들은 / 다용도 가구를 구매하는 것에 관심 있는 / 우리 가게를 방문했다

> [해설] Clients(고객들)가 주어이고 visited가 동사이므로 괄호에서 furniture까지는 주어 Clients를 수식하는 역할을 해요. '흥미로운 고객들'이 아닌 '흥미를 느끼는 고객들'이 적절하므로 '~에 관심이 있는, 흥미를 느끼는'이라는 의미의 interested in을 구성하는 과거분사 interested가 정답이에요.

실전훈련 자신감 쑥쑥! 실전 도전 Part 5

본문 p. 087

정답   **1.** (B)   **2.** (A)   **3.** (A)   **4.** (D)   **5.** (B)   **6.** (C)   **7.** (B)   **8.** (A)   **9.** (D)   **10.** (A)

1. We don't have / enough qualified applicants / for the position of marketing manager.

(A) qualify   **(B) qualified**   (C) qualifies   (D) qualifications

우리는 없습니다 / 충분히 자격을 갖춘 지원자들이 / 마케팅 팀장 직에 대해

* **enough** 충분한   **applicant** 지원자, 후보자   **qualify** 자격을 얻다[주다]   **qualification** 자격(증)

> [해설] have(가지다)가 동사, applicants(지원자들)가 동사의 목적어이며, 빈칸에는 명사 applicants를 수식하는 형용사가 와야 해요. 따라서 '자격을 갖춘'이라는 의미로 쓰이는 과거분사 (B) qualified가 정답이 됩니다.

> [오답] (A) qualify, (C) qualifies는 '자격을 얻다[주다]'라는 의미로 쓰이는 동사이므로 오답입니다. (D) qualifications는 '자격요건'이라는 의미의 명사로 명사 앞에 또 명사가 쓰여 복합명사를 이룰 수도 있지만 '자격요건 지원자들'이 되어 의미상 어색하므로 오답이에요.

2. The employees at Brown Consulting / are satisfied / with their new office space and company culture.

(A) satisfied   (B) satisfaction   (C) satisfies   (D) satisfying

브라운 컨설팅의 직원들은 / 만족하고 있다 /자신들의 새 사무실 공간과 회사 문화에

* **be satisfied with** ~에 만족하다   **satisfaction** 만족(감)   **satisfy** 만족시키다   **satisfying** 만족시키는

> [해설] 빈칸 앞에는 be동사 are가, 빈칸 뒤에는 전치사 with가 쓰여 있어 빈칸은 형용사가 필요한 자리인데, 의미상 빈칸은 주어인 사람(employees)이 만족을 느끼는 상황이므로 감정을 나타내는 분사의 p.p. 형태인 (A) satisfied가 정답이에요.

> [오답] 명사 (B) satisfaction와 동사 (C) satisfies, 그리고 형용사 (D) satisfying은 모두 be동사 및 전치사 with와 결합하지 않으므로 오답이에요.

3. This shaving kit / contains instructions / on how to assemble the components / and use it.

(A) **instructions**　　(B) improvements　　(C) replacements　　(D) conditions

이 면도 세트는 / 지시사항들을 포함하고 있습니다 / 부품을 조립하는 방법과 / 사용하는 법에 관한

(A) 지시사항들　　　　(B) 개선사항들　　　　(C) 교체품들　　　　(D) 조건들

* shaving kit 면도 세트　　contain 포함하다, 들어 있다　　assemble 조립하다　　component 부품, 구성요소

해설 보기가 모두 의미가 다른 명사로 구성되어 있으므로 해석해서 문제를 풀어야 해요. 주어가 This shaving kit(이 면도 세트), 동사가 contains(포함하다)이므로 빈칸은 목적어 자리입니다. 각 보기의 명사들과 연결해서 해석하면 '면도 세트는 지시사항들을 포함하고 있습니다'가 자연스러우므로 '지시사항'을 의미하는 (A) instructions가 정답이에요.

오답 (B) improvements(개선사항들), (C) replacements(교체품들), (D) conditions(조건들) 모두 문맥과 어울리지 않아서 오답이에요.

4. The shuttle / to the national cemetery / departs / only from the designated location.

(A) received　　(B) feasible　　(C) skilled　　**(D) designated**

셔틀버스는 / 국립묘지로 가는 / 출발한다 / 오직 지정된 장소에서만

(A) 받아진　　　　(B) 현실성 있는　　　　(C) 숙련된　　　　(D) 지정된

* national cemetery 국립묘지　　depart 출발하다　　location 장소

해설 보기가 모두 의미가 다른 형용사로 구성되어 있으므로 해석해서 문제를 풀어야 합니다. 빈칸의 형용사는 뒤에 오는 location(위치)을 수식해요. 보기 중 이와 어울리는 것은 (D) designated(지정된)로, '지정된 장소'가 되어 자연스럽습니다. 따라서 (D) designated가 정답이에요. a designated location(지정된 장소)으로 묶어서 기억해 두세요.

오답 '받아진(received) 위치', '현실성 있는(feasible) 위치', '숙련된(skilled) 위치' 모두 어색하므로 오답이에요.

5. We, here at Duncan Industry, / apologize for any inconvenience / caused by the ongoing construction / on Main Street.

(A) indifference　　**(B) inconvenience**　　(C) intention　　(D) infection

저희 던컨 산업은 / 어떤 불편함에 대해서도 사과드립니다 / 계속된 공사에 의해 야기된 / 메인 가에서

(A) 무관심　　　　(B) 불편함　　　　(C) 의도　　　　(D) 감염

* apologize 사과하다　　cause 일으키다, 원인이 되다　　ongoing 계속되는　　construction 공사, 건설　　indifference 무관심
inconvenience 불편함　　intention 의도　　infection 감염

해설 보기가 모두 의미가 다른 명사로 구성되어 있으므로 해석해서 문제를 풀어야 합니다. 빈칸은 apologize for의 목적어 자리이므로 사과의 이유가 되어야 하며, caused 이하가 빈칸을 수식하므로 공사로 인해 야기되는 것이어야 해요. 따라서 (B) inconvenience(불편함)가 정답입니다. cause inconvenience(불편함을 초래하다), apologize for inconvenience(불편함에 대해 사과하다)로 묶어서 기억해 두세요.

오답 (A) indifference(무관심), (C) intention(의도), (D) infection(감염)은 모두 공사에 의해 야기되는 것이 아니므로 문장의 의미와 어울리지 않아 오답이에요.

6. Mr. Jacobs / wrote a memo / outlining the company's objectives / for the second quarter.

(A) outline　　(B) outlines　　**(C) outlining**　　(D) outlined

제이콥스 씨는 / 메모를 썼다 / 회사의 목표를 약술한 / 2/4분기에 대한

* objective 목적, 목표　　quarter 분기　　outline 약술하다, 개요를 서술하다

해설 Mr. Jacobs(제이콥스 씨)가 주어, wrote(썼다)가 동사, a memo(메모)가 목적어입니다. 이미 동사가 있으므로 목적어 뒤에 위치한 빈칸에 또 다른 동사가 연이어 올 수 없으며, 빈칸에서 quarter까지는 앞의 명사 a memo를 수식합니다. 명사를 뒤에서 꾸며줄 경우, 현재분사(-ing)만이 목적어(the company's objectives for the second quarter)를 가질 수 있으므로 현재분사 (C) outlining(약술한)이 정답이 됩니다.

오답 과거분사 (D) outlined(약술된) 역시 명사를 뒤에서 꾸며줄 수 있지만, 목적어 the company's objectives for the second quarter와 연결되지 않으므로 오답이에요.

7. After a number of negotiations, / Charlie's Textile / decided / to accept the proposed merger / with Denker Fabrics Company.

(A) propose　　**(B) proposed**　　(C) proposal　　(D) proposing

수많은 협상 끝에 / 찰리스 텍스타일 사는 / 결정했다 / 제안된 합병을 받아들이기로 / 덴커 패브릭스 사와의

* a number of 많은　　negotiation 협상　　decide to V ~하기로 결정하다　　accept 받아들이다　　merger with ~와의 합병
propose 제안하다　　proposed 제안된　　proposal 제안(서)

정관사 the와 명사 merger 사이에 빈칸이 있으므로 빈칸은 명사를 수식하는 형용사 자리예요. 보기 중 형용사는 (B) proposed와 (D) proposing인데, merger(합병)는 사람에 의해 제안되는 것이므로 수동의 의미를 나타내는 (B) proposed(제안된)가 정답이에요.

오답 (A) propose는 동사인데, 빈칸은 동사 자리가 아니므로 오답이에요. (C) proposal은 명사 끝말 -al로 끝나는 명사이므로 오답이에요.

8. NovaTech is one of / the leading software development companies, / specializing in artificial intelligence.

(A) leading   **(B) leads**   **(C) leader**   **(D) led**

노바테크는 ~중의 하나이다 / 선도적인 소프트웨이 개발 회사들 / 인공 지능을 전문으로 하는

* **development** 개발, 발전   **specialize in** ~을 전문으로 하다   **artificial intelligence** 인공 지능   **leading** 선도적인, 손꼽히는   **lead** 이끌다, 안내하다, 진행하다

해설 정관사 the와 명사구 software development companies 사이에 위치한 빈칸은 이 명사구를 수식할 형용사가 필요한 자리인데, 의미상 '주도하는'이라는 능동의 의미가 적합하므로 현재분사 (A) leading이 정답이에요.

오답 (B) leads는 동사이므로 오답이고, (C) leader를 명사로서 복합명사를 구성하는 경우를 생각해볼 수는 있지만 software development companies와 복합명사를 구성하지는 않으므로 오답이에요. (D) led는 동사의 과거형 또는 수동의 의미를 갖는 과거분사형이므로 오답입니다.

9. The garments marked with a care label / should be washed / according to the instructions.

(A) have marked   **(B) marking**   **(C) are marked**   **(D) marked**

관리 주의 라벨로 표시된 그 옷들은 / 세탁되어야 한다 / 안내 사항에 따라

* **garment** 옷, 의류   **care label** 관리 주의 라벨   **according to** ~에 따라   **instructions** 안내, 설명, 지시   **mark** 표시하다

해설 빈칸 뒤에 문장의 동사 should be washed가 이미 있으므로 빈칸은 동사 자리가 아니에요. 따라서, mark가 준동사의 형태로 빈칸에 쓰여야 하므로 현재분사인 (B) marking과 과거분사인 (D) marked 중에서 하나를 골라야 해요. 빈칸에 쓰일 분사는 바로 앞에 위치한 명사구 The garments를 수식하는데, 옷은 사람에 의해 라벨로 표시되는 대상이므로 이와 같은 수동의 의미를 나타낼 수 있는 과거분사 (D) marked가 정답이에요.

오답 (A) have marked와 (C) are marked는 동사의 형태이므로 동사 자리가 아닌 빈칸에 맞지 않는 오답이에요. (B) marking은 현재분사로서 능동의 의미를 나타내므로 오답이에요.

10. One of the promising candidates / was eliminated / because his qualifications / proved to be irrelevant.

(A) promising   **(B) confusing**   **(C) informative**   **(D) broad**

유망한 지원자 중 한 사람이 / 탈락되었다 / 그의 자격요건이 / 관련 없다는 것이 증명되었기 때문에

(A) 유망한   **(B)** 혼란스럽게 만드는   **(C)** 유익한   **(D)** 넓은

* **candidate** 지원자, 후보자   **eliminate** 탈락시키다, 제거하다   **qualification** 자격요건   **prove** 증명하다   **irrelevant** 관련 없는

해설 보기가 모두 의미가 다른 형용사로 구성되어 있으므로 해석해서 문제를 풀어야 합니다. 빈칸에 쓰일 형용사는 명사 candidates(지원자들)를 수식하는 역할을 하는데 '유망한 지원자'라는 의미가 가장 자연스러우므로 (A) promising이 정답이에요. a promising candidate(유망한 지원자)로 묶어서 기억해 두세요.

오답 '혼란스럽게 만드는(confusing) 지원자'도 말은 되지만, 문장 나머지 부분과 의미가 어울리지 않아 오답이에요. (C) informative(유익한)와 (D) broad(넓은)는 사람에게 어울리지 않는 형용사이므로 오답이에요.

정답 **11.** (B) **12.** (C) **13.** (B) **14.** (A)

Questions 11-14 refer to the following letter. 다음 편지를 참조하시오.

Dear Mr. Burda, 버다 씨께,

This letter will provide you with more information / about renting the Astro Baseball Field.
이 편지가 귀하께 더 많은 정보를 제공해 드릴 것입니다 / 애스트로 야구장 대여와 관련해

I am **pleased** to discuss it / over the phone as well, / if you have additional questions.
저는 기쁜 마음으로 논의할 것입니다 / 전화상으로도 / 추가 질문들이 있으시면

The field may be rented / by the hour, day, or weekend, / and is available for use / from 8 A.M. to 8 P.M.
이 구장은 대여될 수 있습니다 / 시간, 하루, 또는 주말 단위로 / 그리고 이용 가능합니다 / 오전 8시부터 오후 8시까지

Rental costs include the use of the baseball field, basic equipment, and access to the entire **facility**, / including the scoreboard controls and locker rooms.
대여료는 야구장 이용. 기본 장비, 그리고 전체 시설물에 대한 이용을 포함합니다 / 전광판 제어 및 사물함을 포함해

The estimated cost for your rental / would be $1,200.
귀하의 대여에 대한 견적가는 / 1,200달러가 될 것입니다

Food is available / in the cafeteria / for an additional cost.
음식은 이용 가능합니다 / 구내식당에서 / 추가 비용을 내시면

On-site parking is available / for free.
장내 주차장이 이용 가능합니다 / 무료로

However, / larger vehicles, such as buses, / will require the use of a special lot.
하지만 / 버스 같이 더 큰 차량들은 / 특별 주차장에 대한 이용을 필요로 할 것입니다

Please notify us / in advance / if you need to use it.
저희에게 알려주십시오 / 미리 / 그것을 이용하셔야 한다면

Let me know / if you'd like to confirm your rental.
저에게 알려주십시오 / 귀하의 대여를 확정하시고자 하시면

I will hold your reservation / for the next week.
귀하의 예약을 유지해 드릴 것입니다 / 다음 한 주 동안

Sincerely, 안녕히 계십시오

Peter Grant 피터 그랜트
Manager, Astro Baseball Field 관리 책임자, 애스트로 야구장

버다 씨께,

이 편지가 애스트로 야구장 대여와 관련해 귀하께 더 많은 정보를 제공해 드릴 것입니다. 추가 질문들이 있으시면, 전화상으로도 기쁜 마음으로 논의할 것입니다.

이 구장은 시간, 하루, 또는 주말 단위로 대여될 수 있으며, 오전 8시부터 오후 8시까지 이용 가능합니다. 대여료는 야구장 이용, 기본 장비, 그리고 전체 시설물에 대한 이용을 포함하며, 여기에는 전광판 제어 및 사물함도 포함됩니다. 귀하의 대여에 대한 견적가는 1,200달러가 될 것입니다. 음식은 추가 비용을 내시면 구내식당에서 이용 가능합니다. 장내 주차장은 무료로 이용 가능합니다. 하지만, 버스 같이 더 큰 차량들은 특별 주차장에 대한 이용을 필요로 할 것입니다. 그것을 이용하셔야 한다면 저희에게 미리 알려주십시오.

귀하의 대여를 확정하시고자 하시면 저에게 알려주십시오. 다음 한 주 동안 귀하의 예약을 유지해 드릴 것입니다.

안녕히 계십시오.

피터 그랜트
관리 책임자, 애스트로 야구장

---

* provide A with B A에게 B를 제공하다 rent 대여하다, 임대하다 discuss 논의하다 as well ~도, 또한 additional 추가적인
available 이용 가능한 rental 대여, 임대 include 포함하다 equipment 장비 access to ~에 대한 이용 (권한), ~에 대한 출입 (권한)
entire 전체의 facility 시설(물) including ~을 포함해 control 제어, 통제, 조절 estimated 견적의, 추정의 cafeteria 구내식당
on-site 장내의, 현장의 parking 주차 for free 무료로 vehicle 차량 require ~을 필요로 하다 lot 주차장 notify 알리다, 통보하다
in advance 미리, 사전에 let A know A에게 알리다 would like to V ~하고자 하다, ~하고 싶다 confirm 확정하다, 확인하다
hold 유지하다, 보유하다 reservation 예약

11. (A) please   **(B) pleased**   (C) pleasing   (D) pleasingly

> **해설** 빈칸 앞뒤에 be동사 am과 to부정사가 각각 쓰여 있어, 빈칸은 형용사가 필요한 자리인데, 의미상 빈칸은 주어인 사람이 기쁨을 느끼는 상황이므로 감정을 나타내는 분사의 p.p. 형태인 (B) pleased가 정답입니다.
>
> **오답** (A) please와 (D) pleasingly는 be동사의 보어 자리에 적합하지 않아 오답이며, (C) pleasing은 사물이 감정을 느끼게 할 때 사용하는 분사이므로 오답이에요.

12. (A) outcome   (B) residence   **(C) facility**   (D) district
    (A) 결과   (B) 거주(지), 주택   (C) 시설(물)   (D) 구역, 지역, 지구

> **해설** 보기가 모두 의미가 다른 명사로 구성되어 있으므로 해석해서 풀어야 하는 문제입니다. 빈칸이 access와 연결되는 전치사 to의 목적어이므로 이용이나 출입과 관련된 명사가 필요하다는 것을 알 수 있습니다. 그리고 빈칸 뒤에 전광판과 사물함이 포함된다고 언급되어 있어 이러한 것들을 하나로 아우를 수 있는 명사가 필요하므로 '시설(물)'을 뜻하는 (C) facility가 정답입니다.
>
> **오답** 야구장 내에서 이용하는 것과 관련된 의미를 나타내야 하므로 결과(outcome)에 대한 이용, 거주지(residence)에 대한 이용, 그리고 구역(district)에 대한 이용은 모두 의미가 어울리지 않는 오답이에요.

13. (A) We will partner with several local businesses.
    (A) 저희가 지역 내 여러 업체들과 제휴 관계를 맺을 것입니다.

    (B) Food is available in the cafeteria for an additional cost.
    (B) 음식은 추가 비용을 내시면 구내식당에서 이용 가능합니다.

    (C) There are other tourist attractions in the area.
    (C) 지역 내에 다른 관광 명소들이 있습니다.

    (D) Participating in sports teaches valuable lessons to children.
    (C) 스포츠에 참가하는 일은 아이들에게 소중한 교훈을 가르쳐줍니다.

> **해설** 빈칸 앞에 야구장 내의 각종 설비 이용과 관련해 설명하면서 견적가가 1,200달러가 될 것이라고 알리는 말이 쓰여 있습니다. 그리고 빈칸 뒤에는 그 외에 이용 가능한 서비스에 해당되는 주차장 무료 이용 혜택이 언급되어 있습니다. 따라서, 빈칸에도 야구장 대여 시에 이용 가능한 기타 서비스와 관련된 문장이 들어가야 흐름이 자연스러우므로 추가 비용으로 이용 가능한 구내식당을 알리는 문장인 (B)가 정답입니다.
>
> **오답** (A): 빈칸 앞뒤 문장들이 업체들과의 제휴 관계와 관련된 내용이 아니므로 흐름상 어색한 문장입니다.
> (C): 빈칸 앞뒤 문장들이 관광과 관련된 정보를 담고 있는 것이 아니므로 흐름상 맞지 않는 문장입니다.
> (D): 빈칸 앞뒤 문장들이 스포츠에 참가하는 일이 지니는 의미와 관련되어 있지 않으므로 흐름상 어울리지 않은 문장입니다.

14. **(A) However**   (B) For example   (C) Therefore   (D) Overall
    (A) 하지만, 그러나   (B) 예를 들어   (C) 따라서, 그러므로   (D) 전반적으로, 종합적으로

> **해설** 보기가 모두 의미가 다른 접속부사로 구성되어 있으므로 해석해서 풀어야 하는 문제입니다. 특히 접속부사 문제는 앞뒤 문장들의 의미를 먼저 확인해 그 사이의 흐름을 파악하는 것이 중요합니다. 빈칸 앞에는 장내 주차장이 무료로 이용 가능하다는 말이, 빈칸 뒤에는 특별 주차장이 필요한 경우를 알리는 말이 각각 쓰여 있습니다. 이용 가능한 주차장이 있음에도 불구하고 특별 주차장이 필요하다는 말은 대조적인 흐름에 해당되므로 '하지만, 그러나'라는 뜻으로 대조나 반대를 나타내는 (A) However가 정답입니다.
>
> **오답** (B) For example은 예시를 말할 때, (C) Therefore는 결과를 나타낼 때, 그리고 (D) Overall은 결론이나 요약을 말할 때 사용하므로 오답이에요.

토익 정답과 친해지는 **EXERCISE** 　　본문 p. 093

정답　**1.** (A)　**2.** (B)　**3.** (A)

1. The new conference room / is equipped with / various advanced devices.
(A) equipped　(B) installed
새 회의실은 / 갖추고 있다 / 다양한 최신 장비를
(A) 갖추다　(B) 설치하다

해설 be equipped with(~을 갖추고 있다)라는 숙어 표현이 있으므로 우선 빈칸에 equipped를 넣어 의미가 자연스러운지 해석해 봅니다. '회의실이 다양한 최신 장비를 갖추고 있다'라는 의미가 되어 적절하므로 (A) equipped가 정답이에요.

2. The instructions / will help you / to care for your new sofa.
(A) put off　**(B) care for**
설명서는 / 당신을 도와줄 것이다 / 새 소파를 관리하는 것을
(A) 연기하다　(B) 돌보다, 관리하다

해설 빈칸 뒤에 위치한 your new sofa(당신의 새 소파)는 빈칸의 목적어입니다. put off는 '연기하다', care for는 '돌보다, 관리하다'라는 의미이므로 목적어와 함께 해석해 보면, 소파를 연기하는 것은 어색하지만, 오래 쓸 수 있도록 소파를 관리하는 것은 자연스럽습니다. 따라서 (B) care for가 정답이에요.

3. The consultant / identified major defects / in our financial report.
(A) identified　(B) reached
상담가는 / 중요한 결함을 확인했다 / 우리 재정 보고서에서
(A) 확인하다　(B) 도달하다

해설 빈칸은 동사 자리이며 빈칸 뒤의 major defects(중요한 결함)가 목적어입니다. '중요한 결함을 확인했다(identified)'는 자연스럽지만 '중요한 결함에 도달했다(reached)'는 어색합니다. 따라서 (A) identified가 정답이에요. identify a defect(결함을 확인하다)로 묶어서 기억해 두세요.

 **접속사**　　Grammar

개념 1 등위 접속사 – 1. 역할

토익 정답과 친해지는 **EXERCISE**　　본문 p. 094

정답　**1.** delivered　**2.** informative　**3.** mix

1. Enco Electronics / processed the online order / and (delivery / delivered) the copier.
엔코 일렉트로닉스는 / 온라인 주문을 처리했고 / 복사기를 배달했다

해설 delivery the copier(배달 그 복사기)는 의미와 형태가 자연스럽지 않지만 delivered the copier(복사기를 배달했다)는 의미와 형태 모두 적절합니다. 또한, 등위 접속사 and가 두 동사 processed와 delivered를 연결하는 자연스러운 구조예요.

2. The training seminar / was long / but (information / informative).
연수 세미나는 / 길었다 / 하지만 유익했다

해설 information(정보)은 명사이고 informative(유익한)는 형용사입니다. 괄호 앞에 등위 접속사 but이 있기 때문에 괄호에 들어갈 품사는 but 앞의 long처럼 형용사여야 해요. 따라서 형용사 informative가 정답이에요.

3. Purchase our new flour / and (mix / mixed) it with milk / for your best cookies.

저희의 새 밀가루를 구매하세요 / 그리고 그것을 우유와 함께 섞으세요 / 최고의 쿠키를 만들기 위해

해설 mix it(그것을 섞으세요)도 mixed it(그것을 섞었어요)도 모두 말이 됩니다. 하지만 and 앞부분에서 동사원형(Purchase)으로 시작하는 명령문이 쓰인 것처럼 and 뒤에도 동사원형이 쓰여 purchase ~ and mix ~(~을 구매해서 ~을 섞으세요)가 되어야 적절하므로 동사원형인 mix가 정답이에요.

개념2 등위 접속사 – 2. 종류와 의미

토익 정답과 친해지는 **EXERCISE** 본문 p. 095

정답 **1.** or **2.** and **3.** but

1. The venue / will reach its full capacity / in one (but / or) two hours.

행사 장소는 / 정원이 모두 찰 것이다 / 한두 시간 후에

해설 but과 or는 등위 접속사로 같은 단위를 연결하지만 의미가 다르므로 해석해야 해요. '한 시간 혹은 두 시간 후에'가 자연스러우므로 '혹은'이라는 의미로 쓰이는 등위 접속사 or가 정답이에요.

2. The company / promotes movies / (but / and) sells tickets / online.

회사는 / 영화를 홍보하고 / 표를 판다 / 온라인으로

해설 but과 and는 등위 접속사로 같은 단위를 연결하지만 의미가 다르므로 해석해야 해요. 빈칸에 쓰일 접속사는 promotes movies와 sells tickets를 연결합니다. '영화를 홍보하고 티켓을 판다'가 자연스러우므로 '그리고'라는 의미를 나타내는 등위 접속사 and가 정답이에요.

3. Ms. Arnold / wanted to take a break, / (but / and) she couldn't stop working.

아놀드 씨는 / 쉬고 싶었다 / 그러나 일하는 것을 멈출 수 없었다

해설 but과 and는 등위 접속사로 같은 단위를 연결하지만 의미가 다르므로 해석해야 해요. 괄호에 쓰일 등위 접속사는 Ms. Arnold wanted to take a break와 she couldn't stop working의 두 문장을 연결합니다. '휴식을 취하고 싶었지만 일을 멈출 수 없었다'가 자연스러운 의미이므로 등위 접속사 but이 정답이에요.

개념3 상관 접속사

토익 정답과 친해지는 **EXERCISE** 본문 p. 096

정답 **1.** neither **2.** both **3.** not only

1. I (neither / either) care / for the furniture / nor the appliances / of my house.

나는 관리하지 않는다 / 가구도 / 가정용 기기도 / 내 집의

해설 괄호 뒤에 있는 nor와 짝을 이루는 상관 접속사는 neither입니다. 따라서 neither가 정답이에요.

2. Please refrain / from (both / neither) eating and drinking / on the subway.

하지 마십시오 / 먹고 마시는 것 모두를 / 지하철에서

해설 괄호 뒤에 있는 and와 짝을 이루는 상관 접속사는 both입니다. 따라서 both가 정답이에요.

3. The school library / is (not only / both) open / to the students / but also to local residents.

학교 도서관은 / 개방되어 있다 / 학생들뿐만 아니라 / 지역 주민들에게도

해설 괄호 뒤에 있는 but also와 짝을 이루는 상관 접속사는 not only입니다. 따라서 not only가 정답이에요.

개념4 부사절 접속사

토익 정답과 친해지는 **EXERCISE** 본문 p. 097

정답 **1.** because **2.** although **3.** while

1. Our new STX software / sells well / (because of / **because**) it is compatible / with the Kran operating system.

우리의 새 STX 소프트웨어는 / 잘 팔린다 / 왜냐하면 호환이 되기 때문이다 / 크랜 운영 시스템과

해설 because of(~때문에)는 전치사이므로 뒤에 명사 형태가 와야 하고 because(~때문에)는 부사절 접속사로 문장을 이끌어요. 괄호 앞에 이미 주어(Our new STX software)와 동사(sells)가 있는데, 괄호 뒤에 또 다른 주어(it)와 동사(is)가 이어지고 있어요. 이렇게 추가로 '주어 + 동사'로 된 문장이 덧붙여질 때 이를 이끌어 부사절로 만들어주는 because가 정답이에요.

2. The antique / decreased in value / (despite / **although**) it was in good condition.

골동품은 / 가치가 하락했다 / 비록 보존 상태가 좋았음에도 불구하고

해설 despite(~에도 불구하고)는 전치사이므로 뒤에 명사 형태가 와야 하고 although(~에도 불구하고)는 부사절 접속사이므로 문장을 이끌어요. 괄호 다음에 '주어(it) + 동사(was)'로 구성된 문장이 있으므로 이를 부사절로 만들어주는 although가 정답이에요.

3. Ms. Honeycutt / will deal with the customer / (during / **while**) another clerk / finds the requested item.

허니컷 씨가 / 고객을 상대할 것이다 / 다른 직원이 / 요청된 물품을 찾는 동안

해설 during(동안에)은 전치사이므로 뒤에 명사 형태가 와야 하고 while(동안에)은 부사절 접속사로 문장을 이끌어요. 괄호 다음을 보면 '주어(another clerk) + 동사(finds)'로 구성된 문장이 있으므로 이를 부사절로 만들어주는 while이 정답이에요.

개념 5 명사절 접속사

토익 정답과 친해지는 EXERCISE
본문 p. 098

정답 **1.** that   **2.** that   **3.** whether

1. Mr. Taylor / announced (**that** / although) / he will enroll in a cooking class.

테일러 씨는 / 알렸다 / 그는 요리 수업에 등록할 것이라고

해설 that은 명사절 접속사이므로 'that + 문장'은 명사절의 역할을 하고, although는 부사절 접속사이므로 'although + 문장'은 부사절의 역할을 합니다. 빈칸 앞의 announced(발표했다)는 목적어를 필요로 하는 동사이므로 뒤에는 목적어, 즉 명사가 필요해요. 따라서 문장을 이끌어 명사와 같은 역할이 가능하도록 만들어주는 명사절 접속사 that이 정답이에요.

2. I know (because / **that**) / the car is equipped / with a spare tire.

나는 안다 / 그 자동차가 갖추고 있음을 / 여분의 타이어를

해설 because는 부사절 접속사이므로 'because + 문장'은 부사절의 역할을 하고, that은 명사절 접속사이므로 'that + 문장'은 명사절의 역할을 합니다. 빈칸 앞의 know(안다)는 목적어를 필요로 하는 동사이므로 뒤에는 목적어, 즉 명사가 필요해요. 따라서 문장을 이끌어 명사와 같은 역할이 가능하도록 만들어주는 명사절 접속사 that이 정답이에요.

3. The doctor / will determine / (while / **whether**) you are able to compete / with the other athletes.

의사는 / 결정할 것입니다 / 당신이 경쟁할 수 있을지 / 다른 운동선수들과

해설 while은 부사절 접속사이므로 'while + 문장'은 부사절의 역할을 하고, whether는 명사절 접속사이므로 'whether + 문장'은 명사절의 역할을 합니다. 빈칸 앞의 will determine(결정할 것이다)은 목적어를 필요로 하는 동사이므로 뒤에는 목적어, 즉 명사가 필요해요. 따라서 문장을 이끌어 명사와 같은 역할이 가능하도록 만들어주는 명사절 접속사 whether가 정답이에요.

개념 6 형용사절 접속사

토익 정답과 친해지는 EXERCISE
본문 p. 099

정답 **1.** which   **2.** who   **3.** who

1. The musical / (**which** / whether) won many prizes / was filled / with memorable songs.

그 뮤지컬은 / 많은 상을 받은 / 가득했다 / 기억에 남을 만한 노래들로

해설 문장의 주어 The musical(뮤지컬) 뒤로 동사가 두 개(won, was filled) 이어지고 있어요. 그런데 many prizes는 was filled의 주어가 아니므로 won many prizes가 앞의 The musical을 수식하는 역할을 해야 해요. 따라서 문장을 형용사절로 만들어주는 형용사절 접속

사 which가 정답이에요.

2. The student / (who / because) met the professor / was receptive / to his feedback.

학생은 / 그 교수를 만났던 / 수용적이었다 / 그의 의견에 대해

해설 The student(학생)가 문장의 주어인데, 동사 was 앞에 있는 또 다른 '동사 + 목적어' met the professor(교수를 만났다)가 앞의 The student를 수식하는 역할을 해야 해요. 따라서 문장을 형용사절로 만들어주는 형용사절 접속사 who가 정답이에요.

3. The co-worker / (when / who) conducted the survey / published the results.

동료는 / 설문조사를 시행했던 / 그 결과를 발표했다

해설 The co-worker(동료)가 문장의 주어인데, 동사 published(출판했다) 앞에 있는 또 다른 '동사 + 목적어' conducted the survey(조사를 수행했다)가 앞의 The co-worker를 수식하는 역할을 해야 해요. 따라서 문장을 형용사로 만들어주는 형용사절 접속사 who가 정답이에요.

실전훈련 자신감 쑥쑥! 실전 도전 Part 5

본문 p. 101

정답 **1.** (B) **2.** (B) **3.** (A) **4.** (A) **5.** (D) **6.** (B) **7.** (B) **8.** (A) **9.** (C) **10.** (B)

1. For the souvenirs / that cost below five dollars, / neither a refund nor an exchange / is acceptable / in Macao Gift Shop.

(A) but   (B) nor   (C) and   (D) though

기념품들에 대해 / 5달러 미만의 비용이 드는 / 환불도 교환도 / 받아들여지지 않는다 / 마카오 선물 가게에서는

* souvenir 기념품   cost ~의 비용이 들다   below ~미만의   refund 환불   exchange 교환   acceptable 받아들여질 수 있는
neither A nor B A도 B도 아닌   though 비록 ~이지만

해설 빈칸 앞뒤로 a refund와 an exchange라는 두 개의 명사가 각각 쓰여 있어요. 따라서 이 명사들을 연결할 수 있는 것이 필요한데, a refund 앞에 쓰여 있는 neither는 항상 nor와 짝을 이뤄 '~도 …도 아닌'이라는 의미를 나타내므로 (B) nor가 정답이에요.

오답 (A) but과 (C) and도 두 개의 명사를 연결할 수는 있지만, neither와 짝을 이루는 것이 아니므로 오답이에요. (D) though는 부사절 접속사여서 두 개의 명사 사이에 위치할 수 없어요.

2. Ms. Veronica / has been extremely busy / dealing with customer complaints / about the delivery service.

(A) competing   **(B) dealing**   (C) complying   (D) interfering

베로니카 씨는 / 매우 바빴다 / 고객의 불만사항을 처리하는 데 / 배송 서비스에 대한

(A) 경쟁하다   **(B) 다루다**   (C) 준수하다   (D) 방해하다
* extremely 매우, 극도로   complaint 불만사항   delivery 배송, 배달   deal with ~을 처리하다, 다루다

해설 보기가 모두 의미가 다른 동사의 -ing 형태로 구성되어 있으므로 해석해서 문제를 풀어야 합니다. be busy -ing는 '~하느라 바쁘다'라는 의미이므로 '고객의 불만사항을 처리하느라 바쁘다'가 자연스러운 의미이며, 빈칸 뒤의 전치사 with와 어울려 deal with(~을 처리하다, 다루다)의 형태로 쓰이는 (B) dealing이 정답이에요.

오답 compete with(~와 경쟁하다), comply with(~을 준수하다), interfere with(~을 방해하다)와 같이 쓰이므로 모든 보기가 with와 어울리지만 문장의 의미와 어울리지 않아 모두 오답이에요.

3. Melodic Beatbox / has a vast collection of songs, / but the interface / can be confusing.

(A) but   (B) or   (C) also   (D) with

멜로딕 비트박스는 / 방대한 곡들을 소장하고 있다 / 하지만 그 인터페이스는 혼란스러울 수 있다
* vast 방대한   collection 소장(품), 수집(품)   confusing 혼란스럽게 만드는, 헷갈리게 하는

해설 우선, 빈칸 앞뒤로 주어와 동사가 각각 포함된 절이 하나씩 쓰여 있으므로 빈칸은 접속사 자리입니다. 그리고 '방대한 곡들을 소장하고 있지만, 인터페이스는 혼란스러울 수 있다'와 같은 의미가 되어야 알맞으므로 '하지만' 등을 뜻하는 접속사 (A) but이 정답이에요.

오답 (B) or도 접속사이지만 의미가 맞지 않으므로 오답이에요. (C) also는 부사, (D) with는 전치사이므로 접속사 자리인 빈칸에 쓰일 수 없는 오답이에요.

4. The candidates / who receive a notice / should call / to confirm their interview appointments.

   (A) who   (B) because   (C) without   (D) when

지원자들은 / 통지를 받은 / 전화해야 한다 / 그들의 면접 약속을 확인하기 위해

* candidate 지원자, 후보자   notice 통지, 통보   confirm 확인하다   appointment 약속

해설 The candidates(지원자들)가 문장의 주어이고 동사 should call(전화해야 한다) 앞에 또 다른 '동사 + 목적어' receive a notice가 있으므로 빈칸에서 notice까지가 앞의 명사 The candidates를 꾸며주는 역할을 해야 합니다. 따라서 빈칸은 문장을 이끌어 명사를 꾸미는 형용사절로 만들어주는 형용사절 접속사 (A) who가 정답이에요.

오답 (B) because(~때문에)와 (D) when(~할 때)은 문장을 부사절로 만들어주는 부사절 접속사이므로 오답이에요. (C) without(~없이)은 전치사이므로 뒤에 동사 형태가 올 수 없어서 오답입니다.

5. As the need for application designers / has been increasing, / Lopez chose / to enroll in a related certification course.

   (A) adhere   (B) attend   (C) call   **(D) enroll**

애플리케이션 설계자에 대한 필요성이 / 증가함에 따라 / 로페즈 씨는 선택했다 / 관련 자격증 과정에 등록하기로

(A) 고수하다   (B) 참석하다   (C) 전화하다   (D) 등록하다

* application 애플리케이션(= 응용 프로그램)   increase 증가하다   related 관련된   certification 자격(증), 증명(서)

해설 보기가 모두 의미가 다른 동사로 구성되어 있으므로 해석해서 문제를 풀어야 하지만, 빈칸 뒤의 전치사 in과 함께 쓸 수 있는 동사는 (D) enroll이 유일합니다. enroll in(~에 등록하다)의 형태로 쓰여 '관련 자격증 과정에 등록하다'라는 의미가 되어 자연스러우므로 (D) enroll이 정답이에요.

오답 '관련 자격증 과정에 참석하다'로 해석해서 (B) attend를 정답으로 선택했다면, attend는 전치사 없이 목적어가 바로 이어지는 동사라는 것을 기억하세요.

6. Starlight Museum appreciates donations / from the community / and invites donors / to attend special exhibitions.

   (A) to invite   **(B) invites**   (C) inviting   (D) invitation

스타라이트 박물관은 기부에 감사하고 있다 / 지역 사회로부터의 / 그리고 기부자들에게 요청한다 / 특별 전시회에 참석하도록

* appreciate 감사하다   donation 기부(금)   community 지역 사회   invite A to V A에게 ~하도록 요청하다   donor 기부자   attend 참석하다   exhibition 전시(회)   invitation 초대(장)

해설 빈칸 바로 뒤에 명사 donors가 쓰여 있어 이 명사를 목적어로 취할 수 있는 to부정사 (A) to invite과 동사 (B) invites, 그리고 동명사 (C) inviting 중에서 하나를 선택해야 해요. 그런데 빈칸 앞에 위치한 and는 문장 내에서 동일한 역할을 하는 요소를 연결하므로 and 앞에 위치한 동사 appreciates와 같은 동사가 빈칸에 쓰여 동일 주어가 생략되고 동사만 남아 and로 연결되는 구조가 되어야 알맞으므로 동사 (B) invites가 정답이에요.

오답 to부정사 (A) to invite과 동명사 (C) inviting은 appreciates와 같은 동사의 형태가 아니므로 and로 연결될 수 없는 오답이에요. (D) invitation은 명사이므로 빈칸 바로 뒤에 위치한 또 다른 명사 donors와 연결되려면 전치사가 필요해요.

7. Although Ms. Baker / has a busy schedule, / she always finds time / to volunteer at the local shelter.

   (A) But   **(B) Although**   (C) Similarly   (D) Meanwhile

비록 베이커 씨가 / 일정이 바쁘기는 하지만 / 그녀는 항상 시간을 낸다 / 지역 보호소에서 자원 봉사할

* find time to V ~할 시간을 내다   volunteer 자원 봉사하다   local 지역의, 현지의   shelter 보호소, 쉼터   although 비록 ~하기는 하지만   similarly 유사하게, 비슷하게   meanwhile 그 사이에, 그러는 동안

해설 문장 중간에 위치한 콤마를 기준으로 앞뒤로 주어와 동사가 각각 포함된 절이 하나씩 쓰여 있으므로 빈칸은 이 절들을 연결할 접속사 자리입니다. 그리고 '비록 베이커 씨가 일정이 바쁘기는 하지만, 항상 ~할 시간을 낸다'와 같은 의미가 되어야 자연스러우므로 '비록 ~하기는 하지만'을 뜻하는 접속사 (B) Although가 정답이에요.

오답 (A) But도 접속사이기는 하지만 문장 시작 부분에는 쓰이지 않으므로 오답이에요. (C) Similarly와 (D) Meanwhile는 모두 부사이므로 접속사가 필요한 빈칸에 맞지 않는 오답이에요.

8. Almost all features / of the brand new cell phone / are compatible / with its earlier version.

   (A) compatible   (B) filled   (C) satisfied   (D) familiar

거의 모든 특징은 / 신형 휴대 전화의 / 호환된다 / 이전 버전과

(A) 호환되는   (B) 채워진   (C) 만족한   (D) 익숙한

* feature 특징   brand new 신품의, 완전 새것의   cell phone 휴대 전화   compatible 호환되는

보기가 모두 의미가 다른 형용사로 구성되어 있으므로 해석해서 문제를 풀어야 합니다. 모든 보기가 be ~ with의 형태로 쓰이지만, '신형 휴대 전화의 거의 모든 특징은 이전 버전과 호환된다'라는 의미가 되는 것이 가장 자연스러우므로 '호환되는'이라는 의미로 쓰이는 (A) compatible이 정답입니다. be compatible with(~와 호환되다)로 묶어서 기억해 두세요.

be filled with(~로 채워지다), be satisfied with(~에 만족하다), be familiar with(~에 친숙하다)는 모두 의미가 맞지 않아 오답입니다.

9. Returns can be made / to either the retailer or the manufacturer.

(A) both   (B) but   **(C) either**   (D) so

수익이 만들어질 수 있다 / 소매업자 또는 제조업자에게

* return 수익   retailer 소매업자   manufacturer 제조업자, 제조업체

빈칸 뒤의 the retailer or the manufacturer는 A or B의 형태이므로 이와 어울리는 것은 either A or B의 형태로 쓰이는 (C) either입니다.

both A and B로 쓰이므로 (A) both는 오답입니다. but A or B나 so A or B의 형태는 없으므로 (B) but과 (D) so도 오답입니다.

10. The recently hired sales manager / is open / to any idea / from his staff.

(A) available   **(B) open**   (C) additional   (D) recent

최근 고용된 영업 부장은 / 열려 있다 / 어떤 아이디어에도 / 그의 직원들로부터 나온

(A) 이용 가능한   (B) 열린   (C) 추가적인   (D) 최근의

* recently 최근에   hired 고용된   staff 직원

보기가 모두 의미가 다른 형용사로 구성되어 있으므로 해석해서 문제를 풀어야 합니다. '영업 부장은 어떤 아이디어에도 열려 있다'라는 의미가 가장 자연스러우므로 '열려 있는'이라는 의미의 (B) open이 정답입니다. be open to(~에 열려 있다)로 묶어서 기억해 두세요.

be available to(~에게 이용 가능하다)로 쓰일 수 있지만 의미상 알맞지 않고, '영업 부장은 추가적이다(additional)', '영업 부장은 최근이다(recent)' 또한 모두 의미가 맞지 않아 오답입니다.

 **자신감 쑥쑥! 실전 도전** Part 6   본문 p. 102

정답   **11.** (B)   **12.** (C)   **13.** (A)   **14.** (C)

Questions 11-14 refer to the following the memo. 다음 회람을 참조하시오.

Subject: Policy Changes 제목: 정책 변경 Attached: EV Software Company Manual 첨부: EV 소프트웨어 회사 매뉴얼 Dear EV Software employees, EV 소프트웨어 직원들에게 EV Software / has made several changes / in office policy. EV 소프트웨어는 / 여러 가지를 변경했습니다 / 사무실 정책에 있어 These are designed / to increase and enhance employee communication, / thereby improving our customer service. 이는 고안되었습니다 / 직원들의 의사소통을 늘리고 강화하기 위하여 / 그렇게 함으로써 우리의 고객 서비스를 향상시킬 수 있도록 One such policy / is the request that / all staff / refrain from personal cell phone use / while at work, / except during designated break times. 한 가지 정책은 / 요청입니다 / 모든 직원들이 / 개인적인 휴대 전화 사용을 삼가야 한다 / 근무 시간에 / 정해진 휴식 시간을 제외하고	제목: 정책 변경 첨부: EV 소프트웨어 회사 매뉴얼 EV 소프트웨어 직원들에게 EV 소프트웨어는 사무실 정책에 있어 여러 가지를 변경했습니다. 이는 직원들의 의사소통을 늘리고 강화하여 고객 서비스를 향상시킬 수 있도록 고안되었습니다. 한 가지 정책은 모든 직원들은 정해진 휴식 시간을 제외한 근무 시간에는 개인적인 휴대 전화 사용을 삼가야 한다는 요청입니다. 연구는 직장에서 휴대 전화 사용이 허용되지 않을 때 생산성이 향상되며 의사소통 관련 실수가 줄어든다는 것을 보여줍니다. 다른 방침의 업데이트에 대해서는 첨부 파일을 확인해 주세요.

Research / has shown that / productivity increases / and communication-related errors / decrease / when cell phones are not permitted / in the workplace.
연구는 / 보여줍니다 / 생산성이 향상되고 / 의사소통 관련 실수가 / 줄어든다는 것을 / 휴대 전화 사용이 허용되지 않을 때 / 직장에서

Please see the attached document / for other policy updates.
첨부 파일을 확인해 주세요 / 다른 방침의 업데이트에 대해서는

We ask for everyone's cooperation / so that we can reach / a greater level of flexibility and convenience / on work.
우리는 모두의 협조를 요청드립니다 / 그래서 우리가 이를 수 있도록 / 더 나은 수준의 유연성과 편리함에 / 업무상

우리가 더 나은 수준의 업무상 유연성과 편리함에 이를 수 있도록 모두의 협조를 요청드립니다.

Thank you. 감사합니다.

감사합니다.

Sincerely,

Management 임원진 드림

임원진 드림

* **policy** 정책   **communication** 의사소통, 통신   **thereby** 그렇게 함으로써   **improve** 개선하다   **request** 요구   **while** ~하는 동안에   **at work** 직장에서   **except** ~을 제외하고   **designated** 정해진, 지정된   **research** 연구, 조사   **productivity** 생산성   **increase** 증가하다   **related** 관련된   **decrease** 감소하다   **permit** 허용하다, 허락하다   **attach** 첨부하다   **cooperation** 협조, 협동   **flexibility** 유연성, 융통성   **convenience** 편리함   **management** 임원진, 경영진   **enhance** 강화하다   **refrain** 삼가다, 자제하다

11. (A) HR has released a new set of guidelines for job interviews.
(A) 인사부에서는 구직 면접에 대한 일련의 새로운 가이드라인을 공개했습니다.
(B) EV Software has made several changes in office policy.
(B) EV 소프트웨어는 사무실 정책에 있어 여러 가지를 변경했습니다.
(C) Note that EV Software will soon open an online store.
(C) EV 소프트웨어가 곧 온라인 매장을 연다는 점을 기억하시기 바랍니다.
(D) A revision to the department handbook has been finalized.
(D) 부서의 지침서에 대한 개정이 최종 마무리되었습니다.

해설 빈칸에 어울리는 문장을 찾는 문제에서는 빈칸 앞뒤에 위치한 문장들과의 관계를 잘 파악하는 것이 관건인데, 이때 중요한 역할을 하는 요소 중의 하나가 지시대명사예요. 여기서도 빈칸 바로 뒤에 위치한 문장이 복수를 나타내는 지시대명사 These로 시작하고 있으므로 복수 명사가 포함된 보기를 우선 찾아야 해요. 각 보기들 중에서 (A)와 (B)에 복수 명사가 포함되어 있는데, 빈칸 뒤에 쓰인 문장에서 These가 '직원들의 의사소통을 늘리고 강화하여 고객 서비스를 향상시킬 수 있도록 고안되었다'라고 알리고 있으므로 These가 가리키는 것이 정책의 변경 사항을 뜻하는 several changes가 되어야 의미가 자연스러워지므로 (B)가 정답이에요.

오답 (A): 빈칸 뒤에 위치한 문장에서 These가 '직원들의 의사소통을 늘리고 강화하여 고객 서비스를 향상시킬 수 있도록 고안된 것들'이라고 알리고 있는데, 이는 구직 면접에 대한 새로운 가이드라인을 통해 할 수 있는 일이 아니므로 오답이에요.
(C): 빈칸 바로 뒤에 위치한 문장에 쓰인 These가 가리킬 수 있는 것이 포함되어 있지 않으므로 오답이에요.
(D): (C)와 마찬가지로, 빈칸 바로 뒤에 위치한 문장에 쓰인 These가 가리킬 수 있는 것이 포함되어 있지 않으므로 오답이에요.

12. (A) enhances　　(B) enhancing　　**(C) enhance**　　(D) enhancement

해설 문법적으로 같은 단어만을 연결하는 and 뒤에 빈칸이 있으므로, and가 무엇을 연결하는지는 문장을 읽어 봐야 해요. '직원들의 의사소통을 늘리고 강화하기 위해서'가 자연스러운 의미이므로 and는 to increase와 to enhance를 연결하는데, to는 중복될 때 생략이 가능하므로 (C) enhance가 정답이에요.

오답 and 앞을 보지 않으면, enhancing employee communication(직원 의사소통을 강화하는 것)도 가능한 형태이지만 and는 문법적으로 같은 단어만을 연결하므로 to부정사와 동명사를 연결할 수 없어 (B) enhancing은 오답이에요.

13. **(A) refrain**　　(B) inform　　(C) register　　(D) focus
(A) 삼가다, 자제하다　　(B) 알리다　　(C) 등록하다　　(D) 집중하다

해설 보기가 모두 의미가 다른 동사로 구성되어 있으므로 해석해서 풀어야 해요. 특히 빈칸 뒤에 있는 from과 어울려야 하므로 refrain from(~을 삼가다, 자제하다) 형태로 쓰여 '모든 직원들이 개인적인 휴대 전화 사용을 삼가다'라는 의미를 나타낼 수 있는 (A) refrain이 정답이

됩니다.

오답 (B) inform(알리다), (C) register(등록하다), (D) focus(집중하다)는 모두 의미상 어울리지 않기도 하지만 전치사 from과 함께 쓸 수도 없으므로 오답이에요.

14. (A) but   (B) when   **(C) and**   (D) whether

해설 빈칸 앞에도 명사(flexibility)가, 뒤에도 명사(convenience)가 있으므로 문법적으로 같은 단위를 연결하는 접속사인 (A) but과 (C) and 중 하나가 정답이 됩니다. 해석상 '더 나은 수준의 업무상 유연성과 편리함'이 적절하므로 '그리고'를 의미하는 (C) and가 정답이에요.

오답 (A) but(그러나)은 해석상 어색하므로 오답입니다. (B) when과 (D) whether는 뒤에 '주어 + 동사'가 이어져야 하는 접속사이므로 오답이에요.

 **DAY 08** 토익이 좋아하는 **짝꿍표현** `Vocabulary`

토익 정답과 친해지는 **EXERCISE**   본문 p. 107

정답   **1.** (A)   **2.** (B)   **3.** (B)

1. There is currently <u>heavy</u> demand / for eco-friendly vehicles.

(A) heavy   (B) informative

현재 <u>엄청난</u> 수요가 있다 / 친환경 자동차에 대한
(A) 엄청난   (B) 유익한

해설 빈칸에 쓰일 형용사는 뒤에 오는 명사 demand(수요)를 꾸며줍니다. 따라서 보기 (A) heavy(무거운, 엄청난)와 (B) informative(유익한)를 각각 연결해서 해석해 보면 '엄청난 수요'가 자연스러워요. heavy는 단순히 '무게가 무거운'이라는 의미 외에도 '양이 많은, 엄청난'이라는 의미로도 쓰인다는 것을 기억해 두세요. 따라서 (A) heavy가 정답이 됩니다. heavy demand(엄청난 수요)로 묶어서 기억해 두세요.

2. All the passengers / are encouraged / to <u>confirm</u> a reservation for flights / before coming to the airport.

(A) lead   **(B) confirm**

모든 승객들은 / 권장됩니다 / 비행편에 대한 예약을 <u>확인하시기를</u> / 공항에 오시기 전에
(A) 이끌다   (B) 확인하다

해설 빈칸 앞의 are encouraged to는 '~하도록 권장되다'라는 의미이고 빈칸 뒤의 a reservation은 '예약'이므로 주어진 보기 (A) lead(이끌다)와 (B) confirm(확인하다)을 각각 연결해서 해석해 보면 '예약을 확인하도록 권장됩니다'가 자연스러우므로 (B) confirm이 정답이 됩니다. confirm a reservation(예약을 확인하다)으로 묶어서 기억해 두세요.

3. The Netherlands / usually imports raw materials / and exports <u>finished</u> products.

(A) routine   **(B) finished**

네덜란드는 / 보통 원자재를 수입하고 / <u>완제품</u>을 수출한다
(A) 일상의   (B) 완성된

해설 빈칸 앞의 exports(수출하다)는 동사이고 빈칸 뒤의 products(제품들)는 exports의 목적어이므로 빈칸에는 명사 products를 수식할 형용사가 필요해요. 따라서 주어진 보기 (A) routine(일상의)과 (B) finished(완성된)를 각각 연결해서 해석해 보면 '완제품을 수출하다'가 자연스러우므로 (B) finished가 정답이 됩니다. a finished product(완제품)로 묶어서 기억해 두세요.

개념 1 단수 주어의 형태

토익 정답과 친해지는 **EXERCISE**   본문 p. 108

정답   **1.** Ms. Hakuta 단수 주어   **2.** Every school 단수 주어   **3.** Each of the managers 단수 주어

1. **Ms. Hakuta / is promoting / new cosmetics.** 하쿠타 씨는 / 홍보 중이다 / 새로운 화장품을
   <u>단수 주어</u>

   해설 Ms. Hakuta(하쿠타 씨)는 한 명의 사람을 나타내므로 단수 주어입니다.

2. **Every school / offers / various courses.** 모든 학교는 / 제공한다 / 다양한 과정을
   <u>단수 주어</u>

   해설 'every + 단수 명사'는 단수 주어로 쓰입니다.

3. **Each of the managers / is leading / a division.** 각 팀장은 / 이끌고 있다 / 하나의 부서를
   <u>단수 주어</u>

   해설 'each of the + 복수 명사'는 단수 주어로 쓰입니다.

개념 2 복수 주어의 형태

토익 정답과 친해지는 **EXERCISE**   본문 p. 109

정답   **1.** Routine tasks 복수 주어   **2.** All of the visitors 복수 주어   **3.** People 복수 주어

1. **Routine tasks / include / cleaning the office.** 일상 업무들은 / 포함한다 / 사무실 청소를
   <u>복수 주어</u>

   해설 단수 명사 task에 -s가 붙었으므로 복수 주어입니다.

2. **All of the visitors / need to present / an ID card.** 모든 방문객들은 / 제시해야 한다 / 신분증을
   <u>복수 주어</u>

   해설 'all of the 복수 명사'는 복수 주어로 쓰입니다.

3. **People / love to shop / in a safe area.** 사람들은 / 쇼핑하는 것을 좋아한다 / 안전한 지역에서
   <u>복수 주어</u>

   해설 뒤에 -(e)s가 없어도 people 자체가 '사람들'이라는 의미를 나타내는 복수 주어로 쓰입니다.

개념 3 주어와의 수 일치 – 1. 조동사

토익 정답과 친해지는 **EXERCISE**   본문 p. 110

정답   **1.** X → will make   **2.** O   **3.** X → can accommodate

1. **Mr. Liu / will makes / a brief presentation.** 리우 씨는 / 할 것이다 / 짧은 발표를
   (X) → will make

   해설 조동사 will은 주어의 수에 따라 형태가 변하지 않아요. 조동사 뒤에는 동사원형이 와야 하므로 will make로 고쳐야 해요.

2. **All of the participants / should confirm / the flight reservation.** 모든 참석자들은 / 확인해야 한다 / 비행기 예약을
   (O)

   해설 조동사 should는 주어의 수에 따라 형태가 변하지 않아요. 조동사 뒤에 동사원형(confirm)이 왔으므로 올바른 형태입니다.

3. **The company / can accommodating / heavy demand / for its new products.**
   (X) → can accommodate
   회사는 / 수용할 수 있다 / 엄청난 수요를 / 신제품에 대한

해설 조동사 can은 주어의 수에 따라 형태가 변하지 않아요. 조동사 뒤에는 동사원형이 와야 하므로 can accommodate로 고쳐야 해요.

개념4 주어와의 수 일치 – 2. be동사

토익 정답과 친해지는 EXERCISE

본문 p. 111

정답 **1.** ○ **2.** ○ **3.** X → was

1. The street / is attracting / many visitors. 그 거리는 / 끌어들이고 있다 / 많은 관광객들을
(O)

해설 주어가 단수(The street)이므로 be동사로 is나 was를 써야 합니다. 따라서 is는 올바른 형태입니다.

2. Our experts / are shortening / production time. 우리 전문가들은 / 단축시키고 있다 / 생산 시간을
(O)

해설 주어가 복수(Our experts)이므로 be동사로 are나 were을 써야 합니다. 따라서 are는 올바른 형태입니다.

3. Every attendant / were welcoming / each passenger. 모든 안내원들이 / 환영하고 있었다 / 각각의 승객들을
(X) → was

해설 'every + 단수 명사'는 단수 주어이므로, 단수 동사가 쓰여야 합니다. 따라서 복수 동사인 were는 잘못된 형태이며 단수 동사인 was로 고쳐 써야 해요.

개념5 주어와의 수 일치 – 3. 일반동사

토익 정답과 친해지는 EXERCISE

본문 p. 112

정답 **1.** X → give **2.** ○ **3.** ○

1. Our managers / always gives / immediate feedback. 우리 부서장들은 / 항상 준다 / 즉각적인 의견을
(X) → give

해설 주어가 복수(Our managers)이므로 동사가 현재를 나타낼 때는 동사에 아무것도 붙지 않아야 해요. 따라서 gives는 잘못된 형태이며 give로 고쳐야 해요.

2. Ms. Lee / has delivered / the finished product. 이 씨는 / 배달했다 / 완제품을
(O)

해설 주어가 I와 you를 제외한 단수(Ms. Lee)이므로 have + p.p.가 아니라 has + p.p.를 써야 해요. 따라서 올바른 형태입니다.

3. The manufacturers / assemble / office furniture. 제조업체들은 / 조립한다 / 사무용 가구를
(O)

해설 주어가 복수(The manufacturers)이고 동사가 현재(assemble)를 나타내므로 동사에 아무것도 붙지 않아야 해요. 따라서 assemble은 올바른 형태입니다.

개념6 주어와 동사 찾기 – 주어와 동사 사이의 수식어

토익 정답과 친해지는 EXERCISE

본문 p. 113

정답 **1.** ○ **2.** X → has accepted **3.** ○

1. The CEO [of Trino Utility, Inc.] / wants to preserve / the original policy.
주어   동사 (O)
트리노 유틸리티 사의 최고경영자는 / 유지하기를 원한다 / 기존의 방침을

해설 of Trino Utility, Inc.(트리노 유틸리티 회사의)는 '전치사 + 명사 덩어리'로 앞의 The CEO를 수식하는 수식어예요. 주어가 단수(The CEO)이고, 현재를 나타내는 일반동사가 쓰였으므로 동사에 -s를 붙여야 해요. 따라서 wants는 올바른 형태입니다.

2. The personnel department [at TKE Corporations] / have accepted / Mr. Kim's application.
주어   동사 (X) → has accepted
TKE 사의 인사과는 / 받았다 / 김 씨의 지원서를

해설 at TKE Corporations(TKE 사의)는 '전치사 + 명사 덩어리'로 앞의 The personnel department를 수식하는 수식어예요. 주어가 단수(The personnel department)이므로 have + p.p.가 아니라 has + p.p.로 써야 합니다. 따라서 have accepted를 has accepted로 고쳐야 해요.

3. <u>All of the products</u> / [with the star logo] / <u>were thoroughly inspected</u>.
     주어   동사 (O)

모든 상품은 / 별 모양 로고가 있는 / 철저히 검사받았다

해설 with the star logo(별 모양 로고를 가진)는 '전치사 + 명사 덩어리'로 앞의 All of the products를 수식하는 수식어예요. 주어가 복수(All of the products)이므로 were는 올바른 형태입니다.

 **자신감 쑥쑥! 실전 도전** Part 5   본문 p. 115

정답   **1.** (D)   **2.** (C)   **3.** (B)   **4.** (C)   **5.** (A)   **6.** (D)   **7.** (D)   **8.** (D)   **9.** (D)   **10.** (B)

1. Economists / predict that / the price of oil / will rise / in the coming months.

(A) predictable   (B) predicts   (C) predicting   **(D) predict**

경제학자들은 / 예측한다 / 유가가 / 상승할 것이라고 / 앞으로 몇 달 동안

* economist 경제학자   predictable 예측 가능한   predict 예측하다

해설 빈칸 앞의 Economists(경제학자들)가 주어이고, 빈칸 다음은 접속사 that이 이끄는 절이므로 이 that절(명사절)을 목적어로 가지는 동사가 빈칸에 와야 해요. 보기 중 동사는 (B) predicts와 (D) predict인데 주어가 복수(Economists)이므로 현재를 나타내는 일반동사의 경우에 -s를 붙이지 않고 써야 합니다. 따라서 (D) predict가 정답이에요.

오답 (A) predictable(예상할 수 있는)은 -able로 끝나므로 형용사입니다. (C) predicting(예상하는 것, 예상하는)은 동사 뒤에 -ing가 붙어 있어 동사가 아니므로 오답이에요.

2. Every vendor / is required / to obtain the necessary certifications / from the city.

(A) are requiring   (B) require   **(C) is required**   (D) requirable

모든 상인들은 / 요구된다 / 필요한 증명서를 취득하는 것이 / 시로부터

* vendor 상인   obtain 얻다, 구하다   necessary 필요한   certification 증명서   require 요구하다

해설 Every vendor(모든 상인)가 주어이고, 빈칸 뒤에 'to + 동사원형'만 있으므로 빈칸은 동사 자리입니다. 보기 중 동사는 (A) are requiring, (B) require, (C) is required인데, 주어가 단수(Every vendor)이므로 주어와 수가 일치되는 유일한 보기인 (C) is required가 정답이 됩니다.

오답 (A) are requiring은 복수 동사이므로 오답이에요. (B) require는 현재를 나타내는 일반동사인데, 주어가 단수일 때 동사에 -s가 붙어야 하므로 오답입니다. (D) requirable(요구할 수 있는)은 -able로 끝나므로 형용사입니다.

3. The system failure / has delayed / the production of the factory / for 3 days.

(A) stayed   **(B) delayed**   (C) remained   (D) promoted

시스템 고장이 / 지연시켰다 / 공장의 생산을 / 3일 동안

(A) 머물렀다   **(B) 지연시켰다**   (C) 남아 있었다   (D) 촉진시켰다

* failure 고장   production 생산   delay 지연시키다, 미루다   remain 남다   promote 촉진시키다, 홍보하다, 승진시키다

해설 보기가 모두 의미가 다른 동사의 p.p. 형태로 구성되어 있으므로 해석해서 문제를 풀어야 해요. 주어가 The system failure(시스템 고장)이고 목적어가 the production(생산)이며 빈칸은 has와 함께 동사를 이루므로 각 보기와 연결해서 해석해 보면, '시스템 고장이 생산을 지연시켰다'가 가장 자연스럽습니다. 따라서 '지연시켰다'라는 의미를 가진 (B) delayed가 정답이 됩니다.

오답 (A) stayed(머물렀다), (C) remained(남아 있었다), (D) promoted(촉진시켰다)는 모두 문장의 의미와 어울리지 않아 오답이에요.

4. A spokesperson for Emerson, Inc. / noted that / the company / had just acquired / PTR Heavy Industries.

(A) to note   (B) have noted   **(C) noted**   (D) are noting

에머슨 사 대변인은 / 언급했습니다 / 회사가 / 막 매입했다고 / PTR 중공업을

* spokesperson 대변인   acquire 매입하다, 얻다, 취득하다   heavy industries 중공업   note 언급하다, 주목하다

해설 A spokesperson(대변인)이 문장의 주어이고 for Emerson, Inc.는 주어를 수식하는 '전치사 + 명사 덩어리' 표현입니다. 그런데 빈

칸 뒤로는 that이 이끄는 절만 있으므로 빈칸은 이 that절(명사절)을 목적어로 가지는 동사가 들어갈 자리입니다. 보기 중 동사는 (B) have noted, (C) noted, (D) are noting인데 주어가 단수(A spokesperson)이므로 주어의 수와 상관없이 쓰일 수 있는 과거형 (C) noted가 정답이 됩니다.

오답 (A) to note는 to부정사 형태로 동사 역할을 할 수 없어요. (B) have noted는 단수 주어에 맞춰 has noted가 되어야 해요. (D) are noting도 단수 주어에 맞춰 is noting이 되어야 해요.

5. Because students can receive / immediate feedback / on each task, / this learning application / is very efficient.

(A) immediate   (B) alive   (C) diverse   (D) determined

학생들이 받을 수 있기 때문에 / 즉각적인 피드백을 / 각 과제에 대한 / 이 학습 응용 프로그램은 / 매우 효율적이다

(A) 즉각적인   (B) 살아 있는   (C) 다양한   (D) 단호한

* task 과제, 일   application 응용, 적용   efficient 효율적인   immediate 즉각적인   alive 살아 있는   diverse 다양한   determined 단호한

해설 보기가 모두 의미가 다른 형용사로 구성되어 있으므로 해석해서 풀어야 하는 문제입니다. 동사 can receive(받을 수 있다)의 목적어 역할을 하는 feedback(피드백)을 수식하는 형용사를 찾아야 하므로 각 보기와 연결해서 해석해 보면 '즉각적인 피드백을 받을 수 있다'가 가장 자연스러워요. 따라서 '즉각적인'이라는 의미로 쓰이는 (A) immediate가 정답이 됩니다. immediate feedback(즉각적인 피드백)으로 묶어서 기억해 두세요.

오답 '살아 있는 피드백'은 어색하므로 (B) alive는 오답이에요. '다양한 피드백'은 가능할 것 같지만 (C) diverse는 뒤에 복수 명사가 와야 하므로 오답이에요. (D) '단호한 피드백'도 의미가 어색하므로 (D) determined 역시 오답이에요.

6. A lack of communication / between departments / is causing delays / in project completion.

(A) cause   (B) causing   (C) have caused   **(D) is causing**

의사소통 부족이 / 부서들 사이에서 / 지연을 초래하고 있습니다 / 프로젝트 완료에 있어

* lack 부족   communication 의사소통   between ~ 사이에   department 부서   delay 지연, 지체   completion 완료, 완성   cause 초래하다, 유발하다

해설 빈칸 앞에는 명사구 A lack과 of 및 between이 이끄는 전치사구가 있고, 빈칸 뒤에는 명사 delays와 in이 이끄는 전치사구만 쓰여 있어 문장의 동사가 빠진 상태입니다. 따라서, 빈칸에 문장의 동사가 필요한데, 주어 A lack이 단수명사이므로 단수명사와 수 일치되는 동사의 형태인 (D) is causing이 정답입니다.

오답 (A) cause와 (C) have caused는 동사의 형태이기는 하지만 단수명사 주어인 A lack과 수 일치되지 않으므로 오답이에요. (B) causing은 동명사 또는 동사의 현재분사형이므로 동사 자리인 빈칸에 쓰일 수 없는 오답이에요.

7. To welcome the delegates / from European countries, / the company / will hold a reception tomorrow / at Delta Hotel.

(A) assemble   (B) access   (C) participate   **(D) hold**

대표들을 환영하기 위해 / 유럽 국가에서 온 / 회사는 / 내일 환영 행사를 개최할 예정이다 / 델타 호텔에서

(A) 조립하다   (B) 접근하다   (C) 참석하다   (D) 열다

* delegate 대표   reception 환영 행사   assemble 모으다, 조립하다   access 접근하다   participate 참가하다   hold 열다, 개최하다

해설 보기가 모두 다른 동사로 구성되어 있으므로 해석해서 문제를 풉니다. 조동사 will 다음에 빈칸이 있고 그 뒤로 명사 a reception이 있으므로 a reception(환영 행사)을 목적어로 가질 수 있는 동사를 찾아야 해요. 따라서 각 보기와 연결해서 해석해 보면 '회사가 환영 행사를 개최할(hold) 것이다'가 적절합니다. 따라서 '열다, 개최하다'라는 의미를 가지는 (D) hold가 정답이에요.

오답 '행사를 조립하다(assemble)', '행사에 접근하다(access)'는 어색하므로 보기 (A), (B)는 오답이에요. (C) participate(참석하다)는 뒤에 전치사 in이 함께 쓰여야 하므로 오답이에요.

8. The date for the interview / with the prospective candidates / is scheduled for next month.

(A) are scheduled   (B) to schedule   (C) have been scheduled   **(D) is scheduled**

면접 날짜가 / 잠재적인 후보자들과의 / 다음 달로 예정되어 있다

* prospective 잠재적인, 장래의   candidate 후보자, 지원자   be scheduled for ~로 예정되다

해설 빈칸 앞에는 명사구 The date과 for 및 with가 이끄는 전치사구가 있고, 빈칸 뒤에는 for가 이끄는 전치사구만 쓰여 있어 문장의 동사가 빠진 상태입니다. 따라서, 빈칸이 문장의 동사 자리인데, 주어 The date이 단수명사이므로 단수명사와 수 일치되는 동사의 형태인 (D) is scheduled가 정답입니다.

오답 (A) are scheduled와 (C) have been scheduled는 동사의 형태이기는 하지만 단수명사 주어인 The date과 수 일치되지 않으므

로 오답이에요. (B) to schedule은 to부정사이므로 오답이에요.

9. The designs of Stellar Furniture / combine minimalist and rustic styles / for a unique look.

(A) combination   (B) combines   (C) combining   **(D) combine**

스텔라 퍼니처의 디자인들은 / 미니멀리스트 스타일과 전원적인 스타일을 결합한다 / 독특한 외관을 위해
* rustic 전원적인, 시골풍의   unique 독특한, 특별한, 고유한   look 모습, 외관, 스타일   combination 결합, 조합   combine 결합하다, 조합하다

해설 빈칸 앞에는 명사구 The designs와 of 전치사구가 있고, 빈칸 뒤에는 명사구 minimalist and rustic styles와 for 전치사구만 쓰여 있어 문장의 동사가 빠진 상태입니다. 따라서, 빈칸에 문장의 동사가 필요한데, 주어 The designs가 복수명사이므로 복수명사와 수 일치되는 동사의 형태인 (D) combine이 정답이에요.

오답 (A) combination은 명사이므로 동사 자리인 빈칸에 쓰일 수 없고, (B) combines는 주어가 단수명사일 때 쓰이는 형태이므로 오답이에요. (C) combining은 동명사 또는 동사의 현재분사형이므로 동사 자리인 빈칸에 맞지 않는 오답이에요.

10. If you have any questions / about the work flow / in the office, / you can consult the manual / in the cabinet.

(A) revise   **(B) consult**   (C) notify   (D) imply

만약 질문사항이 있으시면 / 업무의 흐름에 대한 / 사무실에서 / 당신은 안내책자를 참고하실 수 있습니다 / 캐비닛에 있는
(A) 수정하다   **(B) 참고하다**   (C) 알리다   (D) 암시하다
* flow 흐름   manual 안내책자, 설명서

해설 보기가 모두 의미가 다른 동사로 구성되어 있으므로 해석해서 문제를 풀어야 해요. 빈칸 앞뒤에 위치한 you(당신), the manual(매뉴얼)을 각 보기와 연결해서 해석해 보면 '당신이 매뉴얼을 수정할 수 있다(revise)'도 가능하고 '당신이 매뉴얼을 참고할 수 있다(consult)'도 가능합니다. 하지만 앞부분에 '질문이 있을 경우에(if you have any questions)'라는 조건이 나와 있으므로 '참고하다'라는 의미가 적절합니다. 따라서 (B) consult가 정답이 됩니다. consult a manual(매뉴얼을 참고하다)로 묶어서 기억해 두세요.

자신감 쑥쑥! 실전 도전 Part 6   본문 p. 116

정답   **11.** (C)   **12.** (C)   **13.** (C)   **14.** (C)

Questions 11-14 refer to the following letter. 다음 편지를 참조하시오.

March 11 3월 11일

Mr. Daniel Harper 대니얼 하퍼
22 Wilson Avenue 윌슨 대로 22
Montgomery, AL, 34029 몽고메리, AL, 34029

Dear Mr. Harper, 하퍼 씨에게

The senior customer representative / at Merriweather Electronics / has received / the letter of complaint / that you sent / 3 days ago. 선임 고객 서비스 직원이 / 메리웨더 전자제품회사의 / 받았습니다 / 불만 편지를 / 귀하가 보내신 / 3일 전에
We apologize / for the problems / you suffered. 저희는 사과드립니다 / 그 문제에 대해 / 귀하가 겪으신
Since the computer / caused inconvenience to you, / we will replace it / for free. 컴퓨터가 / 불편을 끼쳐 드렸기 때문에 / 저희는 그것을 교체해 드릴 것입니다 / 무료로

3월 11일

대니얼 하퍼
윌슨 대로 22
몽고메리, AL, 34029

하퍼 씨에게

메리웨더 전자제품회사의 선임 고객 서비스 직원이 귀하께서 3일 전에 보내신 불만 편지를 받았습니다. 저희는 귀하가 겪으신 문제에 대해 사과드립니다. 컴퓨터가 불편을 끼쳐 드렸기 때문에 그것을 무료로 교체해 드릴 것입니다.

However, / we have one request. 그러나 / 한 가지 요청드릴 것이 있습니다

Please send us / the original receipt / as soon as possible / so that we can process the return.
저희에게 보내주십시오 / 영수증 원본을 / 가능한 한 빨리 / 그래서 저희가 반품을 처리할 수 있도록

Once we receive the receipt, / we will send / your new computer / at once. 일단 저희가 영수증을 받으면 / 보내드릴 것입니다 / 귀하의 새 컴퓨터를 / 즉시

Sincerely,

Jane Hampton 제인 햄턴 드림
Merriweather Electronics 메리웨더 전자제품회사

그러나 한 가지 요청드릴 것이 있습니다. 저희가 반품을 처리할 수 있도록 가능한 한 빨리 저희에게 영수증 원본을 보내주십시오.

일단 저희가 영수증을 받으면 즉시 새 컴퓨터를 보내드릴 것입니다.

제인 햄턴 드림
메리웨더 전자제품회사

---

* **senior** 선임의, 선배의   **representative** 직원, 대표   **complaint** 항의, 불만   **apologize** 사과하다   **suffer** (고통 등을) 겪다   **cause** 야기하다   **replace** 교체하다, 대체하다   **for free** 무료로   **receipt** 영수증   **as soon as possible** 가능한 한 빨리   **so that** ~할 수 있도록   **process** 처리하다   **once** 일단 ~하는 대로   **at once** 즉시, 바로   **inconvenience** 불편   **request** 요청, 요구   **original** 원래의

11. (A) receiving   (B) are receiving   (C) has received   (D) to receive

해설 빈칸 앞뒤에 각각 '명사 형태 + 수식어(전치사 + 명사 덩어리)'만 있으므로 빈칸이 문장의 동사 자리입니다. 보기 중 동사 형태로 된 것은 (B) are receiving과 (C) has received인데, 주어가 단수(representative)이므로 주어와 수 일치가 되는 (C) has received가 정답이 됩니다.

오답 (A) receiving은 동사에 -ing가 붙은 형태이므로 동사의 역할을 할 수 없어서 오답입니다. 주어가 단수이므로 (B) are receiving은 is receiving이 되어야 해요. (D) to receive는 to부정사 형태로 동사 역할을 할 수 없으므로 오답이에요.

12. (A) inconvenient   (B) inconveniently   (C) inconvenience   (D) inconvenienced

해설 빈칸은 동사 caused(야기했다)의 목적어 자리입니다. 목적어 자리에 올 수 있는 품사는 명사이므로 보기에서 명사를 찾습니다. 보기 중 명사는 명사 끝말 -ence로 끝나는 inconvenience(불편함)가 유일하므로 (C) inconvenience가 정답이 됩니다.

오답 (A) inconvenient(불편한)는 형용사입니다. (B) inconveniently(불편하게)는 부사입니다. (D) inconvenienced(불편하게 하다, 불편하게 된)는 -ed로 끝나므로 동사나 형용사 역할을 합니다.

13. (A) Nevertheless, we will work to quickly revise your bill.
(A) 그럼에도 불구하고, 귀하의 청구서를 신속히 수정하도록 노력할 것입니다.

(B) Unfortunately, your warranty has expired.
(B) 안타깝게도, 귀하의 품질 보증 기간은 만료되었습니다.

(C) However, we have one request.
(C) 그러나 한 가지 요청드릴 것이 있습니다.

(D) In addition, our refund process is simple and easy.
(D) 게다가, 저희 환불 절차는 간단하고 쉽습니다.

해설 빈칸 앞을 보면, 상대방이 겪은 불편함과 관련해 문제가 된 것을 무료로 교환해 주겠다고 알리고 있어요. 그리고 빈칸 바로 뒤에 이어지는 문장을 보면 Please와 함께 해당 문제를 처리할 수 있도록 가능한 한 빨리 영수증을 보내 달라고 요청하는 내용이 쓰여 있어요. 따라서 빈칸에는 '한 가지 요청 사항이 있다'라는 의미를 나타내는 (C)가 쓰여야 의미가 자연스러워져요.

오답 (A): 빈칸 앞에서 문제를 일으킨 물품에 대해 사과하고 이를 무료로 교환해 주겠다(replace it for free)는 내용이 있으므로 '청구서를 수정하는 것'에 대해 말하는 이 보기는 어울리지 않는 문장이에요.
(B): 무료로 제품을 교환해 준다고 알린 후 그에 필요한 영수증을 보내 달라고 요청하는 문장 사이에 빈칸이 있으므로 '품질 보증 기간 만료'에 대해 언급하는 이 문장은 지문의 흐름에 어울리지 않아요.
(D): (B)와 마찬가지로, 무료로 제품을 교환해 준다고 알린 후 그에 필요한 영수증을 보내 달라고 요청하는 문장 사이에 빈칸이 있으므로 '환불 절차'에 대해 언급하는 이 문장은 지문의 흐름에 어울리지 않아요.

14. (A) quick   (B) routine   (C) original   (D) immediate
(A) 빠른   (B) 정기적인   (C) 원래의   (D) 즉각적인

해설 보기가 모두 의미가 다른 형용사로 구성되어 있으므로 해석해서 풀어야 하는 문제입니다. 빈칸에 쓰일 형용사는 뒤의 명사 receipt(영수증)를 수식해요. 따라서 명사 receipt와 어울리는 보기를 찾아보면 '원본 영수증'이라는 의미를 나타낼 수 있는 (C) original(원래의)이 정답이

됩니다.

오답 빠른(quick) 영수증, 정기적으로 일어나는(routine) 영수증, 즉각적인(immediate) 영수증은 모두 어색하므로 (A), (B), (D)는 오답이에요.

 **DAY 09** 토익이 좋아하는 **짝꿍표현** `Vocabulary`

토익 정답과 친해지는 **EXERCISE** ──────────── 본문 p. 121

정답 **1.** (A) **2.** (B) **3.** (B)

1. Because the president is abroad, / the senior director / will <u>represent</u> the company / at the meeting.
   (A) represent (B) initiate
   회장이 외국에 있기 때문에 / 상무이사가 / 회사를 <u>대표할</u> 것입니다 / 회의에서
   (A) 대표하다 (B) 시작하다

   해설 Because the president is abroad(회장이 외국에 있기 때문에)에서 회장이 현재 국내에 없음을 알 수 있어요. 따라서 회의에서 상무이사(senior director)가 회사(the company)를 '대표할 것이다'라는 의미가 자연스러우므로 (A) represent(대표하다)가 정답이에요. represent a company(회사를 대표하다)로 묶어서 기억해 두세요.

2. If you have the original receipt, / we will <u>replace</u> any defective product / within 3 weeks of purchase.
   (A) review **(B) replace**
   만약 영수증 원본을 가지고 계시다면 / 저희는 결함이 있는 어떠한 제품이든 <u>교체해</u> 드릴 것입니다 / 구입 후 3주 이내에
   (A) 검토하다 (B) 교체하다

   해설 If you have the original receipt(당신이 영수증 원본을 가지고 있다면)가 조건이므로 '우리(we)가 결함이 있는 어떠한 제품(any defective product)도 교체해 줄 것이다'가 자연스러워요. 따라서 '교체하다, 대체하다'라는 의미를 지니는 (B) replace가 정답이에요. replace a defective product(결함이 있는 제품을 교체하다)로 묶어서 기억해 두세요.

3. Though Yamazaki Foods / has been successful in the industry / over the years, / it will <u>face</u> a new challenge / next year.
   (A) hold **(B) face**
   비록 야마자키 푸드 사가 / 업계에서 성공을 거두고 있지만 / 수년 간 / 새로운 도전에 <u>직면할</u> 것이다 / 내년에
   (A) 열다 (B) 직면하다

   해설 will 앞의 it은 회사(Yamazaki Foods)를 가리키고, 빈칸은 동사 자리이며 a new challenge(새로운 도전)가 동사의 목적어이므로 주어진 보기들과 함께 연결해서 해석하면 '회사가 새로운 도전에 직면할 것이다'가 자연스러워요. 따라서 '직면하다, 맞닥뜨리다'라는 의미인 (B) face가 정답이에요. face a challenge(도전에 직면하다)로 묶어서 기억해 두세요.

 **DAY 09** 시제 `Grammar`

개념 1 현재 시제

토익 정답과 친해지는 **EXERCISE** ──────────── 본문 p. 122

정답 **1.** 그들은 보통 이 방에 비품을 <u>보관한다</u>. **2.** 그 팀은 종종 오후에 모임을 <u>갖는다</u>.
   3. 관리인은 정기적으로 여기서 폐기물을 <u>처리한다</u>.

1. They <u>usually store</u> / the supplies / in this room. 그들은 보통 보관한다 / 비품을 / 이 방에

해설 usually(보통)는 일반적인 상황을 표현할 때 쓰는 부사이므로 현재 시제와 잘 어울려요.

2. The team / frequently has a meeting / in the afternoon. 그 팀은 / 종종 모임을 갖는다 / 오후에

해설 frequently(종종)는 반복적으로 일어나는 상황을 표현할 때 쓰는 부사이므로 현재 시제와 잘 어울려요.

3. The janitor / periodically disposes of / waste materials / here.
관리인은 / 정기적으로 처리한다 / 폐기물을 / 여기서

해설 periodically(정기적으로) 역시 반복적으로 일어나는 상황에 쓰이므로 현재 시제와 잘 어울려요.

개념 2 과거 시제

토익 정답과 **친해지는** **EXERCISE** 본문 p. 123

정답 **1.** reviewed **2.** looked into **3.** postponed

1. The supervisor / (has reviewed / reviewed) the proposal / three days ago.
관리자는 / 제안서를 검토했다 / 3일 전에

해설 three days ago(3일 전에)는 과거를 나타내는 시점 표현이므로 과거 시제인 reviewed가 정답이에요.

2. The inspector / (looked into / looks into) the matter / last month.
조사관이 / 그 문제를 조사했다 / 지난달에

해설 last month(지난달에)는 과거를 나타내는 시점 표현이므로 과거 시제인 looked into가 정답이에요.

3. The store / (postponed / will postpone) the outdoor event / yesterday.
그 가게는 / 야외행사를 연기했다 / 어제

해설 yesterday(어제)는 과거를 나타내는 시점 표현이므로 과거 시제인 postponed가 정답이에요.

개념 3 미래 시제

토익 정답과 **친해지는** **EXERCISE** 본문 p. 124

정답 **1.** will initiate **2.** will broaden **3.** will begin

1. Moore, Inc. / (initiates / will initiate) a program / next Monday.
무어 사는 / 프로그램을 시작할 것이다 / 다음 주 월요일에

해설 next Monday(다음 주 월요일에)는 미래를 나타내는 시점 표현이므로 미래 시제인 will initiate가 정답이에요.

2. You (will broaden / have broadened) / your expertise in finance / in the upcoming seminar.
귀하는 넓힐 수 있을 것입니다 / 재무 분야에 대한 당신의 전문성을 / 곧 있을 세미나에서

해설 in the upcoming seminar(곧 있을 세미나에서)는 미래의 일을 나타내므로 미래 시제인 will broaden이 정답이에요.

3. The professional development workshop / (began / will begin) / shortly.
직무능력개발 워크숍이 / 시작될 것이다 / 곧

해설 shortly(곧)는 미래를 나타내는 시점 표현이므로 미래 시제인 will begin이 정답이에요.

개념 4 현재완료 시제

토익 정답과 **친해지는** **EXERCISE** 본문 p. 125

정답 **1.** has represented **2.** have faced **3.** in

1. Ms. Barnes / (represented / has represented) the company / over the last 3 months.

반스 씨는 / 회사를 대표해 왔다 / 지난 3개월 동안

해설 over the last 3 months(지난 3개월 동안)는 3개월 전부터 지금까지를 의미해요. 과거부터 지금까지 계속되는 상황에는 현재완료 시제를 쓰므로 has represented가 정답이에요.

2. The restaurants / (face / **have faced**) challenges / since 2011.

음식점들은 / 어려움에 직면해 오고 있다 / 2011년 이후로

해설 since 2011(2011년 이래로)은 2011년부터 지금까지를 의미하는데, 과거부터 지금까지 계속되는 상황에는 현재완료 시제를 쓰므로 have faced가 정답이에요.

3. Vendors / have replaced / defective products / (**in** / to) the past 2 weeks.

판매사들은 / 교체해 오고 있다 / 결함 있는 제품들을 / 지난 2주간

해설 동사의 시제가 현재완료(have replaced)이므로 현재완료 시제와 어울리는 표현을 만들 수 있는 전치사를 선택해야 해요. 'in the past + 기간'은 '지난 ~기간 동안'이라는 의미로 현재완료 시제와 어울리므로 in이 정답이에요.

개념 5 과거완료 시제

토익 정답과 친해지는 **EXERCISE** ─────────────────────────── 본문 p. 126

정답 **1.** had completely covered **2.** had received **3.** had

1. The snow / (has completely covered / **had completely covered**) the roads / by the time I woke up.

눈이 / 완전히 도로를 뒤덮고 있었다 / 내가 일어났을 때쯤

해설 기준 시점을 나타내는 by the time(~할 때쯤에) 이후를 보면 과거 시제(woke)로 되어 있어요. 따라서 by the time 앞에는 과거보다 먼저 일어난 일을 나타내는 과거완료가 되어야 하므로 had completely covered가 정답이에요.

2. Mr. Howard / finally reserved the venue / after he (**had received** / will receive) permission.

하워드 씨는 / 마침내 행사 장소를 예약했다 / 허가를 받은 후에

해설 일의 순서를 나타내는 after를 바탕으로 해석해 보면, 하워드 씨가 허가를 받은 일이 먼저 일어났고 그 후에 예약을 한 것이 되어야 자연스러워요. 예약했다는 내용이 과거 시제(reserved)로 표현되어 있으므로 그보다 먼저 일어난 '허가를 받은 일'은 과거완료 시제인 had received로 나타내야 합니다.

3. The assistant / (will have / **had**) tentatively scheduled the meeting / before the manager confirmed the date.

비서가 / 잠정적으로 회의 일정을 잡았다 / 부장이 날짜를 확인하기 전에

해설 before를 통해 매니저가 날짜를 확인하기 '전에' 잠정적으로 회의 일정을 잡았다는 것을 알 수 있어요. 날짜를 확인했다는 내용이 과거 시제(confirmed)로 표현되어 있으므로, 그보다 먼저 일어난 '잠정적으로 일정을 잡은 일'은 과거완료 시제로 표현해야 해요. 따라서 뒤의 tentatively scheduled와 함께 과거완료 시제를 만드는 had가 정답이 됩니다.

개념 6 진행 시제

토익 정답과 친해지는 **EXERCISE** ─────────────────────────── 본문 p. 127

정답 **1.** was entering **2.** is holding **3.** will be teaching

1. The employee / (**was entering** / is entering) client data / accurately / at 10 A.M. yesterday.

그 직원은 / 고객 자료를 입력하고 있었다 / 정확하게 / 어제 오전 10시에

해설 at 10 A.M. yesterday(어제 오전 10시)는 과거 시점을 나타내는 표현이므로 현재진행 시제인 is entering은 오답이에요. 과거의 정확한 시점이 나와 있으므로 과거진행 시제인 was entering이 정답이 됩니다.

2. Bliss Co. (held / **is holding**) / an extremely popular fund-raising event / next week.

블리스 사는 개최할 예정입니다 / 매우 인기 있는 모금 행사를 / 다음 주에

해설 next week(다음 주에)은 미래를 나타내는 표현이므로 미래 시제가 정답이 되어야 해요. 현재진행 시제가 '미래'도 나타낼 수 있으므로 is holding이 정답이 됩니다.

3. Ms. Laney / (will be teaching / taught) part-time / at a conveniently located school / next month.

레이니 씨는 / 시간제로 가르칠 것이다 / 편리하게 위치한 학교에서 / 다음 달에

해설 next month(다음 달)는 미래를 나타내는 표현이므로 미래 시제가 정답이 되어야 해요. 미래진행 시제가 '미래'도 나타낼 수 있으므로 will be teaching이 정답이 됩니다.

실전훈련 자신감 쑥쑥! 실전 도전 Part 5

본문 p. 129

정답 **1.** (B) **2.** (D) **3.** (A) **4.** (B) **5.** (B) **6.** (C) **7.** (C) **8.** (B) **9.** (D) **10.** (D)

1. Starting next month, / Listercom Computer Co. / will be providing childcare service / for its workers.

(A) has provided **(B) will be providing** (C) has been provided (D) are providing

다음 달부터 / 리스터컴 컴퓨터 회사는 / 보육 서비스를 제공할 것입니다 / 직원들을 위해

* **provide** 제공하다 **childcare** 보육, 아동보호

해설 보기가 모두 동사로 구성되어 있으므로 주어와 수 일치가 되는 보기를 먼저 선택한 다음 시제를 따져 봅니다. 주어가 단수(Listercom Computer Co.)이며, Starting next month(다음 달부터)는 미래 시점을 나타내므로 두 조건을 모두 충족시키는 (B) will be providing이 정답이 됩니다.

오답 (A) has provided와 (C) has been provided는 수 일치는 되지만 미래 시점과 어울리지 않아서 오답입니다. (D) are providing은 단수인 주어와 수 일치가 되지 않아 오답이에요.

2. By the time the factory closed, / Ipipo Tools, Inc. / had begun / to relocate its workers.

(A) will begin (B) begins (C) to begin **(D) had begun**

공장이 문을 닫았을 때쯤 / 이피포 툴스 사는 / 시작했었다 / 직원들을 이전하는 것을

* **by the time** ~할 때쯤 **factory** 공장 **relocate** 이전하다, 이동하다

해설 'By the time + 주어 + 동사'가 있으므로 빈칸은 Ipipo Tools, Inc.를 주어로 하는 동사 자리예요. By the time 뒤의 동사 시제가 과거(closed)이므로, 빈칸에 쓰일 동사의 시제는 과거완료(had p.p.)가 되어야 어울려요. 따라서 (D) had begun이 정답이 됩니다.

오답 (A) will begin과 (B) begins는 주어와 수 일치는 되지만 시제가 맞지 않아서 오답이에요. (C) to begin은 동사 형태가 아니므로 오답이에요.

3. Ms. Beth / frequently met city officials / to talk about the problems / with the construction project.

(A) frequently (B) considerably (C) severely (D) approximately

베스 씨는 / 자주 시 공무원들을 만났다 / 문제에 관해 상의하기 위해서 / 건설 프로젝트와 관련한

(A) 자주 (B) 상당히 (C) 심하게 (D) 대략

* **city official** 시 공무원 **construction** 건설 **frequently** 자주

해설 보기가 모두 의미가 다른 부사로 구성되어 있으므로 해석해서 문제를 풀어야 해요. 빈칸에 쓰일 부사는 뒤에 오는 동사 met(만났다)을 수식하므로 이 동사와 어울리는 부사를 선택해야 해요. 각 부사들과 의미를 연결해 보면, '자주 만났다'라는 의미가 가장 자연스러우므로 (A) frequently(자주, 빈번히)가 정답이 됩니다. frequently meet(자주 만나다)으로 묶어서 기억해 두세요.

오답 '상당히 만났다'로 해석해서 (B) considerably(상당히)를 정답으로 선택했다면, considerably는 빈도가 아니라 양을 나타내는 표현이라는 것을 기억해 두세요. 따라서 met과는 어울리지 않으므로 오답이에요.

4. Last month, / the accounting office / implemented / the new billing procedures.

(A) implement **(B) implemented** (C) implements (D) implementing

지난달에 / 회계부는 / 시행했다 / 새로운 지불 절차를

* **accounting** 회계 **billing** 지불, 청구 **procedure** 절차 **implement** 시행하다, 이행하다

해설 빈칸 앞뒤로 명사 덩어리들만 있으므로 빈칸은 동사 자리입니다. 주어 the accounting office가 단수이므로 단수 동사가 와야 하고, Last month(지난달)는 과거 시점이므로 빈칸에 과거 시제 동사가 쓰여야 해요. 따라서 (B) implemented가 정답이에요.

오답 (A) implement는 주어와 수 일치가 되지 않고 (C) implements는 주어와 수 일치는 되지만 시제가 맞지 않아 오답이에요. (D) implementing 역시 동사 형태가 아니므로 오답입니다.

5. The workshop for new employees / was tentatively scheduled / for next Thursday.

(A) steadily　　　**(B) tentatively**　　　(C) currently　　　(D) routinely

신입 직원들을 위한 워크숍이 / 잠정적으로 예정되어 있었다 / 다음 주 목요일로

(A) 꾸준히　　　(B) 잠정적으로　　　(C) 현재　　　(D) 일상적으로

* schedule 예정하다, 일정을 잡다　tentatively 잠정적으로

해설 보기가 모두 의미가 다른 부사로 구성되어 있으므로 해석해서 문제를 풀어야 해요. 빈칸에 쓰일 부사는 동사 was scheduled(예정되어 있었다)를 수식하므로 이 동사와 어울리는 부사를 선택해야 해요. 각 보기와 연결해 해석해 보면, '잠정적으로 예정되어 있었다'라는 의미가 가장 자연스러우므로 (B) tentatively(잠정적으로)가 정답이 됩니다.

오답 (A) steadily(꾸준히)는 변화를 나타내는 동사와 함께 쓰이므로 오답이에요. (C) currently(현재)는 현재 시제와 함께 쓰이고 (D) routinely(일상적으로)는 반복되어 일어나는 상황에 대해 쓰이므로 오답이에요.

6. Spectrum Inc. frequently offers / online courses / to educate customers / on their products and services.

(A) severely　　　(B) mutually　　　**(C) frequently**　　　(D) approximately

스펙트럼 주식회사는 자주 제공하고 있다 / 온라인 과정을 / 고객들을 교육하기 위해 / 자사의 제품과 서비스에 관해

(A) 극심하게, 심각하게　　　(B) 상호간에, 서로　　　(C) 자주, 흔히　　　(D) 약, 대략

* offer 제공하다　educate 교육하다

해설 보기가 모두 의미가 다른 부사로 구성되어 있으므로 해석해서 문제를 풀어야 해요. 빈칸에 쓰일 부사는 동사 offers를 앞에서 수식하고 있는데, offers가 현재시제이므로 '자주, 흔히'라는 의미로 현재시제 동사와 어울려 빈도를 나타낼 때 사용하는 (C) frequently가 정답이에요.

오답 '극심하게(severely) 제공하고 있다', '상호간에(mutually) 제공하고 있다', '대략(approximately) 제공하고 있다' 모두 의미상 어색하므로 오답이에요.

7. All the computers / in this office / are regularly checked / for viruses.

(A) recently　　　(B) excessively　　　**(C) regularly**　　　(D) wrongly

모든 컴퓨터는 / 이 사무실에 있는 / 정기적으로 점검된다 / 바이러스 때문에

(A) 최근에　　　(B) 과도하게　　　(C) 정기적으로　　　(D) 잘못되게

* check 점검하다, 확인하다　regularly 정기적으로

해설 보기가 모두 의미가 다른 부사로 구성되어 있으므로 해석해서 문제를 풀어야 해요. 빈칸에 쓰일 부사는 동사 are checked(점검되다)를 수식하므로 이 동사에 어울리는 부사를 선택해야 해요. '정기적으로 점검된다'가 자연스러운 의미이며, 동사의 시제가 현재(are)이므로 반복되는 상황에 대해 쓸 수 있는 (C) regularly가 정답입니다.

오답 (A) recently(최근에)는 최근에 일어났던 일을 나타낼 때 쓰므로 현재 시제와는 어울리지 않아서 오답이에요. (B) excessively(과도하게)와 (D) wrongly(잘못되게)는 모두 의미상 어울리지 않아 오답이에요.

8. Ten years ago, / Blue Monroes had only a few locations, / but now / it has opened stores / across the country.

(A) should have　　　**(B) had**　　　(C) having　　　(D) will have

10년 전에 / 블루 먼로즈는 오직 몇몇 지점들만 있었다 / 하지만 지금 / 그곳은 매장들을 개장했다 / 전국에 걸쳐

* location 지점, 위치　across ~ 전역에 걸쳐

해설 부사구 Ten years ago와 명사 Blue Monroes 뒤로 빈칸과 또 다른 명사구 only a few locations가 쓰여 있으므로 빈칸이 주절의 동사 자리입니다. 그리고 과거 시점을 가리키는 부사구 Ten years ago와 어울려야 하므로 과거시제 동사의 형태인 (B) had가 정답입니다.

오답 (A) should have와 (D) will have는 동사의 형태이기는 하지만, 과거 시점을 가리키는 부사구와 어울리지 않으므로 오답이에요. (C) having은 동명사 또는 동사의 현재분사형이므로 오답이에요.

9. Alpha Corporation has invested heavily / in research and development / over the past decade.

(A) will invest　　　(B) invest　　　(C) had invested　　　**(D) has invested**

알파 코퍼레이션은 많이 투자해왔다 / 연구 및 개발에 / 지난 10년 동안에 걸쳐

* invest in ~에 투자하다　heavily (양, 정도 등이) 많이, 심하게, 크게　research 연구, 조사　development 개발, 발전
over ~ 동안에 걸쳐　decade 10년

해설 주어 Alpha Corporation 뒤로 빈칸과 부사 heavily, 그리고 in 및 over가 이끄는 전치사구가 쓰여 있어 문장의 동사가 빠진 상태임을 알 수 있어요. 따라서, 빈칸이 문장의 동사 자리인데, 'over the past ~'와 같은 전치사구는 과거에서 현재까지 이르는 기간을 나타내어 현재

완료시제의 동사와 함께 사용하므로 (D) has invested가 정답이에요.

오답 미래시제인 (A) will invest와 현재시제인 (B) invest, 그리고 과거완료시제인 (C) had invested는 모두 'over the past ~'와 같은 기간 전치사구와 어울리지 않으므로 오답이에요.

10. The bank / should not release / any private information / to others / without their consent.

(A) respond   (B) resolve   (C) refund   **(D) release**

은행은 / 유출해서는 안 된다 / 어떤 개인 정보도 / 다른 이들에게 / 그들의 동의 없이

(A) 응답하다   (B) 해결하다   (C) 환불하다   (D) 공개하다

* private 개인의   without ~없이   consent 동의   respond 응답하다, 반응하다   resolve 해결하다, 결심하다   refund 환불하다   release 공개하다, 노출하다, 발표하다

해설 주어가 The bank(은행)이며 빈칸은 동사 자리입니다. 동사의 목적어가 any private information(그 어떤 개인 정보도)이므로 각 보기와 함께 연결해서 해석하면 '은행이 그 어떤 개인 정보도 유출해서는 안 된다'가 자연스럽습니다. 따라서 '공개하다, 유출하다'라는 의미로 쓰이는 (D) release가 정답이에요.

오답 정보를 해결(resolve)하거나, 정보를 환불(refund)할 수 없으므로 두 보기 모두 오답입니다. (A) respond(응답하다)의 경우 반드시 뒤에 to가 있어야 하므로 오답이에요.

실전훈련 **자신감 쑥쑥! 실전 도전** Part 6   본문 p. 130

정답   **11.** (A)   **12.** (B)   **13.** (C)   **14.** (D)

Questions 11-14 refer to the following e-mail. 다음 이메일을 참조하시오.

To: Donald Francis <dfrancis@cartman.edu> 수신: 도널드 프랜시스
From: Ingrid Colt <hillscafe@innunet.net> 발신: 잉그리드 콜트
Date: February 2 날짜: 2월 2일
Subject: Start date 제목: 시작 날짜

Dear Donald, 도널드 씨께,

I'm glad / that you have decided to join us / at Hills Café.
저는 기쁩니다 / 귀하께서 저희와 함께 하시기로 결정하셔서 / 힐스 카페에서

I think / you'll be a great addition / to the team!
저는 생각합니다 / 귀하께서 훌륭한 추가 인원이 되실 것이라고 / 팀에

As we discussed / in our interview, / your responsibilities include delivering large orders / to nearby offices.
우리가 논의한 대로 / 우리 면접 시간에 / 귀하의 책무들은 대량 주문품들을 배송하는 일을 포함합니다 / 근처의 사무실들로 향하는

We will provide a company vehicle, / so you do not need to use your own.
저희가 회사 차량을 제공할 것입니다 / 그러므로 귀하께서는 개인의 것을 이용하실 필요가 없습니다.

You also need to pick up beans and other goods / from our distributor.
귀하께서는 또한 콩과 다른 상품들을 가져오셔야 합니다 / 저희 유통업체에서

Your orientation will be held / on February 15 at 10 A.M.
귀하의 오리엔테이션이 개최될 것입니다 / 2월 15일 오전 10시에

Please wear slip-resistant shoes / and tan pants.
미끄럼 방지 신발을 착용하시기 바랍니다 / 그리고 황갈색 바지를

수신: 도널드 프랜시스 <dfrancis@cartman.edu>
발신: 잉그리드 콜트 <hillscafe@innunet.net>
날짜: 2월 2일

제목: 시작 날짜
도널드 씨께,
귀하께서 저희 힐스 카페와 함께 하시기로 결정하셔서 기쁩니다. 저는 귀하께서 팀에 훌륭한 추가 인원이 되실 것이라고 생각합니다. 우리가 면접 시간에 논의한 대로, 귀하의 책무는 근처의 사무실들로 향하는 대량 주문품 배송을 포함합니다. 저희가 회사 차량을 제공할 것이므로, 귀하께서는 개인 차량을 이용하실 필요가 없습니다. 또한 저희 유통업체에서 콩과 다른 상품들도 가져오셔야 합니다.

Also, / please make sure / to bring a valid form of identification.
또한 / 반드시 하시기 바랍니다 / 유효한 신분증을 지참하고 오시는 것을
We look forward to meeting you / in person.
저희는 귀하를 만나 뵙기를 고대합니다 / 직접

Sincerely, 안녕히 계십시오.

Ingrid Colt 잉그리드 콜트
Manager, Hills Cafe 매니저, 힐즈 카페

귀하의 오리엔테이션이 2월 15일 오전 10시에 개최될 것입니다. 미끄럼 방지 신발과 황갈색 바지를 착용하시기 바랍니다. 또한, 반드시 유효 신분증을 지참하고 오시기 바랍니다. 저희는 귀하를 직접 만나 뵙기를 고대합니다. 안녕히 계십시오.
잉그리드 콜트
매니저, 힐즈 카페

* decide to V ~하기로 결정하다   join 함께 하다, 합류하다   discuss 논의하다, 이야기하다   responsibility 책임, 책무   include 포함하다
order 주문(품)   provide 제공하다   vehicle 차량   one's own 자신만의 것   pick up 가져오다, 가져가다   goods 상품
distributor 유통업체   slip-resistant 미끄럼 방지의   tan 황갈색의   make sure to V 반드시 ~하도록 하다, ~하는 것을 확실히 하다
valid 유효한   form of identification 신분증   look forward to -ing ~하기를 고대하다   in person 직접 (가서)

11. (A) addition   (B) promotion   (C) position   (D) division
　　　(A) 추가(되는 사람)   (B) 승진, 진급, 홍보, 판촉   (C) 직책, 일자리   (D) 구분, 구획, (단체 등의) 부, 국

　　해설 보기가 모두 의미가 다른 명사로 구성되어 있으므로 해석해서 풀어야 하는 문제입니다. 빈칸에 쓰일 명사는 주어 you에 대한 보어로서 상대방이 어떤 사람인지와 관련된 의미를 나타내야 하므로 사람에 대해 '추가 인원' 등을 뜻하는 (A) addition이 정답입니다.

　　오답 (B)와 (C), 그리고 (D)는 모두 사람에 대해 사용할 수 있는 명사가 아니므로 주어 you에 대한 보어로 맞지 않는 오답입니다.

12. (A) they deliver   (B) delivering   (C) deliver   (D) delivery

　　해설 주어 your responsibilities와 동사 include 뒤에 빈칸이 위치해 있고, 그 뒤에 명사구 large orders가 이어지는 구조입니다. 따라서, 빈칸은 동사 자리가 아니며, 명사구 large orders를 목적어로 취해 동사 include의 목적어 역할을 할 수 있는 동명사 (B) delivering이 정답입니다.

　　오답 문장의 주어와 동사 뒤에 빈칸이 있으므로 또 다른 주어와 동사로 구성된 (A) they deliver는 오답입니다. (C) deliver는 동사이므로 동사 include 바로 뒤에 연속으로 쓰일 수 없는 오답입니다. 명사 (D) delivery가 쓰이려면 빈칸 뒤에 위치한 명사구 large orders와 연결되도록 전치사가 필요하므로 오답입니다.

13. (A) are held   (B) was held   (C) will be held   (D) has been holding

　　해설 빈칸 뒤에 제시된 시점 표현 on February 15는 지문 상단에 쓰여 있는 이 이메일의 작성 날짜인 February 2보다 나중 시점이므로 보기 중에서 유일하게 미래시제로 된 (C) will be held가 정답입니다.

　　오답 (A) are held는 3인칭 단수 주어와 수 일치가 맞지 않으므로 오답입니다. 과거시제인 (B) was held, 과거에서 현재까지 지속되어 온 일을 의미하는 현재완료시제인 (D) has been holding은 모두 이메일의 작성 날짜와 시점 관계가 맞지 않는 오답입니다.

14. (A) We offer a variety of beans and roasting options on our menu.
　　　(A) 저희는 메뉴에서 다양한 콩과 로스팅 선택권을 제공합니다.
(B) Meanwhile, the internship will last for twelve weeks.
　　　(B) 한편, 그 인턴 과정은 12주 동안 지속될 것입니다.
(C) Please apply again when another position becomes available.
　　　(C) 또 다른 직책이 지원 가능해질 때 다시 지원하시기 바랍니다.
(D) Also, please make sure to bring a valid form of identification.
　　　(D) 또한, 반드시 유효 신분증을 지참하고 오시기 바랍니다.

　　해설 빈칸 앞에 위치한 문장들을 읽어 보면, 오리엔테이션 개최 시점 및 착용해야 하는 복장을 알리는 의미를 담고 있습니다. 따라서, 오리엔테이션 참가와 관련된 또 다른 정보를 담고 있는 문장이 빈칸에 들어가야 흐름이 자연스러우므로 추가 정보를 말할 때 사용하는 Also와 함께 지참해야 하는 물품을 언급하는 (D)가 정답입니다.

　　오답 (A): 메뉴의 특징과 관련된 정보를 담고 있는 문장이므로 오리엔테이션 관련 정보를 담은 앞선 문장들과 흐름상 전혀 어울리지 않는 오답입니다.
　　(B): 인턴 과정의 기간을 설명하는 문장이므로 오리엔테이션 관련 정보를 담은 앞선 문장들과 흐름상 전혀 어울리지 않는 오답입니다.
　　(C): 나중에 다시 지원하도록 권하는 의미를 지니고 있는 문장인데, 이 지문은 첫 단락에 상대방의 입사 결정을 언급한 뒤로 직무 및 오리엔테이션 참석과 관련해 알리는 내용이므로 흐름상 맞지 않는 오답입니다.

 토익이 좋아하는 **짝꿍표현**  Vocabulary

토익 정답과 친해지는 **EXERCISE** ──────── 본문 p. 135

정답 **1.** (A) **2.** (A) **3.** (B)

1. Many companies / were able to reduce expenses / by hiring part-time and <u>temporary</u> employees.
   (A) temporary (B) spacious

   많은 회사들은 / 경비를 줄일 수 있었다 / 시간제 근무자와 <u>임시직</u> 직원들을 고용함으로써
   (A) 임시의 (B) 넓은

   > 해설 빈칸에 쓰일 형용사는 뒤에 오는 명사 employees(직원들)를 수식하므로 '직원들'에 어울리는 형용사를 찾아야 해요. '임시직 (temporary) 직원들'은 자연스럽지만 '공간이 넓은(spacious) 직원들'은 어색해요. 따라서 (A) temporary가 정답이 됩니다. a temporary employee(임시직 직원)로 묶어서 기억해 두세요.

2. If any <u>improper</u> transaction / is found, / the related account / will be investigated.
   (A) improper (B) prolific

   어떠한 <u>부적절한</u> 거래든지 / 발견되면 / 관련 계좌가 / 조사될 것이다
   (A) 부적절한 (B) 다작의

   > 해설 빈칸에 쓰일 형용사는 뒤에 오는 명사 transaction(거래)을 수식하므로 '거래'에 어울리는 형용사를 찾아야 해요. '부적절한(improper) 거래'는 자연스럽지만 '다작의(prolific) 거래'는 어색해요. 따라서 (A) improper가 정답이 됩니다. an improper transaction(부적절한 거래)으로 묶어서 기억해 두세요.

3. The government / should <u>accurately</u> estimate / the total consumption of dairy products / in order to impose a tax on companies.
   (A) widely **(B) accurately**

   정부는 / <u>정확하게 추정해야</u> 한다 / 유제품의 전체 소비량을 / 회사들에게 세금을 부과하기 위해서
   (A) 넓게 (B) 정확하게

   > 해설 빈칸에 쓰일 부사는 뒤에 오는 동사 estimate(추정하다)를 수식하므로 '추정하다'에 어울리는 부사를 찾아야 해요. '널리(widely) 추정하다'는 어색하고 '정확하게(accurately) 추정하다'는 자연스러우므로 (B) accurately가 정답이 됩니다. accurately estimate(정확하게 추정하다)로 묶어서 기억해 두세요.

 능동태와 수동태 Grammar

개념 1 능동태의 의미와 형태

토익 정답과 친해지는 **EXERCISE** ──────── 본문 p. 136

정답 **1.** hired **2.** implement **3.** encouraged

1. The company / (**hired** / was hired) / additional staff.

   회사는 / 고용했다 / 추가 직원을

   > 해설 hired는 능동태이고, was hired는 수동태입니다. 뒤에 목적어(additional staff)가 있으므로 능동태를 써야 해요. 목적어와 연결해서 해석해 보아도 '추가 직원을 고용했다'가 되어 능동태가 자연스러우므로 hired가 정답이에요.

2. The government / will (**implement** / be implemented) / the new policies.

   정부는 / 시행할 것이다 / 새로운 정책들을

   > 해설 implement는 능동태이고, be implemented는 수동태입니다. 뒤에 목적어(the new policies)가 있으므로 능동태를 써야 해요.

목적어와 연결해서 해석해 보아도 '새로운 정책을 시행할 것이다'가 되어 능동태가 자연스러우므로 implement가 정답이에요.

3. The manager / (encouraged / was encouraged) / participation in the seminar.

부장은 / 장려했다 / 세미나 참석을

해설 encouraged는 능동태이고, was encouraged는 수동태입니다. 뒤에 목적어(participation)가 있으므로 능동태를 써야 해요. 목적어와 연결해서 해석해 보아도 '참석을 장려했다'가 되어 능동태가 자연스러우므로 encouraged가 정답이에요.

개념 2 수동태의 의미와 형태

토익 정답과 친해지는 EXERCISE 본문 p. 137

정답 **1.** will be included **2.** will order **3.** is explaining

1. A service agreement / (is including / will be included) / in the packet.

서비스 계약서가 / 포함될 것이다 / 책자에

해설 is including은 능동태, will be included는 수동태입니다. 뒤에 목적어가 없는데다 주어가 A service agreement(서비스 계약서)이므로 서비스 계약서가 '포함되는' 것이 자연스러워요. 따라서 will be included가 정답이에요.

2. Mr. Smith / (will order / is ordered) / the machine parts / for you.

스미스 씨가 / 주문할 것이다 / 기계 부품을 / 당신을 위해

해설 will order는 능동태, is ordered는 수동태입니다. 뒤에 위치한 목적어(the machine parts)와 연결해서 해석해 보면 '기계 부품을 주문할 것이다'가 되어 능동태가 자연스러워요. 따라서 will order가 정답이에요.

3. Harley Ltd. / (is explaining / will be explained) / the budget proposal / to its employees.

할리 사는 / 설명하고 있다 / 예산 제안서를 / 자사의 직원들에게

해설 is explaining은 능동태이고, will be explained는 수동태입니다. 뒤에 위치한 목적어(the budget proposal)와 연결해서 해석해 보면 '예산 제안서를 설명하고 있다'가 되어 능동태가 자연스러워요. 따라서 is explaining이 정답이에요.

개념 3 수동태 – 1. 다양한 형태의 수동태

토익 정답과 친해지는 EXERCISE 본문 p. 138

정답 **1.** 능동태 **2.** 수동태 **3.** 능동태

1. The organizer / has accurately estimated / the number of attendees.
                        능동태

주최측은 / 정확히 추정했다 / 참석자의 수를

해설 동사에 p.p. 형태(estimated)가 포함되어 있지만, 앞에 be동사가 없으므로 능동태입니다.

2. The item / was being widely advertised / in all stores.
                    수동태

그 물건은 / 널리 광고되고 있었다 / 모든 상점에서

해설 동사에 p.p. 형태(advertised)가 포함되어 있고 앞에 be동사(being)가 있으므로 수동태입니다.

3. These employees / have been working diligently / on the proposal.
                        능동태

이 직원들은 / 열심히 일해 오고 있다 / 제안서에 대해

해설 p.p. 형태가 아닌 -ing형태(working)가 포함되어 있고 앞에 be동사(been)가 있으므로 능동태입니다.

개념4 수동태 - 2. 자동사와 수동태

본문 p. 139

토익 정답과 친해지는 **EXERCISE**

정답　**1.** have been rising　**2.** will arrive　**3.** has remained

1. The profits from exports / (were risen / have been rising) / steadily.

수출에 의한 이익이 / 증가해 오고 있다 / 꾸준히

해설 were risen은 수동태, have been rising은 능동태입니다. rise(오르다)는 자동사이므로 수동태로 쓸 수 없어요. 따라서 have been rising이 정답이에요.

2. A temporary employee / (will arrive / will be arrived) / early next week.

임시직 직원이 / 도착할 것이다 / 다음 주 초에

해설 will arrive는 능동태, will be arrived는 수동태입니다. arrive(도착하다)는 자동사이므로 수동태로 쓸 수 없어요. 따라서 will arrive가 정답이에요.

3. The prolific writer / (has remained / was remained) quiet / about his new book.

다작하는 작가는 / 침묵을 지켜 왔다 / 자신의 새 책에 관해

해설 has remained는 능동태, was remained는 수동태입니다. remain(남아 있다)은 자동사이므로 수동태로 쓸 수 없어요. 따라서 has remained가 정답입니다.

개념5 수동태 - 3. 감정동사의 수동태

본문 p. 140

토익 정답과 친해지는 **EXERCISE**

정답　**1.** pleased　**2.** excited　**3.** disappointing

1. Ms. Clark / was (pleased / pleasing) / to meet the distinguished statesman.

클락 씨는 / 기뻤다 / 유명한 정치인을 만나서

해설 앞에 오는 be동사 was와 함께 pleased는 수동태를 만들고, pleasing은 능동태를 만들어요. 주어인 Ms. Clark(클락 씨)가 '기쁨을 느꼈다'라는 의미를 표현해야 하므로 수동태를 만드는 pleased가 정답이에요.

2. The staff members / are (excited / exciting) / to use the spacious room.

직원들은 / 신나 있다 / 넓은 방을 사용할 수 있어서

해설 앞에 오는 be동사 are와 함께 excited는 수동태를 만들고, exciting은 능동태를 만들어요. 주어인 The staff members(직원들)가 '신나 있다'라는 의미를 표현해야 하므로 수동태를 만드는 excited가 정답이에요.

3. The final sales figures / were (disappointing / disappointed).

최종 매출액은 / 실망스러웠다

해설 앞에 오는 be동사 were와 함께 disappointing은 능동태를 만들고, disappointed는 수동태를 만들어요. 주어인 The final sales figures(최종 매출액)는 사람이 아니므로 능동태를 만드는 disappointing이 정답이에요.

개념6 수동태 뒤의 전치사

본문 p. 141

토익 정답과 친해지는 **EXERCISE**

정답　**1.** about　**2.** to　**3.** with

1. The client / is concerned / (at / about) the improper transaction.

고객은 / 걱정한다 / 부당 거래에 대해

해설 '~에 대해 걱정하다'를 표현할 때 be concerned 뒤에 전치사 about을 써요. 따라서 about이 정답이에요.

2. Employees / are committed / (**to** / in) resolving customer complaints.

직원들은 / 전념한다 / 고객의 불만사항을 해결하는 데

해설 '~에 전념하다, 헌신하다'를 표현할 때 be committed 뒤에 전치사 to를 써요. 따라서 to가 정답이에요.

3. Mr. Turner / was provided / (**with** / for) numerous documents.

터너 씨는 / 제공받았다 / 많은 서류를

해설 '~을 제공받다'를 표현할 때 be provided 뒤에 전치사 with를 써요. 따라서 with가 정답이에요.

자신감 쑥쑥! 실전 도전 Part 5

본문 p. 143

정답 **1.** (D) **2.** (B) **3.** (D) **4.** (A) **5.** (A) **6.** (D) **7.** (B) **8.** (C) **9.** (B) **10.** (B)

1. Hyperion Enterprises' products / are designed / with cutting-edge technology and innovative features.

(A) have designed   (B) design   (C) will design   **(D) are designed**

하이페리온 엔터프라이즈의 제품들은 / 디자인된다 / 첨단 기술과 혁신적인 특징으로
* cutting-edge 첨단의   innovative 혁신적인   feature 특징, 기능

해설 보기가 모두 동사의 형태이고, 복수 주어 products와 수 일치되므로 시제와 능/수동 관련 단서를 찾아야 해요. 주어 products는 회사의 제품을 가리키며, 사람에 의해 디자인되는 대상에 해당되어 design이 수동태로 쓰여야 알맞으므로 보기 중에서 유일하게 수동태인 (D) are designed가 정답이에요.

오답 (A) have designed와 (B) design, (C) will design은 모두 능동태이므로 의미가 맞지 않는 오답이에요.

2. To make the delivery system / more efficient, / the company / implemented a new policy.

(A) collected   **(B) implemented**   (C) supplemented   (D) manufactured

배송 시스템을 만들기 위해 / 더 효율적으로 / 회사는 / 새 정책을 시행했다
(A) 수집했다   (B) 시행했다   (C) 보충했다   (D) 제조했다
* efficient 효율적인   policy 정책

해설 보기가 모두 의미가 다른 동사로 구성되어 있으므로 해석해서 풀어야 해요. 주어가 the company(회사)이고 빈칸은 동사 자리이며 a new policy(새 정책)가 동사의 목적어이므로 각 보기와 함께 해석해 보면 '회사가 새 정책을 시행했다'가 자연스럽습니다. 따라서 '시행하다, 이행하다'라는 의미를 가진 (B) implemented가 정답이에요. implement a policy(정책을 시행하다)로 묶어서 기억해 두세요.

오답 혹시 '새 정책을 만들었다'라고 생각해서 (D) manufactured를 정답으로 선택했나요? manufacture는 '상품 따위를 제조하다'라는 의미이므로, policy(정책)와는 어울리지 않아요.

3. Anna Smith / is highly regarded / by all of the clients / she works with.

(A) regard   (B) regards   (C) regarding   **(D) regarded**

안나 스미스 씨는 / 높이 평가받는다 / 모든 고객들에 의해 / 그녀가 함께 일하는
* highly 높이, 크게, 대단히   client 고객   regard 평가하다, 여기다

해설 is(be동사) 뒤에 -ing가 오면 능동태, p.p.가 오면 수동태가 됩니다. 빈칸 뒤에 주체를 나타내는 전치사 by가 있으므로 수동태를 만드는 (D) regarded가 정답이에요.

4. The head chef at Ocean's Delight / varied the seafood recipe / by adding a new blend of spices.

(A) varied   (B) was varied   (C) vary   (D) will be varied

오션스 딜라이트의 주방장은 / 해산물 조리법에 변화를 주었다 / 새로운 양념 조합을 추가함으로써
* recipe 조리법   by (방법) ~함으로써, ~해서   add 추가하다   blend 조합, 혼합   spice 양념, 향신료
vary 변화를 주다, 변화되다, (서로) 다르다

해설 보기가 모두 동사의 형태이고, 능/수동태가 섞여 있으며, 시제도 모두 다르므로 목적어 존재 여부 및 시점 관련 단서, 주어와의 수 일치를 확인해야 해요. 우선, 빈칸 뒤에 명사구 목적어 the seafood recipe가 쓰여 있으므로 능동태인 (A) varied와 (C) vary 중에서 하나를 골라야 하는데, 주어 The head chef가 단수이므로 수 일치와 상관없이 사용 가능한 과거시제 동사 (A) varied가 정답이에요.

오답 (B) was varied와 (D) will be varied는 수동태이므로 능동태가 필요한 빈칸에 맞지 않고, (C) vary는 복수 주어와 수 일치되는 형태

이므로 단수주어 The head chef와 맞지 않는 오답이에요.

5. **To encourage participation, / management has made / various kinds of promotional materials.**
   (A) encourage　　(B) remind　　(C) enable　　(D) decrease

   참가를 장려하기 위하여 / 경영진은 만들었다 / 다양한 종류의 홍보 자료를
   (A) 장려하다　　(B) 상기시키다　　(C) 할 수 있게 하다　　(D) 줄이다
   * participation 참가, 참여　 management 경영진, 임원　 promotional 홍보의　 material 자료, 재료

   해설 보기가 모두 의미가 다른 동사로 구성되어 있으므로 해석해서 풀어야 해요. '다양한 종류의 홍보 자료를 만들었다(has made various kinds of promotional materials)'는 것은 참석(participation)하도록 유도하기 위해서이죠? 따라서 '장려하다, 격려하다'라는 의미로 쓰이는 (A) encourage가 정답이 됩니다. encourage participation(참가를 장려하다)으로 묶어서 기억해 두세요.

   오답 혹시 '참가를 상기시키기 위해'라고 해석해서 (B) remind를 정답으로 선택했나요? remind의 목적어는 '~을'이 아니라 '(사람) ~에게'로 해석하므로 '참가에게 상기시키다'가 뇌어 어색합니다. 따라서 오답이에요.

6. **Everyone in the office / is excited / to get the opportunity / to meet Mr. Salvador / after lunch.**
   (A) excites　　(B) exciting　　(C) excitedly　　**(D) excited**

   사무실에 있는 모든 사람들은 / 신나 있다 / 기회를 얻게 되어서 / 살바도르 씨를 만날 수 있는 / 점심식사 후에
   * opportunity 기회　 excite 흥분하게 만들다

   해설 is(be동사) 뒤에 -ing가 오면 능동태, p.p.가 오면 수동태가 됩니다. 주어가 사람(Everyone)이고 excite는 감정을 나타내는 동사이므로 수동태 표현으로 써야 '흥분하다, 신난다'라는 의미가 돼요. 따라서 (D) excited가 정답이에요.

7. **The software at Quantum Solutions / has been customized / to meet the unique needs / of their clients.**
   (A) customize　　**(B) customized**　　(C) customizing　　(D) customizes

   퀀텀 솔루션즈의 소프트웨어는 / 맞춤 제작되었다 / 특별한 요구를 충족하기 위해 / 자사 고객들의
   * meet (요구, 기한 등을) 충족하다, 지키다　 unique 특별한, 독특한, 고유의　 customize 맞춤 제작하다, 주문 제작하다

   해설 빈칸 앞에 위치한 has been은 현재분사 또는 과거분사와 결합해 현재완료시제 동사를 구성합니다. 또한, 주어 The software는 사람에 의해 맞춤 제작되는 대상에 해당되어 customize가 수동태로 쓰여야 알맞으므로 수동태를 구성하는 과거분사 (B) customized가 정답이에요.

   오답 (A) customize와 (D) customizes는 분사가 아니므로 has been과 결합할 수 없는 오답이에요. (C) customizing은 현재분사이므로 수동태를 구성하는 과거분사가 필요한 빈칸에 맞지 않는 오답이에요.

8. **The newly hired manager / will conduct / a monthly staff meeting.**
   (A) involve　　(B) relate　　**(C) conduct**　　(D) install

   새로 고용된 매니저가 / 진행할 것이다 / 월례 직원회의를
   (A) 관여시키다　　(B) 관련시키다　　(C) 진행하다　　(D) 설치하다
   * newly 새롭게　 hired 고용된　 monthly 매달의　 staff 직원

   해설 주어가 The newly hired manager(새로 고용된 매니저)이고 빈칸은 동사 자리이며 목적어가 meeting(회의)이므로 각 보기와 함께 연결해서 해석하면 '매니저가 회의를 진행할 것이다'가 자연스럽습니다. 따라서 '진행하다, 수행하다'라는 의미로 쓰이는 (C) conduct가 정답이 됩니다. conduct a meeting(회의를 진행하다)으로 묶어서 기억해 두세요.

   오답 '회의를 관여시키다(involve)', '회의를 설치하다(install)' 모두 어색하므로 오답입니다. '회의를 관련시키다(relate)'는 가능해 보이지만, 무엇과 관련시키는지를 알 수 없으므로 오답이에요.

9. **TWP Consulting / will be reducing / the amount of garbage / it produces / thanks to its new campaign.**
   (A) reduction　　**(B) be reducing**　　(C) reduces　　(D) be reduced

   TWP 컨설팅은 / 줄일 것이다 / 쓰레기 양을 / 산출해낸 / 새 캠페인 덕분에
   * amount 양　 garbage 쓰레기　 thanks to ~덕분에　 reduce 줄이다

   해설 will은 조동사이므로 빈칸에 동사원형이 와야 해요. 또한, 빈칸 뒤에 목적어(the amount of garbage)가 있으므로 능동태 동사가 적절합니다. 따라서 (B) be reducing이 정답이 됩니다.

   오답 (A) reduction과 (C) reduces는 동사원형이 아니므로 오답이에요. (D) be reduced는 수동태이므로 오답이에요.

10. **Due to the bad weather conditions, / we had to postpone / the outdoor event / until July 15.**

(A) define   **(B) postpone**   (C) serve   (D) anticipate

기상 악화 때문에 / 우리는 연기해야 했다 / 야외 행사를 / 7월 15일까지

(A) 규정하다   **(B) 연기하다**   (C) 제공하다   (D) 예상하다

* weather conditions 기상 상태   outdoor 야외의

해설 보기가 모두 의미가 다른 동사로 구성되어 있으므로 해석해서 문제를 풀어야 해요. '기상 악화 때문에 야외 행사를 연기해야 했다 (postpone)'라는 의미가 자연스러우므로 (B) postpone(연기하다)이 정답이에요.

오답 혹시 '야외 행사를 제공해야 했다'가 적절하다고 생각해서 (C) serve를 정답으로 선택했나요? serve가 '제공하다'라는 의미로 쓰일 때는 '음식이나 서비스 따위를 제공하다'라는 뜻으로 쓰이며 목적어인 event와는 어울리지 않아 오답이에요.

 **자신감 쑥쑥! 실전 도전** Part 6

본문 p. 144

정답   **11.** (B)   **12.** (A)   **13.** (D)   **14.** (A)

Questions 11-14 refer to the following letter. 다음 편지를 참조하시오.

April 18 4월 18일

Dear Ms. Wilson, 윌슨 씨에게

Thank you for becoming a member / of the Southern Airlines frequent flier program.
회원이 되어 주셔서 감사드립니다 / 서던 항공사 마일리지 프로그램의

We at Southern Airlines / are committed to providing you / with the best possible service.
저희 서던 항공사는 / 귀하에게 제공하는 데 전념합니다 / 가능한 한 최고의 서비스를

Enclosed / is a booklet / detailing membership benefits.
동봉된 것은 / 안내책자입니다 / 회원 혜택을 상세히 설명하는

If you are dissatisfied with your membership / at any time, / please contact a customer service representative / at 1-888-555-4242. 멤버십에 만족하시지 못한다면 / 언제라도 / 고객 서비스 담당 직원에게 연락 주십시오 / 1-888-555-4242번으로

The person / you speak with / will be happy to solve any problems / or deal with any complaints / you have.
사람은 / 귀하와 통화하는 / 기꺼이 어떤 문제든 해결해 드릴 것입니다 / 또는 어떤 불만사항이든 처리해 드릴 것입니다 / 귀하가 가진

We at Southern Airlines / encourage you / to use your membership benefits / as often as possible.
저희 서던 항공사는 / 권장합니다 / 회원 혜택을 이용하시길 / 가능한 한 자주

Feel free to redeem your air miles / for free tickets / or to upgrade / to a higher class.
언제든 항공 마일리지를 교환하십시오 / 무료 티켓으로 / 또는 업그레이드하십시오 / 상급 좌석으로

Sincerely,

Brad Thomas 브래드 토마스 드림
Southern Airlines 서던 항공사

4월 18일

윌슨 씨에게

서던 항공사 마일리지 프로그램의 회원이 되어 주셔서 감사드립니다. 저희 서던 항공사는 가능한 한 최고의 서비스를 제공하는 데 전념하고 있습니다. 동봉된 것은 회원 혜택을 상세히 설명하는 안내책자입니다.

멤버십에 만족하시지 못한다면 언제라도 1-888-555-4242번으로 고객 서비스 담당 직원에게 연락 주십시오. 귀하와 통화하는 상담원이 어떤 문제나 불만사항이든 기꺼이 해결해 드릴 것입니다.

저희 서던 항공사는 귀하께서 가능한 한 자주 회원 혜택을 이용하시길 권장합니다.

언제든 항공 마일리지를 무료 티켓으로 교환하시거나 상급 좌석으로 업그레이드하십시오.

브래드 토마스 드림
서던 항공사

---

* frequent flier (항공사의 마일리지 서비스에 가입된) 상용(常用) 고객   contact 연락하다   representative 직원, 대표   solve 해결하다   deal with ~을 처리하다, 다루다   complaint 불만사항   redeem 교환하다, 바꾸다   be committed to ~에 전념하다   enclosed 동봉된   booklet 안내 책자   benefit 혜택   dissatisfied 만족하지 못한   encourage 권장하다, 장려하다

11. (A) should be committing

(B) are committed

(C) will have committed

(D) were committed

> [해설] 보기가 모두 동사로 구성되어 있으므로 수 일치, 능/수동, 시제를 따져서 문제를 풀어야 해요. 주어가 복수(We)이므로 복수 동사가 와야 하고, '~에 헌신하다'라는 의미가 자연스러우므로 수동태가 되어야 해요. 또한, 회사의 신념을 나타내는 내용이기 때문에 '과거에 헌신했다'가 아니라 '(변함없이) 헌신한다'라는 의미가 되어야 합니다. 따라서 현재 시제로 된 (B) are committed가 정답이에요.

> [오답] (A) should be committing, (C) will have committed는 능동태이므로 오답이에요. (D) were committed는 과거 시제이므로 오답이에요.

12. (A) Enclosed is a booklet detailing membership benefits.

(A) 동봉된 것은 회원 혜택을 상세히 설명하는 안내책자입니다.

(B) Team members have permission to attend sales seminars.

(B) 팀원들은 영업 세미나에 참석할 수 있도록 승인을 받은 상태입니다.

(C) Southern Airlines is planning to hire 30 workers this month.

(C) 서던 항공사는 이번 달에 30명의 직원들을 채용할 계획입니다.

(D) You started to use our flight service three years ago.

(D) 귀하께서는 3년 전에 저희 항공 서비스를 이용하기 시작하셨습니다.

> [해설] 빈칸 앞에서 회원이 된 것에 대해 감사하다는 인사를 하고 있고, 빈칸 뒤에서는 불만사항이 있을 경우에 취할 수 있는 조치에 대해 알리는 내용을 말하는 지문이에요. 따라서 빈칸에는 회원 가입과 관련된 내용을 담은 문장에 와야 자연스러우므로 '회원 혜택을 설명하는 안내책자가 동봉되어 있다'라는 의미를 나타내는 (A)가 정답이에요.

> [오답] (B): 빈칸 앞에는 특정 고객에게 회원 가입에 대한 감사의 인사를 전하고 빈칸 뒤에는 불만족스러운 일이 있을 경우에 취할 수 있는 조치에 대해 알리는 내용을 담고 있으므로 '팀원들의 영업 세미나 참석'에 대해 언급하는 이 보기는 어울리지 않아요.

> (C): (A)와 마찬가지로, 이 지문은 특정 고객에게 회원 가입과 관련된 내용을 전하는 편지이므로 해당 항공사의 직원 채용 계획은 지문의 흐름에 전혀 어울리지 않는 내용이에요.

> (D): 빈칸 앞뒤에 고객에게 회원 가입에 대한 감사의 인사를 전하고 불만족스러운 일이 있을 경우에 취할 수 있는 조치에 대해 알리는 내용들이 쓰여 있으므로 상대방이 해당 회사의 서비스를 처음 이용한 시점을 언급하는 이 문장은 지문의 흐름에 어울리지 않아요.

13. (A) dissatisfy　　(B) dissatisfying　　(C) dissatisfies　　**(D) dissatisfied**

> [해설] 빈칸 앞의 are와 연결해 보면, are dissatisfying은 능동태이고, are dissatisfied는 수동태입니다. 주어가 사람(you)이므로 사람이 감정을 느끼는 것을 나타낼 때 쓰는 수동태가 되어야 합니다. 따라서 (D) dissatisfied가 정답이에요.

> [오답] (A) dissatisfy와 (C) dissatisfies는 are와 함께 쓸 수 있는 형태가 아니므로 오답이에요.

14. (A) encourage　　(B) resolve　　(C) conduct　　(D) implement

(A) 권장하다　　(B) 해결하다　　(C) 수행하다　　(D) 실행하다

> [해설] 보기가 모두 의미가 다른 동사로 구성되어 있으므로 해석해서 문제를 풀어야 해요. '가능한 한 자주 회원 혜택을 이용하시길 권장합니다'라는 의미가 가장 자연스러우므로 '권장하다, 격려하다'를 의미하는 (A) encourage가 정답이 됩니다. 또한, 'encourage + 목적어 + to V' 형태로 쓰이므로 빈칸 뒤의 you to use와도 잘 맞아서 정답이에요.

> [오답] (B) resolve(해결하다), (C) conduct(수행하다), (D) implement(실행하다) 모두 의미가 어울리지 않는데다 '목적어 + to V'의 형태와 함께 쓰이지 않으므로 오답이에요.

DAY 11 토익이 좋아하는 **짝꿍표현** `Vocabulary`

토익 정답과 친해지는 **EXERCISE** 본문 p. 149

정답 **1.** (B) **2.** (A) **3.** (B)

1. All the visitors / are required to go through customs / <u>upon</u> arrival.
(A) as (B) **upon**
모든 방문객들은 / 세관을 통과해야 한다 / 도착하자마자

해설 'upon + 명사'는 '~하자마자, ~할 때'라는 의미이므로 upon arrival은 '도착하자마자' 혹은 '도착할 때'라는 의미예요. 문장의 나머지 부분과 함께 해석해 보아도 '모든 방문객들은 도착하자마자 세관을 통과해야 한다'가 되어 자연스러워요. 따라서 (B) upon이 정답이에요. upon arrival(도착하자마자)로 묶어서 기억해 두세요.

2. Mr. Wakefield / has made a <u>remarkable</u> achievement / in the pharmaceutical industry.
(A) **remarkable** (B) confidential
웨이크필드 씨가 / 놀라운 업적을 이뤘다 / 제약 산업에서
(A) 놀라운 (B) 기밀의

해설 빈칸에 쓰이는 형용사는 뒤에 오는 명사 achievement(업적)를 꾸며주므로 명사에 어울리는 보기를 찾아야 해요. '놀라운 (remarkable) 업적'은 자연스럽지만 '기밀의(confidential) 업적'은 어색해요. 따라서 '놀라운, 주목할 만한'이라는 의미를 가진 (A) remarkable이 정답이에요. a remarkable achievement(놀라운 업적)로 묶어서 기억해 두세요.

3. Because the new system / is unstable, / <u>regular</u> maintenance / is required.
(A) capable (B) **regular**
새로운 시스템이 / 불안정하기 때문에 / 정기적인 보수가 / 필요하다
(A) 능력이 있는 (B) 정기적인

해설 빈칸에 쓰일 형용사는 뒤의 명사 maintenance(보수, 유지)를 꾸며주므로, 이 명사와 어울리는 보기를 먼저 찾아야 해요. '능력이 있는 (capable) 보수'는 어색하지만 '정기적인(regular) 보수'는 자연스러우므로 '정기적인, 규칙적인'이라는 의미를 가진 (B) regular가 정답이에요. regular maintenance(정기적인 보수)로 묶어서 기억해 두세요.

DAY 11 명사와 수량 형용사 `Grammar`

개념 1 관사와 전치사 뒤

토익 정답과 친해지는 **EXERCISE** 본문 p. 150

정답 **1.** reservation **2.** confusion **3.** arrival

1. Jason / made a (reserve / <u>reservation</u>) / for his flight / over the Internet.
제이슨은 / 예약했다 / 그의 항공편을 / 인터넷상에서

해설 관사 a 뒤에는 명사가 와야 하므로 명사 끝말 -tion으로 끝나는 reservation(예약)이 정답이에요.

2. The project / was delayed / due to the (<u>confusion</u> / confuses) / about the system.
그 프로젝트는 / 연기되었다 / 혼란 때문에 / 시스템에 관한

해설 관사 the 뒤에는 명사가 와야 하므로 명사 끝말 -sion으로 끝나는 confusion(혼란)이 정답이에요.

3. You should contact me / upon (<u>arrival</u> / arrives). 당신은 제게 연락해야 합니다 / 도착하자마자

해설 upon은 전치사이므로 뒤에 명사 형태가 와야 해요. arrival(도착)은 명사, arrive(도착하다)는 동사이므로 arrival이 정답이에요.

개념 2 소유격과 형용사 뒤

토익 정답과 친해지는 EXERCISE

본문 p. 151

정답 **1.** satisfaction **2.** commitment **3.** achievement

1. We provide / complimentary limousine service / to your (satisfaction / satisfy).

우리는 제공합니다 / 무료 리무진 서비스를 / 귀하가 만족하실 수 있도록

해설 your는 소유격이므로 뒤에 명사가 와야 해요. 따라서 명사 끝말 -tion으로 끝나는 satisfaction(만족)이 정답이에요.

2. The mayor appreciated / the company's (commitment / commit) / to reducing waste.

시장은 고마워했다 / 회사의 헌신에 / 폐기물을 줄이는 데 대한

해설 the company's는 소유격이므로 뒤에 명사가 와야 해요. 따라서 명사 끝말 -ment로 끝나는 commitment(헌신)가 정답이에요.

3. The young skater / made a remarkable (achievement / achieving) / in the contest.

젊은 스케이트 선수는 / 놀라운 업적을 이뤄냈다 / 시합에서

해설 remarkable(놀라운)은 형용사이므로 뒤에 수식을 받는 명사가 와야 해요. 따라서 명사 끝말 -ment로 끝나는 achievement(업적, 성취)가 정답이에요.

개념 3 주어와 목적어 자리

토익 정답과 친해지는 EXERCISE

본문 p. 152

정답 **1.** Enrollment **2.** employment **3.** delivery

1. (Enrollment / Enroll) / in the new evening class / has doubled.

등록자 수가 / 신설된 저녁 강좌에 / 두 배가 되었다

해설 주어 역할을 할 단어가 와야 하므로 명사 자리예요. 따라서 명사 끝말 -ment로 끝나는 Enrollment(등록자 수)가 정답이에요.

2. Before graduation, / we have to seek / (employ / employment). 졸업하기 전에 / 우리는 찾아야 한다 / 일자리를

해설 동사 have to seek(찾아야 한다)의 목적어 역할을 할 명사가 필요해요. 명사 끝말 -ment로 끝나는 employment(일자리)가 정답이에요.

3. Sunny Florist / will not offer (deliver / delivery) of flowers / to a suburban area.

써니 플로리스트는 / 꽃 배달을 해 드리지 않을 것입니다 / 교외 지역으로

해설 동사 offer(제공하다)의 목적어 역할을 할 명사가 필요해요. deliver(배달하다)는 동사, delivery(배달)는 명사이므로 delivery가 정답이에요.

개념 4 복합명사(명사 + 명사)

토익 정답과 친해지는 EXERCISE

본문 p. 153

정답 **1.** communication **2.** production **3.** assembly

1. This lecture / will improve / your (communicative / communication) skills.

이 강좌는 / 향상시킬 것입니다 / 당신의 의사소통 기술을

해설 communicative(속을 잘 털어놓는)는 사람을 수식하는 형용사이므로 skills(기술)와 어울리지 않아요. 하지만 '의사소통 기술'은 자연스러우므로 '의사소통'을 의미하는 communication이 정답이에요.

2. You should wear / protective clothing / at all times / in our (produced / production) facilities.

당신은 입어야 합니다 / 보호복을 / 항상 / 우리 생산 시설 내에서는

해설 '생산된(produced) 시설'은 어색하지만 '생산 시설'은 자연스러우므로 '생산'을 의미하는 production이 정답이에요.

3. The (assembled / assembly) line / stopped / due to the power outage. 조립 라인이 / 멈췄다 / 정전 때문에

   해설 '조립된(assembled) 라인'이 아니라 '조립 라인'이라고 해요. 따라서 '조립'을 의미하는 assembly가 정답이에요.

개념 5   가산명사(셀 수 있는 명사)

토익 정답과 친해지는 **EXERCISE**   본문 p. 154

정답   **1.** cost   **2.** requests   **3.** benefits

1. You can use / our online news service / at an additional (cost / costs).

   귀하는 이용하실 수 있습니다 / 저희 온라인 뉴스 서비스를 / 추가 요금으로

   해설 a나 an 뒤에는 단수 명사가 와야 해요. 따라서 cost가 정답이에요.

2. The construction company / will submit / (request / requests) for grants.

   건설회사는 / 제출할 것이다 / 보조금 요청서를

   해설 request(요청서, 요청사항)는 셀 수 있는 명사이므로 a(n), the, 소유격 표현 없이 단수로 쓸 수 없어요. 따라서 복수 형태인 requests가 정답이에요.

3. Oran, Inc. provides / its workers / with comprehensive (benefit / benefits).

   오란 사는 제공한다 / 직원들에게 / 포괄적인 복지 혜택을

   해설 benefit(혜택)는 셀 수 있는 명사이므로 a(n), the, 소유격 표현 없이 단수로 쓸 수 없어요. 따라서 복수 형태인 benefits가 정답이에요.

개념 6   불가산명사(셀 수 없는 명사)

토익 정답과 친해지는 **EXERCISE**   본문 p. 155

정답   **1.** consent   **2.** baggage   **3.** survey

1. You cannot use / this software / without (consent / consents).

   귀하는 사용할 수 없습니다 / 이 소프트웨어를 / 허가 없이

   해설 consent(허가)는 불가산명사이므로 복수를 나타내는 -(e)s를 붙일 수 없어요. 따라서 consent가 정답이에요.

2. Unclaimed (baggage / baggages) / will be donated / to a local charity.

   수취인이 없는 수하물은 / 기부될 것이다 / 지역 자선 단체에

   해설 baggage(짐)는 불가산명사이므로 복수를 나타내는 -(e)s를 붙일 수 없어요. 따라서 baggage가 정답이에요.

3. The Biz Magazine / conducted a comprehensive (survey / research) / of CEOs in Japan.

   비즈 잡지사는 / 광범위한 설문조사를 시행했다 / 일본의 CEO들에 관한

   해설 survey(설문조사)와 research(조사, 연구)는 의미상 비슷하게 느껴지지만 survey는 가산명사이고 research는 불가산명사예요. 앞에 관사 a가 있으므로 가산명사인 survey가 정답이 됩니다.

개념 7   수량 형용사 + 가산 단수 명사와 불가산명사

토익 정답과 친해지는 **EXERCISE**   본문 p. 156

정답   **1.** student   **2.** revenue   **3.** much

1. Every (student / students) / will receive free admission / to the museum.

   모든 학생들은 / 무료입장 혜택을 받을 것이다 / 박물관에

   해설 every(모든)는 단수 명사와 결합하므로 student가 정답이에요.

2. Nisson Automobile / anticipates much (revenue / revenues) / this year.

니슨 자동차는 / 많은 수익을 기대한다 / 올해

해설 much(많은)는 불가산명사와 함께 쓰며, 불가산명사는 -(e)s를 붙여 쓰지 못하므로 revenue가 정답이에요.

3. The salesperson / will have (much / many) competition / to attract additional customers.

판매원은 / 많은 경쟁을 할 것이다 / 추가 손님을 끌기 위하여

해설 much와 many 둘 다 '많은'이라는 뜻으로 의미는 같지만 much는 불가산명사와 결합하는 반면, many는 복수 명사하고만 결합하기 때문에 competition 앞에 올 수 있는 much가 정답이에요.

개념 8 수량 형용사 + 복수 명사와 불가산명사

토익 정답과 친해지는 EXERCISE　　　　　　　　　　　본문 p. 157

정답　　**1.** attempts　　**2.** companies　　**3.** Most

1. The politician / made several (attempt / attempts) / to settle the dispute.

정치인은 / 여러 시도를 했다 / 분쟁을 해결하기 위해

해설 several(여럿의)은 복수 명사와 함께 쓰이므로 attempts가 정답이에요.

2. Mr. Han / requested an estimate / from one of the best design (company / companies).

한 씨는 / 견적서를 요청했다 / 최고의 디자인 회사 중 한 곳에

해설 'one of the + 복수 명사'의 형태로 써야 하므로 companies가 정답이에요.

3. (Each / Most) new employees / will attend / the training session.

대부분의 신입 직원들은 / 참석할 것이다 / 연수 과정에

해설 each(각각의) 뒤에는 단수 명사가, most(대부분의) 뒤에는 복수 명사나 불가산명사가 오므로 복수 명사 employees 앞에 올 수 있는 수량 형용사인 Most가 정답이에요.

실전훈련 자신감 쑥쑥! 실전 도전 Part 5　　　　　　　　　본문 p. 159

정답　**1.** (B)　**2.** (D)　**3.** (B)　**4.** (B)　**5.** (C)　**6.** (C)　**7.** (A)　**8.** (A)　**9.** (C)　**10.** (A)

1. The team-building exercises at Bright Enterprises / have significantly improved / the company's productivity.

(A) productive　　**(B) productivity**　　(C) produced　　(D) productively

브라이트 엔터프라이즈의 팀 빌딩 활동들이 / 상당히 개선해주었다 / 회사의 생산성을
* exercise 활동, 운동　significantly 상당히, 많이　improve 개선하다, 향상시키다　productive 생산적인　productivity 생산성　produce 생산하다, 제작하다　productively 생산적으로

해설 소유격 the company's 뒤에 위치한 빈칸은 이 소유격의 수식을 받을 명사가 필요한 자리이므로 명사 (B) productivity가 정답이에요.

오답 (A) productive는 형용사, (C) produced는 동사의 과거형 또는 과거분사형, 그리고 (D) productively는 부사이므로 모두 소유격의 수식을 받을 수 없는 오답이에요.

2. Ms. Kim will be recognized / for making a significant contribution / to this company.

(A) contribute　　(B) contributing　　(C) contributes　　**(D) contribution**

김 씨는 인정받을 것이다 / 중요한 공헌을 한 것에 대하여 / 이 회사에
* recognize 인정하다　significant 중요한　contribute 공헌하다　contribution 공헌

해설 빈칸 앞에 '관사(a) + 형용사(significant)'가 있으므로 빈칸은 명사 자리예요. 따라서 명사 끝말 -tion으로 끝나는 (D) contribution(공헌)이 정답이에요.

오답 (A) contribute와 (C) contributes는 동사이므로 오답이에요. 동명사도 명사 역할을 하지만 관사나 형용사의 수식을 받을 수 없으므로 (B) contributing도 오답이에요.

3. At the new year's meeting, / the president / promoted cooperation / among employees.

(A) charged   **(B) promoted**   (C) devised   (D) agreed

시무식에서 / 회장은 / 협력을 장려했다 / 직원들 사이에

(A) 청구했다   (B) 장려했다   (C) 고안했다   (D) 동의했다

* president 회장   cooperation 협력   employee 직원

해설 보기가 모두 의미가 다른 동사로 구성되어 있으므로 해석해서 문제를 풀어야 해요. 주어가 the president(회장)이며 목적어가 cooperation(협력)이므로 보기의 동사들과 함께 해석해 보면 '회장이 협력을 장려했다'가 자연스러워요. 따라서 '장려하다, 홍보하다, 승진시키다' 등 다양한 의미로 쓰이는 (B) promoted가 정답이에요.

오답 '협력에게 요금을 부과했다(charged)', '협력을 고안했다(devised)'는 의미상 어색하므로 오답이에요. (D) agreed는 반드시 전치사 with 등이 있어야 목적어를 가질 수 있는 동사이므로 오답이에요.

4. During the meeting, / Ms. Kipling / addressed several concerns / that had been mentioned / by her employees.

(A) concerned   **(B) concerns**   (C) to concern   (D) concern

회의 동안 / 키플링 씨는 / 몇 가지 우려사항들을 다루었다 / 언급되었던 / 직원들에 의해

* address (문제 등을) 다루다, 처리하다   several 몇몇의   mention 언급하다   concern 우려사항, 걱정거리

해설 빈칸 앞의 several(몇몇의)은 복수 명사와 함께 쓰이므로 복수 명사인 (B) concerns(우려사항들, 걱정거리들)가 정답이에요.

오답 (A) concerned는 동사나 형용사로 쓰이므로 오답입니다. (C) to concern은 to부정사이므로 형용사의 수식을 받을 수 없어요. (D) concern은 단수이므로 오답입니다.

5. Phoenix Employment Center / offers extensive resources / for those who seek employment / in various industries.

(A) employs   (B) employee   **(C) employment**   (D) employable

피닉스 고용 센터는 / 폭넓은 자원을 제공한다 / 일자리를 찾는 사람들을 위해 / 다양한 업계에서

* offer 제공하다   extensive 폭넓은, 광범위한   resource 자원, 자산   those who ~하는 사람들   seek 찾다, 구하다   industry 업계   employ 고용하다   employee 직원   employment 일자리, 고용   employable 고용할 만한

해설 who절의 동사 seek과 전치사 in 사이에 위치한 빈칸은 seek의 목적어 역할을 할 명사 자리예요. 보기에서 명사는 (B) employee와 (C) employment인데, (B) employee는 셀 수 있는 명사여서 단수일 때 관사나 소유격이 필요하므로 이 문장에 맞지 않아요. 따라서, 셀 수 없는 명사인 (C) employment가 정답이에요.

오답 (A) employs는 동사의 형태이고, (D) employable은 형용사이므로 명사 자리인 빈칸에 맞지 않는 오답이에요.

6. Our maintenance team / will help / to address your concerns / about the heating system.

(A) allow   (B) consult   **(C) address**   (D) increase

우리 관리팀이 / 도와 드릴 것입니다 / 귀하의 우려사항을 처리하는 것을 / 난방 설비에 관한

(A) 허락하다   (B) 상담하다   (C) 처리하다   (D) 증가하다

* maintenance 관리   address 처리하다   concern 우려사항, 걱정거리

해설 보기가 모두 의미가 다른 동사로 구성되어 있으므로 해석해서 문제를 풀어야 해요. 빈칸 뒤의 your concerns(귀하의 우려사항들)가 목적어이므로, 주어진 보기들과 연결해서 해석해 보면 '귀하의 우려사항들을 처리하다'가 가장 자연스러워요. 따라서 '연설하다, 다루다'의 의미뿐만 아니라 '처리하다'의 의미도 가진 (C) address가 정답이에요. address concerns(우려사항들을 처리하다)로 묶어서 기억해 두세요.

오답 혹시 '당신의 우려사항들을 상담하다'라고 해석해서 (B) consult를 정답으로 선택했나요? 'consult + 목적어'는 '~을 참조하다, ~에게 상담하다'라는 의미로 consult concerns는 '우려사항들에게 상담하다'가 되어 어색하므로 오답이에요.

7. Martin's Department Store / has discounts / on men's clothing / this week only.

(A) discounts   (B) discount   (C) discountable   (D) discounted

마틴 백화점은 / 할인 행사를 한다 / 남성용 의류에 대해 / 이번 주에만

* department store 백화점   clothing 의류, 옷   discount 할인   discountable 할인할 수 있는

해설 빈칸은 동사 has(가지다)의 목적어 자리이므로 명사 자리예요. 보기 중 명사는 (A) discounts와 (B) discount가 있는데 discount(할인)는 가산명사이므로 앞에 a(n), the, 소유격이 있거나 복수 형태가 되어야 해요. 따라서 복수형인 (A) discounts가 정답이에요.

오답 (C) discountable은 형용사, (D) discounted는 동사나 형용사로 쓰이므로 오답이에요.

8. Clients of Western Bank / have access / to an extensive network of ATMs / all around the country.

(A) access   (B) accessed   (C) accesses   (D) accessing

웨스턴 은행의 고객들은 / 이용 가능합니다 / 광대한 ATM 망을 / 전국 각지의

* extensive 광대한   network 망, 관계, 네트워크   access 이용, 접근

해설 빈칸은 동사 have(가지다)의 목적어 자리이므로 명사 자리입니다. 보기 중 명사는 (A) access밖에 없으므로 (A) access가 정답이에요. have access to(~의 이용이 가능하다, ~에 접근 가능하다)로 묶어서 기억하세요.

오답 access(접근, 이용 권한)는 불가산명사이므로 뒤에 -(e)s를 붙일 수 없어요. 따라서 (C) accesses는 명사가 아닌 동사 access의 3인칭 단수형입니다.

9. The Balesbury Food Company / made a merger proposal / during the negotiations / with Milkyway Desserts Company.

(A) negotiate   (B) negotiating   **(C) negotiations**   (D) negotiates

베일스베리 식품회사는 / 합병 제안을 했다 / 협상을 하는 동안 / 밀키웨이 디저트 회사와

* merger 합병   make a proposal 제안하다   during ~하는 동안   negotiate 협상하다   negotiation 협상

해설 정관사 the와 전치사 with 사이에 빈칸이 있으므로 빈칸은 the의 수식을 받는 명사 자리예요. 보기 중에서 명사는 명사 끝말 -tion으로 끝나는 negotiation의 복수형인 (C) negotiations(협상)예요.

오답 (A) negotiate와 (D) negotiates는 동사의 형태이므로 오답이에요. (B) negotiating은 동명사라서 정관사 the의 수식을 받을 수 없으므로 오답이에요.

10. Your lease payment at Phoenix Rentals / is inclusive / of all utilities and maintenance costs.

(A) payment   (B) pays   (C) paying   (D) paid

피닉스 렌탈즈에서 지불하시는 임대료는 / 포함합니다 / 모든 공과금 및 관리 비용을

* lease 임대 (계약)   inclusive of ~을 포함하는   utilities 공과금   maintenance 시설 관리, 유지 관리   payment 지불(금)   pay 지불하다; 급여, 보수

해설 빈칸 앞에 쓰인 명사 lease가 '임대 (계약)'을 의미하므로 빈칸 이하 부분에서 말하는 모든 공과금 및 관리 비용을 포함하는 비용의 범주에 해당되지 않아요. 따라서, 지불 비용과 관련된 의미를 지니는 또 다른 명사가 빈칸에 쓰여 임대와 관련해 지불하는 금액을 나타내는 복합명사를 구성해야 알맞으므로 '지불(금)'을 뜻하는 명사 (A) payment가 정답이에요.

오답 (B) pays는 동사의 형태로서, 문장에 이미 동사 is가 있으므로 오답이에요. (C) paying은 동명사 또는 동사의 현재분사형으로서, 현재분사가 명사를 뒤에서 수식하는 구조로 쓰일 수는 있지만 lease가 지불하는 행위의 주체가 아니므로 오답이에요. 과거분사인 (D) paid도 마찬가지로 명사를 뒤에서 수식하는 역할은 할 수 있지만 lease가 주어가 될 경우 의미가 적합하지 않아 오답이에요.

실전훈련 **자신감 쑥쑥! 실전 도전** Part 6

정답   **11.** (B)   **12.** (D)   **13.** (D)   **14.** (B)

Questions 11-14 refer to the following report. 다음 보고서를 참조하시오.

To Briggsmore Auto: 브리그스모어 자동차 회사에게

JTM, Inc. safety specialists / inspected / the Briggsmore Auto plant / last week / as part of yearly equipment evaluations.
JTM 사의 안전 전문가들이 / 조사했습니다 / 브리그스모어 자동차 공장을 / 지난주에 / 연례 장비 평가의 일환으로

Based on this, / it is recommended / that Briggsmore Auto / update / all fire detection devices / to the industry standards.
이를 바탕으로 / 권고됩니다 / 브리그스모어 자동차 회사는 / 업데이트할 것이 / 모든 화재 감지 장치를 / 산업 표준에 맞게

브리그스모어 자동차 회사에게

JTM 사의 안전 전문가들이 지난주 연례 장비 평가의 일환으로 브리그스모어 자동차 공장을 조사했습니다.

이를 바탕으로 브리그스모어 자동차 회사는 모든 화재 감지 장치를 산업 표준에 맞게 업데이트할 것이 권고됩니다.

074 영단기 토익 스타트 RC

The installation of these fire detectors / is critical / for worker safety. 이 화재 감지기의 설치는 / 중요합니다 / 직원들의 안전을 위하여
Acting on this recommendation / is your responsibility.
이 권고사항에 따라 조치하는 것은 / 귀사의 의무입니다

Please contact JTM, Inc. / if you have any questions.
JTM 사에 연락 주십시오 / 만약 어떤 질문이라도 있으시면
We will be very happy / to assist you.
저희는 기꺼이 할 것입니다 / 귀사를 돕는 것을

JTM, Inc. JTM 사
434-555-2323

이 화재 감지기의 설치는 직원들의 안전을 위하여 중요합니다. 이 권고사항에 따라 조치하는 것은 귀사의 의무입니다.

만약 어떤 질문이라도 있으시면 JTM 사에 연락 주십시오. 귀사를 기꺼이 도와 드리겠습니다.

JTM 사
434-555-2323

* safety 안전   plant 공장   as part of ~의 일환으로   equipment 장비   evaluation 평가   based on ~을 바탕으로   detection 감지
device 장치   industry 산업   standard 표준, 기준   detector 감지기   critical 중요한   recommendation 권고사항, 추천
inspect 조사하다   installation 설치   responsibility 의무, 책임   assist 돕다

11. (A) purchased   **(B) inspected**   (C) borrowed   (D) replaced
(A) 구입했다   (B) 조사[점검]했다   (C) 빌렸다   (D) 교체했다

> **해설** 보기가 모두 의미가 다른 동사로 구성되어 있으므로 해석해서 문제를 풀어야 해요. '연례 장비 평가의 일환으로 공장을 조사했다'라는 의미가 자연스러워요. 따라서 (B) inspected(조사했다)가 정답이에요.

> **오답** (A) purchased(구입했다)는 지문 전체의 흐름과 의미가 맞지 않으므로 오답이에요. 공장을 임대할 때는 rent(임대하다)를 쓰지 borrow(빌리다)를 쓰지 않으므로 (C) borrowed도 오답이에요. (D) replaced(교체했다)의 경우 문맥상으로도 맞지 않지만, 무엇으로 교체했는지 나와 있지 않으므로 오답이에요.

12. (A) install   (B) installs   (C) installed   **(D) installation**

> **해설** 빈칸 앞에 관사 The가 있으므로 빈칸은 명사 자리예요. 따라서 명사 끝말 -tion으로 끝나는 (D) installation이 정답이에요.

> **오답** (A) install과 (B) installs는 동사이므로 오답이에요. (C) installed은 동사나 분사로 쓰이므로 오답이에요.

13. (A) responsible   (B) respond   (C) responsibly   **(D) responsibility**

> **해설** 빈칸 앞의 your는 소유격이므로 명사를 수식하는 역할을 해요. 빈칸은 명사 자리이므로 명사 끝말 -ty로 끝나는 (D) responsibility가 정답이에요.

> **오답** (A) responsible은 형용사, (B) respond는 동사, (C) responsibly는 부사이므로 오답이에요.

14. (A) Let us further explain our company's safety guidelines.
(A) 저희 회사의 안전 가이드라인을 더 자세히 설명해 드리겠습니다.
(B) We will be very happy to assist you.
(B) 귀사를 기꺼이 도와 드리겠습니다.
(C) Please note that this promotion is valid only until next month.
(C) 이번 판촉 행사는 오직 이번 달까지만 유효하다는 점에 유의하시기 바랍니다.
(D) We hope you will not miss this special event.
(D) 이번 특별 행사를 놓치지 마시기 바랍니다.

> **해설** 지문 맨 끝에 빈칸이 있으므로 앞 문장과 자연스럽게 어울리는 문장 또는 지문 전체의 내용과 관련해 마무리 짓는 내용을 담은 보기를 찾아야 해요. 이 지문은 전체적으로 상대방 회사를 대상으로 점검을 실시한 결과 및 그에 대한 조치 사항을 권하는 내용을 담고 있고, 빈칸 바로 앞에서는 문의사항이 있을 경우에 연락하라는 의미를 나타내는 문장이 쓰여 있어요. 따라서 '기꺼이 도와줄 것이다'라는 의미로 쓰인 (B)가 빈칸에 쓰여야 알맞아요.

> **오답** (A): 이 지문은 상대방 회사를 대상으로 점검을 실시한 결과 및 그에 대한 조치 사항을 권하는 내용을 담고 있으므로 이 보고서를 쓴 사람이 속한 회사의 안전 가이드라인을 더 자세하게 설명해 주겠다는 의미를 나타내는 이 보기는 어울리지 않는 내용이에요.
> (C): this promotion은 '판촉 행사'를 의미하는데, 이에 해당하는 행사가 빈칸 앞부분에 나타나 있지 않으므로 오답이에요.
> (D): (C)와 마찬가지로, this special event에 해당하는 것이 빈칸 앞부분에 나타나 있지 않으므로 어울리지 않는 보기예요.

── **토익 정답**과 친해지는 **EXERCISE** ──────────────────────────── 본문 p. 165

정답   **1.** (A)   **2.** (B)   **3.** (B)

1. Please fill out / the enclosed survey / and send it back / to us.

  (A) enclosed   (B) skilled

작성해 주십시오 / 동봉된 설문지를 / 그리고 다시 보내주십시오 / 저희에게

(A) 동봉된   (B) 숙련된

`해설` 빈칸에 쓰이는 분사는 뒤에 오는 명사 survey(설문지)를 꾸며주므로 명사와 어울리는 보기를 먼저 찾아야 해요. '동봉된 설문지'는 자연스럽지만 '숙련된(skilled) 설문지'는 어색하므로 (A) enclosed가 정답이에요. an enclosed survey(동봉된 설문지)로 묶어서 기억해 두세요.

2. We would appreciate it / if you inform us of any changes / in your status.

  (A) recommend   **(B) inform**

저희는 감사할 것입니다 / 만약 어떤 변화라도 저희에게 알려주시면 / 당신의 상황에 있어

(A) 추천하다   (B) 알려주다

`해설` (A) recommend(제안하다)와 (B) inform(알려주다)은 의미도 다르지만, 쓰이는 형태도 달라요. inform A of B(A에게 B를 알리다)의 형태로 쓰이므로 빈칸 뒤의 us of any changes와 연결하면 '우리에게 어떤 변화라도 알려주다'가 되어 의미상으로도 형태상으로도 자연스러워요. 따라서 (B) inform이 정답이에요.

3. Despite increased volume, / most of the products / were shipped / on schedule.

  (A) for   **(B) on**

증가된 양에도 불구하고 / 상품의 대부분이 / 배송되었다 / 일정대로

`해설` on schedule(일정대로, 예정대로)은 숙어 표현이에요. '증가된 양에도 불구하고 상품의 대부분이 일정대로 배송되었다'가 되어 의미가 자연스러워요. 따라서 (B) on이 정답이에요.

`개념 1` **인칭대명사 – 1. 주격**

── **토익 정답**과 친해지는 **EXERCISE** ──────────────────────────── 본문 p. 166

정답   **1.** We   **2.** he   **3.** she

1. (We / Ourselves) worked persistently / to finish the project.

우리는 끊임없이 일했다 / 그 프로젝트를 끝내려고

`해설` 문장의 주어 역할을 할 대명사를 찾아야 하므로 주격 인칭대명사 We가 정답이에요. 참고로 -self(selves)로 끝나는 단어는 주어 자리에 쓸 수 없어요.

2. Mr. Roger / operated small businesses efficiently / before (him / he) joined the company.

로저 씨는 / 작은 사업체들을 효율적으로 운영했다 / 그가 회사에 입사하기 전에

`해설` before(전에)가 두 절을 연결하고 있는 구조입니다. before와 동사 joined 사이에 위치하는 단어는 before절의 주어가 되어야 하므로 주격 인칭대명사 he가 정답이에요.

3. Because Ms. Ray / wants a new apartment, / (she / her) checks listings regularly.

레이 씨는 / 새 아파트를 원하고 있기 때문에 / 그녀는 목록을 정기적으로 확인한다

해설 Because(때문에)가 두 절을 연결하고 있는 구조입니다. 두 번째 절의 동사인 checks 앞에 오는 단어는 주어가 되어야 하므로 주격 인칭대명사 she가 정답입니다.

개념 2 인칭대명사 – 2. 소유격

토익 정답과 친해지는 **EXERCISE**

본문 p. 167

정답 **1.** your **2.** her **3.** his

1. You should take the initiative / to manage (**your** / you) time / effectively.

당신은 앞장서서 해야 합니다 / 당신의 시간을 관리하기 위하여 / 효과적으로

해설 명사인 time(시간)을 앞에서 수식할 수 있는 것은 소유격이므로 소유격 your가 정답이에요.

2. The professor / received (herself / **her**) final draft / yesterday. 교수는 / 그녀의 최종 원고를 받았다 / 어제

해설 final draft(최종 원고)는 '형용사 + 명사'의 형태입니다. 형용사와 명사 앞에 와서 명사를 수식하는 것은 소유격이므로 소유격 her가 정답이에요.

3. Mr. Davidson / improved the proposal / with (him / **his**) broad knowledge of the topic.

데이비슨 씨는 / 제안서를 향상시켰다 / 그 주제에 관한 그의 폭넓은 지식으로

해설 broad knowledge(폭넓은 지식)는 '형용사 + 명사'의 형태입니다. 형용사와 명사 앞에 와서 명사를 수식하는 것은 소유격이므로 소유격 his가 정답이에요.

개념 3 인칭대명사 – 3. 목적격

토익 정답과 친해지는 **EXERCISE**

본문 p. 168

정답 **1.** them **2.** it **3.** her

1. When Ms. Kelly / saw the delegates, / she informed (they / **them**) / of the meeting details.

켈리 씨가 / 대표들을 만났을 때 / 그녀는 그들에게 알려주었다 / 회의의 세부사항을

해설 동사 informed(알려주었다)의 목적어 역할을 할 대명사를 찾아야 하므로 목적격 them이 정답입니다.

2. If you have no vinegar, / substitute (**it** / its) / with lemon juice.

만약 식초가 없으면 / 그것을 대체하세요 / 레몬 주스로

해설 동사 substitute(대체하다)의 목적어 역할을 할 대명사를 찾아야 하므로 목적격 it이 정답입니다.

3. Because Ms. Page / won a major contract, / I recommend (she / **her**) / for a promotion.

페이지 씨가 / 중요한 계약을 따냈기 때문에 / 나는 그녀를 추천한다 / 승진 대상자로

해설 동사 recommend(추천하다)의 목적어 역할을 할 대명사를 찾아야 하므로 목적격 her가 정답입니다.

개념 4 인칭대명사 – 4. 소유대명사

토익 정답과 친해지는 **EXERCISE**

본문 p. 169

정답 **1.** theirs **2.** ours **3.** hers

1. Please inform the managers / that these enclosed surveys / are (them / **theirs**).

부서장님들께 알려 주세요 / 이 동봉된 설문지들은 / 그들의 것이라고

해설 빈칸은 주격 보어 자리이므로 주어를 설명하는 말이 와야 해요. 주어가 these enclosed surveys(이 동봉된 설문지들)인데 '설문지들은 그들의 것이다'라는 의미가 자연스러우므로 '그들의 것'을 의미하는 theirs가 정답이에요.

2. Ms. Joyce / has valuable assets / at Branton Bank, / but (**ours** / we) / are at Hultz Bank.

조이스 씨는 / 귀중한 자산이 있다 / 브랜튼 은행에 / 하지만 우리의 것은 / 헐츠 은행에 있다

해설 빈칸은 but절의 주어 자리인데 ours와 we 모두 주어 역할을 할 수 있으므로 의미를 따져봐야 해요. '조이스 씨의 귀중한 자산은 브랜튼 은행에 있고 우리의 자산은 헐츠 은행에 있다'가 해석상 적절하므로 '우리의 자산'을 대신할 수 있는 ours(우리의 것)가 정답입니다.

3. Mr. Douglas / sent his confidential documents / yesterday / and Ms. Green / submitted (her / **hers**) / last week.

더글라스 씨는 / 그의 기밀 서류를 보냈다 / 어제 / 그리고 그린 씨는 / 그녀의 것을 제출했다 / 지난주에

해설 빈칸은 동사 submitted(제출했다)의 목적어 자리인데 her와 hers 모두 목적어 역할을 할 수 있으므로 의미를 따져봐야 해요. '더글라스 씨가 그의 문서를 어제 제출했고, 그린 씨는 지난주에 그녀의 문서를 제출했다'가 해석상 적절하므로 '그린 씨의 문서'를 대신할 수 있는 hers(그녀의 것)가 정답입니다.

개념 5 인칭대명사 – 5. 재귀대명사

토익 정답과 친해지는 EXERCISE 본문 p. 170

정답 **1.** herself **2.** himself **3.** themselves

1. Ms. Yoshida / has shown / (her / **herself**) / to be a skilled technician.

요시다 씨는 / 보여주었다 / 그녀 자신이 / 숙련된 기술자임을

해설 빈칸은 has shown(보여주었다)의 목적어 자리인데 her와 herself 모두 목적어 역할을 할 수 있으므로 의미를 따져봐야 해요. 숙련된 기술자에 해당하는 대상을 나타내는 대명사가 다른 여성이 아닌 요시다 씨 자기 자신을 가리키므로 주어와 목적어가 동일해요. 따라서 재귀대명사 herself가 정답이에요.

2. Mr. Kent / proved / (him / **himself**) / to be a dedicated employee.

켄트 씨는 / 증명했다 / 그 자신이 / 헌신적인 직원임을

해설 빈칸은 proved(증명했다)의 목적어 자리인데 him과 himself 모두 목적어 역할을 할 수 있으므로 의미를 따져봐야 해요. 켄트 씨가 헌신적인 직원이라고 증명해 보인 사람을 나타내는 대명사가 다른 남성이 아니라 켄트 씨 자기 자신을 가리키므로 주어와 목적어가 동일해요. 따라서 재귀대명사 himself가 정답이에요.

3. The employees / dropped the boxes suddenly / and hurt (them / **themselves**).

직원들은 / 갑자기 상자를 떨어뜨렸다 / 그리고 그들 자신을 다치게 했다

해설 빈칸은 hurt(다치게 했다)의 목적어 자리인데 them과 themselves 모두 목적어 역할을 할 수 있으므로 의미를 따져봐야 해요. 직원들이 다치게 한 대상을 나타내는 대명사가 직원들 자신을 가리키므로 주어와 목적어가 동일해요. 따라서 재귀대명사 themselves가 정답이에요.

개념 6 인칭대명사 관용 표현

토익 정답과 친해지는 EXERCISE 본문 p. 171

정답 **1.** herself **2.** her own **3.** his own

1. Ms. Greer / worked rapidly / on the advertisement / by (her / **herself**).

그리어 씨는 / 빠르게 일했다 / 광고 건에 대해 / 혼자서

해설 by oneself(혼자서)라는 숙어 표현이 있으므로 우선 herself와 함께 해석해 보면, '혼자서 일했다'라는 자연스러운 의미가 만들어지므로 herself가 정답이에요.

2. Ms. Sanchez / established (**her own** / herself) restaurant / at a convenient location.

산체스 씨는 / 그녀만의 식당을 만들었다 / 편리한 위치에

해설 명사 restaurant를 앞에서 수식할 수 있는 her own(그녀만의)이 정답이에요. 참고로 재귀대명사 herself는 명사 앞에 올 수 없어요.

3. Mr. Doyle / contacted / the professional advisor / on (himself / **his own**).

도일 씨는 / 연락했다 / 전문 컨설턴트에게 / 그 혼자서

해설 on one's own(혼자서)이라는 숙어 표현이 있으므로 우선 his own과 함께 해석해 보면, '혼자서 연락했다'라는 자연스러운 의미가 만들어지므로 his own이 정답이에요.

실전훈련 자신감 쑥쑥! 실전 도전 Part 5

본문 p. 173

정답   **1.** (B)   **2.** (D)   **3.** (B)   **4.** (C)   **5.** (D)   **6.** (A)   **7.** (B)   **8.** (C)   **9.** (A)   **10.** (D)

1. It's important / to keep your supervisor informed / of any issues / that arise in your project.
   (A) you   **(B) your**   (C) yours   (D) yourself

   중요합니다 / 여러분의 상사에게 계속 알려드리는 것이 / 어떤 문제든 / 여러분의 프로젝트에서 발생하는
   * keep A informed A에게 계속 알리다   supervisor 상사, 책임자, 감독   issue 문제, 사안   arise 발생하다, 일어나다

   해설 to부정사로 쓰인 동사 keep과 명사 목적어 supervisor 사이에 위치한 빈칸은 이 명사를 수식할 단어가 필요한 자리입니다. 따라서, 명사를 수식하는 역할이 가능한 소유격대명사 (B) your가 정답입니다.

   오답 주격 또는 목적격대명사인 (A) you와 소유대명사 (C) yours, 그리고 재귀대명사 (D) yourself는 모두 명사를 수식할 수 없으므로 오답이에요.

2. Ms. Cary and Mr. Reil / presented their ideas / for the new product, / and both of them / received positive feedback.
   (A) they   (B) their   (C) themselves   **(D) them**

   케리 씨와 레일 씨가 / 자신들의 아이디어들을 발표했다 / 신제품에 대한 / 그리고 그들 모두 / 긍정적인 의견을 얻었다
   * present 발표하다, 제시하다, 제공하다   receive 얻다, 받다   positive 긍정적인   feedback 의견

   해설 빈칸 앞에 위치한 전치사 of는 뒤에 목적격을 필요로 하므로 목적격 대명사 (D) them이 정답이에요.

   오답 주격대명사인 (A) they와 소유격대명사인 (B) their는 목적격 자리에 맞지 않아 오답이고, 빈칸은 재귀대명사의 용법과 맞지 않는 자리이므로 (C) themselves 또한 오답이에요.

3. Fortunately, / the newly appointed vice president / has a(n) broad knowledge / of marketing and sales in Asia.
   (A) final   **(B) broad**   (C) manageable   (D) impressed

   다행스럽게도 / 새로 임명된 부사장은 / 폭넓은 지식을 가지고 있다 / 아시아에서의 마케팅과 판매에 관한
   (A) 마지막의   (B) 폭넓은   (C) 운영할 만한   (D) 감명을 받은
   * fortunately 다행스럽게, 운이 좋게   newly 새로   appointed 임명된   vice president 부사장   knowledge 지식
   broad 폭넓은, 광범위한

   해설 보기가 모두 의미가 다른 형용사로 구성되어 있으므로 해석해서 문제를 풀어야 해요. 빈칸에 쓰일 형용사는 뒤에 오는 명사 knowledge (지식)를 수식하므로 명사와 어울리는 형용사를 찾아야 해요. '폭넓은 지식'이 자연스러우므로 (B) broad가 정답이에요.

   오답 '마지막(final) 지식'과 '운영할 만한(manageable) 지식' 모두 의미상 어색하므로 (A)와 (C)는 오답이에요. (D) impressed(감명을 받은)는 감정을 나타내는 표현이므로 사물 명사와 어울리지 않아 오답이에요.

4. Three years after moving to Bend, Inc., / Ms. Wi / established herself / as a prominent consultant.
   (A) her   (B) she   **(C) herself**   (D) hers

   벤드 사로 이직한 지 3년이 지난 후에 / 와이 씨는 / 그녀 스스로를 확고히 했다 / 저명한 컨설턴트로서
   * establish (~로서의 지위·명성을) 확고히 하다   prominent 저명한

   해설 빈칸은 동사(established)의 목적어 자리이므로 her(그녀를), herself(그녀 자신을), hers(그녀의 것을) 모두 올 수 있으나, 주어인 Ms. Wi(와이 씨)가 뛰어난 컨설턴트로 만든 것은 다른 사람이 아닌 자기 자신이므로 주어와 목적어가 동일해요. 따라서 빈칸의 목적어는 Ms. Wi를 대신하는 대명사 자리이므로 재귀대명사 (C) herself가 정답이에요.

   오답 (A) her가 정답이 되려면 her를 나타내는 다른 여성 명사가 문장에 있어야 하므로 오답이에요. (B) she는 목적어 자리에 쓸 수 없고 (D) hers는 의미상 맞지 않아 오답이에요.

5. The book *Easy Cooking* / will guide you / to make nutritious home-cooked meals / by yourself.
   (A) your   (B) yours   (C) you   **(D) yourself**

<이지 쿠킹>이라는 책은 / 여러분께 가르쳐 드릴 것입니다 / 영양가 있는 가정식을 만들도록 / 혼자 힘으로
* guide A to V A가 ~하도록 가르치다, 이끌다   nutritious 영양가 있는   home-cooked 집에서 조리한   by oneself 혼자 힘으로

해설 전치사 by 다음에 빈칸이 있으므로 목적격인 (C) you와 (D) yourself 중에서 의미가 어울리는 것을 찾아야 해요. 여기서 by 다음에 와야 하는 대명사는 음식을 만드는 사람을 가리키는 guide의 목적어 you와 동일인이어야 하므로 재귀대명사인 (D) yourself가 정답이에요. by oneself(혼자 힘으로, 스스로)로 묶어서 기억해 두세요.

오답 (A) your는 소유격이므로 혼자서 전치사의 목적어로 쓰일 수 없고, 소유대명사인 (B) yours는 '당신의 것'이라는 뜻인데, 이 문장에서는 그 대상이 무엇인지 알 수 없으므로 의미가 어색해져요.

6. Dr. Frank / has worked persistently / to develop a treatment / for liver cancer.

(A) persistently　　(B) drastically　　(C) briefly　　(D) approximately

프랭크 박사는 / 끊임없이 일해 왔다 / 치료법을 개발하기 위해 / 간암에 대한
(A) 끊임없이　　　　　(B) 대폭적으로　　　　(C) 간략하게　　　　(D) 대략적으로
* treatment 치료(법)   liver 간   cancer 암

해설 보기가 모두 의미가 다른 부사로 구성되어 있으므로 해석해서 문제를 풀어야 해요. 앞의 동사 worked(일했다)와 어울리는 보기를 찾아보면, '끊임없이 일했다'가 자연스러우므로 '쉬지 않고 끊임없이'라는 의미를 가진 (A) persistently가 정답이에요.

오답 '대폭적으로(drastically) 일했다', '간략하게(briefly) 일했다', '대략적으로(approximately) 일했다' 모두 의미상 어색하므로 오답이에요.

7. The workshop / was intended to familiarize our employees / with the new payroll system.

(A) interact　　　**(B) familiarize**　　(C) comply　　(D) explain

워크숍은 / 우리 직원들이 익숙해지도록 하기 위한 것이었다 / 새로운 급여 정산 시스템에
(A) 상호작용하다　　　**(B) 익숙해지다**　　(C) 따르다　　　(D) 설명하다
* be intended to V ~하기 위한 것이다, ~하려는 의도로 된 것이다   employee 직원   payroll 급여   familiarize 익숙해지다, 잘 알다

해설 보기가 모두 의미가 다른 동사로 구성되어 있으므로 해석해서 문제를 풀어야 해요. 하지만 (B) familiarize가 familiarize A with B (A를 B에게 익숙해지도록 만들다)의 형태로 쓰이는 것을 알았다면 쉽게 풀 수 있는 문제입니다. 문장의 의미 또한 '직원들이 새로운 급여 정산 시스템에 익숙해지도록 하다'가 되어 자연스러우므로 (B) familiarize가 정답이 됩니다.

오답 (A) interact와 (C) comply는 A with B의 형태와 함께 쓰지 못하므로 오답이에요. (D) explain 다음에는 사람이 아닌 설명 내용이 목적어로 와야 하므로 오답이에요.

8. The team members / were supposed to submit their reports / by noon, / but Ms. Brown has not yet submitted hers.

(A) her　　　　(B) she　　　　**(C) hers**　　　(D) herself

팀원들은 / 각자의 보고서를 제출하기로 되어 있었다 / 정오까지 / 하지만 브라운 씨는 아직 자신의 것을 제출하지 않았다
* be supposed to V ~하기로 되어 있다, ~해야 하다   submit 제출하다   by (기한) ~까지

해설 동사 has submitted 뒤에 빈칸이 위치하고 있어 동사의 목적어 역할을 할 대명사가 필요한데, 여기서 has submitted는 제출되는 것, 즉 앞서 주절에 언급된 their reports와 같은 브라운 씨의 보고서를 가리켜야 알맞습니다. 따라서, '그녀의 것'이라는 의미로 소유 대상을 말할 때 사용하는 소유대명사 (C) hers가 정답입니다.

오답 소유격 또는 목적격대명사 (A) her와 주격대명사 (B) she, 그리고 재귀대명사 (D) herself는 모두 사람을 가리키므로 has submitted의 목적어로 맞지 않는 오답이에요.

9. Mr. Johnson / plans to visit / the construction site / himself / on Monday.

(A) himself　　(B) he　　　　(C) his　　　(D) his own

존슨 씨는 / 방문할 계획이다 / 공사 현장을 / 직접 / 월요일에
* plan to V ~할 계획이다   construction 공사, 건설   site 현장, 부지

해설 문장에 주어(Mr. Johnson)가 이미 있으므로 주격인 (B) he는 빈칸에 올 수 없어요. 그리고 수식하는 명사 앞에 와야 하는 소유격 (C) his와 (D) his own도 빈칸 다음에 수식 대상이 없으므로 정답이 될 수 없어요. 따라서 '직접'이라는 의미로 행위를 강조하기 위해 쓰이는 재귀대명사 (A) himself가 정답이에요.

오답 빈칸이 문장의 주어 자리가 아니므로 (B) he는 오답이에요. 빈칸 다음에 전치사구만 있으므로 명사 앞에 와야 하는 (C) his와 (D) his own도 오답이에요.

10. Despite the inclement weather conditions, / the flight will be arriving / on schedule.

(A) in　　　　　　　(B) with　　　　　　　(C) at　　　　　　　**(D) on**

좋지 않은 기상 상태에도 불구하고 / 비행기는 도착할 것이다 / 예정대로

* despite ~임에도 불구하고　inclement (날씨가) 좋지 못한　on schedule 예정대로

해설 schedule 앞에 붙는 전치사를 묻고 있어요. 보기의 전치사들 중에서 schedule과 어울리는 것은 '예정대로'라는 뜻을 나타낼 때 쓰이는 on입니다. 따라서 (D) on이 정답이에요.

오답 in schedule, with schedule, at schedule은 모두 없는 표현이므로 오답이에요.

정답　**11.** (A)　　**12.** (C)　　**13.** (C)　　**14.** (B)

Questions 11-14 refer to the following memo. 다음 회람을 참조하시오.

Langston Grocers is asking for feedback / from all our vendors.
랭스턴 그로서스에서 의견을 요청합니다 / 모든 저희 판매업자들로부터

We want to know / if they are happy / with their product's display / in our stores.
저희는 알고 싶습니다 / 그분들이 만족하시는지 / 그분들 제품의 진열에 대해 / 저희 매장들에서

We would also like to know more / about their shipping methods / to our warehouses.
저희는 또한 더 많이 알고자 합니다 / 그분들의 배송 방식과 관련해 / 저희 창고들로 향하는

Our ultimate goal / is to reduce their transportation costs.
저희의 궁극적인 목표는 / 그분들의 운송 비용을 줄이는 것입니다

Please send the attached survey / to your contacts / at our vendor companies.
첨부된 설문 조사지를 보내시기 바랍니다 / 여러분의 연락 담당자들에게 / 저희 판매 회사들에 있는

Completing it / will take less than five minutes.
그것을 완료하는 일은 / 5분도 채 걸리지 않을 것입니다

Participation is not mandatory, / but doing so / may result in lower costs / for their business.
참여가 의무적인 것은 아닙니다 / 하지만 그렇게 하시는 것이 / 더 낮은 비용이라는 결과를 낳을 수 있습니다 / 그분들의 업체에 대해

They will then have / a better business relationship / with Langston Grocers.
그분들은 그 후에 갖게 될 것입니다 / 더 나은 사업 관계를 / 랭스턴 그로서스와

랭스턴 그로서스에서 모든 저희 판매업자 분들의 의견을 요청합니다. 저희는 저희 매장들마다 여러분의 제품 진열에 대해 만족하고 계시는지 알고 싶습니다. 저희는 또한 저희 창고들로 향하는 여러분의 배송 방식과 관련된 것도 더 많이 알고자 합니다. 저희의 궁극적인 목표는 여러분의 운송 비용을 줄이는 것입니다.

첨부된 설문 조사지를 저희 판매 회사들에 있는 여러분의 연락 담당자들에게 보내시기 바랍니다. 완료하시는 데 5분도 채 걸리지 않을 것입니다. 참여가 의무적인 것은 아니지만, 그렇게 하시면 여러분의 업체에 대해 더 낮은 비용이라는 결과를 낳을 수 있습니다. 여러분께서는 그 후에 랭스턴 그로서스와 더 나은 사업 관계를 유지하시게 될 것입니다.

---

* ask for ~을 요청하다　feedback 의견　vendor 판매업자, 판매업체　display 진열(품), 전시(품)　would like to V ~하고자 하다, ~하고 싶다　shipping 배송, 선적　method 방식, 방법　warehouse 창고　ultimate 궁극적인　reduce 줄이다, 감소시키다　transportation 운송, 수송　attached 첨부된, 부착된　survey 설문 조사(지)　contact 연락 담당자, 연락 관계에 있는 사람　complete 완료하다　take ~의 시간이 걸리다　less than ~가 채 되지 않는, ~ 미만의　participation 참여, 참가　mandatory 의무적인　result in ~라는 결과를 낳다, ~을 초래하다　relationship 관계

11.　(A) our　　　　(B) his　　　　(C) her　　　　(D) its

해설 빈칸 앞에 의견을 요청한다는 말이 쓰여 있어 빈칸이 속한 from 전치사구는 의견을 제공하는 입장에 있는 사람들을 가리켜야 합니다. 따라서, 빈칸과 vendors는 뒤에 이어지는 문장들에 쓰여 있는 our stores와 our warehouses처럼 Langston Grocers라는 회사를 지칭하는 소유대명사와 함께 그곳의 판매업자들을 가리키는 의미가 되어야 알맞으므로 (A) our가 정답입니다.

오답 (B) his와 (C) her, 그리고 (D) its는 모두 our stores와 our warehouses에 쓰인 것처럼 Langston Grocers를 지칭하는 소유대명사로 맞지 않으므로 오답입니다.

12. **(A) The survey was created by a team of professionals.**

(A) 이 설문 조사는 전문가들로 구성된 팀에 의해 만들어졌습니다.

(B) They currently have ten warehouses across the region.

(B) 그들은 현재 지역 전체에 걸쳐 10개의 창고를 보유하고 있습니다.

(C) Our ultimate goal is to reduce their transportation costs.

(C) 저희의 궁극적인 목표는 여러분의 운송 비용을 줄이는 것입니다.

(D) A variety of clothing lines are also available at our store.

(D) 다양한 의류 제품 라인도 저희 매장에서 이용 가능합니다.

해설 빈칸 앞에 위치한 문장에서는 배송 방식과 관련해 더 알고 싶다는 말로 무엇에 대한 의견이 필요한지 알리고 있습니다. 따라서, 이러한 의견을 요청하는 일과 관련된 문장이 빈칸에 쓰여야 알맞으므로 그 궁극적인 목표가 운송 비용 감소임을 밝히는 (C)가 정답입니다.

오답 (A): 설문 조사를 만든 사람을 밝히는 의미를 담고 있으므로 배송과 관련된 의견이 필요하다고 설명하는 앞선 문장과 흐름상 맞지 않는 오답입니다.

(B): 보유하고 있는 창고의 개수를 알리는 문장이므로 배송과 관련된 의견이 필요하다고 설명하는 앞선 문장과 흐름상 맞지 않는 오답입니다.

(D): 매장에서 이용 가능한 의류 제품의 다양성을 말하는 문장이므로 배송과 관련된 의견이 필요하다고 설명하는 앞선 문장과 흐름상 맞지 않는 오답입니다.

13. **(A) them**　　　**(B) both**　　　**(C) it**　　　**(D) theirs**

해설 빈칸에 쓰일 대명사는 동명사 Completing의 목적어로서 완료 대상에 해당되는 것을 가리켜야 합니다. 앞선 문장에 단수명사구 the attached survey와 함께 첨부된 설문 조사지를 보내라는 말이 쓰여 있어 이것을 완료하는 일을 의미해야 알맞으므로 앞서 언급된 단수명사를 가리킬 때 사용하는 (C) it이 정답입니다.

오답 (A) them은 앞서 언급된 복수명사를 가리킬 때 사용하므로 오답입니다. (B) both는 앞서 언급된 두 사람 또는 두 사물을 가리킬 때 사용하므로 오답입니다. (D) theirs는 '그들의 것'이라는 의미로 복수의 사람들이 소유하고 있는 것을 가리키므로 오답입니다.

14. **(A) early**　　　**(B) then**　　　**(C) instead**　　　**(D) otherwise**

(A) 일찍, 조기에　　(B) 그 후에, 그런 다음, 그때, 그렇다면　　(C) 대신　　(D) 그렇지 않으면, 그 외에는, 달리

해설 보기가 모두 의미가 다른 부사로 구성되어 있으므로 해석해서 풀어야 하는 문제입니다. 빈칸이 속한 문장은 미래시제 동사 will have와 함께 앞으로 더 나은 사업 관계를 유지할 것이라는 의미를 지니고 있습니다. 이는 앞선 문장에서 언급한 '의무적인 것은 아니지만 그렇게 하면 좋은 결과를 낳는 일'을 해야 유지할 수 있는 관계에 해당되는 것으로 볼 수 있습니다. 따라서, '그 후에, 그런 다음' 등의 의미로 다음 순서의 일을 말할 때 사용하는 (B) then이 정답입니다.

오답 (A) early와 (C) instead, 그리고 (D) otherwise는 다음 순서의 일을 말할 때 사용하는 부사가 아니므로 오답입니다.

DAY **13**　토익이 좋아하는 **짝꿍표현**　　　`Vocabulary`

토익 정답과 친해지는 **EXERCISE**　　　　　　　　　　본문 p. 179

정답　　**1.** (A)　　**2.** (B)　　**3.** (A)

1. Due to the regular maintenance, / the company intranet / is currently inaccessible.

　　(A) currently　　　**(B) moderately**

정기 점검 때문에 / 회사 내부 전산망은 / 현재 접속할 수 없다

(A) 현재　　　　　　(B) 적당하게

해설 빈칸에 쓰일 부사는 뒤에 오는 형용사 inaccessible(접근할 수 없는)을 수식해요. '현재(currently) 접근할 수 없는'은 자연스럽지만 '적당하게(moderately) 접근할 수 없는'은 어색하므로 (A) currently가 정답이에요. currently inaccessible(현재 접근할 수 없는)로 묶어서 기억해 두세요.

2. World Travel Agency's marketing plan / focused on attracting new clients.

　　(A) in　　　**(B) on**

세계 여행사의 마케팅 계획은 / 새 고객들을 유치하는 데 중점을 두었다

해설 focus는 전치사 on과 결합해서 '~에 집중하다'라는 의미를 나타내므로 (B) on이 정답이에요.

3. The position of human resources manager / requires at least 3 years / of relevant work experience.

(A) relevant   **(B) feasible**

인사 부장직은 / 최소한 3년을 필요로 한다 / 관련 업무 경험에서의

(A) 관련 있는   (B) 실현 가능한

해설 빈칸에 쓰일 형용사는 뒤에 오는 명사 work experience(업무 경험)를 수식해요. '관련(relevant) 업무 경험'은 자연스럽지만 '실현 가능한(feasible) 업무 경험'은 어색합니다. feasible은 '계획' 등과 같이 앞으로의 일을 나타내는 명사를 수식하므로 '경험'과는 어울리지 않아 오답이에요. 따라서 (A) relevant가 정답입니다. relevant work experience(관련 업무 경험)로 묶어서 기억해 두세요.

DAY **13**   기타 대명사   `Grammar`

개념 1   지시대명사 – this/that/these/those

 토익 정답과 친해지는 **EXERCISE**   본문 p. 180

정답   **1.** These   **2.** those   **3.** this

1. (This / These) new associates / have completed / the training. 이 신입 직원들은 / 끝마쳤다 / 연수를

해설 수식하는 명사가 복수(associates)이므로 These가 정답이에요.

2. Please use / (that / those) available parking spaces / in front of the building.

이용하십시오 / 저 비어 있는 주차 공간들을 / 건물 앞에 있는

해설 수식하는 명사가 복수(spaces)이므로 those가 정답이에요.

3. Solor Co. / created / (this / these) innovative Web browser.

솔로 사가 / 만들었다 / 이 혁신적인 웹 브라우저를

해설 수식하는 명사가 단수(browser)이므로 this가 정답이에요.

개념 2   those

토익 정답과 친해지는 **EXERCISE**   본문 p. 181

정답   **1.** Those   **2.** those   **3.** Anyone

1. (Those / That) who work / on the planning team / are primarily responsible / for making the schedule.

일하는 사람들은 / 기획팀에서 / 주로 책임을 지고 있다 / 일정을 세우는 것에 대해

해설 사람을 나타내는 대명사가 who 앞에 와야 하므로 Those(사람들)가 정답이에요.

2. Competition is fierce / for (these / those) / with moderately successful businesses.

경쟁이 심하다 / 사람들에게 / 적당히 성공한 사업체를 가진

해설 for가 전치사이므로 뒤에는 명사 역할을 하는 these와 those 둘 다 올 수 있어요. 하지만 문장의 의미에 어울리려면 '적당히 성공한 사업체를 가진 사람들에게 경쟁이 심하다'가 적절하므로, 전치사구의 수식을 받아 '~하는 사람들'이라는 의미인 those가 정답이에요.

3. (Anyone / Those) / who is consistently uncooperative / will receive a warning letter.

누구든지 / 비협조적인 태도로 일관하는 / 경고장을 받을 것이다

해설 anyone(누구든지)과 those(사람들) 둘 다 사람을 나타내므로 who의 수식을 받을 수 있지만 anyone은 단수이고, those는 복수입니

다. who 뒤에 동사가 is이므로 단수인 Anyone이 정답이에요. those는 are와 함께 쓰여야 해요.

개념 3 another/others/each other/one another

본문 p. 182

토익 정답과 친해지는 EXERCISE

정답 **1.** each other **2.** another **3.** others

1. Mr. Gerald and Mr. Henney / had a particularly stressful time / working with (other / each other).

제럴드 씨와 헤니 씨는 / 특히 스트레스를 많이 받았다 / 서로 함께 일하면서

해설 '제럴드 씨와 헤니 씨가 서로 함께 일하면서 스트레스를 많이 받았다'가 해석상 적절하므로 '서로'를 나타내는 대명사 each other가 정답이에요. 참고로 other(다른)는 형용사로만 쓰이므로 반드시 뒤에 수식을 받는 명사가 있어야 해요.

2. Ms. Fitz / decided / to leave her company / and move to (another / one another).

피츠 씨가 / 결정했다 / 회사를 그만 두기로 / 그리고 다른 곳으로 옮기기로

해설 '피츠 씨가 다른 회사로 옮긴다'는 자연스럽지만 '서로로 옮긴다'는 어색해요. 따라서 '다른 하나(여기서는 다른 회사)'를 의미하는 대명사 another가 정답이고, '서로'를 의미하는 one another는 오답이에요.

3. Mr. Gale / enjoys helping (other / others) / with their financial problems.

게일 씨는 / 다른 사람들을 돕는 것을 즐긴다 / 재정적인 어려움을 가진

해설 '게일 씨는 다른 사람들을 돕는 것을 즐긴다'가 해석상 적절해요. 따라서 '다른 사람들, 다른 것들'을 의미하는 대명사 others가 정답이에요. 참고로 other(다른)는 형용사로만 쓰이므로 반드시 뒤에 수식을 받는 명사가 있어야 해요.

개념 4 all/most/some

본문 p. 183

토익 정답과 친해지는 EXERCISE

정답 **1.** most **2.** all **3.** some

1. Professor Shuford / will teach / about data analysis, / and (most / one) have registered / for the course.

슈포드 교수는 / 가르칠 것이다 / 데이터 분석에 관해 / 그리고 대부분의 사람들이 등록했다 / 그 수업에

해설 '대부분의 사람들이 등록했다'라는 의미를 나타내는 것이 자연스러우므로 '대부분의 것들, 대부분의 사람들'이라는 의미로 쓰이는 most가 정답이에요. most는 대명사로도 쓰이므로 주어 자리에 쓰일 수 있다는 것을 꼭 기억하세요. one 역시 대명사여서 주어가 될 수 있지만 단수이므로 동사 have와 수 일치가 되지 않아 오답이에요.

2. The convention for the company executives / starts tomorrow, / and (every / all) must attend / the events.

회사의 임원 총회가 / 내일 시작된다 / 그리고 모두가 참석해야 한다 / 그 행사에

해설 and절의 주어 역할을 할 단어를 찾아야 하는데, every(모든)는 형용사의 역할만 할 수 있으므로 오답이에요. all(모든, 모두)은 형용사뿐만 아니라 대명사로 주어 자리에 올 수 있으므로 all이 정답이에요.

3. Only (some / each other) / benefit / from the new employee contract conditions.

단지 몇몇 사람들만 / 혜택을 받는다 / 새 직원 계약 조건으로부터

해설 문장의 주어 역할을 할 대명사를 찾아야 해요. some(일부의, 일부)은 형용사와 대명사 모두 쓰이므로 주어 역할을 할 수 있고, '단지 몇몇 사람들만 혜택을 받는다'가 되어 자연스러우므로 some이 정답이에요. each other(서로)는 주어 역할을 할 수 없어서 오답이에요.

개념 5 many/few/both

본문 p. 184

토익 정답과 친해지는 EXERCISE

정답 **1.** both **2.** Many **3.** agencies

1. We recently hired / Ms. Hill and Mr. Stapleton, / and (both / many) specialize / in graphic design.

   우리는 최근에 고용했다 / 힐 씨와 스테이플톤 씨를 / 그리고 두 사람 모두 전문으로 하고 있다 / 그래픽 디자인을

   해설 both(둘, 양쪽)와 many(많은 사람들)는 둘 다 명사의 역할을 할 수 있으므로 and절의 주어 자리에 올 수 있어요. 하지만 and절의 주어로 쓰일 대명사가 가리키는 사람들이 힐 씨와 스테이플톤 씨 두 명이므로 both가 정답이에요.

2. (This / Many) / subscribed / to the latest online banking service.

   많은 사람들이 / 가입했다 / 최신 온라인 뱅킹 서비스에

   해설 subscribed to(가입했다)는 사람들이 하는 행동이므로 '이것(This)이 가입했다'는 어색해요. 하지만 '다수가 가입했다'는 의미상 적절하므로 '많은 사람들'을 의미하는 Many가 정답이에요.

3. Many (agency / agencies) / focus / on increasing brand awareness.

   많은 대행사들이 / 중점을 둔다 / 브랜드 인지도를 높이는 데

   해설 many는 복수 명사만을 수식하므로 agencies가 정답이에요.

개념 ⑥ much/little/neither

토익 정답과 친해지는 EXERCISE   본문 p. 185

정답   **1.** much   **2.** few   **3.** neither

1. Mr. Sain / briefly talked / about the strategy, / but (much / many) was covered / in the detailed reports. 사인 씨는 / 간단히 말했다 / 그 전략에 관하여 / 그러나 많은 부분이 포함되어 있다 / 상세한 보고서에

   해설 much와 many 둘 다 대명사이므로 주어 자리에 쓰일 수 있고 의미도 같지만, 앞에 쓰인 불가산명사 strategy(전략)의 많은 부분을 나타내므로 복수만 취급하는 many는 정답이 될 수 없어요. 또한, 동사가 단수(was)인 것을 통해서도 복수 취급하는 many가 오답임을 알 수 있어요. 따라서 항상 단수 취급하는 much가 정답이에요.

2. The candidates / sent in their applications, / but (little / few) have / relevant work experience.

   지원자들이 / 그들의 원서를 보냈다 / 그러나 가진 사람이 거의 없다 / 관련 근무 경력을

   해설 little와 few 둘 다 대명사이므로 주어 자리에 쓰일 수 있고 의미도 같지만, 앞에 쓰인 가산명사 candidates(지원자들) 중 거의 없다는 의미를 나타내므로 가산명사를 나타내는 단어가 정답이 되어야 해요. 또한, 동사가 복수(have)인 것을 통해서도 단수 취급하는 little은 오답임을 알 수 있어요. 따라서 항상 복수 취급하는 few가 정답이에요.

3. Arrow Enterprises / received two submissions, / but (neither / both) was a feasible idea.

   애로우 엔터프라이즈 사는 / 두 개의 제안을 받았다 / 하지만 둘 다 실현 가능한 아이디어가 아니었다

   해설 but절의 주어 역할을 할 대명사를 찾아야 해요. neither와 both 둘 다 대명사이므로 주어 역할을 할 수 있지만, neither는 단수, both는 복수 취급하는데 동사가 단수(was)이므로 neither가 정답이에요.

실전훈련 자신감 쑥쑥! 실전 도전 Part 5   본문 p. 187

정답   **1.** (B)   **2.** (B)   **3.** (A)   **4.** (B)   **5.** (D)   **6.** (D)   **7.** (B)   **8.** (B)   **9.** (D)   **10.** (C)

1. Of the various travel packages / that are offered / this summer, / most have sold out.

   (A) much   **(B) most**   (C) another   (D) other

   다양한 여행 상품 중에 / 제공되는 / 이번 여름에 / 대부분은 품절되었다

   * **various** 다양한   **offer** 제공하다   **sell out** 품절되다, 매진되다

   해설 빈칸은 문장의 주어 자리이므로 대명사로 쓰이는 (A) much, (B) most, (C) another 중에서 알맞은 것을 찾아야 해요. 그런데 동사의 형태(have)로 보아 복수 주어가 와야 한다는 것을 알 수 있어요. 따라서 (B) most가 정답이에요.

   오답 (D) other(다른)는 형용사로만 쓰이므로 주어 자리에 들어갈 수 없어서 오답입니다. (A) much(많은 부분)와 (C) another(다른 하나)는 단수이므로 동사와 수 일치가 되지 않아 오답이에요.

2. Since too much traffic / shut down our server / this morning, / the Web site / is currently inaccessible.

(A) irreversible　　　**(B) inaccessible**　　　(C) unnecessary　　　(D) unbiased

너무 많은 통신량이 / 우리 서버를 정지시켰기 때문에 / 오늘 아침 / 웹사이트는 / 현재 접근할 수 없다

(A) 되돌릴 수 없는　　　**(B) 접근할 수 없는**　　　(C) 불필요한　　　(D) 편견이 없는

* **traffic** (전자 통신 장치를 이용한) 통신(량)　　**shut down** 정지시키다, 폐쇄하다　　**currently** 현재

해설 보기가 모두 의미가 다른 형용사로 구성되어 있으므로 해석해서 문제를 풀어야 해요. 빈칸에 쓰일 형용사는 주격 보어 자리이므로 주어 (the Web site)를 설명해 주는 역할을 합니다. '서버가 다운되었기 때문에 웹사이트에 접근할 수 없다'가 자연스러우므로 '접근할 수 없는'이라는 의미인 (B) inaccessible이 정답이에요.

오답 서버가 다운되었다고 해서 웹사이트를 이전 상태로 돌릴 수 없는(irreversible) 것은 아니므로 (A) irreversible은 오답이에요.

3. Someone / wants to talk / to Ms. Simpson / about the issues / concerning customer satisfaction.

(A) Someone　　　(B) Her　　　(C) Few　　　(D) They

누군가가 / 이야기하기를 원한다 / 심슨 씨와 / 문제에 관해서 / 고객 만족도와 관련한

* **want to V** ~하기를 원하다　　**issue** 문제, 사안　　**concerning** ~에 관한　　**customer satisfaction** 고객 만족(도)

해설 동사 wants 앞에 빈칸이 있으므로 빈칸은 문장의 주어 역할을 할 명사 자리예요. 보기 중에서 소유격인 (B) Her를 제외하고 나머지 보기들이 주어 자리에 올 수 있는 대명사들이에요. 그런데 동사에 -s가 붙은 형태인 wants는 단수 주어와 함께 쓰여야 하므로 단수에 해당하는 (A) Someone이 정답이에요.

오답 (C) Few와 (D) They는 모두 복수이므로 wants와 함께 쓰일 수 없어요.

4. Ms. Patel's original plan / had to be replaced / with another / due to unforeseen circumstances.

(A) other　　　**(B) another**　　　(C) one another　　　(D) one

파텔 씨의 원래 계획이 / 대체되어야 했다 / 다른 것으로 / 예기치 못한 상황으로 인해

* **original** 원래의, 애초의　　**replace A with B** A를 B로 대체하다　　**due to** ~로 인해, ~ 때문에　　**unforeseen** 예기치 못한 **circumstances** 상황, 사정

해설 빈칸이 전치사 with 뒤에 위치해 있으므로 with의 목적어 역할을 할 대명사가 필요해요. 그리고 be replaced with 뒤에 쓰이는 대명사는 무엇으로 대체되는지를 나타내는데, 이 문장에서는 앞에 주어로 언급된 original plan이 아닌 또 다른 하나의 계획을 의미해야 하므로 동일한 종류의 '또 다른 하나'를 뜻하는 대명사 (B) another가 정답이에요.

오답 (A) other는 형용사로서 전치사 with 뒤에서 목적어 역할을 할 수 없는 오답이며, (C) one another는 '서로'를 의미하므로 의미가 맞지 않는 오답이에요. (D) one은 앞서 언급된 것과 동일한 종류의 불특정한 하나를 가리킬 때 사용하는데, 이 문장에 쓰이려면 a new one과 같이 수식어를 동반해 original plan과 대비되는 특성을 지닌 한 가지를 나타내야 하므로 오답이에요.

5. Mr. Clayton / is primarily responsible / for supervising the work / of the R&D team.

(A) variously　　　(B) quickly　　　(C) faintly　　　**(D) primarily**

클레이튼 씨는 / 주로 책임지고 있다 / 일을 감독하는 데 / 연구개발팀의

(A) 다양하게　　　(B) 빠르게　　　(C) 희미하게　　　(D) 주로

* **be responsible for** ~에 대한 책임을 맡다　　**supervise** 감독하다　　**R&D(= Research and Development)** 연구 및 개발

해설 보기가 모두 의미가 다른 부사로 구성되어 있으므로 해석해서 문제를 풀어야 해요. 빈칸은 뒤에 오는 형용사 responsible(책임을 지는)을 수식하므로 '주로(primarily) 책임을 지는'이라는 의미가 되는 것이 자연스러워요. 따라서 (D) primarily가 정답이에요.

오답 '다양하게 책임을 지는'이라고 해석해서 (A) variously를 정답으로 선택했나요? responsible을 수식하는 부사는 책임을 지는 '정도'를 나타내야 하는데 (A) variously는 그럴 수 없으므로 오답이에요.

6. Free language software / will be provided / for anyone / who registers / for the foreign business course.

(A) those　　　(B) that　　　(C) this　　　**(D) anyone**

무료 언어 소프트웨어가 / 제공될 것입니다 / 사람들에게 / 등록한 / 해외 사업 강좌에

* **free** 무료의　　**language** 언어　　**register** 등록하다　　**foreign** 외국의

해설 빈칸 앞의 for는 전치사이므로 빈칸은 명사 자리며, 관계대명사 who의 수식을 받으므로 사람을 나타내는 명사가 와야 해요. 따라서 보기 중 (A) those(사람들)와 (D) anyone(누구든지)이 가능한데, 빈칸에 쓰일 대명사를 수식하는 who절의 동사가 단수(registers)이므로 수 일치를 위해 단수 명사인 anyone이 정답이 됩니다.

오답 (A) those는 의미상으로는 적절하지만, 복수 명사이므로 동사 registers와 수가 일치하지 않아 오답이에요. (B) that이나 (C) this는 who의 수식을 받을 수 없어서 오답이에요.

7. Ms. Moya and Mr. Nguyen / are experienced engineers, / and both are known / for their attention to detail.

(A) several   **(B) both**   (C) everything   (D) many

모야 씨와 응우옌 씨는 / 경험 많은 엔지니어들이다 / 그리고 두 사람 모두 알려져 있다 / 세부 요소에 대한 주의력으로

* experienced 경험 많은   be known for ~로 알려져 있다   attention 주의(력), 주목, 관심   detail 세부 요소

해설 보기가 모두 동사 앞에 위치해 주어 역할이 가능한 대명사이므로 빈칸에 쓰일 대명사가 무엇을 가리키는지 먼저 파악해야 해요. and 앞에 위치한 주절에 Ms. Moya와 Mr. Nguyen이라는 사람 두 명이 언급되어 있고, 이 두 사람이 무엇으로 알려져 있는지 설명하는 의미가 되어야 하므로 '둘 모두'를 뜻하는 대명사 (B) both가 정답이에요.

오답 (A) several과 (D) many도 사람을 가리킬 수는 있지만 각각 '여러 사람들'과 '많은 사람들'을 의미하므로 앞서 언급된 두 사람을 가리킬 대명사로 맞지 않는 오답이에요. (C) everything은 사람을 가리키지 않으며, 복수동사 are와 수 일치되지 않은 단수대명사이므로 오답이에요.

8. Our detailed report / on the last quarter's sales figures / will be available / on the Internet / shortly.

(A) renowned   **(B) detailed**   (C) experienced   (D) understanding

우리의 상세한 보고서가 / 지난 분기 판매 수치에 대한 / 이용 가능할 것입니다 / 인터넷에서 / 곧

(A) 유명한   (B) 상세한   (C) 경험이 있는   (D) 이해심이 많은

* quarter 분기, 1/4   sales figures 판매 수치, 매출액   available 이용 가능한

해설 빈칸에 쓰일 형용사는 뒤에 오는 명사 report(보고서)를 수식하므로 주어진 보기 중 report에 어울리는 형용사를 선택합니다. '상세한 (detailed) 보고서'가 자연스러우므로 (B) detailed가 정답이에요.

오답 (A) renowned는 '유명한', (C) experienced는 '경험이 있는', (D) understanding은 '이해심이 많은'이라는 의미로 모두 사람을 수식하는 형용사이므로 오답입니다.

9. The two vacuum cleaners / were both advertised as powerful, / but neither was able to / effectively clean carpets.

(A) another   (B) somebody   (C) everything   **(D) neither**

두 진공청소기는 / 모두 강력한 것으로 광고되었다 / 하지만 둘 중 어느 것도 할 수 없었다 / 효과적으로 카펫을 청소하는 것을

* vacuum cleaner 진공청소기   both 둘 모두   advertise 광고하다   be able to ~할 수 있다   effectively 효과적으로
neither 둘 중 어느 것도 ~ 아니다

해설 빈칸 뒤에 '효과적으로 카펫을 청소할 수 있었다'는 말이 쓰여 있어 주절에 언급된 두 진공청소기(The two vacuum cleaners) 중 하나 또는 둘 모두와 관련된 특징임을 알 수 있어요. 따라서, 앞서 언급된 둘 모두에 대해 '둘 중 어느 것도 ~ 아니다'라는 의미로 쓰이는 대명사 (D) neither가 정답이에요.

오답 (A) another는 앞서 언급된 것과 동일한 종류의 또 다른 하나를 가리키므로 오답이에요. (B) somebody는 사람을 가리키므로 진공청소기를 지칭하는 대명사로 맞지 않고, (C) everything은 앞서 언급된 두 가지 특정 대상을 가리키지 않으므로 오답이에요.

10. Many businesses in China / will benefit / from the new trade agreement / with the United States.

(A) of   (B) for   **(C) from**   (D) with

중국에 있는 많은 사업체들은 / 이익을 얻을 것이다 / 새 무역 협정으로부터 / 미국과의

* benefit from ~로부터 이익을 얻다   trade 무역   agreement 협정, 동의

해설 보기가 모두 의미가 다른 전치사로 구성되어 있지만, benefit은 전치사 from과 함께 쓰여 '~로부터 이익을 얻다'라는 의미를 나타냅니다. 따라서 (C) from이 정답입니다.

정답　**11.** (C)　　**12.** (A)　　**13.** (A)　　**14.** (B)

Questions 11-14 refer to the following article. 다음 기사를 참조하시오.

The City of Anderson / is excited to announce / the opening of the Misiano Sports Complex / this spring. 앤더슨 시는 / 기쁜 마음으로 알린다 / 미시아노 종합 운동장 단지의 개장을 / 올 봄 The complex / is named / after local resident John Misiano / who donated a large portion of the funding. 이 단지는 / 이름을 따서 지었다 / 지역 주민인 존 미시아노 씨의 / 자금의 많은 부분을 기부한 It will include / a swimming pool and a fitness center. 이곳은 포함할 것이다 / 수영장과 헬스클럽을 **Both** will be available / to the public / free of charge / for the first month of operation. 이 두 곳은 이용 가능할 것이다 / 일반인들에게 / 무료로 / 운영 첫 한 달 동안 **Many** agree that / the facilities / should be easily accessible / to all Anderson city residents. 많은 사람들은 동의한다 / 그 시설은 / 쉽게 접근할 수 있어야 한다고 / 모든 앤더슨 시 시민들에게 For a small fee, / a shuttle bus can be used / to and from the main city bus terminal. 적은 요금으로 / 셔틀버스는 이용될 수 있다 / 도시의 중앙 버스 터미널을 왕복하는 **It is operated / several times each day.** 이는 운영된다 / 하루에 여러 차례 Please celebrate / by joining us / on April 9 / for the grand opening of this **addition** / to the City of Anderson. 축하해 주십시오 / 저희와 함께 / 4월 9일에 / 이 추가된 시설의 대 개장을 / 앤더슨 시에	앤더슨 시는 기쁜 마음으로 올 봄 미시아노 종합 운동장 단지의 개장을 알린다. 이 단지는 자금의 많은 부분을 기부한 지역 주민 존 미시아노 씨의 이름을 따서 지었다. 이곳은 수영장과 헬스클럽을 포함할 것이다. 이 두 곳은 운영 첫 한 달 동안 일반인들에게 무료로 이용 가능할 것이다. 앤더슨 시 시민들이 그 시설에 쉽게 접근할 수 있어야 한다는 것에 많은 사람들은 동의한다. 적은 요금으로 도시의 중앙 버스 터미널을 왕복하는 셔틀버스를 이용할 수 있다. 이는 하루에 여러 차례 운영된다. 4월 9일에 저희와 함께 앤더슨 시에 추가된 이 시설의 대 개장을 축하해 주십시오.

* announce 알리다, 발표하다　complex (건물) 단지　be named after ~의 이름을 따서 이름이 지어지다　local 지역의　resident 주민
donate 기부하다　portion 부분　funding 자금　available 이용 가능한　public 일반인, 대중　free of charge 무료로　operation 운영
facility 시설　accessible 이용 가능한　fee 요금　celebrate 축하하다　addition 추가된 것, 부가물, 증축

11. (A) Several　　(B) Some　　**(C) Both**　　(D) Few

　해설 빈칸은 주어 자리로 모든 보기가 대명사이므로 주어 역할을 할 수 있어요. 또한, 동사가 조동사(will)여서 주어의 수에 따라 변화하지 않으므로, 해석상 알맞은 대명사를 찾아야 합니다. 바로 앞에 언급된 두 개의 대상(수영장과 헬스클럽)을 수식해야 하므로 (C) Both(두 곳, 두 개)가 정답이 됩니다.

12. **(A) Many**　　(B) Little　　(C) Anyone　　(D) Few

　해설 빈칸은 주어 자리며 동사가 복수(agree)이므로, 복수 대명사를 찾아야 해요. 따라서 (A) Many와 (D) Few 중 정답을 선택해야 하는데, 뒤 문장에서 '요금을 조금만 내면 도시의 중앙 버스 터미널까지 왕복하는 셔틀버스를 이용할 수 있다'는 내용을 알 수 있으므로 '많은 사람들이 이 시설물에 쉽게 접근할 수 있어야 한다는 것에 동의한다'가 되어야 의미가 자연스럽습니다. 따라서 '많은 사람들'을 의미하는 (A) Many가 정답이에요.

　오답 (B) Little과 (C) Anyone은 단수 주어이므로 동사 agree와 수 일치가 되지 않아 오답이에요.

13. **(A) It is operated several times each day.**

　(A) 이는 하루에 여러 차례 운영된다.

　(B) This is the second such center opened by Mr. Misiano.

　(B) 이는 미시아노 씨에 의해 개장된 같은 종류의 두 번째 운동장 단지이다.

　(C) You can use this service at no cost.

　(C) 여러분은 이 서비스를 무료로 이용할 수 있다.

(D) It started operating three years ago.

(D) 이는 3년 전에 운영되기 시작했다.

해설 빈칸 바로 앞을 보면, 새로 문을 연 종합 운동장 단지로 갈 수 있는 교통편인 '셔틀버스'에 대해 안내하는 내용을 담은 문장이 있어요. 따라서 빈칸에는 이 셔틀버스 서비스를 대명사 It으로 가리켜 해당 서비스의 이용 횟수를 알리는 (A)가 와야 의미가 가장 자연스러워요.

오답 (B): 이 문장은 해당 센터를 지시대명사 This로 가리켜 두 번째로 문을 연 같은 종류의 시설이라는 의미를 나타냅니다. 이는 교통편을 안내하는 내용을 담은 문장 다음에 위치하기에는 의미가 자연스럽게 연결되지 않는 보기예요. 오히려 지문 시작 부분에서 미시아노 씨의 이름이 언급될 때 쓰여야 어울리는 문장이에요.

(C): 이 문장의 핵심은 '무료'라는 점인데, 빈칸 바로 앞 문장을 보면 약간의 요금을 내야 한다는 뜻의 표현 For a small fee가 있으므로 어울리지 않는 보기예요.

(D): 이 문장의 주어로 쓰인 It은 바로 앞에 언급된 셔틀버스 서비스를 가리키는 것으로 생각할 수 있어요. 그런데 이 셔틀버스 서비스는 지문 시작 부분에 언급된 바와 같이 새로 생긴 종합 운동장 단지로 갈 때 이용하는 것이므로 3년 전에 운영되기 시작했다는 말은 전혀 어울리지 않는 내용이에요.

14. (A) add   **(B) addition**   (C) added   (D) additions

해설 명사를 수식하는 형용사의 역할을 하는 앞의 this와 전치사 of의 목적어 역할을 하는 명사 자리예요. 따라서 명사 끝말 -tion으로 끝나는 (B) addition과 (D) additions 중 하나가 정답인데, this는 단수 명사만 수식하므로 (B) addition이 정답이에요.

오답 (A) add는 동사이고, (C) added는 동사나 형용사로 쓰이므로 명사의 역할을 할 수 없어 오답이에요.

DAY 14   **토익이 좋아하는 짝꿍표현**   `Vocabulary`

토익 정답과 친해지는 EXERCISE   본문 p. 193

정답   **1.** (B)   **2.** (A)   **3.** (B)

1. The construction of the new stadium / is nearly complete.

    (A) unusually   **(B) nearly**

새 경기장 건설 공사가 / 거의 완료되었다
(A) 평소와 다르게   (B) 거의

해설 빈칸에 쓰일 부사는 뒤에 오는 형용사 complete(완료된)을 꾸며주므로, complete와 어울리는 부사를 선택해야 해요. '평소와 다르게(unusually) 완료된'은 어색하지만 '거의 완료된'은 자연스러워요. 따라서 '거의'라는 의미로 쓰이는 (B) nearly가 정답이 됩니다. nearly complete(거의 완료된)으로 묶어서 기억해 두세요.

2. Please enter / your account number correctly / to avoid delays / in processing the withdrawal.

    (A) avoid   (B) possess

입력해 주십시오 / 귀하의 계좌번호를 정확하게 / 지연을 피하기 위해 / 인출 과정에서
(A) 피하다   (B) 소유하다

해설 빈칸에 쓰일 동사의 목적어가 delays(지연)이므로 이 목적어와 어울리는 동사를 찾아야 해요. '지연을 피하다(avoid)'는 자연스럽지만, '지연을 소유하다(possess)'는 어색해요. 따라서 (A) avoid가 정답이 됩니다. avoid delays(지연을 피하다)로 묶어서 기억해 두세요.

3. After 5 years of service to the company, / Mr. Beckham is now eligible for promotion / to manager.

    (A) accessible   **(B) eligible**

회사에 5년을 근무한 후에 / 베컴 씨는 현재 승진할 자격이 되다 / 부장으로
(A) 접근 가능한   (B) 자격이 있는

해설 (A) accessible은 전치사 to와 함께 be accessible to(~에 접근 가능하다)로 쓰고 (B) eligible은 전치사 for와 함께 be eligible for(~에 대한 자격이 있다)로 씁니다. 빈칸 뒤에 for가 있으므로 (B) eligible이 정답이에요.

 **DAY 14** 형용사와 부사 자리

개념 1 형용사 자리 – 1. 명사 앞

토익 정답과 친해지는 EXERCISE 본문 p. 194

정답 **1.** thorough **2.** respective **3.** unique

1. Mr. Hatford / made a (thorough / thoroughly) revision / to the blueprint.

샷포드 씨는 / 철저한 수정을 했다 / 계획안에 대해

해설 revision(수정)은 명사입니다. 명사를 앞에서 수식하는 것은 형용사이므로 thorough(철저한)가 정답이에요.

2. The (respective / respectively) stockholders / met / at the headquarters / today.

각 주주들은 / 만났다 / 본사에서 / 오늘

해설 stockholders(주주들)는 명사입니다. 명사를 앞에서 수식하는 것은 형용사이므로 respective(각각의)가 정답이에요.

3. Mr. Riley / explained / his (unique / uniquely) case / to the lawyer.

라일리 씨는 / 설명했다 / 자신의 특수한 경우를 / 변호사에게

해설 case(경우, 사건)는 명사입니다. 명사를 앞에서 수식하는 것은 형용사이므로 unique(독특한)가 정답이에요.

개념 2 형용사 자리 – 2. 보어 자리

토익 정답과 친해지는 EXERCISE 본문 p. 195

정답 **1.** eligible **2.** effective **3.** clean

1. Mr. Kingsley / is (eligibly / eligible) / for a phone upgrade.

킹스레이 씨는 / 자격이 된다 / 전화기 업그레이드에 대해

해설 be동사(is)는 형용사 또는 명사 보어와 함께 쓰이는 동사이므로 부사는 오답입니다. 따라서 형용사인 eligible이 정답이에요. be eligible for(~에 대한 자격이 있다)로 묶어서 기억해 두세요.

2. The medicine / becomes significantly (effective / effectively) / after one hour.

그 약은 / 크게 효과가 있게 된다 / 한 시간이 지난 후에

해설 동사 becomes는 형용사 또는 명사 보어와 함께 쓰이는 동사이므로 부사는 오답입니다. 따라서 형용사인 effective(효과적인)가 정답이에요.

3. Ms. Grayson / finds / the residential area / (clean / cleanly).

그레이슨 씨는 / 생각한다 / 그 주거 지역이 / 깨끗하다고

해설 동사 find는 목적격 보어로 형용사나 명사를 취해요. 따라서 부사(cleanly)는 오답이며, 목적어 the residential area(주거 지역)가 '깨끗한(clean) 상태라고 생각한다'라는 의미를 만드는 형용사 clean이 정답이에요.

개념 3 부사 자리 – 1. 문장 앞

토익 정답과 친해지는 EXERCISE 본문 p. 196

정답 **1.** Recently **2.** Currently **3.** Usually

1. (Recent / Recently), / I signed a lease / for a condo. 최근 / 나는 임대 계약에 서명했다 / 콘도의

해설 문장 앞에서 문장을 꾸며주는 것은 부사이므로 Recently(최근에)가 정답이에요.

2. (Currently / Current), / I possess a license / to ride motorcycles.

현재 / 나는 면허증을 가지고 있다 / 오토바이를 탈 수 있는

해설 문장 앞에서 문장을 꾸며주는 것은 부사이므로 Currently(현재)가 정답이에요.

3. (Usually / Usual), / I leave my home early / to avoid a traffic jam.

보통 / 나는 집을 일찍 떠난다 / 교통 체증을 피하기 위해

해설 문장 앞에서 문장을 꾸며주는 것은 부사이므로 Usually(보통)가 정답이에요.

개념 4 부사 자리 – 2. 형용사와 다른 부사 앞

토익 정답과 친해지는 **EXERCISE** 본문 p. 197

정답 **1.** unexpectedly **2.** nearly **3.** unusually

1. The new Italian restaurant / was (unexpected / unexpectedly) busy / in the morning.

새 이탈리아 식당은 / 예상외로 혼잡했다 / 오전에

해설 형용사(busy)를 수식하는 것은 부사이므로 unexpectedly(예상외로)가 정답이에요.

2. Preparation / is (near / nearly) complete / for the building's grand opening.

준비가 / 거의 마무리되어 간다 / 건물의 개장에 대한

해설 형용사(complete)를 수식하는 것은 부사이므로 nearly(거의)가 정답이에요.

3. We suffered / from (unusual / unusually) cold weather / last winter.

우리는 힘든 시간을 겪었다 / 평소와 달리 추운 날씨로 인해 / 지난겨울에

해설 형용사(cold)를 수식하는 것은 부사이므로 unusually(평소와 달리)가 정답이에요.

개념 5 부사 자리 – 3. 동사 앞뒤/동사 사이

토익 정답과 친해지는 **EXERCISE** 본문 p. 198

정답 **1.** automatically **2.** skillfully **3.** strategically

1. Winners / (automatic / automatically) receive / a gift set. 우승자들은 / 자동적으로 받는다 / 선물 세트를

해설 동사 receive(받다)를 앞에서 수식하는 것은 부사이므로 automatically(자동적으로)가 정답이에요.

2. Mr. Wallace / designed / the new furniture / (skillful / skillfully).

월레스 씨는 / 디자인했다 / 새 가구를 / 솜씨 있게

해설 동사(designed)와 목적어(the new furniture) 뒤에 위치할 수 있는 것은 동사를 수식하는 부사예요. 따라서 skillfully(솜씨 있게)가 정답이에요.

3. Advertisements / are (strategic / strategically) placed / in the building.

광고는 / 전략적으로 배치된다 / 건물에

해설 수동태 동사(are, placed) 사이에 올 수 있는 것은 부사이므로 strategically(전략적으로)가 정답이에요.

개념 6 부사 자리 – 4. to부정사와 동명사 수식

토익 정답과 친해지는 **EXERCISE** 본문 p. 199

정답 **1.** politely **2.** publicly **3.** actively

1. You need / to decline the invitation / (polite / politely).

당신은 필요가 있다 / 초대를 거절할 / 정중하게

해설 '동사 + 목적어' 뒤에서 동사를 수식하는 것이 부사이듯이, 'to부정사 + 목적어' 뒤에서 to부정사를 수식하는 것도 부사입니다. 따라서

politely(정중하게)가 정답이 됩니다.

2. Ms. Sabuto / had an opportunity / to speak about the policy / (public / publicly).

사부토 씨는 / 기회가 있었다 / 정책에 관하여 발표할 / 공개적으로

해설 'to부정사 + 목적어' 뒤에 올 수 있는 것은 to부정사를 수식하는 부사이므로 publicly(공개적으로)가 정답이 됩니다.

3. Mr. Grant / challenged himself / by (active / actively) pursuing / a different career.

그랜트 씨는 / 스스로에게 도전했다 / 적극적으로 추구함으로써 / 다른 경력을

해설 by가 전치사이므로 pursuing은 by의 목적어 역할을 하는 동명사입니다. 동명사를 수식하는 것은 부사이므로 actively(적극적으로)가 정답이에요.

실전훈련 자신감 쑥쑥! 실전 도전 Part 5

정답 **1.** (B) **2.** (B) **3.** (B) **4.** (D) **5.** (C) **6.** (D) **7.** (D) **8.** (A) **9.** (A) **10.** (A)

1. The hotel room had sufficient space / to fit a king-sized bed and a sofa, / as well as a small desk and TV.

(A) suffice　　　　(B) **sufficient**　　　(C) sufficiently　　　(D) suffices

그 호텔 객실에는 충분한 공간이 있었다 / 킹 사이즈 침대와 소파가 들어맞을 정도로 / 작은 책상과 TV뿐만 아니라
* fit (크기, 모양 등이) 들어맞다　as well as ~뿐만 아니라 (…도)　suffice 충분하다　sufficient 충분한　sufficiently 충분하게

해설 동사 had와 명사 목적어 space 사이에 위치한 빈칸은 명사를 수식할 단어가 필요한 자리이므로 이러한 역할을 하는 형용사 (B) sufficient가 정답이에요.

오답 (A) suffice와 (D) suffices는 동사, (C) sufficiently는 부사이므로 형용사 자리인 빈칸에 쓰일 수 없는 오답이에요.

2. After receiving applications / from many prospective employees, / we had a hard time / reviewing all of them.

(A) workable　　　(B) **prospective**　　　(C) thorough　　　(D) affordable

지원서를 받은 후에 / 많은 구직자들로부터 / 우리는 힘든 시간을 보냈다 / 모든 서류를 검토하는 데
(A) 실행 가능한　　　　(B) 장래의, 유망한　　　(C) 철저한　　　　(D) 가격이 알맞은, 입수가 가능한
* application 지원서　have a hard time -ing ~하는 데 힘든 시간을 보내다　review 검토하다

해설 보기가 모두 의미가 다른 형용사로 구성되어 있으므로 해석해서 문제를 풀어야 해요. 빈칸에 쓰일 형용사는 뒤의 명사 employees(직원들)를 수식하므로, 이 명사와 어울리는 보기를 찾아야 해요. prospective employees(장래의 직원들)란 '구직자'를 다르게 표현한 말이므로 지원서를 내는 사람을 의미해요. 따라서 '장래의'라는 의미인 (B) prospective가 정답이에요.

오답 '일을 할 수 있는 직원들'이라고 해석해서 (A) workable을 정답으로 선택했나요? workable은 '일을 할 수 있는'이라는 의미가 아니라 '(현실적이어서) 실행 가능한'이라는 의미로, 사람을 수식할 수 없으므로 오답이에요.

3. Markus Bryner / is temporarily employed / as CEO / until the board votes / on a permanent replacement.

(A) temporary　　　(B) **temporarily**　　　(C) temporariness　　　(D) temporal

마커스 브라이너는 / 임시로 고용되어 있다 / 대표이사로서 / 이사회에서 투표할 때까지 / 종신 대체자에 대해
* employ 고용하다　CEO(= Chief executive officer) 대표이사, 최고경영자　board 이사회, 위원회　permanent 영구적인
replacement 대체(자)　temporarily 임시로　temporal 시간의

해설 수동태 동사(is, employed) 사이에 올 수 있는 것은 부사이므로 (B) temporarily(임시로)가 정답이에요.

오답 (A) temporary(일시적인)와 (D) temporal(시간의)은 형용사이고, (C) temporariness(일시성)는 명사이므로 오답이에요.

4. Ms. Rodriguez / intentionally seeks out challenges / to push herself / out of her comfort zone.

(A) intended　　　(B) intention　　　(C) intentional　　　(D) **intentionally**

로드리게즈 씨는 / 의도적으로 도전할 일들을 찾아내고 있다 / 자신을 밀어 부치기 위해 / 컴포트존 밖으로
* seek out 찾아내다　challenge 힘든 일, 도전 과제　push oneself out of one's comfort zone 자신의 한계를 극복하다
intend 의도하다, 작정하다　intention 의도, 목적　intentional 의도적인　intentionally 의도적으로

해설 주어 Ms. Rodriguez와 동사 seeks 사이에 빈칸이 위치해 있는데, 이 경우에 빈칸은 동사를 앞에서 수식할 부사가 필요한 자리이므로 부사 (D) intentionally가 정답이에요.

오답 (A) intended는 동사, (B) intention는 명사, 그리고 (C) intentional는 형용사이므로 동사를 수식할 부사가 필요한 자리인 빈칸에 맞지 않는 오답이에요.

5. The conference room / currently under renovation / will be accessible / to all the staff shortly.

(A) presentable   (B) eligible   **(C) accessible**   (D) profitable

회의실은 / 현재 보수 공사 중인 / 이용이 가능할 것이다 / 곧 모든 직원들이

(A) 남 앞에 내놓을 만한   (B) 자격이 있는   (C) 이용 가능한   (D) 수익성이 있는

* conference 회의   renovation 보수, 수리   shortly 곧   accessible 이용 가능한, 접근 가능한

해설 보기가 모두 의미가 다른 형용사로 구성되어 있으므로 해석해서 문제를 풀어야 하지만 빈칸 앞의 be동사와 빈칸 뒤의 전치사 to가 단서가 될 수 있어요. be accessible to(~의 이용이 가능하다), be profitable to(~에게 이익이 되다)라는 숙어 표현이 있으므로 둘 중 의미상 알맞은 표현을 선택하면 되는데, '회의실은 곧 모든 직원들의 이용이 가능하다'가 자연스러우므로 (C) accessible이 정답이에요.

오답 (A) presentable(남 앞에 내놓을 만한)은 의미상 어색하므로 오답이에요. (B) eligible은 be eligible for(~에 대한 자격이 있다)의 형태로 쓰이므로 오답이에요.

6. The new grocery shop / that opened last week / offers / reasonably priced organic fruit and vegetable.

(A) reasons   (B) reasoning   (C) reasonable   **(D) reasonably**

새로운 식료품 매장은 / 지난주에 문을 연 / 제공한다 / 합리적으로 가격이 매겨진 유기농 과일과 채소를

* grocery shop 식료품 매장   offer 제공하다   priced 가격이 매겨진   organic 유기농의   reason 이유; 판단하다, 추론하다
reasoning 추리, 추론   reasonable 합리적인, 저렴한   reasonably 합리적으로, 저렴하게

해설 빈칸 뒤에는 명사를 수식하는 형용사로 쓰인 과거분사 priced와 형용사 organic이 나란히 위치해 있어요. 이렇게 형용사 역할을 하는 과거분사가 있을 경우에는 과거분사를 수식하는 부사가 와야 하므로 부사 끝말인 -ly로 끝나는 부사 (D) reasonably(합리적으로, 저렴하게)가 정답이에요.

오답 (A) reasons는 명사, (B) reasoning은 동명사인데, 빈칸이 이 두 가지가 모두 올 수 없는 자리예요. (C) reasonable은 형용사여서 명사를 수식할 수 있는 또 다른 형용사로 생각할 수도 있지만 과거분사를 앞에서 수식할 수 있는 단어가 필요한 문장이므로 오답이에요.

7. Automobile engines / with poor radiators / are vulnerable / to heat and temperature change.

(A) concealed   (B) available   (C) disappointed   **(D) vulnerable**

자동차 엔진은 / 상태가 좋지 않은 냉각기가 쓰인 / 취약하다 / 열과 온도 변화에

(A) 밀봉된   (B) 이용 가능한   (C) 실망한   (D) 취약한

* automobile 자동차   radiator (자동차) 냉각기   temperature 온도

해설 보기가 모두 의미가 다른 형용사로 구성되어 있으므로 해석해서 문제를 풀어야 하지만 빈칸 앞의 be동사(are)와 빈칸 뒤의 to가 단서가 될 수 있습니다. be동사 ~ to로 연결되는 숙어 표현은 be available to(~에게 이용이 가능하다)와 be vulnerable to(~에 취약하다)가 있으므로 둘 중 의미가 자연스러운 표현을 선택해야 해요. '자동차 엔진은 열기와 온도 변화에 취약하다'가 자연스러우므로 (D) vulnerable이 정답입니다.

오답 (A) concealed(밀봉된)와 (C) disappointed(실망한)는 의미상 맞지 않아서 오답이에요.

8. Ms. Kim's leadership skills / were essential / for successfully launching the new product line / in the market.

(A) successfully   (B) succeed   (C) successful   (D) success

김 씨의 리더십 능력은 / 필수적이었다 / 성공적으로 신제품 라인을 출시하는 데 있어 / 시장에

* skill 능력, 기술   essential 필수적인   launch 출시하다, 시작하다   successfully 성공적으로   succeed 성공하다, 뒤를 잇다, 계승하다
successful 성공적인   success 성공

해설 전치사 for와 동명사 launching 사이에 빈칸이 위치해 있는데, 이 경우에 빈칸은 동명사를 앞에서 수식할 부사가 필요한 자리이므로 부사 (A) successfully가 정답이에요.

오답 (B) succeed은 동사, (C) successful은 형용사, 그리고 (D) success는 명사이므로 동명사를 수식할 부사가 필요한 빈칸에 쓰일 수 없는 오답이에요.

9. Small Touch Tech / would like to make the relationship / between the sales and customer service divisions / strong.

(A) strong   **(B) strongly**   **(C) strength**   **(D) more strongly**

스몰 터치 테크 사는 / 관계를 만들고자 한다 / 영업부와 고객 서비스 부서 사이의 / 튼튼한
* relationship 관계   division 부서   strongly 강하게   strength 힘

해설 빈칸 앞만 보아서는 알 수 없으므로 문장 전체의 구조를 살펴봅니다. to make의 목적어가 the relationship이고 between에서 divisions까지가 앞의 relationship을 수식하는 '전치사 + 명사 덩어리'입니다. 따라서 빈칸은 동사 make의 목적어에 대해 설명하는 목적격 보어 자리이므로 목적어와의 의미 관계를 파악해 형용사나 명사 중 하나를 선택해야 해요. '관계(relationship) = 강함(strength)'이 성립하 지 않으므로 관계의 특성을 나타낼 수 있는 형용사 (A) strong(강한)이 정답이에요.

오답 (B) strongly(강하게)와 (D) more strongly(더 강하게)는 부사이므로 오답이에요.

10. Because the clothing store / has been unexpectedly busy, / the manager is now considering / hiring more sales assistants.

(A) unexpectedly   **(B) immediately**   **(C) reasonably**   **(D) closely**

옷 가게가 / 예상치 못하게 바빠서 / 매니저는 현재 고려 중이다 / 점원을 더 고용하는 것을
(A) 예상치 못하게   (B) 즉시   (C) 합리적으로   (D) 면밀히, 밀접하게
* consider 고려하다   hire 고용하다, 사람을 뽑다   sales assistant 점원   unexpectedly 예상치 못하게

해설 보기가 모두 의미가 다른 부사로 구성되어 있으므로 해석해서 문제를 풀어야 해요. 빈칸에 쓰일 부사는 뒤에 오는 형용사 busy(바쁜)를 수식하는데, '매니저가 더 많은 판매 직원들을 고용하는 것을 고려 중이다'라는 내용으로 볼 때 많이 바쁘다는 것을 알 수 있어요. 따라서 이러한 의미와 어울리려면 '예상치 못하게 바쁜'이 자연스러우므로 (A) unexpectedly가 정답이 됩니다.

오답 '거의 바빴다'로 해석해서 (D) closely를 선택했나요? closely는 '거의'라는 의미가 아니라 '면밀히, 밀접하게'라는 의미로 쓰이므로 오 답입니다.

실전훈련 **자신감 쑥쑥! 실전 도전** Part 6   본문 p. 202

정답   **11.** (C)   **12.** (D)   **13.** (A)   **14.** (D)

Questions 11-14 refer to the following article. 다음 기사를 참조하시오.

March 16 — The Metro Railway / is getting ready to operate / at full capacity. 3월 16일 – 메트로 레일웨이는 / 가동할 준비가 다 되어 간다 / 전면 가동으로

Remodeling and expansion / of the rail system / is nearly complete. 리모델링과 확장이 / 철도 시스템의 / 거의 완료되었다

The city transport project / began / in June of last year.
도시 교통 프로젝트가 / 시작되었다 / 지난해 6월에

It will make affordable public transportation available / to commuters from the Fremont and Billington suburbs.
저렴한 대중교통을 이용할 수 있게 만들어 줄 것이다 / 프리몬트와 빌링턴 교외 지역의 통근자들이

Some updates are being made / to existing routes as well.
몇 가지 업데이트가 이뤄지고 있다 / 기존 경로에도

The new lines / will be used / once inspectors report that / construction has been carried out satisfactorily.
새 노선이 / 이용될 것이다 / 조사관들이 보고하는 대로 / 공사가 만족스럽게 진행되었다고

Visit www.citytransport.gov/rail / for the latest information.
www.citytransport.gov/rail을 방문하십시오 / 최신 정보를 보시려면

3월 16일 – 메트로 레일웨이는 전면 가동할 준비가 다 되어 간다. 철도 시스템의 리모델링과 확장이 거의 완료되었다.

지난해 6월에 도시 교통 프로젝트가 시작되었다. 이는 프리몬트와 빌링턴 교외 지역의 통근자들이 저렴한 대중교통을 이용할 수 있게 만들어 줄 것이다. 기존 경로에도 몇 가지 업데이트가 이뤄지고 있다.

조사관들이 공사가 만족스럽게 진행되었다고 보고하는 대로 새 노선이 이용될 것이다. 최신 정보를 보시려면 www.citytransport.gov/rail을 방문하십시오.

* expansion 확장   nearly 거의   complete 완료된   affordable (가격이) 저렴한, 알맞은   transportation 교통   commuter 통근자
suburb 교외 지역   route 경로   as well 또한, 역시   once 일단 ~하는 대로   inspector 조사관   construction 공사, 건설
carry out 진행하다, 수행하다   be set to V ~할 예정이다   at full capacity 최대치로   available 이용 가능한   satisfactorily 만족스럽게

11. (A) Please be advised that the Metro Railway will be closed temporarily.

(A) 메트로 레일웨이가 일시적으로 문을 닫는다는 점에 유의하십시오.

(B) The Metro Railway has announced increases in fare.

(B) 메트로 레일웨이는 요금 인상을 발표했다.

(C) The Metro Railway is getting ready to operate at full capacity.

(C) 메트로 레일웨이는 전면 가동할 준비가 다 되어 간다.

(D) The Metro Railway has several job openings.

(D) 메트로 레일웨이에는 여러 공석이 있다.

해설 지문의 시작 부분에 빈칸이 있으므로 뒤에 이어지는 지문 내용을 먼저 확인해 본 후에 의미가 가장 잘 어울리는 문장을 찾아야 해요. 빈칸 뒤에 이어지는 문장들을 보면, 리모델링과 확장 공사(Remodeling and expansion)가 언급되어 있고, 도시 교통 프로젝트가 작년 6월부터 시작되었다고 나타나 있어요. 그리고 이미 기존 경로에 대한 개선 작업이 진행 중(updates are being made ~)이라는 말과 함께 새 노선이 이용될 것(The new lines will be used ~)이라고 했으므로 곧 다시 가동할 준비가 거의 된 상태임을 알리는 의미로 쓰인 (C)가 지문 시작 부분에 가장 잘 어울리는 문장이에요.

오답 (A): 지문에서 리모델링과 확장 공사가 거의 완료되어 가고 있다고 알리고 있으며, 작년부터 시작된 교통편 개선 프로젝트에 따라 진행되어 온 일이라는 내용이 쓰여 있어요. 따라서 '앞으로 문을 닫을 것'이라고 발표했다는 의미를 나타내는 이 문장은 지문에서 확인 가능한 현재의 상황에 어울리지 않는 보기예요.

(B): 도시의 교통을 개선하기 위한 프로젝트에 따라 진행된 공사가 완료되어 가고 있음을 알리는 내용이므로 요금 인상에 대해 말하는 이 문장은 어울리지 않아요.

(D): 직원을 채용하기 위한 공고가 아니므로 '여러 공석이 있다'라는 뜻의 이 문장 또한 어울리지 않아요.

12. (A) accessible   **(B) eligible**   **(C) vulnerable**   **(D) complete**

(A) 이용 가능한   (B) 자격이 있는   (C) 취약한   (D) 완료된

해설 보기가 모두 의미가 다른 형용사로 구성되어 있으므로 해석해서 문제를 풀어야 해요. 문장의 주어가 Remodeling and expansion(리모델링과 확장)인데, 곧 최대치로 가동되는 상황에 어울리려면 '리모델링과 확장이 거의 완료된 상태이다'라는 의미가 되는 것이 자연스러워요. 따라서 '완료된'이라는 의미의 (D) complete가 정답이에요.

오답 (A) accessible(이용 가능한), (B) eligible(자격이 있는), (C) vulnerable(취약한) 모두 주어뿐만 아니라 문장의 흐름과도 어울리지 않아 오답이에요.

13. (A) available   **(B) avails**   **(C) availability**   **(D) availably**

해설 빈칸 앞뒤만 보아서는 빈칸의 역할을 알 수 없으므로 문장 전체의 구조를 살펴봐야 해요. It이 주어이고 will make가 동사이며 affordable public transportation이 목적어이므로 빈칸은 동사 make의 목적격 보어 자리라는 것을 알 수 있어야 해요. 목적어에 맞추어 형용사나 명사 중 하나를 선택해야 하는데, 비싸지 않은 대중교통(affordable public transportation)을 이용 가능성(availability)으로 만드는 것이 아니라 이용 가능한 상태(available)로 만드는 것이 자연스러우므로, 형용사 (A) available이 정답입니다.

오답 (B) avails(도움이 되다)는 동사, (D) availably(쓸모 있게)는 부사이므로 오답이에요.

14. (A) satisfies   **(B) satisfied**   **(C) satisfying**   **(D) satisfactorily**

해설 빈칸이 문장 끝에 위치해 있는데, 바로 앞에 수동태로 쓰인 that절의 동사 has been carried out이 있으므로 빈칸은 이 동사를 수식하는 부사 자리입니다. 따라서 부사 끝말 -ly로 끝나는 (D) satisfactorily(만족스럽게)가 정답입니다.

오답 (A) satisfies는 동사, (B) satisfied는 동사나 형용사, (C) satisfying은 동명사나 분사로 쓰이므로 오답이에요.

DAY 15   토익이 좋아하는 **짝꿍표현**   `Vocabulary`

토익 정답과 친해지는 EXERCISE   본문 p. 207

정답   **1.** (B)   **2.** (B)   **3.** (A)

1. You can receive / the repair and maintenance services / from our authorized centers.

(A) sensitive   **(B) authorized**

당신은 받을 수 있습니다 / 수리와 관리 서비스를 / 저희의 <u>인증받은</u> 센터들에서

(A) 민감한   (B) 인증받은

> **해설** 빈칸에는 뒤의 명사 centers(센터들)를 꾸며주는 형용사가 와야 해요. '민감한(sensitive) 센터들'은 의미가 어색하고 '인증받은(authorized) 센터들'은 자연스러우므로 (B) authorized가 정답이에요.

2. Ms. Humiko was honored / for the last month's excellent performance / <u>on</u> behalf of all the team members.

(A) in   **(B) on**

후미코 씨는 상을 받았다 / 지난달의 우수한 실적에 대해 / 모든 팀원들을 <u>대표하여</u>

> **해설** '~을 대표하여'라는 의미를 나타낼 때 behalf of와 함께 어울려 쓰일 수 있는 전치사는 (B) on이에요.

3. A banquet / in <u>honor</u> of our retiring CEO / will be held / next Friday.

(A) honor   (B) charge

연회가 / 은퇴하는 최고경영자<u>에게 경의를 표하는</u> / 열릴 것이다 / 다음 주 금요일에

(A) 명예   (B) 책임

> **해설** in honor of는 '~에게 경의를 표하는'이라는 의미이고, in charge of는 '~을 맡고 있는'이라는 의미입니다. '최고경영자를 맡고 있는 연회'는 어색하고, '최고경영자에게 경의를 표하는 연회'가 자연스러우므로 (A) honor가 정답이에요.

DAY 15   전치사   Grammar

개념 1   전치사 뒤에 오는 말 – 명사 형태(명사, 대명사, 동명사)

토익 정답과 친해지는 EXERCISE   본문 p. 208

정답   **1.** inspiration   **2.** response   **3.** construction

1. Ms. Manalo / created her artwork / with (inspire / inspiration) from nature.

마날로 씨는 / 작품을 만들었다 / 자연에서 얻은 영감으로

> **해설** inspire(영감을 주다)는 동사이고, inspiration(영감)은 명사입니다. 전치사 with 뒤에는 명사 형태가 와야 하므로 inspiration이 정답이에요.

2. In (response / respond) to the growing demand / of this item, / we have increased / production.

수요 증가에 대응하여 / 이 제품의 / 우리는 늘렸다 / 생산을

> **해설** response(응답)는 명사이고, respond(응답하다)는 동사입니다. 전치사 in 뒤에는 명사 형태가 와야 하므로 response가 정답이에요. in response to(~에 대응하여, 응하여)로 묶어서 기억해 두세요.

3. The stadium / will be under (construction / constructive) / until further notice.

경기장은 / 공사 중일 것이다 / 추후 통지가 있을 때까지

> **해설** construction(건설)은 명사이고, constructive(건설적인)는 형용사입니다. 전치사 under 뒤에는 명사 형태가 와야 하므로 construction이 정답이에요.

개념 2   전치사구의 역할

토익 정답과 친해지는 EXERCISE   본문 p. 209

정답   **1.** 형용사 역할(명사 수식)   **2.** 주격 보어 역할   **3.** 부사 역할(형용사 수식)

1. The person / <u>in charge of this charitable organization</u> / volunteers / on the weekends.

형용사 역할(명사 수식)

그 사람은 / 이 자선 단체를 맡고 있는 / 자원봉사한다 / 주말마다

해설 전치사구는 명사를 뒤에서 수식하는 역할을 하므로 밑줄 친 전치사구는 The person(사람)을 수식합니다. in charge of는 '~을 맡고 있는'이라는 의미이므로 '이 자선 단체를 맡고 있는 사람'이라는 의미가 됩니다.

2. Mr. Laney is <u>behind schedule</u> / on paying his subsequent bills.
주격 보어 역할

레이니 씨는 예정보다 늦다 / 다음 대금을 지불하는 것이

해설 밑줄 친 전치사구는 주어 Mr. Laney를 설명해 주는 주격 보어의 역할을 합니다. behind schedule은 '예정보다 늦은'이라는 의미이므로 '레이니 씨가 다음 대금 지불하는 것이 예정보다 늦다'라는 의미가 됩니다.

3. Mr. Ahmad / is comfortable / <u>with drafting a plan for the factory.</u>
부사 역할(형용사 수식)

아마드 씨는 / 편안하다 / 공장을 위한 계획의 초안을 짜는 것에 대해

해설 comfortable은 '편안한'이라는 의미로 쓰이는 형용사이고, 밑줄 친 전치사구는 무엇에 대해 편안함을 느끼는지 설명해 주는 부분이므로, 형용사(comfortable)를 수식하는 부사의 역할을 한다는 것을 알 수 있어요.

개념 3 전치사의 종류 – 1. 시간/기간 전치사

토익 정답과 친해지는 **EXERCISE**   본문 p. 210

정답 **1.** on   **2.** within   **3.** throughout

1. The basketball team / will play three consecutive games / (at / **on**) July 21st.

농구팀은 / 연속으로 세 경기를 할 것이다 / 7월 21일에

해설 July 21st(7월 21일)는 날짜이므로, 날짜와 결합하는 전치사 on이 정답이에요.

2. You will receive / a complimentary cleaning / (on / **within**) thirty days of purchase.

당신은 받을 것입니다 / 무료 청소를 / 구입일로부터 30일 이내에

해설 thirty days(30일)는 기간을 나타내요. 따라서 '~이내에'라는 뜻으로 기간을 나타낼 때 사용하는 within이 정답이에요.

3. The clerk / delivers orders / (**throughout** / at) the day. 점원은 / 주문품을 배송한다 / 하루 종일

해설 the day와 어울려 '하루 종일'이라는 의미를 나타낼 수 있는 throughout이 정답이에요.

개념 4 전치사의 종류 – 2. 장소 전치사

토익 정답과 친해지는 **EXERCISE**   본문 p. 211

정답 **1.** at   **2.** in   **3.** to

1. Workers (**at** / through) Liebe Communications / offer / comprehensive solutions.

리에베 통신회사의 직원들은 / 제공한다 / 종합적인 해결책을

해설 '리에베 통신회사에 있는(at) 직원들'은 자연스럽지만 '리에베 통신회사를 통한(through) 직원들'은 어색하므로 장소 앞에서 '~에, ~에 있는'을 의미하는 at이 정답이에요.

2. Mr. Parker / went to our modern shopping center / located (**in** / to) the center of Ottawa.

파커 씨는 / 우리의 현대적인 쇼핑센터에 갔다 / 오타와 중심에 위치한

해설 located(위치한)와 연결될 수 있는 전치사를 찾아야 해요. '~안에(in) 위치한'은 자연스럽지만 '~로(to) 위치한'은 어색하므로 in이 정답이에요. 동사 locate는 주로 in과 연결됩니다.

3. Please submit your documents / (next to / **to**) the courteous staff / at the front desk.

서류를 제출해 주십시오 / 예의 바른 직원에게 / 안내 데스크의

해설 '직원 옆으로(next to)' 제출하는 것은 어색하지만 '직원에게(to)' 제출하는 것이 자연스러우므로 to가 정답이에요.

본문 p. 212

토익 정답과 친해지는 **EXERCISE**

정답　**1.** with　**2.** For　**3.** without

1. His career / began / (**with** / such as) remarkable achievements in sales.

그의 경력은 / 시작되었다 / 영업에서 엄청난 성과를 내면서

해설 with는 '~와 함께', such as는 '~와 같은'이라는 의미입니다. '경력이 엄청난 성과와 함께 시작되었다'라는 의미가 자연스러우므로 with가 정답이에요. begin with(~와 함께 시작하다)로 묶어서 기억해 두세요.

2. (Under / **For**) further information, / please contact / the authorized service center.

추가 정보를 위해 / 연락하십시오 / 공인된 서비스 센터에

해설 under는 '~밑에, ~하에 있는', for는 '~을 위해'라는 의미입니다. '추가 정보를 위해 연락하십시오'라는 의미가 자연스러우므로 For가 정답이에요. for further information(추가 정보를 위해)으로 묶어서 기억해 두세요.

3. Employees cannot share / sensitive client information / (about / **without**) written permission.

직원들은 공유할 수 없다 / 민감한 고객 정보를 / 서면 허가 없이

해설 about은 '~에 관하여', without은 '~없이'라는 의미입니다. '서면 허가 없이 정보를 공유할 수 없다'라는 의미가 자연스러우므로 without이 정답이에요. without written permission(서면 허가 없이)으로 묶어서 기억해 두세요.

본문 p. 213

토익 정답과 친해지는 **EXERCISE**

정답　**1.** among　**2.** by　**3.** between

1. The contest / will promote fierce competition / (**among** / between) the workers.

대회는 / 치열한 경쟁을 촉진할 것이다 / 직원들 사이에서

해설 the workers(직원들)는 불특정 다수이므로 셋 이상을 나타내는 명사와 함께 쓰는 among이 정답이에요.

2. Ms. Shah / should submit / the energy distribution plan / (until / **by**) 5 P.M. tomorrow.

샤 씨는 / 제출해야 한다 / 에너지 분배 계획안을 / 내일 오후 5시까지

해설 동사 submit은 '제출하다'라는 뜻으로, 제출하는 행위는 특정 시점까지 한 번만 하면 완료되는 것이므로 by가 정답이에요.

3. The diverse attractions / are open / (**between** / among) 8 A.M. and 9 P.M.

다양한 명소들이 / 문을 연다 / 오전 8시와 밤 9시 사이에

해설 A and B의 구조로 두 개의 대상을 말하고 있으므로 그 앞에 쓰여 '둘 사이에'를 나타내는 between이 정답이에요.

실전훈련　**자신감 쑥쑥! 실전 도전** Part 5

본문 p. 215

정답　**1.** (B)　**2.** (C)　**3.** (C)　**4.** (C)　**5.** (D)　**6.** (A)　**7.** (A)　**8.** (B)　**9.** (D)　**10.** (D)

1. In celebration of 50 years in business, / Panini's Deli / will offer a fifty percent discount / all day today.

(A) celebrate　　(B) **celebration**　　(C) celebrated　　(D) celebrates

개업 50주년을 기념하여 / 파니니 델리는 / 50퍼센트 할인을 제공할 것입니다 / 오늘 하루 종일

* **offer** 제공하다　**discount** 할인　**celebration** 기념, 축하

해설 빈칸 앞의 In은 전치사이므로 명사 형태를 이끄는데, 빈칸 뒤에도 명사 형태가 없으므로 빈칸이 명사 자리입니다. 따라서 명사 끝말 -tion으로 끝나는 (B) celebration이 정답입니다. in celebration of(~을 기념하여)로 묶어서 기억해 두세요.

2. The company's policy / requires employees / to complete the training program / within 30 days of their start date.

(A) above   (B) behind   **(C) within**   (D) upon

그 회사의 정책은 / 직원들에게 요구한다 / 교육 프로그램을 완료하도록 / 첫 출근일로부터 30일 이내에

* policy 정책, 방침   require A to V A에게 ~하도록 요구하다   complete 완료하다   training 교육, 훈련

해설 빈칸 뒤에 위치한 명사구 30 days of their start date가 기간을 나타내므로 기간 명사(구)와 어울려 '~ 이내에'라는 의미로 쓰이는 전치사 (C) within이 정답이에요.

오답 (A) above는 위치상으로 '~ 위에, ~ 위로' 혹은 수량, 정도 등을 나타내어 '~을 넘어, ~보다 뛰어나'라는 의미이고, (B) behind는 위치상으로 '~ 뒤에'의 의미를 (D) upon은 시점 표현과 어울려 '~하자마자'라는 의미로 모두 의미나 용법이 맞지 않는 오답이에요.

3. Sign up for e-mail alerts / to obtain information / about our most current offers.

(A) through   (B) within   **(C) about**   (D) to

이메일 알림에 등록하세요 / 정보를 얻기 위해 / 저희의 최신 할인에 관한

* sign up 등록하다   alert 알림   obtain 얻다, 획득하다   offer 할인, 제안   through ~을 통해   within ~ 이내에

해설 information과 offers는 각각 '정보'와 '할인'을 뜻하므로, 빈칸 이하가 앞의 명사 information(정보)을 수식한다는 것을 알 수 있어요. 또한, '저희의 최신 할인에 관한 정보'라는 의미가 자연스러우므로 '~에 관한'이라는 뜻을 나타내는 (C) about이 정답이에요.

오답 (A) through(~을 통해), (B) within (~ 이내에), (D) to(~로)는 모두 의미상 어색하므로 오답입니다.

4. Mr. Wagner's fitness studio / has multiple locations / throughout the city of Los Angeles / in order to cater to different communities.

(A) among   (B) between   **(C) throughout**   (D) during

와그너 씨의 피트니스 스튜디오는 / 여러 지점들이 있다 / 로스앤젤레스 시 전역에 걸쳐 / 다른 지역 사회의 요구를 충족하기 위해

* multiple 다수의, 다양한   location 지점, 위치   in order to ~하기 위해   cater to ~의 요구를 충족하다   community 지역 사회

해설 빈칸 뒤에 위치한 명사구 the city of Los Angeles가 여러 지점들이 위치해 있는 넓은 장소에 해당됩니다. 따라서, 특정 장소 전체를 아우르는 의미를 나타낼 전치사가 필요하므로 '~ 전역에 걸쳐'라는 뜻으로 쓰이는 전치사 (C) throughout이 정답이에요.

오답 (A) among(~ 사이에, ~ 중에)과 (B) between(~ 사이에)은 뒤에 무조건 복수 명사가 와야 하므로 오답이에요. (D) during(~ 동안)은 기간의 의미를 내포하는 명사(구)와 함께 사용하므로 오답이에요.

5. All flights / from Narita Airport in Tokyo / will be postponed / until further notice.

(A) later   (B) diverse   (C) favorable   **(D) further**

모든 항공편은 / 도쿄 나리타 공항에서 출발하는 / 연기될 것입니다 / 추가 공지가 있을 때까지

(A) 나중의   (B) 다양한   (C) 호의적인   (D) 추가의

* postpone 연기하다, 지연하다   notice 통지, 주목

해설 until further notice(추가 공지가 있을 때까지)라는 숙어 표현을 알고 있으면 쉽게 풀 수 있는 문제입니다. '추가 공지가 있을 때까지 모든 항공편이 연기될 것이다'라는 의미가 자연스러우므로 (D) further가 정답이에요.

6. Mr. Scott / is currently planning the agenda / for his department's monthly meeting.

(A) for   (B) over   (C) among   (D) by

스콧 씨는 / 현재 안건을 계획 중이다 / 자신의 부서 월례 회의를 위한

* currently 현재   agenda 안건, 의제   department 부서   monthly 월례의   among (셋 이상의) ~ 사이에

해설 '스콧 씨가 현재 부서 월례 회의를 위한 안건을 계획 중이다'라는 의미가 자연스러우므로 (A) for(~을 위하여)가 정답입니다.

오답 (B) over(~ 위에), (D) by(~까지, ~에 의한)는 의미상 어색하므로 오답이에요. (C) among(~ 사이에)은 '회의 사이에'라는 의미가 가능할 것 같지만 '셋 이상의 사이'를 의미하며 반드시 복수 명사하고만 결합하므로 오답입니다.

7. Any guests / visiting our hotel / during October / can enjoy the complimentary cleaning service.

(A) complimentary   (B) impressed   (C) sensitive   (D) alternative

어떤 손님이든 / 저희 호텔을 방문하는 / 10월 동안 / 무료 세탁 서비스를 받으실 수 있습니다

(A) 무료의   (B) 감동을 받은   (C) 민감한   (D) 대체 가능한, 대안이 되는

해설 빈칸에 쓰일 형용사는 뒤에 오는 명사 cleaning service(세탁 서비스)를 수식해야 하므로 이 명사와 어울리는 것을 찾아야 해요. 따라서 '무료의'라는 의미로 쓰이는 (A) complimentary가 정답이에요.

오답 (B) impressed는 '감동을 받은'이라는 의미로 사람만 수식하므로 서비스에는 어울리지 않아요.

8. All perishable items / such as milk, fruits, and vegetables / should be stored / in a cool place.

(A) across   **(B) such as**   (C) also   (D) until

부패하기 쉬운 모든 제품들은 / 우유나 과일, 채소와 같은 / 저장되어야 합니다 / 시원한 곳에

* perishable 부패하기 쉬운, 잘 썩는   vegetable 채소   store 저장하다   across ~을 가로질러   such as ~와 같은

해설 보기가 부사와 전치사로 구성되어 있으므로 해석뿐만 아니라 빈칸의 역할을 확인해 문제를 풀어야 해요. perishable items(부패하기 쉬운 제품들)의 예시로 빈칸 뒤에 milk(우유), fruits(과일), vegetables(채소)가 열거되어 있어요. 이처럼 앞의 명사에 대한 예시 사항들을 열거할 때 쓰는 표현이 (B) such as(~와 같은)입니다.

오답 (A) across(~을 가로질러서), (D) until(~까지)은 의미상 어울리지 않고, (C) also(또한)는 부사로 명사 앞에 올 수 없어요.

9. Ms. Rodriguez's pet store / is open until 10 P.M., / allowing customers / to purchase supplies / after work.

(A) by   (B) during   (C) across   **(D) until**

로드리게즈 씨의 반려동물 용품점은 / 오후 10시까지 문을 연다 / 그래서 고객들에게 허용한다 / 용품을 구입하도록 / 퇴근 후에

* allow A to V A에게 ~하도록 허용하다, A에게 ~할 수 있게 해주다   purchase 구입하다   supplies 용품, 물품

해설 빈칸 뒤에 시점을 나타내는 명사 10 P.M.이 쓰여 있는데, 이 시점은 매장이 문을 연 상태가 지속되다가 종료되는 시점에 해당됩니다. 따라서, '~까지'라는 의미로 지속 상태를 나타낼 때 사용하는 (D) until이 정답입니다.

오답 (A) by도 우리말로는 '~까지'를 나타내기는 하지만, 지속되는 상태가 아니라 완료되어야 하는 기한을 의미하므로 오답이에요. (B) during(~ 동안)은 기간의 의미를 내포하는 명사(구)와 함께 사용하므로 오답이며, (C) across(~을 가로질러, ~ 전역에)는 위치 관계 또는 장소와 관련된 의미를 나타냅니다.

10. Ms. Keith, the vice president, / expressed her gratitude / to everyone / who took part in the charity event.

(A) poverty   (B) imitation   (C) operation   **(D) gratitude**

부사장인 키이스 씨는 / 감사를 표했다 / 모두에게 / 자선 행사에 참석했던

(A) 가난   (B) 모방   (C) 운영   (D) 감사

* vice president 부사장   express 표현하다   take part in ~에 참석하다   charity 자선   gratitude 감사

해설 보기가 모두 의미가 다른 명사로 구성되어 있으므로 해석해서 문제를 풀어야 해요. 빈칸은 동사 expressed(표현했다)의 목적어 자리이므로 자선 행사에 참석한 모두에게 '감사를 표했다'라는 의미가 적절합니다. 따라서 '감사'를 뜻하는 (D) gratitude가 정답이에요.

오답 '자신의 가난(poverty)을 표현했다'도 말은 되지만 문장의 의미와 어울리지 않으므로 오답이에요.

자신감 쑥쑥! 실전 도전 Part 6

본문 p. 216

정답   **11.** (A)   **12.** (D)   **13.** (B)   **14.** (D)

Questions 11-14 refer to the following article. 다음 기사를 참조하시오.

Organic fruit juices are gaining popularity / across the country.
유기농 과일 주스들이 인기를 얻고 있습니다 / 전국에 걸쳐

The sales of organic apple, orange, and pomegranate juices grew / by 18% / last quarter.
유기농 사과, 오렌지, 그리고 석류 주스의 판매량이 증가했습니다 / 18%만큼 / 지난 분기에

That rate is three times higher / than that of non-organic brands.
그 비율은 세 배 더 높습니다 / 유기농이 아닌 브랜드들의 비율보다

유기농 과일 주스들이 전국에 걸쳐 인기를 얻고 있습니다. 유기농 사과, 오렌지, 그리고 석류 주스의 판매량이 지난 분기에 18% 증가했습니다. 그 비율은 유기농이 아닌 브랜드들의 비율보다 세 배 더 높습니다.

Brenda Sharp, CEO of Nutter Farm Fruits, / started production on organic lines of fruit juices / three years ago / in response to the increasing demand / for these products.
너터 팜 프루츠의 브렌다 샤프 대표이사가 / 유기농 과일 주스 제품 라인의 생산을 시작했습니다 / 3년 전에 / 증가하는 수요에 대한 대응으로 / 이러한 제품들에 대해

They have since been embraced / by distributors / throughout the Northeast region.
그것들은 그 이후로 받아들여져 왔습니다 / 유통업체들에 의해 / 북동 지역 전체에 걸쳐

너터 팜 프루츠의 브렌다 샤프 대표이사가 이러한 제품들에 대해 증가하는 수요에 대한 대응으로 3년 전에 유기농 과일 주스 제품 라인의 생산을 시작했습니다. 그것들은 북동 지역 전체에 걸쳐 유통업체들에 의해 받아들여져 왔습니다.

* gain 얻다, 획득하다 popularity 인기 grow 증가하다, 성장하다 by (차이) ~만큼, ~ 정도 quarter 분기 rate 비율, 속도, 등급, 요금 increasing 증가하는, 늘어나는 demand 수요, 요구 since 그 이후로 embrace 받아들이다, 수용하다 distributor 유통업체 region 지역, 지방

11. **(A) are gaining**　　(B) gaining　　　　(C) will have gained　(D) was gaining

　해설　주어 Organic fruit juices 뒤로 빈칸과 명사 popularity, 그리고 across 전치사구만 쓰여 있어 문장의 동사가 빠진 상태임을 알 수 있으므로 빈칸이 동사 자리입니다. 또한, 복수명사구 주어 Organic fruit juices와 수 일치되면서 빈칸 뒤에 위치한 명사 popularity를 목적어로 취할 수 있는 능동태 동사가 필요합니다. 그리고 다음 문장에 지난 분기의 판매량 증가 비율이 쓰여 있어 현재 인기 있는 상태임을 나타내야 하므로 현재진행시제로 된 능동태 복수동사의 형태인 (A) are gaining이 정답입니다.

　오답　(B) gaining은 동명사 또는 현재분사의 형태이므로 동사 자리인 빈칸에 맞지 않는 오답입니다. (C) will have gained는 미래완료시제 동사이므로 현재 인기 있는 상태를 나타낼 동사로 맞지 않는 오답입니다. (D) was gaining은 복수 주어와 수 일치가 맞지 않는 오답입니다.

12. (A) Restaurants offer a variety of fruit-based beverages.

(A) 레스토랑들이 다양한 과일 기반 음료를 제공하고 있습니다.

(B) Pomegranate is a desert fruit and grows best in desert areas.

(B) 석류는 사막 과일이며, 사막 지역에서 가장 잘 자랍니다.

(C) Organic products do not use chemical additives or pesticides.

(C) 유기농 제품은 화학 첨가제 또는 농약을 사용하지 않습니다.

(D) That rate is three times higher than that of non-organic brands.

(D) 그 비율은 유기농이 아닌 브랜드들의 비율보다 세 배 더 높습니다.

　해설　빈칸 앞에 위치한 문장에 지난 분기에 유기농 과일 주스의 판매량이 18% 증가한 사실이 언급되어 있습니다. 따라서, 이러한 증가세와 관련된 정보를 담은 문장이 빈칸에 쓰여야 흐름이 자연스러우므로 18%라는 비율을 That rate으로 대신 표현해 유기농이 아닌 제품과의 비교를 나타내는 의미를 담은 (D)가 정답입니다.

　오답　(A): 레스토랑들이 다양한 과일 기반 음료를 제공한다는 사실을 말하는 문장이므로 앞서 언급된 유기농 과일 주스의 인기 및 그 증가 비율과 흐름상 맞지 않는 오답입니다.

(B): 석류의 재배지와 관련된 정보를 알리는 문장이므로 앞서 언급된 유기농 과일 주스의 인기 및 그 증가 비율과 흐름상 맞지 않는 오답입니다.

(C): 유기농 제품이 사용하지 않는 화학 물질 등을 말하는 의미를 담고 있으므로 앞서 언급된 유기농 과일 주스의 인기 및 그 증가 비율과 흐름상 맞지 않는 오답입니다.

13. (A) responded　　　　**(B) response**　　(C) respond　　　　(D) responds

　해설　전치사 in과 to 사이에 위치한 빈칸은 in의 목적어 역할을 할 명사가 필요한 자리이므로 보기 중에서 유일하게 명사인 (B) response가 정답입니다.

　오답　(A) responded는 동사의 과거형 또는 과거분사형이므로 명사 자리인 빈칸에 맞지 않는 오답입니다. (C) respond와 (D) responds는 동사이므로 마찬가지로 명사 자리인 빈칸에 맞지 않는 오답입니다.

14. (A) during　　　　(B) between　　　　(C) except　　　　**(D) throughout**
(A) ~ 중에, ~ 동안　(B) ~ 사이에　　(C) ~을 제외하고　　(D) (장소) ~ 전체에 걸쳐 (기간) ~ 동안 내내

　해설　보기가 모두 의미가 다른 전치사로 구성되어 있으므로 해석해서 풀어야 하는 문제입니다. 빈칸 뒤에 넓은 공간을 의미하는 명사구 the Northeast region이 쓰여 있으므로 이러한 장소 명사와 어울려 '~ 전체에 걸쳐'라는 의미를 나타낼 때 사용하는 (D) throughout이 정답입니다.

　오답　(A) during은 기간의 의미를 내포하는 명사(구)와 함께 사용하므로 오답입니다. (B) between은 복수명사 또는 'A and B'의 구조로 된 명사구와 함께 사용하므로 오답입니다. (C) except는 제외 대상을 나타낼 때 사용하므로 오답입니다.

┌─ 토익 정답과 친해지는 **EXERCISE** ──────────────────────────── 본문 p. 221

정답 **1.** (B) **2.** (A) **3.** (B)

1. The specialist's sophisticated design / will meet your expectations.
   (A) reimbursement **(B) expectations**

   전문가의 세련된 디자인이 / 당신의 기대를 충족시킬 것입니다
   (A) 상환 (B) 기대

   해설 meet은 '만나다'라는 의미 외에 '충족시키다'라는 의미로도 잘 쓰여요. 따라서 '디자인이 당신의 상환(reimbursements)을 충족시킬 것이다'는 어색하지만 '기대(expectations)를 충족시킬 것이다'는 자연스러우므로 (B) expectations가 정답이에요. meet expectations(기대를 충족시키다)로 묶어서 기억해 두세요.

2. Carlson, Inc. / has reduced its expenditures / on office supplies / by purchasing recycled items.
   (A) expenditures (B) assets

   칼슨 사는 / 비용을 줄였다 / 사무용품에 대한 / 재활용 제품을 구입하는 것으로
   (A) 비용 (B) 자산

   해설 has reduced(줄였다)가 동사이고, 빈칸이 동사의 목적어 자리이며, 뒤에 위치한 on office supplies(사무용품에 대한)가 빈칸에 올 단어를 꾸며줍니다. 연결해서 해석하면 '사무용품에 대한 비용(expenditures)을 줄였다'가 자연스러우므로 (A) expenditures가 정답이에요. reduce expenditures(비용을 줄이다)로 묶어서 기억해 두세요.

3. Generous bonuses and reduced working hours / will increase employee productivity.
   (A) possibility **(B) productivity**

   넉넉한 보너스와 단축된 근무 시간이 / 직원 생산성을 향상시킬 것이다
   (A) 가능성 (B) 생산성

   해설 will increase(향상시킬 것이다)가 동사이고, 빈칸은 employee(직원)와 함께 동사의 목적어를 이루는 명사 자리입니다. '직원 생산성(employee productivity)을 향상시키다'가 자연스러우므로 (B) productivity가 정답이에요. possibility는 '어떤 일이 일어날 가능성'을 의미하므로 employee possibility(직원 가능성) 자체가 어색한 표현이에요. increase productivity(생산성을 향상시키다)로 묶어서 기억해 두세요.

DAY 16 **부사절** Grammar

개념 1 부사절의 역할과 위치

┌─ 토익 정답과 친해지는 **EXERCISE** ──────────────────────────── 본문 p. 222

정답 **1.** ○ **2.** ○ **3.** ○

1. <u>Because I took advantage of</u> / the big sale, / I could buy / an expensive camera / at a low price.
   (O)

   나는 이용했기 때문에 / 대 할인을 / 나는 살 수 있었다 / 비싼 카메라를 / 낮은 가격에

   해설 Because에서 sale까지는 접속사 Because와 함께 주어(I)와 동사(took)를 포함하고 있으며, 이유를 나타내기 위해 추가로 덧붙여진 절입니다. 즉, 부사와 같이 부가적인 요소이므로 없어도 무방하며, I could buy 이하의 절을 수식해 주는 역할을 하므로 부사절입니다.

2. Ms. Way worked / as a temporary supervisor / <u>while Mr. Ding was away on business.</u>
   (O)

   웨이 씨는 근무했다 / 임시 부서장으로서 / 딩 씨가 출장으로 자리를 비운 동안

해설 while 이하는 접속사 while과 함께 주어(Mr. Ding)와 동사(was)를 포함하고 있으며, 과거의 기간을 나타내기 위해 추가로 덧붙여진 절입니다. 즉, 부사와 같이 부가적인 요소이므로 없어도 무방하며, while 앞에 위치한 또 다른 절을 수식해 주는 역할을 하므로 부사절입니다.

3. **Mr. Riley / will be entitled to receive money / if he wins the competition.**
(O)

라일리 씨는 / 돈을 받을 권리가 있을 것이다 / 만약 그가 대회에서 우승한다면

해설 if 이하는 접속사 if와 함께 주어(he)와 동사(wins)를 포함하고 있으며, 조건을 나타내기 위해 추가로 덧붙여진 절입니다. 즉, 부사와 같이 부가적인 요소이므로 없어도 무방하며, if 앞에 위치한 또 다른 절을 수식하는 역할을 하므로 부사절이에요.

개념 2 부사절의 종류 – 1. 시간과 조건 부사절

토익 정답과 친해지는 EXERCISE
본문 p. 223

정답 **1.** while **2.** once **3.** unless

1. **I suspended / my regular activities / (although / while) I was on a business trip.**

나는 중단했다 / 나의 규칙적인 활동들을 / 출장 간 동안에

해설 '출장 간 동안에 규칙적으로 하던 일들을 중단했다'라는 의미가 자연스러우므로 while(~하는 동안에)이 정답이에요.

2. **Ms. Olham / can obtain special rates / (once / until) she opens an account at Urban Bank.**

올햄 씨는 / 우대 금리를 받을 수 있다 / 일단 그녀가 어반 은행에서 계좌를 개설한 후에

해설 '일단 계좌를 개설한 후에 우대 금리를 받을 수 있다'라는 의미가 자연스러우므로 once(일단 ~한 후에)가 정답이에요.

3. **You cannot exchange / or return merchandise / (because / unless) you show a valid receipt.**

당신은 교환할 수 없습니다 / 또는 상품을 반품할 수 없습니다 / 유효한 영수증을 제시하지 않는다면

해설 '유효한 영수증을 제시하지 않는다면, 상품을 교환하거나 반품할 수 없다'라는 의미가 자연스러우므로 unless(~하지 않는다면)가 정답이에요.

개념 3 부사절의 종류 – 2. 이유 부사절

토익 정답과 친해지는 EXERCISE
본문 p. 224

정답 **1.** since **2.** as **3.** now that

1. **Customers / knew about the phone / in advance / (since / so that) the store had early promotions.**

고객들은 / 그 전화기에 관해 알았다 / 사전에 / 상점이 조기 홍보를 했기 때문에

해설 '상점이 조기 홍보를 했다'는 것은 '그 전화기에 대해 사전에 알았다'의 이유이므로 since(~하기 때문에)가 정답이에요.

2. **Mr. Jackson / launched the campaign successfully / (as / unless) he had a great team / to help him.**

잭슨 씨는 / 성공적으로 캠페인을 시작했다 / 훌륭한 팀이 있었기 때문에 / 그를 도와주는

해설 '훌륭한 팀이 있었다'는 것은 '성공적으로 캠페인을 시작했다'의 이유이므로 as(~하기 때문에)가 정답이에요.

3. **The company / will not declare bankruptcy / (now that / even if) it has reduced its expenditures.**

회사는 / 파산 선고를 하지 않을 것이다 / 지출 비용을 줄였으므로

해설 '비용을 줄였다'는 것은 '파산 선고를 하지 않을 것이다'의 이유이므로 now that(~하기 때문에)이 정답이에요.

개념 4 부사절의 종류 – 3. 양보 부사절

토익 정답과 친해지는 EXERCISE
본문 p. 225

정답 **1.** While **2.** because **3.** although

1. **(Because / While) some customers / prefer online banking, / others want / a traditional way.**

몇몇 고객들이 / 인터넷 뱅킹을 선호하지만 / 다른 이들은 원한다 / 전통적인 방식을

해설 '인터넷 뱅킹을 선호한다'는 내용과 '전통적인 방식을 원한다'는 대조되는 내용이므로 While(~인 반면에)이 정답이에요.

2. Ms. Perez / shops at this market / (because / even though) it has an extensive selection / of organic products.

페레즈 씨는 / 이 시장에서 물건을 산다 / 왜냐하면 이 시장이 광범위한 종류를 가지고 있기 때문에 / 유기농 제품의

해설 '다양한 유기농 제품을 가지고 있다'는 것이 '페레즈 씨가 이 시장에서 물건을 산다'의 이유이므로 '~하기 때문에'를 의미하는 because가 정답이에요.

3. The manager / hired another candidate / (although / as) I recommended / my former colleague.

부장은 / 다른 후보를 채용했다 / 내가 추천했음에도 불구하고 / 나의 이전 동료를

해설 '부장은 다른 후보를 채용했다'와 '나는 이전 동료를 추천했다'는 대조적인 내용이므로 although(~에도 불구하고)가 정답이에요.

개념5 부사절의 종류 – 4. 기타 주요 부사절

토익 정답과 친해지는 **EXERCISE**   본문 p. 226

정답   **1.** because   **2.** Assuming that   **3.** so that

1. The company / hired Mr. Wang / (because / as if) he had considerable expertise / in engineering.

회사는 / 왕 씨를 고용했다 / 그가 상당한 전문 지식을 가지고 있었기 때문에 / 공학 분야에

해설 '상당한 전문 지식을 가지고 있었다'는 것은 '왕 씨를 고용했다'의 이유이므로 because(~하기 때문에)가 정답이에요.

2. (Assuming that / Although) I leave / no later than 3 P.M., / I will catch the train / on time.

내가 떠날 것이라고 가정하면 / 늦어도 오후 3시까지는 / 나는 기차를 탈 것이다 / 정시에

해설 '늦어도 오후 3시까지는 떠난다'는 것이 '정시에 기차를 탈 것이다'의 조건이므로 Assuming that(~라고 가정한다면)이 정답이에요.

3. The restaurant / will revise the dress code / (so that / before) all employees must wear / the uniform with the new logo.

식당은 / 복장 규정을 변경할 것이다 / 모든 직원들이 반드시 입도록 / 새 로고가 있는 유니폼을

해설 '복장 규정을 변경한다'는 것은 '직원들이 새 로고가 있는 유니폼을 입도록' 하기 위한 것이므로, 목적을 나타내는 so that(~을 하기 위해서)이 정답이에요.

개념6 부사절 접속사 vs. 전치사 vs. 접속부사

토익 정답과 친해지는 **EXERCISE**   본문 p. 227

정답   **1.** due to   **2.** although   **3.** However

1. The client terminated / his phone service / (because / due to) the expensive additional fees.

고객은 중단했다 / 자신의 전화 서비스를 / 비싼 추가 요금 때문에

해설 because와 due to는 '~ 때문에'로 의미가 같지만, because는 부사절 접속사로 주어와 동사가 포함된 절을 이끌고, due to는 전치사로 명사 형태를 이끌어요. the expensive additional fees는 명사 형태이므로 due to가 정답이에요.

2. We accepted / the proposal submission / (although / despite) the due date had passed.

우리는 수락했다 / 제안서 제출을 / 마감일이 지났음에도 불구하고

해설 although와 despite는 '~에도 불구하고'라는 같은 의미를 나타내지만, although는 부사절 접속사여서 주어와 동사가 포함된 절을 이끌고 despite는 전치사이므로 명사 형태를 이끌어요. 주어 the due date와 동사 had passed로 구성된 절 앞에 올 수 있는 것은 접속사 although입니다.

3. The organizers / did not publicize the marathon well. / (However / Although), the event / attracted

many runners.

주최 측은 / 마라톤 경기를 잘 홍보하지 못했다 / 그러나 행사에는 / 많은 선수들이 모였다

해설 however(그러나)와 although(그럼에도 불구하고)는 의미가 비슷하지만, 문법적 성격이 달라요. 마침표와 함께 하나의 문장이 끝난 후에 새롭게 시작되는 문장의 맨 앞에 위치해야 하므로 접속부사인 However가 정답이에요.

정답   **1.** (B)   **2.** (C)   **3.** (A)   **4.** (C)   **5.** (B)   **6.** (C)   **7.** (C)   **8.** (B)   **9.** (B)   **10.** (D)

1.   Because she had / previous experience, / Ms. Garcia was able to / quickly adapt to her new job.

(A) How   (B) Because   (C) Either   (D) When

그녀가 가지고 있기 때문에 / 이전의 경험을 / 기르시아 씨는 할 수 있었다 / 자신의 새 직장에 빠르게 적응하는 것을

* previous 이전의, 과거의   be able to ~할 수 있다   adapt to ~에 적응하다   either 둘 중 하나

해설 문장 중간에 위치한 콤마를 기준으로 앞뒤에 주어와 동사가 각각 포함된 절이 하나씩 쓰여 있으므로 빈칸은 이 절들을 연결할 부사절 접속사 자리입니다. 그리고 '이전의 경험이 있었기 때문에, ~에 빠르게 적응할 수 있었다'와 같은 의미가 되어야 자연스러우므로 '~하기 때문에'라는 뜻으로 이유를 나타내는 접속사 (B) Because가 정답입니다.

오답 (A) How는 명사절 접속사를 이끌기 때문에 오답이고, (D) When은 접속사이기는 하지만 의미가 어울리지 않아 오답이며, (C) Either는 형용사 또는 대명사로 쓰이므로 오답입니다.

2.   The charity organization / expressed gratitude / to the local businesses / for their generous support.

(A) hesitant   (B) reluctant   **(C) generous**   (D) spacious

자선 단체는 / 감사를 표했다 / 지역 기업에 / 그들의 후한 지원에 대한

(A) 망설이는, 주저하는   (B) 꺼리는, 마지못한   (C) 후한, 관대한   (D) 공간이 넓은

* charity 자선   organization 단체, 조직   express 표현하다   gratitude 감사(하는 마음)   support 지원

해설 보기가 모두 의미가 다른 형용사로 구성되어 있으므로 해석해서 문제를 풀어야 합니다. 빈칸에 쓰일 형용사는 뒤에 오는 명사 support(지원)를 수식해요. 보기 중 (C) generous(후한)가 support와 자연스럽게 어울리는데다 의미상으로도 '후한 지원에 대해 감사를 표했다(expressed gratitude)'가 적절하므로 (C) generous가 정답이 됩니다. generous support(후한 지원)로 묶어서 기억해 두세요.

오답 '망설이는(hesitant) 지원'도 말은 되지만 문장의 의미에 어울리지 않아 오답입니다. (B) reluctant(꺼리는)는 행동을 하는 주체를 수식하므로 오답입니다. (D) spacious(공간이 넓은)는 support와 어울리지 않아 오답입니다.

3.   Ms. Garcia will be able to / accommodate your schedule / if you let her know / in advance.

(A) if   (B) besides   (C) until   (D) not only

가르시아 씨께서 하실 수 있을 것입니다 / 귀하의 일정을 수용하는 것을 / 그녀에게 알려드리면 / 미리

* be able to ~할 수 있다   accommodate 수용하다   let A know A에게 알리다   in advance 미리, 사전에
besides 게다가, 뿐만 아니라, ~ 외에도   until (지속) ~할 때까지   not only A but (also) B A뿐만 아니라 B도

해설 빈칸 앞뒤에 주어와 동사가 각각 포함된 절이 하나씩 쓰여 있으므로 빈칸은 이 절들을 연결할 접속사 자리입니다. 그리고 '그녀에게 미리 알려드리면 귀하의 일정을 수용하실 수 있을 것입니다'와 같은 의미가 되어야 자연스러우므로 '~한다면'이라는 뜻으로 조건을 나타낼 때 사용하는 접속사 (A) if가 정답입니다.

오답 (B) besides는 부사 또는 전치사로 쓰이므로 오답이며, (C) until은 접속사 또는 전치사로 쓰이는 데 접속사일 경우에 의미가 맞지 않으므로 오답입니다. (D) not only는 but (also)와 짝을 이뤄 사용하며 의미도 맞지 않으므로 오답입니다.

4.   The company merger / will occur / once lawyers have finalized the contract.

(A) usually   (B) very   **(C) once**   (D) even

회사 합병은 / 일어날 것입니다 / 일단 변호사들이 계약을 최종 마무리하면

* merger 합병   occur 일어나다, 발생하다   finalize 마무리하다   contract 계약   once 일단 ~하면

해설 빈칸 앞에 주어(The company merger)와 동사(will occur)가 있는 절의 형태이고, 빈칸 뒤에도 주어(lawyers)와 동사(have finalized)가 있는 또 다른 절이 있으므로 빈칸은 이 두 개의 절을 연결하는 접속사 자리입니다. 따라서 부사절 접속사인 (C) once(일단 ~하면)가 정답이 됩니다.

오답 (A) usually(보통), (B) very(매우), (D) even(심지어)은 모두 부사이므로 두 개의 절을 연결하는 역할을 할 수 없어요.

5. To get reimbursed / for the business travel expenses, / you should submit / valid receipts.

(A) outdated   **(B) valid**   (C) costly   (D) improper

환급받기 위해서 / 출장 경비에 대해 / 당신은 제출해야 합니다 / 유효한 영수증을

(A) 오래된, 시대에 뒤쳐진   (B) 유효한   (C) 값비싼   (D) 부적절한

* reimburse 환급하다, 상환하다   expense 비용   submit 제출하다   receipt 영수증

해설 보기가 모두 의미가 다른 형용사로 구성되어 있으므로 해석해서 문제를 풀어야 합니다. 빈칸에 쓰일 형용사는 뒤에 오는 명사 receipts(영수증)를 수식합니다. 보기 중 (B) valid(유효한)가 영수증과 자연스럽게 어울리는데다 '환급을 받기 위해(To get reimbursed) 유효한 영수증을 제출해야 한다'라는 의미가 적절하므로 (B) valid가 정답이에요. a valid receipt(유효한 영수증)로 묶어서 기억해 두세요.

오답 '오래된(outdated) 영수증', '적절하지 않은(improper) 영수증' 둘 다 말은 되지만 문장의 의미와 맞지 않아 오답이에요. '값비싼 (costly)'은 영수증과 어울리지 않아 오답이에요.

6. The food and beverage / will be served / once the catering staff / has finished setting up the buffet table.

(A) until   (B) despite   **(C) once**   (D) then

음식과 음료가 / 제공될 것입니다 / 일단 출장 요리업체 직원들이 / 뷔페 테이블 설치를 끝마치고 나면

* beverage 음료   serve (음식 등을) 제공하다, 내오다   catering 출장 요리 제공(업)   set up 설치하다, 마련하다   until (지속) ~할 때까지 despite ~에도 불구하고   once 일단 ~하면, ~하자마자, 한 번, 한때   then 그럼, 그렇다면, 그런 다음, 그때

해설 빈칸 앞뒤에 주어와 동사가 각각 포함된 절이 하나씩 쓰여 있으므로 빈칸은 접속사 자리입니다. 그리고 '일단 출장 요리업체 직원들이 뷔 페 테이블 설치를 끝마치고 나면 ~가 제공될 것입니다'와 같은 의미가 되어야 자연스러우므로 '일단 ~하면, ~하자마자'를 뜻하는 접속사 (C) once가 정답입니다.

오답 (A) until은 접속사 또는 전치사로 쓰이는 데 접속사일 경우에 의미가 맞지 않으므로 오답입니다. (B) despite은 전치사, (D) then은 부 사이므로 오답입니다.

7. Since the company / revised its dress code / last month, / a growing number of employees / have been wearing / casual attire.

(A) resigned   (B) reserved   **(C) revised**   (D) resolved

회사가 / 복장 규정을 수정한 이후로 / 지난달에 / 점점 더 많은 직원들이 / 입고 있다 / 평상복을

(A) 사직했다, 사임했다   (B) 예약했다   (C) 수정했다, 고쳤다   (D) 해결했다, 다짐했다

* dress code 복장 규정   a number of 많은   employee 직원   attire 의복, 복장   revise 바꾸다, 수정하다

해설 보기가 모두 의미가 다른 동사로 구성되어 있으므로 해석해서 문제를 풀어야 해요. 접속사 Since가 이끄는 절에서 주어가 the company(회사)이고, 빈칸은 동사 자리며, its dress code(복장 규정)가 동사의 목적어이므로 보기와 함께 해석해 보면 '회사가 복장 규정을 수정했다'가 자연스러우므로 '수정하다'를 의미하는 (C) revised가 정답이 됩니다. revise code(규칙을 수정하다)로 묶어서 기억해 두세요.

8. Despite reports of accidents / in the Brisbane Amusement Park, / many people / still visit / the site / every day.

(A) Even if   **(B) Despite**   (C) However   (D) Although

사고에 대한 보도에도 불구하고 / 브리즈번 놀이공원에서 발생한 / 많은 사람들이 / 여전히 방문한다 / 그곳을 / 매일

* report (뉴스) 보도   accident 사고   visit 방문하다   site 장소   even if 비록 ~일지라도   despite ~에도 불구하고   however 하지만 although 비록 ~이긴 하지만

해설 보기의 단어들을 먼저 확인해 보면, (A) Even if와 (D) Although는 접속사이고, (B) Despite는 전치사, (C) However는 접속부사예 요. 각각 품사가 다르므로 빈칸 뒤에 이어지는 문장의 구조를 먼저 확인해서 알맞은 것을 골라야 해요. 빈칸 뒤를 보면, 콤마 앞까지 reports of accidents라는 명사구와 이를 수식하는 전치사구만 있으므로 빈칸에는 명사를 목적어로 가질 수 있는 전치사가 와야 한다는 것을 알 수가 있 어요. 따라서 전치사인 (B) Despite가 정답이에요.

오답 접속사인 (A) Even if와 (D) Although는 주어와 동사가 각각 포함된 두 개의 절을 연결하는 역할을 하므로 전치사 자리에 올 수 없어 요. (C) However는 '하지만'이라는 의미로 쓰이는 접속부사이므로 마찬가지로 전치사 자리에 올 수 없어요.

9. Since there has been a decline / in the tourist industry, / Grant Hotels / will postpone / further expansion.

(A) Even if   **(B) Since**   (C) Therefore   (D) Regardless of

쇠퇴가 있었기 때문에 / 관광 산업에서 / 그랜트 호텔은 / 연기할 것이다 / 추가 확장을

*decline 쇠퇴, 감소   tourist industry 관광 산업   postpone 연기하다, 미루다   further 추가의   expansion 확장
since ~때문에, 이후로   therefore 그러므로   regardless of ~에 상관없이

해설 보기가 부사절 접속사, 접속부사, 전치사로 구성되어 있으므로 빈칸 다음의 구조를 확인하세요. 빈칸 뒤에 주어(there)와 동사(has been)가 있는 절이 있으므로 절을 이끄는 접속사 (A) Even if(~라 할지라도)와 (B) Since(~때문에) 중 하나가 정답이 됩니다. '관광 산업에 쇠퇴가 있었기 때문에 확장을 연기할 것이다'라는 의미가 자연스러우므로 이유를 나타내는 (B) Since가 정답이 됩니다.

오답 (C) Therefore(그래서)는 접속부사이므로 마침표로 끝난 문장 뒤에 새롭게 시작되는 문장의 맨 앞에 위치해야 해요. (D) Regardless of(~에 상관없이)는 전치사이므로 명사 형태의 목적어와 함께 쓰여야 해요.

10. Any vacation requests / should be submitted / at least 4 weeks in advance.

(A) in detail   (B) on purpose   (C) by chance   **(D) in advance**

휴가 신청은 / 제출되어야 한다 / 최소한 4주 전에 미리

(A) 상세하게   (B) 고의로   (C) 우연히   (D) 미리

*request 신청, 요구   submit 제출하다   at least 최소한, 적어도

해설 보기가 모두 자주 쓰이는 숙어 표현들이므로 해석을 통해 문제를 풀어야 해요. 특히, 빈칸 앞에 기간을 나타내는 표현 4 weeks가 있는데, 이렇게 기간 표현과 함께 쓰여 '~의 기간만큼 미리'라는 뜻으로 쓰이는 in advance(미리)는 자주 출제되는 표현이에요. 이 문장에서도 '최소 4주 전에 미리 제출되어야 한다'라는 자연스러운 의미가 만들어지므로 (D) in advance가 정답이에요.

 **자신감 쑥쑥! 실전 도전** Part 6   본문 p. 230

정답   **11.** (B)   **12.** (A)   **13.** (A)   **14.** (C)

Questions 11-14 refer to the following online review. 다음 온라인 리뷰를 참조하시오.

Rating: Five Stars 등급: 별 다섯개
User: JD McDowell 사용자: JD 맥도웰

I recently visited / Mick's Auto Body Shop / on Jefferson Street.
나는 최근에 방문했다 / 믹스 정비소를 / 제퍼슨 거리에 있는

I have noticed that / some reviewers here / said / the work was done / by inexperienced technicians.
나는 알고 있었다 / 여기의 몇몇 비평가들이 / 말했다는 것을 / 작업이 행해졌다고 / 미숙한 기술자에 의해

However, / I had an overwhelmingly positive experience.
그러나 / 나는 굉장히 긍정적인 경험을 했다

My vehicle / was badly damaged, / but the shop's specialists / had the expertise / to make it look new again.
내 차량이 / 심하게 파손되었다 / 그러나 그 정비소의 전문가들은 / 전문 기술을 가지고 있었다 / 그것을 다시 새 차로 보이게 만드는

Furthermore, / they did it / for less than their original estimate.
게다가 / 그들은 했다 / 원래 견적가보다 적은 비용으로

Therefore, / I would recommend / anyone in need of auto body work / to visit Mick's Auto Body Shop / without hesitation.
따라서 / 나는 추천하고 싶다 / 정비 작업이 필요한 누구에게든 / 믹스 정비소를 방문할 것을 / 주저 없이

등급: 별 다섯개
사용자: JD 맥도웰

나는 최근에 제퍼슨 거리에 있는 믹스 정비소를 방문했다. 미숙한 기술자들에 의해 작업이 행해졌다고 여기의 몇몇 비평가들이 말한 것을 알고 있었다. 그러나 나는 굉장히 긍정적인 경험을 했다.

내 차량은 심하게 파손되었지만, 그 정비소의 전문가들은 그것을 다시 새 차로 보이게 만드는 전문 기술을 가지고 있었다. 게다가 그들은 원래 견적가보다 적은 비용으로 작업을 해 주었다.

따라서 나는 정비 작업이 필요한 누구에게든 주저 없이 믹스 정비소를 방문할 것을 추천하고 싶다.

---

*auto body shop 정비소   notice 알아차리다, 주목하다   inexperienced 미숙한, 경험이 부족한   overwhelmingly 굉장히, 압도적으로   positive 긍정적인   vehicle 차량, 탈것   damaged 파손된, 손상된   recommend 추천하다   hesitation 망설임, 주저   expertise 전문 기술, 전문 지식   furthermore 게다가, 더욱이   original 원래의   estimate 추정, 추산, 견적서

11. (A) In addition   **(B) However**   (C) After   (D) When

해설 빈칸은 문장 맨 앞에 콤마와 함께 있어요. 마침표로 끝난 문장 다음 문장의 맨 앞에 위치한 것이므로 접속부사 자리입니다. 따라서 접속부

사인 (A) In addition(게다가)과 (B) However(그러나) 중에서 적절한 것이 정답이에요. '미숙한(inexperienced) 기술자들에 의해 이루어 진다고 말했다는 것을 알게 되었다'와 '매우 긍정적인 경험을 했다'는 대조적인 의미이므로 (B) However(그러나)가 정답이 됩니다.

오답 (A) In addition은 추가로 덧붙일 때 쓰이므로 대조적인 의미를 나타낼 수 없어요. (C) After는 전치사나 부사절 접속사로 쓰이고, (D) When은 부사절 접속사로 쓰이므로 접속부사 자리에 올 수 없어요.

12. (A) expertise   (B) article   (C) revision   (D) session

(A) 전문 기술   (B) 기사   (C) 수정   (D) 시간, 기간, 수업

해설 보기가 모두 의미가 다른 명사로 구성이 있으므로 해석해서 문제를 풀어야 해요. '내 사랑이 심하게 파손되었지만, 그 정비소의 전문가 들은 자동차를 다시 새 차로 보이게 만드는 전문 기술을 가지고 있었다'는 의미이므로, '전문 기술'을 의미하는 (A) expertise가 정답이에요.

13. (A) Furthermore, they did it for less than their original estimate.

(A) 게다가 그들은 원래 견적가보다 적은 비용으로 작업을 해 주었다.

(B) Particularly, they came to my place to do the service.

(B) 특히, 그들은 서비스를 제공해 주기 위해 저희 집으로 찾아 왔다.

(C) Unfortunately, I was very disappointed in their lack of professionalism.

(C) 안타깝게도, 나는 그들의 전문성 부족에 매우 실망했다.

(D) In fact, they helped me to choose a right model.

(D) 사실, 그들은 내가 올바른 모델을 선택하는 데 도움을 주었다.

해설 빈칸 앞부분을 보면, 다른 사람들의 의견과 달리 믹스 정비소가 자신의 차량을 수리해 준 것에 대한 긍정적인 생각을 알리는 내용이 쓰여 있어요. 따라서 이러한 흐름에 어울릴 수 있도록 긍정적 내용을 담은 문장이 빈칸에 와야 하므로 수리 비용과 관련해 '견적가보다 저렴하게 작업해 주었다'라는 의미를 나타내는 (A)가 정답이에요.

오답 (B): 지문의 시작 부분을 보면, '최근에 방문했다(I recently visited ~)'라는 말이 있어요. 따라서 직접 매장에 찾아가서 차량 수리 서비 스를 받았다는 것을 알 수 있으므로 이 문장은 지문의 흐름에 어울리지 않는 보기예요.

(C): 빈칸 앞뒤에 쓰여 있는 문장들을 보면, 믹스 정비소의 서비스에 만족해서 다른 사람들에게도 주저하지 않고 추천하겠다는 내용이 있으므 로 '실망했다'라는 의미를 나타내는 이 문장은 지문의 흐름에 전혀 어울리지 않아요.

(D): 차량 수리 서비스 및 그에 대한 긍정적인 의견을 알리는 내용이므로 '모델 선택'에 대해 언급하는 이 문장은 지문의 흐름에 어울리지 않는 보기예요.

14. (A) Although   (B) Due to   **(C) Therefore**   (D) Nevertheless

해설 빈칸은 문장 맨 앞에 콤마와 함께 위치해 있어요. 하나의 문장이 끝나고 새롭게 시작되는 문장의 맨 앞에 위치해 있으므로 빈칸은 접속부 사 자리예요. 따라서 접속부사인 (C) Therefore(그래서)와 (D) Nevertheless(그럼에도 불구하고) 중에서 의미상 적절한 것을 선택해야 해 요. 빈칸 앞에 위치한 문장 '게다가 원래 견적가보다 적은 비용으로 작업을 해 주었다'는 '누구든지 이 정비소를 방문할 것을 추천하고 싶다'의 이유이므로, '그래서'를 의미하는 (C) Therefore가 정답이에요.

오답 (A) Although는 부사절 접속사이므로 접속부사 자리에 올 수 없어요. (B) Due to는 전치사로 명사 형태의 목적어와 함께 쓰여야 하므 로 오답이에요.

DAY 17   토익이 좋아하는 **짝꿍표현**   Vocabulary

토익 정답과 친해지는 **EXERCISE**

본문 p. 235

정답   **1.** (B)   **2.** (B)   **3.** (B)

1. The refurbishment of the building / was originally scheduled / to be completed / by last Friday.

     (A) strictly   **(B) originally**

건물의 새 단장은 / 원래 예정되어 있었다 / 완료되는 것으로 / 지난 금요일까지

(A) 엄격하게   **(B) 원래**

해설 빈칸에 쓰일 부사는 동사 was scheduled(예정되어 있었다)를 수식해요. '원래(originally) ~로 예정되어 있었다'라는 의미가 자연스 러우므로 (B) originally가 정답이에요. strictly(엄격하게)는 대개 '금지하다, 지키다' 등을 의미하는 동사와 함께 쓰이는 부사이며, 일정을 나

타내는 동사와는 어울리지 않아 오답이에요.

2. Our restaurant / reserves the right / to prohibit people / from entering with their pets.

(A) avoids   **(B) reserves**

우리 식당은 / 권리를 가지고 있다 / 사람들을 금지할 / 애완동물과 함께 입장하는 것을

(A) 피하다   (B) 가지고 있다

해설 빈칸 뒤에 위치한 명사 the right(권리)와 의미가 어울리는 동사가 필요하므로 '예약하다'라는 의미 외에도 '(권리 따위를) 가지고 있다'라는 의미로 쓰이는 (B) reserves가 정답이에요. reserve a right to V(~할 권리를 가지고 있다)로 묶어서 기억해 두세요.

3. The new trade center in Hong Kong / can accommodate / more than 2,000 offices.

(A) stock   **(B) accommodate**

홍콩의 새 무역센터는 / 수용할 수 있다 / 2,000개 이상의 사무실을

(A) 들여놓다   (B) 수용하다

해설 빈칸은 동사 자리이고 more than 2,000 offices(2,000개 이상의 사무실들)가 목적어입니다. '2,000개 이상의 사무실들을 수용할 (accommodate) 수 있다'가 의미상 자연스러우므로 (B) accommodate가 정답이에요. (A) stock은 '(물건 따위를) 들여놓다, 갖추다'라는 의미이므로 사무실과는 어울리지 않아 오답이에요.

 명사절

개념 1 명사절의 역할

토익 정답과 친해지는 **EXERCISE**   본문 p. 236

정답   **1.** that Mr. Gibbs would promote a new mobile game

        2. what it has done for green growth

        3. that the project is behind schedule for about two to three months

1. I heard / that Mr. Gibbs would promote / a new mobile game.
                        명사절

나는 들었다 / 깁스 씨가 홍보할 것이라고 / 새 모바일 게임을

해설 동사 heard 뒤 목적어 자리에 that이 이끄는 문장이 왔어요. 따라서 that 이하 절은 동사의 목적어 자리에 온 명사절입니다.

2. Ravera Co. / should feel proud / of what it has done / for green growth.
                                  명사절

라베라 사는 / 자랑스러워해야 한다 / 해 온 일들에 대해 / 녹색 성장을 위해

해설 전치사 of 뒤 목적어 자리에 what이 이끄는 문장이 왔어요. 따라서 what 이하 절은 전치사의 목적어 자리에 온 명사절입니다.

3. The problem is / that the project / is behind schedule / for about two to three months.
                                 명사절

문제는 ~이다 / 그 프로젝트는 / 예정보다 늦어진다는 것이다 / 약 두 달에서 세 달 간

해설 be동사 is 뒤 보어 자리에 that이 이끄는 문장이 왔어요. 따라서 that 이하 절은 보어 자리에 온 명사절입니다.

개념 2 명사절의 위치

토익 정답과 친해지는 **EXERCISE**   본문 p. 237

정답   **1.** that   **2.** While   **3.** what

1. Mr. Obi predicted / (that / although) the congestion / would halt momentarily.

오비 씨는 예측했다 / 교통체증이 / 잠시 멈출 것이라고

해설 'that + 절'은 명사의 역할을, 'although + 절'은 부사의 역할을 해요. predicted(예측했다)는 목적어(명사)를 필요로 하는 동사이므로 절과 결합해 명사와 같은 역할을 하도록 만들어주는 that이 정답이에요.

2. (While / What) Ms. Rivers presents the lecture, / she is required / to answer questions.

리버스 씨가 강의를 하는 동안 / 그녀는 요구된다 / 질문에 대답을 하도록

해설 'what + 절'은 명사의 역할을 하기 때문에 What이 쓰이면 What에서 the lecture까지가 하나의 명사 형태가 되어 문장 앞에 명사만 하나 놓인 어색한 형태가 됩니다. 하지만 'while + 절'은 부사의 역할을 하므로 문장 앞에 부사가 놓인 형태가 되어 자연스러워요. 따라서 While이 정답이에요.

3. Working cooperatively / is (what / since) most employees should do.

협력하여 일하는 것은 / 대부분의 직원들이 해야 할 일이나

해설 is는 be동사이므로 뒤에 주격 보어가 와야 합니다. 주격 보어의 역할을 하는 것은 형용사나 명사인데, 'what + 절'은 명사의 역할을, 'since + 절'은 부사의 역할을 하므로 what이 정답이에요.

개념 3 명사절 접속사의 종류 – 1. that

토익 정답과 친해지는 EXERCISE 본문 p. 238

정답 **1.** that **2.** that **3.** That

1. The manual specifies / (that / because) all inquiries should be forwarded / to Ms. Nixon.

안내책자는 명시한다 / 모든 문의사항은 보내져야 한다고 / 닉슨 씨에게

해설 'that + 절'은 명사의 역할을, 'because + 절'은 부사의 역할을 합니다. specifies(명시하다)는 목적어(명사)를 필요로 하는 동사이므로 절과 결합해 명사와 같은 역할을 하도록 만들어주는 명사절 접속사 that이 정답이에요.

2. The issue is / (that / although) Mr. Chang was originally scheduled / to meet you yesterday.

문제는 ~이다 / 창 씨가 원래 예정이었다는 것 / 당신을 어제 만날

해설 is는 be동사이므로 명사나 형용사 주격 보어가 필요해요. 따라서 빈칸 이하를 명사절로 만들어주는 명사절 접속사 that이 정답이에요. although는 부사절 접속사이므로 오답이에요.

3. (That / Since) the architect designed the room poorly / made customers annoyed.

건축가가 그 방을 형편없이 디자인한 것이 / 고객들을 화나게 했다

해설 문장에 동사 두 개(designed, made)가 있는데, made 앞에는 주어가 따로 없으므로 poorly까지가 문장 전체의 주어 역할을 하는 명사절이 되어야 자연스러운 형태가 돼요. 따라서 절과 결합해 명사와 같은 역할을 하도록 만들어주는 명사절 접속사 That이 정답이에요. Since는 부사절 접속사이므로 절과 결합해 명사와 같은 역할을 하도록 만들어줄 수 없어 오답이에요.

개념 4 명사절 접속사의 종류 – 2. who/what

토익 정답과 친해지는 EXERCISE 본문 p. 239

정답 **1.** What **2.** who **3.** what

1. (What / That) makes this application special / is its ability / to securely store all your information.

이 응용프로그램을 특별하게 만드는 것은 / 그것의 능력이다 / 당신의 모든 정보를 안전하게 저장하는

해설 문장에 동사 두 개(makes, is)가 있는데, 모두 동사 앞에 주어가 없어요. 따라서 is 앞까지가 문장의 주어 역할을 하는 명사절이 되어야 하는데, 이 명사절은 동사 makes의 주어가 빠진 불완전한 구조이므로 What이 정답이에요.

2. The manager will determine / (that / who) will organize the farewell gathering.

부장은 결정할 것이다 / 누가 이 송별회를 조직할지를

해설 determine(결정하다)은 목적어가 필요한 동사이므로, 빈칸 이하를 명사절로 만들어주는 접속사가 필요해요. that과 who 모두 명사절 접속사이지만, 동사 will organize의 주어가 빠진 불완전한 구조이므로 who가 정답이에요.

3. This document indicates / (that / **what**) you should submit / for prompt reimbursement.

이 서류는 보여준다 / 당신이 무엇을 제출해야 하는지 / 즉각적인 상황을 위해

해설 indicates(보여주다, 나타내다)는 목적어가 필요한 동사이므로, 빈칸 이하를 명사절로 만들어주는 접속사가 필요해요. that과 what 모두 명사절 접속사이지만, 동사 submit(제출하다)의 목적어가 없는 불완전한 구조이므로 what이 정답이에요.

개념 5 명사절 접속사의 종류 – 3. if/whether

토익 정답과 친해지는 **EXERCISE** 본문 p. 240

정답 **1.** whether **2.** whether **3.** whether

1. Mr. Goh wants to know / (who / **whether**) the building can accommodate / all the offices.

고 씨는 알고 싶어 한다 / 그 건물이 수용할 수 있는지 아닌지 / 모든 사무실을

해설 to know(아는 것을)는 목적어를 필요로 하므로, 이하 부분을 명사로 만들어주는 명사절 접속사가 필요해요. who와 whether 둘 다 명사절 접속사이지만, 주어(the building), 동사(can accommodate), 목적어(all the offices)가 있는 완전한 구조의 명사절을 이끌 수 있는 whether가 정답이에요.

2. Regardless of (what / **whether**) we can avoid congestion, / we must leave shortly / after the meeting.

우리가 교통체증을 피할 수 있을지 없을지에 상관없이 / 우리는 곧 떠나야만 한다 / 회의 후에

해설 Regardless of(~에 상관없이)는 전치사이므로 뒤에 명사 형태가 와야 해요. 따라서 we에서 congestion까지를 명사로 만들어주는 명사절 접속사가 필요해요. what과 whether 둘 다 명사절 접속사이지만, 주어(we), 동사(can avoid), 목적어(congestion)가 있는 완전한 구조의 명사절을 이끌 수 있는 whether가 정답이에요.

3. Please indicate in advance / (who / **whether**) the requested items / will be stocked.

미리 알려 주십시오 / 요청된 물건이 / 채워질 것인지 아닌지

해설 in advance(미리)는 부사이고 indicate(나타내다)는 목적어가 필요한 동사이므로, 빈칸 이하는 명사의 형태가 되어야 해요. who와 whether 둘 다 명사절 접속사이지만, 주어(the requested items)와 목적어가 필요 없는 수동태 동사(will be stocked)가 있는 완전한 구조의 명사절을 이끌 수 있는 whether가 정답이에요.

개념 6 명사절 접속사의 종류 – 4. when/where/how/why

토익 정답과 친해지는 **EXERCISE** 본문 p. 241

정답 **1.** How **2.** how **3.** what

1. (Though / **How**) we will account for the loss of clients / will be addressed / in the meeting.

어떻게 우리가 고객 손실에 대해 설명할지가 / 다뤄지게 될 것이다 / 회의에서

해설 'though + 절'은 부사의 역할을, 'how + 절'은 명사의 역할을 해요. 그런데 두 번째 동사(will be addressed) 앞의 명사 형태(the loss of clients)는 will be addressed의 주어가 아니라 전치사 for의 목적어입니다. 따라서 we에서 clients까지가 명사절이 되어 주어 역할을 하고, will be addressed가 문장 전체의 동사가 되어야 하므로 How가 정답이에요.

2. Employees / attended a workshop / on (what / **how**) employees can handle / customer complaints / effectively.

직원들은 / 워크숍에 참석했다 / 어떻게 직원들이 처리할 수 있을지에 관한 / 고객들의 불만사항을 / 효과적으로

해설 빈칸 앞의 on은 전치사이므로 뒤에 명사의 형태가 와야 해요. 따라서 employees에서 effectively까지를 명사절로 만들어주는 명사절 접속사가 필요해요. what과 how 둘 다 명사절 접속사이지만, 주어(employees), 동사(can handle), 목적어(customer complaints)가 있는 완전한 구조의 명사절을 이끌 수 있는 how가 정답이에요.

3. The notice / indicated / (**what** / where) will be temporarily closed / among company facilities.

공고문은 / 나타냈다 / 무엇이 일시적으로 문을 닫을지 / 회사 시설 중에서

해설 indicated(나타냈다)는 목적어가 필요한 동사이므로, 이하 부분을 명사절로 만들어주는 명사절 접속사를 찾아야 해요. what과 where

둘 다 명사절 접속사이지만, 동사(will be)의 주어가 빠진 불완전한 구조의 명사절을 이끌 수 있는 what이 정답이에요.

정답   **1.** (C)   **2.** (C)   **3.** (B)   **4.** (A)   **5.** (D)   **6.** (C)   **7.** (A)   **8.** (C)   **9.** (B)   **10.** (C)

---

1. Before she wrote the proposal, / Ms. Kim gathered / all the necessary data and information.

(A) Rather   (B) Whether   **(C) Before**   (D) Why

그녀가 제안서를 작성하기 전에 / 킴 씨는 수집했다 / 모든 필수 데이터와 정보를

* proposal 제안(서)   gather 수집하다, 모으다   necessary 필수적인, 필요한   rather 다소, 오히려, 좀
whether ~인지 (아닌지), ~이든 이니든 (상관없이)

해설 문장 중간에 위치한 콤마를 기준으로 앞뒤에 주어와 동사가 각각 포함된 절이 하나씩 쓰여 있으므로 빈칸은 부사절 접속사 자리입니다. 그리고 '제안서를 작성하기 전에, 모든 필수 데이터와 정보를 수집했다'와 같은 의미가 되어야 알맞으므로 '~하기 전에'를 뜻하는 접속사 (C) Before가 정답입니다.

오답 (A) Rather는 부사이므로 오답이며, (B) Whether는 부사절을 이끄는 경우 'or ~'를 동반해야 하므로 오답입니다. (D) Why는 의미가 맞지 않는 접속사이므로 오답입니다.

2. Ms. Kim, / the marketing department head, / is determining / whether it would be more efficient / to outsource the project.

(A) about   (B) according to   **(C) whether**   (D) because

김 씨는 / 마케팅 부장인 / 결정하고 있다 / 더 효율적일 것인지를 / 그 프로젝트를 외부에 위탁하는 일이

* marketing department head 마케팅 부장   determine 결정하다   efficient 효율적인   outsource 외부에 위탁하다
according to ~에 따르면   whether ~인지 아닌지   because ~ 때문에

해설 빈칸 앞에는 주어 Ms. Kim과 동사 is determining이 포함된 절이 있고, 빈칸 다음에도 가주어 it과 동사 would be가 포함된 절이 있으므로 빈칸에 두 개의 절을 연결하는 접속사가 와야 한다는 것을 알 수 있어요. 보기 중에서 접속사는 (C) whether와 (D) because인데, 동사 determine은 목적어를 필요로 하는 타동사여서 빈칸 이하 부분은 determine의 목적어 역할을 할 명사절이 되어야 해요. 따라서 명사절을 이끌 수 있는 (C) whether가 정답이에요.

오답 (A) about은 전치사 또는 '약, 대략'이라는 의미를 지니는 부사로 쓰이며, (B) according to는 전치사예요. (D) because는 부사절을 이끄는 접속사이므로 오답이에요.

3. To avoid accidents, / visitors / to our construction site / should strictly adhere / to the safety rules.

(A) creatively   **(B) strictly**   (C) nearly   (D) seemingly

사고를 피하기 위하여 / 방문객들은 / 저희 건설현장에 오시는 / 엄격히 준수해야 합니다 / 안전 규칙을

(A) 창의적으로   (B) 엄격히   (C) 거의   (D) 외견상으로, 겉보기에는

* avoid 피하다   construction 건설, 구조   adhere to ~을 준수하다   safety 안전

해설 보기가 모두 의미가 다른 부사로 구성되어 있으므로 해석해서 문제를 풀어야 해요. 빈칸에 쓰일 부사는 동사 adhere to(~을 준수하다)를 수식하는데, 보기 중 이와 어울리는 것은 strictly(엄격히)로, '엄격히 준수해야 한다'가 되어 의미상 자연스러우므로 (B) strictly가 정답이에요. strictly adhere to(엄격히 ~을 준수하다)로 묶어서 기억해 두세요.

오답 '창의적으로(creatively) 준수해야 한다', 'nearly(거의) 준수해야 한다', 'seemingly(외견상으로) 준수해야 한다' 모두 의미상 어색하므로 오답이에요.

4. A meeting will be held / about whether XZP Consulting should hire / additional staff.

(A) whether   (B) now that   (C) what   (D) who

회의가 있을 것이다 / XZP 컨설팅 사가 고용해야 할지에 관한 / 추가 직원을

* hold 열다, 개최하다   hire 고용하다   additional 추가의   now that ~이기 때문에

해설 빈칸 앞의 about(~에 관하여)은 전치사이므로, 빈칸 이하 부분은 about의 목적어 역할을 할 명사절이 되어야 해요. 따라서 빈칸에는 명사절 접속사가 필요한데, 보기 중 명사절 접속사로는 (A) whether, (C) what, (D) who가 있으므로 빈칸 이하 부분이 완전한 문장인지 살펴봐야 해요. 주어(XZP Consulting), 동사(should hire), 목적어(additional staff)가 있는 완전한 문장을 이끌 수 있는 (A) whether가 정답이에요.

오답 (B) now that(~이기 때문에)은 부사절 접속사이므로 오답이에요. (C) what(무엇)과 (D) who(누구)는 불완전한 문장을 이끌어야 하

므로 오답이에요.

5. The east wing of Plaza Hotel / will be temporarily closed / until the remodeling is completed.

(A) previously   (B) considerably   (C) fairly   **(D) temporarily**

프라자 호텔의 동관은 / 일시적으로 문을 닫을 것이다 / 리모델링이 완료될 때까지

(A) 이전에   (B) 상당히   (C) 꽤   (D) 일시적으로

* wing (건물의) 별관, 부속 건물   remodeling 리모델링, 주택 보수

해설 보기가 모두 의미가 다른 부사로 구성되어 있으므로 해석해서 문제를 풀어야 해요. 빈칸에 쓰일 부사는 동사 will be closed(문을 닫을 것이다)를 수식해요. 보기 중 이와 어울리는 것은 temporarily(일시적으로)로, '일시적으로 문을 닫을 것이다'가 되어 의미상 자연스러우므로 (D) temporarily가 정답이에요. temporarily close(일시적으로 문을 닫다)로 묶어서 기억해 두세요.

오답 (A) previously(이전에)와 '~할 것이다(미래 시제)'는 어울리지 않아요. (B) considerably(상당히)는 양을 수식하므로 closed와 맞지 않아요. (C) fairly(꽤)는 정도를 강조하는 부사이므로 역시 closed와는 어울리지 않아 오답이에요.

6. The safety handbook / for all employees / indicates / that stairs should be used / in case of fire.

(A) and   (B) while   **(C) that**   (D) though

안전 지침서는 / 모든 직원들을 위한 / 나타낸다 / 계단이 사용되어야 한다는 것을 / 화재가 발생할 경우에

* safety 안전   handbook 지침서   indicate that ~임을 나타내다   stairs 계단   in case of ~의 경우에

해설 빈칸 앞에는 주어 The safety handbook과 indicates가 포함된 절이 있고, 빈칸 다음에도 주어 stairs와 동사 should be used가 포함된 절이 있으므로 빈칸에 두 개의 절을 연결하는 접속사가 와야 한다는 것을 알 수 있어요. 그런데 동사 indicate는 목적어를 필요로 하는 타동사여서 빈칸 이하 부분은 indicates의 목적어 역할을 할 명사절이 되어야 해요. 따라서 명사절을 이끌 수 있는 (C) that이 정답이에요.

오답 (A) and, (B) while, (D) though는 모두 명사절을 이끌 수 없는 접속사들이므로 오답이에요.

7. Any inquiry / about the reservation / should be forwarded to Natalie Hassel / in the customer service department.

(A) forwarded   (B) located   (C) instructed   (D) benefited

어떤 문의사항이든 / 예약에 관한 / 나탈리 하셀에게 전달되어야 한다 / 고객 서비스 부서에 있는

(A) 보내지다   (B) 위치하다   (C) 지시받다   (D) 혜택을 받다

* inquiry 문의사항, 질문   reservation 예약   department 부서

해설 보기가 모두 의미가 다른 동사로 구성되어 있으므로 해석해서 문제를 풀어야 해요. 빈칸 앞에는 'should + be동사'가, 뒤에는 전치사 to가 있으므로, 보기 중 이와 연결되는 표현을 먼저 찾아야 해요. be forwarded to(~로 보내지다)가 '문의사항이 나탈리 하셀에게 보내져야 한다'라는 의미가 되어 자연스러우므로 (A) forwarded가 정답이에요.

오답 be located(위치하다), be instructed(지시받다), be benefited(혜택을 받다)는 모두 의미상 어색하므로 오답이에요.

8. The article in May issue / describes how Mr. Lee expanded his small company / into a multinational corporation.

(A) what   (B) about   **(C) how**   (D) since

5월호에 실린 기사는 / 어떻게 리 씨가 자신의 작은 회사를 확장했는지 설명하고 있다 / 다국적 기업으로

* article (잡지 등의) 기사   describe 설명하다, 묘사하다   expand 확장하다, 확대하다   multinational 다국적의   since ~한 이후로, ~하기 때문에

해설 목적어를 필요로 하는 타동사 describes 뒤에 빈칸이 있고, 그 뒤에 또 다른 주어와 동사가 이어지는 절이 쓰여 있어요. 이렇게 '타동사 + 빈칸 + 주어 + 동사'로 이어지는 구조일 경우에 빈칸 이하 부분이 타동사의 목적어 역할을 하는 명사절이 되어야 해요. 따라서, 명사절 접속사 (A) what과 (C) how 중에서 하나를 골라야 하는데, 빈칸 이하 부분이 주어와 동사, 명사구 목적어, 그리고 into 전치사구로 구성된 완전한 구조이므로 완전한 명사절을 이끄는 (C) how가 정답이에요.

오답 (A) what은 주어나 목적어 등이 빠진 불완전한 명사구를 이끌어야 하므로 오답이에요. (B) about은 전치사이므로 오답이며, (D) since는 부사절 접속사이므로 오답이에요.

9. The quality control team is trying / to determine what caused the defects / in the latest product line.

(A) when   **(B) what**   (C) where   (D) that

품질 관리팀이 노력하고 있다 / 무엇이 결함을 초래했는지 밝혀내기 위해 / 최신 제품 라인에

* quality control 품질 관리   try to V ~하려 노력하다   determine 밝혀내다, 결정하다   cause 초래하다, 유발하다   defect 결함   latest 최신의

해설 보기가 모두 명사절 접속사로 이루어져 있으므로 빈칸 다음 부분에 이어지는 절의 구조를 먼저 확인합니다. 빈칸 뒤에 주어 없이 동사 caused와 명사 목적어 the defects로 이어지는 불완전한 절이 쓰여 있어요. 따라서, 주어나 목적어 등이 빠진 불완전한 명사절을 이끄는 접속사 (B) what이 정답이에요.

오답 (A) when과 (C) where, 그리고 (D) that은 모두 뒤에 구조가 완전한 명사절이 이어져야 하는 접속사이므로 오답이에요.

10. Mr. Silva / was promoted to manager / as a result of successfully organizing / this year's nationwide gathering.

(A) observing　　　　(B) applying　　　　**(C) organizing**　　　　(D) specializing

실바 씨는 / 매니저로 승진되었다 / 성공적으로 조직한 결과 / 올해의 전국적인 모임을

(A) 관찰하는 것　　　　(B) 적용하는 것　　　　(C) 조직하는 것　　　　(D) 전문으로 하는 것

* promote 승진하다　as a result of ~의 결과로　successfully 성공적으로　nationwide 전국의　gathering 모임, 집회
observe 관찰하다　apply 신청하다, 지원하다　organize 조직하다, 준비하다　specialize 전문으로 하다

해설 보기가 모두 의미가 다른 동명사로 구성되어 있으므로 해석해서 문제를 풀어야 해요. 빈칸 뒤의 this year's nationwide gathering(올해의 전국적인 모임)은 빈칸에 들어갈 동명사의 목적어예요. 보기 중 이와 어울리는 것은 organizing(조직하는 것)으로, '올해의 전국적인 모임을 조직하는 것'이라는 의미가 되어 자연스러운데다 '매니저로 승진되었다(was promoted to manager)'의 적절한 이유가 되므로 (C) organizing이 정답이에요. organize a gathering(모임을 조직하다)으로 묶어서 기억해 두세요.

오답 '모임을 관찰하는 것(observing)'도 말은 되지만, 승진의 이유가 될 수는 없으므로 오답이에요. '모임을 적용하는 것(applying)'은 부자연스럽고, specializing(전문으로 하는 것)은 전치사 in이 있어야 목적어를 가질 수 있으므로 오답이에요.

 **자신감 쑥쑥! 실전 도전** Part 6　　　　본문 p. 244

정답　**11.** (B)　　**12.** (D)　　**13.** (A)　　**14.** (A)

Questions 11-14 refer to the following press release. 다음 보도 자료를 참조하시오.

April 2 — Ling Corporation / announced that / construction of a new apartment complex / on Stewart Lane / will begin / on April 20. 4월 2일 – 링 회사는 / 발표했습니다 / 새 아파트 단지 건설이 / 스튜어트 레인에 / 시작될 것이라고 / 4월 20일에	4월 2일 – 링 회사는 스튜워트 레인에 새 아파트 단지 건설이 4월 20일에 시작될 것이라고 발표했습니다.
Previous plans / in March / were interrupted / by a late winter storm. 이전 계획은 / 3월에 / 중단되었습니다 / 늦겨울 폭풍에 의해 Because of this delay, / the corporation / was forced to adjust its deadline / for the project / as well. 이러한 지연 때문에 / 회사는 / 마감일을 조정해야 했습니다 / 그 프로젝트에 대한 / 또한	3월에 예정되었던 이전 계획은 늦겨울 폭풍에 의해 중단되었습니다. 이러한 지연 때문에 회사는 프로젝트 마감일 또한 조정해야 했습니다.
To follow progress of the work, / simply visit www.lingcorp.com/stewartcomplex. 일의 진행과정을 확인하고 싶으시면 / www.lingcorp.com/stewartcomplex에 방문해 주세요 Any questions / can be submitted / online. 어떤 문의사항이든 / 제출될 수 있습니다 / 온라인으로	일의 진행과정을 확인하고 싶으시면 www.lingcorp.com/stewartcomplex에 방문해 주세요. 온라인으로 어떤 문의사항이든 제출하실 수 있습니다.

* corporation 회사, 기업　announce 발표하다　delay 지연, 지체　deadline 마감일　be forced to V ~해야 하다
follow 지켜보다, 따라가다　progress 과정　submit 제출하다　previous 이전의　interrupt 중단시키다, 방해하다　adjust 조정하다

11. (A) before　　　　**(B) that**　　　　(C) this　　　　(D) what

해설 빈칸 앞의 announced(발표했다)는 목적어를 필요로 하는 동사이므로, 빈칸 이하는 announced의 목적어, 즉 명사절이 되어야 해요. 따라서 빈칸은 명사절 접속사 자리인데, 보기 중 명사절 접속사로는 (B) that과 (D) what이 있으므로 빈칸 이하 부분이 완전한 명사절인지 살펴봐야 해요. 주어(construction of a new apartment complex), 목적어가 필요 없는 자동사(will begin)가 있는 완전한 명사절을 이끌 수 있는 (B) that이 정답이에요.

오답 (A) before는 부사절 접속사나 전치사로 쓰이므로 오답이에요. (C) this는 단순히 명사를 수식하는 역할만 하므로 오답이고, (D) what 뒤에는 불완전한 명사절이 와야 하므로 오답이에요.

12. (A) Many expect that the construction will cause terrible traffic congestions.

(A) 많은 사람들이 이 공사가 끔찍한 교통 혼잡을 초래할 것이라고 예상하고 있습니다.

(B) The facilities will include a pool, gym and resident clubhouse.

(B) 이 시설물은 수영장과, 체육관, 그리고 주민 전용 클럽 하우스가 포함할 것입니다.

(C) After careful planning, the project is expected to be complete in June.

(C) 신중한 계획 끝에, 이 프로젝트는 6월에 완료된 것으로 예상됩니다.

(D) Previous plans in March were interrupted by a late winter storm.

(D) 3월에 예정되었던 이전 계획은 늦겨울 폭풍에 의해 중단되었습니다.

해설 빈칸 앞에는 새로운 아파트 건설 공사가 4월 20일에 시작될 것이라고 알리는 내용을 담은 문장이 있고, 빈칸 바로 뒤에는 특정한 일이 지연된 것을 가리키기 위해 this delay라는 표현이 쓰여 있어요. 이러한 내용에 따라, 4월에 시작되는 이 공사는 특정한 이유에 의해 늦게 시작되는 일이라는 것을 알 수 있으므로 빈칸에는 그 이유를 설명하는 문장이 쓰여야 해요. 따라서 과거 시제 동사와 함께 '늦겨울 폭풍으로 인해 이전 계획이 중단되었다'라는 의미를 담은 (D)가 정답이에요.

오답 (A): 빈칸 다음에 위치한 this delay가 가리키는 것과 함께 공사가 지연된 이유를 나타내는 문장이 빈칸에 와야 하므로 앞으로 초래될 것으로 예상되는 교통 혼잡에 대해 언급하는 이 문장은 지문의 흐름에 어울리지 않는 보기예요.

(B): (A)와 마찬가지로, 공사가 지연된 이유를 나타내는 문장이 빈칸에 와야 하는데, 이 보기는 해당 시설물의 특징을 소개하는 내용을 담고 있으므로 지문의 흐름에 어울리지 않아요.

(C): 이 보기도 과거에 발생한 공사 지연의 원인을 알리는 문장이 아닌, 앞으로 예상되는 일에 대해 말하고 있으므로 지문의 흐름에 어울리지 않아요.

13. (A) adjust   **(B) react**   **(C) send**   **(D) enter**

(A) 조정하다   (B) 반응하다   (C) 보내다   (D) 들어가다, 입력하다

해설 보기가 모두 의미가 다른 동사로 구성되어 있으므로 해석해서 문제를 풀어야 해요. '지연이 생겨서 회사가 마감일을 조정해야 했다'라는 의미가 적절하므로 '~을 조정하다'를 의미하는 (A) adjust가 정답이에요.

오답 (B) react(반응하다), (C) send(보내다), (D) enter(들어가다, 입력하다)는 모두 의미상 어울리지 않아 오답이에요.

14. (A) visit   **(B) visits**   **(C) visiting**   **(D) visited**

해설 To에서 work까지는 목적을 나타내는 to부정사구이고, 빈칸 앞뒤로 부사 simply와 웹사이트 주소만 제시되어 있어요. 주어 없이 문장을 만들 수 있는 경우로는 동사원형을 이용한 명령문이 있으므로, 동사원형 (A) visit이 정답이에요.

오답 (B) visits와 (D) visited는 앞에 주어가 있어야 해요. (C) visiting은 주어 역할을 하는데 빈칸 뒤에 동사가 있어야만 문장이 성립하므로 오답이에요.

DAY 18   토익이 좋아하는 **짝꿍표현**   `Vocabulary`

토익 정답과 친해지는 **EXERCISE** 본문 p. 249

정답   **1.** (A)   **2.** (A)   **3.** (B)

1. Due to the long delay, / passengers for the connecting flight / were advised to stay / at a nearby hotel.

(A) nearby   **(B) satisfied**

오랜 지연 때문에 / 연결 항공편의 승객들은 / 머무르도록 권고받았다 / 근처의 호텔에

(A) 근처의   (B) 만족을 느끼는

해설 빈칸에 쓰일 형용사는 명사 hotel(호텔)을 수식해요. '근처의(nearby) 호텔'이 의미상 자연스러우므로 (A) nearby가 정답이에요. (B) satisfied(만족을 느끼는)는 호텔에 머무는 사람이 만족을 느끼는 것이지 호텔이 만족을 느끼는 것이 아니므로 오답이에요. a nearby hotel(근처의 호텔)로 묶어서 기억해 두세요.

2. During the Christmas season, / anonymous donations to orphanages / increase considerably.

(A) anonymous   **(B) renowned**

크리스마스 시즌 중에는 / 고아원으로의 <u>익명의 기부</u>가 / 상당히 늘어난다

(A) 익명의　　　　　　　　　(B) 유명한

해설 빈칸에 쓰일 형용사는 명사 donations(기부)를 수식해요. '익명의(anonymous) 기부'가 의미상 자연스러우므로 (A) anonymous가 정답이에요. (B) renowned(명성 있는, 유명한)는 사람이나 장소를 수식하는 단어이므로 오답이에요. an anonymous donation(익명의 기부)으로 묶어서 기억하세요.

3. Robson Toys / has decided / to <u>outsource the work</u> / from next month.

　　(A) overcome　　　　　　**(B) outsource**

롭슨 토이는 / 결정했다 / 일을 <u>외주로 맡기기로</u> / 다음 달부터

(A) 극복하다　　　　　　　　(B) 외부에 위탁하다

해설 빈칸 뒤의 the work(일)는 to부정사의 목적어예요. '일을 외주로 맡기다(outsource)'는 자연스럽지만, '일을 극복하다(overcome)'는 어색하므로 (B) outsource가 정답이에요. outsource the work(일을 외주로 맡기다)로 묶어서 기억해 두세요.

DAY **18**　　형용사절　　　　　　　　　　　　　　　　`Grammar`

개념 1　형용사절(관계대명사절)의 역할과 위치

토익 정답과 친해지는 EXERCISE　　　　　　　　　　　　　　　　　본문 p. 250

정답　**1.** who　　**2.** when　　**3.** which

1. **Candidates / (who / they) are interested / in our immediate job openings / are on this list.**

지원자들이 / 관심이 있는 / 우리의 바로 채용 가능한 일자리에 / 이 명단에 나와 있다

해설 who는 앞에 오는 명사 Candidates를 수식하는 형용사절을 이끄는 역할을 하고, they는 주어의 역할을 합니다. Candidates(지원자들)가 주어이므로 바로 이어서 주어가 또 나올 수 없어요. are interested에서 job openings까지는 Candidates를 수식하는 역할을 하므로 이 부분을 형용사절로 만들어주는 who가 정답이에요.

2. **The costs are cheaper / (who / when) we outsource the work / to a different company.**

비용이 더 저렴하다 / 우리가 그 일을 위탁할 때 / 다른 회사에

해설 The costs are cheaper(비용이 더 저렴하다)는 하나의 완전한 문장이므로, 그 이하 부분은 생략이 가능해요. 생략 가능한 것은 부사이므로 부사절로 만들어주는 접속사 when이 정답이에요. 또한, 의미상으로도 when(~할 때)은 '비용이 더 저렴하다'와 '다른 회사에 위탁하다'를 적절히 연결해요.

3. **The invoice / (which / it) was received the following business day / is in the folder.**

송장은 / 그다음 영업일에 받았던 / 폴더 안에 있다

해설 which는 앞에 오는 명사 The invoice를 수식하는 형용사절을 이끄는 역할을 하고, it은 주어의 역할을 합니다. The invoice(송장)가 주어이므로 바로 이어서 주어가 또 나올 수 없어요. was에서 day까지는 The invoice를 수식하는 역할을 하므로 이 부분을 형용사절로 만들어주는 which가 정답이에요.

개념 2　관계대명사의 종류 - 1. who/whom

토익 정답과 친해지는 EXERCISE　　　　　　　　　　　　　　　　　본문 p. 251

정답　**1.** who　　**2.** who　　**3.** who

1. **James Liu / (who / she) works at our subsidiary in Kingston / will retire / this month.**

제임스 리우 씨가 / 킹스턴에 있는 우리 자회사에서 일하는 / 은퇴할 것이다 / 이번 달에

해설 who는 명사를 수식하는 형용사절을 이끄는 역할을 하고, she는 주어의 역할을 해요. James Liu(제임스 리우)가 주어이므로, 바로 이

어서 주어가 또 쓰일 수 없어요. 또한, works에서 Kingston까지는 James Liu를 수식하는 역할을 하므로 이 부분을 형용사절로 만들어주는 who가 정답이에요.

2. **Anyone / (who / whom) welcomes patrons / must wear a uniform.**

누구든지 / 고객을 맞이하는 / 반드시 유니폼을 입어야 한다

해설 Anyone(누구든지)을 수식하는 형용사절을 이끌 관계대명사를 찾아야 해요. welcomes patrons가 Anyone을 수식하는 역할을 하므로 이 부분을 형용사절로 만들어주는 who가 정답이에요.

3. **The agent knows / (who / as) will acquire the property.** 중개인은 알고 있다 / 누가 그 부동산을 구입할지

해설 괄호 앞의 knows(알다)는 목적어가 필요한 동사예요. 따라서 괄호 이하는 명사의 역할을 해야 하므로 명사절로 만들어주는 who가 정답이에요. 'who + 문장'은 명사의 역할도, 형용사의 역할도 할 수 있다는 것을 기억해 두세요.

개념 3 관계대명사의 종류 – 2. which

토익 정답과 친해지는 **EXERCISE**
본문 p. 252

정답   **1.** which   **2.** who   **3.** which

1. **The seminar / will teach techniques / (which / who) will help workers / to overcome difficulties.**

세미나는 / 기술을 알려 줄 것이다 / 직원들을 도울 / 난관을 극복하도록

해설 The seminar(세미나)가 문장의 주어, will teach(알려 줄 것이다)가 동사, techniques(기술들)가 동사의 목적어이며, 나머지 부분은 명사 techniques를 수식하므로 빈칸은 관계대명사 자리예요. 수식을 받는 명사가 사물(techniques)이고, 주어 없이 쓰인 동사 will help의 주어 역할을 할 수 있는 사물을 수식하는 주격 관계대명사 which가 정답이에요.

2. **The architect / (which / who) designed the nearby hotel / is famous.**

건축가는 / 근처의 호텔을 설계한 / 유명하다

해설 designed에서 hotel까지가 앞에 위치한 문장의 주어(The architect)를 수식하게 해주는 관계대명사를 찾아야 해요. 수식을 받는 명사가 사람(architect)이며, designed 앞에 주어가 없으므로 사람을 수식하면서 주어의 역할을 하는 주격 관계대명사 who가 정답이에요.

3. **The online service / (which / who) customers need / to reserve a room / is not working.**

온라인 서비스가 / 고객들이 필요한 / 방을 예약하기 위해 / 작동하지 않고 있다

해설 customers에서 room까지가 앞에 위치한 문장의 주어(The online service)를 수식하게 해주는 관계대명사를 찾아야 해요. 수식을 받는 명사가 사물(service)이며, 관계대명사 자리 뒤로 주어(customers)와 동사(need)는 있지만 need의 목적어가 없으므로, 사물을 수식하는 목적격 관계대명사 which가 정답이에요.

개념 4 관계대명사의 종류 – 3. that

토익 정답과 친해지는 **EXERCISE**
본문 p. 253

정답   **1.** that   **2.** that   **3.** that

1. **The server / removed the empty tray / (who / that) was on the table.**

웨이터는 / 빈 쟁반을 치웠다 / 테이블 위에 있던

해설 The server(웨이터)가 주어, removed(제거했다)가 동사, the empty tray(빈 쟁반)가 동사의 목적어이므로, 괄호 이하 부분이 the empty tray를 수식하는 역할을 하게 해주는 관계대명사를 찾아야 해요. 수식을 받는 명사가 사물(tray)이며 관계대명사 자리 뒤로 주어 없이 동사만 있으므로, 사물을 수식하는 주격 관계대명사 that이 정답이에요.

2. **The scenic route / (that / it) we took yesterday / was beautiful.**

경치 좋은 길은 / 우리가 어제 걸었던 / 아름다웠다

해설 that은 관계대명사이고, it은 주어의 역할을 해요. The scenic route(경치 좋은 길)가 주어, was가 문장의 동사이므로, we took yesterday가 앞의 명사를 수식하는 역할을 하게 해주는 관계대명사를 찾아야 해요. 수식을 받는 명사가 사물(route)이며 관계대명사 자리

뒤로 주어(we)와 동사(took)는 있지만 동사의 목적어가 없으므로, 사물을 수식하는 목적격 관계대명사 that이 정답이에요.

3. Mr. Miller / indicated / (who / that) he has absolute confidence / in the contract.

밀러 씨는 / 보여줬다 / 그가 완전한 자신감을 가지고 있다는 것을 / 그 계약 건에

[해설] 빈칸 앞 indicated(보여줬다)는 목적어가 필요한 동사이므로, 괄호 이하는 목적어 역할을 해요. 따라서 괄호 이하는 명사의 역할을 해야 하므로, 명사절로 만들어주는 명사절 접속사 자리예요. who와 that 둘 다 명사절 접속사 역할을 하지만, 빈칸 뒤 문장은 주어(he), 동사(has), 목적어(absolute confidence)가 있어 완전한 문장을 이끌 수 있는 명사절 접속사 that이 정답이에요. that은 관계대명사의 역할도, 명사절 접속사의 역할도 할 수 있다는 것을 기억해 두세요.

개념 5 관계대명사의 종류 – 4. whose

토익 정답과 **친해지는 EXERCISE**

본문 p. 254

정답   **1.** whose   **2.** whose   **3.** whose

1. The employee / (whose / their) sales record exceeds / the monthly target / will receive a bonus.

직원은 / 그의 판매수치가 초과하는 / 월간 목표액을 / 보너스를 받을 것이다

[해설] whose는 형용사절을 이끄는 역할을 하고, their(그들의)는 단순히 뒤에 오는 명사를 수식하는 역할을 해요. The employee(직원)가 문장의 주어이고, will receive(받을 것이다)가 동사이며, sales에서 target까지가 앞의 명사(The employee)를 수식하는 역할을 해야 하므로 형용사절을 이끄는 whose가 정답이에요.

2. We will call the candidates / (who / whose) values reflect / our dedication to exemplary service.

우리는 후보자들에게 전화할 것이다 / 그들의 가치가 반영해 줄 / 모범적인 서비스에 대한 우리의 헌신을

[해설] values에서 service까지를 이끌어 앞의 명사 the candidates(후보자들)를 수식하는 역할을 하게 해주는 관계대명사를 찾아야 해요. 빈칸 뒤를 보면 주어(values), 동사(reflect), 목적어(our dedication)가 있는 완전한 문장이므로 소유격 관계대명사 whose가 정답이에요.

3. The organization / (which / whose) business relies on anonymous donations / will hold another fund-raiser. 단체는 / 그것의 사업이 익명의 기부에 의존하는 / 또 다른 모금 행사를 개최할 것이다

[해설] The organization(단체)이 문장의 주어이고, will hold(개최할 것이다)가 동사예요. business에서 donations까지가 앞의 명사 (The organization)를 수식하는 역할을 하게 해주는 관계대명사를 찾아야 하는데, 바로 뒤에 주어(business), 동사(relies on), 목적어 (anonymous donations)가 있는 완전한 문장이고, organization whose business는 '단체의 사업'이 되어 의미상으로도 적절하므로 whose가 정답이에요.

개념 6 관계대명사의 생략

토익 정답과 **친해지는 EXERCISE**

본문 p. 255

정답   **1.** [we ~ inventory]   **2.** [I ~ restaurant]   **3.** [employees ~ with]

1. The services / [(which) we need / to monitor sufficient inventory] / are expensive.

서비스는 / 우리가 필요로 하는 / 충분한 재고가 있는지 관리하기 위하여 / 비싸다

[해설] 사물 명사(The services)를 수식하며, we need 뒤에 목적어가 없어 사물을 수식하는 목적격 관계대명사 which가 있어야 하지만, 목적격이므로 생략된 형태입니다.

2. Clients / can have the healthful meal / [(which) I recommend / at this restaurant].

고객들은 / 건강에 좋은 식사를 할 수 있다 / 내가 추천하는 / 이 식당에서

[해설] 사물 명사(the healthful meal)를 수식하며, I recommend 뒤에 목적어가 없어 사물을 수식하는 목적격 관계대명사 which가 있어야 하지만, 목적격이므로 생략된 형태입니다.

3. The regulations / [(which) employees should comply with] / are explicitly outlined / in the handbook.

규정들은 / 직원들이 준수해야 하는 / 분명하게 서술되어 있다 / 안내책자에

해설 사물 명사(The regulations)를 수식하며, comply with 뒤에 전치사의 목적어가 없어 사물을 수식하는 목적격 관계대명사 which가 있어야 하지만, 목적격이므로 생략된 형태입니다.

 자신감 쑥쑥! 실전 도전 Part 5

본문 p. 257

정답   **1.** (D)   **2.** (B)   **3.** (B)   **4.** (B)   **5.** (A)   **6.** (D)   **7.** (A)   **8.** (D)   **9.** (B)   **10.** (C)

1. Ms. Stall, / who has been with the company for 10 years, / was promoted / to Vice President / last month.

(A) where   (B) whose   (C) what   **(D) who**

스톨 씨는 / 10년 동안 회사에 근무해온 / 승진되었다 / 부사장으로 / 지난 달에
* promote ~을 승진시키다   vice president 부사장, 부대표

해설 빈칸에서부터 10 years까지는 주어 Ms. Stall과 동사 was promoted 사이에 콤마와 함께 삽입되어 주어 Ms. Stall을 수식하는 역할을 해요. 따라서, 선행사인 사람명사 Ms. Stall을 수식할 수 있는 관계대명사 (B) whose와 (D) who 중에서 하나를 골라야 하는데, 빈칸 바로 뒤에 동사 has been이 쓰여 있어 주격 관계대명사가 필요하다는 것을 알 수 있으므로 (D) who가 정답이에요.

오답 (A) where는 사람 명사를 수식하지 않으므로 오답이에요. (B) whose 뒤에는 whose의 수식을 받을 명사가 이어져야 하므로 오답이에요. (C) what은 명사를 뒤에서 수식하는 역할을 하지 않으므로 오답이에요.

2. You can find / immediate openings / for graphic designers / on our Web site.

(A) renowned   **(B) immediate**   (C) cautious   (D) alert

당신은 찾을 수 있습니다 / 바로 채용 가능한 일자리를 / 그래픽 디자이너 직에 대한 / 저희 웹사이트에서
(A) 유명한   (B) 바로, 즉각적인   (C) 조심스러운   (D) 기민한, 경계하는
* opening 일자리, 공석

해설 보기가 모두 의미가 다른 형용사로 구성되어 있으므로 해석해서 문제를 풀어야 해요. 빈칸에 쓰일 형용사는 뒤에 위치한 openings(일자리, 공석)를 수식해요. 보기 중 이와 어울리는 형용사는 immediate(바로, 즉각적인)로, '바로 채용될 수 있는 일자리'라는 의미가 되어 적절하므로 (B) immediate가 정답이에요. an immediate opening(바로 채용 가능한 일자리)으로 묶어서 기억해 두세요.

오답 '유명한(renowned) 일자리', '조심하는(cautious) 일자리', '경계하는(alert) 일자리' 모두 부자연스러우므로 오답이에요.

3. The software development team / is moving to a new office / that is closer / to the city center.

(A) whose   **(B) that**   (C) while   (D) where

소프트웨어 개발팀이 / 새로운 사무실로 이전한다 / 더 가까운 / 도심부와
* development 개발, 발전   close to ~와 가까운   while ~하는 동안, ~하는 반면

해설 빈칸 뒤에 주어 없이 동사 is로 시작되는 불완전한 절이 쓰여 있어 선행사인 사물명사 new office를 수식하는 형용사절이 되어야 하므로 사물명사를 수식하는 형용사절 접속사 (B) that이 정답이에요.

오답 (A) whose는 사람 명사를 수식하므로 오답이며, (C) while은 부사절을 이끄는 접속사이므로 오답이에요. (D) where는 office처럼 장소를 나타내는 사물명사를 수식할 수는 있지만, 빠진 요소 없이 구성이 완전한 절을 이끌어야 하므로 오답이에요.

4. James Lee / is a nationally renowned scientist / who specializes in brain research.

(A) why   **(B) who**   (C) which   (D) whose

제임스 리는 / 국내에서 유명한 과학자이다 / 뇌 연구를 전문으로 하는
* nationally 국내에서, 전국적으로   renowned 유명한   specialize in ~을 전문으로 하다

해설 James Lee(제임스 리)가 문장의 주어, is(~이다)가 동사, a nationally renowned scientist(국내에서 유명한 과학자)가 주격 보어이고, 빈칸에서 research까지가 이 주격 보어를 수식하는 역할을 해요. 빈칸은 형용사절을 이끄는 관계대명사 자리로 수식을 받는 명사가 사람(scientist)이고 빈칸 뒤의 형용사절의 주어가 없으므로, 사람을 수식하는 주격 관계대명사 (B) who가 정답이에요.

오답 (A) why는 명사절 접속사이므로 오답이에요. (C) which는 사물을 수식하므로 오답입니다. (D) whose는 완전한 구조의 형용사절을 이끌어야 하므로 오답이에요.

5. Although it is faster / to take the expressway / to San Diego, / many people / prefer / the scenic coastal route.

(A) scenic　　　　**(B) generous**　　　　**(C) intelligent**　　　　**(D) limited**

비록 더 빠를지라도 / 고속도로를 이용하는 것이 / 샌디에이고로 가는 / 많은 사람들은 / 선호한다 / 경치 좋은 해안 도로를

(A) 경치 좋은　　　　(B) 관대한　　　　(C) 지적인　　　　(D) 제한된

＊ expressway 고속도로　　prefer 선호하다, 더 좋아하다　　coastal 해안의

해설 보기가 모두 의미가 다른 형용사로 구성되어 있으므로 해석해서 문제를 풀어야 합니다. 빈칸에 쓰일 형용사는 뒤에 오는 명사 coastal route(해안 도로)를 수식합니다. 보기 중 이와 어울리는 형용사는 scenic(경치 좋은)으로, '경치 좋은 해안 도로'라는 의미가 되어 자연스러운데다 '고속도로가 더 빠를지라도 사람들이 더 선호한다'는 문장의 내용과도 어울리므로, (A) scenic이 정답입니다.

오답 '관대한(generous) 해안 도로'와 '똑똑한(intelligent) 해안 도로'는 둘 다 어색하므로 오답입니다. '제한을 받는(limited) 해안 도로'는 말은 되지만 문장 전체의 의미와 어울리지 않으므로 오답이에요.

6. Janet Wilson, / whose outstanding marketing strategy / is praised / among all employees, / will soon be promoted.

(A) who　　　　(B) what　　　　(C) which　　　　**(D) whose**

재닛 윌슨 씨는 / 그녀의 뛰어난 마케팅 전략은 / 칭찬을 받고 있는 / 모든 직원들 사이에서 / 곧 승진될 것이다

＊ outstanding 뛰어난, 훌륭한　　strategy 전략　　praise 칭찬하다　　among ~사이에서　　employee 직원　　soon 곧, 머지않아 promote 승진시키다

해설 빈칸 다음에 위치한 명사구 outstanding marketing strategy는 '뛰어난 마케팅 전략'을 의미해요. 그런데 이 전략은 빈칸 앞에 위치한 이 문장의 주어 Janet Wilson의 것이어야 하므로 사람을 가리키면서 명사를 수식할 수 있는 소유격 관계대명사인 (D) whose가 정답이에요.

오답 (A) who는 명사 앞에 올 수 없어요. (B) what과 (C) which는 사람을 가리키는 관계대명사로 쓰일 수 없으므로 오답이에요.

7. Once Pintech Mobile / acquires / SMK Communication / next month, / a number of employees in SMK / will be laid off.

(A) acquires　　　　(B) generates　　　　(C) remains　　　　(D) emerges

일단 핀테크 모바일이 / 인수하면 / SMK 커뮤니케이션을 / 다음 달에 / SMK의 많은 직원들이 / 해고될 것이다

(A) 인수하다, 획득하다　　(B) 발생시키다　　(C) 남아 있다　　(D) 나오다, 출현하다

＊ once 일단 ~하면　　a number of 많은　　lay off 해고하다

해설 보기가 모두 의미가 다른 동사로 구성되어 있으므로 해석해서 문제를 풀어야 합니다. 주어(Pintech Mobile)와 목적어(SMK Communication)가 둘 다 회사이므로, '한 회사가 다른 회사를 인수했다'라는 의미가 가장 적절해요. 따라서 '인수하다'라는 의미인 (A) acquires가 정답입니다.

오답 '회사를 발생시키다(generates)'는 의미상 어색하므로 오답입니다. remain(남아 있다)과 emerge(발생하다)는 목적어를 가지지 못하는 자동사이므로 오답입니다.

8. The Spanish restaurant, / which recently opened in Goa district, / has locations / throughout Asia.

(A) who　　　　(B) that　　　　(C) whose　　　　**(D) which**

스페인 식당은 / 최근 고아 지역에 문을 연 / 지점들을 갖고 있다 / 아시아 전역에

＊ recently 최근에　　district 지역　　location 지점, 지사　　throughout 전역에

해설 The Spanish restaurant(스페인 식당)가 문장의 주어, has(가지고 있다)가 동사입니다. 빈칸에서 district까지는 앞의 주어 The Spanish restaurant를 수식하는 형용사 역할을 해야 하므로 빈칸은 형용사절을 이끄는 관계대명사 자리입니다. 수식을 받는 명사가 사물(restaurant)이고 빈칸 뒤에는 형용사절의 주어가 없으므로 사물을 수식하는 주격 관계대명사인 (B) that과 (D) which 중 하나가 정답인데, 빈칸 앞에 콤마가 있어요. 콤마 뒤에 that은 올 수 없으므로 (D) which가 정답이에요.

오답 (A) who는 사람을 수식하므로 오답이에요. (C) whose는 완전한 형용사절과 결합하므로 오답이에요.

9. Ms. Bridgers, / whose research on marine life has received recognition, / is hosting a workshop / this Friday.

(A) who　　　　**(B) whose**　　　　(C) whom　　　　(D) whoever

브리저스 씨가 / 해양 생물에 대한 연구가 인정을 받은 / 워크숍을 주최한다 / 이번 주 금요일에

＊ research 연구, 조사　　marine 해양의　　receive 받다, 얻다　　recognition 인정　　host 주최하다　　whoever ~하는 사람은 누구든

해설 빈칸에서부터 recognition까지는 주어 Ms. Bridgers와 동사 is hosting 사이에 콤마와 함께 삽입되어 주어 Ms. Bridgers를 수식하는 역할을 해요. 따라서, 형용사절 접속사(관계사)인 (A) who와 (B) whose, 그리고 (C) whom 중에서 하나를 골라야 하는데, 빈칸 바로

뒤에 위치한 명사 research가 Ms. Bridgers의 연구를 나타내어 의미상 소유 관계가 되는 것이 적합하므로 소유격관계대명사 (B) whose 가 정답이에요.

오답 주격 관계대명사 (A) who와 목적격 관계대명사 (C) whom, 그리고 주격 복합관계대명사 (D) whoever는 모두 소유 관계를 나타낼 수 없으므로 오답이에요.

10. Richard Burton / overcame / numerous difficulties / while founding his online business.

(A) focused   (B) conducted   **(C) overcame**   (D) resumed

리차드 버튼 씨는 / 극복했다 / 많은 어려움을 / 그의 온라인 사업을 설립하는 동안

(A) 집중했다   (B) 수행했다   (C) 극복했다   (D) 재개했다

* numerous 많은   found 설립하다, 세우다

해설 보기가 모두 의미가 다른 동사로 구성되어 있으므로 해석해서 문제를 풀어야 합니다. 주어가 Richard Burton(리차드 버튼)이고 numerous difficulties(수많은 어려움들)가 빈칸에 들어갈 동사의 목적어이므로, 연결해서 해석해 보면 '리차드 버튼은 수많은 어려움들을 극복했다'가 되어 자연스럽습니다. 따라서 '극복했다'를 의미하는 (C) overcame이 정답이에요. overcome a difficulty(어려움을 극복하다)로 묶어서 기억해 두세요.

오답 '~에 집중하다'는 focus on으로 써야 하므로 (A) focused는 오답입니다. '어려움을 수행했다(conducted)', '어려움을 재개했다 (resumed)'는 의미상 어색하므로 오답이에요.

 **자신감 쑥쑥! 실전 도전** Part 6   본문 p. 258

정답   **11.** (A)   **12.** (A)   **13.** (D)   **14.** (B)

Questions 11-14 refer to the following letter. 다음 편지를 참조하시오.

Dear Mr. Simmons, 시몬스 씨에게

Thank you for coming / to the interview yesterday.
와 주셔서 감사합니다 / 어제 면접에

You were both courteous / and knowledgeable about your field.
당신은 예의 바르고 / 자신의 분야에 대해 많이 알고 있었습니다

In addition, / the answers / that you gave / when I questioned you about your profession / were all outstanding.
게다가 / 대답은 / 당신이 한 / 제가 당신의 일에 관하여 질문했을 때 / 모두 뛰어났습니다

I believe that / you are a man / whose expertise will make you / a valuable employee / here at Williams Technology.
저는 생각합니다 / 당신이라고 / 당신의 전문 지식이 당신을 만들 / 귀중한 직원으로 / 이곳 윌리엄스 테크놀로지에서

As a result, / I would like to offer you / the job.
결과적으로 / 저는 당신에게 제안하고자 합니다 / 일자리를

Please let me know / if you will accept this position.
제게 알려 주시기 바랍니다 / 당신이 이 자리를 수락할 것인지

Sincerely,

Dean Johnson 딘 존슨 드림

시몬스 씨에게

어제 면접에 와 주셔서 감사합니다. 당신은 예의 바르고 자신의 분야에 대해 많이 알고 있었습니다. 게다가, 당신의 일에 관하여 질문했을 때 당신이 한 대답은 모두 뛰어났습니다.

저는 당신의 전문 지식이 당신을 이곳 윌리엄스 테크놀로지의 귀중한 직원으로 만들 것이라 생각합니다.

결과적으로, 저는 당신에게 일자리를 제안하고자 합니다. 이 자리를 수락할 것인지 제게 알려 주시기 바랍니다.

딘 존슨 드림

---

* knowledgeable 많이 알고 있는   field 분야   in addition 게다가   question 질문하다   profession 일, 직업   outstanding 뛰어난 expertise 전문 지식   valuable 귀중한, 소중한   as a result 결과적으로   courteous 예의 바른   accept 수락하다

11. **(A) courteous**   (B) valid   (C) overall   (D) limited

(A) 예의 바른, 정중한   (B) 유효한   (C) 전반적인   (D) 제한적인

해설 보기가 모두 의미가 다른 형용사로 구성되어 있으므로 해석해서 문제를 풀어야 해요. 빈칸은 주어(You)의 주격 보어 자리이므로 주어에 어울리는 단어를 우선 찾아봅니다. 사람에게 어울리는 형용사는 courteous밖에 없어요. 따라서 '예의 바른'을 의미하는 (A) courteous가

정답이 됩니다.

오답 (B) valid(유효한), (C) overall(전반적인), (D) limited(제한적인)는 모두 사람에게 어울리지 않는 형용사이므로 오답이에요.

12. **(A) that**   **(B) who**   **(C) why**   **(D) what**

해설 the answers(응답들)가 문장의 주어, were(였다)가 문장의 동사이고 빈칸 이하 you gave는 앞의 주어를 수식하는 형용사 역할을 합니다. 따라서 빈칸은 형용사절을 이끄는 관계대명사 자리인데, 수식을 받는 명사가 사물(answers)이고 빈칸 뒤의 형용사절에는 동사 gave(주었다)의 목적어가 없으므로, 사물을 수식하는 목적격 관계대명사인 (A) that이 정답이 됩니다.

오답 (B) who는 사람을 수식하므로 오답입니다. (C) why와 (D) what은 명사절 접속사이므로 오답이에요.

13. **(A) which**   **(B) when**   **(C) what**   **(D) whose**

해설 that절에서 you가 주어, are가 동사, a man이 주격 보어이며, 빈칸 이하는 앞의 a man을 수식하는 역할을 하기 때문에 빈칸은 형용사절을 이끄는 관계대명사 자리입니다. 수식을 받는 명사가 사람(man)이고, 빈칸 뒤의 형용사절은 주어(expertise), 동사(will make), 목적어(you), 목적격 보어(a valuable employee)로 구성된 완전한 구조이므로 (D) whose가 정답이 됩니다.

오답 (A) which는 사물을 수식하므로 오답입니다. (B) when은 부사절 또는 명사절 접속사이므로 오답이에요. (C) what은 명사절 접속사이므로 오답입니다.

14. **(A) Williams Tech is the highest rated company in its field.**
(A) 윌리엄스 테크놀러지는 업계에서 가장 높은 평가를 받는 회사입니다.

(B) Please let me know if you will accept this position.
(B) 이 자리를 수락할 것인지 제게 알려 주시기 바랍니다.

(C) Therefore, please prepare for the job interview.
(C) 그러므로 면접 준비를 하시기 바랍니다.

(D) Nevertheless, I will keep your résumé on file.
(D) 그럼에도 불구하고 저는 귀하의 이력서를 파일로 보관해 둘 것입니다.

해설 지문 맨 마지막에 있는 빈칸에 어울리는 문장을 골라야 하므로 빈칸 바로 앞 문장 및 지문 전체적인 내용에 어울리는 문장을 골라야 해요. 이 지문은 전체적으로 상대방을 면접하면서 느낀 소감을 알리고 있으며, 결정적으로 빈칸 바로 앞에 위치한 문장을 통해 채용 제안을 하고 있으므로(offer you the job) '수락할 것인지 알려 달라'며 상대방의 의사를 묻는 (B)가 빈칸에 와야 의미가 가장 자연스러워요.

오답 (A): 지문 전체적으로 상대방을 면접하면서 느낀 점과 함께, 이를 바탕으로 채용 제안을 하는 내용을 담고 있으므로 해당 회사의 평판에 대해 언급하는 이 문장은 지문의 흐름에 전혀 어울리지 않는 보기예요.
(C): 지문의 내용으로 보아, 이미 면접을 친 후 통과한 상황이라는 것을 알 수 있어요. 따라서 현 시점에서 말할 수 있는 문장으로 전혀 어울리지 않는 보기예요.
(D): 이 보기와 같은 문장은 채용 면접 등에서 탈락한 지원자에게 전달할 수 있는 말이에요. 그런데 이 지문에서 언급하는 지원자는 이미 면접을 통과해 채용 제안을 받고 있으므로 지문의 흐름에 어울리지 않는 보기라는 것을 알 수 있어요.

DAY 19   토익이 좋아하는 **짝꿍표현**   `Vocabulary`

토익 정답과 친해지는 EXERCISE 본문 p. 263

정답   **1.** (A)   **2.** (B)   **3.** (A)

1. As Xiang Foods / had several <u>profitable</u> subsidiaries, / it managed to overcome / the recent recession.

(A) profitable   **(B) proficient**

시앙 푸드 사는 / 몇몇 <u>수익성이 좋은</u> 자회사를 가지고 있어서 / 간신히 극복해 냈다 / 최근의 경기 침체를
(A) 수익성이 좋은   (B) 능숙한

해설 빈칸은 뒤에 오는 명사 subsidiaries(자회사들)를 수식하는 형용사 자리입니다. '수익성이 좋은(profitable) 자회사들'이 의미상 자연스러우므로 (A) profitable이 정답이에요. (B) proficient(능숙한)는 주로 '언어나 일에 능숙한'이라는 의미로 쓰이므로 수식을 받는 명사 subsidiaries와 어울리지 않아요.

2. Because of the <u>timely</u> advice from his supervisor, / Mr. Hassam was able to finish the job / on time.

(A) enjoyable   **(B) timely**

그의 부서장의 <u>시기적절한</u> 조언 덕분에 / 하삼 씨는 일을 마칠 수 있었다 / 정시에

(A) 즐거운   (B) 시기적절한

해설 빈칸은 뒤에 오는 명사 advice(조언)를 수식하는 형용사 자리입니다. '즐거운(enjoyable) 조언'보다는 '시기적절한(timely) 조언'이 자연스럽고, 일을 정시에 끝낼 수 있었다는 내용과도 의미가 잘 어울려요. 따라서 (B) timely가 정답입니다. timely advice(시기적절한 조언)로 묶어서 기억해 두세요.

3. At this year's special exhibition / in September, / you can finally see / the <u>authentic</u> works of Pablo Picasso.

(A) authentic   (B) knowledgeable

올해 특별 전시회에서 / 9월에 / 여러분은 마침내 볼 수 있을 것입니다 / 파블로 피카소의 <u>진품들을</u>

(A) 진짜의   (B) 박식한

해설 빈칸은 뒤에 오는 명사 works(작품들)를 수식하는 형용사 자리입니다. '진(authentic)품들'이 의미상 자연스러우므로 (A) authentic이 정답이에요. (B) knowledgeable(박식한)은 주로 사람을 수식하는 형용사이므로 오답이에요. an authentic work(진품)로 묶어서 기억해 두세요.

 **DAY 19**   비교급과 최상급   `Grammar`

개념1   원급 비교 구문

토익 정답과 친해지는 EXERCISE   본문 p. 264

정답   **1.** good   **2.** promptly   **3.** enjoyable

1. Mr. Connell / became an effective speaker / who was as (good / better) as his instructor.

코넬 씨는 / 유능한 연사가 되었다 / 그의 강사만큼 훌륭한

해설 as ~ as 사이에는 형용사나 부사의 원급만 들어갈 수 있으므로 비교급인 better(더 나은)는 오답이에요. 따라서 원급인 good이 정답이에요.

2. The business partners / were contacted / as (prompt / promptly) as possible.

사업 파트너들은 / 연락받았다 / 가능한 한 신속히

해설 두 개의 as 중에서 앞의 as를 없애면 바로 앞에 동사 were contacted(연락받았다)가 있어요. 이 동사를 수식할 수 있는 것이 필요하므로 부사 promptly가 정답이에요.

3. We will make your stay / as (enjoyable / enjoyably) as possible.

저희는 당신의 방문을 만들 것입니다 / 가능한 한 즐거운 상태로

해설 두 개의 as 중에서 앞의 as를 없애면 바로 앞에 make your stay가 있어요. 동사 make는 목적격 보어로 형용사나 명사를 가지는 동사이므로 형용사인 enjoyable이 정답이에요.

개념2   비교급 비교 구문

토익 정답과 친해지는 EXERCISE   본문 p. 265

정답   **1.** higher   **2.** more punctually   **3.** more severely

1. The engine's optimal performance / is (highest / higher) / than the others'.

그 엔진의 최고 성능은 / 더 좋다 / 다른 것들의 성능보다

해설 비교 대상을 나타내는 than(~보다) 앞에 올 수 있는 것은 비교급이에요. 따라서 higher가 정답이에요.

2. The workers / arrived (punctually / more punctually) / than usual.

직원들은 / 시간을 더 엄수해서 도착했다 / 평소보다

해설 비교 대상을 나타내는 than(~보다) 앞에 올 수 있는 것은 비교급입니다. 따라서 more punctually가 정답이에요.

3. The boss / reprimanded the workers / much (more severe / more severely) / than before.

사장은 / 직원들을 질책했다 / 훨씬 더 심하게 / 이전보다

해설 비교 대상을 나타내는 than(~보다) 앞에 올 수 있는 것은 비교급인데, more severe와 more severely 모두 비교급 형태입니다. 주어(The boss), 동사(reprimanded), 목적어(the workers)가 much 앞에 이미 있으므로 동사를 수식할 부사가 필요해요. 따라서 more severely가 정답이에요.

개념 3 최상급 비교 구문

토익 정답과 친해지는 EXERCISE

본문 p. 266

정답   **1.** the most dependable   **2.** most profitable   **3.** latest

1. Of all luxury sedans we have, / the TP-3 model / is (dependable / the most dependable).

우리가 가진 고급 세단 중에서 / TP-3 모델이 / 가장 믿을 만하다

해설 of all ~(모든 ~중에서) 표현이 있으므로 세 개 이상을 비교하는 상황임을 알 수 있어요. 따라서 최상급인 the most dependable(가장 믿을 만한)이 정답이에요.

2. The Beca Sales office / is the (more profitable / most profitable) / of all our subsidiaries.

베카 세일즈 사무소가 / 가장 많은 수익을 낸다 / 우리의 모든 자회사 중에서

해설 of all ~(모든 ~ 중에서) 표현이 있으므로 세 개 이상을 비교하는 상황임을 알 수 있어요. 또한, is 다음에 the가 있는데, 일반적인 비교급 표현 앞에는 the가 쓰이지 않지만 최상급 표현 앞에는 반드시 the나 소유격 표현이 필요하므로 most profitable이 정답이에요.

3. Mr. Braham's (late / latest) novel / won an award / last night.

브라함 씨의 최신간 소설이 / 상을 받았다 / 지난밤에

해설 최상급을 써야 하는 단서 표현은 따로 없지만, late는 '늦은', latest는 '최신의'라는 뜻입니다. 바로 뒤에 오는 명사 novel(소설)을 수식해야 하는데 '늦은 소설'은 의미가 어색해요. 하지만 소유격 표현 Mr. Braham's와 함께 '브라함 씨의 최신간 소설'이라는 말은 자연스러우므로 최상급 표현인 latest가 정답이에요.

개념 4 비교급/최상급과 어울리는 부사와 관용 표현

토익 정답과 친해지는 EXERCISE

본문 p. 267

정답   **1.** even   **2.** more   **3.** no

1. Ms. Bradley / works better / than (even / much) the most proficient assistant.

브래들리 씨는 / 일을 더 잘 한다 / 심지어 가장 능숙한 조수보다 더

해설 최상급 표현(the most proficient)과 어울리는 부사가 필요하므로, 최상급 표현과 어울리는 부사 even(심지어)이 정답이에요.

2. The more experience / you have, / the (most / more) timely advice / you will give.

더 많은 경험을 / 당신이 가질수록 / 더 시기적절한 조언을 / 당신이 해줄 수 있을 것이다

해설 일반적으로 the 뒤에는 비교급이 오지 않고 최상급이 오지만, 'The + 비교급, the + 비교급'의 형태로 쓰이는 관용 표현을 구성하는 more가 정답이에요.

3. We (no / not) longer have / a vacant position. 우리는 더 이상 없습니다 / 공석이

해설 longer와 함께 '더 이상 ~하지 않는'이라는 의미의 관용 표현을 구성하는 no가 정답이에요.

정답 **1.** (B) **2.** (D) **3.** (A) **4.** (A) **5.** (A) **6.** (C) **7.** (B) **8.** (A) **9.** (C) **10.** (A)

1. The latest smartphone model / is lighter than its predecessor, / making it easier / to carry around.

   (A) light　　　　(B) lighter　　　　(C) lightest　　　　(D) lightly

   그 최신 스마트폰 모델은 / 전작 모델보다 더 가벼우며 / 그로 인해 더 쉽게 만들다 / 휴대하고 다니기

   * latest 최신의　　predecessor 전작 모델, 전임자　　make it A to V ~하는 것을 A하게 만들다　　carry A around A를 휴대하고 다니다

   light 가벼운, 경량의　　lightly 가볍게, 부드럽게, 약간, 살짝

   해설 빈칸 뒤에 '~보다'라는 의미로 비교를 나타낼 때 사용하는 than이 쓰여 있으므로 than과 어울리는 비교급 형용사의 형태인 (B) lighter가 정답이에요.

   오답 (A) light은 원급 형용사, (C) lightest는 최상급 형용사, 그리고 (D) lightly는 원급 부사의 형태이므로 오답이에요.

2. To ensure that / the orientation session / starts on time, / all the newly hired interns / are required / to arrive punctually.

   (A) clearly　　　　(B) severely　　　　(C) consistently　　　　(D) punctually

   보장하기 위해서 / 오리엔테이션 시간이 / 정시에 시작하는 것을 / 모든 신입 인턴들은 / 요구됩니다 / 제시간에 도착하도록

   (A) 명백히　　　　(B) 심하게, 엄하게　　　　(C) 지속적으로　　　　(D) 제시간에

   * ensure 보장하다　　on time 정시에　　newly 새롭게　　require 요구하다

   해설 보기가 모두 의미가 다른 부사로 구성되어 있으므로 해석해서 문제를 풀어야 해요. 빈칸에 쓰일 부사는 arrive(도착하다)를 수식해요. 보기 중 이와 어울리는 것은 punctually(제시간에)로, 해석하면 '모든 신입 인턴들은 제시간에 도착하도록 요구됩니다'가 되어 자연스러워요. 따라서 (D) punctually가 정답이에요.

   오답 혹시 '분명하게(clearly) 도착하다'라고 해석해서 (A) clearly를 정답으로 선택했다면, clearly는 '명확하게, 혼동을 주지 않게'라는 의미로, '말하다, 보여주다'와 같은 동사하고는 어울리지만 '도착하다'하고는 어울리지 않는다는 것을 기억해 두세요.

3. Salespeople at Zell's / are as flexible as they can be / when it comes to giving bargains / to customers.

   (A) flexible　　　　(B) flexibly　　　　(C) flexibility　　　　(D) more flexible

   젤스에 근무하는 판매원들은 / 그들이 할 수 있는 만큼 융통성이 있다 / (정상가보다) 저렴하게 물품을 제공하는 것에 대해서는 / 고객들에게

   * when it comes to ~에 관해서는　　bargain (정상가보다) 저렴한 물건　　flexible 융통성 있는, 유연한

   해설 as ~ as 사이에는 형용사나 부사의 원급만 들어갈 수 있으므로, 형용사 flexible과 부사 flexibly 중 하나를 선택해야 해요. 빈칸 앞의 as를 없애면 빈칸은 be동사(are) 뒤에 있는 셈이에요. be동사는 형용사나 명사 주격 보어를 필요로 하는 동사이므로 형용사 (A) flexible이 정답이에요.

4. We will contact you / promptly / after we finish repairing your car.

   (A) promptly　　　　(B) slightly　　　　(C) randomly　　　　(D) accidentally

   저희는 귀하께 연락드릴 것입니다 / 즉시 / 귀하의 차량 수리를 마친 후에

   (A) 즉시　　　　(B) 약간　　　　(C) 무작위로　　　　(D) 우연히

   * contact 연락하다　　repair 수리하다

   해설 보기가 모두 의미가 다른 부사로 구성되어 있으므로 해석해서 문제를 풀어야 해요. promptly after는 '~ 직후에'라는 의미로, '수리를 마친 직후에 연락하겠다'라는 의미가 되어 자연스러우므로 (A) promptly가 정답이에요.

   오답 (B) slightly(약간), (C) randomly(무작위로), (D) accidently(우연히)는 모두 의미상 어울리지 않으므로 오답이에요.

5. Mr. Harvey's restaurant / has become much more popular / since he introduced / a vegan option.

   (A) much　　　　(B) so　　　　(C) very　　　　(D) too

   하비 씨의 레스토랑은 / 훨씬 더 많은 인기를 얻었다 / 그가 도입한 이후로 / 채식주의 옵션을

   * popular 인기 있는　　since ~한 이후로　　introduce 도입하다, 소개하다　　vegan (엄격한) 채식주의의　　much (비교급 수식) 훨씬

   해설 빈칸 뒤에 more와 형용사 popular가 결합한 비교급 형용사가 쓰여 있으므로 '훨씬'이라는 의미로 비교급을 수식해 강조하는 역할을 하는 부사 (A) much가 정답이에요.

오답 (B) so와 (C) very, 그리고 (D) too는 모두 원급 형용사를 수식하므로 오답이에요.

6. The hiring committee / agreed that / Arnold Landers / is the most qualified / of all the applicants.

(A) qualify　　　　(B) qualified　　　**(C) most qualified**　(D) more qualifying

인사 위원회는 / 동의했다 / 아놀드 랜더스 씨가 / 가장 자격을 갖추었다고 / 모든 지원자들 중에서

* committee 위원회　applicant 지원자, 후보자　qualify 자격을 주다

해설 빈칸 앞의 관사 the는 명사 앞에서 명사를 수식하는 역할도 하지만 최상급 표현 앞에도 쓰인다는 사실을 기억하세요. 빈칸 뒤에 of all the applicants(모든 지원자들 중에서)가 있으므로, 세 명 이상을 비교하는 상황이에요. 따라서 최상급 표현 (C) most qualified(가장 자격을 갖춘)가 정답이에요.

오답 (A) qualify는 동사이므로 the 뒤에 올 수 없어요. (B) qualified은 원급 형용사이므로 뒤에 수식하는 명사가 와야 하며, 비교 내용을 나타낼 수 없어요. 일반적으로 비교급 앞에는 the가 쓰이지 않으므로 (D) more qualifying은 오답이에요.

7. Many employees / were recognized / at the annual banquet / for their exceptional achievements.

(A) upcoming　　　**(B) exceptional**　　(C) anticipated　　(D) experienced

많은 직원들이 / 인정받았다 / 연례 연회에서 / 그들의 뛰어난 성취에 대해

(A) 앞으로 있을　　　　　(B) 예외적인, 뛰어난　　　(C) 예상되는　　　　(D) 경험이 많은

* recognize 인정하다　annual 연례의　achievement 성취, 업적　exceptional 뛰어난

해설 보기가 모두 의미가 다른 형용사로 구성되어 있으므로 해석해서 문제를 풀어야 해요. 빈칸에 쓰일 형용사는 뒤에 오는 명사 achievements(업적)를 수식해요. '직원들이 뛰어난 성취로 인해 인정받았다'가 의미상 적절하므로, '예외적인' 외에도 '뛰어난'이라는 의미를 가진 (B) exceptional이 정답이에요.

오답 '앞으로 있을(upcoming) 업적', '예상되는(anticipated) 업적'도 말은 되지만 문장의 의미와 어울리지 않아 오답이에요. experienced(경험이 많은)는 사람을 수식하는 형용사이므로 업적과 어울리지 않아 오답이에요.

8. Ms. Friel suggested / using a more expensive catering service / than the one we had used / last year.

(A) than　　　　(B) over　　　　(C) even　　　　(D) because

프릴 씨는 제안했다 / 더 비싼 출장 요리 서비스 업체를 이용하도록 / 우리가 이용했던 곳보다 / 작년에

* suggest -ing ~하도록 제안하다　catering 출장 요리 제공(업)

해설 빈칸 앞에 비교급 형용사를 포함한 명사구 a more expensive catering service가 쓰여 있어 빈칸 뒤에 위치한 the one we had used가 그 비교 대상임을 알 수 있어요. 따라서, '~보다'라는 의미로 more와 어울려 비교를 나타낼 때 사용하는 (A) than이 정답이에요.

오답 (B) over는 비교급 형용사와 짝을 이뤄 사용하지는 않으므로 오답이에요. (C) even은 비교급을 앞에서 수식해 강조하는 역할을 하는 부사이며, (D) because는 이유를 나타내는 접속사이므로 오답이에요.

9. To register for the conference, / you must pay the entry fee / no later than the last Friday / in May.

(A) quickly　　　　(B) as possible　　　**(C) no later**　　　(D) hastily

회의에 등록하기 위해서 / 당신은 반드시 참가비를 지불해야 합니다 / 늦어도 마지막 금요일까지는 / 5월의

* register for ~에 등록하다　entry fee 참가비, 입장료　quickly 빠르게　no later than 늦어도 ~까지는　hastily 급히

해설 빈칸 뒤에 than(~보다)이 있으므로, than과 함께 쓰이는 표현을 먼저 찾아봐야 해요. 보기 중에서 no later가 than과 함께 '늦어도 ~까지'라는 의미로 쓰이는 관용 표현을 구성하며, '당신은 참가비를 늦어도 마지막 금요일까지 지불해야 한다'가 되어 의미상 자연스러우므로 (C) no later가 정답이에요.

10. Tim Design Co. / is seeking a marketing director / with at least 5 years / of managerial experience.

(A) managerial　　(B) duplicate　　(C) defective　　　(D) sincere

팀 디자인 회사는 / 마케팅 팀장을 찾고 있다 / 최소한 5년이 있는 / 관리 경험의

(A) 관리의, 경영의　　　(B) 똑같은, 사본의　　　(C) 결함이 있는　　　(D) 진실된, 진정한

* seek 찾다　at least 최소한, 적어도

해설 보기가 모두 의미가 다른 형용사로 구성되어 있으므로 해석해서 문제를 풀어야 해요. 빈칸에 쓰일 형용사는 뒤에 오는 명사 experience(경험)를 수식해요. 보기 중 이와 어울리는 것은 managerial(관리의)로, '관리 경험'이 되어 의미상 자연스러워요. 따라서 (A) managerial이 정답이에요.

오답 '사본의(duplicate) 경험'은 의미가 어색하며, (C) defective(결함이 있는)는 사물을 수식하는 형용사이고, (D) sincere(진실된, 진정한)는 감사나 사과와 같은 마음가짐을 나타내는 명사를 수식하는 형용사이므로 경험과는 어울리지 않아 오답이에요.

자신감 쑥쑥! 실전 도전 Part 6

정답 **11.** (A) **12.** (C) **13.** (B) **14.** (B)

Questions 11-14 refer to the following letter. 다음 편지를 참조하시오.

Dear Kirk Mason, 커크 메이슨 씨에게

Thank you for attending / the Somerville Cleanup Day special event / on June 20.
참석해 주셔서 감사드립니다 / 서머빌 대청소의 날 특별 행사에 / 6월 20일에

More than 250 residents / participated in this event.
250명 이상의 거주민들이 / 이 행사에 참여했습니다

It was definitely the most popular event / we have ever held.
이는 확실히 가장 인기 있는 행사였습니다 / 우리가 지금까지 개최했던 것 중에

We collected / more than 5 tons of trash / in places / throughout the city. 저희는 모았습니다 / 5톤 이상의 쓰레기를 / 많은 장소에서 / 도시 전역에 있는

Thanks to your efforts, / Somerville looks more beautiful / than ever. 귀하의 노력 덕분에 / 서머빌은 더 아름답게 보입니다 / 여느 때보다도

As a token of our appreciation, / we would like to give you / a present. 감사의 표시로 / 저희는 귀하께 드리고자 합니다 / 선물을

There is an enclosed certificate / thanking you / for your service to the city. 동봉된 증서가 있습니다 / 귀하께 감사하는 / 도시에 대한 귀하의 봉사에

We hope / you will proudly display this document / so that others can see it.
저희는 바랍니다 / 귀하께서 자랑스럽게 이 문서를 진열하시기를 / 다른 사람들이 볼 수 있도록

Sincerely,

Mary Carter 메리 카터 드림
Somerville Mayor's Office 서머빌 시장실

커크 메이슨 씨에게

6월 20일 서머빌 대청소의 날 특별 행사에 참석해 주셔서 감사드립니다. 250명 이상의 거주민들이 이 행사에 참여했습니다. 이는 확실히 우리가 지금까지 개최했던 것 중에 가장 인기 있는 행사였습니다.

저희는 도시 전역에 있는 많은 장소에서 5톤 이상의 쓰레기를 모았습니다. 귀하의 노력 덕분에 서머빌은 여느 때보다도 더 아름답게 보입니다.

감사의 표시로 귀하께 선물을 드리고자 합니다. 도시에 대한 귀하의 봉사에 감사하는 동봉된 증서가 있습니다. 다른 사람들이 볼 수 있도록 이 문서를 자랑스럽게 진열하시기를 바랍니다.

메리 카터 드림
서머빌 시장실

---

* more than ~ 이상인 resident 거주민 participate in ~에 참여하다 definitely 확실히 collect 모으다, 수집하다 trash 쓰레기 throughout ~전역에서 thanks to ~덕분에 effort 노력 enclosed 동봉된 proudly 자랑스럽게 display 진열하다, 전시하다 document 문서 so that ~할 수 있도록 popular 인기 있는 as a token of ~의 표시로 appreciation 감사 certificate 증서, 증명서

11. (A) the most popular (B) popularity (C) popular (D) more popular

> **해설** 빈칸은 뒤에 오는 명사 event(행사)를 수식하는 형용사 자리예요. 보기 중 형용사로는 (A) the most popular(가장 인기 있는), (C) popular(인기 있는), (D) more popular(더 인기 있는)가 있는데, event 다음 부분에 최상급과 함께 쓰는 ever가 있으므로 (A) the most popular가 정답이에요.
> **오답** 빈칸에 다른 형용사가 올 수 없는 이유는 뒤에 위치한 we have ever held(우리가 지금까지 개최했던 것 중에)와 어울리지 않기 때문이에요.

12. (A) beautiful (B) more beautifully **(C) more beautiful** (D) the most beautifully

> **해설** 비교 대상 앞에 쓰이는 than(~보다)이 빈칸 뒤에 있으므로 빈칸에는 비교급이 들어가야 해요. 따라서 비교급 (B) more beautifully와 (C) more beautiful 중에 적절한 것을 선택해야 하는데, 빈칸 앞의 looks(보이다)는 주격 보어를 필요로 하는 동사이므로 형용사인 (C) more beautiful이 정답이 됩니다.

13. (A) Somerville Cleanup Day will be held in the coming week.
  (A) 서머빌 대청소의 날 행사는 다음 주에 열립니다.
  (B) As a token of our appreciation, we would like to give you a present.
  (B) 감사의 표시로 귀하께 선물을 드리고자 합니다.

(C) Please stop by my office at your earliest convenience to receive your gift.

(C) 가능한 한 빨리 제 사무실에 들르셔서 선물을 받아가시기 바랍니다.

(D) Our institution would like to thank you with an offer for a free class.

(D) 저희 단체는 무료 강좌를 제공하는 것으로 귀하께 감사드리고자 합니다.

> 해설 우선 빈칸 앞까지 제시된 내용을 보면, 지역을 청소하는 행사에 참가한 것에 대해 감사하면서 행사가 진행된 상황에 대해 간략하게 알리는 내용이 제시되어 있어요. 그리고 빈칸 바로 뒤에는 이와 같은 서비스를 제공한 것에 대해 감사하기 위해 뭔가를 동봉했다는 의미를 나타내는 문장이 쓰여 있어요. 따라서 빈칸에는 해당 물품을 동봉한 이유를 나타내는 문장이 와야 가장 자연스러우므로 '감사의 표시로 선물을 드리려 한다'라는 의미를 니디니는 (B)가 정답이에요.

> 오답 (A): 지문 시작 부분을 보면, 이미 개최된 행사에 대해 언급하고 이 행사에 참석했던 상대방에게 감사 인사를 하고 있으므로 다음 주에 열릴 예정임을 알리는 이 문장은 지문의 흐름에 어울리지 않는 보기예요.
> (C): 빈칸 바로 뒤에 이어지는 문장을 보면, 감사의 뜻을 전하기 위해 이 편지와 함께 동봉한 것(enclosed)이 있다고 알리고 있으므로 사무실로 와서 선물을 받으라는 말은 지문의 내용과 어울리지 않아요.
> (D): (C)와 마찬가지로, 이 편지와 함께 동봉한 것(enclosed)이 있다고 알리고 있으므로 무료 강좌를 제공하는 것으로 감사의 뜻을 전한다는 말은 지문의 내용과 어울리지 않으므로 오답이에요.

14. **(A) opening**   **(B) certificate**   **(C) confidence**   **(D) donation**

(A) 개장   (B) 증서   (C) 자신감   (D) 기부

> 해설 빈칸에 쓰일 명사는 enclosed(동봉된)의 수식을 받으며, 동시에 뒤의 thanking you for your service to the city(도시에 대한 귀하의 서비스에 대해 감사하는)도 빈칸의 명사를 수식해요. 보기 중 동봉될 수 있는 것은 certificate(증서, 증명서)가 유일한데다, 다음 문장의 display this document(이 문서를 진열하다)에서 말하는 것처럼 문서를 나타내는 명사여야 하므로 (B) certificate가 정답이 됩니다.

DAY 20   토익이 좋아하는 **짝꿍표현**   Vocabulary

토익 정답과 친해지는 **EXERCISE**   본문 p. 275

정답   **1.** (B)   **2.** (B)   **3.** (A)

1. The elementary school / provides / its students / with vegetables and fruits / from <u>local</u> farms.

    (A) casual   **(B) local**

    그 초등학교는 / 제공한다 / 학생들에게 / 야채와 과일을 / <u>현지 농장으로부터</u>

    (A) 평상시의   (B) 현지의, 지역의

> 해설 빈칸에 쓰일 형용사는 뒤의 명사 farms(농장들)를 수식해요. '평상시의 (casual) 농장들'은 어색하고 '현지에 있는(local) 농장들'이 자연스러우므로 (B) local이 정답이에요. a local farm(현지 농장)으로 묶어서 기억해 두세요.

2. All the requests / for office <u>supplies</u> / should be submitted / to Ms. Noak / in the maintenance department.

    (A) supplied   **(B) supplies**

    모든 요청서는 / 사무<u>용품</u>에 관한 / 제출되어야 한다 / 노악 씨에게 / 관리부에 있는

> 해설 office supplies는 '사무용품'이라는 의미로 쓰이는 복합명사입니다. supply가 동사도 되지만 명사도 된다는 것을 기억해 두세요. 따라서 (B) supplies가 정답이에요.

3. Both university graduates and experienced industry <u>professionals</u> / can apply / for this permanent position.

    (A) professionals   (B) permits

    대학 졸업생과 경험 있는 업계 <u>전문가들</u> 모두 / 지원할 수 있다 / 이 정규직에

    (A) 전문가   (B) 허가증

> 해설 '경험 있는 업계 전문가들(experienced industry professionals)'이 자연스럽고 '경험 있는 업계 허가증들(experienced

industry permits)'은 어색하므로 (A) professionals가 정답이에요. professional이 '전문적인' 외에도 '전문가'라는 의미를 나타내는 명사로도 쓰인다는 것을 기억해 두세요.

 **DAY 20** 빈칸에 알맞은 문장 고르기

개념 1 앞뒤 흐름 파악하기

로익 정답과 친해지는 **EXERCISE** 본문 p. 276

정답 (B)

모든 직원들이 한 달 동안 연수를 받아야 함을 알려 드리고자 합니다. 이 과정에서는 컴퓨터 기술, 외국어 그리고 고급 회계를 다룰 것입니다. 6월 1일부터 시작합니다. **프로그램은 사전 등록이 요구됨을 알고 계시기 바랍니다.** 우리는 이 프로그램이 귀하에게 유익하리라 확신합니다.
(A) 프로그램은 오직 신입직원들에게만 제공됩니다.
(B) 프로그램은 사전 등록이 요구됨을 알고 계시기 바랍니다.

해설 지문의 첫 문장에서 '모든 직원들이 한 달 연수를 받아야 한다'는 내용이 있고, 빈칸 앞 문장에서 프로그램이 6월 1일부터 시작된다는 부분을 통해 빈칸 다음에는 프로그램과 관련한 추가 내용이 나와야 합니다. 6월 1일에 시작하므로 그 전에 등록을 요구한다는 내용이 나오면 문맥상 자연스럽게 연결이 돼요.

오답 (A): 지문 첫 문장에서 연수 과정은 '모든 직원들'을 대상으로 한 것이라고 언급했으므로 '오직 신입 직원들'에게만 제공된다는 내용은 흐름상 맞지 않아요.

개념 2 지시어 단서 파악하기

로익 정답과 친해지는 **EXERCISE** 본문 p. 277

정답 (A)

우리는 3월 13일에 케이터링 서비스를 제공하게 되어 기쁘게 생각합니다. **우리 고객들에게 건강하고 영양가 있는 음식을 제공하는 것이 우리의 목표입니다.** 이것들은 특히 회사 직원들 사이에서 매우 유명합니다. 만약 여기 있는 메뉴가 만족스럽지 못하시면, 123-344-3365번으로 전화주세요.
(A) 우리 고객들에게 건강하고 영양가 있는 음식을 제공하는 것이 우리의 목표입니다.
(B) 우리는 더 이상 케이터링 사업을 하지 않을 것입니다.

해설 빈칸 다음 문장에서 '이것들(These)은 회사 직원들 사이에서 매우 유명하다'라고 했으므로 '이것들'이 뜻하는 것이 빈칸 문장에 제시되어야 합니다. '건강하고 영양가 있는 음식을 제공하는 것이 목표' → '이것들은 회사 직원들 사이에서 유명'으로 '이것들'이 '건강하고 영양가 있는 음식'을 가리키는 것으로 연결될 수 있어요.

오답 (B): 지문 첫 문장에서 '케이터링 서비스를 제공하게 되어 기쁘다'라고 했으므로 갑자기 더 이상 케이터링 사업을 하지 않는다는 말은 흐름상 연결되지 않으며, 빈칸 다음에 나온 These가 가리키는 의미로도 맞지 않아요.

개념 3 연결어 단서 파악하기

로익 정답과 친해지는 **EXERCISE** 본문 p. 278

정답 (A)

업무는 9월 1일부터 시작되며, 귀하께서는 한 달에 3,000달러를 받으실 것입니다. 업무 첫 날 오실 때, 우리가 귀하께 보낸 모든 양식을 가지고 오세요. **또한, 사회 보장 카드도 함께 가지고 오셔야 합니다.** 이 서류들을 모두 제출하신 후에, 다른 모든 직원들과 점심식사를 함께할 것입니다.
(A) 또한, 사회 보장 카드도 함께 가지고 오셔야 합니다.
(B) 따라서 제출한 서류는 다시 돌려 드리지 않을 것입니다.

해설 연결어는 빈칸의 알맞은 문장을 찾는 데 가장 큰 힌트가 될 수 있어요. 빈칸 앞이나 보기에 연결어가 보인다면 먼저 표시를 해 둡니다. also는 앞의 내용에 대한 추가 사항을 설명할 때 쓸 수 있는 것으로 빈칸 앞에서 우리가 보낸 모든 양식을 가지고 오라고 했고, '또한, 사회 보장 카드도 함께 가지고 오셔야 합니다'라고 할 수 있으므로 뒤 문장이 앞 문장에 대한 추가 사항으로 연결될 수 있어요.

오답 (B): therefore는 앞 문장이 원인, 뒤 문장이 그에 대한 결과를 나타낼 때 쓰는 연결어예요. 앞 문장에서 모든 양식을 가지고 오라고 한 것이 제출 서류를 돌려 드리지 않을 것이라는 결과로 이어질 수 없습니다.

 **자신감 쑥쑥! 실전 도전** Part 6

본문 p. 281

정답   **1.** (C) **2.** (C) **3.** (D) **4.** (D) **5.** (B) **6.** (B) **7.** (C) **8.** (A) **9.** (B) **10.** (D) **11.** (D) **12.** (C)

Questions 1-4 refer to the following e-mail. 다음 이메일을 참조하시오.

Dear Mr. Annesly 앤네슬 씨께

We received the Costs Inquiry Form / that you submitted / concerning excess charges / for the vehicle / you rented from Rent-to-Go. 우리는 비용 문의서를 받았습니다 / 귀하께서 제출하신 / 초과 요금에 대해 / 차량의 / 귀하가 렌트투고에서 빌리신

Unfortunately, / it seems / you may have overlooked / a few policies / stated on your contract.
불행히도 / 보입니다 / 귀하께서 간과하신 것으로 / 몇 가지 방침을 / 계약서에 기술된

First, / your contract / states that / you were to return the vehicle / to the pick-up location / at Martime Airport.
먼저 / 귀하의 계약서는 / 기술하고 있습니다 / 차량을 반환해야 한다고 / 임차 장소에서 / 마타임 공항의

Instead, / the rental was returned / to the office / located at 343 O'Bryan Street.
대신에 / 렌트하신 것이 반환되었습니다 / 사무실로 / 343 오브라이언 가에 위치한

This added a price of $12.99 / to each of the five days / you contracted the car.
이로 인해 12.99달러가 추가되었습니다 / 각 5일에 / 귀하께서 차량을 계약하신 것에

Additionally, / you were charged / for the toll fees / that you incurred / while using the Express Pass.
게다가 / 청구되었습니다 / 통행료가 / 발생시키신 / 고속 패스를 이용하시는 동안

These came to $23. 이것이 총 23달러가 됩니다.

We are sorry that / there was a misunderstanding / regarding these charges.
우리는 유감스럽게 생각합니다 / 오해가 있었던 것에 / 이 요금 청구와 관련하여

If you have any further questions, / simply resubmit a Costs Inquiry Form / with your new concerns.
만약 추가로 질문이 있으시면 / 비용 문의서를 다시 제출해 주세요 / 우려하고 계신 부분을 더해

Sincerely,

June Walters 준 워터스 드림
Customer Service 고객 서비스부
Rent-to-Go 렌트투고

앤네슬 씨께

귀하께서 렌트투고에서 빌리신 차량이 초과 요금에 대해 제출하신 비용 문의서를 받았습니다. 불행히도, 귀하께서 계약서에 기술된 몇 가지 방침을 간과하신 것으로 보입니다.

먼저, 귀하의 계약서는 마타임 공항 임차 장소에서 차량을 반환해야 한다고 기술하고 있습니다. 대신에, 렌트하신 것이 343 오브라이언 가에 위치한 사무실로 반환되었습니다. 이로 인해 5일간 렌트하신 것에 더해 12.99달러가 추가되었습니다.

게다가, 고속 패스를 이용하시면서 발생한 통행료가 청구되었습니다. 이것이 총 23달러가 됩니다. 우리는 이 요금 청구와 관련하여 오해가 있었던 것에 유감스럽게 생각합니다. 만약 추가로 질문이 있으시면, 우려하고 계신 부분을 더해 비용 문의서를 다시 제출해 주세요.

준 워터스 드림
고객 서비스부
렌트투고

---

* receive 받다   inquiry 문의, 조사   submit 제출하다   concerning ~에 관한   excess 초과   charge 청구   vehicle 차량
rent 빌리다   unfortunately 불행하게도   overlook 간과하다   contract 계약서   toll fee 통행료   incur (비용을) 발생시키다
misunderstanding 오해   regarding ~와 관련하여   further 추가의   concern 우려, 걱정

1. **(A) expenses**   **(B) propositions**   **(C) policies**   **(D) disagreements**
(A) 돈, 비용   (B) 제의, 제안   (C) 방침, 정책   (D) 의견 차이

[해설] 첫 번째 문장에서 초과 요금에 대한 문의서를 받았다고 했고 이에 대한 회사 측의 설명이 두 번째 단락부터 이어집니다. 기존 임차 장소가 아닌 다른 곳에서 차를 돌려 준 것이나 고속 패스를 이용한 것 등을 설명했으므로 계약서에 기술된 회사가 정한 '방침, 정책' 등을 간과했다고 하

는 것이 자연스러워요. 따라서 '방침, 정책' 등을 뜻하는 (C) policies가 정답이 됩니다.

오답 (A) expenses(돈, 비용), (B) propositions(제의, 제안), (D) disagreements(의견 차이) 모두 의미상 어색하므로 오답이에요.

2. (A) Also, the Costs Inquiry Form was sent to the wrong address.
(A) 또한, 비용 관련 문의서를 잘못된 주소로 보내셨습니다.

(B) Let me explain the extra costs charged for the late return.
(B) 늦게 반환한 것에 대해 청구된 추가 요금에 대해 설명드리겠습니다.

(C) Instead, the rental was returned to the office located at 343 O'Bryan Street.
(C) 대신에, 렌트하신 것이 343 오브라이언 가에 위치한 사무실로 반환되었습니다.

(D) We have already sent the revised contract.
(D) 우리는 이미 수정된 계약서를 보냈습니다.

해설 빈칸 바로 앞 문장에서 your contract states that you were to return the vehicle to the pick-up location at Martime Airport.(먼저 귀하의 계약서는 마타임 공항 임차 장소에서 차량을 반환해야 한다고 기술하고 있습니다.)라고 했고 빈칸 다음 문장에서 12.99 달러 요금이 추가되었다고 했으므로 앞의 계약서와는 다르게 이행했음을 추측할 수 있어요. 따라서 보기 중 (C) Instead, the rental was returned to the office located at 343 O'Bryan Street.(대신에, 렌트하신 것이 343 오브라이언 가에 위치한 사무실로 반환되었습니다.)가 정답이 됩니다.

오답 (A): 첫 번째 문장에서 비용 문의서를 받았다고 했으므로 잘못된 주소로 받았다는 내용은 흐름상 맞지 않아요.
(B): 빈칸 앞에서 반환 장소에 대해 언급하고 있고, 빈칸 다음에 이로 인한 요금 추가가 되었다고 했으므로 장소랑 관련되어 있다고 볼 수 있어요. 기간에 대해 언급되지 않았으므로 정답이 될 수 없어요.
(D): 빈칸 다음 문장부터 추가 요금을 부가하게 된 이유에 대해 설명하고 있으므로 수정된 계약서 발송에 관한 내용은 오답이에요.

3. (A) Likewise   (B) However   (C) As a result   **(D) Additionally**
(A) 이와 같이   (B) 그러나   (C) 그 결과   (D) 게다가

해설 빈칸 앞 문장에서는 반환 장소가 잘못되어 추가된 요금에 대해 언급했고, 빈칸 다음에는 고속 패스를 이용하면서 발생한 통행료 때문에 청구된 요금에 대해 설명하고 있으므로 내용을 첨가할 때 쓰는 접속부사 (D) Additionally가 정답이 됩니다.

오답 (A) Likewise(이와 같이), (B) However(그러나), (C) As a result(그 결과) 모두 내용 흐름상 어색하므로 오답이에요.

4. (A) disregard   (B) receive   (C) interest   **(D) resubmit**
(A) 무시하다   (B) 받다   (C) ~의 관심을 끌다   (D) 다시 제출하다

해설 앞의 문장에서 모두 추가 비용을 청구하게 된 이유를 설명하고 있고, 마지막에는 추가로 질문이 있으면 다른 의문사항을 더해 비용 문의서를 다시 보내달라고 해야 문맥상 자연스러우므로 '다시 제출하다'라는 뜻의 (D) resubmit이 정답이 됩니다.

오답 (A) disregard(무시하다), (B) receive(받다), (C) interest(~의 관심을 끌다) 모두 의미상 어색하므로 오답이에요.

Questions 5-8 refer to the following announcement. 다음 안내문을 참조하시오.

Attention all Annesse, Inc. employees! 아네세 회사 모든 직원들은 주목하세요!

As many of you already know, / long-time CEO John Smith / recently announced / he will resign / next month.
여러분들이 이미 알고 계시듯 / 오랜 기간 근무하신 최고경영자 존 스미스 씨가 / 최근 발표했습니다 / 그가 사임할 것이라고 / 다음 달에

In response to this great loss, / the board voted / to appoint the previous CFO Janet Young / to fill the position, / which she will assume / on Tuesday, September 17.
이러한 큰 손실에 대응하여 / 이사회는 투표했습니다 / 전 재무 최고책임자였던 자넷 영 씨를 임명하기로 / 이 결원을 충원하고자 / 그녀는 근무를 시작할 것입니다 / 9월 17일 화요일에

In addition to the ten years / she spent as Annesse CFO, / Ms. Young holds a Master's degree / in Business Administration / from Newler University, / where she is currently serving as president.

아네세 회사 모든 직원들은 주목하세요!

여러분들이 이미 알고 계시듯, 오랜 기간 근무하신 최고경영자 존 스미스 씨가 다음 달에 사임할 것이라고 최근 발표했습니다.

이러한 큰 손실에 대응하여, 이사회는 결원을 충원하고자 전 재무 최고책임자였던 자넷 영 씨를 임명하기로 결정했고, 그녀는 9월 17일 화요일에 근무를 시작할 것입니다.

10년간 아네세의 재무 최고책임자로 일했을 뿐 아니라 뉴러 대학에서 경영학 석사 학위를 소지하고 있고, 현재 그 대학의 학장으로 재직 중입니다.

10년간 일했을 뿐 아니라 / 아네세의 재무 최고책임자로 / 영 씨는 석사 학위를 소지하고 있습니다 /
경영학 분야에서 / 뉴러 대학에서 / 그녀가 현재 학장으로 재직하고 있는

Join us on September 15 / in welcoming Ms. Young back / to the Annesse family.
9월 15일에 우리와 함께해 주세요 / 영 씨가 다시 돌아오는 것을 환영하는 자리에 / 아네세 가족으로

9월 15일에 영 씨가 아네세 가족으로 다시 돌아오는 것을 환영하는 자리에 함께해 주세요.

A luncheon will be held / in the North Annex / at one o'clock.
오찬이 열릴 것입니다 / 북쪽 별관에서 / 1시에

북쪽 별관에서 1시에 오찬이 열릴 것입니다. 인사과에 귀하의 참석 여부를 확인해 주세요.

Please confirm your attendance / with the HR department.
귀하의 참석 여부를 확인해 주세요 / 인사과에

We look forward / to seeing you. 우리는 바랍니다 / 귀하를 뵐 수 있기를

귀하를 뵐 수 있기를 바랍니다.

Richard Casey 리사드 케이시
Human Resources 인사과

리차드 케이시
인사과

---

* recently 최근에   announce 발표하다   resign 사임하다, 은퇴하다   in response to ~에 응하여   board 이사회   appoint 임명하다
in addition to ~뿐만 아니라   Master's degree 석사   president 학장, 회장   luncheon 오찬   look forward to ~하기를 고대하다
assume (일·책임 등을) 맡다   confirm 확인하다   attendance 참석   HR(=Human Resources) 인사부

5. (A) has assumed   **(B) will assume**   (C) assume   (D) had assumed

해설 지문 첫 번째 문장에서 현재 CEO인 존 스미스 씨가 다음 달에 사임할 것이라고 했고, 결원을 충원하기 위해 이사회가 새로 뽑은 사람이 자넷 영임을 알 수 있어요. 자넷 영이 9월 17일 화요일에 일을 시작하는 것은 미래의 일이므로 미래 시제인 (B) will assume이 정답이 됩니다.

오답 (A) has assumed는 현재완료 시제로 과거부터 지금까지 계속되는 일을 표현하는데 아직 자넷 영 씨는 일을 시작하지 않았으므로 오답이에요. (C) assume은 단순현재 시제로 변하지 않는 사실, 습관, 진리 등을 표현하며, 여기서는 수 일치상으로도 답이 될 수 없어요. (D) had assumed는 과거보다 더 이전의 일을 표현하는 과거완료 시제로 오답입니다.

6. (A) manufactures   **(B) holds**   (C) occupies   (D) observes
(A) 제조하다   (B) 보유하다   (C) 차지하다   (D) 관찰하다

해설 영 씨가 Master's degree in Business Administration(경영학 석사 학위)를 가지고 있다는 뜻이므로 '보유하다'라는 뜻의 동사 (B) holds가 정답이 됩니다.

오답 (A) manufactures(제조하다), (C) occupies(차지하다), (D) observes(관찰하다)는 모두 의미상 어색해요.

7. (A) extending   (B) accompanying   **(C) welcoming**   (D) assigning
(A) 연장하는   (B) 동반하는   (C) 환영하는   (D) 배정하는

해설 다음 문장에서 luncheon(오찬)을 열 것이라고 했으므로 9월 15일은 아네세 회사에 다시 돌아오는 영 씨를 '환영하는' 날임을 알 수 있어요. 따라서 정답은 (C) welcoming입니다.

오답 (A) extending(연장하는), (B) accompanying(동반하는), (D) assigning(배정하는) 모두 의미상 어색해요.

8. (A) Please confirm your attendance with the HR department.
(A) 인사과에 귀하의 참석 여부를 확인해 주세요.
(B) John Smith will give a lecture in Newler University next week.
(B) 존 스미스 씨는 다음 주에 뉴러 대학에서 강연을 할 예정입니다.
(C) Feel free to contact Ms. Young for further questions.
(C) 추가 문의사항이 있으시면 영 씨에게 언제든지 연락주세요.
(D) We will hold the farewell party on September 15.
(D) 우리는 9월 15일에 송별회를 열 예정입니다.

해설 빈칸 앞 문장에서 환영 오찬이 열리는 장소와 시간을 언급하고 있고, 빈칸 다음에는 그 자리에서 볼 수 있기를 고대한다고 했으므로 흐름상 참석에 관한 문장이 나와야 자연스러워요. 보기 중 '참석 여부를 인사과에 확인해 주세요'라고 한 (A)가 정답이 됩니다.

오답 (B): 첫 단락에서 존 스미스 씨가 최고경영자에서 물러날 것이라고 했고, 그 자리를 대신할 자넷 영 씨의 환영 행사에 관한 글이므로 존 스미스 씨가 대학에서 강연할 예정이라는 내용은 흐름상 맞지 않아요.
(C): 자넷 영 씨는 아직 회사 근무를 시작하지 않았기 때문에 행사와 관련하여 문의할 대상이 아니에요.
(D): 빈칸 앞 문장에서 9월 15일은 영 씨를 환영하는 오찬이라고 언급했으므로 송별회 관련 내용은 무관합니다.

Several employees have not yet confirmed their hotel reservations / for the upcoming design conference / in Shady Falls.
여러 직원들이 그들의 호텔 예약을 아직 확정하지 않았습니다 / 곧 있을 디자인 컨퍼런스를 위해 / 쉐이디 폴즈에서 열리는

Please check your information packet / and make sure you are not one of them.
여러분의 정보 안내 책자 묶음을 확인하시기 바랍니다 / 그리고 반드시 그들 중 한 명이 되지 않도록 하십시오

If there is a problem / with your assigned room, / please contact Silvia / in the HR department.
문제가 있는 경우 / 여러분의 배정된 객실에 / 실비아 씨에게 연락하십시오 / 인사부의

Other hotels in the area / are fully booked / and are not available.
그 지역에 있는 다른 호텔들은 / 완전히 예약된 상태입니다 / 그리고 이용할 수 없습니다

You must stay / at the hotel we have reserved / for our employees.
반드시 머무르셔야 합니다 / 저희가 예약해 드린 호텔에 / 우리 직원들을 위해

Otherwise, / you will need to commute / into the city.
그렇지 않으면 / 여러분은 오고 가셔야 할 것입니다 / 그 도시로

If you need to cancel your attendance / at the conference, / please let us know / by Friday.
여러분의 참석을 취소하셔야 하는 경우 / 컨퍼런스에 / 저희에게 알려 주시기 바랍니다 / 금요일까지

여러 직원들이 쉐이디 폴즈에서 곧 열리는 디자인 컨퍼런스에 필요한 호텔 예약을 아직 확정하지 않았습니다. 여러분의 정보 안내 책자 묶음을 확인하셔서 반드시 그 중 한 명이 되지 않도록 하시기 바랍니다. 여러분께 배정된 객실에 문제가 있는 경우, 인사부의 실비아 씨에게 연락하십시오. 그 지역에 있는 다른 호텔들은 완전히 예약되어 이용할 수 없는 상태입니다. 반드시 저희가 우리 직원들을 위해 예약해 드린 호텔에 머무르셔야 합니다. 그렇지 않으면, 그 도시로 오고 가셔야 할 것입니다.

컨퍼런스 참석을 취소하셔야 하는 경우, 금요일까지 저희에게 알려 주시기 바랍니다.

* several 여럿의, 몇몇의   confirm 확정하다, 확인하다   reservation 예약   upcoming 곧 있을, 다가오는   make sure (that) 반드시 ~하도록 하다, ~임을 확실히 하다   assign 배정하다, 할당하다   contact 연락하다   HR 인사(부)   fully booked 완전히 예약된, 예약이 꽉 찬   reserve 예약하다   otherwise 그렇지 않으면, 그 외에는, 달리   commute 오고 가다, 출퇴근하다, 통근하다   attendance 참석(률)   let A know A에게 알리다   by (기한) ~까지

9. (A) neither   **(B) them**   (C) whom   (D) our

   해설 전치사 of 뒤에 빈칸이 위치해 있으므로 of의 목적어 역할을 할 대명사가 필요하며, 이 문장에서는 앞서 언급한 호텔 예약을 확정하지 않은 여러 직원들(Several employees) 중의 한 명을 가리키는 의미가 되어야 알맞으므로 앞서 언급된 복수명사를 가리킬 때 사용하는 (B) them이 정답입니다.

   오답 (A) neither는 앞서 언급된 둘을 대상으로 하므로 오답입니다. (C) whom은 목적격관계대명사로서 주어와 동사가 포함된 절을 이끌어야 하는 접속사에 해당되므로 오답입니다. (D) our는 소유격 대명사이므로 전치사의 목적어 역할을 할 수 없는 오답입니다.

10. (A) frequent   (B) important   (C) confusing   **(D) available**
    (A) 잦은, 빈번한   (B) 중요한   (C) 혼란스럽게 만드는, 헷갈리게 하는   (D) 이용 가능한, 구입 가능한

    해설 보기가 모두 의미가 다른 형용사로 구성되어 있으므로 해석해서 풀어야 하는 문제입니다. 빈칸이 속한 문장을 읽어 보면, 특정 지역에 있는 다른 호텔들이 완전히 예약된 상태라는 말이 쓰여 있습니다. 따라서, 빈칸 앞에 쓰인 not과 함께 그 호텔들이 이용할 수 없는 상태임을 나타내는 의미가 되어야 알맞으므로 '이용 가능한' 등을 뜻하는 (D) available이 정답입니다.

    오답 (A) frequent와 (B) important, 그리고 (C) confusing은 모두 빈칸 앞에 언급된 '다른 호텔들이 완전히 예약된 상태'와 어울리는 의미를 구성할 수 없으므로 오답입니다.

11. (A) However, a similar event will be held next month.
    (A) 하지만, 유사한 행사가 다음 달에 개최될 것입니다.
    (B) Parking is also available in a nearby garage.
    (B) 주차 또한 근처의 주차장에서 이용 가능합니다.
    (C) The final bill will be paid by the client.
    (C) 최종 청구서는 해당 고객에 의해 비용이 지불될 것입니다.
    (D) Otherwise, you will need to commute into the city.
    (D) 그렇지 않으면, 그 도시로 가셔야 할 것입니다.

해설 앞선 문장들을 읽어 보면, 다른 호텔들이 완전히 예약되어 있는 관계로 반드시 직원들을 위해 예약한 호텔에 머물러야 한다는 의미를 담고 있습니다. 따라서, 호텔 이용과 관련된 정보를 담은 문장으로서 직원들을 위해 예약한 호텔에서 머무르지 않을 경우에 감수해야 하는 불편함을 알리는 (D)가 정답입니다.

오답 (A): 다음 달에 개최되는 유사한 행사가 있다는 정보를 알리는 문장이므로 직원들을 위해 예약한 호텔을 이용하는 일과 관련 없는 오답입니다.

(B): 주차가 근처 주차장에서 또한(also) 이용 가능하다는 문장은 주차와 관련된 장소가 언급된 문장 뒤에 와야 하므로 오답입니다.

(C): 청구서 비용 지불 주체를 밝히는 문장이므로 직원들을 위해 예약한 호텔을 이용하는 일과 관련 없는 오답입니다.

12. **(A) present**   **(B) arrive**   **(C) cancel**   **(D) remain**
(A) 제시하다, 제공하다, 발표하다 (B) 도착하다   (C) 취소하다   (D) 남아 있다, 여전히 ~한 상태이다

해설 보기가 모두 의미가 다른 동사로 구성되어 있으므로 해석해서 풀어야 하는 문제입니다. 빈칸 뒤에 '여러분의 참석'을 뜻하는 명사구 목적어 your attendance가 쓰여 있어 행사 참석과 관련된 어떤 조치를 말하는 의미가 구성되어야 자연스러우므로 '취소하다'를 뜻하는 (C) cancel이 정답입니다.

오답 '여러분의 참석을 제시/제공/발표하는 경우'는 의미가 맞지 않으므로 (A) present는 오답이며, (B) arrive와 (D) remain은 목적어를 취하지 않는 자동사이므로 오답입니다.

DAY **21** 주제와 목적 Reading

 토익 제대로 대비하기   본문 p. 293

 정답 [3단계] **1.** (C)   **2.** (B)

Question 1 refers to the following letter. 다음 편지를 참조하시오.

Dear Mr. Starling, 스탈링 씨에게 ❶ **Welcome!** 환영합니다! **You now belong / to the Billington Writer's Association.** 이제 귀하는 속합니다 / 빌링턴 작가 협회에 **The sample / you submitted / was considered and selected / by a committee of professional editors.** 샘플 원고가 / 귀하가 제출하신 / 심사를 통해 선정되었습니다 / 전문 편집자 위원회에 의해 **Each year, / more than 1,000 writers / apply to join the BWA, / but only 200 are accepted.** 매년 / 1,000명 이상의 작가들이 / 빌링턴 작가 협회(BWA)에 가입하기 위해 지원합니다 / 하지만 200명만 들어올 수 있습니다 **In the packet enclosed in this envelope, / you will find information / about the benefits / of being a part of the Billington Writer's Association.** 이 봉투에 동봉된 안내 책자에서 / 귀하는 정보를 찾을 수 있을 겁니다 / 혜택에 관한 / 빌링턴 작가 협회의 일원이 되어서 받는	스탈링 씨에게 환영합니다! 이제 귀하는 빌링턴 작가 협회 소속입니다. 귀하가 제출하신 샘플 원고가 전문 편집자 위원회의 심사를 통해 선정되었습니다. 매년 1,000명 이상의 작가들이 빌링턴 작가 협회(BWA)에 가입하기 위해 지원하지만, 200명만 들어올 수 있습니다. 이 봉투에 동봉된 안내 책자에서 귀하는 빌링턴 작가 협회의 일원이 되어서 받는 혜택에 관한 정보를 찾을 수 있을 겁니다.

1. **Why** was **the letter sent** to Mr. Starling?
  (A) To request he write an article
  (B) To inform him of changes to a membership
  (C) To identify him as a member
  (D) To invite him to attend an event

1. 왜 편지가 스탈링 씨에게 보내졌는가?
  (A) 그가 기사를 쓰도록 요청하기 위해서
  (B) 그에게 회원 자격의 변동에 관해 알리기 위해서
  (C) 그를 회원으로 인정하기 위해서
  (D) 그에게 행사에 참여할 것을 권하기 위해서

해설 Why, the letter sent를 통해 목적 문제임을 확인합니다. 제목이 따로 없으니 지문 첫 번째 단락 첫 부분을 먼저 읽습니다. Welcome! You now belong to the Billington Writer's Association.을 통해 기존에 빌링턴 작가 협회에 속하지 않았던 사람이 새로 협회에 들어가게 되었다는 것을 알 수 있죠. 따라서 편지를 쓴 이유는 회원이 되었다는 사실을 알리기 위한 것이므로 정답은 (C)입니다.

Question 2 refers to the following e-mail. 다음 이메일을 참조하시오.

To: Michelle Lee 수신: 미셸 리
From: Sarah Fromme 발신: 사라 프롬

Good afternoon, Ms. Lee. 안녕하세요, 이 씨.

It was a pleasure / to interview you / on Monday.
기뻤습니다 / 당신을 인터뷰하게 되어 / 월요일에
After considering all applicants, / ❷ I would like to offer you / a position as the assistant director of sales / at Martin & Jones Textiles, Inc. 모든 지원자들을 검토한 후 / 저는 당신에게 제안하고 싶습니다 / 영업부 차장 자리를 / 마틴 앤 존스 섬유회사에서
If you accept this job, / you will be responsible / for overseeing a large team of sales associates / and working closely with the director of sales. 만약 당신이 이 일자리를 수락한다면 / 당신은 책임지게 될 것입니다 / 영업부 직원으로 구성된 큰 팀을 감독하는 일을 / 그리고 영업 부장과 긴밀하게 일하는 것을

수신: 미셸 리
발신: 사라 프롬

안녕하세요, 이 씨.

월요일에 당신을 인터뷰하게 되어 기뻤습니다. 모든 지원자들을 검토한 후, 저는 당신에게 마틴 앤 존스 섬유회사의 영업부 차장 자리를 제안하고 싶습니다. 만약 당신이 이 일자리를 수락한다면, 당신은 영업부 직원으로 구성된 큰 팀을 감독하는 일과 영업 부장과 긴밀하게 일하는 것을 책임지게 될 것입니다.

---

2. **Why** was **the e-mail sent**?
   (A) To give information about a company
   (B) To confirm a job offer
   (C) To announce a sale
   (D) To request information

2. 왜 이메일이 보내졌는가?
   (A) 회사에 관한 정보를 주기 위해서
   (B) 일자리 제안을 확정하기 위해서
   (C) 할인 판매를 알리기 위해서
   (D) 정보를 요청하기 위해서

해설 Why, the e-mail sent를 통해 목적 문제임을 확인합니다. 제목이 따로 없으니 지문의 첫 부분을 먼저 읽습니다. I would like to offer you a position as the assistant director of sales를 통해 미셸 리에게 일자리 제안을 하기 위해 보낸 이메일임을 알 수 있죠. 따라서 job offer(일자리 제안)가 언급된 (B)가 정답입니다.

 **자신감 쑥쑥! 실전 도전** Part 7

본문 p. 294

정답   **1.** (C)   **2.** (D)

Question 1 refers to the following memo. 다음 회람을 참조하시오.

TO: All Employees 수신: 전 직원
FROM: Ritu Verma, EWA Marketing Manager 발신: 리투 베르마, EWA 마케팅 부장
DATE: March 25 날짜: 3월 25일

Subject: Join us for an Informative Seminar on Digital Marketing
제목: 디지털 마케팅에 관한 유익한 세미나에 함께 하시기 바랍니다

❶ Next month, / Enlighten Wisdom Academy (EWA) will offer a seminar / on digital marketing.
다음 달에 / 엔라이튼 위즈덤 아카데미(WEA)가 세미나를 제공할 것입니다 / 디지털 마케팅에 관한
The seminar will be an excellent opportunity / for you to learn about the latest trends and techniques / in digital marketing / and how they can be leveraged / to help our organization thrive / in the digital age.

수신: 전 직원
발신: 리투 베르마, EWA 마케팅 부장
날짜: 3월 25일

제목: 디지털 마케팅에 관한 유익한 세미나에 함께 하시기 바랍니다

다음 달에 엔라이튼 위즈덤 아카데미(WEA)가 디지털 마케팅에 관한 세미나를 제공할 것입니다. 이 세미나는 여러분이 디지털 마케팅 분야의 최신 동향과 기술 및 어떻게 그것들이 디지털 시대에 우리 단체가 번성하도록 도움을 주는 데 활용될 수 있는지에 관해 배우는 훌륭한 기회가 될 것입니다.

이 세미나는 훌륭한 기회가 될 것입니다 / 여러분이 최신 동향과 기술에 관해 배우는 / 디지털 마케팅 분야에서 / 그리고 어떻게 그것들이 활용될 수 있는지 / 우리 단체가 번성하도록 도움을 주는 데 / 디지털 시대에

The seminar will be held on Thursday, April 28, / from 2:00 pm to 4:00 pm / in the conference hall / on the 3rd floor of our headquarters.
이 세미나는 4월 28일, 목요일에 개최될 것입니다 / 오후 2시부터 오후 4시까지 / 대회의실에서 / 우리 본사의 3층에 있는

We have the pleasure of welcoming Kavita Singh, / a seasoned digital marketer / who has worked with some of the world's leading brands.
우리는 카비타 싱 씨를 맞이하게 되어 기쁩니다 / 경험 많은 디지털 마케터 / 몇몇 전 세계의 선도적인 브랜드들과 함께 작업해오신

She will share her expertise and insights / on a range of topics, / including search engine optimization, social media marketing, content marketing, and analytics.
이분께서 전문 지식과 통찰력을 공유해주실 것입니다 / 다양한 주제에 관한 / 검색 엔진 최적화, 소셜 미디어 마케팅, 콘텐츠 마케팅, 그리고 분석을 포함해

To register for this seminar, / please contact our events coordinator, Deepak Chopra, at dchopra@ewa.com / or call 555-8654.
이 세미나에 등록하시려면 / 우리 행사 편성 책임자, 디팩 초프라 씨께 dchopra@ewa.com으로 연락하십시오 / 또는 555-8654번으로 전화하십시오

The registration fee is $50 per person, / which includes refreshments and materials.
등록비는 1인당 50달러이며 / 이는 다과와 자료를 포함합니다

이 세미나는 4월 28일, 목요일, 오후 2시부터 오후 4시까지 우리 본사의 3층에 있는 대회의실에서 개최될 것입니다. 우리는 몇몇 전 세계의 선도적인 브랜드들과 함께 작업해오신 경험 많은 디지털 마케터 카비타 싱 씨를 맞이하게 되어 기쁘게 생각합니다. 이분께서 검색 엔진 최적화, 소셜 미디어 마케팅, 콘텐츠 마케팅, 그리고 자료 분석을 포함해, 다양한 주제에 관한 전문 지식과 통찰력을 공유해주실 것입니다.

이 세미나에 등록하시려면, 우리 행사 편성 책임자, 디팩 초프라 씨께 dchopra@ewa.com으로 연락하시거나 555-8654번으로 전화하십시오. 등록비는 1인당 50달러이며, 이는 다과와 자료를 포함합니다.

* informative 유익한, 유용한 정보를 주는   opportunity to V ~할 수 있는 기회   leverage ~을 활용하다   help A do ~하도록 A를 돕다   organization 단체, 기관   thrive 번성하다   hold ~을 개최하다   headquarters 본사   seasoned 경험 많은, 노련한   leading 선도적인, 앞서 가는   share ~을 공유하다   expertise 전문 지식   insight 통찰력   a range of 다양한   including ~을 포함해   optimization 최적화   analytics (자료) 분석   register for ~에 등록하다   contact ~에게 연락하다   coordinator 편성 책임자   registration 등록   include ~을 포함하다   refreshments 다과   material 자료, 재료, 물품

1. <u>What</u> is the <u>purpose</u> of <u>the memo</u>?
   (A) To introduce a new staff member
   (B) To notify employees of an upcoming inspection
   (C) To publicize an educational session
   (D) To request volunteers to offer a presentation

1. 회람의 목적은 무엇인가?
   (A) 신입 직원을 소개하는 것
   (B) 직원들에게 곧 있을 점검을 알리는 것
   (C) 교육적인 시간을 알리는 것
   (D) 발표할 자원 봉사자를 요청하는 것

해설 첫 단락에 다음 달에 세미나를 제공한다는 말과 함께 디지털 마케팅 분야의 최신 동향 및 기술 등과 관련해 배우는 훌륭한 기회가 될 것이라고(The seminar will be an excellent opportunity for you to learn ~) 알리고 있습니다. 따라서, 교육 목적의 세미나 개최를 알리는 것이 목적임을 알 수 있으므로 (C)가 정답입니다.

Question 2 refers to the following article. 다음 기사를 참조하시오.

☑ The Shelbyville Chamber of Commerce / is going to give a present / to people / attending the summer festival.
셸비빌 상공회의소는 / 선물을 줄 예정이다 / 사람들에게 / 여름 축제에 참가하는

The present / is a tote bag / with "Shelbyville: The State's Best City" on it. 선물은 / 핸드백이다 / 그 위에 "셸비빌: 주내 최고의 도시"라고 쓰인

These fashionable bags / are made of cloth / so they are both washable and reusable.
이 유행하는 가방은 / 천으로 만들어졌다 / 그래서 물세탁이 가능하고 재사용할 수 있다

☑ To obtain a bag, / a person / must show a ticket / for the Shelbyville Summer Festival / at the information center.
이 가방을 얻으려면 / 여러분은 / 티켓을 보여줘야 한다 / 셸비빌 여름 축제의 / 안내소에서

The chamber of commerce / is giving away / 10,000 bags.
상공회의소는 / 선물로 줄 것이다 / 10,000개의 가방을

There is a limit of one bag / per person.
한 개의 가방으로 제한한다 / 한 사람당

셸비빌 상공회의소는 여름 축제에 참가하는 사람들에게 선물을 줄 예정이다. 선물은 "셸비빌: 주내 최고의 도시"라고 쓰인 핸드백이다. 이 유행하는 가방은 천으로 만들어져서 물세탁이 가능하고 재사용할 수 있다. 이 가방을 얻으려면, 여러분은 안내소에서 셸비빌 여름 축제의 티켓을 보여줘야 한다. 상공회의소는 10,000개의 가방을 선물로 줄 것이다. 한 사람당 한 개의 가방으로 제한한다.

* Chamber of Commerce 상공회의소   festival 축제   state (행정 구역) 주   fashionable 유행하는   be made of ~으로 만들어지다
washable 물세탁이 가능한   reusable 재사용할 수 있는   obtain 얻다, 획득하다   give away ~을 선물로 주다   limit 제한, 한정
per ~당, ~마다

2. What is the **purpose** of **the article**?
   (A) To announce the launching of new fashionable bags
   (B) To thank those who are visiting Shelbyville for the first time
   (C) To invite people to a commercial festival held in Shelbyville
   (D) To inform the festival attendants of free gifts

2. 기사의 목적은 무엇인가?
   (A) 새 패션가방이 출시되었음을 알리기 위해서
   (B) 셸비빌을 처음으로 방문하는 사람들에게 감사를 전하기 위해서
   (C) 셸비빌에서 열리는 상업 축제에 사람들을 초대하기 위해서
   (D) 축제 참가자들에게 무료 선물에 대해 알려주기 위해서

해설 글의 출처를 묻는 문제는 목적을 묻는 유형과 마찬가지로 지문의 앞부분을 확인합니다. 첫 문장 The Shelbyville Chamber of Commerce is going to give a present to people attending the summer festival.(셸비빌 상공회의소는 여름 축제에 참가하는 사람들에게 선물을 줄 예정이다.)에서 여름 축제와 참가자에게 나누어 주는 선물에 대해 알리고 있습니다. 지문에서 이 선물은 축제 티켓을 보여주면 받을 수 있다고 했으므로 참가자들에게 무료 선물을 나누어 준다는 내용의 (D)가 정답입니다.

유형훈련 토익 제대로 대비하기   본문 p. 305

정답   3단계   **1.** (A)   **2.** (A)

Question 1 refers to the following notice. 다음 공고를 참조하시오.

Attention Lakeside community members: 레이크사이드 지역 주민들은 주목해 주십시오 **🚩 At 6 P.M. on March 5, / Lakeside high school will hold a gathering / to celebrate Steve Lowry's leaving / after 30 years of service as an educator.** 3월 5일 저녁 6시에 / 레이크사이드 고등학교는 행사를 열 것입니다 / 스티브 로리 씨가 퇴직하는 것을 기념하기 위해 / 30년간 교육자로서 일해오신 끝에 **Throughout his career, / Mr. Lowry has impacted / the lives of countless students in Lakeside, / and many of them are now local business owners and professionals.** 교직에 있는 동안 / 로리 씨는 영향을 끼쳐 왔습니다 / 레이크사이드에 있는 수많은 학생들의 삶에 / 그리고 그들 중에서 많은 사람들이 현재 지역의 사업가나 전문직 종사자로 일하고 있습니다 **The celebration is open / to anyone interested.** 이 기념행사는 열려 있습니다 / 관심 있는 사람 누구에게나 **Please contact the district office / at 833-939-1313.** 구청에 연락 주세요 / 833-939-1313으로	레이크사이드 지역 주민들은 주목해 주십시오 3월 5일 저녁 6시에 레이크사이드 고등학교는 스티브 로리 씨가 30년간 교육자로서 일해오신 끝에 퇴직하는 것을 기념하기 위해 행사를 열 것입니다. 교직에 있는 동안 로리 씨는 레이크사이드에 있는 수많은 학생들의 삶에 영향을 끼쳐 왔고, 그들 중에서 많은 사람들이 현재 지역의 사업가나 전문직 종사자로 일하고 있습니다. 이 기념행사는 관심 있는 사람 누구에게나 열려 있습니다. 구청에 833-939-1313으로 연락 주세요.

1. What event will take place on March 5?   1. 3월 5일에 어떤 행사가 있을 예정인가?
    (A) A retirement party   **(A) 퇴직 기념 파티**
    (B) A business meeting   (B) 업무 회의
    (C) A school board meeting   (C) 학교 이사회
    (D) A monthly celebration   (D) 월례 축하 행사

해설 질문에 쓰인 What event, March 5를 통해 단서의 위치를 예측하기 어려운 세부 사항 문제임을 확인합니다. 질문에서 언급된 날짜인 March 5를 지문에서 찾아보면 해당 날짜가 쓰인 At 6 P.M. on March 5, Lakeside high school will hold a gathering to celebrate Steve Lowry's leaving after 30 years of service as an educator. 문장을 찾을 수 있습니다. 여기서 gathering이 보기에서는 party로 바뀌어 표현되었으며, to celebrate Steve Lowry's leaving을 통해 더 이상 일하지 않는다는 것을 알 수 있으므로 이를 retirement(은퇴)로 표현한 (A)가 정답입니다.

Question 2 refers to the following letter. 다음 편지를 참조하시오.

Dear Ms. Clark, 클락 씨에게 **Our records show that / your Harbor Fitness Club membership / will expire on March 31.** 저희 기록은 나타냅니다 / 귀하의 하버 헬스클럽 회원권이 / 3월 31일에 만료될 것이라고 **If you renew / your year-long membership / before that date, / you will receive / an additional month of free membership.** 만약 갱신하신다면 / 귀하의 1년 회원권을 / 이 날짜가 되기 전에 / 받을 것입니다 / 추가로 무료한 달 회원권을	클락 씨에게 저희 기록에 귀하의 하버 헬스클럽 회원권이 3월 31일에 만료될 것이라고 나타납니다. 만약

2 To do this, / simply stop by the front desk / during your next visit / to the gym.
갱신하시기 위해서는 / 안내 데스크에 들르기만 하시면 됩니다 / 다음 방문 시에 / 헬스클럽에

If you have any questions, / please call 842-1966.
만약 질문이 있으시면 / 842-1966으로 전화 주세요

이 날짜가 되기 전에 귀하의 1년 회원권을 갱신하신다면 추가로 무료 한 달 회원권을 받을 것입니다. 갱신하시기 위해서는 다음에 헬스클럽 방문 시 안내 데스크에 들르기만 하시면 됩니다. 만약 질문이 있으시면 842-1966으로 전화 주세요.

2. How can Ms. Clark **renew her membership?**
   (A) In person
   (B) By phone
   (C) On the Web site
   (D) By e-mail

2. 클락 씨는 어떻게 자신의 회원권을 갱신할 수 있는가?
   (A) 직접 찾아가서
   (B) 전화로
   (C) 웹사이트에서
   (D) 이메일로

해설 질문에 쓰인 How, renew her membership을 통해 갱신 방법과 관련된 세부 사항 문제임을 확인합니다. 중간 부분에 쓰인 To do this, simply stop by the front desk during your next visit to the gym.에 해당 방법이 나타나 있는데, '잠깐 들르다'라는 뜻의 stop by를 바꾸어 표현한 (A) In person(직접 찾아가서)이 정답입니다.

 **자신감 쑥쑥! 실전 도전** Part 7

본문 p. 306

정답　　**1.** (C)　　**2.** (B)　　**3.** (B)　　**4.** (A)

Questions 1-2 refer to the following Web page. 다음 웹 페이지를 참조하시오.

Terrain ComfortTrek 테레인 컴포트트렉

1 As we celebrate our 10th anniversary this October, / we are excited / to offer a limited time discount of 25 percent / on our hiking shoes.
저희가 올해 10월에 저희 10주년을 기념하면서 / 저희는 기쁘게 생각합니다 / 25퍼센트의 기간 한정 할인을 제공해 드리게 되어 / 저희 등산화에 대해

This exclusive pricing is applicable / on our previous selection / as well as the brand-new line, / which has just arrived.
이 독점적인 가격은 적용 가능합니다 / 이전의 저희 제품들에 대해 / 완전히 새로운 제품 라인뿐만 아니라 / 막 도착한

You can browse and purchase the new designs / on our website / or **2** visit our retail stores / for the widest selection.
여러분께서는 새로운 디자인들을 둘러보고 구입하실 수 있습니다 / 저희 웹사이트에서 / 또는 저희 소매 판매점들을 방문하실 수 있습니다 / 가장 다양한 제품들을 위해

In addition to the limited-time discount, / we're also giving away a free T-shirt with our logo / for every purchase made / during the month of October, / whether online or in-store.
기간 한정 할인뿐만 아니라 / 저희는 저희 로고가 있는 무료 티셔츠도 증정해 드리고 있습니다 / 이뤄지는 모든 구매에 대해 / 10월 한 달 동안 / 온라인이든 매장이든 상관없이

We want to thank our customers / for their continued support / and for making our journey possible.
저희는 저희 고객들께 감사드리고 싶습니다 / 지속적인 성원에 대해 / 그리고 저희의 여정을 가능하게 만들어주시는 것에 대해

Don't miss this opportunity / to upgrade your outdoor gear / and join us in celebrating our 10th anniversary!
이 기회를 놓치지 마십시오 / 여러분의 야외 활동 장비를 업그레이드하실 수 있는 / 그리고 저희 10주년을 기념하는 데 함께 해주시기 바랍니다!

테레인 컴포트트렉

저희가 올해 10월에 저희 10주년을 기념하면서 저희 등산화에 대해 25퍼센트의 기간 한정 할인을 제공해 드리게 되어 기쁘게 생각합니다. 이 독점적인 가격은 이전의 저희 제품들에 대해서뿐만 아니라 막 도착한 완전히 새로운 제품 라인에 대해서도 적용 가능합니다. 여러분께서는 저희 웹사이트에서 새로운 디자인들을 둘러보고 구입하시거나 가장 다양한 제품들을 보실 수 있도록 저희 소매 판매점들을 방문하실 수 있습니다. 기간 한정 할인뿐만 아니라, 온라인이든 매장이든 상관없이, 10월 한 달 동안 이뤄지는 모든 구매에 대해 저희 로고가 있는 무료 티셔츠도 증정해 드리고 있습니다. 저희는 고객 여러분의 지속적인 성원에 대해 그리고 저희의 여정을 가능하게 만들어주시는 것에 대해 감사드리고 싶습니다.

여러분의 야외 활동 장비도 업그레이드하시고 저희 10주년을 함께 기념하실 수 있는 이 기회를 놓치지 마시기 바랍니다!

* celebrate ~을 기념하다, ~을 축하하다   anniversary (해마다 돌아오는) 기념일   limited 한정적인, 제한적인   exclusive 독점적인
pricing 가격 (책정)   applicable 적용 가능한   previous 이전의, 과거의   selection 선택(할 수 있는 제품들)   as well as ~뿐만 아니라 …도
brand-new 완전히 새로운   arrive 도착하다   browse ~을 둘러보다   retail 소매   in addition to ~뿐만 아니라, ~ 외에도
give away ~을 증정하다   free 무료의   whether A or B A이든 B이든 (상관없이)   continued 지속되는   support 성원, 후원, 지원
miss ~을 놓치다, ~을 지나치다   opportunity to V ~할 수 있는 기회   gear 장비   join ~와 함께 하다, ~에 합류하다

1. What is the reason for offering a discount?
(A) To celebrate the reopening of a shop
(B) To prepare for an upcoming event
(C) To commemorate an anniversary
(D) To launch a new marketing campaign

1. 할인을 제공하는 이유는 무엇인가?
(A) 매장 재개장을 기념하기 위해
(B) 다가오는 행사를 준비하기 위해
(C) 기념일을 축하하기 위해
(D) 새로운 마케팅 캠페인을 시작하기 위해

> **해설** 첫 단락 시작 부분에 10주년을 기념하기 위해 기간 한정 할인을 제공한다는(As we celebrate our 10th anniversary this October, we are excited / to offer a limited time discount) 말이 쓰여 있습니다. 이는 기념일을 축하하기 위해 할인 서비스를 제공하는 것이므로 (C)가 정답입니다.

2. What is a benefit of shopping at a retail store location?
(A) Free one-on-one consultation services
(B) Access to a broader range of products
(C) Additional discounts on a limited selection
(D) An opportunity to receive a complimentary gift

2. 소매점에서 쇼핑하는 것만의 이점은 무엇인가?
(A) 무료 일대일 상담 서비스
(B) 더 다양한 제품에 대한 이용
(C) 한정 제품들에 대한 추가 할인
(D) 무료 선물을 받을 수 있는 기회

> **해설** 첫 단락 중반부에 소매 판매점을 방문하면 가장 다양한 제품들을 볼 수 있다고(visit our retail stores for the widest selection) 알리고 있습니다. 이는 더 다양한 제품을 이용할 수 있다는 말과 같은 것으로 생각할 수 있으므로 (B)가 정답입니다.

Questions 3-4 refer to the following e-mail. 다음 이메일을 참조하시오.

3 From: Molly Wilson 발신: 몰리 윌슨
To: All Employees 수신: 모든 직원들
Subject: Annual Event 제목: 연례행사
Date: December 10 날짜: 12월 10일

Let me remind you that / this year's annual end-of-the-year party / will be held / on December 28.
알려 드리고자 합니다 / 올해의 연례 연말 파티는 / 개최될 것입니다 / 12월 28일에
It is going to take place / in the banquet room / of the Jackson Hotel. 행사는 열릴 예정입니다 / 연회장에서 / 잭슨 호텔의
The party / will begin / at 6 P.M. 파티는 / 시작될 것입니다 / 저녁 6시에

First, / CEO David Martin / will give a short speech.
먼저 / 최고경영자인 데이비드 마틴 씨가 / 짧은 연설을 할 것입니다
Then, / we will all have dinner together.
그러고 나서 / 우리는 모두 함께 저녁식사를 할 예정입니다
After dinner ends, / Vice President Carter O'Neil / will present / the Employee of the Year award.
저녁식사가 끝나고 난 후 / 부사장인 카터 오닐 씨가 / 수여할 것입니다 / 올해의 직원 상을
Following that, / we will spend the rest of the evening / dancing, listening to music, / and enjoying ourselves.
그다음으로 / 우리는 나머지 저녁 시간을 보낼 예정입니다 / 춤추고 음악을 듣고 / 그리고 각자 재밌는 시간을 보내면서

발신: 몰리 윌슨
수신: 모든 직원들
제목: 연례행사
날짜: 12월 10일

올해의 연례 연말 파티는 12월 28일에 개최될 것임을 알려 드리고자 합니다. 행사는 잭슨 호텔의 연회장에서 열릴 예정입니다. 파티는 저녁 6시에 시작될 것입니다.

먼저, 최고경영자인 데이비드 마틴 씨가 짧은 연설을 할 것입니다. 그러고 나서 우리는 모두 함께 저녁식사를 할 예정입니다. 저녁식사가 끝나고 난 후 부사장인 카터 오닐 씨가 올해의 직원 상을 수여할 것입니다. 그다음으로 우리는 춤추고 음악을 듣고 각자 재밌는 시간을 보내면서 나머지 저녁 시간을 보낼 예정입니다.

All employees / are invited / to attend the event.
모든 직원들은 / 초대됩니다 / 행사에 참여하도록

☑ Each employee / may bring / one guest.
각 직원들은 / 데리고 올 수 있습니다 / 한 명의 손님을

☑ You need to provide / the name of your guest / to me / by December 23. 여러분은 제공해야 합니다 / 손님의 이름을 / 저에게 / 12월 23일까지

☑ You can reach me / in the Human Resources Department / at extension 76. 여러분은 제게 연락할 수 있습니다 / 인사부에 / 내선번호 76으로

모든 직원들은 행사에 참여하도록 초대됩니다. 각 직원들은 한 명의 손님을 데리고 올 수 있습니다. 여러분은 손님의 이름을 저에게 12월 23일까지 제공해야 합니다. 여러분은 제게 인사부 내선번호 76으로 연락할 수 있습니다.

* remind 상기시키다   annual 연례의   take place 일어나다, 발생하다   banquet 연회   speech 연설   vice president 부사장
present 수여하다, 제시하다   award 상   the rest of ~의 나머지   bring 데리고 오다   reach 연락하다
Human Resources Department 인사부   extension 내선, 구내전화

3. Who is Molly Wilson?
   (A) The employee of the year
   (B) A Human Resources employee
   (C) The company's CEO
   (D) A vice president at the company

3. 몰리 윌슨은 누구인가?
   (A) 올해의 직원
   (B) 인사과 직원
   (C) 회사의 최고경영자
   (D) 회사의 부사장

해설 Molly Wilson이 누구인지 묻는 세부 사항 문제입니다. 이메일 상단의 From: Molly Wilson에서 이메일을 보낸 사람이 몰리 윌슨 씨라는 것을 확인할 수 있습니다. 그리고 이메일 마지막 부분에 You can reach me in the Human Resources Department at extension 76.이라고 했으므로 몰리 윌슨은 인사부 직원이라는 것을 알 수 있습니다. 따라서 정답은 (B)입니다.

4. What are the employees asked to do?
   (A) Indicate if they are taking a guest
   (B) Reserve a room at the Jackson Hotel
   (C) Nominate people for awards
   (D) Choose the item they want for dinner

4. 직원들은 무엇을 하도록 요청받는가?
   (A) 그들이 손님을 데리고 오는지 명시할 것
   (B) 잭슨 호텔에 방을 예약할 것
   (C) 상을 받을 사람을 추천할 것
   (D) 저녁식사로 원하는 음식을 선택할 것

해설 직원들이 요청받은 것을 묻는, 단서의 위치를 예측할 수 있는 세부 사항 문제이므로 마지막 단락을 확인합니다. 마지막 단락의 Each employee may bring one guest. You need to provide the name of your guest to me by December 23.에서 각자 한 명의 손님을 데리고 올 수 있으니 이와 관련해 알려 달라고 했으므로 정답은 (A)입니다.

DAY 23   진위 확인   Reading

   토익 제대로 대비하기   본문 p. 317

정답   3단계   **1.** (C)   **2.** (C)

Question 1 refers to the following article. 다음 기사를 참조하시오.

Wilson News 윌슨 뉴스 Local Business 지역 비즈니스 Wilson, May 14 — Wheeler Resort and Golf Course / has begun / development of land / located near Highway 103. 윌슨 시, 5월 14일 – 휠러 리조트 앤드 골프코스는 / 시작했다 / 토지의 개발을 / 103번 고속도로 근처에 위치한 ☐ Troy Hill's company, Hill's Landscaping, / received the	윌슨 뉴스 지역 비즈니스 윌슨 시, 5월 14일 – 휠러 리조트 앤드 골프코스는 103번 고속도로 근처에 위치한 토지의 개발을 시작했다. 트로이 힐 씨의 회사인 힐스 조경회사는 토지가 구입된 직후인 4월에 개발 계약을 낙찰받았다. 윌슨 시의 주민인 힐 씨는

development contract / in April, / immediately after the property was purchased.
트로이 힐 씨의 회사인 힐스 조경회사는 / 개발 계약을 낙찰받았다 / 4월에 / 토지가 구입된 직후에

1 Mr. Hill, a local of Wilson, / said / he is happy to have such a large contract / with Wheeler Resort and Golf Course.
윌슨 시의 주민인 힐 씨는 / 말했다 / 그런 큰 계약을 따게 되어 기쁘다고 / 휠러 리조트 앤드 골프코스와의

The resort / is expected to attract / many new businesses and tourists / to the area.
리조트는 / 불러 모을 것으로 예상된다 / 많은 새로운 사업체와 여행객들을 / 이 지역으로

휠러 리조트 앤드 골프코스와의 그런 큰 계약을 따게 되어 기쁘다고 말했다. 리조트는 이 지역으로 많은 새로운 사업체와 여행객들을 불러 모을 것으로 예상된다.

---

1. What is indicated about Hill's Landscaping?
(A) It was purchased in April.
(B) It will construct a shopping center.
(C) Its owner is a resident of Wilson.
(D) It is located close to Highway 103.

1. 힐스 조경회사에 대해 언급된 것은 무엇인가?
(A) 4월에 매입되었다.
(B) 쇼핑센터를 지을 것이다.
(C) 소유주가 윌슨의 주민이다.
(D) 103번 고속도로로 가까이에 위치해 있다.

> 해설 질문의 What, indicated, Hill's Landscaping을 통해 사실인 내용을 묻는 진위 확인 문제임을 확인합니다. about 뒤의 키워드 Hill's Landscaping이 들어간 문장을 지문에서 찾아보면 두 번째 문장인 Troy Hill's company, Hill's Landscaping, received the development contract in April에서 Hill's Landscaping이 Troy Hill의 회사임을 알 수 있습니다. 그리고 바로 다음 줄에 Mr. Hill, a local of Wilson이라고 했으므로 힐스 조경회사의 주인인 힐 씨가 윌슨의 주민임을 알 수 있습니다. 따라서 이 부분에 쓰인 local을 resident로 바꾸어 표현한 (C)가 정답입니다.

Question 2 refers to the following letter. 다음 편지를 참조하시오.

October 9 10월 9일

Dear Ms. Wellington, 웰링턴 씨께

Horning Bank / has been the number one trusted financial institution / in the western region / for the last 25 years.
호닝 은행은 / 가장 신뢰받는 금융기관이었습니다 / 서부 지역에서 / 지난 25년간

Whether you want to learn techniques to manage your money, / or simply open an account, / **2** visit any Horning Bank location / or talk with a customer service representative / at 800-223-4343. 귀하가 자금을 관리하는 방법을 배우고 싶으시거나 / 또는 단순히 계좌를 개설하길 원하시면 / 호닝 은행의 어느 지점이든 방문해 주십시오 / 또는 고객 서비스 직원과 이야기하십시오 / 800-223-4343으로 전화하셔서

2 Accounts can also be made / at horning.com/newmemebers.
계좌는 만들어질 수 있습니다 / horning.com/newmemebers에서도

10월 9일

웰링턴 씨께

호닝 은행은 지난 25년간 서부 지역에서 가장 신뢰받는 금융기관이었습니다. 귀하가 자금을 관리하는 방법을 배우고 싶으시거나 또는 단순히 계좌를 개설하길 원하시면, 호닝 은행의 어느 지점이든 방문하시거나, 800-223-4343으로 전화하셔서 고객 서비스 직원과 이야기하십시오. 계좌는 horning.com/newmemebers에서도 만들어질 수 있습니다.

---

2. What is NOT mentioned as a good way to set up a new account?
(A) Calling the bank
(B) Visiting in person
(C) Writing an e-mail
(D) Viewing the Web site

2. 새 계좌를 개설하는 좋은 방법으로 언급되지 않은 것은 무엇인가?
(A) 은행에 전화하는 것
(B) 직접 방문하는 것
(C) 이메일을 쓰는 것
(D) 웹사이트를 보는 것

> 해설 질문의 What, NOT mentioned, way to set up a new account를 통해 사실이 아닌 내용을 묻는 진위 확인 문제임을 확인합니다. 보기의 내용과 지문의 정보를 비교해 가면서 풀어 보면 지문 중반부에 계좌 개설과 관련된 내용, visit any Horning Bank location or talk with a customer service representative at 800-223-4343.를 통해 '직접 방문'과 '전화 통화'라는 두 가지 방법을 찾을 수 있습니다. 그리고 다음 문장인 Accounts can also be made at horning.com/newmemebers.에서 웹사이트를 이용한 개설 방법을 제시했으므로 지문에 언급되지 않은 방법은 (C)입니다.

정답　　**1.** (B)　　**2.** (C)　　**3.** (D)　　**4.** (B)

Questions 1-2 refer to the following notice. 다음 공지를 참조하시오.

Getting Around: Passenger Boat Transport from Sapphire Island to Kingsport
교통편: 사파이어 아일랜드에서 킹스포트로 향하는 여객선 운송

Starting on June 20th, / the Sapphire Island-Kingsport Ferry Service will initiate its summer operations / for a period of eight weeks.
6월 20일부터 / 사파이어 아일랜드와 킹스포트를 오가는 여객선 서비스가 여름 운행을 시작할 것입니다 / 8주의 기간으로

The ferries will be available / every half-hour / from 7:00 a.m. to 9:00 p.m.
이 여객선은 이용 가능할 것입니다 / 30분마다 / 오전 7시부터 오후 9시까지

❶ Cyclists are welcome on the ferries / and they are advised to arrive / 30 minutes before departure / and wait in the designated bicycle lane.
자전거 이용객들도 여객선 탑승을 환영합니다 / 그리고 도착하시도록 권해 드립니다 / 출발 30분 전에 / 그리고 자전거 지정 통로에서 대기하시기를

Each ferry is equipped with bicycle racks / that can accommodate up to 100 bikes.
각 여객선은 자전거 거치대를 갖추고 있습니다 / 최대 100대의 자전거를 수용할 수 있는

❷ Sapphire Island prohibits motorized vehicles.
사파이어 아일랜드는 자동차를 금지합니다

Overnight car parking is offered / at the primary ferry terminal in Kingsport / for a charge of $3 per hour, / for a maximum of five hours.
야간 차량 주차가 제공됩니다 / 킹스포트에 있는 제1여객선 터미널에서 / 시간당 3달러의 청구 요금으로 / 최대 5시간 동안

For parking durations between 5 and 24 hours, / a flat rate of $20 applies.
5시간에서 24시간 사이의 주차 지속 시간에 대해서는 / 20달러의 고정 요금이 적용됩니다

To see photos of the ferries and a map of Sapphire Island / and to learn about fare increases during peak hours, / kindly visit our website at www.sitransport.com.
여객선 사진 및 사파이어 아일랜드 지도를 보시려면 / 그리고 혼잡 시간대의 요금 인상에 관해 알아보시려면 / 저희 웹사이트 www.sitransport.com을 방문하시기 바랍니다

교통편: 사파이어 아일랜드에서 킹스포트로 향하는 여객선 운송

6월 20일부터, 8주의 기간으로 사파이어 아일랜드와 킹스포트를 오가는 여객선 서비스가 여름 운행을 시작할 것입니다. 이 여객선은 오전 7시부터 오후 9시까지 30분마다 이용 가능할 것입니다.

자전거 이용객들도 여객선 탑승을 환영하며, 출발 30분 전에 도착하셔서 자전거 지정 통로에서 대기하시기를 권해 드립니다. 각 여객선은 최대 100대의 자전거를 수용할 수 있는 자전거 거치대를 갖추고 있습니다.

사파이어 아일랜드는 자동차를 금지합니다. 야간 차량 주차는 킹스포트에 있는 제1여객선 터미널에서 시간당 3달러의 청구 요금으로, 최대 5시간 동안 제공됩니다. 5시간에서 24시간 사이에서 지속되는 주차 시간에 대해서는, 20달러의 고정 요금이 적용됩니다.

여객선 사진 및 사파이어 아일랜드 지도도 확인해보시고 혼잡 시간대의 요금 인상에 관해 알아보시려면, 저희 웹사이트 www.sitransport.com을 방문하시기 바랍니다.

* get around 돌아다니다　passenger boat 여객선　transport 운송, 수송　initiate ~을 시작하다　operation 운행, 운영, 가동, 작동　available 이용 가능한　be advised to V ~하도록 권장되다　arrive 도착하다　departure 출발, 떠남　designated 지정된　be equipped with ~을 갖추고 있다　rack 거치대, ~걸이　accommodate ~을 수용하다　up to 최대 ~의　prohibit ~을 금지하다　motorized vehicle 자동차　overnight 야간의　parking 주차　primary 제1의, 주요한　charge 청구 요금, 부과 요금　a maximum of 최대 ~의　duration 지속 시간　flat rate 고정 요금　apply 적용되다　fare (교통편의) 요금　increase 인상, 증가　peak hours 혼잡 시간대

1. **What** is **indicated** about **cyclists on the ferries**?
   (A) They must remain standing during the journey.
   (B) They should arrive at the terminal ahead of time.
   (C) They can only board on weekdays.
   (D) They should acquire an additional safety permit.

2. 여객선에 탑승하는 자전거 이용객과 관련해 언급된 것은 무엇인가?
   (A) 여행 중에 반드시 계속 서있어야 한다.
   (B) 미리 터미널에 도착해야 한다.
   (C) 오직 주중에만 탑승할 수 있다.
   (D) 추가 안전 허가증을 받아야 한다.

해설 자전거 이용객과 관련된 설명이 제시되는 두 번째 단락에, 자전거 이용객들도 여객선 탑승을 환영한다는 말과 함께 출발 30분 전에 도착하도록 권장하고(Cyclists are welcome on the ferries and they are advised to arrive 30 minutes before departure) 있는데, 이는 미리 여객선 터미널에 도착해야 한다는 뜻이므로 (B)가 정답입니다.

2. **What** is **NOT permitted** on **Sapphire Island**?
   (A) Riding bicycles
   (B) Bringing pets
   (C) Operating cars
   (D) Staying overnight in tents

2. 사파이어 아일랜드에서 허용되지 않는 것은 무엇인가?
   (A) 자전거 타기
   (B) 반려동물 유입
   (C) 자동차 운행
   (D) 텐트 숙박

해설 사파이어 아일랜드와 관련된 세부 정보가 제시되는 세 번째 단락에, 사파이어 아일랜드에서 자동차를 금지한다고(Sapphire Island prohibits motorized vehicles) 쓰여 있으므로 (C)가 정답입니다.

Questions 3-4 refer to the following e-mail. 다음 이메일을 참조하시오.

To: Amy Frederickson <amy_f@ihktech.com>
수신: 에이미 프레데릭슨
From: Douglas Jones <douglasj@iaee.com>
발신: 더글라스 존스
Subject: Information 제목: 정보
Date: May 23 날짜: 5월 23일

The International Association of Electrical Engineers(IAEE) / is going to start / a lecture series / this summer.
국제 전기 공학 협회(IAEE)는 / 시작할 예정입니다 / 연속 강연을 / 이번 여름에

There will be eight special events / held in the months of June, July, and August. 8개의 특별 행사가 있을 것입니다 / 6월, 7월, 8월에 열리는

Each lecture / is going to take place / in a different city / in Europe and North America.
각 강연은 / 열릴 것입니다 / 다른 도시에서 / 유럽과 북미에 있는

The lectures / are scheduled to last / around two hours.
강연은 / 지속될 것으로 예정되어 있습니다 / 대략 2시간 동안

Then, / there will be a question-and-answer session / after the lecture / as well as a reception.
그다음에, / 질의응답 시간이 있을 것입니다 / 강연 후에 / 연회뿐만 아니라

As a member of the IAEE, / you may make an advance reservation / for any of these lectures.
IAEE의 회원으로서 / 당신은 사전 예약을 해야 합니다 / 이 강연들 중의 어느 것에 대해서도
Please see the attached form / for more information.
동봉된 서식을 확인해 보세요 / 더 많은 정보를 원하시면

④ It contains / the dates and locations of the events / as well as the names of the speakers.
그것은 포함하고 있습니다 / 행사 날짜와 위치를 / 강연자들의 이름뿐만 아니라

수신: 에이미 프레데릭슨
발신: 더글라스 존스
제목: 정보
날짜: 5월 23일

국제 전기 공학 협회(IAEE)는 이번 여름에 연속 강연을 시작할 예정입니다. 6월, 7월, 8월에 열리는 8개의 특별 행사가 있을 것입니다. 각 강연은 유럽과 북미에 있는 다른 도시에서 열릴 것입니다. 강연은 대략 2시간 동안 지속될 것으로 예정되어 있습니다. 그다음에 강연 후에 연회뿐만 아니라 질의응답 시간이 있을 것입니다.

IAEE의 회원으로서, 당신은 이 강연들 중의 어느 것에 대해서도 사전 예약을 해야 합니다. 더 많은 정보를 원하시면 동봉된 서식을 확인해 보세요. 그것은 강연자들의 이름뿐만 아니라 행사 날짜와 위치를 포함하고 있습니다. 그들 중 대부분은 전기 공학 분야에서 매우 유명한 사람들입니다.

③ Most of them / are very well-known individuals / in the field of electrical engineering.
그들 중 대부분은 / 매우 유명한 사람들입니다 / 전기 공학 분야에서

We hope / you will be able to attend / at least one event.
우리는 바랍니다 / 당신이 참석할 수 있기를 / 최소한 한 가지 행사에

For more information, / feel free to contact me / by e-mail anytime. 더 많은 정보를 원하시면 / 부담 갖지 마시고 제게 연락 주십시오 / 언제든 이메일로

Sincerely,

Douglas Jones 더글라스 존스 드림
Events Coordinator, IAEE 행사 진행 담당, IAEE

우리는 당신이 최소한 한 가지 행사에 참석할 수 있기를 바랍니다. 더 많은 정보를 원하시면 부담 갖지 마시고 제게 언제든 이메일로 연락 주십시오.

더글라스 존스 드림
행사 진행 담당, IAEE

* international 국제적인   association 협회   lecture 강연, 강의   take place (행사 등이) 열리다, 개최되다   be scheduled to V ~하기로 예정되어 있다   last 지속되다   around 대략   question-and-answer 질의응답   A as well as B B뿐만 아니라 A도   advance 사전의   reservation 예약   attached 동봉된, 첨부된   contain 포함하다, 담고 있다   well-known 유명한   individual 사람, 개인   field 분야   electrical engineering 전기 공학   be able to V ~할 수 있다   at least 최소한   feel free to V 부담 갖지 말고 ~하다   coordinator 진행자

3. What is **indicated** about **the lectures**?
　(A) There will be eight of them each month.
　(B) They will be held only in North America.
　(C) They are not scheduled for the month of July.
　(D) They will be related to electrical engineering.

3. 강연에 대해 언급된 것은 무엇인가?
　(A) 매달 8번의 강연이 있을 것이다.
　(B) 오직 북미에서만 열릴 것이다.
　(C) 7월에는 예정되어 있지 않다.
　(D) 전기 공학과 관련될 것이다.

해설 질문의 What, indicated, the lectures를 통해 사실인 내용을 묻는 진위 확인 문제임을 확인합니다. about 뒤의 the lectures가 키워드이므로 이와 관련된 정보에 초점을 맞춰 보기와 지문의 내용을 확인해야 합니다. 두 번째 단락의 Most of them are very well-known individuals in the field of electrical engineering.에서 강연자들이 전기 공학 분야에서 유명한 사람들이라고 했으므로 (D)가 정답입니다.

4. What is **NOT mentioned as something found on the attached form**?
　(A) The names of the lecturers
　(B) The fee for attending a lecture
　(C) The dates the lectures will happen
　(D) The places the lectures will take place

4. 동봉된 서식에서 찾을 수 있는 것으로 언급되지 않은 것은 무엇인가?
　(A) 강연자들의 이름
　(B) 강연 참석에 필요한 비용
　(C) 강연이 있을 날짜
　(D) 강연이 있을 장소

해설 질문의 What, NOT mentioned, something found on the attached form을 통해 사실이 아닌 내용을 묻는 진위 확인 문제임을 파악한 후, 질문에 제시된 attached form과 관련된 정보를 이메일에서 찾습니다. attached form이 언급되는 두 번째 단락의 It contains the dates and locations of the events as well as the names of the speakers.에서 강연자들의 이름뿐만 아니라 행사 날짜와 위치가 명시되어 있다고 했으므로 (A), (C), (D)를 제외한 나머지 (B)가 정답입니다.

 **DAY 24** 추론 　　　　　　　　　　　　　Reading

 토익 제대로 대비하기　　　　　　　　　　　　　　　　본문 p. 329

정답　3단계　**1.** (B)　　**2.** (D)

Question 1 refers to the following letter. 다음 편지를 참조하시오.

Dear Mr. Howard 하워드 씨께

Congratulations! 축하드립니다!

❶ You are being honored / as one of our most loyal customers / at Brenda's Gourmet.
귀하는 예우받고 있습니다 / 저희의 가장 충실한 고객 중 한 분으로 / 브렌다 고우메이의

We value your patronage / and always hope to be your choice of restaurant.
저희는 귀하의 성원을 소중히 여깁니다 / 그리고 항상 저희 식당을 선택해 주시길 희망합니다

As a token of our appreciation, / we would like to present you / with this coupon / for two free entrées.
감사의 표시로 / 저희는 드리고자 합니다 / 이 쿠폰을 / 두 가지 메인 요리에 대해 사용할 수 있는

Please make a reservation / if you wish to accept this offer.
예약해 주십시오 / 만약 이 서비스를 받길 원하시면

하워드 씨께

축하드립니다! 귀하는 저희 브렌다 고우메이의 가장 충실한 고객 중 한 분으로 예우받고 있습니다. 저희는 귀하의 성원을 소중히 여기고 있으며, 항상 저희 식당을 선택해 주시길 희망합니다. 감사의 표시로, 저희는 두 가지 메인 요리에 대해 사용할 수 있는 이 쿠폰을 드리고자 합니다. 만약 이 서비스를 받길 원하시면 예약해 주십시오.

---

1. **What** is **suggested** about **Mr. Howard**?
   (A) He made a reservation.
   (B) He regularly visits Brenda's Gourmet.
   (C) He owns Brenda's Gourmet.
   (D) He has a membership.

1. 하워드 씨에 관해 암시된 것은 무엇인가?
   (A) 예약을 했다.
   (B) 주기적으로 브렌다 고우메이에 방문한다.
   (C) 브렌다 고우메이를 소유하고 있다.
   (D) 회원 자격이 있다.

해설 질문의 What, suggested, Mr. Howard를 통해 일반적인 추론 문제임을 확인합니다. Mr. Howard와 관련해, You are being honored as one of our most loyal customers at Brenda's Gourmet.에서 브렌다 고우메이의 가장 충실한 고객(loyal customer) 중 한 명이라고 말하고 있으므로 단골고객임을 알 수 있습니다. 따라서 주기적으로 방문한다는 의미인 (B)가 정답입니다.

Question 2 refers to the following booklet. 다음 안내 책자를 참조하시오.

---

❷ This booklet / explains / everything you need to know / about how to use your new Flatak 3XD television set.
이 안내 책자는 / 설명하고 있습니다 / 당신이 알고 싶어 하는 모든 것을 / 새 Flatak 3XD 텔레비전 세트를 사용하는 방법에 대해

Included are step-by-step instructions / for how to set up your device / and connect it to the cable or Internet provider.
단계별 설명 내용이 포함되어 있습니다 / 기기를 설치하는 방법과 / 그것을 케이블이나 인터넷 서비스에 연결하는 방법에 대한

A guide to your remote control / can be found / on page 4.
리모컨 관련 안내사항은 / 찾을 수 있습니다 / 4페이지에서

To contact a technical support specialist, / simply call the number below. 기술지원 전문가에게 연락하고 싶으시면 / 아래 번호로 전화하시기만 하면 됩니다

이 안내 책자는 새 Flatak 3XD 텔레비전 세트를 사용하는 방법에 대해 당신이 알고 싶어 하는 모든 것을 설명하고 있습니다. 기기를 설치하는 방법과 그것을 케이블이나 인터넷 서비스에 연결하는 방법에 대한 단계별 설명 내용이 포함되어 있습니다. 리모컨 관련 안내사항은 4페이지에서 찾을 수 있습니다. 기술지원 전문가에게 연락하고 싶으시면 아래 번호로 전화하시기만 하면 됩니다.

---

2. **Where** would the information **most likely be found**?
   (A) In a product catalog
   (B) In a TV commercial
   (C) In a science journal
   (D) In an instructional manual

2. 이 정보는 어디서 볼 수 있을 것 같은가?
   (A) 상품 카탈로그에서
   (B) TV 광고에서
   (C) 과학 잡지에서
   (D) 교육용 소책자에서

해설 Where, most likely be found를 통해 출처를 묻는 추론 문제임을 확인합니다. 첫 번째 줄의 This booklet explains everything you need to know about how to use your new Flatak 3XD television set.에서 지문 전체적으로 기기 설치 및 연결 방법 등과 관련된 설명이 있다고 알리고 있습니다. 특정 제품을 사용하는 방법에 대해 설명하는 목적으로 만든 교육용 책자에서 볼 수 있는 내용임을 알 수 있으므로 정답은 (D)입니다.

정답   **1.** (D)   **2.** (C)   **3.** (B)   **4.** (C)

Questions 1-2 refer to the following letter. 다음 편지를 참조하시오.

Dear Drackton Music, 드랙톤 음반사에게

1 On behalf of Carlton's Crepes, / welcome to the neighborhood! 칼튼스 크레페스를 대표하여 / 이웃이 되신 것을 환영합니다

Allow us / to help acquaint you / with the district's finest breakfast restaurant.
저희가 할 수 있게 해 주십시오 / 귀하가 익숙해지도록 돕는 것을 / 지역의 가장 훌륭한 아침식사 전문점에

Please accept this discount offer / for 25 percent off / a single purchase / valued at up to $50.
이 할인 쿠폰을 받아 주십시오 / 25퍼센트 할인이 되는 / 단일 구매 제품에 대해 / 50달러에 달하는 가치를 지닌

2 This coupon / can be used / any time / before June 30.
이 쿠폰은 / 사용될 수 있습니다 / 언제든지 / 6월 30일 전에

We are open / from 6 A.M. to 4 P.M. / on Monday through Friday / and between 9 A.M. and 6 P.M. on weekends.
저희는 영업합니다 / 오전 6시부터 오후 4시까지 / 월요일부터 금요일까지는 / 그리고 주말에는 오전 9시에서 오후 6시 사이에

Please come by / and get to know us soon!
방문하셔서 / 곧 저희에 대해 알아 가시길 바랍니다

Best wishes,

John Carlson 존 칼슨 드림
Manager of Carton's Crepes 칼튼스 크레페스의 매니저

드랙톤 음반사에게

칼튼스 크레페스를 대표하여 이웃이 되신 것을 환영합니다!

저희가 귀하에게 지역의 가장 훌륭한 아침식사 전문점을 소개할 수 있게 해 주십시오. 50달러에 달하는 가치를 지닌 단일 제품 구매에 25퍼센트 할인이 되는 이 할인 쿠폰을 받아 주십시오.

이 쿠폰은 6월 30일 전에 언제든지 사용될 수 있습니다.

저희는 월요일부터 금요일까지는 오전 6시부터 오후 4시까지, 그리고 주말에는 오전 9시에서 오후 6시 사이에 영업합니다. 방문하셔서 곧 저희에 대해 알아 가시길 바랍니다!

존 칼슨 드림
칼튼스 크레페스의 매니저

---

* on behalf of ~을 대표해, ~을 대신해   neighborhood 이웃   allow A to V A가 ~할 수 있게 하다   acquaint A with B A가 B에 익숙해지게 하다   district 지역, 구역   accept 받아들이다, 수용하다   purchase 구매(품)   valued at ~의 가치를 지닌   up to ~에 달하여, ~에까지   come by 들르다   get to V ~하게 되다

1. What is **implied** about **Drackton Music**?
(A) It accepted an offer for free food.
(B) It placed an order for $50.
(C) It was invited to play at Carlton's Crepes.
(D) It is a new business in the area.

1. 드랙톤 음반사에 관해 암시된 것은 무엇인가?
(A) 무료 음식에 대한 제안을 수락했다.
(B) 50달러 어치의 주문을 했다.
(C) 칼튼스 크레페스에서 연주하도록 초대받았다.
(D) 이 지역에서 새로 연 사업체이다.

> **해설** 질문의 What, implied, Drackton Music을 통해 일반적인 추론 문제임을 확인합니다. 질문의 키워드인 Drackton Music과 관련해, 첫 번째 단락에 제시된 On behalf of Carlton's Crepes, welcome to the neighborhood!에서 드랙톤 음반사는 이 지역에 새로 들어온 사업체임을 알 수 있으므로 (D)가 정답입니다.

2. What will **most likely** happen **after June 30**?
(A) The store hours will change.
(B) Carlton's Crepes will be closing.
(C) The discount will not be valid.
(D) Drackton Music will receive a coupon.

2. 6월 30일 이후에 어떤 일이 있을 것 같은가?
(A) 가게 영업시간이 바뀔 것이다.
(B) 칼튼스 크레페스는 문을 닫을 것이다.
(C) 할인이 유효하지 않을 것이다.
(D) 드랙톤 음반회사는 쿠폰을 받을 것이다.

> **해설** 질문의 What, most likely, after June 30를 통해 일반적인 추론 문제임을 확인합니다. 문제에 제시된 키워드인 after June 30를 지문에서 찾으면 첫 번째 단락 This coupon can be used any time before June 30.에서 6월 30일 이후에는 쿠폰을 사용할 수 없음을

추측할 수 있습니다. 따라서 할인 적용이 그 이후에는 유효하지 않다는 의미인 (C)가 정답입니다.

Questions 3-4 refer to the following advertisement. 다음 광고를 참조하시오.

Smith Building Group 스미스 건축 그룹

❸ The Smith Building Group is an architectural design and construction firm / founded five decades ago / ❹ by a construction expert named Michael Smith, / who moved to Denver / to learn the details of the industry / while working for another local building company.
스미스 건축 그룹은 건축 디자인 및 건설 회사입니다 / 50년 전에 설립된 / 마이클 스미스라는 이름의 건설 전문가에 의해 / 그분은 덴버로 이사하셨습니다 / 업계의 세부 사항들을 배우기 위해 / 또 다른 지역 건축 회사에서 근무하시는 동안

In the beginning, / the company's main emphasis was on building small, standalone homes / such as townhomes and condominiums.
처음에는 / 회사의 주된 강조 사항이 작은 독립형 주택들을 짓는 데 맞춰져 있었습니다 / 연립 주택과 아파트 같은

Nonetheless, / as the enterprise expanded, / it broadened its scope / and commenced constructing a variety of properties / for both commercial and residential use, / such as shopping centers, educational institutions, and medical facilities.
그럼에도 불구하고 / 기업이 확장되면서 / 그 사업 범위를 넓혔습니다 / 그리고 다양한 건물을 짓기 시작했습니다 / 상업 및 주거용 둘 모두에 대해 / 쇼핑 센터와 교육 기관, 그리고 의료 시설 같은

❹ Ten years ago, / when Michael's eldest son took over the company's management, / the Smith Building Group started working on large-scale infrastructure projects, / such as airports and bridges, / expanding its operations to nearby cities / such as Boulder and Colorado Springs.
10년 전에 / 마이클 씨의 장남께서 회사의 경영권을 이어 받으셨을 때 / 스미스 건축 그룹은 대규모 사회기반시설 프로젝트들을 맡아 일하기 시작했습니다 / 공항과 교량 같은 / 근처의 도시들로 사업을 확대하면서 / 보울더와 콜로라도 스프링스 같은

Despite intense competition and rising material costs, / the company is well-known / for providing high-quality service / and maintaining reasonable prices for its clients.
치열한 경쟁 및 자재비 상승에도 불구하고 / 회사는 잘 알려져 있습니다 / 고품질 서비스를 제공하는 것으로 / 그리고 고객들을 위해 합리적인 가격을 유지하는 것으로

❸ If you're looking for a reliable construction company, / the Smith Building Group is an excellent choice.
신뢰할 수 있는 건설 회사를 찾고 계신다면 / 스미스 건축 그룹이 훌륭한 선택입니다
To learn more about their services, / visit their website at http://www.smithbuildinggroup.com.
서비스와 관련해 더 많은 것을 알아보시려면 / 웹사이트 http://www.smithbuildinggroup.com 을 방문하시기 바랍니다

스미스 건축 그룹

스미스 건축 그룹은 마이클 스미스라는 이름의 건설 전문가에 의해 50년 전에 설립된 건축 디자인 및 건설 회사이며, 이분께서는 덴버로 이사해 또 다른 지역 건축 회사에서 근무하시는 동안 업계의 세부 사항들을 배우셨습니다.

처음에는, 회사의 주된 강조 사항이 연립 주택과 아파트 같은 작은 독립형 주택들을 짓는 데 맞춰져 있었습니다. 그럼에도 불구하고, 기업이 확장되면서, 그 사업 범위를 넓혔고, 쇼핑 센터와 교육 기관, 그리고 의료 시설 같은 상업 및 주거용 둘 모두에 대한 다양한 건물을 짓기 시작했습니다.

10년 전에, 마이클 씨의 장남께서 회사의 경영권을 이어받으셨을 때, 스미스 건축 그룹은 공항과 교량 같은 대규모 사회기반시설 프로젝트들을 맡아 일하기 시작하면서, 보울더와 콜로라도 스프링스 같은 근처의 도시들로 사업을 확대했습니다.

치열한 경쟁 및 자재비 상승에도 불구하고, 회사는 고품질 서비스를 제공하면서 고객들을 위해 합리적인 가격을 유지하는 것으로 잘 알려져 있습니다.

신뢰할 수 있는 건설 회사를 찾고 계신다면, 스미스 건축 그룹이 훌륭한 선택입니다. 서비스와 관련해 더 많은 것을 알아보시려면, 웹사이트 http://www.smithbuildinggroup.com 을 방문하시기 바랍니다.

---

* **architectural** 건축의   **firm** 회사, 업체   **found** ~을 설립하다   **decade** 10년   **expert** 전문가   **details** 세부 사항, 상세 정보
industry 업계   **while -ing** ~하는 동안, ~하면서   **local** 지역의   **emphasis** 강조 사항, 주안점   **standalone** 독립형의
nonetheless 그럼에도 불구하고   **expand** 확장되다, 확대되다, ~을 확장하다, ~을 확대하다   **broaden** ~을 넓히다   **scope** 범위
commence ~을 시작하다   **a variety of** 다양한   **property** 건물, 부동산   **commercial** 상업의   **residential** 주거의   **institution** 기관, 협회
facility 시설(물)   **take over** ~을 이어 받다   **large-scale** 대규모의   **infrastructure** 사회기반시설   **operation** 사업, 운영, 가동, 작동
despite ~에도 불구하고   **intense competition** 치열한 경쟁   **material** 자재, 재료, 물품   **be well-known for** ~로 잘 알려져 있다
maintain ~을 유지하다   **reasonable** 합리적인   **look for** ~을 찾다   **reliable** 신뢰할 수 있는   **choice** 선택

3. Where would the advertisement **most likely be seen?**
(A) In a store catalogue
(B) In a regional newspaper
(C) At a recruitment fair
(D) On a website for company products

3. 광고는 어디에서 볼 수 있을 가능성이 가장 큰가?
(A) 상점 카탈로그에서
(B) 지역 신문에서
(C) 채용 설명회에서
(D) 회사 프로젝트용 웹사이트에서

해설 첫 단락에 스미스 건축 그룹의 주요 사업 분야와 설립 배경을 설명하는 내용이 제시된 뒤로 그와 관련된 세부 정보 및 서비스 이용 방법 등을 언급하는 것으로 지문이 전개되고 있습니다. 따라서, 회사에 관한 전반적인 설명과 함께 서비스를 이용하도록 권하는 내용이 실릴 수 있는 매체, 즉 신문에서 찾아볼 수 있을 가능성이 가장 큰 것으로 생각할 수 있으므로 (B)가 정답입니다.

4. What is **suggested** about **Smith Building Group?**
(A) It deals only with high-rise buildings.
(B) It was founded within the last five years.
(C) It is a family-owned business.
(D) It is going to relocate to a new city.

4. 스미스 건축 그룹과 관련해 암시된 것은 무엇인가?
(A) 오직 고층 건물들만 다룬다.
(B) 지난 5년 내에 설립되었다.
(C) 가족이 운영하는 기업이다.
(D) 신도시로 이전하게 될 것이다.

해설 첫 단락에 스미스 건축 그룹이 마이클 스미스라는 사람에 설립되었다고(by a construction expert named Michael Smith) 언급되어 있고, 세 번째 단락에 이 사람의 장남이 회사 경영권을 이어받은(Ten years ago, when Michael's eldest son took over the company's management) 사실이 쓰여 있습니다. 따라서, 가족에게 경영권을 물려준 가족 운영 기업임을 알 수 있으므로 (C)가 정답입니다.

DAY 25 의도 파악과 주어진 문장 넣기 `Reading`

 **토익 제대로 대비하기** 본문 p. 343

정답 **1.** (C) **2.** (B)

Question 1 refers to the following online chat discussion. 온라인 채팅을 참조하시오.

Lee, Francis 리, 프랜시스   6:30 P.M.
Since you guys have been here before, / can either of you recommend / a good place / near the Hiltop Hotel / to get some food? 여러분이 이전에 이곳에 와 본 적이 있으므로 / 당신들 중 한 명이 추천해 주시겠어요 / 좋은 장소를 / 힐탑 호텔 근처에서 / 식사할 수 있는
I'm starving. 너무 배가 고프네요.

Mundall, Adriana 먼달, 아드리아나   6:31 P.M.
There was a little restaurant / right outside the convention center, / but I don't remember its name.
작은 식당이 있어요 / 컨벤션 센터 바로 밖에 / 하지만 이름이 기억나질 않아요
Something diner. 무슨 다이너였는데.

Cerdenio, Samuel 세르데니오, 사무엘   6:31 P.M.
The Washataw Diner! 와샤토 다이너요!
❶ That place has great sandwiches. 거기 샌드위치가 매우 훌륭해요.

Mundall, Adriana 먼달, 아드리아나   6:32 P.M.

리, 프랜시스   오후 6:30
여러분이 이전에 이곳에 와 본 적이 있으니, 누구든 힐탑 호텔 근처에서 식사할 수 있는 좋은 장소를 추천해 주시겠어요? 너무 배가 고프네요.

먼달, 아드리아나   오후 6:31
컨벤션 센터 바로 밖에 작은 식당이 있는데 이름이 기억나지 않아요. 무슨 다이너였는데.

세르데니오, 사무엘   오후 6:31
와샤토 다이너요! 거기 샌드위치가 매우 훌륭해요.

먼달, 아드리아나   오후 6:32

Yeah, / 🔳 make sure to check that out.
맞아요 / 거기 꼭 확인해 보세요

It's one of the only places / around the convention center.
얼마 없는 곳들 중 하나예요 / 컨벤션 센터 주변에

맞아요, 거기 꼭 확인해 보세요. 컨벤션 센터 주변에 얼마 없는 곳들 중 하나예요.

---

1. **At 6:32 P.M.,** what does Ms. Mundall mean when she writes, "**make sure to check that out**"?
   (A) She wants Mr. Lee to visit the convention center today.
   (B) She wants Mr. Cerdenio to recommend a business.
   (C) She wants Mr. Lee to go to a restaurant she likes.
   (D) She wants Mr. Cerdenio to order some food.

1. 오후 6시 32분에 먼델 씨가 "make sure to check that out"이라고 썼을 때, 그녀가 의도한 것은 무엇인가?
   (A) 그녀는 리 씨가 오늘 컨벤션 센터를 방문하기를 원한다.
   (B) 그녀는 세르데니오 씨가 사업체를 추천해 주기를 원한다.
   (C) 그녀는 리 씨가 그녀가 좋아하는 식당에 가기를 원한다.
   (D) 그녀는 세르데니오 씨가 몇 가지 음식을 주문하기를 원한다.

> **해설** 저녁 6시 31분 대화에서 세르데니오가 식당 이름을 언급하면서 그곳의 샌드위치가 맛있다고 했고, 그다음에 아드리나아가 그 말에 동의하고 있습니다. 그리고 나서 그곳을 반드시 확인하라고 했으므로 결국 그 식당을 가는 뜻임을 알 수 있어요. 따라서 정답은 (C)입니다.

Question 2 refers to the following flyer. 다음 전단지를 참조하시오.

Sunday Sales 일요일 할인 판매

Eastern Park Museum 이스턴 공원 박물관

Visitors / who visit the Eastern Park Museum / on Sundays / will receive a 30% discount / on the entrance fee.
방문객들은 / 이스턴 공원 박물관에 방문하는 / 일요일마다 / 30퍼센트 할인을 받을 겁니다 / 입장료에서

🔳 An additional 20% reduction / is possible / for groups of 10 or more people. 추가로 20퍼센트 할인이 / 가능합니다 / 10명 이상의 단체 손님들에게는
The Sunday Sales / will only be available / during the month of September. 일요일 할인 판매는 / 오직 이용 가능할 겁니다 / 9월 한 달 동안
In order to receive the special offer, / the purchasing of tickets / should be done online / prior to visiting our museum.
할인 혜택을 받기 위하여 / 티켓 구매는 / 온라인상에서 해야 합니다 / 저희 박물관에 오시기 전에
The discounts / will NOT be provided / at the ticketing booth.
할인은 / 제공되지 않을 것입니다 / 티켓 부스에서
Click on this link / to check out the offer / or to purchase the tickets. 이 링크를 클릭하세요 / 혜택을 확인하기 위하여 / 또는 티켓을 구매하기 위하여
For more information / on the discount, refunds and the exhibitions, / visit our Web site at www.eparkzoo.com.
더 많은 정보를 얻으시려면 / 할인, 환불 그리고 전시회에 관련한 / 저희 웹사이트 www.eparkzoo.com을 방문하세요

일요일 할인 판매

이스턴 공원 박물관

일요일마다 이스턴 공원 박물관에 방문하는 방문객들은 입장료의 30퍼센트를 할인받을 겁니다. 10명 이상의 단체 손님들은 추가로 20퍼센트 할인이 가능합니다. 일요일 할인 판매는 오직 9월 한 달 동안만 이용 가능할 겁니다. 할인 혜택을 받기 위해서는 티켓은 박물관에 오시기 전에 온라인상에서 구매하셔야 합니다. 티켓 부스에서는 할인가로 제공해 드리지 않습니다. 혜택을 확인하고 싶으시거나 티켓을 구매하고자 하신다면 이 링크를 클릭하세요. 할인, 환불 그리고 전시회와 관련한 더 많은 정보를 얻으시려면 저희 웹사이트 www.eparkzoo.com을 방문하세요.

---

2. In which of the positions marked [1], [2], [3], and [4] does the following sentence best belong?
   "An additional 20% reduction is possible for groups of 10 or more people."
   (A) [1]
   (B) [2]
   (C) [3]
   (D) [4]

2. [1], [2], [3], [4]로 표시된 곳 중에서 다음 문장이 들어가기에 가장 적절한 곳은 어디인가?
   "10명 이상의 단체 손님들은 추가로 20퍼센트 할인이 가능합니다."
   (A) [1]
   (B) [2]
   (C) [3]
   (D) [4]

해설 주어진 문장의 An additional 20% reduction(20퍼센트 추가 할인)이 단서가 됩니다. '추가'라는 말은 이미 일어난 어떤 것에 더한다는 개념이므로 앞에 이미 다른 종류의 할인을 제공했다는 것을 알 수 있어요. 따라서 지문 앞부분 Visitors who visit the Eastern Park Museum on Sundays will receive a 30% discount on the entrance fee.(일요일마다 이스턴 공원 박물관에 방문하는 방문객들은 입장료의 30퍼센트를 할인받을 겁니다.)에 입장료 할인에 대한 내용이 제시되어 있으므로 그다음에 위치한 (B) [2]가 정답입니다.

 **자신감 쑥쑥! 실전 도전** Part 7 　　　　　　　　　　　　　　　　　　　　　본문 p. 344

정답　　**1.** (C)　　**2.** (C)　　**3.** (C)　　**4.** (D)　　**5.** (B)

Questions 1-2 refer to the following text message chain. 다음 문자 메시지를 참조하시오.

Williams, Rick 윌리엄즈, 릭 　　　　　　　　　　　8:10 A.M.
Hi, **Ms. Ramos,** 안녕하세요, 라모스 씨.
My name is Rick Williams. 제 이름은 릭 윌리엄스입니다.
I got your phone number / on the listing / about an apartment for rent. 당신의 전화번호를 찾았습니다 / 목록에서 / 아파트 임대에 대한

> 윌리엄즈, 릭　　　　오전 8:10
> 안녕하세요, 라모스 씨. 제 이름은 릭 윌리엄스입니다. 아파트 임대 목록에서 당신의 전화번호를 찾았습니다.

Ramos, Sabrina 라모스, 세브리나 　　　　　　　　8:12 A.M.
Thank you for writing! 메시지 주셔서 감사합니다!
Was it the ad / for the apartment on 3ʳᵈ Street / or the one on Market Street? 광고였습니까 / 3가에 있는 아파트의 / 혹은 마켓 가에 있는 아파트의

> 라모스, 세브리나　　　　오전 8:12
> 메시지 주셔서 감사합니다! 3가에 있는 아파트의 광고였나요, 아니면 마켓 가에 있는 아파트의 광고였나요?

Williams, Rick 윌리엄즈, 릭 　　　　　　　　　　　8:13 A.M.
I saw the one / on Market Street, / but I would be interested / in having more information / about the other as well. 저는 봤습니다 / 마켓 가에 있는 것을 / 하지만 관심이 있습니다 / 더 많은 정보를 얻는 것을 / 다른 아파트에 대해서도
[2] **I just got a job downtown / and would like something / within walking distance of my office.** 저는 막 시내에 있는 직장을 얻었습니다 / 그리고 원합니다 / 사무실에서 도보 가능한 거리로

> 윌리엄즈, 릭　　　　오전 8:13
> 마켓 가에 있는 아파트를 봤지만 다른 아파트에 대해서도 정보를 더 얻고 싶습니다. 저는 막 시내에 있는 직장을 얻었고 사무실에서 도보 가능한 거리로 원합니다.

Ramos, Sabrina 라모스, 세브리나 　　　　　　　　8:15 A.M.
[2] **Totally understandable.** 완전히 이해합니다.
[1] **Both places are centrally located.** 두 곳 모두 중심에 위치하고 있습니다.
The place on Market Street / is a studio, / and the 3ʳᵈ Street apartment / has a separate bedroom and living room. 마켓 가에 있는 것은 / 스튜디오(원룸)입니다 / 그리고 3가 아파트는 / 침실과 거실이 분리되어 있습니다

> 라모스, 세브리나　　　　오전 8:15
> 완전히 이해합니다. 두 곳 모두 중심에 위치하고 있습니다. 마켓 가에 있는 것은 스튜디오(원룸)이고 3가 아파트는 침실과 거실이 분리되어 있습니다.

Williams, Rick 윌리엄즈, 릭 　　　　　　　　　　　8:16 A.M.
Sounds good. 좋네요.

> 윌리엄즈, 릭　　　　오전 8:16
> 좋네요.

Ramos, Sabrina 라모스, 세브리나 　　　　　　　　8:17 A.M.
Would you like to set up a time / to see them? 시간 약속을 정하기를 원하세요 / 아파트를 보기 위해

> 라모스, 세브리나　　　　오전 8:17
> 아파트를 보기 위해 시간 약속을 정하기를 원하세요?

Williams, Rick 윌리엄즈, 릭 　　　　　　　　　　　8:18 A.M.
Definitely. 물론입니다.
Is Monday OK? 월요일은 괜찮으신가요?

> 윌리엄즈, 릭　　　　오전 8:18
> 물론입니다. 월요일은 괜찮으신가요?

Ramos, Sabrina 라모스, 세브리나 　　　　　　　　8:20 A.M.
Sure. 물론입니다.
I'm free at 4:30 P.M. 오후 4시 30분에 시간이 됩니다.
Let's meet outside / of 3002 3ʳᵈ Street. 바깥쪽에서 만나요 / 3002 3가의

> 라모스, 세브리나　　　　오전 8:20
> 물론입니다. 오후 4시 30분에 시간이 됩니다. 3002 3가의 바깥쪽에서 만나요.

Williams, Rick 윌리엄스, 릭	**8:21 A.M.**	윌리엄스, 릭	오전 8:21
That will work great. 좋습니다.		좋습니다.	
Ramos, Sabrina 라모스, 세브리나	**8:22 A.M.**	라모스, 세브리나	오전 8:22
Perfect. 완벽합니다.		완벽합니다. 그때 뵐게요.	
See you then. 그때 뵐게요.			

* listing 목록, 명단   rent 임대, 임차   ad[advertisement] 광고   be interested in ~에 관심이 있다   as well 또한, 게다가   downtown 시내에   distance 거리   centrally 중심으로   studio 원룸   separate 분리된   set up 장하다, 설정하나   be located in ~에 위치하다   suitable 적합한, 적절한   recommend 추천하다   reasonably 합리적으로

1. What is implied about the apartments?
   (A) They are newly remodeled.
   (B) They are being sold for similar prices.
   (C) They are located in the downtown area.
   (D) They are suitable for use as art studios.

1. 아파트에 대해서 암시된 것은 무엇인가?
   (A) 그것들은 새롭게 리모델링되었다.
   (B) 그것들은 비슷한 가격에 매매되고 있다.
   (C) 그것들은 시내 지역에 위치하고 있다.
   (D) 그것들은 아트 스튜디오로 사용하기에 적합하다.

해설 질문의 What, implied, the apartments를 통해 일반적인 추론 문제임을 확인합니다. 오전 8시 15분 대화에서 라모스 씨가 Both places are centrally located.(두 곳 모두 중심에 위치하고 있습니다.)에서 릭이 본 두 아파트 모두 시내에 위치한다는 것을 알 수 있으므로 정답은 (C)입니다.

2. At 8:15 A.M., what does Ms. Ramos mean when she writes, "Totally understandable"?
   (A) She recommends Rick rent the 3ʳᵈ Street apartment.
   (B) She agrees that the apartments are reasonably priced.
   (C) She thinks it makes sense to live near work.
   (D) She understands that Rick likes to exercise daily.

2. 오전 8시 15분에 라모스 씨가 "Totally understandable"이라고 썼을 때, 그녀가 의도한 것은 무엇인가?
   (A) 그녀는 릭 씨가 3가 아파트를 임대하는 것을 추천한다.
   (B) 그녀는 아파트가 합리적인 가격이라는 부분에 동의한다.
   (C) 그녀는 직장 근처에 사는 것이 일리가 있다고 생각한다.
   (D) 그녀는 릭 씨가 매일 운동하는 것을 좋아하는 것을 이해한다.

해설 이전 메시지인 8시 13분에 릭이 I just got a job downtown and would like something within walking distance of my office.(저는 막 시내에 있는 직장을 얻었고 사무실에서 도보 가능한 거리로 원합니다.)라고 했고 라모스 씨는 릭이 직장 근처에 살고 싶어 하는 것을 이해한다는 의미로 알 수 있어요. 따라서 정답은 (C)입니다.

Questions 3-5 refer to the following Web page. 다음 웹 페이지를 참조하시오.

While the origins of some dishes remain a mystery, / our raspberry crumble pie is a well-documented creation. - [1] -.
어떤 음식들의 유래가 여전히 미스터리로 남아 있는 반면 / 저희 라즈베리 크럼블 파이는 문서로 잘 기록되어 있는 창작품입니다

3 It was developed over a decade ago / by our founder chef, Henriette Dubois, / who 5 mistakenly overcooked a batch of pies. - [2] -.
이것은 10년도 더 이전에 개발되었습니다 / 저희 설립자이자 요리사이신 앙리에트 뒤부아 씨에 의해 / 이분께서 실수로 파이들을 너무 오래 익히셨습니다.

It has been attempted / but never duplicated / by many chefs.
그것이 시도된 적은 있지만 / 똑같이 만들어진 적은 없습니다 / 많은 요리사들에 의해

Today, / 4 Chef Benjamin Lee, who once trained under Dubois and currently manages our new location, / continues to make the dessert / using the same technique he learned from the master. - [3] -.
현재 / 요리사 벤자민 리 씨는, 한때 뒤부아 씨 밑에서 수련하셨다가 현재는 저희 신규 지점을 운영하고 계시는 분으로서 / 지속적으로 그 디저트를 만들고 계십니다 / 스승님께 배우셨던 것과 동일한 기술을 이용해

어떤 음식들의 유래가 여전히 미스터리로 남아 있는 반면, 저희 라즈베리 크럼블 파이는 문서로 잘 기록되어 있는 창작품입니다. 이는 실수로 파이들을 너무 오래 익히셨던 저희 설립자이자 요리사이신 앙리에트 뒤부아 씨에 의해 10년도 더 이전에 개발되었습니다. 이것이 많은 요리사들에 의해 시도된 적은 있지만 똑같이 만들어진 적은 없습니다. 현재, 한때 뒤부아 씨 밑에서 수련하셨다가 현재는 저희 신규 지점을 운영하고 계시는 요리사 벤자민 리 씨께서 스승님께 배우셨던 것과 동일한 기술을 이용해 지속적으로 그 디저트를 만들고 계십니다.

The pie's crust is partially pre-baked and finished off / only after the tart raspberry filling has been added, / and then it's topped with a buttery, cinnamon crumble.

이 파이의 껍질은 부분적으로 미리 구워졌다가 완성됩니다 / 오직 타르트 라즈베리 속이 추가된 후에야 / 그리고 그런 다음에 버터 맛이 나는 계피 크럼블이 올려집니다

The result is a delectable treat / that is sure to satisfy any sweet tooth. - [4] -.

그 결과물은 아주 맛있는 특별 음식입니다 / 누구든 단 것을 좋아하는 사람을 분명 만족시키는

이 파이의 껍질은 부분적으로 미리 구워졌다가 오직 타르트 라즈베리 속이 추가된 다음에 버터 맛이 나는 계피 크럼블이 올려진 후에야 완성됩니다. 그 결과물은 누구든 단 것을 좋아하는 사람을 분명 만족시키는 아주 맛있는 특별 음식입니다.

* origin 유래, 기원   remain 여전히 ~로 남아 있다, 계속 ~한 상태이다   well-documented 문서로 잘 기록되어있는   creation 창작(품), 창조(물)
develop ~을 개발하다   decade 10년   founder 설립자, 창업자   mistakenly 실수로   overcook ~을 너무 오래 익히다   batch 한 회분, 한 묶음
attempt ~을 시도하다   duplicate ~을 되풀이하다, ~을 중복해서 하다   currently 현재   location 지점, 위치   continue to V 지속적으로 ~하다
crust (빵 등의) 껍질   partially 부분적으로   pre-bake ~을 미리 굽다   finish off ~을 완성하다   filling (음식의) 속, 채워 넣는 것
add ~을 추가하다   be topped with ~가 올려지다   result 결과(물)   delectable 아주 맛있는   treat (특별한) 음식   be sure to V 분명 ~하다
satisfy ~을 만족시키다   sweet tooth 단 것을 좋아하는 사람

3. What is indicated about the dish?
(A) It is served with whipped cream.
(B) It is a low-calorie dessert.
(C) It was invented more than ten years ago.
(D) It is made using a secret ingredient.

3. 해당 음식과 관련해 언급된 것은 무엇인가?
(A) 휘핑 크림과 함께 제공된다.
(B) 저칼로리 디저트이다.
(C) 10년도 더 이전에 발명되었다.
(D) 비밀 재료를 이용해 만들어진다.

해설 첫 단락에 음식 개발 배경을 설명하면서 10년도 더 이전에 개발되었다는(It was developed over a decade ago) 사실이 언급되어 있으므로 (C)가 정답입니다.

4. What is implied about Chef Benjamin Lee?
(A) His own business has just opened.
(B) He invented the raspberry crumble pie.
(C) He has a different signature dessert.
(D) His teacher was Chef Dubois.

4. 요리사 벤자민 리 씨와 관련해 암시된 것은 무엇인가?
(A) 자신의 업체가 막 문을 열었다.
(B) 라즈베리 크럼블 파이를 발명했다.
(C) 다른 대표 디저트가 있다.
(D) 그의 스승이 요리사 뒤부아 씨이다.

해설 벤자민 리 씨가 언급되는 첫 단락 중반부에, 과거에 뒤부아 씨 밑에서 수련했다는(Chef Benjamin Lee, who once trained under Dubois) 말이 쓰여 있습니다. 이를 통해 뒤부아 씨가 일종의 스승에 해당된다는 사실을 알 수 있으므로 (D)가 정답입니다.

5. In which of the positions marked [1], [2], [3], and [4] does the following sentence best belong?

"**This accident** gave birth to the Old Mill Cafe's signature dessert."

(A) [1]
(B) [2]
(C) [3]
(D) [4]

5. [1], [2], [3], [4]로 표기된 위치들 중에서 다음 문장이 가장 잘 어울리는 곳은 어디인가?
"이 사고로 인해 올드 밀 카페의 대표 디저트가 탄생했습니다."
(A) [1]
(B) [2]
(C) [3]
(D) [4]

해설 제시된 문장은 특정한 사고를 This accident로 지칭해 올드 밀 카페의 대표 디저트가 탄생한 계기를 알리는 의미를 담고 있습니다. 따라서, 실수로 파이들을 너무 많이 익힌(mistakenly overcooked a batch of pies) 사실이 언급된 문장 뒤에 위치한 [2]에 들어가 그러한 사고로 인해 올드 밀 카페의 대표 디저트가 탄생했음을 알리는 흐름이 되어야 자연스러우므로 (B)가 정답입니다.

유형훈련 토익 제대로 대비하기   본문 p. 355

정답   3단계   **1.** (C)   **2.** (A)

Question 1 refers to the following letter. 다음 편지를 참조하시오.

Dear Mr. Johnson, 존슨 씨에게

Thank you / for contacting Merlin Furniture.
감사드립니다 / 멀린 가구에 연락해 주셔서

I am sorry to hear / about the problem / with your custom-made oak bookcase.
듣게 되어 유감스럽게 생각합니다 / 그 문제에 대해 / 귀하의 주문 제작한 참나무 책장의

① You stated that / one of the shelves / is not fitting properly / and seems to be longer / than the others.
귀하는 말씀하셨습니다 / 선반 중 하나가 / 잘 맞지 않는다고 / 그리고 더 긴 것 같다고 / 다른 것들보다

We will send a representative / to your address / to assess and correct the problem.
우리는 직원을 보낼 것입니다 / 귀하의 주소로 / 문제를 진단하고 해결하기 위해서

At your convenience, / please call us / at 434-5454 / to schedule an appointment. 편하실 때 / 전화 주십시오 / 434-5454번으로 / 약속을 잡기 위해서

Francis Merlin 프랜시스 멀린 드림

존슨 씨에게

멀린 가구에 연락해 주셔서 감사드립니다. 귀하의 주문 제작한 참나무 책장의 문제에 대해 듣게 되어 유감스럽게 생각합니다. 귀하는 선반 중 하나가 잘 맞지 않고 다른 것들보다 더 긴 것 같다고 말씀하셨습니다. 문제를 진단하고 해결하기 위해서 우리는 귀하의 주소로 직원을 보낼 것입니다. 편하실 때, 약속을 잡기 위해 434-5454번으로 전화 주십시오.

프랜시스 멀린 드림

---

1. **What problem** is Mr. Johnson experiencing with **his order**?
   (A) It is the wrong material.
   (B) It has not been delivered yet.
   (C) It has defective parts.
   (D) It was shipped to the wrong address.

1. 존슨 씨는 자신의 주문품에 대해 어떤 문제를 겪고 있는가?
   (A) 엉뚱한 물건이다.
   (B) 아직 배달되지 않았다.
   (C) 결함이 있는 부분이 있다.
   (D) 잘못된 주소로 배송되었다.

해설 문제점을 묻는 세부 사항 문제이므로 지문의 첫 부분을 먼저 살펴봅니다. 세 번째 문장 You stated that one of the shelves is not fitting properly and seems to be longer than the others.(귀하는 선반 중 하나가 잘 맞지 않고 다른 것들보다 더 긴 것 같다고 말씀하셨습니다.)에서 주문한 상품에 문제가 있다는 것을 알 수 있습니다. 따라서 이 상황을 defective(결함 있는)라고 바꿔 표현한 (C)가 정답입니다.

Question 2 refers to the following letter. 다음 편지를 참조하시오.

March 12 3월 12일

Valued investor, 소중한 투자자께

Gainsworth Medical Supply / is conducting exciting new research / in the field of biomedical technology.
게인스워스 의료 장비는 / 흥미로운 새 연구를 시행하고 있습니다 / 생명 의학 기술 분야에서

Industry analysts / estimate / significant growth / in the near future. 업계 분석가들은 / 전망합니다 / 상당한 성장을 / 가까운 미래에

3월 12일

소중한 투자자께

게인스워스 의료 장비는 생명 의학 기술 분야에서 흥미로운 새 연구를 시행하고 있습니다.

업계 분석가들은 가까운 미래에 상당한 성장을 전망합니다. 연구와 디자인 부사장인 마사 스

---

❷ Vice president of research and design Martha Starwell / invites you / to take part in this excellent opportunity / to add to the value of your portfolio.
연구와 디자인 부사장인 마사 스타웰은 / 귀하에게 요청드립니다 / 이 멋진 기회에 참여하시도록 / 귀하의 증권 자산의 가치를 늘릴 수 있는

Please see the enclosed report / for more information.
동봉된 보고서를 봐 주십시오 / 더 많은 정보를 위해

Mark Arnold 마크 아놀드 드림
Investor Relations Specialist 투자자 관리 전문가
Gainsworth Medical Supply 게인스워스 의료 장비

타웰은 귀하의 증권 자산의 가치를 늘릴 수 있는 이 멋진 기회에 참여하시도록 요청드립니다. 더 많은 정보를 위해 동봉된 보고서를 봐 주십시오.

마크 아놀드 드림
투자자 관리 전문가
게인스워스 의료 장비

2. Who is Martha Starwell?
   (A) A Gainsworth Medical Supply executive
   (B) An industry analyst
   (C) A medical doctor
   (D) An investment expert

2. 마사 스타웰은 누구인가?
   (A) 게인스워스 의료 장비 임원
   (B) 업계 분석가
   (C) 의학 박사
   (D) 투자 전문가

해설 Martha Starwell이 누구인지 묻는, 단서의 위치를 예측하기 어려운 세부 사항 문제입니다. 지문에서 해당 고유명사를 찾으면 세 번째 문장 Vice president of research and design Martha Starwell invites you to take part in this excellent opportunity(연구와 디자인 부사장인 마사 스타웰은 귀하에게 이 멋진 기회에 참여하시도록 요청드립니다)에서 이 사람이 메일을 보낸 회사인 Gainsworth Medical Supply의 임원임을 알 수 있으므로 정답은 (A)입니다.

자신감 쑥쑥! 실전 도전 Part 7

본문 p. 356

정답   1. (B)   2. (A)   3. (A)   4. (C)

Questions 1-2 refer to the following e-mail. 다음 이메일을 참조하시오.

From: Customer Support <customerservice@holdallindustries.com>
발신: 고객 서비스부 <customerservice@holdallindustries.com>
To: Emma Lawson <emmal@aeoluso.com>
수신: 엠마 로슨 <emmal@aeoluso.com>
Subject: Order #2468 제목: 주문번호 2468

Dear Ms. Lawson, 로슨 씨께,

❶ We regret to inform you / that we encountered an issue / with your recent purchase of a laptop bag (order number: 2468) / made on March 25, 2023.
저희는 귀하께 알려 드리게 되어 유감입니다 / 저희가 한 가지 문제에 직면했다는 사실을 / 귀하께서 최근 구입하신 노트북 컴퓨터 가방에 대해 (주문번호: 2468) / 2023년 3월 25일에 주문된

Unfortunately, / we discovered / that the bag you ordered was incorrectly listed / as available / when it was actually out of stock.
유감스럽게도 / 저희가 알게 되었습니다 / 귀하께서 주문하신 가방이 부정확하게 기재되어 있었다는 사실을 / 구입 가능한 것으로 / 그것이 실제로는 품절이었을 때

We apologize for any inconvenience / caused by this mistake.
저희는 어떤 불편함에 대해서도 사과드립니다 / 이 실수로 인해 초래된

발신: 고객 서비스부 <customerservice@holdallindustries.com>
수신: 엠마 로슨 <emmal@aeoluso.com>
제목: 주문번호 2468

로슨 씨께,

귀하께서 2023년 3월 25일에 주문해 최근 구입하신 노트북 컴퓨터 가방에 대해 (주문번호: 2468) 저희가 한 가지 문제에 직면했다는 사실을 알려 드리게 되어 유감입니다. 유감스럽게도, 귀하께서 주문하신 가방이 실제로는 품절이었을 때 구입 가능한 것으로 부정확하게 기재되어 있었다는 사실을 알게 되었습니다. 저희는 이 실수로 인해 초래된 어떤 불편함에 대해서도 사과드립니다.

Our team is working hard / to resolve the issue, / and we will restock the bag / as soon as possible.
저희 팀이 열심히 노력하고 있습니다 / 이 문제를 해결하기 위해 / 그리고 저희가 그 가방을 다시 재고로 갖출 것입니다 / 가능한 한 빨리

However, / we want to offer you two alternative options / that you might be interested in.
하지만 / 저희는 귀하께 두 가지 대체 선택권을 제공해 드리고 싶습니다 / 귀하께서 관심 있어 하실 수도 있는

We have a similar bag in a different color / that you could choose instead, / or we can process a full refund / for your purchase.
저희가 다른 색상으로 된 유사한 가방을 보유하고 있습니다 / 귀하께서 대신 선택하실 수 있는 / 또는 저희가 전액 환불을 처리해 드릴 수 있습니다 / 귀하의 구입품에 대해

② Please let us know your preference / by replying to this e-mail.
저희에게 선호하시는 것을 알려 주시기 바랍니다 / 이 이메일에 답장하셔서

If we do not hear from you / within 7 days, / we will assume / you prefer a full refund / and process it accordingly.
저희가 귀하로부터 답변을 듣지 못한다면 / 7일 내에 / 저희는 생각할 것입니다 / 귀하께서 전액 환불을 선호하시는 것으로 / 그리고 그에 따라 처리해 드릴 것입니다

At HoldAll Industries, / we value your business / and apologize again / for any inconvenience.
홀드올 인더스트리에서 / 저희는 귀하와의 거래를 소중히 여깁니다 / 그리고 다시 한 번 사과 드립니다 / 어떤 불편함에 대해서도

Please do not hesitate to contact us / if you have any further questions or concerns.
주저하지 마시고 저희에게 연락 주십시오 / 어떤 추가 질문이나 우려 사항이든 있으시면

Best regards, 안녕히 계십시오

Nick Mathew 닉 매튜
Customer Service Department 고객 서비스부
HoldAll Industries 홀드올 인더스트리

저희 팀이 이 문제를 해결하기 위해 열심히 노력하고 있으며, 저희가 가능한 한 빨리 그 가방을 다시 재고로 갖출 것입니다. 하지만, 저희는 귀하께서 관심 있어 하실 수도 있는 두 가지 대체 선택권을 제공해 드리고 싶습니다. 저희가 귀하께서 대신 선택하실 수 있는 다른 색상으로 된 유사한 가방을 보유하고 있으며, 또는 귀하의 구입품에 대해 전액 환불을 처리해 드릴 수 있습니다.

이 이메일에 답장하셔서 저희에게 선호하시는 것을 알려 주시기 바랍니다. 저희가 7일 내에 귀하로부터 답변을 듣지 못한다면, 귀하께서 전액 환불을 선호하시는 것으로 생각해 그에 따라 처리해 드릴 것입니다.

저희 홀드올 인더스트리에서, 귀하와의 거래를 소중히 여기며, 어떤 불편함에 대해서도 다시 한 번 사과 드립니다. 어떤 추가 질문이나 우려 사항이든 있으시면 주저하지 마시고 저희에게 연락 주십시오.

안녕히 계십시오.

닉 매튜
고객 서비스부
홀드올 인더스트리

---

* regret to V ~해서 유감이다   inform A that A에게 ~라고 알리다   encounter ~에 직면하다, ~와 맞닥뜨리다   issue 문제, 사안
recent 최근의   purchase 구입(품)   discover that ~임을 알게 되다, ~임을 발견하다   incorrectly 부정확하게   list ~을 목록에 기재하다
available 구입 가능한, 이용 가능한   out of stock 품절인   apologize for ~에 대해 사과하다   inconvenience 불편함
cause ~을 초래하다   resolve ~을 해결하다   restock ~을 다시 재고로 갖추다   as soon as possible 가능한 한 빨리
alternative 대체의, 대안의   be interested in ~에 관심이 있다   similar 유사한   choose ~을 선택하다   instead 대신   process ~을 처리하다
full refund 전액 환불   let A know A에게 알리다   preference 선호(하는 것)   assume (that) ~라고 생각하다, ~라고 추정하다
prefer ~을 선호하다   accordingly 그에 따라   value ~을 소중하게 여기다   hesitate to V ~하기를 주저하다, ~하는 것을 망설이다
contact ~에게 연락하다   concern 우려, 걱정

---

1. **What is one purpose of the e-mail?**
   (A) To promote a new product line
   (B) To explain a problem with an order
   (C) To request feedback on a service
   (D) To report a delayed delivery

1. 이메일의 한 가지 목적은 무엇인가?
   (A) 신제품 라인을 홍보하는 것
   (B) 주문품 관련 문제를 설명하는 것
   (C) 서비스에 대한 의견을 요청하는 것
   (D) 지연된 배송 문제를 알리는 것

> **해설** 첫 단락 시작 부분에 상대방이 최근에 구입한 노트북 컴퓨터 가방과 관련해 문제가 생긴 사실을 언급한 뒤로(We regret to inform you that we encountered an issue with your recent purchase ~), 해당 문제의 발생 원인 및 해결 방법 등을 이야기하고 있습니다. 이를 통해 주문품과 관련된 문제를 설명하는 것이 한 가지 목적임을 알 수 있으므로 (B)가 정답입니다.

2. What is Ms. Lawson asked to do?
(A) Send an e-mail
(B) Make a phone call
(C) Return the faulty product
(D) Change her shipping address

2. 로슨 씨는 무엇을 하도록 요청 받는가?
(A) 이메일을 보내는 일
(B) 전화를 거는 일
(C) 결함이 있는 제품을 반품하는 일
(D) 배송 주소를 변경하는 일

해설 세 번째 단락에 이메일에 답장하는 방법으로 선호하는 것을 알려 달라고(Please let us know your preference by replying to this e-mail) 요청하는 말이 쓰여 이메일을 보내도록 요청 받았다는 사실을 알 수 있으므로 (A)가 정답입니다.

Questions 3-4 refer to the following letter. 다음 편지를 참조하시오.

Lakeshore Bank 레이크쇼어 은행
25 Commodore Road 25 코모도어 로드
Omaha, Nebraska 오마하, 네브래스카 주

April 29 4월 29일

Anabelle Morris 애나벨 모리스
65 Deacon Street 65 디이컨 스트리트
Omaha, Nebraska 오마하, 네브래스카 주

Dear Ms. Morris, 모리스 씨에게

❸ We received your letter / regarding your recent change of address. 저희는 당신의 편지를 받았습니다 / 최근의 주소 변경에 관한
Your information / has been updated / for all of your accounts with us. 당신의 정보는 / 업데이트되었습니다 / 저희 은행의 모든 당신의 계좌에 대해서

We will also print 100 checks / with your new address / and send them to you / for free.
저희는 또한 100장의 수표를 발행할 것입니다 / 새 주소가 적힌 / 그리고 그것들을 당신에게 보내드릴 것입니다 / 무료로

You should note that / your letter arrived late, / so we already sent / your monthly statement / to your previous address.
알고 계셔야 합니다 / 당신의 편지가 늦게 도착했다는 것을 / 그래서 저희가 이미 보냈다는 것을 / 당신의 월 명세서를 / 이전 주소로

❹ You can also log / on to our Web site / and check your accounts online.
당신은 또한 접속할 수 있습니다 / 저희 웹사이트에 / 그리고 온라인으로 당신의 계좌를 확인할 수 있습니다

If you need anything else, / please feel free to contact me / at 492-6934.
만약 그 밖에 다른 것이 필요하시면 / 저에게 편하게 연락 주세요 / 492-6934번으로

Sincerely,

Chuck Ramirez 척 라미레즈 드림
Customer Service 고객 서비스부
Lakeshore Bank 레이크쇼어 은행

레이크쇼어 은행
25 코모도어 로드
오마하, 네브래스카 주

4월 29일

애나벨 모리스
65 디이컨 스트리트
오마하, 네브래스카 주

모리스 씨에게

저희는 최근의 주소 변경에 관한 당신의 편지를 받았습니다. 저희 은행의 모든 당신의 계좌에 대한 정보는 업데이트되었습니다. 저희는 또한 새 주소가 적힌 100장의 수표를 발행하여 당신에게 무료로 보내 드릴 것입니다.

당신의 편지가 늦게 도착해서 저희가 이미 이전 주소로 당신의 월 명세서를 보냈다는 것을 알고 계셔야 합니다. 당신은 또한 저희 웹사이트에 접속해서 온라인으로 당신의 계좌를 확인할 수 있습니다.

만약 그 밖에 다른 것이 필요하시면 492-6934번으로 저에게 편하게 연락 주세요.

척 라미레즈 드림
고객 서비스부
레이크쇼어 은행

* regarding ~에 관한   recent 최근의   account 계좌, 계정   check 수표   for free 무료로   note 주의하다, 주목하다   monthly 월간의
statement 명세서   previous 이전의   log on to ~에 접속하다   contact 연락하다

토익 시험 당일 영단기에서 바로 정답을 확인하세요. 정확한 점수 확인 및 놀라운 자료와 혜택 제공

3. **What** is **the letter about?**
(A) **A customer's request to change an address**
(B) An incorrect bank balance
(C) An application for a loan
(D) A mistake that was made by the bank

3. 무엇에 관한 편지인가?
(A) 고객의 주소 변경 요청
(B) 잘못된 은행 잔고
(C) 대출 신청
(D) 은행이 한 실수

> **해설** 주제를 묻는 문제로 첫 번째 단락에서 We received your letter regarding your recent change of address.(저희는 최근의 주소 변경에 관한 당신의 편지를 받았습니다.)에서 수신자가 먼저 은행에 자신의 주소 변경을 요청하였음을 알 수 있습니다. 이어지는 문장에서도 은행이 주소 변경을 완료하였다고 말하고 있으므로 정답은 (A)입니다.

4. **What** does Mr. Ramirez **suggest** that **Ms. Morris do?**
(A) Complete a form
(B) Open a checking account
(C) **Go to a Web site**
(D) Visit the bank in person

4. 라미레즈 씨는 모리스 씨에게 무엇을 하라고 제안하는가?
(A) 양식을 작성하는 것
(B) 당좌 예금 계좌를 개설하는 것
(C) **웹사이트에 가는 것**
(D) 직접 은행에 방문하는 것

> **해설** 단서의 위치를 예측할 수 있는 세부 사항 문제입니다. 제안 사항을 묻는 문제이므로 마지막 단락에서 정답의 단서를 찾습니다. 두 번째 단락 You can also log on to our Web site and check your accounts online.(당신은 또한 저희 웹사이트에 접속해서 온라인으로 당신의 계좌를 확인할 수 있습니다.)에서 웹사이트에 접속하도록 제안하고 있음을 알 수 있으므로 정답은 (C)입니다. 주소 변경 카드 작성에 대한 언급은 있지만 요청 사항이 아니며, 나머지 보기에 나오는 당좌 예금 계좌 개설이나 은행 방문 등은 편지에 전혀 명시되지 않았습니다.

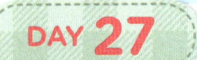 **DAY 27** 광고 `Reading`

 **토익 제대로 대비하기** 본문 p. 369

정답 `3단계` **1.** (A) **2.** (B)

Question 1 refers to the following promotion. 다음 판촉물을 참조하시오.

❶ **Join us this Thursday / for a special presentation / of the new Grind1000 Food Processor.**
이번 주 목요일 저희와 함께하세요 / 특별 발표회에 / 신제품 그라인드1000 푸드 프로세서의
This is the most powerful model / that Grind has ever developed.
이것은 가장 강력한 모델입니다 / 그라인드가 이제까지 개발한 것 중에서
It is capable / of turning any food / to exactly the desired consistency / within seconds.
그것은 할 수 있습니다 / 어떤 음식이든 바꾸는 것을 / 정확히 원하는 농도로 / 몇 초 안에
Visitors / will have the chance / to observe the machine / in action, / and even taste the results!
방문객들은 / 기회를 가질 것입니다 / 이 기계를 관찰할 / 작동 상태의 / 그리고 심지어 결과물을 맛볼
Meet us / on the third floor of the Walsh Shopping Mall / between 6-9 P.M. 저희를 만나세요 / 왈쉬 쇼핑몰 3층에서 / 저녁 6시에서 9시 사이에

이번 주 목요일 신제품 그라인드1000 푸드 프로세서의 특별 발표회에 저희와 함께하세요. 이것은 그라인드가 이제까지 개발한 것 중에서 가장 강력한 모델입니다. 그것은 어떤 음식이든 몇 초 안에 정확히 원하는 농도로 바꿀 수 있습니다. 방문객들은 이 기계가 작동하는 것을 관찰하고 심지어 결과물을 맛볼 기회를 가질 것입니다! 저녁 6시에서 9시 사이 왈쉬 쇼핑몰 3층에서 저희를 만나세요.

1. **What event is being held at the Walsh Shopping Mall?**
   (A) A demonstration of a new product
   (B) A cooking class
   (C) A presentation on health
   (D) A meeting about the new mall

1. 왈쉬 쇼핑몰에서 어떤 행사가 열릴 예정인가?
   (A) 신상품 시연회
   (B) 요리 수업
   (C) 건강에 관한 발표회
   (D) 새 쇼핑몰에 관한 회의

해설 광고되고 있는 행사가 무엇인지 묻는 세부 사항 문제로 제목이나 지문의 앞부분에 단서가 나옵니다. 첫 번째 줄 a special presentation of the new Grind1000 Food Processor(신제품 그라인드1000 푸드 프로세서의 특별 발표회)에서 신제품을 소개하고 시연하는 행사가 열릴 것임을 알 수 있습니다. 따라서 정답은 special presentation을 demonstration(시연회)으로 바꿔 쓴 (A)입니다.

Question 2 refers to the following announcement. 다음 안내문을 참조하시오.

---

② Flatwood Bank on 3ʳᵈ Street / is holding an Open House / all day Wednesday / as part of its grand opening / in downtown Fletcher.
3번가에 있는 플랫우드 은행은 / 일반인 공개 행사를 열 것입니다 / 수요일 하루 종일 / 대규모 오픈 행사의 일환으로 / 플레쳐 도심 지역에서

Although the bank / is new to the city, / it has a reputation / throughout the region / as reliable and trustworthy.
비록 은행이 / 이 도시에는 처음이지만 / 명성이 자자합니다 / 지역 전체에서 / 믿을 수 있고 신뢰할 수 있는 것으로

Remember to stop by / on Wednesday / for light refreshments / and to get to know the staff.
잊지 마시고 방문하세요 / 수요일에 / 가벼운 다과를 즐기기 위해 / 그리고 직원들을 만나세요

During the first week, / anyone opening a savings or checking account / will qualify for special benefits.
첫 주 동안 / 저축 예금 계좌나 당좌 예금 계좌를 개설하는 누구든지 / 특별한 혜택에 대한 자격을 얻을 것입니다

3번가에 있는 플랫우드 은행은 플레쳐 도심 지역에서 대규모 오픈 행사의 일환으로 수요일 하루 종일 일반인 공개 행사를 열 것입니다. 비록 은행이 이 도시에는 처음이지만, 믿을 수 있고 신뢰할 수 있는 것으로 지역 전체에서 명성이 자자합니다. 잊지 마시고 수요일에 방문하셔서 가벼운 다과를 즐기시고 직원들을 만나세요. 첫 주 동안, 저축 예금 계좌나 당좌 예금 계좌를 개설하는 누구든지 특별한 혜택에 대한 자격을 얻을 것입니다.

---

2. **What is mentioned about Flatwood Bank?**
   (A) It is looking to hire new employees.
   (B) It will open a new branch in Fletcher.
   (C) It is a brand-new bank.
   (D) Special accounts will be available for one month.

2. 플랫우드 은행에 대해 언급된 것은 무엇인가?
   (A) 신입 직원을 고용하려고 한다.
   (B) 플레쳐에 새 지점을 열 것이다.
   (C) 신생 은행이다.
   (D) 한 달 동안 특별 계좌를 이용할 수 있다.

해설 질문의 What, mentioned, Flatwood Bank를 통해 사실인 내용을 묻는 진위 확인 문제임을 확인합니다. 문제의 키워드는 Flatwood Bank로 지문의 첫 번째 문장 is holding an Open House all day Wednesday as part of its grand opening in downtown Fletcher(플레쳐 도심 지역에서 대규모 오픈 행사의 일환으로 수요일 하루 종일 일반인 공개 행사를 열 것입니다)에서 이 은행이 새로운 지점을 연다는 사실을 알 수 있습니다. 따라서 정답은 (B)입니다. 다음 문장에 이 은행이 도심에는 처음 문을 열지만 이미 지역 전체에 명성이 자자하다는 내용이 있으므로 완전히 신생 은행이라는 (C)는 오답입니다.

정답   **1.** (B)   **2.** (C)   **3.** (D)   **4.** (B)

Questions 1-2 refer to the following advertisement. 다음 광고를 참조하시오.

Introducing FlexFit Gym
플렉스핏 체육관 소개
Your Premier Fitness Destination / For A Healthier Lifestyle!
최고의 피트니스 목적지 / 더욱 건강한 생활 방식을 위한!

Are you looking for a gym / that offers state-of-the-art equipment and expert guidance / to help you achieve your fitness goals?
체육관을 찾고 계신가요 / 최신식 장비와 전문적인 지도를 제공하는 / 여러분의 피트니스 목표를 달성하도록 도와 드리기 위해?
Look no further / than FlexFit Gym!
더 찾아보실 필요도 없습니다 / 플렉스핏 체육관 외에는!

Our facility is fully equipped / with the latest cardio and strength training machines, free weights, and functional training equipment.
저희 시설은 모두 갖추고 있습니다 / 최신 유산소 운동 및 근력 강화 운동 기계들, 프리 웨이트 도구들, 그리고 기능성 훈련 장비를
❶ Our certified personal trainers are always available / to provide personalized workout plans and guidance, / and our group fitness classes are perfect / for those who prefer a more social and energetic workout environment.
저희 공인 개인 트레이너들이 항상 대기하고 있습니다 / 개별 맞춤 운동 계획 및 지도를 제공해 드리기 위해 / 그리고 저희 그룹 피트니스 강좌들은 완벽합니다 / 더욱 사교적이고 에너지 넘치는 운동 환경을 선호하시는 분들께

Need some help / with your nutrition and diet plan?
도움이 필요하신가요 / 여러분의 영양 및 식단 계획에 대해?
Our in-house nutritionist can provide customized meal plans and advice / to help you fuel your workouts / and achieve your fitness goals.
저희 내부 영양 관리사가 개별 맞춤 식사 계획 및 조언을 제공해 드릴 수 있습니다 / 여러분의 운동을 촉진하도록 도움을 드리는 / 그리고 여러분의 피트니스 목표를 달성하도록

Join now and enjoy our exclusive promotion / - ❷ mention this advertisement / and receive a 20 percent discount / on your membership fees.
지금 가입하셔서 저희 독점 판촉 행사를 즐기십시오 / 이 광고를 언급하십시오 / 그리고 20퍼센트 할인을 받으십시오 / 여러분의 회비에 대해
Don't wait, / this offer is only valid / until the end of the month.
망설이지 마십시오 / 이 할인 혜택은 오직 유효합니다 / 이달 말까지

Take the first step / towards a healthier, fitter you / and join FlexFit Gym today!
첫 걸음을 내딛으세요 / 더 건강하고 더 좋은 몸매를 지닌 여러분을 향한 / 그리고 오늘 플렉스핏 체육관에 가입하십시오!

플렉스핏 체육관 소개
더욱 건강한 생활 방식을 위한 최고의 피트니스 목적지!

여러분의 피트니스 목표를 달성하도록 도와 드리기 위해 최신식 장비와 전문적인 지도를 제공하는 체육관을 찾고 계신가요? 플렉스핏 체육관 외에는 더 찾아보실 필요도 없습니다!

저희 시설은 최신 유산소 운동 및 근력 강화 운동 기계들, 프리 웨이트 도구들, 그리고 기능성 훈련 장비를 모두 갖추고 있습니다. 저희 공인 개인 트레이너들이 개별 맞춤 운동 계획 및 지도를 제공해 드리기 위해 항상 대기하고 있으며, 저희 그룹 피트니스 강좌들은 더욱 사교적이고 에너지 넘치는 운동 환경을 선호하시는 분들께 완벽합니다.

여러분의 영양 및 식단 계획에 대해 도움이 필요하신가요? 저희 내부 영양 관리사가 여러분의 운동을 촉진하도록 그리고 여러분의 피트니스 목표를 달성하도록 도움을 드리는 개별 맞춤 식사 계획 및 조언을 제공해 드릴 수 있습니다.

지금 가입하셔서 저희 독점 판촉 행사를 즐기십시오 – 이 광고를 언급하시고 여러분의 회비에 대해 20퍼센트 할인을 받으십시오. 망설이지 마십시오, 이 할인 혜택은 오직 이달 말까지만 유효합니다.

더 건강하고 더 좋은 몸매를 지닌 여러분을 향한 첫 걸음을 내딛으시고, 오늘 플렉스핏 체육관에 가입하십시오!

---

* **introduce** ~을 소개하다   **destination** 목적지, 도착지   **look for** ~을 찾다   **state-of-the-art** 최신식의   **equipment** 장비
expert 전문적인, 전문가   **help A do** ~하도록 A를 돕다   **achieve** ~을 달성하다   **Look no further than** ~ 외에는 더 찾아보실 필요도 없습니다
facility 시설(물)   **be equipped with** ~을 갖추고 있다   **cardio** 유산소 (운동)   **free weight** 프리 웨이트 (바벨, 아령 등을 이용한 근력 운동)

functional 기능의   certified 공인된, 인증된   available (사람) 시간이 나는   personalized 개인에게 맞춘, 맞춤 제작된(= customized)
workout 운동   those who ~하는 사람들   prefer ~을 선호하다   environment 환경   nutrition 영양   in-house 내부의
nutritionist 영양 관리사   fuel ~을 촉진하다   exclusive 독점적인   promotion 판촉, 홍보   mention ~을 언급하다   advertisement 광고
receive ~을 받다   offer 할인   valid 유효한   towards ~을 향해, ~을 위해   fit 몸매가 좋은, 건강한

1. What is indicated about FlexFit Gym?
   (A) It is currently seeking qualified trainers.
   (B) Its trainers offer custom workouts.
   (C) It provides meal delivery services.
   (D) Its hours of operation have changed.

1. 플렉스핏 체육관과 관련해 언급된 것은 무엇인가?
   (A) 현재 자격을 갖춘 트레이너들을 구하고 있다.
   (B) 소속 트레이너들이 맞춤 운동을 제공한다.
   (C) 식사 배달 서비스를 제공한다.
   (D) 운영 시간이 변경되었다.

해설 두 번째 단락에 공인 개인 트레이너들이 개별 맞춤 운동 계획과 지도를 제공하기 위해 항상 대기하고 있다는(Our certified personal trainers are always available to provide personalized workout plans and guidance) 특징이 언급되어 있으므로 (B)가 정답입니다.

2. How can a customer receive a discount from FlexFit Gym?
   (A) By bringing a friend to the gym
   (B) By writing a positive review of the gym
   (C) By referring to the advertisement
   (D) By signing up for a group fitness class

2. 고객이 어떻게 플렉스핏 체육관에서 할인을 받을 수 있는가?
   (A) 친구를 체육관에 데려감으로써
   (B) 체육관에 대해 긍정적인 후기를 작성함으로써
   (C) 광고를 언급함으로써
   (D) 그룹 피트니스 강좌에 등록함으로써

해설 할인 관련 정보가 제시되는 네 번째 단락에 해당 광고를 본 사실을 언급하면 회비에 대해 20퍼센트 할인을 받을 수 있다는(mention this advertisement and receive a 20 percent discount on your membership fees) 내용이 쓰여 있으므로 (C)가 정답입니다.

Questions 3-4 refer to the following job advertisement. 다음 구인 광고를 참조하시오.

Seattle Wood and Tile Company / is seeking / a highly motivated and creative marketing specialist / to increase our brand awareness.
시애틀 우드 앤드 타일 회사는 / 찾고 있습니다 / 매우 의욕적이고 창의적인 마케팅 전문가를 / 저희의 브랜드 인지도를 높이기 위해서

3 Our unique flooring materials / are known / all over the Pacific Northwest / for their quality and beauty.
저희의 독특한 바닥재는 / 알려졌습니다 / 태평양 연안 북서부 전역에서 / 품질과 아름다움으로

The individual / selected for this contract / should be able to reach / a national audience, / helping us expand our products / to distributors across the country.
사람은 / 이 계약으로 뽑힌 / 이를 수 있어야 합니다 / 전국의 고객들에게 / 저희 제품을 확대하는 것을 도우면서 / 전국의 유통업자들에게

A complete summary / of position requirements and duties / is available / at www.SWT.com/contractjobs.
완전한 요약본은 / 이 직책의 자격 사항과 직무에 대한 / 이용 가능합니다 / www.SWT.com/contractjobs에서

4 Please be aware that / though this is a temporary job, / it may involve / some weekend meetings or conference calls.
알아주시기 바랍니다 / 이것은 비록 임시직이지만 / 수반할 수 있다는 것을 / 주말 회의나 전화 회의를

If interested, / please send / your résumé and cover letter / to Marianne Flor / at hr@SWT.com.
만약 관심이 있으시면 / 보내 주십시오 / 당신의 이력서와 자기 소개서를 / 마리안느 플로에게 / hr@SWT.com으로

시애틀 우드 앤드 타일 회사는 저희의 브랜드 인지도를 높이기 위해서 매우 의욕적이고 창의적인 마케팅 전문가를 찾고 있습니다. 저희의 독특한 바닥재는 품질과 아름다움으로 태평양 연안 북서부 전역에서 유명합니다. 이 계약으로 뽑힌 사람은 전국의 고객들에게 이를 수 있어야 하며 저희 제품을 전국의 유통업자들에게 확대하는 것을 도와야 합니다.

이 직책의 자격 사항과 직무에 대한 완전한 요약본은 www.SWT.com/contractjobs에서 이용 가능합니다. 이것은 비록 임시직이지만 주말 회의나 전화 회의를 수반할 수 있음을 알아주시기 바랍니다.

만약 관심이 있으시면 당신의 이력서와 자기 소개서를 hr@SWT.com으로 마리안느 플로에게 보내 주십시오.

---

* seek 찾다   highly 매우   motivated 의욕적인, 동기가 부여된   creative 창의적인   specialist 전문가   brand awareness 브랜드 인지도   unique 독특한   flooring 바닥재   individual 사람, 개인   contract 계약   expand 확대하다, 늘리다   distributor 유통업자

requirement 자격, 요구 사항 duty 직무, 의무 be aware 알고 있다 though 비록 ~일지라도 temporary 임시의
involve 수반하다, 포함하다 conference call 전화 회의 résumé 이력서 cover letter 자기 소개서

3. What is indicated about Seattle Wood and Tile Company?
   (A) It builds houses.
   (B) It is looking for a permanent marketing specialist.
   (C) It has several locations in Seattle.
   (D) It specializes in producing flooring components.

3. 시애틀 우드 앤드 타일 회사에 대해 언급된 것은 무엇인가?
   (A) 집을 짓는다.
   (B) 상임 마케팅 전문가를 찾고 있다.
   (C) 시애틀에 여러 지점이 있다.
   (D) 바닥재 생산을 전문으로 한다.

해설 질문의 What, indicated, Seattle Wood and Tile Company를 통해 사실인 내용을 묻는 진위 확인 문제임을 확인합니다. 문제의 키워드는 Seattle Wood and Tile Company로 구인 광고에서 회사 소개는 대체로 앞부분에 나옵니다. 첫 번째 단락 Our unique flooring materials are known all over the Pacific Northwest(저희의 독특한 바닥재는 태평양 연안 북서부 전역에서 알려졌습니다)에서 이 회사가 바닥재를 만드는 회사임을 알 수 있으므로 (D)가 정답입니다. 두 번째 단락에서 though this is a temporary job(이것은 비록 임시직이지만)이라고 했으므로 '상임(permanent) 마케팅 전문가를 찾는다'라고 말한 (B)는 오답입니다.

4. What should the marketing specialist be willing to do?
   (A) Create graphic designs
   (B) Attend occasional weekend meetings
   (C) Travel extensively
   (D) Participate in a training conference

4. 마케팅 전문가는 어떤 일을 기꺼이 해야 하는가?
   (A) 그래픽 디자인을 만드는 것
   (B) 때때로 주말 회의에 참석하는 것
   (C) 다양한 곳을 여행하는 것
   (D) 교육 총회에 참석하는 것

해설 세부 사항 문제로 마케팅 전문가의 직무에 대해 언급된 부분을 찾아서 보기의 내용과 대조해야 합니다. 두 번째 단락 it may involve some weekend meetings or conference calls(주말 회의나 전화 회의를 수반할 수 있습니다)에서 주말에 때때로 회의에 참석해야 한다는 것을 알 수 있으므로 정답은 (B)입니다.

DAY 28　　기사/안내문/공고　　　　Reading

유형훈련　토익 제대로 대비하기　　　　본문 p. 383

정답　3단계　1. (A)　2. (C)

Question 1 refers to the following article. 다음 기사를 참조하시오.

Yesterday morning, /  the fifth annual Pine Street Road Race / was held. 어제 아침에 / 제5회 연례 파인 스트리트 로드 레이스가 / 열렸다
Roughly 4,000 people / participated in  the 10-kilometer race, / so it was the biggest / in the event's history.
대략 4,000명의 사람들이 / 10킬로미터 경주에 참여했다 / 그래서 이것은 가장 큰 규모였다 / 행사 역사상
The competitors / raced straight down Pine Street / from Westside Park to the city's convention center.
선수들은 / 파인 스트리트를 따라 쭉 경주했다 / 웨스트사이드 공원에서 도시 컨벤션 센터까지
The organizers / claimed that / the beautiful spring weather / contributed / to the high participation / in the event.
주최 측은 / 말했다 / 아름다운 봄 날씨가 / 원인이 되었다고 / 높은 참여에 대한 / 이 행사에

어제 아침에, 제5회 연례 파인 스트리트 로드 레이스가 열렸다. 대략 4,000명의 사람들이 10킬로미터 경주에 참여했고, 이것은 행사 역사상 가장 큰 규모였다. 선수들은 웨스트사이드 공원에서 도시 컨벤션 센터까지 파인 스트리트를 따라 경주했다. 주최 측은 아름다운 봄 날씨 덕분에 이 행사에 대한 참여가 높았다고 말했다.

1. **What kind of event does the article describe?**
   (A) An athletic competition
   (B) An economic conference
   (C) A city festival
   (D) A company event

1. 기사가 어떤 종류의 행사를 설명하고 있는가?
   (A) 육상 대회
   (B) 경제 회의
   (C) 도시 축제
   (D) 회사 행사

해설 주제를 묻는 문제로 주로 첫 부분에서 정답을 확인할 수 있어요. 지문 첫 번째 줄 the fifth annual Pine Street Road Race(제5회 연례 파인 스트리트 로드 레이스)와 다음 줄에서 언급된 the 10-kilometer race(10킬로미터 경주)를 통해 운동 경기와 관련된 설명임을 알 수 있습니다.

Question 2 refers to the following notice. 다음 공고를 참조하시오.

Piedmont Used Books / has just moved / to a new location. 피드먼트 중고서점은 / 막 이전했습니다 / 새로운 곳으로	피드먼트 중고서점은 새로운 곳으로 막 이전했습니다. 저희는 59 재스퍼 가에 위치하고 있으며, 쉘리즈 카센터 바로 맞은편에 있습니다.
We are located / at 59 Jasper Street, / just across from Shelly's Car Center. 저희는 위치하고 있습니다 / 59 재스퍼 가에 / 쉘리즈 카센터 바로 맞은편에	
2 Hours: Mon – Fri 10:00 A.M. – 8:00 P.M. 시간: 월-금 오전 10시 – 오후 8시 Sat 10:00 A.M. – 6:00 P.M. 토 오전 10시 – 오후 6시 Sun 12:00 P.M. – 5:00 P.M. 일 오후 12시 – 오후 5시	시간: 월요일~금요일 오전 10시 – 오후 8시 토요일 오전 10시 – 오후 6시 일요일 오후 12시 – 오후 5시
We buy and sell / all kinds of used books. 저희는 사고팝니다 / 모든 종류의 중고서적을	저희는 모든 종류의 중고서적을 사고팝니다. 특히 역사, 판타지, 그리고 공상 과학소설을 전문으로 합니다. 언제든 409-1253번으로 전화주세요.
We specialize / in history, fantasy, and science-fiction works. 저희는 전문으로 합니다 / 역사, 판타지 그리고 공상 과학소설을	
Call us anytime / at 409-1253. 언제든 전화 주세요 / 409-1253번으로	

2. **What time does the Piedmont Used Books close on Thursday?**
   (A) 5:00 P.M.
   (B) 6:00 P.M.
   (C) 8:00 P.M.
   (D) 10:00 P.M.

2. 피드먼트 중고서점은 목요일에 몇 시에 문을 닫는가?
   (A) 오후 5시
   (B) 오후 6시
   (C) 오후 8시
   (D) 오후 10시

해설 시간을 묻는 문제입니다. 피드먼트 중고서점이 목요일에 문을 닫는 시간을 묻고 있으므로 지문에서 시간이 언급된 부분을 빠르게 찾습니다. 지문 중간에 월요일에서 금요일, 토요일, 일요일 세 그룹으로 나누어 영업시간을 보여주고 있습니다. 그중 목요일이 포함되는 월요일에서 금요일까지 문을 닫는 시간을 확인하면 오후 8시임을 알 수 있습니다.

정답   **1.** (A)   **2.** (C)   **3.** (B)   **4.** (D)

Questions 1-2 refer to the following information. 다음 안내문을 참조하시오.

Knoxville (February 10) – Dyson, Inc. / just released its sales figures / for the past year.
녹스빌 (2월 10일) – 다이슨 주식회사가 / 막 매출액을 발표했다 / 지난해에 대한

The numbers / were higher / than industry experts had expected.
수치는 / 더 높았다 / 업계 전문가들이 예상했었던 것보다

❶ Sales / rose by 4.6% / last year / while experts / had only predicted / an increase of 2.2%.
매출은 / 4.6퍼센트 상승했다 / 작년에 / 전문가들은 / 그저 예상했었지만 / 2.2퍼센트 상승을

The increase, / however, / was far from the company's best.
증가는 / 그러나 / 회사의 최고 기록은 아니었다

Three years ago, / its sales / rose by 6%.
3년 전에 / 매출이 / 6퍼센트가 상승했었다

Nevertheless, / the company's CEO / is encouraged / by the overall numbers.
그럼에도 불구하고 / 회사의 최고경영자는 / 힘을 얻었다 / 전반적인 수치에

❷ He announced that / he plans to expand / into the European market this year. 그는 발표했다 / 확장을 계획하고 있다고 / 올해 유럽 시장으로

녹스빌 (2월 10일) – 다이슨 주식회사가 막 작년 매출액을 발표했다. 수치는 업계 전문가들이 예상했었던 것보다 더 높았다. 전문가들은 그저 2.2퍼센트의 매출 상승을 예상했지만 작년에 4.6퍼센트 상승했다. 그러나 이 증가는 회사의 최고 기록은 아니었다. 3년 전에는 매출이 6퍼센트가 상승했었다. 그럼에도 불구하고 회사의 최고경영자는 전반적인 수치에 힘을 얻었다. 그는 올해 유럽 시장으로의 확장을 계획하고 있다고 발표했다.

* **release** 발표하다, 출시하다   **figure** 수치, 숫자   **industry** 업계, 산업   **expert** 전문가   **expect** 예상하다, 기대하다   **while** ~인 반면   **predict** 예측하다   **far from** 전혀 ~이 아닌, ~에서 먼   **nevertheless** 그럼에도 불구하고   **encourage** 격려하다, 용기를 주다   **overall** 전반적인   **announce** 발표하다   **expand** 확장하다

1. **How much** were **sales expected** to **rise last year**?
   (A) 2.2%
   (B) 3.0%
   (C) 4.6%
   (D) 6.0%

1. 작년에 매출이 얼마나 오를 것이라고 예상되었는가?
   (A) 2.2퍼센트
   (B) 3.0퍼센트
   (C) 4.6퍼센트
   (D) 6.0퍼센트

해설 세부 사항 문제입니다. 지문에서 문제의 키워드인 sales expected, rise last year가 언급되는 부분을 찾습니다. 세 번째 문장 Sales rose by 4.6% last year while experts had only predicted an increase of 2.2%.(전문가들은 그저 2.2퍼센트의 매출 상승을 예상했지만 작년에 4.6퍼센트 상승했다.)를 통해 전문가들이 2.2퍼센트의 매출 상승을 예상했던 것을 알 수 있어요. (C)의 4.6퍼센트는 실제 상승한 수치입니다. (D) 6%는 3년 전 수치이므로 혼동하지 않도록 합니다. 예상되었던 수치를 묻는 문제이므로 (A)가 정답입니다. 지문의 predicted가 질문에서 expected로 패러프레이징되었어요.

2. **What** is **indicated** about **the company's CEO**?
   (A) He started working at Dyson last year.
   (B) He will hold a press conference tomorrow.
   (C) He wants to sell products in Europe.
   (D) He accurately predicted the increase in sales.

2. 회사 최고경영자에 대해 언급된 것은 무엇인가?
   (A) 작년에 다이슨에서 근무를 시작했다.
   (B) 내일 기자회견을 열 것이다.
   (C) 제품을 유럽에서 판매하기를 원한다.
   (D) 매출액을 정확히 예측했다.

해설 진위 확인 문제입니다. 지문에서 the company's CEO가 언급되는 부분을 찾습니다. company's CEO가 언급된 문장 He announced that he plans to expand into the European market this year.(그는 올해 유럽 시장으로의 확장을 계획하고 있다고 발표했다.)에서 회사의 최고경영자가 유럽으로 진출하여 제품 판매를 원한다는 것을 알 수 있으므로 (C)가 정답입니다. 나머지 보기는 모두 지문에서 전혀 언급되지 않은 내용입니다.

Questions 3-4 refer to the following notice. 다음 공지를 참조하시오.

Get ready to capture life's moments / like never before!
삶의 순간들을 포착할 준비를 하십시오 / 이전과 다르게!

이전과 다르게 삶의 순간들을 포착할 준비를 하십시오!

❸ Aperture Academy's upcoming photography class is perfect / for beginners and enthusiasts alike / who want to learn how to take stunning photographs / with their camera.
애퍼처 아카데미의 다가오는 사진 촬영 강좌는 완벽합니다 / 초보자들과 애호가들 모두에게 똑같이 / 아주 멋진 사진을 촬영하는 방법을 배우고 싶어하시는 / 각자의 카메라로

The class will cover the basics of photography, / including how to use your camera settings, understanding lighting, and composition.
이 강좌는 사진 촬영의 기초를 다룰 것입니다 / 카메라 설정을 이용하는 방법과 명암에 대한 이해, 그리고 구도를 포함해

Our experienced instructor, Jay Crouch, will guide you / through hands-on exercises / and provide constructive feedback / to help you improve your skills.
경험 많은 저희 강사, 제이 크라우치 씨께서 여러분을 이끌어 주실 것입니다 / 현장 실습을 통해 / 그리고 건설적인 피드백을 제공해 드릴 것입니다 / 여러분의 실력을 향상시키도록 도와 드리기 위해

Classes are available / in both weekday evenings and weekend sessions, / so you can choose the schedule / that works best for you.
강좌들은 이용 가능합니다 / 주중 저녁과 주말 시간으로 모두 / 그러므로 일정을 선택하실 수 있습니다 / 여러분께 가장 적합한

The course is 10 weeks long / and begins on May 1st.
이 과정은 10주 기간입니다 / 그리고 5월 1일에 시작됩니다

❹ All classes will be held / in our spacious photography studio / located in downtown, / easily accessible by bus and train.
모든 강좌는 개최될 것입니다 / 널찍한 저희 사진 촬영 스튜디오에서 / 시내에 위치한 / 버스와 기차로 쉽게 접근 가능한

For more information, / please visit our website / or call us at 555-8541.
추가 정보를 원하시는 경우 / 저희 웹사이트를 방문하십시오 / 또는 저희에게 555-8541번으로 전화 주십시오

애퍼처 아카데미의 다가오는 사진 촬영 강좌는 각자의 카메라로 아주 멋진 사진을 촬영하는 방법을 배우고 싶어하시는 초보자들과 애호가들 모두에게 똑같이 완벽합니다. 이 강좌는 사진 촬영의 기초를 다룰 것이며, 카메라 설정을 이용하는 방법과 명암에 대한 이해, 그리고 구도를 포함합니다. 경험 많은 저희 강사, 제이 크라우치 씨께서 현장 실습을 통해 여러분을 이끌어 주실 것이며, 여러분의 실력을 향상시키도록 도와 드리기 위해 건설적인 피드백을 제공해 드릴 것입니다.

강좌들은 주중 저녁과 주말 시간으로 모두 이용 가능하므로, 여러분께 가장 적합한 일정을 선택하실 수 있습니다. 이 과정은 10주 기간이며, 5월 1일에 시작됩니다. 모든 강좌는 시내에 위치한 널찍한 저희 사진 촬영 스튜디오에서 개최될 것이며, 버스와 기차로 쉽게 접근 가능합니다. 추가 정보를 원하시는 경우, 저희 웹사이트를 방문하시거나 저희에게 555-8541번으로 전화 주십시오.

* get ready to V ~할 준비를 하다   capture (사진, 그림 등으로) ~을 포착하다, ~을 담아내다   like never before 이전과 다르게, 전례 없이   upcoming 다가오는, 곧 있을   photography 사진 촬영(술)   enthusiast 애호가, 열성적인 사람   A and B alike A와 B 둘 모두 똑같이   how to V ~하는 방법   stunning 아주 멋진, 굉장히 아름다운   cover (주제 등) ~을 다루다   including ~을 포함해   setting 설정, 설치, 배경   lighting (빛에 의한) 명암, 조명   composition 구도   experienced 경험 많은   hands-on 현장의   constructive 건설적인   feedback 의견   help A do ~하도록 A를 돕다   improve ~을 향상시키다   available 이용 가능한   choose ~을 선택하다   work best for ~에게 가장 적합하다, ~에게 가장 효과적이다   hold ~을 개최하다   spacious 널찍한   located in ~에 위치한   accessible 접근 가능한, 기용 가능한

3. What is **the purpose** of the notice?
   (A) To describe an artist's career
   (B) To advertise a training program
   (C) To announce a grand opening event
   (D) To promote photo editing software

3. 공지의 목적은 무엇인가?
   (A) 예술가의 경력을 설명하는 것
   (B) 교육 프로그램을 광고하는 것
   (C) 개장 기념 행사를 알리는 것
   (D) 사진 편집 소프트웨어를 홍보하는 것

해설 첫 단락 시작 부분에 애퍼처 아카데미의 사진 촬영 강좌가 초보자들과 애호가들에게 모두 완벽하다는(Aperture Academy's upcoming photography class is perfect for beginners and enthusiasts alike ~) 사실을 언급하면서 강좌의 특징 및 진행 방식과 관련해 설명하고 있습니다. 이는 사진 촬영을 주제로 하는 교육 프로그램을 광고하는 것이므로 (B)가 정답입니다.

4. What is indicated about Aperture Academy?
(A) It offers photography equipment rental.
(B) It has offices in multiple locations.
(C) It only offers online photography classes.
(D) It is close to public transportation.

4. 애퍼처 아카데미와 관련해 언급된 것은 무엇인가?
(A) 사진 촬영 장비 대여 서비스를 제공한다.
(B) 다양한 곳에 사무실이 있다.
(C) 오직 온라인 사진 촬영 강좌만 제공한다.
(D) 대중 교통과 가까이 있다.

해설 두 번째 단락에 애퍼처 아카데미의 스튜디오를 언급하면서 시내에 위치한 사실과 함께 버스와 기차로 쉽게 접근할 수 있다고(~ our spacious photography studio located in downtown, easily accessible by bus and train) 알리고 있습니다. 즉 버스와 기차 같은 대중 교통과 가까운 곳에 있어 쉽게 접근할 수 있는 것이므로 (D)가 정답입니다.

 **DAY 29** 더블 지문 Reading

 **토익 제대로 대비하기** 본문 p. 398

정답 3단계 **1.** (C) **2.** (B)

Question 1 refers to the following e-mails. 다음 이메일들을 참조하시오.

To: Kim Turner <kimturner@rwr.com> 수신: 킴 터너
From: Jeb Wilson <jeb@columbiachronicle.com> 발신: 젭 윌슨
Date: June 1 날짜: 6월 1일
Re: Advertising Rates 제목: 광고 비용

Dear Ms. Turner, 터너 씨에게

Thank you for expressing an interest / in advertising / in the *Columbia Chronicle*.
관심을 보여 주셔서 감사드립니다 / 광고 섹션에 / <콜롬비아 크로니클> 지에 실리는
You asked / about the prices / we charge.
귀하께서는 문의하셨습니다 / 비용에 관해 / 저희가 청구하는
Please take a look / at the following. 한번 봐 주십시오 / 다음을

Size 사이즈	One Day(Mon-Sat) 1일(월-토)	6 Days(Mon-Sat) 6일(월-토)	Sunday Only 일요일만
Quarter Page 1/4 페이지	$700	$4,000	$1,200
Half Page 1/2 페이지	$1,500	❶ $8,000	$2,400
Full Page 전면	$2,600	$12,000	$4,000

Please write back / when you decide / how you would like to advertise / in our paper.
답장 주십시오 / 결정하시면 / 어떻게 광고하고 싶으신지 / 저희 신문에

Sincerely,

Jeb Wilson 젭 윌슨 드림
Advertising Manager, Columbia Chronicle 광고 책임자, 콜롬비아 크로니클

수신: 킴 터너
발신: 젭 윌슨
날짜 6월 1일
제목: 광고 비용

터너 씨에게

<콜롬비아 크로니클> 지의 광고 섹션에 관심을 보여 주셔서 감사드립니다. 귀하께서는 저희가 청구하는 비용에 관해 문의하셨습니다. 다음을 한번 봐 주십시오.

사이즈	1일 (월-토)	6일 (월-토)	일요일만
1/4 페이지	700달러	4,000달러	1,200달러
1/2 페이지	1,500달러	8,000달러	2,400달러
전면	2,600달러	12,000달러	4,000달러

저희 신문에 어떻게 광고하실지 결정하시면 답장을 주십시오.

젭 윌슨 드림
광고 책임자, 콜롬비아 크로니클

To: Jeb Wilson <jeb@columbiachronicle.com> 수신: 젭 윌슨
From: Kim Turner <kimturner@rwr.com> 발신: 킴 터너
Date: June 3 날짜: 6월 3일
Subject: Placing an Ad 제목: 광고 내는 것

Dear Mr. Wilson, 윌슨 씨에게

I have attached / the advertisement / I would like to run / in your paper. 저는 첨부했습니다 / 광고를 / 제가 내고 싶은 / 귀하의 신문에
1 I would like this / to be half a page.
저는 이것을 내고 싶습니다 / 2분의 1페이지로
If business for my company / increases, / I will place a full-page ad / the next time.
만약 회사의 사업이 / 늘어나면 / 저는 전면 광고를 낼 것입니다 / 다음에는
Could you please run this / **1 for six days** / starting next Monday? 광고를 진행해 주시겠어요 / 6일 동안 / 다음 주 월요일을 시작으로

Sincerely,

Kim Turner 킴 터너 드림
RWR, Inc. RWR 주식회사

수신: 젭 윌슨
발신: 킴 터너
날짜: 6월 3일
제목: 광고 내는 것

윌슨 씨에게

귀하의 신문에 내고 싶은 광고를 첨부했습니다. 저는 이것을 2분의 1페이지로 내고 싶습니다. 만약 회사의 사업이 늘어나면 다음에는 전면 광고를 낼 것입니다. 다음 주 월요일을 시작으로 6일 동안 광고를 진행해 주시겠어요?

킴 터너 드림
RWR 주식회사

---

1. **How much** will Ms. Turner **likely be charged**?
   (A) $2,600
   (B) $4,000
   (C) $8,000
   (D) $12,000

1. 터너 씨는 얼마의 비용을 청구받을 것 같은가?
   (A) 2,600달러
   (B) 4,000달러
   (C) 8,000달러
   (D) 12,000달러

해설 연계 문제입니다. 터너 씨가 지불해야 하는 비용을 묻는 질문이므로 먼저 터너 씨가 누구인지 확인합니다. 각각 이메일의 수신자와 발신자를 확인하면 터너 씨는 광고와 관련하여 문의를 한 사람이고, 윌슨 씨는 신문 광고 책임자임을 알 수 있습니다. 두 번째 이메일에서 터너 씨가 I would like this to be half a page.(저는 이것을 2분의 1페이지로 내고 싶습니다.)라고 했고 마지막 단락에서 for six days(6일 동안)라고 했기 때문에 총 6일간 반 페이지 광고를 원하고 있음을 알 수 있습니다. 이를 바탕으로 첫 번째 이메일로 돌아가 페이지별 및 기간별로 정리한 표를 확인하면 터너 씨가 지불해야 하는 금액은 총 8,000달러입니다.

Question 2 refers to the following advertisement and e-mail. 다음 광고와 이메일을 참조하시오.

---

2 Sandecker Industries / is looking for employees / for its newest factory. 샌데커 산업은 / 직원을 찾고 있습니다 / 신설 공장에서 일할
The facility / is located / in Omaha, Nebraska.
공장은 / 위치해 있습니다 / 네브래스카의 오마하 지역에
It is going to open / on July 21. 문을 열 예정입니다 / 7월 21일에
More than 200 full-time positions / need to be filled / at the factory. 200명 이상의 정규직이 / 충원되어야 합니다 / 공장에
All types of positions / are needed. 모든 종류의 직책에 / 필요합니다

Salaries and benefits / are highly competitive.
월급과 수당은 / 경쟁력이 높습니다
Sandecker Industries / will pay up to $10,000 / per employee for relocation fees.
샌데커 산업은 / 10,000달러까지 지불할 것입니다 / 각 직원에게 이사 비용으로
And the company / will pay for the first 2 months' rent / while employees search for housing.
그리고 회사는 / 첫 두 달 치 월세를 내줄 것입니다 / 직원들이 집을 구하는 동안

샌데커 산업은 신설 공장에서 일할 직원을 찾고 있습니다. 공장은 네브래스카의 오마하 지역에 위치해 있습니다. 7월 21일에 문을 열 예정입니다. 공장에 200명 이상의 정규직이 충원되어야 합니다. 모든 종류의 직책에 직원이 필요합니다.

월급과 수당은 꽤 높습니다. 샌데커 산업은 이사 비용으로 각 직원에게 10,000달러까지 지불할 것입니다. 그리고 회사는 직원들이 집을 구하는 동안 첫 두 달 치 월세를 내줄 것입니다. 더 많은 정보를 원하시면, www.sandecker.com으로 접속하셔서 '오마하 공장 일자리' 아이콘을 클릭하세요.

For more information, / go to www.sandecker.com / and click on the 'Omaha Facility Jobs' icon.
더 많은 정보를 원하시면 / www.sandecker.com으로 접속하셔서 / '오마하 공장 일자리' 아이콘을 클릭하세요

To: Brad Templeton 수신: 브래드 템플턴
From: Eric Chang 발신: 에릭 창
Date: June 3 날짜: 6월 3일
Subject: Job 제목: 일자리

Dear Mr. Templeton, 템플턴 씨에게

2 I would like to offer you a position / at our Omaha facility.
저는 당신에게 일자리를 제안하고 싶습니다 / 저희 오마하 공장에

We would like to hire you / as an electrical engineer.
저희는 당신을 고용하기를 원합니다 / 전기 기술자로

This / is a full-time position. 이는 / 정규직입니다

We will provide you / with an annual salary of $58,000.
저희는 제공할 것입니다 / 연봉 58,000달러를

You will also receive / all of the benefits / we discussed at the interview. 당신은 또한 받을 것입니다 / 모든 수당을 / 우리가 면접에서 논의했던

Please review / the attached contract. 검토해 주세요 / 동봉된 계약서를

If you are satisfied, / please sign and return it / by June 15.
만약 만족하신다면 / 서명해서 다시 보내주세요 / 6월 15일까지

I'm looking forward / to working with you.
저는 고대합니다 / 당신과 함께 일하기를

Sincerely,

Eric Chang 에릭 창 드림
HR Department 인사과

수신: 브래드 템플턴

발신: 에릭 창

날짜: 6월 3일

제목: 일자리

템플턴 씨에게

저는 당신에게 저희 오마하 공장의 일자리를 제안하고 싶습니다. 저희는 당신을 전기 기술자로 고용하기를 원합니다. 이 직책은 정규직입니다. 저희는 연봉 58,000달러를 제공할 것입니다. 당신은 또한 우리가 면접에서 논의했던 모든 수당을 받을 것입니다. 동봉된 계약서를 검토해 주세요. 만약 만족하신다면, 6월 15일까지 서명해서 다시 보내주세요. 당신과 함께 일하기를 고대합니다.

에릭 창 드림

인사과

---

2. **What** is **suggested** about **Mr. Templeton**?
   (A) He will work in Mr. Chang's department.
   (B) He will be working in a newly opened building.
   (C) He will receive a yearly bonus at his new job.
   (D) He has several years of experience as an engineer.

2. 템플턴 씨에 관하여 언급된 것은 무엇인가?
   (A) 창 씨의 부서에서 일할 것이다.
   (B) 새롭게 문을 여는 건물에서 일할 것이다.
   (C) 새 직장에서 매년 보너스를 받을 것이다.
   (D) 기술자로 여러 해 동안 일한 경력이 있다.

해설 추론 문제로 키워드인 Mr. Templeton을 찾아 확인합니다. 이 사람은 두 번째 지문인 이메일의 수신자로, 새로 뽑힌 전기 기술자임을 알 수 있습니다. 광고 첫 번째 문장 Sandecker Industries is looking for employees for its newest factory.(샌데커 산업은 신설 공장에서 일할 직원을 찾고 있습니다.)와 이메일의 첫 번째 문장 I would like to offer you a position at our Omaha facility.(당신에게 저희 오마하 공장의 일자리를 제안하고 싶습니다.)에서 광고를 통해 뽑힌 사람 중 하나가 템플턴 씨이고 그가 새로 문을 여는 곳에서 일할 것을 알 수 있으므로 (B)가 정답입니다.

정답   **1.** (B)   **2.** (C)   **3.** (C)   **4.** (B)   **5.** (D)   **6.** (A)   **7.** (B)   **8.** (B)   **9.** (C)   **10.** (B)

Questions 1-5 refer to the following notice and e-mail. 다음 공지와 이메일을 참조하시오.

Upcoming Events at the Baker Center 베이커 센터에서 곧 열리는 행사들

Spring Season Opening Day 봄 시즌 개막일	March 26, 2 P.M. 3월 26일, 오후 2시
1 Amateur League Tournament 아마추어 리그 토너먼트	March 30, 10 A.M. 3월 30일, 오전 10시
Redford Rockets Homecoming Game 레드포드 로케츠 홈커밍 경기	3 April 12, 12 P.M. 4월 12일, 오후 12시
1 All-Star Championship 올스타 챔피언십	April 20, 6 P.M. 4월 20일, 오후 6시

2 A new complementary shuttle service to the Baker Center is now available / from three pick-up points / around the city.
베이커 센터로 향하는 새로운 무료 셔틀버스 서비스가 현재 이용 가능합니다 / 세 곳의 승차 지점들에서 / 도시 곳곳에 있는

Pick-up and drop-off times are every fifteen minutes, / starting one hour before the scheduled event / and ending one hour after.
승차 및 하차 시간은 15분마다 있으며 / 예정된 행사보다 한 시간 전에 시작되어 / 한 시간 뒤에 종료됩니다

5 Please note that / space is limited to fifteen passengers / on the shuttle.
유의하시기 바랍니다 / 공간이 15명의 탑승객들로 제한되어 있다는 점에 / 셔틀버스에

5 A bus is available / to pick up larger groups / that wish to travel together.
버스가 이용 가능합니다 / 규모가 더 큰 그룹들을 태우는 데 / 함께 이동하기를 바라는

4 Visiting groups / may request special transportation / by sending an e-mail to Robert Bern, transportation manager, / at shuttles@bakercenter.com, / with the location and desired pick-up time for your group.
방문 그룹들은 / 특별 교통편을 요청할 수 있습니다 / 교통편 관리자인 로버트 번 씨에게 이메일을 보냄으로써 / shuttles@bakercenter.com으로 / 위치 및 여러분의 그룹에 대해 원하시는 승차 시간과 함께

베이커 센터에서 곧 열리는 행사들

봄 시즌 개막일 3월 26일, 오후 2시
아마추어 리그 토너먼트 3월 30일, 오전 10시
레드포드 로케츠 홈커밍 경기 4월 12일, 오후 12시
올스타 챔피언십 4월 20일, 오후 6시

베이커 센터로 향하는 새로운 무료 셔틀버스 서비스가 현재 도시 곳곳에 위치한 세 곳의 승차 지점에서 이용 가능합니다. 승차 및 하차 시간은 15분마다 있으며, 예정된 행사보다 한 시간 전에 시작되어 한 시간 뒤에 종료됩니다. 셔틀버스에 공간이 15명의 탑승객들로 제한되어 있다는 점에 유의하시기 바랍니다. 버스는 함께 이동하기를 바라는 규모가 더 큰 그룹들을 태우는 데 이용 가능합니다. 방문 그룹들은 교통편 관리자인 로버트 번 씨에게 shuttles@bakercenter.com으로 위치 및 여러분의 그룹에 대해 원하시는 승차 시간과 함께 이메일을 보냄으로써 특별 교통편을 요청할 수 있습니다.

To: 4 shuttles@bakercenter.com
From: briel@surfweb.com
Date: Thursday, 3 April 11 날짜: 목요일, 4월 11일
Subject: Request 제목: 요청 사항

Dear Mr. Bern, 번 씨께,

3 I will be visiting the Baker Center tomorrow / as part of a company outing.
제가 내일 베이커 센터를 방문할 것입니다 / 회사 야유회의 일환으로

5 We will meet beforehand / and then travel together / to your location.
저희는 미리 모일 것입니다 / 그리고 그 후에 함께 이동합니다 / 귀하의 장소로

수신: shuttles@bakercenter.com
발신: briel@surfweb.com
날짜: 목요일, 4월 11일
제목: 요청 사항

번 씨께,

제가 내일 회사 야유회의 일환으로 베이커 센터를 방문할 것입니다. 저희는 미리 모였다가 그 후에 귀하의 장소로 함께 이동할 것입니다. 따라서, 저희 그룹은 귀하의 도움을 필요로 할 것입니다. 행사 시작 한 시간 전에 달튼 광장에서 승차 서비스를 요청할 수 있을까요?

⑤ **Therefore, / our group will require your assistance.**
따라서, / 저희 그룹은 귀하의 도움을 필요로 할 것입니다

④ **Could I request a pick-up service / from Dalton Square / one hour before the start of the event?**
승차 서비스를 요청할 수 있을까요 / 달튼 광장에서 / 행사 시작 한 시간 전에?

Thank you in advance. 미리 감사드립니다.

Brie Laurence 브리 로렌스

	미리 감사드립니다.
	브리 로렌스

* upcoming 곧 있을, 다가오는   complementary 무료의   available 이용 가능한   pick-up 차에 태우기   drop-off 차에서 내려주기
note that ~라는 점에 유의하다   limited to ~로 제한된   pick up ~을 차에 태우다   request ~을 요청하다, 요청 사항   transportation 교통편
desired 원하는   as part of ~의 일환으로   outing 야유회   beforehand 미리, 앞서   therefore 따라서, 그러므로   require ~을 필요로 하다
assistance 도움, 지원   in advance 미리, 사전에

---

1. **What kind of building** most likely is **the Baker Center?**
(A) A shopping mall
(B) A sports stadium
(C) An art gallery
(D) A movie theater

1. 베이커 센터를 어떤 종류의 건물일 가능성이 가장 큰가?
(A) 쇼핑몰
(B) 스포츠 경기장
(C) 미술관
(D) 영화관

해설 첫 지문 시작 부분에 '아마추어 리그 토너먼트'와 '올스타 챔피언십' 등의 행사 명칭이 쓰여 있는데, 이는 스포츠 경기 대회에 해당되므로 (B)가 정답입니다.

2. According to the notice, **what** is **indicated** about **the shuttle service?**
(A) It visits locations outside of the city.
(B) It requires a special permit.
(C) It is free to use for all passengers.
(D) It only accommodates groups of fifteen or more.

2. 공지에 따르면, 셔틀버스와 관련해 언급된 것은 무엇인가?
(A) 도시 밖에 있는 지점들을 방문한다.
(B) 특별 허가증을 필요로 한다.
(C) 모든 승객들이 무료로 이용할 수 있다.
(D) 오직 15명 이상의 그룹만 수용한다.

해설 공지인 첫 번째 지문 두 번째 단락에 베이커 센터로 향하는 무료 셔틀버스 서비스(complementary shuttle service)가 이용 가능하다고 쓰여 있으므로 (C)가 정답입니다.

3. **Which event** is **Ms. Laurence** most likely **attending?**
(A) Spring Season Opening Day
(B) Amateur League Tournament
(C) Redford Rockets Homecoming Game
(D) All-Star Championship

3. 로렌스 씨는 어느 행사에 참석할 가능성이 가장 큰가?
(A) 봄 시즌 개막일
(B) 아마추어 리그 토너먼트
(C) 레드포드 로케츠 홈커밍 경기
(D) 올스타 챔피언십

해설 로렌스 씨가 작성한 이메일인 두 번째 지문 상단에 작성 날짜가 4월 11일(April 11)로 쓰여 있고, 첫 문장에 내일 베이커 센터를 방문한다고(I will be visiting the Baker Center tomorrow) 언급되어 있습니다. 따라서, 4월 12일에 방문한다는 것을 알 수 있는데, 첫 번째 지문 상단에 4월 12일(April 12)로 날짜가 표기된 행사가 Redford Rockets Homecoming Game이므로 (C)가 정답입니다.

4. **Why** did Ms. Laurence **send the e-mail?**
(A) To apply for a group discount
(B) To ask for special transportation
(C) To confirm the event details
(D) To purchase tickets for an event

4. 로렌스 씨는 왜 이메일을 보냈는가?
(A) 그룹 할인을 신청하기 위해
(B) 특별 교통편을 요청하기 위해
(C) 행사 상세 정보를 확인하기 위해
(D) 행사 입장권을 구입하기 위해

해설 로렌스 씨의 이메일인 두 번째 지문에 수신인인 번 씨의 도움을 필요로 한다는 말과 함께 승차 서비스를 요청하고 있습니다(Therefore, our group will require your assistance. Could I request a pick-up service ~?). 이는 첫 번째 지문 후반부에 특별 교통편 요청 방법으로 제시된 '번 씨에게 이메일을 보내는 일(~ request special transportation by sending an e-mail to Robert Bern)'에 해당되

므로 (B)가 정답입니다.

5. **What is suggested** about **Ms. Laurence's group?**
(A) It will modify its original schedule.
(B) It is visiting the city for the first time.
(C) It will meet at the Baker Center.
(D) It consists of more than fifteen people.

5. 로렌스 씨의 그룹과 관련해 암시된 것은 무엇인가?
(A) 원래의 일정을 바꿀 것이다.
(B) 처음으로 해당 도시를 방문한다.
(C) 베이커 센터에서 모일 것이다.
(D) 15명이 넘는 사람들로 구성된다.

해설 두 번째 지문에서 로렌스 씨는 사람들이 미리 모여서 함께 이동한다고(We will meet beforehand and then travel together) 알리고 있습니다. 이는 첫 번째 지문 중반부에 언급된 '함께 이동하기를 바라는 규모가 더 큰 그룹(larger groups / that wish to travel together)'에 해당하는데, 셔틀버스의 제한 인원으로 언급된 15명보다(space is limited to fifteen passengers) 규모가 더 큰 그룹을 가리키므로 로렌스 씨의 그룹은 15명보다 많다는 것을 알 수 있습니다. 따라서, (D)가 정답입니다.

Questions 6-10 refer to the following brochure and e-mail. 다음 책자와 이메일을 참조하시오.

Spring Lecture Series 봄 강연 시리즈
Sponsored by Taylor, Inc. 테일러 주식회사 후원

Taylor, Inc. is / once again sponsoring a special lecture series / for the spring. 테일러 주식회사가 / 특별한 강연 시리즈를 다시 한 번 후원합니다 / 봄에 있을

Each lecture / is given / by a well-known local resident.
각 강연은 / 주어집니다 / 유명한 지역 주민들에 의해

7 The lectures / cover / a variety of topics / and they take place / at a different school / each time.
강연은 / 다룹니다 / 다양한 주제를 / 그리고 열립니다 / 다른 학교에서 / 매번

Attendance / is not just for students, faculty, and staff, though.
하지만 참석은 / 단지 학생들, 교수 그리고 직원을 위한 것만은 아닙니다

All members of the public / are welcome / to attend.
일반인들도 모두 / 환영합니다 / 참석을

No tickets / are necessary, / but seating / may be **6** restricted / based on the size of the facility.
입장권은 / 필요하지 않습니다 / 그러나 좌석이 / 제한될 수도 있습니다 / 시설의 크기에 따라

Friday, April 30, 1:00 P.M. – 3:00 P.M. 4월 30일 금요일, 오후 1시 – 3시
Speaker: Dr. Carla Washington 강연자: 칼라 워싱턴 박사
Location: Sunnyvale High School 장소: 써니베일 고등학교
Listen to / what Dr. Washington speaks about her experience / as a surgeon. 들으세요 / 워싱턴 박사가 자신의 경험에 대해 말하는 것을 / 외과의사로서의

Friday, May 7, 3:00 P.M. – 5:00 P.M. 5월 7일 금요일, 오후 3시 – 5시
Speaker: Tim Burgess 강연자: 팀 버지스
Location: Midland High School 장소: 미드랜드 고등학교
Listen to / what Mr. Burgess reads from and discusses his latest novel. 들으세요 / 버지스 씨가 본인의 최신작을 읽고 논의하는 것을

Friday, May 14, 10:00 A.M. – 12:00 P.M. 5월 14일 금요일, 오전 10시 – 오후 12시
8 Speaker: Wendy O'Neal 강연자: 웬디 오닐
9 Location: Coldwater Middle School 장소: 콜드워터 중학교
Listen to / what Ms. O'Neal discusses her time in Asia as a diplomat. 들으세요 / 오닐 씨가 아시아에서 외교관으로 있었던 이야기를

8 Friday, May 28, 2:00 P.M. – 4:00 P.M. 5월 28일 금요일, 오후 2시 – 오후 4시
Speaker: Professor Greg Coleman 강연자: 그레그 콜맨 교수
Location: Asbury High School 장소: 애즈버리 고등학교

봄 강연 시리즈
테일러 주식회사 후원

테일러 주식회사가 봄에 있을 특별한 강연 시리즈를 다시 한 번 후원합니다. 유명한 지역 주민들에 의해 각 강연이 주어질 것입니다. 강연은 다양한 주제를 다루며, 매번 다른 학교에서 열립니다. 하지만 참석은 단지 학생들, 교수 그리고 직원을 위한 것만은 아닙니다. 일반인들도 모두 참석을 환영합니다. 입장권은 필요하지 않지만 강연이 열리는 시설의 크기에 따라 좌석 제한이 있을 수 있습니다.

4월 30일 금요일, 오후 1시 – 3시
강연자: 칼라 워싱턴 박사
장소: 써니베일 고등학교
워싱턴 박사가 외과의사로서의 자신의 경험에 대해 말하는 것을 들으세요.

5월 7일 금요일, 오후 3시 – 5시
강연자: 팀 버지스
장소: 미드랜드 고등학교
버지스 씨가 본인의 최신작을 읽고 논의하는 것을 들으세요.

5월 14일 금요일, 오전 10시 – 오후 12시
강연자: 웬디 오닐
장소: 콜드워터 중학교
오닐 씨가 아시아에서 외교관으로 있었던 이야기를 들으세요.

5월 28일 금요일, 오후 2시 – 오후 4시
강연자: 그레그 콜맨 교수
장소: 애즈버리 고등학교

8 Listen to / what Professor Coleman speaks about the archaeological discovery / he just made.
들으세요 / 콜맨 교수가 고고학적 발견에 대해 말하는 것을 / 그가 최근에 이룬

콜맨 교수가 최근에 고고학적 발견을 이룬 이 야기를 들으세요.

Contact Teresa Samuels / at t_samuels@taylor.com / for more information.
테레사 사무엘 씨에게 연락 주세요 / t_samuels@taylor.com으로 / 더 많은 정보를 원하시면

더 많은 정보를 원하시면 t_samuels@taylor. com으로 테레사 사무엘 씨에게 연락 주세요.

To: Teresa Samuels <t_samuels@taylor.com> 수신: 테레사 사무엘
From: Clint Hamel <clinthamel@happymail.com> 발신: 클린트 하멜
Date: May 16 날짜: 5월 16일
Subject: Spring Lecture Series 주제: 봄 강연 시리즈

Dear Ms. Samuels, 사무엘 씨에게

I received the e-mail / about the Spring Lecture Series / that you sent around one month ago.
저는 이메일을 받았습니다 / 봄 강연 시리즈에 관한 / 당신이 약 한 달 전쯤에 보낸

Unfortunately, / I was out of town / for a couple of weeks / and only got back about four days ago.
안타깝게도 / 저는 도시를 떠나 있었습니다 / 몇 주간 / 그리고 불과 4일 전에야 돌아왔습니다

9 I went to Coldwater Middle School / to hear the next lecture.
저는 콜드워터 중학교에 갔었습니다 / 다음 강연을 듣기 위하여

However, / when I got there, / no one knew anything / about the lecture series.
하지만 / 제가 그곳에 도착했을 때 / 아무도 알지 못했습니다 / 강연 시리즈에 관하여

Did the schedule change? 스케줄이 변경되었나요?

10 Could you please let me know / when and where the next lecture / will take place?
알려 주시겠습니까 / 언제 그리고 어디서 다음 강연이 / 있을 예정인지

Sincerely,

Clint Hamel 클린트 하멜 드림

수신: 테레사 사무엘
발신: 클린트 하멜
날짜: 5월 16일
제목: 봄 강연 시리즈

사무엘 씨에게

저는 당신이 약 한 달 전쯤에 봄 강연 시리즈에 관해 보내주신 이메일을 받았습니다. 안타깝게 도 저는 몇 주간 도시를 떠나 있었고 불과 4일 전에야 돌아왔습니다. 저는 다음 강연을 듣기 위하여 콜드워터 중학교에 갔었습니다. 하지만 제가 그곳에 도착했을 때 강연 시리즈에 관하 여 아무도 알지 못했습니다. 스케줄이 변경되 었나요? 언제 그리고 어디서 다음 강연이 있을 예정인지 알려 주시겠습니까?

클린트 하멜 드림

---

* sponsor 후원하다 lecture 강연 well-known 유명한 resident 주민, 거주자 cover 다루다, 포함하다 attendance 참석, 참여 necessary 필요한 restrict 제한하다 based on ~에 따라 surgeon 외과의사 diplomat 외교관 archaeological 고고학적인 discovery 발견 unfortunately 안타깝게도, 불행하게도 take place 열리다, 개최되다

6. In the brochure, the word "restricted" in paragraph 1, line 4 is closest in meaning to
   (A) limited
   (B) repealed
   (C) reduced
   (D) approved

6. 책자에서, 첫 번째 단락 네 번째 줄의 단어 "restricted"와 의미상 가장 가까운 것은?
   (A) 제한된
   (B) 폐지된
   (C) 감소된
   (D) 승인된

해설 동의어 문제입니다. 좌석이 강연이 열리는 장소의 크기에 따라 '제한된다'는 의미이므로 위의 보기 중 가장 유사한 의미로 쓰이는 (A) limited(제한된, 한정된)가 정답입니다.

7. What is indicated about the lectures?
   (A) They are only for students, faculty, and staff.
   (B) They are about different topics.
   (C) They have a question and answer session.
   (D) They require reservations.

7. 강연에 대해 언급된 것은 무엇인가?
   (A) 오직 학생, 교수 그리고 직원들을 위한 것이다.
   (B) 다른 주제에 대한 것이다.
   (C) 질의응답 시간이 있다.
   (D) 예약을 필요로 한다.

해설 진위 확인 문제입니다. 책자의 첫 번째 단락에서 The lectures cover a variety of topics(강연은 다양한 주제를 다룹니다)라고 했으

므로 a variety of를 different로 표현한 (B)가 정답입니다. Attendance is not just for students, faculty, and staff, though.(참석은 단지 학생들, 교수 그리고 직원을 위한 것만은 아닙니다.)를 통해 강연은 오직 학생, 교수 그리고 직원들만을 위한 것이라고 말하는 (A)는 오답임을 알 수 있습니다.

8. What will the topic of the lecture on May 28 be?
(A) A new book
(B) A recent discovery
(C) Life as a doctor
(D) A trip to Asia

8. 5월 28일 강연의 주제는 무엇일 것인가?
(A) 새 책
(B) 최근의 발견
(C) 의사로서의 삶
(D) 아시아 여행

해설 시간이 포함된 세부 사항 문제로 5월 28일 강연의 주제를 묻고 있으므로 책자에서 제시된 강연 중 5월 28일자 강연을 빠르게 찾습니다. 5월 28일은 그레그 콜맨 교수의 강연이 있는 날이며, 그의 archaeological discovery(고고학적인 발견)에 대해 이야기할 예정이므로 보기 중 발견을 명시한 (B)가 정답입니다.

9. Whose lecture did Mr. Hamel want to attend?
(A) Carla Washington's
(B) Greg Coleman's
(C) Wendy O'Neal's
(D) Tim Burgess's

9. 하멜 씨는 누구의 강연에 참석하기를 원했는가?
(A) 칼라 워싱턴 씨의 강연
(B) 그레그 콜맨 씨의 강연
(C) 웬디 오닐 씨의 강연
(D) 팀 버지스 씨의 강연

해설 연계 문제로 키워드인 Mr. Hamel을 찾습니다. 두 번째 지문인 이메일을 보낸 사람으로 강연 일정에 관하여 문의한 사람입니다. 이메일 중간에 I went to Coldwater Middle School to hear the next lecture.(저는 다음 강연을 듣기 위하여 콜드워터 중학교에 갔었습니다.)와 책자의 일정 정보를 같이 보면 콜드워터 중학교로 강연 장소가 잡혀 있었던 Wendy O'Neal의 강연을 듣고자 했던 것을 알 수 있으므로 정답은 (C)입니다.

10. What is the purpose of the e-mail?
(A) To request tickets
(B) To ask about a schedule
(C) To demand an apology
(D) To request an introduction

10. 이메일의 목적은 무엇인가?
(A) 티켓을 요청하기 위해서
(B) 스케줄에 관하여 문의하기 위해서
(C) 사과를 요구하기 위해서
(D) 소개를 요청하기 위해서

해설 목적 문제로 목적 문제의 단서는 일반적으로 앞부분에서 찾을 수 있지만 여기서는 이메일의 마지막에 단서가 나왔습니다. 마지막 줄 Could you please let me know when and where the next lecture will take place?(언제 그리고 어디서 다음 강연이 있을 예정인지 알려 주시겠습니까?)를 통해 하멜 씨는 강연 일정과 관련하여 궁금해하고 있다는 것을 알 수 있으므로 정답은 (B)입니다.

유형훈련 토익 제대로 대비하기　　　　　　　　　　본문 p. 416

정답　[3단계]　**1.** (C)　　**2.** (A)

Question 1 refers to the following notice and e-mails. 다음 공고와 이메일들을 참조하시오.

Attention Local Restaurants 지역의 식당들은 주목하세요

Andrade (April 10) — / ❶ The City of Andrade / will be once again holding a charity banquet / during the month of July.
안드라데 (4월 10일) - / 안드라데 시는 / 다시 한 번 자선 행사 연회를 개최할 예정입니다 / 7월 중에

This year's profits / will benefit / local children's organizations.
올해의 수익은 / 혜택을 줄 것입니다 / 지역 어린이 단체에

In past years, / the city has contracted / mostly large catering companies, / such as Délicieux.
과거에는 / 시는 계약을 했습니다 / 대개 큰 케이터링 회사와 / 델리시우스와 같은

This year / we hope to support local businesses / by partnering with an Andrade City restaurant.
올해 / 우리는 지역 사업체를 후원하기를 원합니다 / 안드라데 시 식당들과 제휴하여

In order to make the best selection, / interested businesses are encouraged / to present a menu and sample meal / to the Charity Banquet Committee / by 11:30 A.M. on May 6.
최고의 메뉴를 선택하기 위하여 / 관심 있는 업체들은 장려되고 있습니다 / 메뉴와 샘플 요리를 내놓는 것을 / 자선 행사 위원회에 / 5월 6일 오전 11시 30분까지

To be considered, / all submissions / should include / a list of ingredients and estimated price / per plate of food.
고려되어지기 위해서 / 모든 제출물은 / 포함해야 합니다 / 재료와 예상 가격 목록을 / 음식 하나당

Contact Shirley Marsh / at s.marsh@city.andrade.gov / for more details.
셜리 마쉬에게 연락 주십시오 / s.marsh@city.andrade.gov로 / 더 자세한 사항을 원하시면

지역의 식당들은 주목하세요.

안드라데 (4월 10일) - 안드라데 시는 7월 중에 다시 한 번 자선 행사 연회를 개최할 예정입니다. 올해의 수익은 지역 어린이 단체에 기부될 것입니다. 과거에는 대개 델리시우스 같은 큰 케이터링 회사와 계약을 했습니다. 올해는 안드라데 시에 있는 식당들과 제휴하여 지역 사업체를 후원하고자 합니다. 최고의 메뉴를 선정하기 위하여, 관심 있는 업체들은 자선 행사 위원회에 5월 6일 오전 11시 30분까지 메뉴와 샘플 요리를 제출하여 주세요. 선발을 위하여, 모든 제출된 요리는 음식 하나당 재료와 예상 가격 목록을 포함하고 있어야 합니다. 더 자세한 사항이 궁금하시면 s.marsh@city.andrade.gov로 셜리 마쉬에게 연락 주십시오.

From: s.marsh@city.andrade.gov
To: sam.gomez@city.andrade.gov
Date: April 30 날짜: 4월 30일
Subject: Charity Banquet Submissions 제목: 자선 행사 연회 출품작

Dear Mr. Gomez, 고메즈 씨께

I have received / 5 submissions / from local restaurants / interested in catering the charity banquet.
저는 받았습니다 / 다섯 개의 출품작을 / 지역 식당으로부터 / 자선 행사 연회의 케이터링에 관심 있는

I have listed / each restaurant below / along with meal type and price per plate.
저는 열거해 두었습니다 / 각 식당을 아래에 / 식사 종류 및 요리 하나당 가격과 함께

Of course / the committee / will receive a detailed submission / by each restaurant / on May 6.
물론 / 위원회는 / 출품작에 대한 자세한 사항을 받을 것입니다 / 각 식당으로부터 / 5월 6일에

발신: s.marsh@city.andrade.gov
수신: sam.gomez@city.andrade.gov
날짜: 4월 30일
제목: 자선 행사 연회 출품작

고메즈 씨께

자선 행사 연회의 케이터링에 관심 있는 지역 식당으로부터 다섯 개의 출품작을 받았습니다. 식사 종류 및 요리 하나당 가격과 함께 각 식당을 아래 열거해 두었습니다. 물론 위원회는 5월 6일에 각 식당으로부터 출품작에 대한 자세한 사항을 전달받을 것입니다.

1. The Boutique 더 보티크	French Mediterranean seafood 프랑스 지중해 해산물	$15-$20 15~20달러
2. La Calabaza Dulce 라 카라바자 돌체	Mexican food 멕시코 요리	$10-$13 10~13달러
3. Piccolo Pasta House 피콜로 파스타 하우스	Italian pastas and breads 이탈리아 파스타와 빵	$12-$14 12~14달러
4. Garden Buffet 가든 뷔페	Vegetarian food 채식 요리	$10-$12 10~12달러
5. House of Noodles 하우스 오브 누들	Thai and Chinese food 태국 및 중국 요리	$11-$13 11~13달러

1. 더 보티크	프랑스 지중해 해산물	15~20달러
2. 라 카라바자 돌체	멕시코 요리	10~13달러
3. 피콜로 파스타 하우스	이탈리아 파스타와 빵	12~14달러
4. 가든 뷔페	채식 요리	10~12달러
5. 하우스 오브 누들	태국 및 중국 요리	11~13달러

Have a great day. 좋은 하루 보내세요.

Sincerely,

Shirley Marsh 셜리 마쉬 드림

좋은 하루 보내세요.

셜리 마쉬 드림

From: sam.gomez@city.andrade.gov
To: s.marsh@city.andrade.gov
Date: May 9 날짜: 5월 9일
Subject: Committee Restaurant Decision 제목: 위원회 식당 결정

Ms. Marsh, 마쉬 씨께

All five restaurants / that presented their dishes / on May 6 / did an outstanding job.
모든 다섯 개의 식당은 / 그들의 요리를 선보인 / 5월 6일에 / 훌륭한 일을 했습니다
It was incredibly difficult / for the committee / to arrive at a consensus. 매우 어려웠습니다 / 위원회가 / 합의에 도달하는 것이
However, / after considering taste, ingredients and price, / a decision was made.
그러나 / 맛, 재료 그리고 가격을 고려한 후에 / 결정했습니다

Please help me / with the following: 저를 도와주세요 / 다음 사항에 관하여

• ☐ Schedule a meeting / with the owner of Piccolo Pasta House / to discuss further details / regarding the banquet.
회의를 주선해 주세요 / 피콜로 파스타 하우스 사장님과 / 세부사항을 더 의논하기 위하여 / 연회에 관해

• Please thank / The Boutique, La Calabaza Dulce, Garden Buffet and House of Noodles / for presenting their menu options.
감사하다고 전해 주세요 / 더 보티크, 라 카라바자 돌체, 가든 뷔페 그리고 하우스 오브 누들 식당에 / 그들의 메뉴 선택을 제출해 주신 것에 대해
Let them know that / their meals were delicious / and we hope / to work with them / another year.
그들에게 알려 주세요 / 식사가 맛있었다고 / 그리고 우리가 바란다고 / 그들과 함께 일할 수 있기를 / 다른 해에

Thanks for all of your help / in organizing this selection process.
귀하의 도움에 감사드립니다 / 선발 과정을 준비하는 데

Sincerely,

Sam Gomez 샘 고메즈 드림

발신: sam.gomez@city.andrade.gov
수신: s.marsh@city.andrade.gov
날짜: 5월 9일
제목: 위원회 식당 결정

마쉬 씨께

5월 6일에 요리를 선보인 다섯 개의 식당 모두 훌륭했습니다. 위원회는 합의에 도달하는 것이 매우 어려웠습니다. 그러나 맛, 재료 그리고 가격을 고려하여 결정했습니다.

다음 사항에 관하여 저를 도와주세요.

· 연회에 관해 세부사항을 더 의논하기 위하여 피콜로 파스타 하우스 사장님과 회의를 주선해 주세요.

· 메뉴 선택을 제출해 준 더 보티크, 라 카라바자 돌체, 가든 뷔페 그리고 하우스 오브 누들 식당에 감사의 마음을 전해 주세요. 식사는 맛있었고 다른 해에 그들과 함께 일할 수 있기를 바란다고 말씀해 주시기 바랍니다.

선발 과정을 준비하는 데 도움을 주셔서 감사 드립니다.

샘 고메즈 드림

1. **Who** will most likely **partner with the charity banquet?**
(A) The Boutique
(B) Délicieux
(C) Piccolo Pasta House
(D) Garden Buffet

1. 누가 자선 행사 연회의 제휴 업체로 일할 것 같은가?
(A) 더 보티크
(B) 델리시우스
(C) 피콜로 파스타 하우스
(D) 가든 뷔페

해설 연계 문제입니다. 첫 번째 지문인 공고의 첫 번째 줄에서 안드라데 시가 7월 중에 자선 행사 연회를 개최할 예정이라고 하였습니다. 그리고 미지막 이메일에서 행사를 낼늘 식당을 최종 결정했음을 알리고 있습니다. 따라서 마지막 이메일의 중간 부분 Schedule a meeting with the owner of Piccolo Pasta House to discuss further details regarding the banquet.을 통해 최종 선택된 식당은 피콜로 파스타 하우스임을 알 수 있으므로 정답은 (C)입니다.

Questions 2 refers to the following e-mails and schedule. 다음 이메일들과 일정을 참조하시오.

From: mlee.logistics@IHBC.com To: j.reagan@mail.com Date: May 20 날짜: 5월 20일 Subject: Re: Scheduling problem 제목: 답장: 스케줄 문제 Dear Mr. Reagan, 레이건 씨께 Thank you for contacting me / regarding your seminar time / at the 35th International Halls Business Conference / to be held on June 5-7. 저에게 연락 주셔서 감사드립니다 / 세미나 시간에 관하여 / 제35회 국제 홀 비즈니스 회의에 / 6월 5일에서 7일까지 열리는 **2** I am sorry to hear that / the only flights available / are for June 6. 저는 듣게 되어 유감입니다 / 이용할 수 있는 유일한 비행기가 / 6월 6일입니다 **2** However, / I have already spoken / with Ms. Kim / and arranged for you and her / to exchange speaking times. 그러나 / 저는 이미 이야기 나누었습니다 / 김 씨와 / 그리고 귀하와 그녀를 위하여 마련했습니다 / 연설 시간을 바꾸기로 I have attached / the new schedule / to this e-mail. 저는 첨부했습니다 / 새로운 일정표를 / 이 이메일에 Please see below. 아래를 봐 주십시오. Let me know / if there is anything else / you need. 알려 주세요 / 또 다른 어떤 것이 있는지 / 귀하가 필요하신 Sincerely, Maya Lee 마야 리 드림 Logistics and Scheduling 물류 및 일정 관리 International Halls Business Conference 국제 홀 비즈니스 회의	발신: mlee.logistics@IHBC.com 수신: j.reagan@mail.com 날짜: 5월 20일 제목: 답장: 스케줄 문제 레이건 씨께 6월 5일에서 7일까지 열리는 제35회 국제 홀 비즈니스 회의의 세미나 시간에 관하여 연락 주셔서 감사드립니다. 이용할 수 있는 유일한 비행기가 6월 6일자 밖에 없다는 것을 듣게 되어 유감입니다. 그러나 저는 이미 김 씨와 이야기해서 귀하와 그녀의 연설 시간을 바꾸기로 했습니다. 이 이메일에 새로운 일정표를 첨부하였습니다. 아래를 봐 주십시오. 귀하가 필요하신 또 다른 어떤 것이 있는지 알려 주세요. 마야 리 드림 물류 및 일정 관리 국제 홀 비즈니스 회의

IHBC Schedule for the Speakers			
	3:00 P.M. 오후 3시	**5:00 P.M.** 오후 5시	**7:00 P.M.** 오후 7시
June 5 6월 5일	**2** Lilly Kim 릴리 김	Marcia Jones 마샤 존스	Matthew Dunst 메튜 던스트
June 6 6월 6일	Robert Jacobs 로버트 제이콥스	Lillian White 릴리안 화이트	Maria Romero 마리아 로메로
June 7 6월 7일	Sarah Young 사라 영	**2** John Reagan 존 레이건	Doug Han 더그 한

IHBC 연설자 일정표			
	오후 3시	오후 5시	오후 7시
6월 5일	릴리 김	마샤 존스	메튜 던스트
6월 6일	로버트 제이콥스	릴리안 화이트	마리아 로메로
6월 7일	사라 영	존 레이건	더그 한

From: j.reagan@mail.com
To: mlee.logistics@IHBC.com
Date: **May 20** 날짜: 5월 20일
Subject: **Re: Re: Scheduling problem** 제목: 답장: 답장: 스케줄 문제

Ms. Lee, 리 씨께

Thank you / for your prompt reply. 감사합니다 / 귀하의 빠른 답변에 대해
June 7 / will work perfectly. 6월 7일이 / 더할 나위 없이 좋을 것 같습니다
Please thank Ms. Kim / for me.
김 씨에게 감사의 인사를 전해 주세요 / 저를 대신해서
I look forward to attending / the 35th IHBC.
저는 참석하기를 고대합니다 / 제35회 IHBC에
I consider it / a privilege / to present / at this remarkable event.
저는 그것을 생각합니다 / 영광이라고 / 발표하게 되어 / 이 주목할 만한 행사에서

Take care,

John Reagan 존 레이건 드림

발신: j.reagan@mail.com
수신: mlee.logistics@IHBC.com
날짜: 5월 20일
제목: 답장: 답장: 스케줄 문제

리 씨께

귀하의 빠른 답변에 대해 감사드립니다. 6월 7일이 더할 나위 없이 좋을 것 같습니다. 김 씨에게 저를 대신하여 감사 인사를 전해 주세요. 저는 제35회 IHBC(국제 홀 비즈니스 회의)에 참석하는 것을 고대하고 있습니다. 저는 이 주목할 만한 행사에서 발표하게 되어 영광이라고 생각합니다.

존 레이건 드림

---

2. **What is implied about Mr. Reagan?**
   (A) He was originally scheduled to speak on June 5.
   (B) He will have to leave the conference early.
   (C) He will switch speaking times with Ms. Lee.
   (D) This is his first time to attend the conference.

2. 레이건 씨에 대해 암시된 것은 무엇인가?
   (A) 그는 원래 6월 5일에 발표하기로 예정되어 있다.
   (B) 그는 회의에서 일찍 떠나야 한다.
   (C) 그는 리 씨와 연설 시간을 바꿀 것이다.
   (D) 이번이 그가 처음으로 회의에 참석한 것이다.

해설 연계 문제입니다. 첫 이메일에서 레이건 씨가 이용 가능한 비행기가 6월 6일이라는 것에 유감을 표했고 김 씨와 연설 시간을 바꾸기로 결정했다고 했어요. 이를 토대로 다음 스케줄을 확인하면 김 씨가 6월 5일, 레이건 씨가 6월 7일로 나와 있으므로 원래는 레이건 씨가 6월 5일에 발표를 하려고 했던 것을 알 수 있어요. 따라서 (A)가 정답입니다.

 자신감 쑥쑥! 실전 도전 Part 7
본문 p. 420

정답 **1.** (B) **2.** (B) **3.** (D) **4.** (B) **5.** (C) **6.** (C) **7.** (A) **8.** (B) **9.** (D) **10.** (D)

Questions 1-5 refer to the following Web page, chart, and form. 다음 웹 페이지와 차트, 그리고 양식을 참조하시오.

Record your next hit song at Brick City Studios!
브릭 시티 스튜디오에서 여러분의 다음 히트곡을 녹음하세요!

Brick City Studios provides recording spaces, equipment, and software / to its members.
브릭 시티 스튜디오는 녹음 공간과 장비, 그리고 소프트웨어를 제공합니다 / 회원들께
We can provide these services / through the support of monthly membership fees.
저희는 이 서비스들을 제공할 수 있습니다 / 월간 회비의 지원을 통해
Become a member today / and 🔲 use the same facilities / award-winning musicians have used / to produce their best-selling albums.
오늘 회원이 되어 보세요 / 그리고 같은 시설을 이용해 보세요 / 수상 경력이 있는 음악가들이 이용했던 / 그들의 베스트셀러 앨범들을 제작하기 위해
Studio space is available 24/7, / and enjoy other benefits as well:
스튜디오 공간은 하루 24시간 일주일 내내 이용 가능합니다 / 그리고 다른 혜택들도 즐겨 보세요:

브릭 시티 스튜디오에서 여러분의 다음 히트곡을 녹음하세요!

브릭 시티 스튜디오는 회원들께 녹음 공간과 장비, 그리고 소프트웨어를 제공합니다. 저희는 월간 회비의 지원을 통해 이 서비스들을 제공할 수 있습니다. 오늘 회원이 되어 수상 경력이 있는 음악가들이 베스트셀러 앨범들을 제작하기 위해 이용했던 것과 같은 시설을 이용해 보세요. 스튜디오 공간은 하루 24시간 일주일 내내 이용 가능하며, 다른 혜택들도 즐겨 보세요:

- 5 **Soundproof rooms for musicians and bands** / to use to **practice** and experiment / with different instruments and gear, / all of which are provided by Brick City.
음악가들과 밴드들을 위한 방음실 / 연습하고 실험하는 데 이용하는 / 다른 악기들과 장비로 / 이 모든 것은 브릭 시티에 의해 제공됩니다

– 다른 악기들과 장비로 연습하고 실험하는 데 이용할 수 있는 음악가들과 밴드들을 위한 방음실, 이 모든 것은 브릭 시티에 의해 제공됩니다.

- 2 **Workshops and presentations** / by music industry leaders and acclaimed artists.
워크숍과 발표들 / 음악 업계 선도자들 및 극찬을 받는 아티스트들에 의한
Log in to our Web site with your membership / to see upcoming events / and to 2 **register for those you wish to attend.**
여러분의 멤버십으로 저희 웹 사이트에 로그인하십시오 / 다가오는 행사들을 보실 수 있도록 / 그리고 참석하기를 원하시는 것들에 등록하실 수 있도록

– 음악 업계 선도자들 및 극찬을 받는 아티스트들이 진행하는 워크숍과 발표들.
여러분의 멤버십으로 저희 웹 사이트에 로그인하셔서 다가오는 행사들도 확인해 보시고 참석하기를 원하시는 것들에 등록하시기 바랍니다.

- Full access / to a full suite of professional-level recording and editing software / in our computer lab and a royalty-free sample library.
모든 이용 권한 / 전문적인 수준의 녹음 및 편집 소프트웨어의 모든 모음 자료에 대한 / 저희 컴퓨터실과 사용료 없는 샘플 라이브러리에 있는

– 저희 컴퓨터실과 사용료 없는 샘플 라이브러리에 있는 모든 전문적인 수준의 녹음 및 편집 소프트웨어 모음 자료에 대한 모든 이용 권한.

- On-staff recording engineers / who can help you create your musical masterpiece.
사내 녹음 엔지니어들 / 여러분의 음악적 명작을 만드는 데 도움을 드릴 수 있는

– 여러분의 음악적 명작을 만드는 데 도움을 드릴 수 있는 사내 녹음 엔지니어들.

Membership Level 멤버십 레벨	Type 유형	Monthly Rate 월간 요금	Description 설명
Platinum 플래티넘	Producer 프로듀서	$1,200	For professional producers working with multiple artists. 다수의 아티스트들과 함께 작업하는 전문 프로듀서 대상 Reserve up to 30 sessions a month. 한 달에 최대 30회 예약
4 Gold 골드	Band 밴드	4 $500	For bands of three to six people. 3~6명으로 구성된 밴드 대상 Reserve up to 20 sessions a month. 한 달에 최대 20회 예약
Silver 실버	Solo artist 솔로 아티스트	$300	For singer-songwriters. 싱어송라이터 대상 Up to two people. 최대 2명 Reserve up to 10 sessions a month. 한 달에 최대 10회 예약
3 Bronze 브론즈	3 Virtual member 가상 회원	$100	Individual membership. 개인 회원 3 Includes remote access to software and sample library. 소프트웨어 및 샘플 라이브러리에 대한 원격 이용 자격 포함

멤버십 레벨	유형	월간 요금	설명
플래티넘	프로듀서	$1,200	다수의 아티스트들과 함께 작업하는 전문 프로듀서 대상.
골드	밴드	$500	3~6명으로 구성된 밴드 대상. 한 달에 최대 20회 예약.
실버	솔로 아티스트	$300	싱어송라이터 대상. 최대 2명. 한 달에 최대 10회 예약.
브론즈	가상 회원	$100	개인 회원. 소프트웨어 및 샘플 라이브러리에 대한 원격 이용 자격 포함.

Membership Application 멤버십 신청서

Please complete the form below. 아래의 양식을 작성 완료하시기 바랍니다

Name: Emersyn Wolfe
성명: 에머신 울프

Address: 611 Alton Drive, Trinity, California 55577
주소: 앨튼 드라이브 611번지, 트리니티, 캘리포니아 55577

Telephone Number: (113) 555-7098
전화번호: (113) 555-7098

Joint Members, if any: Timothy Hearst (guitars), Lee Sizemore (drums)
공동 회원, 있을 경우: 티모시 허스트 (기타), 리 시즈모어 (드럼)

Membership Level: 4 Gold
회원 레벨: 골드

What are your reasons / for joining Brick City Studios?
이유가 무엇인가요 / 브릭 시티 스튜디오에 가입하는?

Recording time 녹음 시간	√
Instrument use 악기 이용	
5 Practice space 연습 공간	√
Software access 소프트웨어 이용	
Recording engineers 녹음 엔지니어	

멤버십 신청서

아래의 양식을 작성 완료하시기 바랍니다.

성명: 에머신 울프

주소: 앨튼 드라이브 611번지, 트리니티, 캘리포니아 55577

전화번호: (113) 555-7098

공동 회원, 있을 경우: 티모시 허스트 (기타), 리 시즈모어 (드럼)

회원 레벨: 골드

브릭 시티 스튜디오에 가입하는 이유가 무엇인가요?

녹음 시간	√
악기 이용	
연습 공간	√
소프트웨어 이용	
녹음 엔지니어	

* equipment 장비 support 지원, 후원 facility 시설(물) award-winning 수상 경력이 있는 available 이용 가능한 benefit 혜택, 이점 as well ~도, 또한 soundproof 방음의 practice 연습하다 experiment 실험하다 instrument 악기 gear 장비 presentation 발표 industry 업계 acclaimed 극찬을 받는, 찬사를 받는 upcoming 다가오는, 곧 있을 register for ~에 등록하다 attend ~에 참석하다 access to ~에 대한 이용 (권한), ~에 대한 접근 (권한) a suite of ~의 모음, ~의 묶음 editing 편집 royalty-free 사용료 없는 on-staff 정규직의 help A do ~하도록 A를 돕다 create ~을 만들어내다 masterpiece 명작, 걸작 rate 요금, 비율, 등급, 속도 multiple 다수의, 다양한 reserve ~을 예약하다 up to 최대 ~의 session (특정 활동을 하는) 시간 individual 개인의, 개별적인 include ~을 포함하다 remote 원격의, 먼 거리의 application 신청(서), 지원(서) complete ~을 완료하다 form 양식, 서식 join ~에 가입하다, ~에 합류하다

1. What is indicated about Brick City Studios?
   (A) It is open Monday through Friday.
   (B) Its previous members include well-known artists.
   (C) It charges additional fees for equipment rental.
   (D) It provides tutorials on how to use its software.

1. 브릭 시티 스튜디오와 관련해 언급된 것은 무엇인가?
   (A) 월요일부터 금요일까지 문을 연다.
   (B) 이전 회원 중에 잘 알려진 아티스트들이 포함되어 있다.
   (C) 장비 대여에 대해 추가 요금을 청구한다.
   (D) 보유하고 있는 소프트웨어 이용법에 관한 설명서를 제공한다.

해설 첫 번째 지문 첫 단락에 수상 경력이 있는 음악가들이 이용했던 것과 같은 시설을 이용해 보라고 알리는(use the same facilities award-winning musicians have used) 말이 쓰여 있습니다. 이는 브릭 시티 스튜디오를 이용했던 회원들 중에 상을 받은 음악가들, 즉 유명한 음악가들이 있다는 뜻이므로 (B)가 정답입니다.

2. According to the Web page, for which activity are members required to register?
   (A) Using special gear
   (B) Attending a lecture
   (C) Accessing a computer lab
   (D) Requesting assistance

2. 웹 페이지에 따르면, 회원들이 어느 활동에 등록해야 하는가?
   (A) 특수 장비 이용
   (B) 강연 참석
   (C) 컴퓨터실 이용
   (D) 지원 요청

해설 첫 번째 지문 중반부에 제시된 두 번째 항목에 워크숍과 발표들(Workshops and presentations)을 언급하면서 참석하기를 원하는 것에 등록하라고(register for those you wish to attend) 알리고 있습니다. 여기서 워크숍과 발표들은 일종의 강연에 해당되므로 (B)가 정답이다.

3. **Which membership** is **best** for someone who does **not require on-site services**?
   (A) Platinum
   (B) Gold
   (C) Silver
   (D) Bronze

3. 어느 멤버십이 현장 서비스를 필요로 하지 않는 사람에게 최적인가?
   (A) 플래티넘
   (B) 골드
   (C) 실버
   (D) 브론즈

해설 질문에 제시된 '현장 서비스를 필요로 하지 않는 사람'과 관련된 정보가 제시되는 멤버십을 찾아야 합니다. 각 회원 자격에 대한 설명이 쓰여 있는 두 번째 지문의 도표에서, 가상 회원(Virtual member) 및 원격으로 서비스를 이용하는 자격을 포함한다고(Includes remote access) 알리는 Bronze가 그에 해당되므로 (D)가 정답입니다.

4. **How much** will Ms. Wolfe most likely **pay for her membership**?
   (A) $1,200
   (B) $500
   (C) $300
   (D) $100

4. 울프 씨는 자신의 회원 자격에 대해 얼마를 지불할 가능성이 가장 큰가?
   (A) $1,200
   (B) $500
   (C) $300
   (D) $100

해설 울프 씨가 작성한 회원 자격 신청서인 세 번째 지문 중반부에 회원 레벨이 '골드'로(Membership Level: Gold) 쓰여 있습니다. 두 번째 지문의 도표에서 두 번째 줄에 '골드'의 월간 요금이 $500으로 쓰여 있으므로 (B)가 정답입니다.

5. **What** is **suggested** about **Ms. Wolfe**?
   (A) She has recorded at Brick City before.
   (B) She recently moved to California.
   (C) She plans to use the soundproof rooms.
   (D) She will work with a recording engineer.

5. 울프 씨와 관련해 암시된 것은 무엇인가?
   (A) 전에 브릭 시티에서 녹음한 적이 있다.
   (B) 최근에 캘리포니아로 이사했다.
   (C) 방음실을 이용할 계획이다.
   (D) 녹음 엔지니어와 작업할 것이다.

해설 울프 씨가 작성한 회원 자격 신청서인 세 번째 지문에 제시된 도표를 보면, '연습 공간(Practice space)'에 체크 표시가 되어 있어 연습을 위한 공간이 필요하다는 점을 알 수 있습니다. 이 연습 공간과 관련해, 첫 지문 중반부의 첫 번째 항목에 연습을 위한 방음실이 (Soundproof rooms for musicians and bands to use to practice) 언급되어 있어 이곳을 이용하게 된다는 점도 알 수 있으므로 (C)가 정답입니다.

Questions 6-10 refer to the following article and e-mails. 다음 기사와 이메일들을 참조하시오.

A New Team Leader / for the Asia Sales Division	아시아 영업부의 신임 팀장
신임 팀장 / 아시아 영업부의	
6 Dajoo Corporation / has appointed / Simon Montgomery / to the position of senior sales representative / for Asia, / following the resignation of Carla Bogart.	다주 주식회사는 칼라 보가트의 사임 이후 아시아 지역에 대한 수석 영업 담당자 직책에 사이먼 몽고메리를 선임했다.
다주 주식회사는 / 선임했다 / 사이먼 몽고메리를 / 수석 영업 담당자 직책에 / 아시아 지역에 / 칼라 보가트의 사임 이후	
7 Simon joined Dajoo / five years ago / as an intern sales clerk / in the European division, / and quickly progressed / to a sales representative role.	사이먼은 5년 전에 유럽 지부의 인턴 영업 사원으로 다주 사에 입사했으며, 빠르게 영업 담당자 직책으로 진급했다. 지난 한 해 동안, 사이먼은 미주 지부에서 수석 영업 담당자로 근무했다.
사이먼은 다주 사에 입사했다 / 5년 전에 / 인턴 영업 사원으로 / 유럽 지부의 / 그리고 빠르게 진급했다 / 영업 담당자 직책으로	
7 For the last year, / he has worked / as a senior sales representative / in the Americas division.	
지난 한 해 동안 / 그는 근무했다 / 수석 영업 담당자로 / 미주 지부에서	

7. ⑩ Simon will now report / to Les Gordon, / head of Asia sales. 사이먼은 이제 직속이다 / 레스 고든 씨의 / 아시아 영업 책임자인

사이먼은 이제 아시아 영업 책임자인 레스 고든의 직속으로 근무할 것이다. 고든 씨는 "사이먼은 뛰어난 리더십 능력을 보여 왔으며, 지속해서 훌륭한 영업 성과를 만들어 냈습니다. 사이먼이 아시아 지부에 공헌하기를 고대하고 있습니다."라고 말했다.

Mr. Gordon said, / "Simon has demonstrated / good leadership skills / and has consistently produced / outstanding sales results. 고든 씨는 말했다 / 사이먼은 보여 왔다고 / 뛰어난 리더십 능력을 / 그리고 지속해서 만들어 냈다고 / 훌륭한 영업 성과를

I'm looking forward to his contribution / to the Asia division." 나는 그가 공헌하기를 고대하고 있습니다 / 아시아 지부에

6. ⑧ We wish good luck / to Simon / in his new role, / which he will take up / on December 1. 우리는 행운을 빈다 / 사이먼에게 / 그의 새로운 직책에 대해 / 그는 일을 시작할 것이다 / 12월 1일에

사이먼이 새로운 직책에서 일하는 것에 대해 행운을 빌며, 그는 12월 1일에 일을 시작할 것이다.

To: Simon <sm@dajoo.com> 수신: 사이먼
From: Terry Snow <ts1@dajoo.com> 발신: 테리 스노우
Subject: Congratulations 제목: 축하합니다.
Date: November 12 날짜: 11월 12일

수신: 사이먼
발신: 테리 스노우
제목: 축하합니다.
날짜: 11월 12일

Dear Simon, 사이먼 씨께

사이먼 씨께

Hi. My name is Terry / and I work in the Asia division. 안녕하세요. 제 이름은 테리이며 / 아시아 지부에서 근무하고 있습니다

안녕하세요. 제 이름은 테리이며, 아시아 지부에서 근무하고 있습니다. 저는 귀하와 함께 일하는 것을 고대하고 있습니다. 귀하께서 새로운 직책에서의 근무를 시작하기 2주 전에 도체스터 호텔에서 중요 고객들과의 사교 행사가 있습니다. 이 행사는 오전 10시에 시작됩니다.

I look forward to working with you. 저는 귀하와 함께 일하는 것을 고대하고 있습니다.

⑧ We have a networking event / with important customers / at the Dorchester Hotel / two weeks before / you start your new position. 우리는 사교 행사가 있습니다 / 중요 고객들과의 / 도체스터 호텔에서 / 2주 전에 / 새로운 직책에서의 근무를 시작하는

It starts at 10:00 A.M. 이 행사는 오전 10시에 시작됩니다.

I think / it will be a great chance / for you / to meet customers and your work colleagues / before you officially join the division. 저는 생각합니다 / 좋은 기회가 될 것으로 / 귀하께 / 고객들과 직장 동료들을 만날 / 공식적으로 우리 지부에서 함께하기 전에

저는 이 행사가 귀하께서 공식적으로 우리 지부에서 함께하기 전에 고객들과 직장 동료들을 만날 좋은 기회가 될 것으로 생각합니다. 귀하의 새로운 상사께서 우리 지부에 대한 전망을 발표하실 예정이므로 참석하시는 것이 아주 중요할 수 있습니다.

Your new boss / will be giving a presentation / about his vision / for the division, / so it could be quite important / to attend. 귀하의 새로운 상사는 / 발표하실 예정이므로 / 그의 전망을 / 우리 지부에 대한 / 아주 중요할 수 있습니다 / 참석하시는 것이

Please let me know / if you can come / as soon as possible. 제게 알려 주시기 바랍니다 / 참석 가능하신지 / 가능한 한 빨리

가능한 한 빨리 참석하실 수 있는지 제게 알려 주시기 바랍니다.

Best,

Terry Snow 테리 스노우 드림

테리 스노우 드림

To: Terry Snow <ts1@dajoo.com> 수신: 테리 스노우
From: Simon Montgomery <sm@dajoo.com> 발신: 사이먼 몽고메리
Subject: Re: Congratulations 제목: 회신: 축하합니다.
Date: November 13 날짜: 11월 13일

Dear Terry, 테리 씨께

Thank you so much / for the invitation / to the event.
진심으로 감사드립니다 / 초대해 주셔서 / 행사에

It sounds like / it would be a great opportunity / for me.
그것은 들립니다 / 아주 좋은 기회가 될 것으로 / 저에게

Unfortunately, / I am now on a business trip / in Mexico, /
which is where I am currently writing you from.
공교롭게도 / 저는 현재 출장 중입니다 / 멕시코에 / 이곳에서 현재 이메일을 작성하고 있습니다

I'm not going to be returning / until around noon / of November
17, / so it appears / as though I'm going to be arriving / a few
hours late. 저는 돌아가지 않을 것입니다 / 대략 정오까지는 / 11월 17일의 / 그래서 보입니다
/ 제가 도착할 것으로 / 몇 시간 늦게

⑩ I've already spoken / with my new boss, / and he said that /
he's going to hold a luncheon / to introduce me / to everyone
in the department / before I start.
저는 이미 이야기했습니다 / 새로운 부서장님과 / 그리고 그는 말했습니다 / 그는 오찬 행사를 열 것
이라고 / 저를 소개하기 위한 / 부서의 모든 분들에게 / 제가 일을 시작하기 전에

I think / it's going to be on November 28.
저는 생각합니다 / 그 행사가 11월 28일에 있을 것으로

I imagine that / we'll get the opportunity / to meet ⑨ in person /
then. 저는 생각합니다 / 우리가 기회를 얻을 것이라고 / 직접 만날 수 있는 / 그때

Sincerely,

Simon Montgomery 사이먼 몽고메리 드림

수신: 테리 스노우
발신: 사이먼 몽고메리
제목: 회신: 축하합니다.
날짜: 11월 13일

테리 씨께

행사에 초대해 주셔서 진심으로 감사드립니다.
제게 아주 좋은 기회일 것 같습니다. 공교롭게
도, 저는 현재 멕시코에서 출장 중이며, 이곳에
서 현재 이메일을 작성하고 있습니다. 11월 17일
정오쯤에나 돌아갈 예정이라서 몇 시간 늦게
도착할 것 같습니다.

새로운 부서장님과 이미 얘기해 보았는데, 제
가 일을 시작하기 전에 부서의 모든 분들에게
저를 소개하기 위한 오찬 행사를 열 것이라고
말씀해 주셨습니다. 그 행사가 11월 28일에 있
을 것으로 생각합니다. 그때 직접 만나 뵐 기회
를 얻을 수 있을 것 같습니다.

사이먼 몽고메리 드림

---

* appoint 선임하다　sales representative 영업 사원　following ~후에　resignation 사임　progress to ~로 나아가다, 올라서다
report to ~의 직속이다　demonstrate 보여주다, 증명하다　consistently 지속해서　outstanding 뛰어난　result 결과　contribution
공헌, 기여　take up ~을 맡다　networking event 사교 행사　colleague 동료 직원　officially 공식적으로　give a presentation
발표하다　quite 아주, 상당히　attend 참석하다　as soon as possible 가능한 한 빨리　it sounds like ~인 것 같다　opportunity 기회
unfortunately 공교롭게도　on a business trip 출장 중인　currently 현재　it appears as though ~인 것 같다　luncheon 오찬
introduce A to B A를 B에게 소개하다　imagine that ~라고 생각하다　in person 직접　then 그때

6. In **which publication** would **the article most
    likely appear**?
    (A) A sales brochure
    (B) A national magazine
    (C) A company newsletter
    (D) A business journal

6. 어느 출판물에서 볼 가능성이 큰 기사인가?
    (A) 영업 안내 책자
    (B) 국내 잡지
    (C) 사내 소식지
    (D) 비즈니스 저널

> 해설 첫 번째 지문에서, 근무 부서 및 직책 변경 사항에 대한 정보를 알린 후, 지문 마지막 부분 We wish good luck에서 1인칭 주격 대명사를
> 사용한 것으로 볼 때 사내 소식지임을 알 수 있으므로 (C)가 정답입니다.

7. **What** does the article **imply** about
    Mr. Montgomery?
    (A) He has been promoted several times.
    (B) He will work for Terry Snow.
    (C) He is new to working in sales.
    (D) He is leaving Dajoo Corporation.

7. 기사에서 몽고메리 씨에 관해 암시하는 것은 무엇인가?
    (A) 여러 차례 승진했다.
    (B) 테리 스노우 밑에서 근무할 것이다.
    (C) 영업 부문에서 근무하는 것이 처음이다.
    (D) 다주 주식회사를 떠날 것이다.

해설 몽고메리 씨에 관해 설명한 첫 번째 지문에 두 번째 단락을 보면, 직책이 바뀌면서 승진한 것(progressed)에 대해 알리고 있으므로 (A)가 정답임을 알 수 있어요. 새로운 상사 이름이 레스 고든이므로 (B)는 오답이고, 첫 번째 지문에서 보듯이 계속 영업 관련 일을 해 왔으므로 (C)도 오답입니다. 또한, 같은 회사의 다른 직책에서 근무하는 것이므로 (D)도 답이 될 수 없어요.

8. **What** is **indicated** about **the networking event?**
   (A) It is only for customers of Dajoo Corporation.
   (B) It occurs before December 1.
   (C) It will be held at the company's headquarters.
   (D) Tickets are required in order to attend.

8. 사교 행사에 관해 알 수 있는 것은 무엇인가?
   (A) 오직 다주 주식회사의 고객들만을 위한 것이다.
   (B) 12월 1일 이전에 있을 것이다.
   (C) 회사의 본사에서 열릴 것이다.
   (D) 참석하기 위해서는 입장권이 필요하다.

해설 사교 행사는 두 번째 지문에 언급되어 있습니다. 첫 번째 단락에서 사이먼 씨가 근무를 시작하기 2주 전에 있을 것이라고 했는데, 첫 번째 지문에서 사이먼 씨가 근무를 시작하는 시점은 12월 1일이라고 했으므로 사교 행사는 12월 1일 이전에 열리는 행사임을 알 수 있어요. 따라서 이에 대해 언급한 (B)가 정답입니다.

9. In the second e-mail, the word "**in person**" in paragraph 2, line 3, is **closest in meaning to**
   (A) manually
   (B) independently
   (C) solely
   (D) personally

9. 두 번째 이메일에서, 두 번째 단락 세 번째 줄의 단어 "in person"과 의미상 가장 가까운 것은?
   (A) 수동으로
   (B) 독립적으로
   (C) 단독으로
   (D) 직접

해설 in person은 '직접 만나서, 직접 가서'라는 의미로 보기의 단어들 중에서는 (D) personally가 가장 유사한 의미를 지니는 단어입니다.

10. **Who** is going to **organize** the **luncheon** on **November 28?**
    (A) Simon Montgomery
    (B) Carla Bogart
    (C) Terry Snow
    (D) Les Gordon

10. 11월 28일에 있을 오찬 행사를 누가 준비할 예정인가?
    (A) 사이먼 몽고메리
    (B) 칼라 보가트
    (C) 테리 스노우
    (D) 레스 고든

해설 11월 28일에 열리는 오찬 행사에 대한 정보는 세 번째 지문 마지막 단락에 나타나 있어요. 여기서 사이먼은 자신의 새로운 상사(my new boss)가 오찬 행사를 열 것이라고 말하고 있는데, 첫 번째 지문의 세 번째 단락에서 사이먼은 레스 고든 밑에서 근무한다고(report to Les Gordon) 되어 있으므로 이 정보들을 종합하면 오찬 행사를 여는 사람이 레스 고든임을 알 수 있습니다. 따라서 (D)가 정답이에요.

DAY 01 정답

토익 정답과 친해지는 EXERCISE

1. (B)   2. (A)   3. (A)

개념 1 주어와 동사

1. Customers, reacted   2. Prices, rose
3. The event, proceeded

개념 2 주어 자리(명사)

1. Production   2. Improvements
3. Attendance

개념 3 동사 자리 – 1. 조동사 + 동사원형

1. reopen   2. double   3. accept

개념 4 동사 자리 – 2. be동사와 일반동사

1. analyze   2. arrived   3. celebrates

실전훈련 자신감 쑥쑥! 실전 도전

Part 5

1. (A)   2. (B)   3. (A)   4. (B)   5. (A)
6. (C)   7. (B)   8. (B)   9. (C)   10. (A)

Part 6

11. (C)   12. (B)   13. (D)   14. (B)

DAY 02 정답

토익 정답과 친해지는 EXERCISE

1. (A)   2. (B)   3. (B)

개념 1 주격 보어

1. beneficial   2. innovative   3. strong

개념 2 주격 보어 자리 – 명사 or 형용사

1. reliable   2. available   3. defective

개념 3 목적어

1. the problem   2. a new plan
3. all employees, vacation

개념 4 목적어 자리 – 명사

1. nominations   2. confidentiality
3. requirements

개념 5 목적격 보어

1. tidy   2. interesting   3. brief

개념 6 목적격 보어 자리 – 명사 or 형용사

1. innovative   2. artificial   3. attractive

실전훈련 자신감 쑥쑥! 실전 도전

Part 5

1. (A)   2. (B)   3. (B)   4. (C)   5. (C)
6. (D)   7. (A)   8. (C)   9. (A)   10. (A)

Part 6

11. (A)   12. (C)   13. (C)   14. (A)

DAY 03 정답

토익 정답과 친해지는 EXERCISE

1. (A)   2. (A)   3. (B)

개념 1 명사를 앞에서 수식 – 관사/소유격/형용사

1. additional   2. reasonable
3. the upcoming

개념 2 명사를 뒤에서 수식 – '전치사 + 명사 덩어리'

1. The tour   2. compensation
3. Your quick response

개념 3 동사 수식 – 부사와 '전치사 + 명사 덩어리'

1. clearly **2.** successfully

3. finished 수식

개념 4 형용사 수식 – 부사(형용사 + -ly)

1. mutually **2.** increasingly **3.** readily

실전훈련 자신감 쑥쑥! 실전 도전

Part 5

1. (C) **2.** (D) **3.** (D) **4.** (A) **5.** (A)
6. (B) **7.** (C) **8.** (D) **9.** (B) **10.** (A)

Part 6

11. (B) **12.** (C) **13.** (A) **14.** (C)

개념 6 to부정사 숙어 표현

1. to accept **2.** to assist

3. to announce

실전훈련 자신감 쑥쑥! 실전 도전

Part 5

1. (D) **2.** (D) **3.** (B) **4.** (A) **5.** (B)
6. (B) **7.** (D) **8.** (A) **9.** (A) **10.** (C)

Part 6

11. (C) **12.** (A) **13.** (C) **14.** (A)

DAY 04 정답

토익 정답과 친해지는 EXERCISE

1. (A) **2.** (B) **3.** (A)

개념 1 to부정사의 형태와 특징

1. to make **2.** gave **3.** to collect

개념 2 to부정사의 역할 – 1. 명사

1. to select **2.** to write **3.** to keep

개념 3 to부정사의 역할 – 2. 형용사

1. to reduce **2.** to make **3.** to market

개념 4 to부정사의 역할 – 3. 부사

1. to develop **2.** sponsor **3.** to

개념 5 의미상 주어와 목적격 보어로 쓰이는 to부정사

1. for **2.** to check **3.** to release

DAY 05 정답

토익 정답과 친해지는 EXERCISE

1. (A) **2.** (B) **3.** (A)

개념 1 동명사의 형태와 특징

1. receiving **2.** can afford **3.** Creating

개념 2 동명사의 역할 – 1. 주어와 보어

1. Showing **2.** reviewing **3.** Changing

개념 3 동명사의 역할 – 2. 목적어

1. making **2.** requesting **3.** charging

개념 4 동명사 숙어 표현

1. expanding **2.** leading **3.** maximizing

실전훈련 자신감 쑥쑥! 실전 도전

Part 5

1. (B) **2.** (C) **3.** (C) **4.** (A) **5.** (B)
6. (B) **7.** (D) **8.** (C) **9.** (D) **10.** (B)

Part 6

11. (C) **12.** (D) **13.** (D) **14.** (C)

DAY 06 정답

1. (B)　**2.** (B)　**3.** (A)

개념 1 분사의 형태와 특징

1. 동명사　**2.** 분사　**3.** 분사

개념 2 분사의 역할 – 1. 명사 수식

1. unexpected　**2.** estimated　**3.** working

개념 3 분사의 역할 – 2. 보어

1. challenging　**2.** rewarding　**3.** qualified

개념 4 현재분사(-ing)를 쓰는 경우

1. promising　**2.** overwhelming
3. causing

개념 5 과거분사(p.p.)를 쓰는 경우

1. unlimited　**2.** proposed
3. experienced

개념 6 감정을 나타내는 분사

1. pleased　**2.** fascinating　**3.** interested

자신감 쑥쑥! 실전 도전

Part 5

1. (B)　**2.** (A)　**3.** (A)　**4.** (D)　**5.** (B)
6. (C)　**7.** (B)　**8.** (A)　**9.** (D)　**10.** (A)

Part 6

11. (B)　**12.** (C)　**13.** (B)　**14.** (A)

DAY 07 정답

1. (A)　**2.** (B)　**3.** (A)

개념 1 등위 접속사 – 1. 역할

1. delivered　**2.** informative　**3.** mix

개념 2 등위 접속사 – 2. 종류와 의미

1. or　**2.** and　**3.** but

개념 3 상관 접속사

1. neither　**2.** both　**3.** not only

개념 4 부사절 접속사

1. because　**2.** although　**3.** while

개념 5 명사절 접속사

1. that　**2.** that　**3.** whether

개념 6 형용사절 접속사

1. which　**2.** who　**3.** who

자신감 쑥쑥! 실전 도전

Part 5

1. (B)　**2.** (B)　**3.** (A)　**4.** (A)　**5.** (D)
6. (B)　**7.** (B)　**8.** (A)　**9.** (C)　**10.** (B)

Part 6

11. (B)　**12.** (C)　**13.** (A)　**14.** (C)

DAY 08

토익 정답과 친해지는 EXERCISE

1. (A) **2.** (B) **3.** (B)

개념 1 단수 주어의 형태

1. Ms. Hakuta 단수 주어

2. Every school 단수 주어

3. Each of the managers 단수 주어

개념 2 복수 주어의 형태

1. Routine tasks 복수 주어

2. All of the visitors 복수 주어

3. People 복수 주어

개념 3 주어와의 수 일치 – 1. 조동사

1. X → will make **2.** O

3. X → can accommodate

개념 4 주어와의 수 일치 – 2. be동사

1. O **2.** O **3.** X → was

개념 5 주어와의 수 일치 – 3. 일반동사

1. X → give **2.** O **3.** O

개념 6 주어와 동사 찾기 – 주어와 동사 사이의 수식어

1. O **2.** X → has accepted **3.** O

실전훈련 자신감 쑥쑥! 실전 도전

Part 5

1. (D) **2.** (C) **3.** (B) **4.** (C) **5.** (A)

6. (D) **7.** (D) **8.** (D) **9.** (D) **10.** (B)

Part 6

11. (C) **12.** (C) **13.** (C) **14.** (C)

DAY 09

토익 정답과 친해지는 EXERCISE

1. (A) **2.** (B) **3.** (B)

개념 1 현재 시제

1. 그들은 보통 이 방에 비품을 보관한다.

2. 그 팀은 종종 오후에 모임을 갖는다.

3. 관리인은 정기적으로 여기서 폐기물을 처리한다.

개념 2 과거 시제

1. reviewed **2.** looked into

3. postponed

개념 3 미래 시제

1. will initiate **2.** will broaden

3. will begin

개념 4 현재완료 시제

1. has represented **2.** have faced **3.** in

개념 5 과거완료 시제

1. had completely covered

2. had received **3.** had

개념 6 진행 시제

1. was entering **2.** is holding

3. will be teaching

실전훈련 자신감 쑥쑥! 실전 도전

Part 5

1. (B) **2.** (D) **3.** (A) **4.** (B) **5.** (B)

6. (C) **7.** (C) **8.** (B) **9.** (D) **10.** (D)

Part 6

11. (A) **12.** (B) **13.** (C) **14.** (D)

DAY 10 정답

1. (A)   **2.** (A)   **3.** (B)

개념1 능동태의 의미와 형태

1. hired   **2.** implement   **3.** encouraged

개념2 수동태의 의미와 형태

1. will be included   **2.** will order

3. is explaining

개념3 수동태 – 1. 다양한 형태의 수동태

1. 능동태   **2.** 수동태   **3.** 능동태

개념4 수동태 – 2. 자동사와 수동태

1. have been rising   **2.** will arrive

3. has remained

개념5 수동태 – 3. 감정동사의 수동태

1. pleased   **2.** excited   **3.** disappointing

개념6 수동태 뒤의 전치사

1. about   **2.** to   **3.** with

자신감 쑥쑥! 실전 도전

Part 5

1. (D)   **2.** (B)   **3.** (D)   **4.** (A)   **5.** (A)

6. (D)   **7.** (B)   **8.** (C)   **9.** (B)   **10.** (B)

Part 6

11. (B)   **12.** (A)   **13.** (D)   **14.** (A)

DAY 11 정답

1. (B)   **2.** (A)   **3.** (B)

개념1 관사와 전치사 뒤

1. reservation   **2.** confusion   **3.** arrival

개념2 소유격과 형용사 뒤

1. satisfaction   **2.** commitment

3. achievement

개념3 주어와 목적어 자리

1. Enrollment   **2.** employment

3. delivery

개념4 복합명사(명사 + 명사)

1. communication   **2.** production

3. assembly

개념5 가산명사(셀 수 있는 명사)

1. cost   **2.** requests   **3.** benefits

개념6 불가산명사(셀 수 없는 명사)

1. consent   **2.** baggage   **3.** survey

개념7 수량 형용사 + 가산 단수 명사와 불가산명사

1. student   **2.** revenue   **3.** much

개념8 수량 형용사 + 복수 명사와 불가산명사

1. attempts   **2.** companies   **3.** Most

자신감 쑥쑥! 실전 도전

Part 5

1. (B)   **2.** (D)   **3.** (B)   **4.** (B)   **5.** (C)

6. (C)   **7.** (A)   **8.** (A)   **9.** (C)   **10.** (A)

Part 6

11. (B)   **12.** (D)   **13.** (D)   **14.** (B)

DAY 12 정답

1. (A)　　**2.** (B)　　**3.** (B)

개념 1 인칭대명사 – 1. 주격

1. We　　**2.** he　　**3.** she

개념 2 인칭대명사 – 2. 소유격

1. your　　**2.** her　　**3.** his

개념 3 인칭대명사 – 3. 목적격

1. them　　**2.** it　　**3.** her

개념 4 인칭대명사 – 4. 소유대명사

1. theirs　　**2.** ours　　**3.** hers

개념 5 인칭대명사 – 5. 재귀대명사

1. herself　　**2.** himself　　**3.** themselves

개념 6 인칭대명사 관용 표현

1. herself　　**2.** her own　　**3.** his own

자신감 쑥쑥! 실전 도전

Part 5

1. (B)　**2.** (D)　**3.** (B)　**4.** (C)　**5.** (D)
6. (A)　**7.** (B)　**8.** (C)　**9.** (A)　**10.** (D)

Part 6

11. (A)　**12.** (C)　**13.** (C)　**14.** (B)

DAY 13 정답

1. (A)　　**2.** (B)　　**3.** (A)

개념 1 지시대명사 – this/that/these/those

1. These　　**2.** those　　**3.** this

개념 2 those

1. Those　　**2.** those　　**3.** Anyone

개념 3 another/others/each other/one another

1. each other　　**2.** another　　**3.** others

개념 4 all/most/some

1. most　　**2.** all　　**3.** some

개념 5 many/few/both

1. both　　**2.** Many　　**3.** agencies

개념 6 much/little/neither

1. much　　**2.** few　　**3.** neither

자신감 쑥쑥! 실전 도전

Part 5

1. (B)　**2.** (B)　**3.** (A)　**4.** (B)　**5.** (D)
6. (D)　**7.** (B)　**8.** (B)　**9.** (D)　**10.** (C)

Part 6

11. (C)　**12.** (A)　**13.** (A)　**14.** (B)

DAY 14 정답

1. (B)　　**2.** (A)　　**3.** (B)

개념 1 형용사 자리 – 1. 명사 앞

1. thorough　　**2.** respective　　**3.** unique

개념 2 형용사 자리 – 2. 보어 자리

1. eligible　　**2.** effective　　**3.** clean

개념 3 부사 자리 – 1. 문장 앞

1. Recently　　**2.** Currently　　**3.** Usually

개념 4 부사 자리 – 2. 형용사와 다른 부사 앞

1. unexpectedly　　**2.** nearly　　**3.** unusually

개념 5 부사 자리 – 3. 동사 앞뒤/동사 사이

1. automatically　　**2.** skillfully

3. strategically

개념 6 부사 자리 – 4. to부정사와 동명사 수식

1. politely　　**2.** publicly　　**3.** actively

실전훈련 자신감 쑥쑥! 실전 도전

Part 5

1. (B)　　**2.** (B)　　**3.** (B)　　**4.** (D)　　**5.** (C)

6. (D)　　**7.** (D)　　**8.** (A)　　**9.** (A)　　**10.** (A)

Part 6

11. (C)　　**12.** (D)　　**13.** (A)　　**14.** (D)

개념 5 전치사의 종류 – 3. 기타 전치사

1. with　　**2.** For　　**3.** without

개념 6 혼동하기 쉬운 전치사

1. among　　**2.** by　　**3.** between

실전훈련 자신감 쑥쑥! 실전 도전

Part 5

1. (B)　　**2.** (C)　　**3.** (C)　　**4.** (C)　　**5.** (D)

6. (A)　　**7.** (A)　　**8.** (B)　　**9.** (D)　　**10.** (D)

Part 6

11. (A)　　**12.** (D)　　**13.** (B)　　**14.** (D)

DAY 16 정답

토익 정답과 친해지는 EXERCISE

1. (B)　　**2.** (A)　　**3.** (B)

개념 1 부사절의 역할과 위치

1. O　　**2.** O　　**3.** O

개념 2 부사절의 종류 – 1. 시간과 조건 부사절

1. while　　**2.** once　　**3.** unless

개념 3 부사절의 종류 – 2. 이유 부사절

1. since　　**2.** as　　**3.** now that

개념 4 부사절의 종류 – 3. 양보 부사절

1. While　　**2.** because　　**3.** although

개념 5 부사절의 종류 – 4. 기타 주요 부사절

1. because　　**2.** Assuming that

3. so that

개념 6 부사절 접속사 vs. 전치사 vs. 접속부사

1. due to　　**2.** although　　**3.** However

DAY 15 정답

토익 정답과 친해지는 EXERCISE

1. (B)　　**2.** (B)　　**3.** (A)

개념 1 전치사 뒤에 오는 말 – 명사 형태(명사, 대명사, 동명사)

1. inspiration　　**2.** response

3. construction

개념 2 전치사구의 역할

1. 형용사 역할(명사 수식)　　**2.** 주격 보어 역할

3. 부사 역할(형용사 수식)

개념 3 전치사의 종류 – 1. 시간/기간 전치사

1. on　　**2.** within　　**3.** throughout

개념 4 전치사의 종류 – 2. 장소 전치사

1. at　　**2.** in　　**3.** to

Part 5

1. (B) **2.** (C) **3.** (A) **4.** (C) **5.** (B)
6. (C) **7.** (C) **8.** (B) **9.** (B) **10.** (D)

Part 6

11. (B) **12.** (A) **13.** (A) **14.** (C)

Part 5

1. (C) **2.** (C) **3.** (B) **4.** (A) **5.** (D)
6. (C) **7.** (A) **8.** (C) **9.** (B) **10.** (C)

Part 6

11. (B) **12.** (D) **13.** (A) **14.** (A)

DAY 17 정답

토익 정답과 친해지는 **EXERCISE**

1. (B) **2.** (B) **3.** (B)

개념 1 명사절의 역할

1. that Mr. Gibbs would promote a new mobile game
2. what it has done for green growth
3. that the project is behind schedule for about two to three months

개념 2 명사절의 위치

1. that **2.** While **3.** what

개념 3 명사절 접속사의 종류 – 1. that

1. that **2.** that **3.** That

개념 4 명사절 접속사의 종류 – 2. who/what

1. What **2.** who **3.** what

개념 5 명사절 접속사의 종류 – 3. if/whether

1. whether **2.** whether **3.** whether

개념 6 명사절 접속사의 종류 – 4. when/where/how/why

1. How **2.** how **3.** what

DAY 18 정답

토익 정답과 친해지는 **EXERCISE**

1. (A) **2.** (A) **3.** (B)

개념 1 형용사절(관계대명사절)의 역할과 위치

1. who **2.** when **3.** which

개념 2 관계대명사의 종류 – 1. who/whom

1. who **2.** who **3.** who

개념 3 관계대명사의 종류 – 2. which

1. which **2.** who **3.** which

개념 4 관계대명사의 종류 – 3. that

1. that **2.** that **3.** that

개념 5 관계대명사의 종류 – 4. whose

1. whose **2.** whose **3.** whose

개념 6 관계대명사의 생략

1. [we ~ inventory] **2.** [I ~ restaurant]
3. [employees ~ with]

Part 5

1. (D) **2.** (B) **3.** (B) **4.** (B) **5.** (A)
6. (D) **7.** (A) **8.** (D) **9.** (B) **10.** (C)

Part 6

11. (A) **12.** (A) **13.** (D) **14.** (B)

DAY 19 정답

토익 정답과 친해지는 EXERCISE

1. (A)　**2.** (B)　**3.** (A)

개념 1 원급 비교 구문

1. good　**2.** promptly　**3.** enjoyable

개념 2 비교급 비교 구문

1. higher　**2.** more punctually

3. more severely

개념 3 최상급 비교 구문

1. the most dependable

2. most profitable　**3.** latest

개념 4 비교급/최상급과 어울리는 부사와 관용 표현

1. even　**2.** more　**3.** no

실전훈련 자신감 쑥쑥! 실전 도전

Part 5

1. (B)　**2.** (D)　**3.** (A)　**4.** (A)　**5.** (A)

6. (C)　**7.** (B)　**8.** (A)　**9.** (C)　**10.** (A)

Part 6

11. (A)　**12.** (C)　**13.** (B)　**14.** (B)

DAY 20 정답

토익 정답과 친해지는 EXERCISE

1. (B)　**2.** (B)　**3.** (A)

전략 1 앞뒤 흐름 파악하기

(B)

전략 2 지시어 단서 파악하기

(A)

전략 3 연결어 단서 파악하기

(A)

실전훈련 자신감 쑥쑥! 실전 도전

Part 6

1. (C)　**2.** (C)　**3.** (D)　**4.** (D)　**5.** (B)

6. (B)　**7.** (C)　**8.** (A)　**9.** (B)　**10.** (D)

11. (D)　**12.** (C)

DAY 21 정답

유형훈련 토익 제대로 대비하기

3단계　**1.** (C)　**2.** (B)

실전훈련 자신감 쑥쑥! 실전 도전

Part 7

1. (C)　**2.** (D)

DAY 22 정답

유형훈련 토익 제대로 대비하기

3단계　**1.** (A)　**2.** (A)

실전훈련 자신감 쑥쑥! 실전 도전

Part 7

1. (C)　**2.** (B)　**3.** (B)　**4.** (A)

DAY 23 정답

 유형훈련 토익 제대로 대비하기

[3단계]　**1.** (C)　**2.** (C)

 실전훈련 자신감 쑥쑥! 실전 도전

Part 7

1. (B)　**2.** (C)　**3.** (D)　**4.** (B)

 DAY 26 정답

유형훈련 토익 제대로 대비하기

[3단계]　**1.** (C)　**2.** (A)

 실전훈련 자신감 쑥쑥! 실전 도전

Part 7

1. (B)　**2.** (A)　**3.** (A)　**4.** (C)

 DAY 24 정답

유형훈련 토익 제대로 대비하기

[3단계]　**1.** (B)　**2.** (D)

 실전훈련 자신감 쑥쑥! 실전 도전

Part 7

1. (D)　**2.** (C)　**3.** (B)　**4.** (C)

 DAY 27 정답

유형훈련 토익 제대로 대비하기

[3단계]　**1.** (A)　**2.** (B)

 실전훈련 자신감 쑥쑥! 실전 도전

Part 7

1. (B)　**2.** (C)　**3.** (D)　**4.** (B)

 DAY 25 정답

유형훈련 토익 제대로 대비하기

[3단계]　**1.** (C)　**2.** (B)

실전훈련 자신감 쑥쑥! 실전 도전

Part 7

1. (C)　**2.** (C)　**3.** (C)　**4.** (D)　**5.** (B)

DAY 28 정답

유형훈련 토익 제대로 대비하기

[3단계]　**1.** (A)　**2.** (C)

실전훈련 자신감 쑥쑥! 실전 도전

Part 7

1. (A)　**2.** (C)　**3.** (B)　**4.** (D)

DAY 29 정답

 유형훈련 토익 제대로 대비하기

[3단계] **1.** (C)   **2.** (B)

실전훈련 자신감 쑥쑥! 실전 도전

Part 7

1. (B)   **2.** (C)   **3.** (C)   **4.** (B)   **5.** (D)
6. (A)   **7.** (B)   **8.** (B)   **9.** (C)   **10.** (B)

DAY 30 정답

유형훈련 토익 제대로 대비하기

[3단계] **1.** (C)   **2.** (A)

실전훈련 자신감 쑥쑥! 실전 도전

Part 7

1. (B)   **2.** (B)   **3.** (D)   **4.** (B)   **5.** (C)
6. (C)   **7.** (A)   **8.** (B)   **9.** (D)   **10.** (D)

파트별 교재

영단기 2기적 토익 LC

영단기 2기적 토익
PART 5&6

영단기 2기적 토익
PART 7

영단기 토익 PART 7
유형별 공식 40

실전모의고사

영단기 신토익 LC+RC
빈출모의고사

영단기 토익 실전
1000제 1 LC

영단기 토익 실전
1000제 1 RC

영단기 토익 실전
1000제 2 LC

영단기 토익 실전
1000제 2 RC

영단기 오픽 & 토익스피킹 교재

영단기 OPIc

영단기 OPIc
실전모의고사

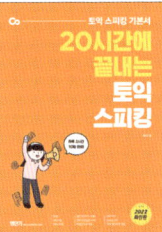
영단기 토익스피킹

영단기 지텔프 교재

정재현 지텔프 Level 2

지텔프 기출문제 Level 2

지텔프 독해 유형별
기출문제 Level 2

지텔프 문법 유형별
기출문제 Level 2

누적 수강생 수 756만*,
수강후기 31만*으로 검증된 강의력.

10년째 영단기를 꾸준히 찾는 이유!

* 영단기 수강생 설문조사 결과 영단기 찾는 이유 1위 강사진 54% (2020년 10월 27~31일)
* 영단기 사이트 내 수강후기 누적건수 314,439개 (2020년 11월 23일 기준)

영단기만의
압도적 강사진

그동안 경험할 수 없던 차원이 다른 강의력!
지금 영단기에서 경험해 보세요!